'전략'이라는 개념으로 인류 문명사를 조명하는 놀라운 책이다. 이 책은 전략이라는 개념이 세계 무대에 등장해서 사람들을 어떻게 사로잡았는지 저자만의 독특한 시각으로 해석하고 있다. 방대한 분량 때문에 충분한 시간과 끈기를 요하지만 읽는 사람들에게 새롭고 담대한 통찰력의 시간을 제공할 것이라 생각한다.

_문휘창, 서울대학교 국제대학원 교수

로렌스 프리드먼의 《전략의 역사》는 참으로 경이로운 책이다. 저자는 찰스 다윈의 진화론, 성서, 고대 그리스 신화, 투키디데스, 중국의 손자, 마키아벨리, 클라우제비츠, 카를 마르크스, 프레더릭 테일러, 피터 드러커 등 아주 다양한 분야와 저자들을 '전략적 사고의 방대한 역사'라는 큰 틀 안에서 포괄적으로 그리고 적절히 논의하고 있다. 또한 각 시대를 풍미한 전략 이론이 어떠한 사회적, 시대적 맥락 속에서 나오게 되었는가를 설득력 있게 제시하고 있다. 뿐만 아니라 이 책은 군사 전략, 정치 전략, 경영 전략을 모두 다루므로 각 분야에 관심 있는 독자들은 더 넓고 깊은 그리고 균형 잡힌 전략적 사고를 배우게 된다. 이 시대가 우리에게 던지는 갖가지 난제를 전략적으로 헤쳐 나가고자 하는 현재와 미래의 모든 지도자들에게 필독을 권한다.

_유필화, 성균관대학교 SKK GSB 교수

고대에서부터 현재까지 시대를 꿰뚫고 전략적 사고의 의미와 그 안에 담긴 의도 그리고 그 결과들을 다양한 맥락 속에서 파헤친 놀라운 역작이다. 전략의 대가인 저자는 전략적 역설 및 복잡성의 여러 모습들을 파헤치고 드러내 이 분야에서 타의 추종을 불허하는 역량을 보여준다.

_로버트 저비스Robert Jervis, 컬럼비아 대학교 국제정치학 교수

로렌스 프리드먼이 어째서 전략에 관한 한 세계 최고의 석학인지 알 수 있게 해주는 책이다. 프리드먼은 전략을 어떤 상황에서도 보다 많은 것, 즉 권력의 균형이 의미하는 것보다 더 많은 것을 얻어내는 중심적인 기술이라고 정의한다. 명쾌하고 탁월하다.

_조지프 나이 2세Joseph S. Nye, Jr., 《권력의 미래》 저자

한 마디로 놀라운 책이다. 쉽게 이해할 수 있으면서도 전략의 본질을 아주 깊이 있게 요약했다. 이 책은 명료하면서도 감정에 치우치지 않는다. 때로는 아쉬워하고 또 풍자하지만 시종일관 공정함을 잃지 않으며 독자에게 이제껏 접해보지 못한 풍성한 정보를 제공한다.

_필립 보비트Philip Bobbit, 《아킬레스의 방패》 저자

탁월한 혜안과 날카로운 통찰력으로 전략의 지형도를 새롭게 그려냈다!

_《파이낸셜 타임스》

위엄과 권위가 넘친다. 폭넓은 박식함과 밀도 높은 주장이 돋보인다. 전략적 지혜의 정수가 담긴 책이다.

_《이코노미스트》

힘과 권력의 세계로 여행할 수 있게 하는 책!

_《퍼블리셔스 위클리》

강렬하다. '전략'이라는 주제로 인간의 기원부터 전쟁, 혁명, 선거, 경영 등 인류의 모든 부분을 진지하게 탐색한다. 매우 소중한 통찰을 안겨주는 책이다.

_《커커스 리뷰》

전략의 역사

2

3,000년 인류 역사 속에서 펼쳐진 국가 · 인간 · 군사 · 경영 전략의 모든 것

전략의 역사

로렌스 프리드먼 지음 | 이경식 옮김

2

비즈니스북스

옮긴이 **이경식**

서울대학교 경영학과와 경희대학교 대학원 국문학과를 졸업했다. 옮긴 책으로는 《신호와 소음》,
《승자의 뇌》, 《살아 있는 역사, 버냉키의 금융전쟁》, 《스노볼》, 《투자전쟁》, 《욕망하는 식물》, 《거짓
말하는 착한 사람들》, 《오바마 자서전: 내 아버지로부터의 꿈》, 《소셜애니멀》, 《팬덤의 경제학》, 《컨
닝, 교활함의 매혹》, 《유전자 인류학》, 《직장으로 간 사이코패스》 외 다수가 있다. 영화 《개 같은 날
의 오후》, 《나에게 오라》, TV 드라마 《선감도》, 연극 《동팔이의 꿈》, 《춤추는 시간여행》, 칸타타 《간
타타 금강》 등의 대본을 썼고, 저서로 《청춘아 세상을 욕해라》, 《미쳐서 살고 정신 들어 죽다》, 《대
한민국 깡통경제학》, 《이건희 스토리》 등이 있다.
leeks8787@hanafos.com

전략의 역사 2

1판 1쇄 발행 2014년 12월 15일
1판 7쇄 발행 2021년 12월 20일

지은이 | 로렌스 프리드먼
옮긴이 | 이경식
발행인 | 홍영태
발행처 | (주)비즈니스북스
등 록 | 제2000-000225호(2000년 2월 28일)
주 소 | 03991 서울시 마포구 월드컵북로6길 3 이노베이스빌딩 7층
전 화 | (02)338-9449
팩 스 | (02)338-6543
대표메일 | bb@businessbooks.co.kr
홈페이지 | http://www.businessbooks.co.kr
블로그 | http://blog.naver.com/biz_books
페이스북 | thebizbooks
ISBN 978-89-97575-36-7 04320
      978-89-97575-34-3 04320(세트)

전략은 종착점이 아닌 출발점의 지배를 받는다.
그리고 전략의 모습은 적어도 이 책에서는 고정적이지 않고 유동적이다.

The picture of strategy that emerges in this book is one that is fluid and flexble,
governed by the starting point, not the end point.

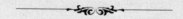

| 차례 |

제4부
위로부터의 전략

제5부

전략 이론

제3부

아래로부터의 전략
Strategy from Below

제18장

마르크스, 노동자 계급을 위한 전략

Marx and a Strategy for the Working Class

⋮

철학자들은 세상을 해석하기만 했다. (⋯⋯)
하지만 문제는 세상을 바꾸는 것이다.
_마르크스, 《포이에르바흐에 관한 논문》

⋮

1권(제1부와 제2부)에서는 결정적인 전투라는 개념이 이제
더는 먹히지 않을 것 같은 상황에서, 그리고 격렬한 지역
분쟁들에 초점을 맞추는 것이 주목을 받는 상황에서 미국
이 비정규전을 어떤 식으로 이끌어야 할지 묘안을 짜내는
내용을 다루었다. 미국은 테러리스트의 잔악한 범행이나
매복에 대처하기 위해 노력하는 과정에서 평범한 사람들
을 위한다는 전쟁을 수행할 때 그들로부터 적극적인 협력
은 아니라 하더라도 적어도 동의는 얻어내는 것이 관건임
을 깨달았다. 무장 군대는 일반인들에게 친밀하게 다가가
려고 노력했고, 그들과 대화를 나눌 방법들을 찾으려고 했
으며 또 그들에게 미국이 진정으로 자기들 편임을 설득하
려고 노력했다. 그러나 이런 노력은 그들에게 불신을 안겨
준 바람에 설득을 한층 더 힘들게 만들었던 과거의 행동들,
정책들, 발표문들뿐만 아니라 언어와 문화의 장벽 때문에
번번이 실패로 돌아가곤 했다. 사람들의 마음을 어떻게 하
면 돌려놓을 수 있을까, 특히 대다수 사람들의 마음을 어떻

게 단일한 방향으로 돌려놓을 수 있을까 하는 질문이 여기 제3부의 핵심 내용이다. 왜냐하면 대중의 이익을 실현하기 위해서 기존의 권력 구조를 뒤집는 것이야말로 급진주의자들과 혁명가들을 사로잡았던 과제이기 때문이다. 하지만 대중은 이런 일에 완전히 적대적이었다고까지는 할 수 없어도 적어도 망설이는 모습을 보였던 건 분명하다. 그랬기에 혁명가들의 고민은 더욱 깊어질 수밖에 없었다.

제3부에서는 전략을 약자의 관점에서 바라본다. 혹은 적어도 약자의 편에서 행동한다고 주장한 사람들, 그래서 자기가 바라는 목적과 자기가 동원할 수 있는 수단 사이의 커다란 간극을 안타까운 마음으로 바라볼 수밖에 없었던 사람들의 관점에서 바라본다. 그렇기에 전략은 이 사람들에게 더할 나위 없이 매력적인 주제였다. 이들은 강압적인 탄압이 수반되지 않는 여러 가지 방식으로 대중의 지원과 협력을 이끌어내야 했다. 만일 억압이 시작될 것 같으면 은밀하게 살아남을 방안을 모색해야 했으며, 심지어는 자기만의 힘으로 격렬하게 대응하고 나설 필요도 있었다. 그들은 모든 사람이 (즉 전체 대중이) 동일한 목적으로 설득되어서 한꺼번에 들고일어날 수 있을지, 혹은 어떤 타협이 필요하게 될 것인지, 또 만일 타협을 하게 된다면 어디까지 양보할 수 있을 것인지 물었다. 원대한 목적을 가진 급진주의 단체들은 고고한 순수함 속에서 위안을 찾을 수 있었다. 반면에 성공을 맛본 사람들은 다른 사람들의 견해를 수용하는 것이 가치 있음을 알았다. 그들이 작전 계획을 세울 때 군사적인 담론을 지배했던 쟁점들(예를 들면 참고 버틸 것인가 기습으로 나설 것인가, 섬멸전인가 소모전인가, 직접적인 전투인가 간접적인 압박인가 등)이 모두 등장했다. 단지 등장만 한 것이 아니라 그것들은 처음 군사 영역에서 가졌던 속성도 동시에 드러냈다.

제3부에서는 여러 이론들이 상대적으로 거대한 담론을 다루는 것처럼 보인다. 특히 권력과 산업 사회의 변화라는 커다란 질문을 다루는 이론들이 그렇다. 급진주의자들은 보다 나은 세상을 만들 역사적인 여러 힘을 설명하는 이론들을 내놓았다. 반면에 보수주의자들은 그 새로운 세상이 결코 실현될 수 없는 이유와 새로운 세상이 온다 하더라도 예전보다 거의 나아질 게 없는 이유를 설명했다. 그들은 변화라는 것은 망상일 뿐이라고 경고했고, 또 구질서를 지배했던 지배 계층과 전혀 다를 바가 없는 새로운 지배 계층의 등장을 경고했다. 폭력을 옹호하는 사람들은 폭력이야말로 사회적인 해방뿐만 아니라 개인적인 해방의 원천이라는 이론을 들고 나와서 낡아빠진 국가 체제를 쓸어버리자고 주장했다. 반면 비폭력을 주장하는 사람들은 신중함뿐만 아니라 도덕적 우월함이 발휘할 수 있는 강점을 이야기했다. 대중이 봉기할 것이라는 공포 그리고 대중이 지금보다 더 많이 봉기해야 한다고 느끼는 사람들의 좌절 때문에 믿음의 순응성, 군중의 암시성, 선전Propaganda이 주는 충격 그리고 지배의 견고한 패러다임과 내러티브 등을 안타까워하는 인간의 의식을 다루는 이론들도 많이 나왔다.

온갖 이론들이 관료화와 합리화의 과정들을 명시하고 예증하면서 효율적인 설계 및 수행 능력을 갖춘 전략들을 제시했으며, 혁명을 추구하는 정치에서조차 전문화와 견고한 조직이 필요한 이유를 설명했다. 이것은 (특히 좌익의 경우에) 정치적인 삶의 시금석과도 같은 여러 쟁점 가운데 하나가 되었다. 왜냐하면 강자의 악습을 피하면서도 여전히 효과적일 수 있는 것이 과연 가능할까 하는 문제를 예리하게 제기했기 때문이다. 철저한 규율은 진정한 인간 정신을 부정하는 행위라고 믿는 사람들은 철저한 규율을 갖춘 조직(당)과 이 조직의 구성원을 줄기차게 비판했다. 하지만 대체로 강력한 조직은 개인의 임의적인 행동이 가지는 한계조차도 극복했다. 그럼에도 불구하고 우리는 정치적인 과격급진파라는 비주류가 아닌 주류의 영역에서 대통령의 선거 유세를 관리하는 사례를 살피고 또 결론을 내릴 것이다. 이런 내용들을 사회 변화와 정치적인 신념을 다루는 여러 이론들에 의거해서 정리하고 설명할 것이다. 정치만 전문화된 게 아니라 이론 역시 전문화되었다. 이 커다란 이야기 속에서 중요한 역할을 차지하는 것이 사회과학의 등장과 발전이다. 사회과학은 파당적 이익에 때 묻지 않은 보편 타당성을 갖춘 여러 진실들을 밝힘으로써 자연과학만큼 중요한 학문적 지위를 차지하려고 했다. 여기 제3부와 이어지는 제4부에서는 사회과학이 (비록 어떤 주관적인 가치에서 완전히 자유롭지 않긴 했지만) 종종 정치를 그리고 아울러 전략을 필요 없게 만들 수도 있는 (한때 계몽주의 국가에 의해 인정을 받았던) 공공정책의 원천이었음도 확인할 생각이다.

✝ 직업적 혁명가들

기존의 사회질서를 무너뜨리기 위해서 온갖 전략을 개발했던 반란의 선동자들에서부터 시작해보자. 이 논의를 시작하려면 우선 제2부의 출발점으로 다시 돌아갈 필요가 있다. 직업적 혁명가가 나타난 것은 1789년 프랑스 혁명의 결과인 나폴레옹 전쟁과 시기를 같이하기 때문이다. 프랑스 혁명은 비록 그 이후에 일어났던 모든 혁명에 영감을 주고 또 표준으로 기능했지만 어떤 의도적인 음모 즉 정교한 전략의 결과로 나타난 게 아니었다. 그것은 앙시앵 레짐ancien regime(구체제)의 경직성과 부조리에 대한 반응이었고, 이 혁명의 틀을 규정한 것은 사상과 사고방식의 혁명이었던 계몽주의였다. 혁명의 과정에서 일어난 일들은 모든 사람들을 깜짝 놀라게 했다. 심지어 이 혁명을 이끈 사람들조차도 전혀 예상하지 않았던 혁명의 진행 과정에 깜짝 놀라긴 마찬가지였다. 시민권과 천부인권이라는 핵심적인 사상을 장려하고 나중에는 테러조차도 권장했던 자코뱅파는 혁명이 일어난 직후에 결성되었다. 자코뱅파는 처음에는 온건했지만 정책이나 수단 측면에서 점점 더 급진적으로 바뀌었다. 그리고 혁명은 자가발전의 경로를 걸었고, 결국 나폴레옹의 역풍을 맞고 소멸되었다. 이 시기에 고무되어서 나타났던 권력과 폭력 그리고 변화를 다룬 이론들은 국제 정치 및 국내 정치에서 모두 군사 전략뿐만 아니라 혁명에 지속적으로 영향을 미쳤다.

　나폴레옹 전쟁이 끝난 뒤 유럽 각국의 지도자들은 1814년부터 다음 해까지 열렸던 빈 회의Congress of Vienna에서 만났다. 이들이 모인 목적은 더 이상의 혁명과 전쟁의 살육을 막자는 것이었다. 민주주의를 확대할 준비가 되어 있던 국가들도 있었지만 대부분의 국가는 온정주의적인 군주제만이 질서를 유지할 수 있다고 확신했다. 그러나 그 무렵은 거대한 사회 경제적 격변의 시기였다. 유럽은 모든 계층의 불만으로 펄펄 끓고 있었다. 농민은 오랫동안 살아왔던 자기들의 삶의 방식에 넌더리가 난 상태였다. 노동자는 스스로를 조직하기 시작했는데 때로는 변변찮기도 했지만 또 때로는 강력한 힘을 발휘하기도 했다. 자유주의적인 중간 계급은 자기들이 누릴 자유를 억누르고 사사건건 간섭하며 돈을 벌 기회와 능력을 가로막는 장벽에 맞서고 있었다. 한편 토지를 소유한 귀족층에서 떨어져나온 지배 계층은 자기들이 가지고 있는 권력을 놓치지 않으려는 마음으로 초조했다. 1840년대에 경기 불황과 흉년이 겹치면서 혁명이 코앞까지 다가와서 무슨 일이든 기어코 일어나고야 말 것이라는 정서가 팽배해졌다. 즉 그 시기는 혁명을 갈망하던 사람들이 구체적인 계획을 세울 때였다.

마이크 래포트_{Mike Rapport}(영국의 역사학자—옮긴이)가 지적한 것처럼 이 시기는 '보수적인 구질서를 폭력적으로 뒤집기 위해서 지칠 줄 모르고 음모를 꾸미던 직업적 혁명가'가 처음으로 등장한 시기였다.[1] 이 전문가들은 혁명의 불길은 의도적으로 얼마든지 지필 수 있으며 따라서 대중의 예상치 않은 감정의 폭발이 썩어빠진 국가 구조를 자연적으로 압도할 때까지 굳이 기다릴 필요가 없다고 믿었다. 1789년의 프랑스 혁명 덕분에 혁명이라는 발상은 이제 비현실적인 이야기나 환상이 아니었다. 현재 구축되어 있는 질서는 신의 뜻에 따른 것이며 인간이 나서서 간섭할 영역이 아니라는 주장에 휘둘릴 여지도 없었다. 사람들은 한 번 일어난 적이 있는 일이라면 얼마든지 또 한 번 더 일어날 수 있다는 생각을 가지고 있었다. 혁명가들은 대중의 불만과 시위를 어떻게 하면 안성맞춤의 폭동으로 전환시킬 수 있을지 연구했고 또 각각의 방법을 주장하고 나섰다. 높은 가능성에 고무된 혁명가들은 혁명의 길을 놓고 논쟁을 벌였으며, 때로는 자기 주장을 현실에서 실행하려고 시도했다.

하지만 이런 참신하고 이론적인 발상 가운데 많은 것들은 결국 진부해지고 말았다. 너무 익숙하고 또 쓸모가 없었기 때문이다. 그 발상들은 뚜렷하게 구분이 되는 (그러나 때로는 분파주의적인) 대중적인 정치 조직의 구호가 되었다. 19세기의 처음 수십 년 동안에 그 구호들은 참신하고 실천적이며 선동적이었고 또 지적 열기와 정치적 열기를 모두 담아냈다. 그 시기는 근본적인 혁신의 시대였다. '좌익'과 '우익'이라는 단어도 이 무렵에 나왔는데, 이 단어들이 의미하는 정치적인 태도는 혁명 이후 프랑스 의회의 좌석 배치에 따른 것이었다. '사회적인 질문'을 집중적으로 논의할 필요성을 언급하는 '사회주의'Socialism와 완벽한 평등 그리고 토지와 재산의 공동 소유에 대한 신념을 주장하는 '공산주의'Communism도 1839년에 사전에 등재되었다.

혁명 이론가들은 전쟁 이론에 의존했다. 그들은 또한 전쟁 이론에서 동원되었던 투쟁이니 공격이니 전투니 하는 용어를 그대로 가져다가 비유적으로 사용했다. 그리고 결정적인 전투에 해당되는 폭동의 가능성을 탐색했다. 존 폰 노이만John von Neumann과 마르크 폰 하겐Mark von Hagen이 지적했듯이 '결정적인 행동을 강조했으며 심지어 전략적인 수세에서조차 전술적인 공세를 감행할 수 있다고 강조했던 클라우제비츠의 요지는 혁명 전략의 상투적인 요소가 되었다.'[2] 권력을 지배 계층으로부터 빼앗아 와야 했다. 이렇게 하려면 우선 국가가 휘두르는 조직적인 폭력을 무력하게 만들어야 했다. 가장 바람직한 길은 지배 계층이 자기 형제에게 총구를 겨눠야 한다는 공포를 이기지 못하고 혁명의 정당한 주장에 승복해서 항복하도록 하는 것이었다. 하지만 필요할 경우에는 직접적인 전투를 통해서 군대를 격파해야 했다. 그러므로 반란의 폭동은 전투의 형태를 띠었으며, 전쟁의 원리와 비슷한 원리를 따를 수밖에 없었다. 하지만 월등하게 우세한 정부군의 화력에 맞서려면 수적인 우세가 절대적으로 필요했다. 그러므로 평범한 대중들 즉 가난하고 재산을 빼앗긴 사람들과 노동자, 농민을 일으켜세워서 혁명의 대열로 나아가도록 만들어야 했다. 이 사람들은 현재의 비참한 처지를 개선하기 위해서뿐만 아니라 새롭고 보다 나은 세상, 보다 우아하고 보다 정당하며 보다 조화롭게 함께 번영할 수 있는 세상을 만들기 위해서 떨쳐 일어나야 했다.

그래서 직업적 혁명가라는 새로운 계층은 처음에는 전투원이자 조

직가, 그리고 지휘관으로서 스스로를 드러냈을지 모르지만 궁극적으로
는 스스로를 사상가로 규정하고서 이제 막 싹을 틔운 대중의 열망을 명
확하게 정리하며 여태까지 잘못된 것이 무엇인지 분석하고 그 모든 것
을 바로잡을 수 있는 전망을 제시해야 했다. 혁명가들은 자기가 가진 사
상의 힘과 이 사상을 신문과 소책자와 책을 통해서 확산시킬 수 있는 능
력을 가지고서 이름을 날리고 평판을 높였다. 그런데 이들이 설정한 목
적은 찬란하긴 했지만 어쩐지 너무도 요원했고, 그에 비해서 이들이 가
진 수단은 너무도 형편없었다. 그러므로 이 둘 사이를 연결하려면 상당
한 수준의 지적 곡예와 영웅적인 신념이 필요했음은 놀라운 일이 아니다.
그러므로 여러 가지 불가능한 전략들이 가지는 상대적인 강점을 놓고서
치열한 논쟁이 벌어졌다. 이러저러한 사회가 좋은 사회라고 규정하는 것
과 거대한 대중 운동의 자연스러운 결과로 그런 사회가 나타날 수 있다
고 설명하는 것은 전혀 다른 문제였다. 또 혁명이 어떻게 해서 바라마지
않는 결과를 내놓는 데까지 진행될 것인지 설명해주는 (논리적으로 일관성
이 있는) 어떤 이야기를 개발하는 것과 혁명의 순간이 다가왔을 때 그 경
로를 실제로 따라가는 것은 전혀 다른 문제였다. 이 거대한 드라마들은
혁명가들에게 자기들이 그토록 얻고자 했던 모든 것을 한 번 흘낏 볼 수
있게 해줄 터였다. 그런데 문제는 흘낏 바라보는 것 이상의 어떤 것이 과
연 가능할까 하는 점이었다. 그들에게는 그다지 많은 기회가 주어지지
않을 것이기 때문이었다.

직업적 혁명가 대부분은 프랑스 혁명이 일어났던 1789년 이후에, 즉
19세기의 처음 10년 기간 동안에 나타났다. 그리고 거의 200년이 지난
뒤에도 그 전문가들 가운데 많은 사람들이 여전히 좌익의 대표적인 인물
로 명성을 유지하고 있다. 극단적인 경우가 프랑스의 사회주의자 루이

오귀스트 블랑키Louis-Auguste Blanqui이다. 열렬한 활동가였으며 고도로 조직적인 음모를 선호했던 그는 오랜 세월을 감옥에서 보냈다. 그의 이름에서 '블랑키주의'Blanquism라는 노선의 명칭이 유래되었는데, 이 노선은 광범위한 대중의 힘에 의거하지 않고 소수 정예의 혁명가 집단의 힘에 의한 봉기로써 혁명을 실현시킨다는 믿음을 가지고 있었다. 피에르 조제프 프루동 Pierre-Joseph Proudhon은 최초로 무정부주의를 주창했다. 그는 1840년대에 무정부주의를 '지배자가 따로 존재하지 않는' 정치 체제라고 규정했다. 프루동은 '재산이란 무엇인가?'라는 질문을 제기한 뒤에 '도둑질한 것'이라고 스스로 답했다. 무정부주의는 나중에 러시아의 미하일 바쿠닌Mikhail Bakunin에 의해서 전혀 다르게 변형되었다. 바쿠닌의 혁명적 신념과 사상은 1840년대까지 여전히 힘을 불려가고 있었다. 그런데 이탈리아의 주세페 마치니Giuseppe Mazzini가 민족주의적인 노선을 들고 나왔다. 마치니는 여러 개로 쪼개져 있던 이탈리아를 하나로 통일시키려고 시도했으며, 이 통합된 하나의 이탈리아가 사회주의적인 공화정 국가가 되기를 바랐다. 마치니는 애국심은 국제주의와 얼마든지 공존할 수 있다고 주장했다. 헝가리에서는 라요스 코수스Lajos Kossuth가 마치니와 비슷한 견해를 가지고서 오스트리아의 지배에 맞서는 투쟁을 이끌었다.

그리고 카를 마르크스Karl Marx가 있었다. 그는 동료 혁명가들로부터 엄청난 지성을 갖춘 인물로 존경을 받긴 했지만 자기가 그 사람들에게 퍼부었던 경멸 때문에 엄청난 미움도 받았다. 마르크스는 1818년 프러시아의 트리어에서 태어났다. 그의 집안은 유대교에서 기독교로 개종한 가문이었고 주변 사람들은 그가 법률가가 될 것이라고 기대했다. 하지만 그는 대학교에서 철학 특히 '청년 헤겔파'Young Hegelians라는 이름으로 알려진 급진주의 단체에 이끌렸다. 그들은 위대한 철학자 게오르크 빌헬름

프리드리히 헤겔Georg Wilhelm Friedrich Hegel의 핵심 주제들, 그 가운데서도 특히 이성과 자유에 대한 찬양을 받아들이면서도, 역사는 당대의 프러시아에서 만족할 만한 결론에 다다랐다는 헤겔의 사상에는 반대했다. 나중에 마르크스가 이 청년 헤겔파와 결별한 이유는 역사 변화의 물질적인 이유를 바라보는 것이 중요하다고 강조했기 때문이다. 마르크스는 1843년에 검열이 상대적으로 심하지 않던 프랑스로 이주해서 기자 생활을 하며 살았다. 그리고 거기에서 평생의 동지인 프리드리히 엥겔스Friedrich Engels를 만났다. 엥겔스의 아버지는 방적 공장 사장이었고, 이 공장은 산업혁명의 중심지인 맨체스터에 있었다. 마르크스와 만났을 당시에 엥겔스는 저서 《1844년 영국에서의 노동자 계급의 상태》Die Lage der arbeitenden Klasse in England를 막 출간한 뒤였다. 두 사람은 동지가 되었다. 엥겔스는 마르크스를 경제적으로 도왔을 뿐만 아니라 마르크스 대신 원고의 초안을 작성하기도 했다. 특히 군대의 역사와 이론에 대한 원고들을 작성했는데, 이 분야에 엥겔스가 상당한 전문성을 가지고 있었기 때문이다. 그리고 두 사람은 《독일 이데올로기》Die deutsche Ideologie에서 자기들의 기본적인 철학을 완성했다(이 책은 1845~1846년에 원고가 집필되었지만 처음 출간된 것은 1932년이었다). 이 책은 물질적인 것과 관계없이 독립적으로 존재하는 '도덕성, 종교, 형이상학, 나머지 모든 이데올로기 및 거기에 따른 의식의 형태들'은 없다고 주장했다. 두 사람의 주장은 공공연하게 유물론적이었다.

"삶은 의식에 의해 결정되지 않으며, 삶이 의식을 결정한다."[3]

나중에 두 사람이 발견하게 되지만, 실제로 혁명을 추구하는 전략가들에게 가장 까다로운 여러 문제들이 이 단순한 대구에 담겨 있었다.

혁명이라는 영역에서 마르크스가 차지한 비중은 군사 영역에서 클라우제비츠가 차지하던 비중만큼이나 어마어마했다. 클라우제비츠가 전쟁 이론을 제시했듯이 마르크스는 혁명 이론을 제시했다. 하지만 마르크스는 클라우제비츠에 비해서 한결 덜 추상적이었다. 클라우제비츠가 실제로 마르크스에게 끼친 영향은 미미했다. 오히려 엥겔스가 클라우제비츠의 저작을 면밀하게 읽었다. 하지만 그것도 1850년대에 들어서서 그랬다. 만일 마르크스가 클라우제비츠에게 영향을 받은 게 있다면, 두 사람이 동일한 역사적 전통 속에서 활동했기 때문이라고 말할 수 있다. 이런 점에서 두 사람은 (비록 밀접한 정도까지는 아니지만) '역사적이고 지적인 가족 관계'를 공유한다.⁴ 마르크스의 이론은 역사적 변화의 역학 즉 생산양식의 변화에 수반되는 계급 투쟁의 결과 속에서 혁명이 수행하는 역할을 증명했다. 그런데 이론이 혁명가들에게 희망을 주긴 했지만 그렇다고 해서 혁명가들에게 구체적으로 무엇을 해야 할 것인지 일러주지는 않았다. 경험의 결과로 이론을 만들어냈던 클라우제비츠와 다르게 마르크스는 혁명을 경험하기 이전에 혁명 이론을 개발했으며, 또한 이 이론을 현실에 적용할 때 문제가 있음을 곧바로 깨달았다.

그럼에도 불구하고 특출하게 강력한 그의 이론은 그가 살아 있는 동안 그의 적이었던 사람들에게조차 깊은 인상을 남겼으며, 그 뒤로도 계속해서 사회주의적 상상력을 지배했다. 20세기의 혁명가들은 거의 대부분 마르크스의 철학과 사상에 뿌리를 대고 자기 나름의 전략과 정치적 과제를 설정했다. 그의 저술은 진지한 신문 기사에서부터 깊이 있는 철학 논문까지 다양하게 많다. 몇몇 중요한 저술들은 그가 살아 있는 동안에 출판되지도 못했다. 학자들과 활동가들 모두 그의 저술 가운데서 핵심적인 구절들이 담고 있는 의미를 탐구하면서 희미하게만 기억되는 역사적인 사건들 그리고 주장이 명료하게 밝혀지지 않은 철학자들에 대해서 그가 달았던 논평들 속에서 어떤 지침을 찾으려고 했다. 이 대가의 글에서 뽑은 적절한 인용은 모호하고 의심스러운 제안을 명료한 제안으로 바꾸어주곤 했다. 그러나 마르크스가 '진정으로 의도했던' 것을 두고 여러 가지 엇갈리는 해석들이 가능했기 때문에 똑같이 마르크스의 이름을 달고는 있지만 내용은 전혀 다른 분파들이 수없이 생겨났다. 클라우제비츠의 저술을 해석하는 데서 빚어지는 문제는 클라우제비츠 본인이 직접 개정판을 저술하다가 끝을 맺지 못한 채 도중에 죽었다는 데서 생겨났지만, 마르크스의 저술을 해석하는 데서 빚어지는 문제는 마르크스가 단 한 번도 기존의 사상을 수정한다는 말을 하지 않은 채 수많은 저술을 완성했다는 데서 생겨났다.

† 1848년 혁명

마르크스는 당시에 각축을 벌이던 모든 급진적인 관념들을 걷어챘다. 종교적인 규범, 애국적 열정, 문명화된 가치 및 시민권의 옹호, 반동 정치 그리고 개혁적 점진주의, 이 모든 것들은 환상이며 현재 지배 계급의 이익을 노골적으로 대변하는 것이거나 아니면 이미 오래 전에 사라지고 없는 것들의 이데올로기적 찌꺼기일 뿐이며, 결국 대중으로 하여금 자신이 처한 노예적인 상태를 합리화하도록 하는 것들일 뿐이라고 했다. 마르크스에게 역사는 그 자체로 생사를 가르는 무기였고 프롤레타리아에 대한 신념의 원천이었으며 노동자가 가지고 있는 잠재력과 운명을 그들에게 설명하는 수단이었다.

전략은 계급 투쟁에 튼튼하게 뿌리를 내려야 했다. 선의, 정의, 평등 혹은 인간 의지의 무한한 가능성에 호소함으로써 화해할 수 없는 대상과

화해하려고 하는 것은 아무 의미가 없었다. 혁명 과정이라는 것은 사회의 일반적으로 주요한 사회경제적 조건에 조응해서 정치 권력을 획득하는 방식에 관한 문제였다. 마르크스의 이론은 역사적인 과정이 더는 피할 수 없는 결론에 도달할 때까지 기다리면 혁명이 저절로 일어난다는 식의 경제적 결정론으로 기울었다. 하지만 마르크스는 활동가였고 따라서 숙명주의자가 결코 아니었다. 그의 목적은 언제나 노동자 계급의 권력을 세우는 것이었다. 그는 스스로를 프롤레타리아를 위한 전략가로 규정하고, 노동자 계급의 행군을 도울 능력 혹은 방해할 능력을 가지고 있는지 여부에 따라서 다른 계급들을 노동자 계급의 잠재적인 동맹자로 혹은 적으로 바라보았다.

혁명의 해인 1848년 직전에 아직 채 서른 살도 되지 않았던 마르크스는 다른 노선들과는 뚜렷하게 구분되는 접근법을 가진 정치 지도자로, 당대에 소책자를 쓰던 숱한 사람들에 비하면 확실히 한 단계 높은 인물로 우뚝 서 있었다. 지적인 엄정함과 무거운 풍자로 버무린 그의 강력한 글은 사회주의 사상, 특히 한층 환상적인 사상의 지도자로 인정받는 사람의 기상과 풍모로 넘쳤다. 점점 더 많은 사람들이 그의 과학적인 접근법에 승복하면서 지지자가 되었다. 하지만 그는 타고난 지도자가 아니었다. 마르크스에게는 카리스마와 공감 능력이 부족했다. 그래서 단 한 번도 선풍적인 대중적 인기를 누리지 못했다. 그는 웅변가라기보다는 강연자였고 타협하기보다는 자기 주장을 하는 사람이었다. 그는 감정적인 접근보다는 분석적인 접근을 선호했다. 좌익에 속한 사람들에게는 흔히 볼 수 있는 일이었지만 프롤레타리아의 단결을 주장하는 메시지에는 자기가 주장하는 노선 이외의 노선에 대한 철저한 경멸을 담았다. 그는 분열을 전혀 두려워하지 않았다. 잘못된 방향이나 뒤죽박죽의 관념을 인위적으로 포용하는 것보다는 혁명적인 선명함과 활력을 차별적으로 드러내는 게 훨씬 더 중요하다고 여겼다. 마르크스와 엥겔스 모두 자기와 의견이 다른 사람들과는 개인적인 차원에서는 결코 동맹을 맺지 않았다.

　마르크스가 처음으로 정치 조직과 관계를 맺은 것은 '의인동맹'義人同盟. Der Bund der Gerechten이었는데, 이 단체는 비밀 결사체가 가지고 있음직한 속성을 모두 다 가지고 있었다. 마르크스와 엥겔스는 다른 사람들의 도움을 받아서 1847년에 이 단체를 보다 공개적인 단체인 '공산주의자 동맹'으로 바꾼 다음, 독일과 프랑스, 스위스에 지부를 조직했다. 그리고 의인동맹의 구호이던 '모든 인간은 형제다'도 '만국의 프롤레타리아여, 단결하라'로 바꾸었다. 이 두 사람은 공산주의자 동맹으로부터 《공산당 선언》Manifest der Kommunistischen Partei을 집필하라는 위임을 받았다. 그리고 6주간의 집중 작업 끝에 (마르크스가 주로 많이 썼다) 이 선언문은 1848년 2월에 완성되었다. 이 선언문의 유명한 첫 구절인 '유령 하나가 유럽을 배회하고 있다. 바로 공산주의라는 유령이다'는 역설적인 의미를 담기 위해서 동원되었다. 공산주의는 유령 혹은 허깨비가 아니었다. 이미 실질적인 세력으로 존재하면서 '기존의 모든 사회적 조건들을 강력하게 타도할' 것을 요구하고 있었다. 정치적인 선언문에 으레 포함되기 마련인 요구 사항 목록은 《공산당 선언》에도 포함되었는데, 원고 마감 일자가 워낙 촉박하다 보니 잡동사니 모음이 되고 말았다. 그런데 가장 중요한 것은 이 선언문에 담긴 논리의 일관성이었다. 예컨대 이 선언문은 '지금까지 존재했던 모든 사회의 역사는 계급 투쟁의 역사'라고 설명했다. 현 시대에 계급적인 적대감은 점점 단순해져서 '두 개의 적대적인 진영, 부르주아와 프롤레타리아라는 서로 대적하는 두 개의 커다란 계급으로 나뉘어 있다'고 했다. 공산주의자들이 가지고 있던 독특한 강점은 '프롤레타리아 운동 행진의 대열과 조건 그리고 궁극적인 결과'에 대한 이해에서 '가장 앞서 있고 또 단호하다'는 점이었다. 이것은 한 국가나 정당 혹은 기관의 전략이 아니었다. 물론 어떤 개인을 위한 전략도 아니었다. 이것은 생산 수단과의 관계 속에서 규정된 어떤 계급을 위한 전략이었다.

1848년 한 해 동안 유럽 전역에서 혁명은 들불처럼 번졌다. 특히 중요한 혁명으로는 프랑스, 독일, 폴란드, 이탈리아 그리고 오스트리아 제국에서 일어난 혁명을 들 수 있다. 비록 이탈리아 시칠리아에서 처음 시작되긴 했지만 이 혁명은 프랑스에서 가장 격렬하고도 진지하게 자기 갈 길을 걸어갔다. 나폴레옹이 몰락한 뒤에 프랑스는 다시 군주제로 돌아갔다. 1830년에 군주제로의 복고를 꿈꾸던 샤를 10세가 실질적인 권력을 잡으려고 하자 민중 봉기가 일어났다. 7월 혁명이었다. 샤를 10세가 영국으로 망명하고, 그의 뒤를 이어 루이 필리프_{Louis Philippe}가 시민왕으로 추대되어 프랑스 왕좌에 올랐다. 초기에 그는 혁명의 대의에 공감하는 듯했지만 결국에는 혁명을 탄압하려 들었고, 1834년에 다시 바리케이드가 세워졌다. 빅토르 위고_{Victor Hugo}의 소설 《레미제라블》_{Les Miserables}의 배경이 된 이 봉기는 진압되고 말았다. 그러나 1849년 2월에 병사들이 군중을 향해 발포를 하고 분노한 군중이 궁전으로 몰려들자 루이 필리프는 왕좌를 버리고 영국으로 망명했다. 그리고 얼마 뒤 임시정부는 제2프랑스공화국을 선언했다. 남성의 참정권과 빈민 구제를 약속하는 국체였다.

그러나 혁명은 곧 위기를 맞았다. 부자들이 다른 나라로 달아나고 기업이 문을 닫고 새로운 정부를 구성한 사람들 사이에서 의견 충돌이 일어남에 따라서 사회가 경제적으로 또 정치적으로 혼돈 상태에 빠져들었기 때문이다. 프랑스 사회주의자들은 언어적인 표명이나 열망이라는 측면에서 볼 때 1789년 혁명이 낳은 피조물이었다. 즉 유물론자라기보다는 이상주의자였으며, 자본주의보다는 권리와 정의에 관심을 더 많이 가졌다. 프랑스의 시골에 사는 사람들 눈에는 파리 사람들이 자기들만의 보다 나은 도시 생활을 위해서 갖가지 새로운 세금들을 이기적으로 마구 부과하는 것 같았다. 보다 많은 질서를 추구한다는 명목으로 보다 많은 요구들이 나왔다. 보수주의자들이 정부의 통제력을 장악했으며 군대를 동원해서 바리케이드를 제거하기 시작했다. 중간 계급은 만족했지만 노동자와 농민이 가지고 있던 불만은 해소되지 않은 채 여전히 부글부글 끓었다. 6월이 되자 파리의 노동자들은 모든 것을 내던지고 다시 한 번 더 바리케이드를 쳤다. 정부군은 인정사정 보지 않았고, 이런 대응은 효과적이었다. 노동자들은 나흘 동안 군대와 맞서서 싸웠지만 결과는 그들의 패배였고 대규모 살육이 자행되었다.

뜨겁게 달아올랐던 그 몇 달 동안에 마르크스와 엥겔스가 주로 활동했던 독일에서는 민족 문제로 상황이 한층 복잡했다. 파괴적인 민족 자결보다는 질서 정연한 힘의 균형을 강조했던 빈 회의의 결과로 독일에서는 오스트리아를 필두로 해서 프러시아와 서른여덟 개의 작은 국가들이 느슨하게 묶인 독일 연방이 형성되어 있었다. 그런데 설상가상으로 헝가리 영토는 오스트리아 제국의 한 부분이었지만 독일 연방에는 포함되지 않았다. 상층부가 상대적으로 무거운 이런 체제가 개별 국가들이 가지고 있던 권위주의적인 속성과 맞물리자 상황은 더욱 악화되었다. 이렇게 해서 국권國權을 바탕으로 한 독일 통일의 대의는 보다 많은 민주주의적 권리 요구와 손을 잡고 나란히 가고 있었다.

각국의 혁명은 일반적인 양상을 따랐다. 널리 퍼져 있는 분노가 한꺼번에 폭발해서 대규모 시위로 전개되었고, 시위대는 투석전으로 정부

를 공격했다. 그러면 군대가 진압에 나섰고 사람들이 죽어나갔다. 분노
는 더욱 커졌고 바리케이드가 설치되었다. 거리는 모두 좁고 또 많은 사
람들이 운집해 있었으므로 (광장이나 대로에서라면 아무런 힘도 발휘하지 못
했을) 바리케이드가 국가의 통제를 막아내는 실질적인 장벽 역할을 해냈
다. 정부 당국은 인구가 밀집해 있는 도시의 중심부에 대한 통제력을 상
실했으므로 더 많은 피를 부를 것인지 아니면 양보를 할 것인지 결정해
야 했다. 그들 내부에서도 의견은 갈렸고 결국 군중이 만족하고 돌아설
수 있을 만큼 충분히 많은 양보를 하기로 했다. 전열을 재정비하기 위해
서 한 발 물러서자는 것이었다. 이처럼 처음에는 혁명가들이 '사회적 및
정치적 분파를 넘어선 단일한 목적'을 가지고 있었고 또 정부에 비해서
우세했다.[5] 하지만 폭동이 전체 이야기의 끝이 될 수는 없었다. 혁명을 유
지하고 이 혁명을 더욱 진전시키기 위해서 무장 군대를 포함해서 새로운
국가 기관들을 만들어낼 기회들이 분명 있었을 테지만 그 새로운 상황에
내재된 불확실성 때문에 급진파와 온건파 사이에 긴장이 조성되었다. 중
간 계급은 개혁을 원하긴 했지만 혁명 및 끊임없는 무질서에는 이제 넌
더리가 났다. 좌익은 지나칠 정도로 과격했고 그 바람에 중간 계급은 두
려움을 느꼈다. 자신들이 제시하는 요구가 지나친 것인지 아니면 부족한
것인지를 두고 논쟁이 벌어졌다.

한편 군주 및 정부는 군대를 재정비했다. 유혈이 낭자한 전투에서
급진주의자들은 패배했고, 지도자들은 투옥되거나 해외로 탈출해서 유
랑의 길을 걸었으며, 군중은 협박 아래 잔뜩 겁을 먹었다. 프랑스에서는
이런 일반적인 양상과 다른 방식으로 혁명이 전개되었다. 루이 필리프가
왕위를 내놓고 물러났기 때문이다. 그러나 이런 예외적인 상황은 곧 일
반적인 원리로 입증되었다. 전쟁에서와 마찬가지로 혁명에서도 동맹의

응집력은 승패를 결정적으로 좌우하는 변수였던 것이다.

유럽 전체 그리고 특히 독일에 대해서 마르크스와 엥겔스가 가지고 있었던 애초의 태도는 노동자는 사회주의 투쟁을 준비하는 차원에서 민주주의 혁명을 지원해야 한다는 것이었다. 그것은 얼마 전에 발표했던 《공산당 선언》의 논리에 입각한 것이었다. 구체제에 도전하는 동맹의 범위가 크면 클수록 성공할 가능성은 더 높아진다는 것이었다. 참정권과 발언의 자유를 획득할 때 노동자 계급들이 혁명을 더 잘 조직할 수 있을 것이기 때문이었다. 적어도 프롤레타리아 혁명이라는 다음 차례의 역사적 단계로 이전하기 전까지는 노동자 계급이 수적인 우세, 각성된 의식, 조직, 군대 등의 측면에서 한층 더 성장할 기회와 시간을 벌 수 있었다.[6] 그런데 위험이 없지는 않았다. 민주주의 혁명에서 승리를 거둔 부르주아가 곧바로 공산주의 활동을 억압하고 나설 수도 있었다. 여기에 맞서기 위해서 공산주의자들은 노동자 계급에게, 비록 민주주의 혁명 아래에서는 부르주아와 협력을 하지만 부르주아는 장차 적으로 만나야 할 상대임을 끊임없이 환기시켜야 했다. 바로 여기에서 '영구 혁명'permanent revolution 이라는 개념이 나왔다. 1단계로 민주주의 혁명을 완수한 뒤에 곧바로 그 다음 단계인 2단계 프롤레타리아 혁명으로 나아가야 한다는 발상이었다.

빠르게 전개되는 여러 사건들에 마르크스와 엥겔스는 한껏 고무되었다. 프랑스는 혁명의 전통이 강력하며 또 계급 투쟁이 첨예하고도 결정적으로 전개되던 곳이었다. 2월에 파리에서 첫 소식이 날아들자 엥겔스는 환호하며 다음과 같이 외쳤다.

"이 영광스러운 혁명으로 프랑스의 프롤레타리아는 다시 한 번 더 유럽에서 전개되는 운동의 선두에 섰다. 모든 영광을 파리의 노동자들에게 돌린다!"[7]

곧바로 실망이 이어지긴 했지만, 6월의 재봉기 소식이 다시 또 마르크스와 엥겔스를 흥분시켰다. 마르크스는 위대한 순간이 이미 다가왔다고 결론을 내렸다.

"반란은 역사상 유례가 없는 위대한 혁명, 부르주아에 대항하는 프롤레타리아의 혁명으로 성장하고 있다."[8]

심지어 봉기가 분쇄되는 것조차도 전진의 한 과정이라고 여겨졌다. 계급 투쟁의 가혹한 실체를 경험함으로써 프롤레타리아는 보다 완벽한 공산주의 의식으로 무장될 것이라고 생각했던 것이다. 2월 봉기가 '아름다운 혁명, 보편적인 공감의 혁명'이었던 데 비해서 6월 봉기는 '말이 아닌 현실 그 자체의 혁명이었으므로 추한 혁명, 역겹고 혐오스러운 혁명'이었다. 마르크스뿐만 아니라 다른 혁명가들도 실패는 노동자 계급을 절망에 빠트리고 숙명에 굴종하도록 만드는 게 아니라 더욱 강고한 투사로 단련시킬 것이라고 믿었다.

이 무렵에 마르크스와 엥겔스는 독일의 쾰른에 있었다. 쾰른은 마르크스가 활동하던 곳이었고, 노동자 계급이 상대적으로 높은 비중을 차지하고 있었으며 정치 상황도 격렬했다. 마르크스는 마침 얼마 전에 유산으로 물려받았던 재산을 가지고서, 급진주의적인 대의를 선전하기 위해서 《신新라인신문》Neue Rheinische Zeitung을 창간하고 주필로 활동했다. 첫 발간일은 6월 1일이었고 곧 약 6,000명의 구독자를 확보했다. 이 신문은 프롤레타리아의 세력이 너무 약해서 혼자 움직이기 어려우므로 농민과 하위 중간 계급(프티부르주아)과 연대해서 부르주아를 타도해야 한다는 그의 신념을 대변했다. 이 동맹을 성사시키려면 하위 중간 계급에게 사회주의적 원칙을 강요해서는 안 되었다. 그래서 마르크스와 엥겔스는 《공산당 선언》을 발표하고 여러 주가 지난 뒤에 상대적으로 온건한 요구사항들을 정리했다. 이 목록에는 통일된 공화국과 모든 남성의 참정권 그리고 사회적인 쟁점들을 처리할 몇 가지 부가적인 조치들이 포함되었다. 마르크스가 조직한 최초의 대중 집회가 이루어진 장소는 시골이었고 여기에서 그는 노동자와 농민을 하나로 묶었다.[9]

당시 쾰른의 주요한 노동자 조직은 약 8,000명의 회원을 거느린 쾰른 노동자위원회였다. 창설자는 안드레아스 고트샬크Andreas Gottschalk였는데, 그는 폭넓은 정치적인 행동보다는 노동자의 사회적 조건 및 노동 조건을 개선하는 데 집중했다.[10] 그는 마르크스가 궁극적인 목적에서는 지나치게 극단적이면서 방법에서는 지나치게 온건하다고 평가했다. 또한 그는 혁명의 여러 단계들을 거치는 질서 정연한 진행에 거의 공감하지 않았으며 민주주의 혁명에도 거의 관심을 두지 않았다. 하지만 마르크스는 선거에 입후보한 민주주의적 후보를 지원해야 한다고 주장했고 그러면서 대안으로 '작은 신문이나 잡지를 통해서 사회주의를 선전하며 행동하는 대규모 당이 아니라 소규모 분파(당파)를 찾아내야 한다'고 주장했다.[11] 하지만 고트샬크는 선거를 거부하고 곧바로 사회주의를 밀고 나가야 한다고 주장했다.

고트샬크가 1848년 7월에 체포되자 마르크스와 엥겔스는 쾰른 노동자위원회를 맡아서 이 조직의 방향을 민주주의 운동을 지원하는 쪽으로 수정했다. 이 새로운 태도와 방향은 그다지 큰 인기를 끌지 못했다. 특히 회원들에게 회비를 요구한 것과 맞물려서 이런 거부 반응은 한층 분명하게 드러나 회원 수가 급격하게 줄어들었다. 혁명은 실로 어려운 일임을 절감할 수밖에 없었다. 노동자들이라고 해서 모두 진보적이지는 않았다. 그들은 사회적인 조건에 관심을 가지고 있고 대기업을 고까운 눈으로 바라보긴 했지만, 산업 사회 이전의 여유롭던 노동을 그리워하며 첨예한 계급 갈등에 대해서는 전혀 관심이 없었다. 노동자들에게 혁명적인 열정이 부족하다는 이런 현실에 마르크스는 크게 실망했다. 그래서 이런 사실을 놓고 나중에 만일 독일의 혁명가들이 기차역으로 돌진해야 할 경우에는 아마도 플랫폼 안으로 들어갈 수 있는 입장권을 사려 들 것이라고 비꼬기도 했다.[12] 그는 6월에 파리에서 일어난 일들이 새로운 소식으로 전해질 때 독일에서의 혁명이 활기를 띠게 될지도 모른다고 기대했다. 하지만 용기를 얻은 것은 혁명가들이 아니라 혁명 대열의 반대편에 서 있던 사람들이었다.

독일 정부가 무너지자 마르크스는 한층 더 급진적으로 바뀌었다. 1849년 초부터 그는 사회주의공화국을 위한 순수하게 프롤레타리아적인 요구들을 강조했다. 1850년 초에 그는 독일의 경제 상황이 악화되는 것을 보고 희망을 가졌다. 그해 봄에 쓴 에세이 《프랑스에서의 계급 투쟁》Die Klassenkämpfe in Frankreich은 새로운 혁명 의식으로 고취되어 역사적인 과정의 경로로 빠르게 걸어갈 프롤레타리아의 가능성을 제기했다. 그리고 전 해에 일어났던 사건들은 '프랑스 사회의 제각기 다른 계급들이 예전에는 50년이 걸릴 것이라고 생각했던 사회 발전의 단계가 불과 몇 주 만에 일어날 수 있음'을 뜻한다고 보았다.[13] 혁명 과정은 자체 동력을 만들어내고, 지배 계급이 내놓는 필사적인 조치들을 맞아서는 이상주의적 환상을 분쇄하며, 계급적 이해와 운명에 대한 의식을 강화하는 혁명적 투철함을 낳는다고 보았다. 이 시기 이전에 마르크스는 노동자의 권리와 관련된 요구들을 지지했었지만 이제는 이런 요구들에 매달리지 않았다.

하지만 그의 이런 낙관주의는 설익은 것이었다. 분위기는 한층 더 불리하게 돌아갔고 또 많은 피가 뿌려졌다. 신중함이 대세를 이루었다. 유럽의 경제는 회복 국면에 접어들었고 혁명적인 순간은 사라지고 있었다. 마르크스와 엥겔스는 정치적으로 고립되었고, 덕분에 자기들의 실망을 찬찬이 돌아볼 여유가 생겼다. 사정은 한층 더 나빠지고 있었다. 12월에 나폴레옹 황제의 조카이던 루이 나폴레옹 보나파르트Louis-Napoleon Bonaparte(나폴레옹 3세)가 모호하게 진보적인 강령을 내걸고 선거에 출마해서(중간 계급과 농민에게는 '질서'와 '번영'을, 빈곤층에게는 '지원'을 약속했다—옮긴이) 새로운 공화국(프랑스 제2공화국)의 초대 대통령으로 선출되었다. 대통령으로서 그는 보수적인 의회와 함께 일했고, 사회 개혁에 지속적으로 기울이던 그의 관심은 결국 난국을 맞았다. 그리고 1851년 11월에는 쿠데타를 일으켜서 공화제를 폐지하고 스스로 황제가 되었다.

엥겔스는 마르크스에게 편지를 써서 루이 나폴레옹의 쿠데타는 브뤼메르 18일(1799년 11월에 프랑스에서 나폴레옹 1세가 쿠데타를 일으켜 총재정부總裁政府를 뒤엎고 독재체제를 구축한 사건—옮긴이)을 그대로 흉내 낸 것이라면서 '한때는 대전략이었던 것이 부패한 익살극'이 되고 말았다고 한탄했다.[14] 마르크스는 브뤼메르 18일이라는 주제를 가지고 재기 넘치면서도 풍자적인 《루이 나폴레옹의 브뤼메르 18일》Der achtzehnte Brumaire des Louis Bonaparte을 썼다. 프롤레타리아는 혁명적인 행동을 부르는 유혹에 스스로 몸을 맡겼고 나아가 마침내 '그 환경, 그 교육 수준 그리고 제반 사회적 관계에서는 즉각적으로 실현될 수 없는 해법들을 가정함으로써 자기 자신을 훌쩍 뛰어넘어버렸다.' 프롤레타리아는 길을 잃었고 프티부르주아는 공포에 떨며 혁명을 버리고 달아났는데, 농민은 여전히 나폴레옹의 전설에 넋을 놓고 취해 있었다('역사적 전통은 프랑스 농민들에게 나폴레옹이라 불리는 한 남자가 그들에게 모든 영광을 되찾아줄 것이라는 기적에 대한 믿음을 불러 일으켰다. 그리고 어떤 자가 불쑥 나타나서 자신을 나폴레옹으로 칭했는데, 그 이유는 단지 나폴레옹이라는 이름을 가지고 있기 때문이라는 것이었다.'─옮긴이). 오로지 보수주의자들만이 자신의 계급 이익을 위해서 충실하게 행동했다. 혁명 이전에 마르크스와 엥겔스는 무질서에 대한 공포가 혁명에 참가한 노동자 계급을 나머지 다른 계급들과 떼어놓는 쐐기가 될 수 있음을 인식했었다. 그러나 마르크스는 이미 낡은 방식의 사회민주주의와 단절했던 터라 지금은 급진적인 운동의 리더십 실패를 비난하고 있었다.

"인간은 자기 자신의 역사를 만들어나간다. 하지만 자기가 원하는 대로 역사를 만들지는 않는다. 자기가 선택한 환경 아래서가 아니라 과거로부터 주어져서 현실에 존재하는 환경 아래에서 역사를 만든다."

《루이 나폴레옹의 브뤼메르 18일》에 나오는 이 유명한 구절은 심오하면서도 단순한 전략적 통찰이었다. 개인은 자기 운명의 틀을 만들어나가지만, 이 개인들이 하는 선택은 자기들이 놓여 있는 상황과 그 상황에 대한 본인의 판단에 의해서 조건지어진다는 것이었다.

"죽은 모든 세대의 전통이 살아 있는 사람들의 뇌에 남아서 마치 악몽처럼 압박한다."

사람들은 혁명에 참여해서 '과거에 존재하지 않았던 어떤 것을 만들기' 시작한 바로 그 순간에, 과거를 돌아보는 게 아니라 미래를 내다보아야 했기에 상상력의 실패에 시달렸다.

"사람들은 세계 역사 속의 이 새로운 장면에 유서 깊은 전통과 언어를 부여하기 위해서 지금 자기가 하는 일에 과거의 정신을 초조하게 불러내서 온갖 명칭과 전투 구호 그리고 복장을 빌린다."

프랑스 대혁명은 처음에는 로마 공화국의 모습이었다가 로마 제국의 모습으로 바뀌었다. 이에 비해서 1848년 혁명은 순전히 1789년의 프랑스 대혁명을 패러디한 것이었다. 그러나 어쨌든 간에 마르크스는 '19

세기의 사회 혁명'이 과거가 아니라 미래에서 자신의 '시詩'를 찾을 수 있도록 재촉했다.

마르크스 본인도 그 점에 대해서는 완전히 자유롭지 못했다. 존 맥과이어John MacGuire가 지적하듯이, '마르크스의 사상에서 1789년 프랑스 혁명의 영향을 완전히 떼어놓고 생각하기는 어렵다.'[15] 이 혁명은 모든 것을 비교해서 판단할 수 있는 기준이었다. 예컨대 바스티유 감옥 공격의 폭풍 같은 드라마, 그 뒤에 이어진 혁명의 정의 그리고 사람들이 주고받는 인사의 방식과 달력까지 포함한 모든 것을 새롭게 생각하는 발상의 변화, 즉 위에서부터 아래로가 아니라 아래에서부터 위로 세상을 송두리째 다시 바라보는 것이 그런 기준이 되었다. 프랑스 혁명은 당대 혁명의 표준이고 전형典型이었다. 마르크스는 1848년에 쾰른의 노동자를 이끌려고 노력하면서 자코뱅파의 국민공회를 '모든 혁명 시기의 등대'라고 불렀다. 이 기간 동안에 그는 농민의 역할에서부터 리더십의 유형들과 유럽에서 또 한 차례의 거대한 전쟁이 일어날 가능성에 이르기까지 1789년의 이미지와 교훈을 끊임없이 언급했다. 1848년 독일 혁명을 위한 그의 전략은 '프랑스 혁명은 급진적으로 전개되었다'는 구절 하나로 간단하게 요약될 수 있었다.[16] 아닌 게 아니라 《루이 나폴레옹의 브뤼메르 18일》의 기본적인 구조도 프랑스 혁명과 비교하는 것이었다.

마르크스는 또한 혁명 이전에 개발된 어떤 이론적 구조에 갇혀 있었다. 정치적인 실천을 안내하기에는 부족하다고 첫 번째 검증에서부터 드러난 이론적 구조였다. 그의 이론은 프롤레타리아에게 프롤레타리아의 진정한 관심이 무엇이며 역사 속에서 수행해야 할 역할이 무엇인지, 즉 프롤레타리아는 새롭게 떠오르는 계급이며 장차 다른 모든 계급을 능가할 것임을 쉽게 설명할 수 있는 매력적인 내러티브를 가지고 있었다. 그러나 1848년의 프롤레타리아를 놓고 보자면 그의 이론은 실패했다. 규모도 변변찮고 정치적으로도 성숙하지 못했으며, 한 걸음이라도 앞으로 나아가려면 다른 계급의 힘을 빌려야만 했다. 전체 계급의 지형 속에서 그저 그렇고 그런 계급일 뿐이었다. 마르크스의 이론 구조에는 기본적으로 네 가지 질문이 대답을 기다리고 있었다. 근본적이면서도 어려운 질문들이었다.

첫째, 계급은 사회경제적 범주 이상의 어떤 것이면서도 구성원들이 기꺼이 확인하고 받아들일 수 있는 것이어야 했다. 프롤레타리아는 그 자체로 이미 존재하는 하나의 계급일 뿐만 아니라 각성한 정치적인 군대, 즉 스스로를 위한 의식적인 계급이어야 했다. 이것은 의식의 문제였다. 《공산당 선언》은 궁극적인 '열정의 순간'을 언급하면서 '이 계급은 사회와 온전하게 섞인다'고 했다. 그러나 이 계급적 정체성은 순수하게 동일한 경험을 하고 동일한 고통을 당한다는 그 이유 하나만으로 생길 수 있을까, 아니면 (1848년에 마르크스가 종종 생각했던 것처럼) 실제 혁명을 경험하는 과정을 통해서 공산주의자들의 끊임없는 자극 및 단련 과정이 있어야만 가능할까?

둘째, 계급 의식을 일깨우는 일은 필연적으로 민족적인 문제나 종교적인 문제에 대한 주장과 경쟁할 수밖에 없었고, 따라서 때로는 본연의 계급적 주장을 훼손할 수밖에 없었다. 그러나 당시의 많은 노동자들에게는 사회주의자든 민족주의자든 기독교인이든 그건 중요하지 않았다. 실제로 당시의 중요한 혁명가들 가운데 일부는 (예를 들면 이탈리아의 마치니와 헝가리의 코수스가 그랬다) 민족주의를 앞세워서 접근했다. 러시아로부터 독립하겠다는 폴란드의 대의는 폭넓은 지지를 받았고 마르크스 역시 여기에 찬성했다. 《공산당 선언》은 '민족주의와 무관한 프롤레타리아만의 공동의 이익'을 주장했지만, 마르크스는 경제적 구조 및 정치적 구조가 민족에 따라서 다르다는 사실을 잘 알고 있었다. 실제로 그는 지금은 터무니없다고 여겨질 수 있는 방식으로 민족적 특성을 일반화할 수도 있었다. 엥겔스는 민족별로 고유한 고정관념에 마르크스보다 한층 더 깊이 사로잡히는 경향을 보였다.

셋째, 《공산당 선언》은 계급 구조가 양극화의 과정을 밟을 것이라고 주장했지만 1848년 당시의 계급 구조는 극단적일 정도로 복잡했다. 마르크스가 역사적으로 소멸할 것이라고 진단했던 집단들이 소멸하기는 커녕 아주 잘 살고 있었다. 그래서 정치 지형과 구조 그리고 거기에 따른 결과는 다양했다. 마르크스는 '소규모 생산자, 상인과 금리 생활자, 수공업자, 농민, 이 모든 계급이 프롤레타리아로 전락할 것'이라고 생각했다.[17] 그러나 이 집단들은 소멸하지도 않았고 자신을 도시 노동자와 동일시하지도 않은 채 독자적인 이해관계를 관철시키고자 했다. 프티부르주아의 모습을 보고 엥겔스는 분통을 터뜨렸다.

"늘 허세만 부리며 시끄러운 항의를 해댄다. 때로 말로는 온갖 극단적인 이야기를 다 한다. (……) 그러나 일이 심각하게 진행되기만 하면 배짱이 없고 조심스러우며 타산적으로 변한다."[18]

농민은 특히 혁명 대열에 불러들이기 어려웠다. 농민들은 귀족들처럼 사라져가는 봉건 질서를 그리워할까, 아니면 새로운 형태의 토지 소유권을 제시받고 혁명적이 될까? 이런 긴장은 《공산당 선언》에도 분명하게 언급되었는데, 농민을 반동적이며 완고한 계급이라고 규정했다. 그러나 마르크스는 독일에서 노동자와 농민의 동맹이 필요하다고 말했다. 숙련공, 프티부르주아, 가게 점원, 지주 등은 모두 상당한 숫자로 그리고 또 각자 자기만의 정치적인 견해를 가지고서 존재했다. 심지어 1848년의 노동자 계급 내에서도 성격이 다른 집단들이 섞여 있었는데, 대규모 공장의 노동자보다는 소규모 작업장의 노동자가 훨씬 많았다. 그래서 기계화를 혁명 진전의 한 과정이라고 보기보다는 문제의 한 부분으로 보았다. 즉 경제 발전 과정에서 필요한 하나의 단계라고 본 것이 아니라 보다 비참한 삶의 원천으로 보았던 것이다. 혁명들이 실패로 돌아간 뒤에 마르크스는 타락한 룸펜프롤레타리아가 반혁명 진영에 가담함으로써 6월 봉기가 실패한 것이라고 비난했다(하지만 사실 혁명을 진압하던 군대의 계급별 구성을 보면 노동자의 비율이 오히려 더 높았다).

넷째, 가장 큰 혼란은 부르주아 혁명이 프롤레타리아 혁명보다 앞선다는 《공산당 선언》의 규정에서 비롯되었다. 부르주아 혁명은 프롤레타리아가 성장해서 산업 사회를 떠안을 역량을 확보할 수 있는 조건을 마련해줄 것이라는 논리였다. 하지만 이 논리가 당장 요구하는 전략적 함의는 노동자 계급에게 중간 계급의 혁명을 지원하라는 것이었다. 부르주아 계급으로서는 혁명의 경로가 단순하고도 명료했다. 이들은 기업가적인 창의성을 통해서 기존의 질서를 파괴할 수 있었다. 궁극적으로 정치가 이 과정을 따라잡을 것이고, 이 역동적인 계급이 들어설 정치적 공간이 마련될 터였다. 프롤레타리아로서도 민주주의가 확대된다는 점에서 분명 이득이 있긴 했다. 하지만 만일 이론이 옳다면 부르주아가 지배 계층이 되는 사회에서는 더 많은 착취와 더 비참한 삶이 기다리고 있었다. 고트샬크가 마르크스를 비판하면서 노동자의 비참함과 가난한 사람의 배고픔을 단지 '과학적이고 강령적인 관심'이라는 추상적 차원으로 돌리고 있다고 지적하면서 말했던 것처럼 "프롤레타리아의 아들들이 (……) 당신이 말하는 '공산주의 신조'의 구름이 잔뜩 낀 천국에 도달하기 위해서, 낡아빠진 자본주의적 지배의 연옥으로 제 발로 걸어 들어감으로써 중세의 지옥에서 탈출할 이유가, 그것도 자기 피를 뿌려가면서까지 그렇게 해야 할 이유가 군이 어디에 있을까?"[19]

✝ 폭동의 전략

그토록 바랐던 1849년의 경제적 고통은 현실화되지 않았고, 마르크스와 엥겔스는 군대가 국가에 충성을 다하는 한 봉기가 성공할 가능성은 없다고 결론을 내렸다. 설령 이 봉기가 성공한다 하더라도 (프랑스에서는 그럴 가능성이 있었다) 다른 곳에서 이 혁명에 호응을 하는 움직임이 나타나고 혁명에 성공한 국가들이 동맹을 결성해서 반혁명 진영의 군대를 격파할 때만 비로소 혁명은 살아남을 수 있다고 보았다. 마르크스가 정치경제학 연구에 몰두할 때 엥겔스는 혁명 국가들과 반혁명 국가들 사이의 잠재적인 힘의 균형을 살펴볼 목적으로 군사 영역을 집중적으로 파고들었다. 엥겔스의 접근법은 감상적인 차원에서 벗어나 철저하게 기계적이었다.

"전쟁을 많이 공부하면 할수록 영웅주의에 대한 경멸감은 점점 더 커진다. 얼빠진 표현인 영웅주의라는 말은 진정한 군인이라면 절대로 할 수 없는 말이다."[20]

엥겔스는 단일한 국가가 나폴레옹이 초기에 거두었던 승리들을 재현할 수 있을지 의심했다. 기동성과 대중 군대를 바탕으로 한 현대의 전쟁술은 이제 '널리 알려져서 모두가 다 아는 것'이었다. 아닌 게 아니라 이제는 프랑스도 이 전통을 '독보적으로' 간직하고 있는 국가가 아니었다. 그런 국가는 없었다. 이런 인식 아래에서 엥겔스가 내린 결론은 결코 고무적이지 않았다. 엥겔스는 전략과 전술에서의 우위가 반드시 혁명에 유리하게 작용하지만은 않을 것이라고 결론 내렸다. 프롤레타리아 혁명은 계급 구분의 철폐를 반영해서 자체적인 군사 체계를 갖추어야 했고 새로운 전쟁 방법들을 개발해야 했다. 하지만 이것은 엥겔스가 보기에 군대의 대중적인 성격과 이동성을 축소하는 게 아니라 강화하는 것이었고 어쨌거나 아직은 먼 훗날의 일이었다. 우선 혁명을 내부의 적으로부터 보호해야 한다는 점에서 군대를 구성하는 인력 가운데서 많은 부분을 여전히 '오합지졸의 군중과 농민'에 의존할 필요가 있었다. 이 경우에 혁명은 현대적인 전쟁의 여러 수단 및 방법을 채용해야 했다. 그리고 '규모가 큰 부대가 이길 것'이었다. 마르크스는 엥겔스가 놀라운 군사 지식을 가지고 있다는 점에서 엥겔스를 존경했지만 다른 변수들에 비해서 특히 군대 분야의 변수를 더 강조하지는 않았다. 이런 점은 미국이 영국을 상대로 독립전쟁을 벌일 때 분명하게 드러났다. 두 사람 다 북부에 실망하고 답답하게 여긴 건 맞지만, 마르크스는 북부의 우월한 물질적인 힘이 결국 승리를 가져올 것이라고 언제나 확신한 반면에 엥겔스는 남부 연방이 가지고 있던 우월한 군사 기술들을 근심 어린 눈으로 바라보았다. 1862년 여름에 엥겔스는 '모든 것은 끝나버렸다'고 확신했지만, 마르크스는 엥겔스의 이 견해에 동의하지 않고 '군사적인 측면에 너무 많이 휘둘리는 것 아니냐?'고 물었다.[21]

1851년 6월에 엥겔스는 전직 군 장교이자 친구이며 그 해에 미국으로 이주한 요제프 바이데마이어Joseph Weydemeyer에게 편지를 써서, 자기에게는 '군사 관련 역사적 사실들을 이해하고 올바르게 평가하는 데 필요한 (……) 기본적인 지식'이 필요하다고 설명했다. 이 지식에는 지도와 매뉴얼도 포함되어 있었다. 그는 클라우제비츠의 의견을 구했고 또 '프랑스를 그토록 혼란스럽게 만들었던 조미니'의 의견도 구했다.[22] 그는 클라우제비츠의 저술을 읽었지만 조미니의 저술이 더 믿음직하다고 보았다. 1853년에 엥겔스는 다시 한 번 더 바이데마이어에게 편지를 써서 프러시아의 군사 관련 저술들을 놓고, 특히 '훌륭한 점이 많이 있음에도 불구하고 자기는 클라우제비츠와 같은 타고난 천재는 진정으로 좋아할 수 없다'고 하면서 '확실히 최악'이라고 말했다.[23] 1857년에 이르러 엥겔스는 '클라우제비츠의 이상한 철학적 방식'에도 불구하고 전투와 전쟁의 관계는 현금 지급과 상업의 관계와 같다는 클라우제비츠의 주장을 인정하면서 클라우제비츠를 좋아하게 되었다고 했다.[24]

군사 분야에 대한 관심은 또한 공산주의자 동맹을 해체로 몰아갔던 갈등이 반영된 것이기도 했다. 마르크스가 임박한 혁명에 대해서 의심을 품은 결과 공산주의자 동맹은 1850년에 해체되었다. 반대편 진영을 이끈 사람은 아우구스트 폰 빌리히August von Willich였다. 그는 엥겔스가 '지루한 관념론자이긴 하지만 용감하고 냉정하며 노련한 군인'이라고 묘사했던 전직 군 장교였다.[25] 망명자들이 모여들던 런던에서 빌리히는 망명자들 사이에서 상대적으로 많은 인기를 누렸다. 그들은 선술집에 죽치고 앉아서 독일을 해방시키기 위해 독일로 다시 돌아갈 것이라는 낙관적인 이야기들을 하면서 보냈다. 빌리히는 마르크스나 엥겔스와 같은 '글깨나 쓰면서' 엘리트로 행세하는 사람들과 다르게 자기는 행동으로 나서지 못해서 몸이 근질거리는 사람이라고 표현했다. 마르크스와 엥겔스는 혁명 그 자체보다 독서에 더 많은 관심을 가지고 교육과 선전 분야에 활동을 한정한 채로 민주주의를 확대하는 따위의 활동을 지원할 준비를 하고 있었다. 빌리히를 추종하는 사람들은 부르주아를 지원해서 권력을 잡도록 하는 데는 전혀 관심이 없었고, 오로지 즉각적으로 노동자의 권력을 잡을 궁리만 했다. 혁명을 위한 준비는 훈련, 사격 연습 그리고 위계를 갖춘 군대와 같은 조직 등으로써 이미 시작되었다.

마르크스는 혁명이 물질적인 조건의 문제이기도 하지만 의지와 군사적 기술의 문제라는 견해에 언제나 적대적인 태도를 보였다. 그런 견해는 거의 대부분 루이 오귀스트 블랑키와 연관되어 있었는데, 마르크스는 승산이 전혀 없는 싸움으로 사람들의 등을 떠밀며 싸우라고 강요하는 건 말이 되지 않는다고 생각했다.[26] 그래서 마르크스는 빌리히에게 다음과 같이 설명했다.

"우리가 노동자에게 말을 할 때는 단지 삶의 조건을 바꿀 뿐만 아니라 노동자 자신을 바꾸고, 정치 권력을 획득할 자격을 갖추기 위해서는 15년 혹은 20년에 걸쳐서 시민 전쟁이나 민족 전쟁을 치러야 한다고 말을 합니다. 그런데 당신은 이렇게 말을 하지요. '우리는 지금 당장 권력을 거머쥐어야 합니다. 이렇게 하지 않으면 우리는 깊은 잠에 빠져들 수밖에 없을 것입니다'라고요."[27]

1851년 9월에 마르크스는 엥겔스에게 편지를 써서 빌리히의 동료이던 구스타브 테호브 Gustav Techow가 쓴 1849년 사건들의 교훈에 대한 논평을 전달했다.[28] 테호브는 단일한 당파 혹은 심지어 단일한 국가에 한정되면 혁명은 가능하지 않다고 했다. 혁명은 보편적이어야 했다. 바리케이드는 단지 대중적인 저항의 상징으로 어떤 하나의 정부를 시험할 뿐이라고 했다. 그리고 혁명에 필요한 적절한 전쟁을 위한 조직은 한층 더 중요하며, 이 전쟁에는 규율을 갖춘 군대가 필요하다고 했다.

"이것만이 유일하게 우리의 공세를 가능하게 해주며, 오로지 공세를 통해서만 승리를 획득할 수 있다."

유럽의 여러 제헌국민회의들은 프롤레타리아의 공세와 승리를 책임질 수 없었다. 이들 내부의 여러 분파들은 승리를 쟁취한 뒤에야 진정으로 결정할 수 있는 문제들을 놓고 갑론을박하며 어리석게도 군대가 민주적으로 바뀌기를 기대하고 있었기 때문이다. 열정적인 자원자들만으로는 잘 훈련된 병사들을 상대로 승리를 거둘 가망이 없었다. 혁명군에는 '철의 규율'에 입각한 강제가 필요했다. 엥겔스가 마르크스에게 보낸 편지에 담긴 부정적인 평가를 보면 테흐브는 서로 다른 계급들과 전망들 사이의 투쟁을 전쟁 뒤로 미루고 있었다. 군사적인 독재는 국내 정치를 억압할 터였다. 그러나 테흐브는 이런 대규모 군대를 어떻게 조직해야 할지 전혀 알지 못했다.[29] 당장 다음해인 1852년에 혁명이 일어난다 하더라도 수세에 몰려서 '공허한 포고문들'만 발표하거나 패배가 불 보듯 뻔한 싸움을 하게 될 터였다.

1952년 9월, 엥겔스는 1849년 5월부터 있었던 프랑크푸르트의 독일국민회의 German National Assembly를 되돌아보았다. 주로 좌익과 민주주의자들로 구성되어 있던 독일국민회의는 오스트리아와 프러시아 그리고 바바리아라는 가장 큰 세 국가에 효과적으로 대항하고 있었다. 대규모 행동을 위한 강력한 움직임은 드레스덴과 바덴 등지에서 일어난 반란을 포함해서 여러 곳에서 전개되었다(바덴 반란에는 엥겔스와 빌리히도 참가했었다). 독일국민회의는 사람들에게 무기를 들고 이런 반란을 지원하라고 촉구할 수도 있었지만 이 반란들이 진압되는 모습을 그냥 바라보기만 했다. 이것을 보고 엥겔스는 《독일에서의 혁명과 반혁명》Revolution und Kontrarevolution in Deutschland을 썼다.

이제 반란은 전쟁이나 다른 무엇이라기보다는 하나의 기술이며 특정한 절차의 규칙들에 따른다. 만일 어떤 당파가 이 규칙들을 무시할 경우에 그 당파는 파멸을 피하지 못한다. (……) 첫째, 반란을 도모해서 발생할 결과를 감당할 수 있을 만큼 충분히 준비되어 있지 않다면 절대로 반란을 일으키지 마라. 반란은 어마어마한 규모의 계산이 필요한 수학이며, 이 수학은 또 하루가 다르게 바뀐다. 당신의 반란을 분쇄하려는 적의 군대는 조직과 규율과 타고난 권위 면에서 모두 당신의 군대보다 우세하다. 만일 당신이 적의 군대에 맞서서 이길 승산이 높지 않다면 당신은 패망하고 말 것이다. 둘째, 일단 반란이 시작되고 나면 최고의 결단력을 가지고 공세로 임해야 한다. 수세는 모든 무장봉기의 죽음일 뿐이다. 수세로 나섰다가는 제대로 겨뤄보지도 못하고 지고 만다. 적군이 흩어지고 있을 때 끊임없이 허점을 노리며 기습하라. 아무리 작은 성공이라 하더라도 날마다 새로운 성공을 준비하라. 최초의 봉기가 성공했을 때의 그 높은 사기를 계속 유지해라. 언제나 안전한 쪽을 찾고 강한 쪽에 붙으려는 속성을 가진 망설이는 사람들을 당신의 편에 결집시켜라. 적이 반격할 힘을 결집하기 전에 먼저 적이 퇴각하게 만들어라. 여태까지 알려진 가장 위대한 혁명의 대가 당통의 말을 빌리자면, 대담해져라, 더 대담해져라, 언제나 대담해져라![30]

일단 혁명이 시작되고 나면 혁명을 계속 유지해야 한다는 메시지였다. 혁명은 추진 동력을 필요로 하며 계속 공세로 나설 필요가 있다. 망설이는 순간 모든 것을 잃어버리고 만다는 뜻이다. 최초의 한 차례 봉기만으로는 충분하지 않다. 반혁명 세력이 완전히 패퇴할 때까지 싸움은 계속 이어져야 한다. 물론 그러려면 반동 국가들과 전면전을 치러야 한다. 엥겔스는 군사적인 경로를 선택해야 할 경우로 따지자면 섬멸전의 논리를 온전하게 수용했다.

하지만 만일 이 경로가 패배로 이어질 것임이 확실할 때는 무엇을 해야 할 것인가 하는 문제가 제기되었다. 만일 혁명 전략이 냉정한 계산의 문제라면 신중함과 인내가 필요할 것이다. 그러나 만일 혁명 전략이 기질의 문제라면, 즉 지금 당장 사회를 바꾸는 데 모든 것을 던지겠다는 강한 결단과 헌신을 반영하는 것이라면 인내란 불가능하게 느껴질 것이다. 다음 장에서 살펴보겠지만 급진적인 정치는 변화가 저절로 가능해질 시점이 오기를 기다리면서 부당함을 감수하며 살든 혹은 승산이 없음에도 불구하고 부당함에 맞서서 떨쳐 일어나든 어느 경우에나 모두 극심한 좌절을 가져다줄 수 있었다.

제19장

헤르첸과 바쿠닌

Herzen and Bakunin

:

역사가 지그재그로 전진하기 때문에
사람들이 바스티유 감옥을 공격하는 게 아니다.
사람들이 충분하게 많은 것을 가지고 있지 않은 상태에서
바스티유 감옥을 공격하기 때문에
역사는 지그재그로 전진한다.
_알렉산드르 헤르첸

:

Strategy : A history

알렉산드르 헤르첸 Alexandr Herzen 은 매우 드물게도 급진적인
변화를 향한 단호한 결단과 무분별한 행동의 결과가 빚어
낼 참혹한 일에 대한 공포가 결합되어 있던 인물이다. 헤르
첸은 극작가 톰 스토파드 Tom Stoppard 의 희곡 《유토피아 해안》
The Coast of Utopia 에 등장하는 주인공의 모델이기도 하다. 이
작품에서 스토파드는 19세기 중반에 헤르첸 주변에 나타
났다가 떠나가는 러시아의 급진적인 망명객 집단을 묘사했
다. 헤르첸은 1812년 모스크바에서 프랑스군과 러시아군
이 벌인 보로디노 전투가 있기 직전, 모스크바에서 귀족의
사생아로 태어났다. 나중에 뛰어난 작가이자 입담꾼이 된
그는 인간이 처한 조건을 빈틈없이 관찰했으며, 망명 생활
을 하는 동안에는 러시아의 변화를 주장했던 영향력 있는
선동가였다.[1] 스토파드는 헤르첸이 살았던 삶, 아내가 독일
의 어떤 혁명가와 요란하게 바람을 피웠던 일까지 포함해
서 그의 사적인 삶과 공적인 삶 사이의 상호작용을 소재로
삼아서 여러 희곡을 썼다. 그리고 어떻게 하면 급진적인 정

치적 변화를 촉진하고 지도할 것인가 하는 질문들을 작품 속에서 끊임없이 제기했다. 스토파드의 희곡에서 당대의 위대한 혁명 지도자들은 실제 현실에서 헤르첸을 깊은 불길함 속으로 밀어넣었던 임박한 혁명에 대한 불안함 없이 열정을 가지고 미래를 내다보았다.

스토파드는 또 한 명의 헤르첸 팬이었던 철학자 이사야 벌린Isaiah Berlin의 말을 빌려 헤르첸을 이렇게 묘사했다. 그는 '총체적인 것보다 부분적인 것을 좋아했고, 이론적인 것보다 실천적인 것을 좋아했으며 (……) 현재의 피와 희생으로 미래의 축복이 정당화되는 것을 인정하지 않았다.' 스토파드의 묘사에 따르면 헤르첸에게는 '어떤 각본도 주어져 있지 않았고 어떤 목적지도 설정되어 있지 않았으며, 지나온 것만큼 많은 것이 언제나 그의 앞에 놓여 있었다.'[2] 어떤 급진주의자가 '역사의 정신, 쉼 없는 전진의 행군'을 이야기할 때 헤르첸은 이렇게 외쳤다.

"당신의 대문자에 저주가 있기를! 우리는 사람들에게 피를 흘리라고 요구합니다. 그러나 적어도 우리는 그 사람들에게, 그 사람들이 어떤 추상명사의 일대기를 행동으로 표현한다는 자부심은 나누어줘야 합니다."[3]

스토파드는 자유주의적인 회의론자였고 또 어떤 과제를 수행하는 지식인들을 전반적으로 불신했던 터라 헤르첸의 자유주의적인 사회주의를 충분히 정당하게 평가하지 않았다.[4] 1861년에 농노가 해방되기 전까지 헤르첸은 러시아에서의 변화를 유도하기 위한 국내외 압박을 이끌어내는 데 중요한 역할을 했다. 그가 발행한 신문《종》The Bell은 러시아의 지식인들 및 지배 계층에서 필수적인 읽을거리로 꼽혔다. 그는 이 신문을 친한 친구이자 시인이던 니콜라이 오가료프Nikolai Ogaryov와 함께 발행했다. 그리고 많은 독자들은 러시아가 여전히 봉건주의에 발목이 잡혀 당대의 경제적이고 사회적이며 정치적인 역동성 속에 끼어들어 한몫을 하지 못하는 유럽의 후진국이라는 굴욕적인 인식에 공감했다. 심지어 지배 계층에 속한 사람들까지도 그랬다. 헤르첸이 선택한 방법은 개혁을 달성할 방법이 아니라 개혁이 필요한 이유에 초점을 맞춰서 추문을 폭로하고 검열을 조롱하며 비리를 밝혀내는 것이었다. 헤르첸은 심지어 차르 알렉산드르에게 직접 호소할 정도로 그에게 어떤 희망을 걸기조차 했다. 처음에 이것은 정치적으로 매우 교묘한 접근법으로 상당히 유용했다. 혁명을 주장하지 않고서도 정부를 격렬하게 비판할 여지를 창출했기 때문이다.

하지만 이런 태도 때문에 차르에게 기대할 만한 아무런 근거도 찾을 수 없었던 혁명가들과의 논쟁이 피할 수 없이 이어졌고, 이 혁명가들은 헤르첸이 실천 계획이 부족하다고 몰아붙였다. 헤르첸은 특히 허무주의자들과 많이 다퉜다. 헤르첸이 어울리던 집단의 일원이던 소설가 이반 투르게네프Ivan Turgenev가 1862년의 소설 《아버지와 아들》Fathers and children, 혹은 러시아어로 Ottsy i deti에서 이 허무주의자 집단을 묘사하기도 했다. 예컨대 한 허무주의자는 '어떤 권위 앞에서도 머리를 조아리지 않는다. 그리고 아무리 많은 신뢰를 받는 원칙이라고 하더라도 원칙을 절대 받아들이지 않는다'라고 했다. 허무주의자들은 철저한 유물론자들로서 진리로 입증될 수 없는 것은 전혀 믿지 않았다. 모든 추상적인 생각과 미학이 이들 앞에서 비난을 받았다. 이들이 유일하게 관심을 가진 주제는 새로운 사회를 창조하는 것이었다. 이들의 정신적 지도자 가운데 한 사람이 니콜라이 체르니셰프스키Nikolai Chernyshevsky였다. 체르니셰프스키는 소설 《무엇을 할 것인가?》What Is to Be Done?를 감옥에 있을 때인 1862년에 썼다. 검열 실수로 세상에 공개된 이 소설은 문학 작품으로는 그다지 높은 점수를 받지 못했지만, 젊은 열혈 추종자들 사이에서는 필독서가 되어 혁명가들에게 장차 다가올 투쟁에 대비해서 스스로를 강철처럼 단련시키는 방법을 일러주었다. 헤르첸은 허무주의에 대한 개인적인 **견해와 무관**하게 런던에 있던 자신의 출판 시설을 이용해서 허무주의의 **핵심적인** 저술들을 은밀하게 출판했다.

스토파드는 헤르첸과 체르니셰프스키가 1859년에 실제로 만났던 일을 희곡《유토피아 해안》의 소재로 삼았다. 체르니셰프스키는 한때 헤르첸을 존경했었지만, 이제 그의 눈에 비친 헤르첸은 짜증스럽기 짝이 없는 '혁명 사상의 딜레탕트(호사가)'일 뿐이었다. 재산과 사회적 지위 덕분에 헤르첸은 혁명 투쟁에 자유롭게 접근할 수 있었고 또 개혁이라는 환상 즉 권위주의 정부가 스스로를 개혁할 것이라는 환상을 여전히 붙잡고 있었다. 하지만 체르니셰프스키가 보기에 그 일을 해낼 수 있는 것은 '오로지 도끼'밖에 없었다. 헤르첸은 이런 논의들은 그저 불화만 일으킬 뿐이라고 생각했다. 그는 개혁주의자들을 보수주의자들의 품 안으로 밀어넣음으로써 차르 정부에 도움을 줄 수 있는 태도는 자기도 용인할 수 없다고 했다.

"우리는 지금 사람들에게서 멍에를 벗겨주어 이 사람들이 지식인 독재 아래에서 살아갈 수 있도록 하고 있는 것 아닌가?"[5]

그렇게 하기 위해 피가 강물처럼 흐르게 하는 것보다는 평화적인 단계들을 거쳐서 전진하는 게 더 좋다는 것이었다.

1861년 5월에 단행된 농노 해방이 전환점이었다(18세기 중엽 러시아 인구는 약 6,700만 명이었고, 이 가운데 약 5,000만 명이 농민이었는데 일부 자유 농민과 특수 신분을 제외한 4,000만 명이 농노로 인간 이하의 대우를 받으며 살았다—옮긴이). 헤르첸은 이 일을 기념해서 런던의 자기 집에서 성대한 파티를 열었다. 하지만 이 축하 분위기는 곧 시들해졌고 다들 입을 다물었다. 농노 해방의 구체적인 내용이 사기에 가까운 것이라 실망스러웠을 뿐만 아니라, 얼마 뒤에 바르샤바에서 군대가 대규모 살육을 자행했기 때문이다. 헤르첸은 희생된 농민과 폴란드 사람들이 측은했다. 그의 분노는 깊어졌다. 여태까지는 개혁을 위한 연대에 힘을 쏟았지만 이제 더는 그렇게 할 수 없었다. 너무도 큰 배신이었고, 그가 받은 배신의 충격 역시 너무도 컸다. 그는 자유주의자 망명객들과 단절했다. 그들은 고국 러시아의 상황이 불안하다는 사실과 폴란드에서의 봉기를 모두 두려워했다. 헤르첸은 1861년 11월, 신문《종》에 다음과 같이 썼다.

"슬픔이 점점 커지고 있다. 웅성거림이 점점 크게 일어나고 있다. 이것은 대양에 이는 파도의 최초 으르렁거림이다. 이 파도는 끔찍하고 진저리나는 평온함 끝에 태풍을 머금고 거대하게 일렁인다. 인민을 향해서! 인민을 향해서!"[6]

이 기사는 그 어떤 정치적인 행사보다도 더 큰 분노의 표현이었을 것이다. 하지만 이것은 혁명을 호소하는 것으로 해석되었다. 순간적으로 헤르첸은 혁명을 지원하고 나설 것인지 말 것인지를 놓고 고민했다. 그러나 민중을 대변한다고 주장하는 지도자들에게 돌아갈 수는 없었다. 그들은 분명 민중을 경멸하고 있으면서도 민중을 대변한다고 했기 때문이다. 그는 농민의 후진성을 받아들이길 거부한 채 포퓰리즘 쪽으로 기울어서 지식인의 지혜보다는 평범한 사람들의 지혜를 더 많이 신뢰하기로 했다. 이런 맥락에서 그는 '만나(옛날 이스라엘 사람이 광야를 헤맬 때 신이 내려준 음식 — 옮긴이)는 하늘에서 떨어지지 않고 땅에서 생겨난다'고 생각했다. 급진적인 신념을 포기할 수도 없었고 또한 자칭 혁명의 엘리트라는 사람들에 기대기 주저하던 마음도 포기하지 못하던 터라 온건주의자와 극단주의자 모두에게 경멸을 받던 헤르첸은 수단과 방법 사이의 간극을 마침내 선명하고도 통렬하게 응시했다.

모험을 찾아다니다 길을 잃어버린 이야기 속의 기사Knight처럼 우리는 네 갈래의 갈림길에서 망설이고 있다. 오른쪽으로 가면 타고 다니는 말을 잃겠지만 본인은 안전하다. 왼쪽으로 가면 말은 안전하겠지만 본인은 위험에 빠질 것이다. 똑바로 가면 모두에게서 버림을 받을 게 확실하다. 그렇다면 뒤로 돌아갈까? 하지만 그것은 불가능하다.[7]

† 미하일 바쿠닌

마르크스는 스토파드의 3부작에 거만하고 촌스러운 모습으로 카메오로 등장한다. 꿈 장면에서 마르크스는 1853년의 다른 선도적인 혁명가들에게 '동물의 위로 만든 불룩한 주머니', '엉덩이에 난 종기', '뺀질뺀질한 멍청이', '거만한 공기 주머니(수다쟁이)' 같은 별명을 붙이는 모습으로 등장한다.[8] 분명 당시 마르크스와 엥겔스는 다른 많은 동료 혁명가들이 젖어 있던 환상에서 깨어나 있었다. 만년에 엥겔스는 혁명이 실패한 뒤의 모습을 묘사하면서 '다양한 스펙트럼의 모임들이 형성되어서 마차를 진흙 구덩이에 처박았다고, 배신했다고, 또 온갖 부도덕한 죄를 저질렀다고 서로 비난하고 싸웠으며 (……) 그러다 보니 자연히 실망에 또 실망이 이어졌고 (……) 혁명가들 사이에 싸움이 점점 더 격화되었다. 온통 이전투구泥田鬪狗 그 자체였다'고 했다.[9]

스토파드의 설명으로 볼 때 헤르첸 못지않게 대단한 삶을 살았던 혁명가는 미하일 바쿠닌Mikhail Bakunin이다. 스토파드의 작품에서 바쿠닌은 사랑스러운 악당 그리고 온갖 모순적인 언행을 일삼는 점잖은 척하는 위인으로 등장한다. 그는 자기만의 환상 세계에 살지만 그 누구도 부인할 수 없는 카리스마를 풍기며 사람들에게 끊임없이 돈을 달라고 요구한다. 1848년에 폭동이라면 빠지지 않고 쫓아다녔던 이른바 '폭동 여행자'였던 바쿠닌은 투옥되고 나중에는 유형지로 보내졌는데, 이 유형지에서도 탈출했다. 그 뒤에 그는 유력한 혁명가에서 또 다른 모습으로 변신했다. 기존의 혁명 사상들과 뚜렷하게 구별되는 무정부주의 교의를 창안했으며 또 직접 실천한 것이다. 그런데 그는 마르크스와 많은 점에서 비슷했다. 부유한 집에서 태어났고 청년기에 헤겔 철학에 심취했으며, 1848년에는 여러 봉기에 참가했고 또 개인적으로 잘 알지 못하던 노동자 계급을 열광적으로 지지한다는 점에서 그랬다. 두 사람 모두 1840년에 베를린에서 공부를 했지만, 정작 두 사람이 만난 것은 1844년이 되어서였다. 그 뒤 두 사람이 걸어갔던 길은 1848년의 그 뜨거웠던 날들을 비롯해서 여러 차례 겹쳐졌다.[10] 바쿠닌은 독일의 지식인들과 그들이 보이던 학자풍의 태도를 신뢰하지 않았다. 하지만 그래도 마르크스가 러시아 사람들을 신뢰하지 않았던 것에 비하면 그 정도가 덜한 편이었는데, 마르크스가 헤르첸과 교류를 하지 않았던 것도 이런 연유에서였다.

바쿠닌은 독창적이고 예리한 이론가였다고 할 수 있다. 하지만 참을성이 부족했으며 시작한 일을 마무리하지 않을 때가 많았고 모순되는 발언을 하는 경향이 있었다. 정치경제학적 측면에서만 보자면 그는 마르크스의 추종자였다. 그는 《자본론》Das Kapital을 러시아어로 번역할 생각을 했으며 심지어 출판사로부터 선금을 받기도 했다. 때로 마르크스는 바쿠닌의 열정과 헌신을 높이 평가했다. 비록 바쿠닌은 마르크스가 1853년에 자기를 러시아 정부의 첩자라면서 공격했다고 알고 있었지만 그럼에도 불구하고 두 사람은 서로의 차이를 덮었다. 하지만 나중에 두 사람은 혁명 운동의 방향을 놓고 격렬하게 말다툼을 했고, 그 뒤로는 영영 멀어졌다. 당시를 회상하면서 바쿠닌은 다음과 같이 말했다.

"그는 나를 감상적인 이상주의자라고 불렀다. 그 말이 맞았다. 하지만 나는 그가 허영심 많고 언제 배신할지 모를 정도로 위험하며 교활하다고 말했다. 그리고 내 말도 맞았다."[11]

헤르첸은 바쿠닌의 거대한 몸집에서 받은 강렬한 인상을 재미있게 묘사했다.

"그의 움직임, 그의 게으름, 그의 성욕 그리고 그 밖의 모든 것은 그의 거대한 체구 및 쉬지 않고 흐르는 그의 땀과 마찬가지로 그야말로 초인간적인 규모였다. (……) 그는 사자의 헝클어진 갈기와 거대한 머리를 가진 거인이었다."[12]

헤르첸은 당시 혁명가를 묘사하면서 '선전과 선동에 대한 열정 그리고 쉬지 않고 계획과 음모를 꾸며대며 또 이런 것들에 거대한 의미를 부여하는 부지런한 활동성'뿐만 아니라 '서슴지 않고 목숨까지도 내걸며 그 모든 결과를 언제나 흔쾌히 받아들이는' 태도도 언급했다.[13]

그런데 바쿠닌을 지지하는 사람들은 그가 미치광이의 경계선에 아슬아슬하게 서 있다는 세간의 평가에 한결같이 반대했으며, 그의 난폭하고 파괴적인 충동은 어린 시절 귀족적이고 목가적 환경에서 별나게 성장한 때문이라고 했다.[14] 그런데 바쿠닌을 좋아했고 또 존경했던 헤르첸은 바쿠닌 내부에 도사리고 있던 다른 종류의 긴장을 지적했다. 그것은 원대한 목적과 변변찮은 수단 사이의 간극에 사로잡혀 있던 모든 혁명가들이 안고 있던 격렬한 긴장이었다. 바쿠닌이 자기가 원하던 역할을 하기에는 무대가 너무 좁았다. 그는 그 무대를 너무 쉽게 메웠다. 이런 점을 헤르첸은 '그는 영웅적인 성정을 가지고 있었으며, 역사의 경로가 그를 일에서 빼주었다'고 표현했다.

"그는 아무런 수요가 없는 어떤 거대한 활동의 씨앗을 뿌렸다. (……) 그는 환상적인 것을 추구하고, 한 번도 들어본 적이 없는 특이한 모험을 즐기며, 그 누구도 끝을 알지 못하는 지평을 열어나가는 것을 좋아한다고 인정했다."[15]

모든 국가에 저항하며 방해받지 않는 대중의 완전한 자발성을 신봉했던 바쿠닌은 그럼에도 불구하고 위계적인 비밀결사체 조직을 위한 계획을 꾸며낼 수 있었다. 실제 현실에서 그는 그다지 솜씨가 없는 음모가였다. 그러나 여전히 자신을 '보이지 않는 힘'으로 대중과 혁명 이후의 사회를 기반으로 해서 일하는 '비밀스런 지시자'라고 상상했다.

† 제1인터내셔널과 파리코뮌

나중에 제1인터내셔널First International이 되는 국제노동자동맹International Work-ingmen's Association을 결성하는 일에는 마르크스와 바쿠닌 두 사람 모두 관여하지 않았다. 국제노동자동맹은 1864년에 '노동자 봉기의 보호 및 노동자 계급의 완벽한 해방'이라는 목적을 가진 노동자 단체들 사이의 협력을 촉진하기 위해서 설립되었다. 이 조직은 특정한 분파를 배제한 광범위한 대중 조직이었으며 런던에 있는 수많은 망명자들 그리고 민주주의자와 무정부주의자, 국제주의자와 민족주의자, 이상주의자와 유물론자, 온건주의자와 극단주의자 등 당시의 온갖 다채로운 풍조를 대변하는 사람들을 모두 끌어들였다.

마르크스에게 국제노동자동맹은 현실 정치로 돌아갈 수 있는 기회였다. 그는 국제적인 연대가 필요하다는 점을 인정했고 또 프롤레타리아에 초점을 맞추는 것도 인정했다. 이 단체는 첨예한 계급 의식을 개발하기 위한 기회가 될 수 있었고, 또 이 단체의 협소한 대중적 기반과 이데올로기적으로 의심스러운 동지들에 대한 염려를 잠시 미뤄두는 것도 충분히 그럴 만한 가치가 있었다. 마르크스는 곧 인터내셔널의 문장가가 되어 다양한 견해를 민감하게 조율하는 역할을 했다. 그는 엥겔스에게 보낸 편지에서 자기 의견을 '현재 노동 운동의 관점에서 수용될 수 있는' 형태로 녹여내기 위해 '표현을 다듬는 일'을 어떻게 하는지 설명했다. 그러면서 '새롭게 각성된 운동이 대담한 언어를 구사할 수 있기까지는' 시간이 걸릴 것이라고 했다. 노동자 계급에게 보내는 인터내셔널의 공식 연설문 초안을 작성할 때 그는 심지어 '의무'와 '권리'나 '진리, 도덕성 그리고 정의'에 대한 표현들을 구사하면서도 이런 표현들이 '거의 해를 끼치지 않도록' 배치했다.[16] 이렇게 해서 나온 최종 연설문은 《공산당 선언》과 전혀 다르게 신중하고 조심스러웠다. 집산주의集産主義, collectivism(주요 생산 수단을 국유화하여 정부의 관리 하에 두는 정치 제도―옮긴이)나 중앙집권화를 기본적으로 추구하던 자기 경향을 일부러 누그러뜨린 것이다. 요컨대 당시에 그는 앞에서 끌기보다는 뒤에서 밀고 있었다.

바쿠닌은 오랜 기간 투옥과 추방 생활을 했기 때문에 1848년 이후 망명자들 사이에 퍼져 있던 우울한 분위기의 영향을 받지 않았다. 그는 국제노동자동맹이 설립된 뒤 4년 동안은 이 조직에 관여하지 않았다. 그리고 이 기간을 거치면서 점점 더 분명하게 무정부주의자로 바뀌어갔다. 바젤에서 열린 총회 때 (이 회의에 마르크스는 참석하지 않았다) 바쿠닌은 국제노동자동맹에 가입했는데 사람들에게 강렬한 인상을 주었고, 그래서 이제 마르크스는 그를 단지 괴팍한 동지가 아니라 위험한 경쟁자로 생각해야만 했다. 마르크스는 프랑스의 혁명가 피에르 조제프 프루동과 대립했던 1840년대 이후로 줄곧 무정부주의자들과 대립각을 세워왔고, 그 바람에 두 진영 사이에서 한 번도 치유되지 않았던 불화는 한층 더 심화되었다. 프루동의 힘은 그의 저술에 있었다. 그가 글로써 발표했던 전략적인 판단은 단 한 번도 풍파를 일으키지 않은 적이 없었기 때문이다. 그는 1848년에 파리에 있었던 여러 봉기에 저술가로 또 웅변가로 몸을 던졌었다. 그리고 잠깐 동안이긴 하지만 국민의회에도 참가했었다. 이 경험을 한 뒤에 그는 동료 의원들에게 얼룩져 있던 고립감 및 민중에 대한 공포를 한탄했는데, 이 불행한 경험 때문에 프루동은 정치적인 발전보다는 경제적인 발전에 보다 더 열중하게 되었다. 1852년에 그는 루이 나폴레옹(나폴레옹 3세)이 프랑스를 혁명의 길로 이끌 수 있으리라고 판단했고, 나중에는 이 노선을 포기했다. 비록 프랑스에 그의 추종자가 있긴 했지만 그는 점점 더 우익으로 기울어서 국수적으로 바뀌었고 파업과 선거 운동에서 발을 뺐으며 직접적인 행동을 혐오했다. 그는 군중을 동원해서 국가를 무너뜨리는 일과 씨름하기보다는 사람들이 자유롭게 서로 도울 수 있도록 교육에 집중하기 위해서 모든 형태의 정치 조직과 관계를 끊었다.[17] 이런 맥락에서 그는 다음과 같이 말했다.

"자본가의 도움을 받지 않고 자기들끼리 조직되어 있으며 노동으로써 세상을 정복하고자 하는 노동자들은 곧바로 통명하기 짝이 없는 봉기를 필요로 할 것이지만, 원칙의 힘을 통해서 모든 것에 침투할 때 노동자는 모든 것, 즉 전체가 될 것이다."[18]

이렇게 프루동은 전략을 필요로 하는 어떤 노선도 지지하지 않는 것으로써 전략의 문제를 해결했다.

그런데 바쿠닌은 프루동과 전혀 다른 노선의 무정부주의를 대표했다. 그는 모든 형태의 집산주의를 거부하고 파괴의 창의성을 주장하면서 혁명을 열정적으로 끌어안았다.

"오로지 인생 그 자체만이, 정부나 강령의 모든 족쇄에서 해방되어 자발적인 행동을 할 수 있도록 온전한 자유가 주어질 때 무언가를 창조할 수 있다."

호소력 있는 웅변가였던 바쿠닌은 프루동보다 훨씬 더 카리스마가 넘치는 인물이었다. 그는 또한 자기만의 독자적인 국제적 활동가 인맥을 구축하고 있었다. 그래서 마르크스는 바쿠닌이 국제노동자동맹과 별개의 비밀 조직을 운영하고 있다고 비판했다. 이런 비난은 일부 사실이었다. 바쿠닌은 전체 운동의 방향이 자기가 원하는 곳으로 나아가도록 조종하기 위해서 별도의 조직망을 운영하고 있었던 것이다. 바쿠닌을 향한 마르크스의 공격은 과격했고 또 매몰찼다. 이 갈등은 결국 국제노동자동맹이 해체되는 결과로 이어졌다. 1872년에 마르크스는 바쿠닌을 축출하고 총평의회를 미국 뉴욕으로 이전했으며, 국제노동자동맹은 미국에서 최후를 맞았다.

이들의 견해 차이는 혁명가들에게 1848년 혁명만큼이나 중요한 의미가 있었던 결정적인 사건이자 또한 동시에 그 혁명과 마찬가지로 실패로 끝나고 말았던 1871년의 파리코뮌Paris Commune에 의해서 결정적인 위기 국면으로 치달았다. 파리코뮌은 보불전쟁(프로이센의 지도하에 통일 독일을 이룩하려는 비스마르크의 정책과 그것을 저지하려는 나폴레옹 3세의 정책이 충돌해 일어난 전쟁, 1870~1871년 — 옮긴이) 직후에 일어났는데, 루이 나폴레옹이 패배하자 급진주의자들이 프랑스에서 봉기해서 제3공화국 설립을 공표하고 프로이센에 계속 저항했다. 다섯 달 뒤인 1871년 1월에 파리가 함락되었지만 드라마는 아직 끝나지 않았다. 도시는 흥분에 휩싸여 있었다. 사람들은 무장하고 있었고, 급진주의자들이 도시를 장악했다. 중도우파 정부의 수상이던 아돌프 티에르Adolphe Thiers는 베르사유로 달아난 다음 거기서 군대와 경찰 그리고 급진파로 넘어가지 않았던 관료들을 규합해서 세력을 정비했다. 파리에서는 중앙위원회가 코뮌(인민회의) 구성을 위한 선거를 준비했다. 이 과정에서 온갖 잡다한 급진주의자와 사회주의자들이 모여들었다. 1789년의 영광이 재현되기를 바라는 사람이 있는가 하면 새로운 공산주의 유토피아를 꿈꾸는 사람도 있었다. 대통령으로 선출된 루이 오귀스트 블랑키는 그저 상징적인 존재일 뿐이었다. 블랑키는 이미 정부에 체포된 상태였기 때문이다. 붉은 깃발이 휘날렸고, 공화력(프랑스 대혁명 때 국민공회가 그레고리력을 폐지하고 개정한 달력으로 혁명력이라고도 한다 — 옮긴이)이 채택되었으며, 정치와 종교가 분리되었고, 온건한 사회주의적 개혁이 도입되었다. 페미니즘 사상과 사회주의 사상이 활발하게 개진되었다. 무정부주의자와 혁명적 사회주의자 그리고 온갖 잡다한 공화주의자들로 구성된 지도부는 협력을 통해서 그럭저럭 잘 꾸려나갔다. 그러나 오래 가지는 못했다. 티에르의 군대가 파리로 진입하는 침투로를 뚫었고, 용감하긴 했지만 그다지 튼튼하지는 못했던 코뮌의 수비선은 무너졌다. 지도부 차원의 조정이나 지시는 거의 이루어지지 않았다. 파리는 정부군의 손으로 넘어갔고 보복이 시작되었다. 초기에 처형된 사람만 해도 2만 명 가까이 되었다.

마르크스 쪽이나 바쿠닌 쪽 어디에서도 파리코뮌에서 중요한 역할을 하지는 않았다. '이들은 코뮌이 자기들에게 빚진 것보다 더 많은 것을 코뮌에 빚졌다.'[19] 마르크스의 《프랑스의 시민전쟁》The Civil War in France은 코뮌이 혁명적인 정부 즉 '프롤레타리아 독재'의 전형이라고 주장했다(프롤레타리아 독재라는 이 표현은 나중에 한층 더 고약한 뉘앙스를 띠게 된다). 코뮌은 노동자 계급이 권력을 잡을 수 있다는 가능성과 함께 기존의 국가 기관들을 자신들의 목적에 맞게 활용하기는 어렵다는 사실을 동시에 일깨워주었다. 코뮌 지지자들은 기존의 정부 체제를 모두 철폐하기보다는 민주적인 선거를 조직하면서 '귀중한 순간들을 놓치고 말았다.' 하지만 마르크스는 유능한 중앙집권적 지도부를 설정할 때 이런 실수를 두 번 다시 반복하지 않을 것이라고 생각했다. 그런데 바쿠닌의 견해는 전혀 달랐다. 코뮌의 온전한 의미는 자발성과 권한이 노동자위원회로 분산되었던 탈중심화에 있다고 보았다. 그랬기에 바쿠닌은 강력한 중앙집권적 체계를 갖춘 국가가 되어야 한다는 마르크스의 생각에 펄쩍 뛰었다. 그래서 '단지 보다 나은 정보를 가지고 있다는 이유만으로 소수가 다수를 지배하는 것'은 잘못된 것이라고 경고했다. 지금 시점에서 바라보자면, 새로운 지배 계층이 나타나고 사회주의라는 이름 아래 국가가 또 하나의 억압 기구가 될지도 모른다는 바쿠닌의 우려는 선견지명이 있는 통찰이었다.[20] 국가가 모든 악의 근원이라는 믿음이 있었기에 바쿠닌의 이런 통찰이 가능했다. 그랬기에 또한 바쿠닌은 다른 사람 위에 군림할 권력을 세우려는 사람은 누구를 막론하고 반대했다.

마르크스는 강력하게 위압적인 국가가 영원히 필요하다고 생각하지는 않는다고 밝혔다. 엥겔스의 표현을 빌리자면 그런 국가는 어차피 '시들게' 되어 있다고 생각했다. 이론적으로 보자면 프롤레타리아 해방은 모든 인간성의 해방이었다. 계급 지배 수단으로서의 국가는 불필요하게 거추장스러운 기관이 될 것이었다. 이 이론은 안정감을 주었다. 그러나 마르크스는 정치 권력의 행사에 대해서 단 한 번도 감상적인 태도를 취하지 않았다. 또한 계급 투쟁이 얼마나 사악하게 전개될 것인지를 두고 그 어떤 환상에도 빠지지 않았다. 부르주아는 순순히 권력을 내놓지 않을 것이며, 설령 그 권력을 노동자 계급이 빼앗는다고 하더라도 부르주아는 다시 그 권력을 되찾으려고 필사적으로 덤벼들 터였다. 이렇게 되면 혁명에 반대하는 다른 국가들까지 합세해서 전쟁은 더욱 커질 게 분명했다. 그러므로 마르크스는 프롤레타리아가 권력을 잡으려면 싸울 수밖에 없다는 사실을 단 한 순간도 의심하지 않았다. 이것은 바로 파리코뮌에서 얻은 교훈이었다. 중앙의 지시와 강압적인 역량 없이도 혁명이 살아남을 수 있다고 믿는 것은 순진한 짓이었다. 엥겔스에게 혁명은 '확실히 가장 독재적인 일'이었다.

"혁명은 인구의 한 부분이 다른 부분에게 자기 의지를, 예컨대 총검과 대포와 같은 권위주의적인 수단을 동원해서 강제하는 행위이다."[21]

그런데 바쿠닌은 또 자기대로 그렇게 강화한 국가가 혁명에 성공한 뒤에는 저절로 힘이 빠지고 시들 것이라고 믿는 마르크스가 순진하다고 생각했다. 국가는 여러 계급의 표현이 아니라 어떤 분파적인 이익의 표현일 수도 있었다. 그러니 아무리 선한 의도를 가진 혁명 엘리트라고 하더라도 얼마든지 권위주의에 빠질 수 있으며 또 자기 지위를 유지하고 강화하기 위해서 국가 권력을 사용할 수 있다는 게 바쿠닌의 생각이었다. 그는 다음과 같이 설명했다.

"나는 공산주의자가 아니다. 왜냐하면 공산주의는 사회의 모든 권력을 국가로 집중하고 흡수한다. 그래서 공산주의에서는 결국 모든 재산이 국가의 손으로 들어가게 되어 있지만 나는 여기에 반대하기 때문이다."

그래서 바쿠닌은 '국가의 철폐'를 주장했다. '국가가 권위를 가지고 국민을 보호한다는 원리 자체를 없애자'고 주장했다. 그는 '권위에 의한 위로부터 아래로의 통합이 아니라 아래로부터 위로 향하는 자유로운 연합'을 추구했다.[22] 이 과제는 정치 권력을 휘두르는 사람에게 주어지는 것이 아니라 정치 권력이라는 발상 그 자체에 놓여 있었다. 바쿠닌도 혁명은 반드시 '끔찍한 파괴의 무기로 무장한 군대'와 싸워야 한다는 사실을 인정했다. 이 '거친 짐승'에 맞서려면 또 다른 짐승이 필요하다. 마찬가지로 거칠어야 하지만 보다 정직한 짐승이어야 한다. 그것은 바로 '인민의 조직된 봉기이다. 군사적인 대응처럼 어떤 것도 용서하지 않고 어떤 것에도 멈추지 않는 사회 혁명이다.' [23]

비록 이 접근법은 '권력을 그 자체로 연구할 수 있도록 허용하긴 했지만' [24] 동시에 정치 권력을 이전시키는 게 아니라 철폐하는 방식으로 혁명을 수행할 수 있다는 가설을 전제로 한 것이었다. 바쿠닌이 보기에 권력은 인위적인 구조물이었으며 사람들에게 불필요하며 따라서 부도덕한 부과물이었다. 그는 권력이 없다면 인간은 한층 더 확실한 상태에서 살아갈 수 있다고 보았다. 인간은 자연의 조화를 반영하는 존재이므로 법 또한 마찬가지일 것이라고 보았다. 오로지 이런 낙관주의만이 무정부 상태에서(해방의 잠재적인 가능성은 줄어들고 불안정이 만성적으로 존재한다는 의미의) 혼돈과 무질서라는 부정적인 함축을 털어낼 수 있다고 생각했다. 그런데 일체의 권력에 반대하는 혁명을 어떻게 성공시킬 수 있을까? 바쿠닌은 이 문제를 풀었다. 그것은 바로 직업적 혁명가에게 제한적인 역할을 부여하는 방식이었다. 하지만 그의 이런 태도는 위선적이라는 비판을 받았다. 그는 원칙적으로 권력에 반대했지만 어떤 음모나 계획을 꾸미든 간에 자기를 늘 중심에 세우는 등 자기 자신에 대해서는 예외를 적용하는 경향이 있었기 때문이다. 예를 들어서 1870년에 러시아에서 일어날 혁명을 지원하고 '비밀 조직의 집단적인 독재'를 형성하게 될 '구성원이 최고 70명에 이르는 비밀 조직을 결성할 것'을 고려했다. 이 조직은 '보이지 않는 힘' 즉 그 누구도 인식할 수 없고 그 누구도 의도적으로 설정하지 않은 힘을 통해서 '인민의 혁명을 지시할' 터였다.

"이 보이지 않는 힘을 통해서 우리의 조직은 한층 더 강력해지고, 사람들의 눈에 덜 띄면 덜 띌수록 그만큼 어떤 공식적인 합법성과 의미를 띠지 않게 될 것이다."

물론 바쿠닌이 활동하고 있던 공간에는 정부의 첩자들이 침투해 있었다. 이런 조건에서 살아남으려면 자기가 무슨 의도를 가지고서 무슨 일을 하는지 그리고 또 누구를 만나서 어떤 일을 꾸미는지 철저하게 숨겨야만 했다. 음모와 계획은 바쿠닌이 지닌 활기찬 상상력의 산물이었다. 그런데 그가 계획한 것들 가운데서 심상치 않을 정도로 완성 단계로까지 실행된 것은 거의 없었다. 그럼에도 불구하고 바쿠닌은 직업적 혁명가가 수행해야 할 역할을 규정하기 위해서 상당한 노력을 기울였다. 그는 다음과 같은 예외적일 정도로 특별한 능력을 가진 혁명가로 '혁명적인 작전참모부'를 꾸려야 한다고 생각했다.

"헌신적이고, 열정이 넘치며, 아는 것이 많아야 하고 가장 중요한 덕목으로는 성실해야 한다. 그리고 야심이나 허영심이 없어야 하며 혁명사상과 대중의 본능 사이에 매개자로 봉사할 역량을 가지고 있어야 한다."[25]

혁명적인 작전참모부라는 비유는 그 자체로 많은 것을 드러내는데, 말하자면 이것은 전통적인 군대 체계에서 전략을 짜는 단위였다. 그런데 정통적 정치 활동에 대한 바쿠닌의 비판은 늘 날카롭지 않았던가?

"가장 최고의, 가장 순수하고 가장 똑똑하며 가장 사심이 없으며 또 가장 관대한 사람이라 하더라도 정부의 일을 맡게 되면 언제나 그리고 반드시 부패하게 마련이다."

그가 선거에 참여하지 않은 이유도 여기에 있었다. 아무리 훌륭한 사람이라도 오염되게 마련이라는 것이었다.

이런 논리적 딜레마에서 빠져나오는 방법은 혁명가가 수행할 수 있는 전문적인 역할이 본인의 의도와 상관없이 얼마나 제한적일 수밖에 없는지 강조하는 것이었다. 마르크스에게 혁명은 긍정적이고 건설적인 일로서 내재적인 경제적 조건들이 변화함에 따라서 비롯되는 것이었다. 그러나 바쿠닌은 혁명을 극단적일 정도로 예측 불가능한 것이라고 설명했다. 혁명에 찬성하는 사람이든 반대하는 사람이든 간에 그 누구도 조작할 수 없는, 더 나아가 파악할 수도 없는 원인들이 혁명 과정에 작동한다는 것이었다.

"혁명은 저절로 일어난다, 일들이 돌아가는 형세에 의해서 그리고 대중이 수행하는 운동에 의해서. 바로 이럴 때 흔히 하찮아 보이는 원인들이 계기가 되어 혁명이 폭발한다. (……) 혁명은 지하에서 보이지 않게 천천히 그리고 쉬지 않고 흐르는 역사의 물길에서 비롯된다. 이 물길들은 점점 더 많이 합쳐지며 땅을 뚫고 또 침식한다. 그러다가 마침내 지표를 뚫고 솟구쳐 나와 자기가 가는 길을 가로막는 모든 것을 파괴하고 쓸어버린다."

바쿠닌의 이런 관점에서 보자면 혁명은 어떤 개인이나 조직이 의도적으로 일으킬 수 있는 것이 아니었다. '인간의 의지나 음모와 전혀 상관없이 독립적으로, 언제나 상황의 힘에 의해서 일어나는 것'이었다.[26]

그런데 이런 역사관이 톨스토이의 역사관과 매우 비슷하다는 사실은 흥미롭다. 두 사람 모두 역사적인 어떤 사건은 많은 사람들이 자기가 처한 환경에 대해서 개인적인 반응을 하는 데서 비롯되며, 이 사건은 미리 예측할 수도 없고 또 조작이나 조종을 할 수도 없다는 생각을 가지고 있었다. 그리고 이들의 역사관이 당대에 상당한 영향력을 행사했을 것이라는 추정은 충분히 가능하다. 톨스토이의《전쟁과 평화》는 1860년대에 집필되었는데, 처음에는 연재 형식으로 게재되다가 1869년에 최종본이 나왔다. 바쿠닌과 톨스토이 모두 프루동의 영향을 받았다. 프루동은 1861년에 브뤼셀에서 톨스토이를 만났을 때 자신의 신작이던《전쟁과 평화》를 선물로 주었는데, 톨스토이는 프루동에게 경의를 표한다는 뜻으로 그 제목을 자기 소설에 붙였다.[27] 농민에 대한 단순한 믿음에서 비롯되는 영감을 특징으로 하는 톨스토이의 독특한 기독교적인 무정부주의는 아래에서부터 위로 향하는 프루동의 새로운 사회의 발전 전망과 비슷하다.

그런데 바쿠닌은 톨스토이나 프루동과 다르게 혁명에 방향성을 제시하는 데서 인간이 할 수 있는 부분은 한층 적다고 생각했다. 혁명에는 대중의 본능을 혁명 사상과 함께 하나로 묶어내는 어떤 역할이 필요하다 (대중이 혁명 본능을 가지고 있다는 인식에는 대중은 본인은 깨닫지 못한다 하더라도 기본적으로 사회주의자라는 인식이 전제되어 있다). 만일 혁명가가 이 역할을 제대로 해내지 못한다면 대중은 독재를 추구하는 사람들 즉 다른 사람들을 '자기 자신의 영광을 위한 디딤돌'로 이용하는 사람들에게 속아넘어갈 수 있다는 것이었다. 바쿠닌의 전기를 쓴 어떤 사람은 '이 과정에서 지식인은 옆에서 도와주는 부차적인 역할만 해야 하고, 혁명의 과정을 각본으로 쓰는 사람은 대중이어야 한다'는 관점으로 정리를 했다.[28] 상당히 위안이 되는 마음 편한 가설이긴 하지만 이것 역시도 프롤레타리아 독재는 단지 일시적인 현상으로만 존재할 것이라고 했던 마르크스의 주장만큼이나 터무니없었다. 더할 나위 없이 순수하고 자연스러운 권위의 형식들이 있으며, 이런 것들은 인위적이고 압제적인 권위의 형식들과 분명하게 구분될 수 있다는 발상은 극단적으로 단순한 권력관에 의존한 것이다. 정치인들은 자기는 언제나 유권자의 심부름꾼이며 대중을 이끌기보다는 대중의 말에 귀를 기울이겠다고 말은 했지만 실제로는 전혀 다르게 행동했다, 바쿠닌이 관찰한 것처럼.

이 두 가지 접근 방식은 1870년 9월에 프러시아가 프랑스를 점령한 사건에 대한 대응에서 뚜렷하게 대조되는 모습을 보였다. 마르크스는 그 사건에 대해서 국제노동자동맹을 대변해서 글을 썼다. 비록 경멸적인 언어를 구사하긴 했지만 정밀한 글이었다. 많은 정보를 바탕으로 한 섬세한 분석으로 그는 제2제정帝政(제2공화정 이후 나폴레옹 3세 치하의 제정 — 옮긴이)과 독일 정복 전쟁의 종식으로 이어지는 기동 작전들을 묘사했다. 그는 보불전쟁을 지지했던 독일 노동자 계급이 프랑스와 명예로운 휴전 협정을 체결하자고 주장하길 바랐다. 그리고 그동안에 프랑스의 노동자 계급은 루이 보나파르트가 만들어낸 환상에서, 즉 과거에 홀린 상태에서 벗어나길 바랐다. 마르크스는 만일 노동자 계급이 수동적인 태도로 일관한다면 '현재의 이 무시무시한 전쟁은 한층 더 많은 죽음을 요구할 격렬한 국제적 분쟁의 전조가 될 것'이라는 선견지명을 보였다. 이것은 사태를 근심스럽게 지켜보는 그의 관찰자적 시점이었다.

바쿠닌의 《현재의 위기에 관해서 어떤 프랑스인에게 보내는 편지》Letters to a Frenchman on the Present Crisis 는 실제로는 누구에게도 부치지 않은 편지인데, 비록 내용이 길고 또 중언부언하지만 감동적이었다. 한 가지 핵심적인 주제는 독일군에게 패배를 안길 수 있다는 것이었고, 다른 하나는 이렇게 하려면 노동자 계급과 농민 계급 사이에 동맹이 필요하다는 것이었다. 아울러 프랑스 사람들은 그 어떤 군대에도 정복될 수 없다고 했다. '아무리 강력하고, 아무리 잘 조직되어 있고 또 가장 훌륭한 무기를 가진 군대라고 하더라도 프랑스를 정복할 수는 없을 것'이라고 했다. 만일 부르주아가 그토록 형편없이 부족하지만 않았더라도 독일군에 저항해서 '엄청난 게릴라전은 말할 것도 없고 심지어 산적 활동도' 일어났을 것이라고 했다. 많은 것들이 농민에게 달려 있었다. 비록 농민이 무지하고 이기적이고 보수적이라고 하더라도, 그들은 '타고난 에너지와 단순하고 소박한 습속을 가지고 있으며' 또 '도시의 노동자들이 열정적으로 받아들인 사상과 선전'에는 달갑지 않게 반응할 터였다. 이 두 계급 사이의 간극은 사실 '오해'일 뿐이라고 했다. 노동자가 제대로 노력만 하면 농민도 교육을 통해서 종교를 향한 맹종과 황제를 향한 충성심 그리고 사적 소유에 대한 지지를 벗어던질 수 있다는 것이었다.

그런데 실제로 혁명의 순간이 다가왔을 때 조직을 건설하거나 공론적인 사회주의의 어려운 단어들을 읊조릴 시간이 있을 리 없다고 했다.

"폭풍이 치는 혁명의 바다로 나아가야 할 때이기 때문이다. 바로 이 순간부터 우리는 우리의 원칙을 말이 아니라 행동으로 퍼트려야 한다. 왜냐하면 그것이야말로 가장 민중적이며 가장 인기가 좋고 또 가장 효과적인 선전 방식이기 때문이다."

농민은 일단 한 번 흥분해서 떨쳐 일어나고 나면 그 누구도 막지 못한다고 했다.

"이런 농민은 모든 정치적 제도와 사법적 제도 그리고 군사적 제도를 직접적인 행동으로써 파괴할 수 있으며, 전국의 시골 지역에 무정부를 확립할 수 있다. (……) 이런 시기에는 온 사회가 마치 전류가 찌릿찌릿하게 흐르듯 활기를 띠면서 서로 다른 개인들이 비록 일시적이긴 하지만 하나의 공통적인 감정으로 통일된다. 전혀 다른 정신과 의지가 하나로 통합된다."

하지만 또 다른 경우가 가능했다. 이 시기는 '우울하고 실망스러운 재앙의 시기일 수도 있다. 모든 것에서 타락과 고갈과 죽음의 냄새가 나는 시기, 공적인 양심과 사적인 양심 모두가 실종되고 말 것이라는 전조가 비치는 시기일 수도 있다'고 했다.

✝ 행동을 통한 선전

바쿠닌은 점점 더 이론을 참을 수 없어 했다. 오로지 극적인 행동만이 미몽에서 깨어나지 못하는 대중의 의식에 침투할 수 있다는 생각을 점점 더 굳혔다. 바로 이런 인식을 반영한 것이 '행동을 통한 선전'propaganda of the deed이었다. 농민이 어떻게 하면 자기 손발을 묶은 사슬을 풀고 떨쳐 일어날 수 있을지 보여주는 것이 이 선전의 목적이었다. 만일 농민들이 기존 질서의 취약점을 볼 수만 있다면 이들 가슴 속에 숨어 있던 최고의 본능이 작동해서 봉기가 뒤따를 것이라고 했다. 무정부주의자들이 대중을 선동하기 위해서 선택한 행동에는 흔히 암살도 포함되었기에 바쿠닌은 급진적인 테러주의의 지적知的인 아버지라고도 일컬어진다. 마르크스가 바쿠닌을 비판한 핵심 내용 중 하나가 바로 바쿠닌이 세르게이 네차예프Sergei Nechayev와 연관되어 있다는 점이었다. 모질고 금욕적이고 호전적이던 네차예프는 허무주의를 파괴적인 극단으로 끌고 가서, 대의명분의 깃발 아래에서라면 무엇이든 다 할 수 있는 권리와 또 그렇게 해야 하는 의무가 있다고 주장했다(이것은 그가 순전히 혁명 과업만을 위해서 내걸었던 결론은 아니었다). 그는 1868년 스위스에서 바쿠닌을 만나 자기가 감옥에서 탈출했고 또 러시아의 한 혁명 조직을 대표한다고 말했다. 이렇게 해서 바쿠닌은 그를 세계혁명동맹World Revolutionary Alliance 러시아 지회의 구성원

으로 임명했다. 이때 네차예프의 조직원 번호는 2771번이었다.[29]

그런데 그 뒤에 이어진 몇 달은 바쿠닌에게 끔찍한 재앙과도 같았다. 그리고 나중에 바쿠닌은 네차예프의 야수적인 철학을 내쳤다. 세상에 알려진 것과는 다르게 아마도 바쿠닌은 '독과 칼 그리고 올가미'의 역할을 찬양하며 '총과 칼'이 발휘하는 정화 효과를 이야기하는 네차예프의 삭막한 저술들에 공동 저자로 참가하지 않았을 것이다. 네차예프는 '고위직 인사들을 대상으로 한 대량 학살'은 지배 계층에 공포감을 조성할 것이고, 사회적으로 높은 신분에 있는 사람들이 보다 많이 죽어나갈 때 보다 많은 사람들이 용기를 내어 이 살인 행렬에 가담할 것이며, 그러면 결국 사회 전체에서 혁명이 일어날 것이라고 주장했다. 네차예프의 악명 높은 저서인 《혁명가의 교리문답》Catechism of a Revolutionary은 다음과 같은 구절로 시작된다.

"혁명가는 자기가 타고난 운명대로 살아야 한다. 그에게는 개인적인 관심도, 사생활도, 사사로운 감정이나 집착, 재산 그리고 심지어 이름조차 없다. 그는 모든 것을 단 하나의 관심과 생각과 열정 즉 혁명에 바쳐야 한다."[30]

선과 악을 구분하는 것은 오로지 혁명뿐이라고 했다. 열정과 행동으로 미래의 희망을 불어넣어주었던 청년 네차예프에게 속은 바쿠닌은 결국 그와 결별했다. 그의 철학도 문제였지만 자기가 베푼 환대를 배신한 점을 참을 수 없었던 것이다. 그는 바쿠닌의 돈을 들고 달아났으며, 바쿠닌 행세를 하며 출판업자를 무섭게 협박했다. 그리고 헤르첸의 딸을 유혹하려고도 했으며, 자신의 명성을 지키려고 한때 동지였던 사람을 살해하기까지 했다.

바쿠닌은 1875년에 사망했다. 심신이 지치고 환멸에서 깨어난 상태에서 그는 세상을 떠났다. 혁명가의 열정은 푸석하게 말라버렸고 꿈은 꺾이고 부서졌다. 그는 러시아뿐만 아니라 이탈리아와 스페인의 사회 운동에 엄청나게 많은 것을 남겼다. 그러나 그가 남긴 무엇보다도 직접적인 유산은 '행동을 통한 선전'이라는 개념과 실천이었다. 혁명을 촉진하기 위해 행동에 초점을 맞춤으로써 말이 가지는 가치는 격하되었다. 그러다 보니 심지어 설득의 기술조차도 관심에서 멀어지는 결과가 빚어졌다. 예를 들어서 이탈리아의 에리코 말라테스타Errico Malatesta는 1871년에 바쿠닌의 저작을 읽고 5년 뒤인 1876년에 다음과 같이 설명했다.

"혁명에서는 말보다 행동이 더 중요하다. (……) 사람들에게서 자발적인 운동이 일어날 때마다 그렇다. (……) 진행 중인 운동에 대해서 연대를 표명하는 것은 모든 혁명적 사회주의자의 의무이다."

비록 말라테스타는 나중에 무정부주의적인 테러에 반대한다며 노선을 바꾸긴 하지만 그 이전까지는 말보다 행동을 훨씬 더 중요하게 여겼다. 그들이 기존의 모든 제도를 파괴하려고 할 때 '피의 강'이 그들이 하는 운동과 그들이 지향하는 미래를 갈라놓았다.[31] 국제 무정부주의자 단체Anarchist International에서 폭동이라는 접근법을 강력하게 주장했던 말라테스타는 행동을 통한 선전이라는 방침을 실천하기 위해서 무장 병력을 이끌고 캄파니아(이탈리아 서남부의 주―옮긴이)의 여러 시골에 출몰해서 세무서를 불태우고 군주제가 끝났다고 선포했다. 그러나 곧 그와 그의 추종자들은 체포되었다. 하지만 그는 분석 능력과 토론 기술로 유명한 인물이었고, 이런 사실은 재판정에서 배심원을 설득한 것으로도 입증되었다. 어떤 경찰 정보원은 그를 '격한 용어를 전혀 동원하지 않고서 차분하게 남을 설득하려는 사람'이라고 묘사했다. 그는 '수많은 동료 무정부주의자들과 사회주의자들에게서 흔히 찾아볼 수 있던 언어 폭력 및 모순되는 표현들, 학문이 아니면서도 과학적인 학문으로 보이게 포장된 법률적인 용어' 등을 철저하게 배제했다.[32]

그 뒤에 말라테스타는 유럽 대륙으로 갔으며 나중에는 아르헨티나와 이집트 그리고 미국까지 가서 반란을 조장했다. 그는 좋은 사회가 어떤 사회인지 토론했으며 권력을 사용하지 않고 혹은 새로운 권력을 세우지 않고서 낡은 질서를 전복시키는 방법을 놓고 토론했다. 그리고 길었던 인생이 끝나갈 무렵에 자기가 지지하고 실천했던 무차별적인 테러를 후회하면서, 오로지 정당화될 수 있는 폭력만이 해방에 도움을 줄 뿐이라고 주장했다. 1894년에 그는 다음과 같이 썼다.

"한 가지 확실한 것은 부르주아 사회는 칼과 같은 것으로 아무리 많이 찌른다고 하더라도 결코 쓰러지지 않는다는 사실이다. 이 사회는 개인적인 이해관계와 편견이라는 거대한 덩어리 위에 세워져 있으며, 군대의 힘보다는 대중의 관성과 습관화된 굴종에 의해서 유지되기 때문이다."[33]

그러나 무력(군대)과 관련된 혁명의 뜨거운 언어로서는 거칠 게 없었다. 1881년 런던에서 열린 국제무정부주의자회의International Anarchist Congress는 '모든 지배자, 국가의 수상들, 사회적인 명사들, 서기들, 가장 유명한 자본가들 그리고 그 밖의 착취자들을 타도할' 모든 수단을 찾아볼 것을 강력하게 촉구하면서, 특히 화학 분야에 대한 공부와 폭발물 준비에 관심을 기울일 것을 권장했다. 독일의 무정부주의자 요한 모스트Johann Most는 계급 자체의 철폐를 주장했다. 그는 '혁명 전쟁의 과학'이라는 제목에 '니트로글리세린, 다이너마이트, 솜 화약, 뇌 수은(폭약), 폭탄, 신관, 독약 등'이라는 부제를 붙인 소책자에서 다음과 같이 썼다.

"짓밟히며 살아가는 지구의 수백만 인민에게 다이너마이트를 제공했다는 점에서 과학은 자기가 할 수 있는 최선을 다했다. 다이너마이트 1

파운드면 투표를 통째로 날려버리고도 남는다."

암살은 일상적인 행위가 되었다. 1881년에 러시아의 알렉산드르 2
세가 살해되는 것을 필두로 해서 프랑스 대통령, 스페인 수상, 이탈리아
국왕 그리고 윌리엄 맥킨리William McKinley 미국 대통령이 암살되었다. 독일
황제의 암살 시도는 미수로 끝났다. 1914년 8월에 오스트리아 황태자
페르디난드의 암살은 제1차 세계대전의 도화선이 되었다. 무정부주의와
테러 사이의 연관성은 보다 부드럽고 보다 인간적인 측면들을 강조하려
고 무정부주의자들이 온갖 노력을 기울였음에도 불구하고 오늘날까지도
이어지고 있다.

폴란드 출신의 영국인 소설가인 조셉 콘래드Joseph Conrad(아버지가 폴
란드 독립운동에 참가했다가 북러시아로 유형된 뒤에 죽자 삼촌 슬하에서 성장했
다—옮긴이)는 무정부주의자들과 이들이 어울리던 집단을 소설 속에서
충실하게 묘사했다. 《서구의 눈 아래에서》Under Western Eyes라는 소설을 언급
한 메모에서 그는 독재적인 규칙의 '사나움과 어리석음'이 '심장의 근본적
인 변화는 반드시 주어진 인간 제도의 몰락을 전제로 한다는 이상한 신
념 속에서 손쉬운 수단에 의존하는 파괴 행위를 모두 아우르는, 순수하
게 유토피아적인 혁명주의라는 역시나 잔악하고 우둔한 대답'을 이끌어
내는 과정에 대해서 언급했다.[34]

콘래드가 당대 혁명가의 쓸모없는 모습을 묘사한 가장 유명한 소설
은 1907년에 출간된 《비밀 요원》The Secret Agent이다. '교수'라는 별명으로
불리는 폭탄 제조자는 (그러나 사실 그는 화학과에서 쫓겨난 기술자이다) 완벽
한 신관 개발을 갈망했다. 이 교수는 자기 몸을 폭발물에 묶음으로써 자
기 자신을 경찰이 절대로 손댈 수 없는 폭탄으로 만들었다. 하지만 그의
'냉소적인 외로움' 뒤에는 사람들은 기본적으로 지나치게 연약해서 기존

의 질서를 무너뜨리지는 못할 것이라는 '시시각각 엄습하는 공포'가 도사리고 있었다. 그는 '수많은 사람들의 저항하는 힘, 즉 도저히 어떻게 해볼 수 없는 거대한 규모의 무신경 혹은 둔감함'에 좌절했다. 그는 '이 사람들의 사회적인 정신은 빈틈이라고는 찾아볼 수 없는 편견들로 꽁꽁 싸매어져 있는데, 이것이 우리가 하는 일에는 치명적이다'라는 사실을 슬퍼했다. '합법성에 대한 숭배'를 깨기 위해서 그는 억압된 것이 분출될 계기를 찾았다.

소설에서 가장 사악한 인물도 이 점에 동의했다. 그 인물은 무정부주의자가 아니었다. 러시아 대사관 직원이 분명하다고 유추할 수 있지만 따로 국적이 명시되지 않은 첩보원 블라디미르였다. 블라디미르에게 영국은 테러에 대항해서 싸우는 싸움에서 약한 고리였다. 그래서 그는 '이 나라는 개인의 자유에 감상적인 태도와 방식으로 대응하다니, 정말 한심하군'이라고 하면서 불평한다. 진짜 필요한 것은 '심리적인 것이 필요한 시점에 적합한 (……) 엄청나게 대단한 위협'이라고 그는 믿었다. 그렇다면 무엇이 가장 좋은 위협이 될 수 있을까? 국왕이나 대통령을 노리는 암살도 이제 더는 충격적이지 않았다. 교회나 음식점 그리고 식당을 대상으로 한 공격도 쉽게 설명될 수 있기에 제외되었다.

"그는 도무지 이해할 수 없고 설명할 수 없으며 또한 상상도 할 수 없는 그런 어마어마하게 파괴적이고 잔악한 행동을 원했다. 그렇다면 미치광이 짓? 그렇다, 미치광이 짓이야말로 진정으로 무서운 게 아닐까?"

이런 생각을 한 끝에 최종적으로 블라디미르는 그리니치 천문대를 공격 대상으로 정했다. 그리고 러시아의 비밀 요원이던 아돌프 벌록에게 그 임무를 맡겼다. 그런데 실제로 그리니치 천문대는 테러 공격을 받았다. 1884년에 한 무정부주의자가 천문대를 공격할 목적으로 그리니치 공원을 가로질러 가다가 넘어졌는데, 그 바람에 가지고 있던 폭탄이 터져버렸다. 그는 사망했고 테러 공격은 실패로 돌아갔다. 콘래드는 실제로 있었던 그 사건을 소설의 소재로 삼은 것이다. 그는 이 사건을 두고 '어떤 합리적인 사고 과정이나 혹은 심지어 전혀 합리적이지 않은 사고 과정을 통해서도 도무지 기원을 탐색할 수 없는 정말로 얼빠진, 피로 얼룩진 미치광이 짓'이라고 묘사했다. 그의 책에서는 교수와 블라디미르 모두 자기들이 하고자 했던 억압된 분노의 분출을 촉발하는 데 실패했으며 이 이야기는 결국 개인적인 비극이 되고 말았다.[35]

무정부주의는 순전히 개인적인 테러에만 국한되지 않았다. 무정부주의 운동은 20세기의 처음 수십 년 동안 스페인에서 정말로 인기 높은 대중 운동 차원으로 전개되었다. 무정부주의는 스페인의 좌익 진영에서 상당한 존재감을 누렸는데, 심지어 공산주의보다 영향력이 더 컸다. 무정부주의는 노동자들 사이의 강력한 신디칼리즘(노동조합을 기반으로 총파업과 파괴 등의 직접 행동을 함으로써 사회 개혁을 성취하고 또 노동조합이 지배권을 장악해야 한다는 노선. 생디칼리즘이라고도 한다―옮긴이)적인 경향을 포함해서 다양한 형태로 전개되었다. 전국노동자연맹Confederación Nacional del Trabajo, CNT이 1911년에 창설되었고, 10년 뒤에 이 단체의 회원은 백만 명을 넘었다. 이 단체는 정치를 피하고 경제 영역에서 직접적인 행동으로 나섰으며 모든 형태의 권력을 공격했다. 하지만 결코 정치에서 멀어질 수는 없었다. 이 단체는 지부 차원에서의 적절한 토론을 거친 뒤에 다수결의 원칙에 따라서 다수 의견을 채택하고 모든 구성원이 동의하도록 했다. 그런데 이렇게 큰 운동 조직의 경우에 흔히 그렇듯이 이 단체에도 극단주의자 집단이 생겨났다. 그들은 폭력적인 봉기를 일으킬 준비가 되어 있었고, 또 다른 한편의 온건주의자들은 고용주와 국가를 상대로 협상을 할 준비가 되어 있었다. 1930년대 초에 극단주의자들은 전국노동자연맹 내부에 바쿠닌 류의 효과적인 내부 비밀 조직을 만들어서 온건주의자들이 발을 붙이지 못하도록 했다. 사회적인 불안이 한층 커질 때였고 또 운동이 실질적인 선택에 맞닥뜨리기 시작한 때였다. 그들이 선택한 행동의 결과는 명백했고 전적으로 탁상공론적이지만은 않았다.

많은 회원들이 1933년에는 선거에 참여하지 않고 우익 정부가 들어서는 걸 지켜보기만 했지만, 1936년 선거 때는 선거에 참여해서 좌익이던 인민전선Popular Front을 지지했고 덕분에 인민전선 정부가 들어섰다. 그러자 프랑코 장군이 여기에 반대해서 쿠데타를 일으켰다. 그리고 스페인에서는 내전이 시작되었다. 전국노동자연맹이 프랑코 정권에 대한 저항을 이끌었다. 전국노동자연맹의 회원들은 정부의 통제를 받는 집산주의적 원리로 운영되는 여러 지역에 파견되었다. 그런데 권력의 거친 민낯이 서서히 모습을 드러내기 시작했다. 첫 번째 선택은 카탈로니아 지역에 있는 지방 정부를 해체하고, 장차 실질적으로 무정부적인 독재에서 효과적으로 기능할 체제 즉 그들이 늘 공격하던 제도 및 기관들과 협력할 수 있는 체제를 구성할 것인가 하는 문제였다. 지도부는 협력을 선택했다. 프랑코의 군대가 점점 근거지를 확보하자 전국노동자연맹 지도부는 사회주의자들과 손을 잡고 통일 전선을 마련할 필요가 있었고, 곧 구성원들에게 당의 노선을 따르도록 했다. 그런데 전국노동자연맹이 정부로 들어감에 따라서 무정부주의자들이 이제 정부의 장관이 되었으므로 국가라는 조직이 더는 압제적이지 않았다. 엄격한 군사 체계를 위한 징병과 철저한 훈련이 필요했으며, 사회적인 실험들은 중단되었다(그 실험들 가운데 몇몇은 성공했다). 실제로 정치적인 후원자가 각기 따로 존재하는 의용군으로 구성된 군대는 언제나 파벌적으로 행동했다. 그리고 군대가 보다 철저히 훈련을 받을수록, 인민전선 정부가 소련의 지원에 보다 많이 의존할수록 공산주의자가 전체 장교에서 차지하는 비중은 점점 더 커졌다.[36] 결국 공산주의자들은 소련을 등에 업고 무정부주의자들을 공격했으며 내전 속의 내전이 시작되었다. 무정부주의라고 하면 원래 곧바로 테러가 연상되었지만 스페인의 경험으로 해서 이제는 테러라고 하면 쓸데없음과 무력함까지도 함께 연상되게 되었다.

무정부주의자들은 권력의 유혹과 타락을 아주 선명하게 바라볼 수 있었다. 아울러 자신들이 이상적으로 생각하는 사회와 권력은 양립할 수 없다는 것도 알고 있었다. 하지만 권력 없이 어떻게 효과적으로 혁명을 완수할 수 있을지는 입증하지 못했다. 사람들의 삶에 영향력을 행사할 수 있는 어떤 기회가 나타나면 권력을 행사할 수 있는 지위를 한사코 거부하던 예전의 모습을 잊어버리거나 아니면 권력에 덜 결벽적인 사람이 그 기회를 차지하도록 해야 했다. 무정부주의자들은 수단이 목적을 어떻게 규정하는지 알고 있었다. 그러나 잠재적으로 부패할 수 있다는 이유로 모든 효과적인 수단까지도 배제했으므로 무정부주의자들이 먼저 앞장서서 할 수 있는 것이라고는 아무것도 없었다. 활동가인 자신들이 도움을 줄 어떤 사업을 다른 사람들(일반 시민)이 먼저 나서서 시작해주길 기다릴 수밖에 다른 도리가 없었다. 칼 레비Carl Levy가 지적했듯이 무정부주의자들은 '제도적인 연속성 보존을 위해 자기 아닌 다른 지도자(지역의 지도자, 국가의 지도자 그리고 국제적인 지도자)들이 필요'했으므로 권력을 손에 넣길 꺼리는 데는 어떤 역설이 존재했다.[37] 그러나 지도력을 행사하지 않는 척해야 했던 지도자들은 전략적인 방향성을 제시할 수 없었다. 권력의 가능성을 직접적으로 다루길 거부하는 행동은 어떤 진지한 전략의 가능성을 배제하는 것이며, 따라서 스스로 지도자가 아니라 분노한 비평가의 역할에만 머물겠다고 천명하는 것이기도 했다. 그러므로 리더십의 문제는 그 뒤로도 계속해서 좌익 진영을 두 개의 극단적인 집단으로 분리시켰다. 한쪽에는 대중을 올바른 방향으로 이끌 생각을 감히 하지 못하는 순수주의자들이 있었고, 다른 한쪽에는 자기들이 전진하면서 뚫는 길 외에는 다른 길이 있을 수 없다고 주장하면서 스스로를 변화의 전위라고 강력하게 믿는 사람들이 있었다.

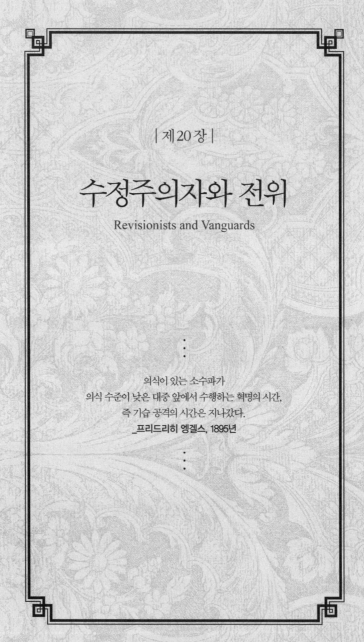

| 제 20 장 |

수정주의자와 전위

Revisionists and Vanguards

⋮

의식이 있는 소수파가
의식 수준이 낮은 대중 앞에서 수행하는 혁명의 시간,
즉 기습 공격의 시간은 지나갔다.
_프리드리히 엥겔스, 1895년

⋮

프리드리히 엥겔스는 1895년에 사망했다. 그가 죽기 몇 달 전에 마지막 원고가 나왔는데, 이것은 흔히 그의 '유언'이라고 일컬어진다. 마르크스의 1850년 저서 《프랑스에서의 계급 투쟁》Class Struggles in France의 개정판에 새롭게 붙인 서문이었다(마르크스는 1883년에 사망했다 — 옮긴이). 사실 엥겔스는 이 서문을 애초부터 유언이라고 생각하고 쓰지는 않았다. 하지만 19세기 후반 노동자 계급의 운동이 겪었던 변화하는 운명을 논평하기 위한 회고조의 사려 깊은 문건임은 분명하다. 이 서문이 가지는 정치적인 의미는 독일 사회민주당Social Democratic Party, SPD이 자기들이 구사했던 의회 전략을 합리화하고 (이런 측면에서만 보자면 그들은 어느 정도 성공했다) 또 폭력 혁명에 반대하는 데 이것을 사용했다는 데 있다. 엥겔스가 가지고 있던 비범한 권위 때문에 변함없이 보다 군사적인 접근법을 열망하던 사람들은 엥겔스의 이 서문에 당혹스러워했다. 그래서 이들은 엥겔스가 당시 새로운 반정부 규제법의 제정 논의가 진행되던 상태에서 사회민주당의 압력 때문에 논조를 온건하게 할 수밖에 없었을 것이라고 주장했다(엥겔스가 쓴 서문은 독일 사회민주당의 요청에 의해 '온건하게' 수정된 것이며, 몇몇 사회민주당 지도자들은 비폭력 전술을 옹호할 수 있는 구절들만을 적당히 뽑아내 필요한 곳에 사용했다. 이 때문에 엥겔스는 과거의 혁명 활동과 결별했다는 오명을 뒤집어쓰기도 했다―옮긴이). 그러나 엥겔스가 군대라는 무장 조직을 배제하지 말 것과 자기가 한 분석의 보다 낙관적인 측면들은 독일에만 적용되어야 한다고 주장했음에도 불구하고, 1848년 이후로 사회주의 운동의 전략에 대한 자신의 견해가 상당히 많이 바뀌었음을 본인 스스로도 인정했다. 당시에 혁명은 하나의 '거대하고 결정적인 전투', 즉 일단 시작되고 나면 숱한 우여곡절을 거치면서 계속 이어져서 마침내 '프롤레타리아의 최종적인 승리'로 결말이 날 전투로 인식되었다. 그러나 정규군을 상대로 한 가두 투쟁에서 승리한다는 것은 매우 예외적인 사례로 거의 50년 동안이나 예견만 되고 있었다.

　　지난 수십 년 간의 군사 관련 논쟁은 폭동이 성공적인 군사 조직으로 전환될 수 있는 여러 가지 방안을 구상하는 데 지대한 영향을 미쳤다. 힘의 균형이 혁명 진영 쪽으로 기울어질 수 있는 유일한 길은 군대가 같은 처지의 형제인 민중에게 총을 쏘아야 한다는 사실에, 그리고 군대가 복종하는 대의에 의심을 품도록 만드는 것밖에 없었다. 이것을 제외한 다른 모든 측면에서 정규군의 장비와 규율은 혁명 진영에 비해서 압도적으로 우세했다. 변변찮은 무장을 한 혁명 진영이 수적으로 불리할 가능성은 언제나 매우 높았고, 정규군의 예비 병력은 언제든 철도를 통해서 문제 발생 지역으로 신속하게 파견될 수 있었다. 정규군의 무장이 혁명 진영보다 훨씬 우월할 것임은 말할 필요도 없었다. 심지어 도시계획 입안자들조차도 반反혁명 진영에 힘을 보탰다. 도시들은 이제 '길게 직선으로 구획되었고 (바리케이드로는 도저히 감당할 수 없을 정도로) 도로는 넓었으며 새로 개발된 대포와 소총이 최대한의 효과를 발휘하도록 설계되었다.'

혁명 진영으로서는 도시 전체는커녕 단 하나의 자치 구역도 방어하기 어려울 지경이었다. 이런 사정을 엥겔스는 1895년의 서문에서 다음과 같이 설명한다.

물론 이 경우에 군사력을 어떤 결정적인 지점에 집중하기란 불가능하다. 그러므로 수동적인 방어가 지배적인 투쟁 형태이다. 예외적으로 이따금씩 측면을 치고 빠지는 형태로 공격이 진행될 수는 있을 것이다. 하지만 통상은 이런 공격도 군대들이 퇴각하면서 버리고 간 점령지들에 한정될 것이다.[1]

바리케이드가 반혁명 진영 군대의 견고함을 흔들어놓기 위한 수단으로서 발휘할 수 있는 유일한 가치는 물질적인 효과보다는 정신적인 효과에 있었다. 이것은 '계급 의식으로 무장한 소수가 그렇지 않은 다수를 지휘하는 방식으로는' 혁명이 수행될 수 없는 또 하나의 이유였다. 대중이 직접적으로 혁명에 가담하지 않는다면 혁명이 성공할 가망은 없었다.

이에 비해서 모든 남성의 참정권은 실질적인 기회를 창출했으며 또 노동자 계급은 사회민주당을 통해서 선거가 제공하는 이점을 최대한 활용할 수 있었다. 사회민주당의 득표율이 계속 올라가면 '우리는 지상에서 결정적인 힘을 가질 수 있을 것이고 마침내 다른 모든 계급들이 좋든 싫든 간에 우리 앞에 머리를 조아릴 터'였다. 그러므로 독일에서 사회주의가 번성하는 데 위험이 되는 요소는 '1871년 파리에서 그랬던 것과 같은, 피를 부르는 대규모 충돌'이었다. 이런 사태를 피하려면 제반의 자원이 낭비되지 않도록 보전해야 했다. 그래서 엥겔스는 '혁명가들'이나 '전복주의자들'이 합법적인 수단에 의존할 때 훨씬 더 잘 번성할 수 있다는 사실이 아이러니라고 했다. 즉 '스스로 창출한 합법적 조건 아래서 결국 소멸할 운명을 짊어진 것'은 '질서 그 자체'였다. 만일 운동이 '그들을 기쁘게 해주기 위해서 우리가 우리 자신을 가두 투쟁으로 내몰 정도로 미치지 않는다면' 불법적인 행동을 두고 고심을 해야 할 쪽은 아마도 상대 진영일 터였다.

엥겔스는 물리적인 힘을 완벽하게 배제할 수 없다는 점에 관한 한 개인적으로 확고한 신념을 가지고 있었다. 그랬기에 '어떤 대가를 치르든 간에 합법성을 추구하는 평화주의자'라는 비판을 받을 때마다 화가 났다.[2] 그는 '사회주의자들이 권력을 넘겨받는 일을 정당화해줄 선거 관련 정치력을 획득하면 정부는 엄중한 탄압에 나설 것'이라고 생각했다. 그러므로 그때는 거리로 뛰쳐나갈 필요가 있었다. 사회민주당 지도부가 지나치게 선동적이라고 우려했던 몇몇 구절들은 '전위가 수행하는 전초전과 같은 전투들'에 힘을 낭비하는 것을 피하고 '결정적인 날이 올 때까지 그 힘을 온전하게 보존할' 필요성을 언급한 것이었다. 노동자 계급의 지원을 촉진하기 위해서는 혁명 과정을 거리에서부터 시작하지 말고 대중이 혁명의 대열에 온전하게 가담했을 때 거리로 나서야 한다는 게 엥겔스의 견해였다. 바로 그때야말로 타도해야 할 정부군의 결의와 조직력이 최하 수준으로 떨어져 있을 시점이라는 게 그가 내세운 근거였다. 이 서문을 쓰기 몇 해 전에 엥겔스는 사회민주당이 다수당으로서 순조롭게 권력을 넘겨받을 수 있을지 의문스럽다는 견해를 표명했었다. 그러면서 그는 그렇게 되기 전에 십중팔구는 '우리의 지배자들이 (……) 우리에게 폭력을 행사하고 이어서 우리는 의회 다수파라는 정치 지형에서 혁명이라는 정

치 지형으로 옮겨가게 될 것'이라고 설명했다.[3]

✝ 수정주의

마르크스 이론은 경제적 결정론이었다. 그러나 활동가였던 마르크스는 정치 영역에서 취하는 행동이 몰고 올 전혀 다른 가능성을 단 한 번도 부정하지 않았다. 《루이 나폴레옹의 브뤼메르 18일》과 같은 저작들은 계급적인 이해와 정치적인 행동 사이의 고리가 왜곡될 수 있으며 또 잘못된 선택들이 혁명의 기회를 무산시킬 수 있음을 제대로 인식하지 못할 경우 아무런 의미가 없었다. 마르크스는 노동자 계급의 대의를 선전하고 촉진할 수만 있다면 의회 진출을 포함해서 그 어떤 선택도 마다하지 않았다. 그는 비록 이론적인 차원에서는 지극히 독단적이었음에도 불구하고 정치적 판단에서는 매우 실용적으로 움직였다.

　　마르크스는 단순한 상상이 아니라 인과관계를 토대로 한 과학으로서 사회주의의 과학적 토대를 주장했다. 이렇게 함으로써 노동자 계급이 자기가 처한 상황과 투쟁을 어떻게 이해할 수 있을까 하는 점에 모든 초점을 맞추었다. 프롤레타리아가 자기가 가진 힘과 가능성을 온전하게 이해하고 또 그저 하나의 의미 없는 계급에서 목적의식적인 계급으로 전환할 때 혁명의 핵심적인 순간이 다가올 것이라고 보았다. 마르크스의 저술을 잘못 읽으면 이 과정이 저절로 일어난다는 식으로 이해될 수도 있었다. 즉 노동자들이 참혹한 삶의 조건 속에서 자기가 놓인 비참한 처지의 원인이 무엇인지, 어떻게 하면 이런 삶을 바꿀 수 있을지 저절로 깨어일어난다는 식으로 이해될 수도 있었던 것이다. 그렇다면 당이 굳이 대중을 이끌 필요가 있을까? 대중을 이끌 목적으로 당이 굳이 해야 하는 역할은 어디에 있을까? 대중의 분노 그리고 보다 나은 삶을 향한 혁명적인 갈망의 분출은 희망을 낳았지만 여기에 비례해서 더 극심한 탄압과 거기에 따른 더 비참한 상황이라는 결과를 낳곤 했다. 급진적인 운동은 점진적으로 흐지부지되었거나 아니면 갑자기 명망을 획득하는 쪽으로 방향을 돌려서 체제를 뒤집는 수단이 아니라 체제를 구성하는, 체제의 한 부분이 되었다.

이것은 마르크스의 저주였고, 마르크스는 개인적으로 이 저주로부터 고통을 받았다. 즉 그 이론은 필연적인 진보가 이루어질 것임을 밝히는 이론이었지만 활동가를 좌절의 늪에 빠뜨리는 이론이기도 했다. 올바른 물질적 토대 없이는 정치가 결코 제대로 될 수 없다면 혁명을 추구하는 정치인은 도대체 무엇을 해야 한단 말인가? 이 질문에 대한 한 가지 대답은 조건이 무르익을 때까지 기다리는 것, 즉 결정적인 순간이 다가오고 노동자 계급이 준비를 갖출 때까지 힘을 기르면서 기다리는 것이다. 이것 말고 또 다른 대안은 계급 의식이 보다 빠르게 발전할 수 있도록 보다 유리한 조건을 만들어내면서 변화의 속도를 높일 방법을 찾는 것이다. 마르크스주의 정당으로서, 또 가장 영향력이 크고 믿을 만한 정당으로서 사회민주당은 그 두 대안의 중간 지점에 자기 위치를 설정했다. 계급 의식의 성장은 당의 의석수 증가와 선거에서의 꾸준한 성공을 잣대로 측정할 수 있었다. 사회주의로의 이전 순간이 언제 다가올지에 대해서는 신비로울 것도 없었다. 의회에서 다수당이 되는 순간이 바로 그 순간일 테기 때문이었다. 그런데 위험이 도사리고 있었다. 노동자의 처우가 개선될 때 혁명적인 열기는 점차 식을 수밖에 없고, 반면에 당은 혁명의 대상인 기존 체제에 점점 더 확고한 뿌리를 내릴 터이기 때문이다.

마르크스와 엥겔스는 특정한 전략보다는 정확한 사회주의적 프로그램을 훨씬 더 중요하게 여기며 강조했다. 1875년에 사회민주당이 창설될 때 두 사람은 당 창설의 주역이던 아우구스트 베벨August Bebel과 빌헬름 리프크네히트Wilhelm Liebknecht가 페르디난트 라살레Ferdinand Lassalle의 독일노동자총동맹General German Workers' Association과 합친 것을 두고 불같이 화를 냈다. 그 단체가 개량적이고 비과학적이라는 이유에서였다. 마르크스는 두 단체가 협력하는 것은 인정했지만 어떤 프로그램을 합동으로 진행하는 것은 반대했다. 노동자 계급이 느끼는 갈등을 마치 오해에서 비롯된 것처럼 받아들이면서 부르주아와 함께할 수 있는 근거를 찾는 시도로 바라보았기 때문이다. 마르크스와 엥겔스에게는 '계급 투쟁이 운동에서 벗어나지 않도록 하는 것'이 결정적으로 중요한 요건이었다. 노동자는 너무 무식한 나머지 스스로는 자기를 해방할 수 없으며 오로지 부르주아에 의해서만 그 해방이 가능하다는 인식을 조금이라도 심어주어서는 안 되었다.[4] 3년 뒤에 엥겔스는 마르크스와 엥겔스의 결정론을 비판하며 자치적인 협동조합을 주장하던 맹목적인 사회주의 철학자 오이겐 뒤링Eugen Dühring의 점진주의적 발상을 비판하는 《반反뒤링론》Anti-Dühring을 발표했다. 이 글은 마르크스주의를 새로운 세대의 사회주의자들이 쉽게 접근할 수 있는 형태로 바꾸는 데 중요한 역할을 했는데, 노동자 계급이 이류에 머물지 않도록 그리고 권력을 획득할 자격을 충분히 갖추었을 때는 박애주의 차원에 머물러서는 안 된다고 촉구했다.

1891년에 사회민주당은 반反사회주의법 철폐에 이어서 카를 카우츠키Karl Kautsky와 에두아르트 베른슈타인Eduard Bernstein이 작성한 이른바 '에르푸르트 프로그램'Erfurt Program을 채택했다. 이것은 자본주의의 종식을 여전히 고대하면서도 평화적인 수단을 통해서 사회주의를 추구할 준비를 갖추는 것이었다. 엥겔스가 죽은 뒤에 혁명 이론을 개량적 혁신주의 실천에 맞게 조정하는 작업을 한 사람은 베른슈타인이었다. 그는 마르크스의 예언과 다르게, 노동자 계급의 처지는 점점 더 나빠지지 않고 반대로 개선될 것이라고 강조했다. 1898년에 그는 《점진적 사회주의》Evolutionary Socialism를 출간했는데, 이 책은 제목이 암시하듯이 혁명은 필요하지 않으며 협동조합, 노동조합 그리고 의회의 대표자들이 결합하면 사회를 진보적인 방향으로 부드럽게 전환시킬 수 있다고 결론 내렸다. 그는 입법 활동을 의지하는, 지적이고 질서정연하지만 천천히 진행되는 역사의 발전 과정을 제시했다. 혁명적인 활동은 보다 빠른 진전을 제시하지만, 점진적인 사회주의는 감정을 토대로 하며 자발성에 의존한 것이었다. 베른슈타인에게는 '운동 그 자체가 전부였으며 목적은 아무 것도 아니었다.'

그의 오랜 협력자인 카를 카우츠키는 진실한 믿음의 신봉자로 스스로를 드러내며 베른슈타인과는 전혀 다른 의견을 제시했다. 마르크스를 수용했던 선도적인 당에서 마르크스주의를 대표하던 선도적인 인물로서 카우츠키는 과학적 사회주의에 대한 견해를 세우는 과정에서 비범한 영향력을 발휘했다. 그의 접근법은 단조롭고도 맹목적으로 한 걸음씩 나아가는 것으로, 마르크스주의와 이것의 폭넓은 응용이 본질적으로 옳다는 사실에 대해서 아무런 의심도 품지 않았다. 심지어 제1차 세계대전과 1917년의 볼셰비키 혁명 이후에도 그는 젊은 시절에 받아들이고 정리했던 자신의 이론 체계에서 조금도 벗어나지 않았다. 카우츠키는 과학을 통해 자본주의가 성숙하고 계급이 양극화될 때 사회주의가 꽃을 피우기 시작할 것임을 알았다. 그는 베른슈타인에 반대했는데, 노동자의 가난이 점점 더 심해지는 게 문제가 아니라 계급적인 반목이 점점 더 첨예화된다는 것이 문제라는 주장이었다. 궁극적으로 자본주의는 성숙의 단계를 넘어서 파괴의 단계로 진입할 것이고, 이어서 프롤레타리아가 권력을 잡을 것이라고 했다. 설익은 행동은 자본주의를 파괴하는 데까지 나아가지 못할 것이라고 했다. 하지만 그는 결정적인 순간이 정확하게 언제 다가올지 그리고 노동자 계급은 어떤 방식으로 권력을 획득할지 설명하지 못했다. 그건 혁명이 분명할 테지만, 이 혁명이 어떤 형태로 전개될지 미리 판단하기는 어려웠다. 노동자 계급이 혁명 이전 단계의 여러 투쟁에서 더 많이 준비를 할수록 그 위대한 투쟁에서 뿌려질 피는 그만큼 줄어들 것이라는 게 그의 바람이었다. 그랬기에 그는 사회민주당은 혁명 정당이긴 하지만 실제로 혁명을 일으킬 아무런 근거도, 전망도 가지고 있지 않다고 주장했다.

그런데 원칙적으로 보면 이건 말이 되지 않았다. 권력의 점진적인 획득이라는 길고 긴 과정을 준비하는 정당이라면 '단 한 방의 폭력 행위'에 초점을 맞춘 과제와는 전혀 다른 교육 및 조직 차원의 과제를 당연히 가지고 있어야 했다.[5] 그러나 이것은 정치 전략이라는 차원에서는 완벽하게 말이 되었다. 당의 주요 이론가로서 카우츠키는 엥겔스의 뒤를 잇는 어떤 공식 하나를 떠올렸다. 신중한 정치와 결합한 독단적인 마르크스주의가 바로 그것이었다. 이것은 혁명가들을 하나로 뭉치게 만들었지만 정부 당국에는 탄압의 빌미를 주지 않았다. 결과가 중요했다. 사회민주당은 1887년 의회 선거에서 10퍼센트의 의석을 차지했지만 1890년 선거에서는 20퍼센트 가까운 의석을 차지했고, 1903년에는 이 의석의 비율이 30퍼센트로 올라갔다. 프롤레타리아의 계급 의식 성숙도를 알려면 사회민주당의 의석수를 보기만 하면 됐다.[6]

† 로자 룩셈부르크

로자 룩셈부르크_{Rosa Luxemburg}는 수정주의자를 격렬하게 비판했다. 하지만 그녀 역시 노동자의 대의를 당과 완벽하게 동일시하는 데는 신중했다. 그녀는 러시아가 지배하던 폴란드에서 태어났지만 근본주의적인 정치 성향이 문제가 되자 취리히로 이주했다. 거기에서 박사 학위를 딴 다음 독일로 옮겨가서 곧 탁월하면서도 극단적인 성향으로 명성을 얻었다. 그녀는 러시아의 당과 독일의 당 사이에서 독특한 연결고리로 활동했는데, 각기 다른 시간대에 각각의 당에서 활동했다. 하지만 이것은 어느 쪽에서 보더라도 그녀가 국외자일 수밖에 없었다는 뜻이기도 했다. 그녀는 스스로를 '여자이고 유대인이며 불구자라는 3중의 굴레'가 씌워진 사람이라고 불렀다. 지식인으로서 그녀는 왜 자본주의가 경제적으로 몰락할 수밖에 없는지를 증명하는 복잡한 공식을 제시했다. 하지만 그녀가 사회에, 특히 혁명 진영에 끼친 영향은 사회주의 전략 및 전술의 이론가라는 지위에서 비롯된 것이었다. 그녀는 기백이 넘치는 글을 쓰는 저술가였다. 문장의 표현은 생기가 넘쳤고, 저술가라면 반드시 독자들을 감동시키고 또 어떤 감정을 독자에게 고취시켜야 한다는 믿음이 담긴 글을 썼다. 하지만 당 문건에 대해서는 그녀의 글 역시 다른 당 문건들처럼 절망적이었다. 그래서 어떤 전기 작가는 룩셈부르크가 쓴 당 문건의 문체를 '관습적이고, 생기가 없고, 전형적이다. (……) 무채색이고 털털거리며 돌아가는 엔진 소리처럼 단조로웠다'라고 묘사했다.[7]

    룩셈부르크의 출발점은 노동자는 투쟁과 경험을 통해서 점점 사회주의적으로 바뀔 것이라는 신념이었다. 당이 할 역할은 노동자가 스스로 이런 모습을 끌어낼 수 있도록 돕는 것이라고 보았다. 하지만 굳이 위에서부터 어떤 이데올로기를 주입할 필요는 없다고 했다. 그녀는 중앙집 권적이고 관료적인 당 체제에는 반대했다. 진정한 전술적 혁신은 조직 과 관련된 당 지도부의 이런저런 창안이 아니라 '활발한 운동 속에서 숙성되어 저절로 나타나는 것'이라고 보았다. 사회적인 봉기의 기운이 팽배할 때는 '사회민주당 조직의 주도적이고 의식적인 리더십이 대단한 역할을 한다'고 여겼다. 그녀는 엥겔스가 쓴 《프랑스에서의 계급 투쟁》 서문이 골치 아픈 문제를 안고 있음을 알았다. 이 서문은 합법적인 투쟁을 지지했으며 거리로 뛰어나가 바리케이드를 치는 노선을 반대하는 것이었다. 그러나 그녀는 엥겔스가 프롤레타리아가 자본주의 국가에 사로잡혀 있을 때 어떻게 싸워야 할지 말했던 것이지 실제 권력 획득 과정을 설명한 게 아니라고 주장했다. 엥겔스는 '억압받는 프롤레타리아에게 방향을 제시한 것이지 승리한 프롤레타리아에게 방향을 제시한 게 아니라는' 것이었다. 결정적인 수난이 닥칠 때 프롤레타리아는 사회주의의 미래를 붙잡는 데 필요한 것이라면 무엇이든 다 해야 한다고 했다. 성숙하지 못한 단계에서 권력을 잡을 경우 '블랑키즘'에 빠진다거나 쿠데타에 가로막힐 위험이 도사린다고 했다. '각성한 위대한 대중'을 신뢰하는 한 권력을 획득할 순간은 반드시 올 것이라고 했다. 이론적으로 보면 그것은 '부르주아 사회의 부패'에 따른 필연적인 결과라고 했다. '자본주의 사회에서 사회주의 사회로의 이전과 같은 어마어마한 변화가 단 한 차례의 행복한 행동으로 실현될 수 있다'고 믿을 수는 없다고 했다. 길고 긴 투쟁이 이어질 것이라고 했고, 도중에는 틀림없이 여러 차례의 반동이 나타날 것이라고 했다. 그녀는 국가 권력에 대한 공격을 하지 않고서 이 투쟁이 어떻게 진행될까 하는 것 혹은 승리의 순간이 언제일지 정확하게 알아보는 것은 상상하기 어렵다고 했다.[8]

룩셈부르크는 미성숙한 폭동에 모든 것을 거는 위험을 무릅쓰지 않는 동시에 의회 개량주의의 함정에 빠지는 것을 피할 수 있는 최상의 방법이 대중 파업이라는 발상을 떠올렸다. 이런 영감은 독일이 아니라 러시아에서 나왔다. 1905년 1월 러시아에서는 봉기가 일어났다. 1871년의 파리코뮌 이후 유럽에서 처음으로 일어난 심각한 봉기였다. 러일전쟁에서 러시아군이 연이어 패배하면서 반동의 역풍이 심하게 불었다(러일전쟁은 1904년 2월부터 시작되어 1905년 9월에 끝났다—옮긴이). 또 차르에게 청원서를 제출하러 겨울궁전으로 행진하던 비무장 노동자를 향해 군대가 발포한 사건이 있었다. 그러다 보니 여러 해 동안 쌓이고 쌓였던 분노가 마침내 거리로 쏟아졌다. 노동자의 이런저런 위원회에서부터 노동조합에 이르기까지 수많은 조직들이 들고일어났다. 사회적인 불안이 그렇게 반영되어 표출된 것이다. 육군과 해군이 반란을 일으켰고, 소작 농민이 토지를 점유했으며, 노동자는 바리케이드를 설치했다. 룩셈부르크는 폴란드의 바르샤바로 돌아가서 혁명가로서의 자기 몫을 수행하면서 진정으로 혁명적인 방법은 파업이라고 확신했다. 파업은 객관적인 혁명 조건의 자발적인 표현이었고, 매우 깊은 곳에서 전개되는 근본적인 변화의 과정이었으며, 이 과정에서 장차 혁명에 필요한 적절한 조직이 탄생할 터였다. 계급적 자각은 '마치 전기에 감전된 것 같은' 느낌처럼 일어날 것이라고 보았다. 일단 진지한 대중 파업이 시작되고 나면, '바가지 하나로도 바닷물을 모두 퍼낼 수 있다'는 계산이 나올 것이라고 보았다.[9]

　　대중 파업에 대해서 특별히 새로운 것은 없었다. 그러나 그것은 통상적인 방식으로 마르크스주의자와 연관되는 게 아니었다. 이것이 가진 잠재력은 약 50만 명의 노동자가 참가했던 1842년 영국의 총파업에서 이미 입증되었다(이 파업은 역사상 노동조합이 생긴 이후 최초의 파업이었다―옮긴이). 당시의 파업은 그렇잖아도 경제적으로 어려운 시기에 단행되었던 임금 삭감으로 촉발되었으며, 차티스트 운동과 관련된 정치적인 요구가 제기되었다. 심지어 그때 차티스트 운동의 지도부는 노동조합과의 연계성에 대해서 어정쩡한 모습을 보였으며 유럽의 다른 지역에서와 마찬가지로 영국에서의 파업은 노동조합 및 경제적 요구와 연관성을 가지게 되었다. 오로지 무정부주의자들만이 바쿠닌이 찬양했던 대중의 자발성을 반영한 정치적 성격의 파업을 채택했다. 바쿠닌의 노선과 연관이 있다는 바로 그 이유로 해서 마르크스주의자들은 이 전술을 회의적으로 바라보았다. 1873년에 엥겔스는 바쿠닌의 발상을 비웃은 적이 있다.

> 어느 맑은 날 아침, 어떤 나라 혹은 전 세계의 모든 노동자들이 일손을 멈추고 유산 계급으로 하여금 최대 4주 안에 공손하게 머리를 조아리거나 아니면 노동자를 공격하는 것 둘 가운데 하나를 선택하도록 강제하는데, 만일 유산 계급이 노동자를 공격한다면 스스로를 보호할 권리를 가지고 있는 노동자 계급은 이 기회를 이용해서 구체제 전체를 무너뜨린다, 라고?

엥겔스에 따르면 대중 파업을 진행하려면 '잘 조직된 노동자 계급과 풍부한 자금'이 필요했다. 이 조건이 마련되지 않은 상태에서는 다른 수단을 동원해서 권력을 쟁취해야 한다고 했다. 그런데 엥겔스는 만일 조직과 자금이라는 이 조건을 마련했다면 '굳이 그 목적을 달성하기 위해서 먼 길을 돌아가는 총파업이라는 방법을 사용할 필요는 없을 것이다'라고 판단했다.[10]

그러므로 룩셈부르크는 대중 파업에 대한 엥겔스의 이런 반대를 어떻게 논박할 것인지 설명할 필요가 있었다. 그녀는 1905년은 전술에 관한 새로운 어떤 것을 드러냈다고, 그리고 그것은 무정부주의와 전혀 관련이 없다고 주장했다. 그러나 당 전략의 한 장치로서가 아니라 노동자 계급이 자기들이 처한 조건에 대한 자연스럽고 유기적인 하나의 반응으로서 제기되는 변화라는 발상과 여기에 대한 그녀의 열정은 바쿠닌의 경우와 그다지 멀리 떨어진 게 아니었다. 그녀는 자기가 쓴 글에서 자기가 무정부주의를 얼마나 경멸하는지 표명했지만, 당 관료에 대한 불신 또한 그녀가 분명하게 가지고 있음은 마치 어떤 '이사회'가 주어진 날에 어떤 결정을 내리듯이 전술을 다루는 사람들 그리고 오로지 '주어진 일정과 계획에 따라서' 진행되는 '질서정연하게 규율이 잡힌' 투쟁만을 존중하는 사람들을 상대로 한 논쟁 속에서 분명하게 드러났다. 1905년 러시아에는 '미리 결정된 계획도 없었고 또 미리 조직된 행동도 없었다.' 당은 '대중의 자발적인 봉기' 뒤에 한참 뒤처져 있었다. 여기에서 그녀는 그 사건들은 전적으로 자발적으로 일어난 것일 뿐만 아니라 사회민주당이 그동안 여러 해에 걸쳐서 진행했던 선전선동의 결과를 반영한 것이라고 신중하게 주장했다.

룩셈부르크는 또한 파업을 독일의 노동조합처럼 경제적인 범주의 행동이라고만 바라보는 사람들과도 의견을 달리했다. 경제적인 영역과 정치적인 영역이 따로 나눠질 수 없다고 했던 것이다. 두 영역은 일상적으로 서로가 서로를 먹고 또 서로에게 기댄다고 했다. 대중 파업의 장점은 이 두 가지 영역이 하나로 합쳐져서 나온다는 것이었다. 파업은 경제적인 요구에서 시작할 수 있지만, 사회주의자의 선동과 정부의 대응이 결합하면 그 요구가 보다 정치적인 것으로 바뀔 수 있다고 했다. 게다가 파업을 통해서 노동자 계급의 의식이 높아질 수 있었다.

"가장 귀중하고 영속적인 것은 밀물과 썰물의 드나듦 속에 있다. 바로 정신적인 침전물이다. 이것은 프롤레타리아의 지적이고 문화적인 성장이다. 이 성장은 단속적으로 불규칙하게 전개되며, 정치 투쟁에서처럼 경제 투쟁에서도 멈출 수 없는 미래의 전진을 신성하게 보증한다."

룩셈부르크의 목적은 독일에서의 대중 파업이야말로 '모든 위대한 혁명 투쟁의 자연스럽고 충동적인 최초의 형태'라고 설정하는 것이었다. 자본과 노동 사이의 대립 관계가 발전하면 발전할수록 대중 파업은 보다 효과적일 것이라고 그녀는 말했다. 그렇다고 하더라도 대중 파업이 '야수적인 가두 투쟁'을 대체하지는 않을 터였다. 왜냐하면 어떤 절정의 순간에는 필연적으로 정부가 파견한 무장 군대와 맞닥뜨려야 할 것이기 때문이다. 대중 파업은 사실 기나긴 '정치 투쟁 여정 속의 어떤 한 순간'에 지나지 않은 것이라고 했다.[11]

레온 트로츠키Leon Trotsky는 회고록에서 1907년에 룩셈부르크와 카우츠키가 우연히 만난 자리에 동석한 일을 기록했다. 이 두 사람은 가까운 친구였지만 1905년 이후로 소원해졌다고 했다. 트로츠키는 룩셈부르크를 작고 연약하지만 '정확하고 강렬하며 냉혹한' 스타일에 지성이 넘치고 담대한 사람으로 묘사했다. 이에 비해서 카우츠키는 '매력적'이긴 해도 '기민함과 통찰력'이라는 측면에서 어쩐지 부족해 보이는 '까다롭고 건조한' 정신의 소유자로 묘사했다. 카우츠키는 개혁이라는 현실에 발목이 잡혀 있었다. 그랬기에 카우츠키에게 혁명은 단지 '안개가 낀 것처럼 흐릿한 역사적인 전망'일 뿐이었다. 이 두 사람이 1905년의 한 시위에 참가했는데, 이때 함께 나누던 대화는 격렬한 대립으로 비화되었다. '카우츠키는 시위를 그냥 구경만 하고자 한 반면에 룩셈부르크는 그 시위에 함께 하고 싶어 안달이었다.'[12] 1910년에 룩셈부르크가 대중 파업을 계속해서 옹호함에 따라서 두 사람의 반목은 확실하게 굳어졌다.

앞서 제2부에서 우리는 군사 역사가인 한스 델브뤼크_{Hans Delbrück}가 도입한 전략의 구분 개념을 살펴보았다. 상당한 영향력을 행사했던 이 구분은 적의 군대를 전멸시킬 결정적인 전투를 필요로 하는 섬멸 전략과 적을 마모시키기 위한 여러 가지 대안적인 수단들에 의존하는 소모 전략을 대비시켰다. 이 전략을 각각 전복(뒤집어엎음)의 전략과 마모(닳게 만들어서 없앰)의 전략으로도 이해할 수 있었다(이 용어들은 정치적인 전략이라는 맥락 속에서 보다 유용할 수 있었다). 1910년에 카우츠키는 룩셈부르크의 반론에 답하면서 델브뤼크의 저술에 노골적으로 의존했다. 전복의 전략은 '적과 맞서서 결정타를 먹여 뒤집어엎음으로써 다시는 덤벼들지 못하도록 만들 힘'에 의존하는 것이라고 하면서, 마모의 전략에 대해서는 다음과 같이 적었다.

> 총사령관은 처음에 결정적인 전투는 피한다. 그는 적군이 어떤 종류의 기동을 하든지 가만히 내버려둔다. 하지만 적군이 전투에 이김으로써 사기를 높일 기회를 주지 않는다. 총사령관은 지속적인 소모의 위협으로 적을 마모시키면서 쉬지 않고 적의 저항을 줄여나가며 적을 마비시킨다.[13]

카우츠키는 마모의 전략을 택하고 있었다. 이에 비해서 룩셈부르크의 대중 파업은 전복의 시도였다. 이 시도는 경솔할 수 있었다. 정부에 탄압의 빌미를 제공할 수 있었으며, 그 일이 계기가 되어서 반_反사회주의 법률이 제정될 수도 있었다. 카우츠키는 이런 점을 우려했으며 또 피하려고 했던 것이다. 만일 대중 파업이 일어났는데 아주 소수의 사람들밖에 결집하지 않는다면 어떻게 할 것인가? 이렇게 될 경우 그동안 의회 전략을 통해서 벌어놓은 역량을 한꺼번에 모두 날려버릴 수도 있다는 게 카우츠키의 생각이었다.

† 레닌

카우츠키가 했던 전복과 마모의 구분을 러시아 사회민주당 볼셰비키파의 지도자였던 블라디미르 일리치 레닌Vladimir Ilyich Lenin이 채택했다. 레닌은 카우츠키의 논리를 따르던 멘셰비키파와 1905년의 의미를 놓고 논쟁을 벌였다(1903년 러시아 사회민주당이 당 규약 문제로 두 파로 분열했을 때 표결에서 이긴 레닌은 자기가 이끌던 강경파를 '볼셰비키'[다수파]라 불렀고 마르토프가 이끌던 온건파를 '멘셰비키'[소수파]라고 불렀다 — 옮긴이).[14] 나중에 카우츠키와 레닌은 사이가 틀어지긴 했지만 그래도 한동안 카우츠키는 유럽 사회주의자들의 지도자였고, 따라서 레닌 역시 룩셈부르크와 의견이 맞지 않았다.

레닌은 당파적 투쟁에 매우 집중했는데, 그것은 당 조직의 올바른 형태를 세우기 위해서 그리고 당에 대한 통제력을 자기 손에 넣기 위해서였다. 바로 이런 이유로 해서 1905년 혁명이 시작되는 동안 그는 런던에서 열리던 당 회의에서 내부 투쟁에 몰두했다. 혁명과 관련된 모든 문제에 접근하던 그의 방식에는 어린 시절에 습득한 편협함이 고스란히 묻어났다. 그의 형인 알렉산드르가 차르 암살 미수 사건에 연루되어 처형되었으며 또 시위에 참가했다는 이유로 대학교에서 퇴학당한 일 등이 레닌이 초기에 겪었던 정치적 경험이며, 이 경험은 그의 정신에 깊이 각인

되어 있었다. 2년 동안 마르크스주의를 공부한 뒤인 1891년, 그는 당대의 청년 지식인들이 대개 그랬듯이 그해 전국을 강타한 끔찍한 기근으로 촉발된 보다 활발한 정치 투쟁의 장에 발을 디뎠다. 이 투쟁을 정부가 탄압하고 나서면서 투쟁은 더욱더 격렬해졌다. 레닌은 이때부터 자기를 마르크스의 말 한 마디 한 마디를 실천하는 진정한 사회주의 혁명가로 인식하기 시작했다. 그리고 러시아 지식인이라면 낯설지 않은 투옥과 추방의 길을 걸었으며, 유럽을 두루 둘러보았고, 다른 혁명가들과 함께 혁명을 꿈꾸는 모임에 참가했다. 또 경찰의 눈을 피할 수 있는 비밀 조직을 만들려고 시도했고, 취리히에 있을 때는 혁명 신문 《이스크라》Iskra(불꽃)를 편집했다.

레닌이 전범으로 삼은 사람이 있었다면 그 사람은 체르니셰프스키의 소설 《무엇을 할 것인가?》의 주인공 라흐메토프였다고 할 수 있다. 레닌은 라흐메토프처럼 금욕적인 생활을 했다. 담배도 피지 않았고 술도 마시지 않았다. 오로지 혁명의 대의에만 헌신했다. 혁명을 위해서라면 자기의 모든 것을 희생할 준비가 되어 있었다. 그리고 서른세 살이던 1902년 3월에 첫 번째 중요 저작물을 발표했는데, 전략의 문제를 다룬 이 저작물의 제목으로 '무엇을 할 것인가?'를 체르니셰프스키에게서 빌려다 썼다. 그가 의도적으로 다듬고 배양하고자 했던 성격은 단호하고 거칠며 규율이 잡혀 있고 또 비타협적인 것이었다. 기본적인 방향과 전술의 차이를 발견한 경우에는 아무리 오랜 친구라도 단호하게 절교를 선언할 준비가 되어 있었다. 자기와 다른 견해를 가진 사람들에게는 공감의 여지를 조금도 남겨두지 않았다. 또한 그는 실수를 용납하지 않았다. 레닌은 자신의 책 《무엇을 할 것인가?》에 자기가 이론적으로 공부하고 실천적으로 익힌 모든 것을 담았다. 그는 이 저작이 기념비적인 작품이 되도록 할 생각이었다. 이 책은 사회주의자들 사이에 폭넓게 인정받던 여러 태도들을 사정없이 비판하고 몰아붙였다. 심지어 수정주의를 탐구하던 사람들이 레닌이 던지는 메시지의 삭막한 강직함에 놀라서 뒷걸음질을 칠 정도였다.

혁명으로 신속하게 나아간다는 것이 역사 발전의 속도를 한층 높인다는 뜻이라면, 러시아의 경우를 놓고 보자면 짧은 기간 동안에 거쳐야 할 역사의 과정이 끔찍할 정도로 많았다. 러시아는 물질적 발달 수준은 유럽의 다른 국가들에 비해서 뒤처져 있었다. 봉건적인 잔재를 털어내는 데만도 엄청나게 많은 시간이 걸릴 터였다. 그리고 러시아는 늘 대중의 불만과 투쟁의 징후들을 안고 있었다. 레닌의 모든 정력은 혁명을 성공적으로 완수하는 데 맞추어졌다. 그의 소책자 《무엇을 할 것인가?》는 어째서 이런저런 접근들이 결국 막다른 골목에서 막히고 마는지, 하지만 왜 자기가 제시하는 방식이 성공할 수밖에 없는지를 설명했다. 하지만 그 성공은 오로지 확고한 규율을 갖춘 당 조직의 지도가 있어야만 가능하다는 것도 설명했다.

《무엇을 할 것인가?》를 쓰면서 레닌이 주로 초점을 맞춘 것은 이른바 '경제주의'economism(생산 양식과 관련된 경제적 하부 구조가 이데올로기 및 국가를 포함하는 상부 구조를 지배한다고 주장한다—옮긴이)였다. 경제주의자들은 공론적인 마르크스주의자들이 노동자의 머리에 실현 불가능한 요구들을 채운다며 비웃었다. 실질적인 결과를 조기에 가져다줄 수 있는 실천적인 제안들에 초점을 맞추는 것이 더 낫다고 보았기 때문이다. 러시아에 만연해 있던 압제 상황에서 경제적인 요구는 정치적인 요구보다 덜 위험했다. 정치적인 요구와 관련된 정치적 부담은 자기들의 혁명(부르주아 혁명)이 이루어지길 여전히 기다리던 부르주아에게 떠넘길 수 있었기 때문이다. 레닌은 이 접근법이 프롤레타리아의 운동을 앞에서 지도하기보다는 뒤에서 따라가는 꼴이라면서 '꼬리따르기주의'$_{tailism}$라고 비웃었다. 그리고 독일 사회민주당을 가리켜서, 효과적인 조직이라면 노동자로 하여금 일상의 투쟁을 설명할 수 있는 최상의 도구로 사회주의를 끌어안도록 고취시킬 수 있다는 생생한 표본이라고 했다. '마르크스주의의 철학은 (……) 단일한 강철 블록으로 찍어내는 것'이라고 했다. '객관적인 진실에서 벗어나지 않고서 또 부르주아와 완전히 결별한 채로 단 하나의 본질적인 전제 즉 반동적인 기만을 제거하기'란 불가능하다고 했다.[15]

레닌을 비판하는 사람들이 지적하듯이, 그의 주장은 노동자들만의 투쟁을 전제로 할 때는 노동자들을 도저히 신뢰할 수 없으며 따라서 사회주의 이론을 교육하는 사람들의 지도를 받아야 한다는 뜻이었다. 이와 관련해서 레닌은 다음과 같이 썼다.

"사회민주적 의식은 외부에서 노동자에게 이식되어야 한다. 모든 국가의 역사를 놓고 볼 때 노동자 계급이 혼자만의 힘으로 할 수 있는 단 한 가지는 노동조합 의식을 개발하는 것밖에 없다."

정치적인 의식의 형태는 부르주아 의식과 사회주의 의식 둘밖에 없으므로, 이 둘 가운데 어느 하나의 의식을 획득하지 못한다는 것은 다른 하나의 의식에 어느 정도 물들어 있다는 뜻이다. 그러나 레닌은 이런 점을 그다지 걱정하지 않았던 것 같다. 그는 노동자의 자연적인 본능을 낙관적으로 믿었다. 그래서 직업적 혁명가로 구성된 전위의 노력이 노동자의 노력을 대체할 수 있다는 논리를 펴지 않았다. 그의 주된 관심사는 러시아 사회주의의 부족한 점이었다. 러시아 사회주의는 정치적인 발전 차원에서 뒤떨어졌으며 또 조직 차원에서도 뒤떨어졌으므로, 투쟁에 일관성과 목적의식성을 부여한다거나 노동자를 '부르주아 의식'에서 멀리 떼어놓기란 불가능했다. 그러려면 직업적이고 전문적인 혁명가들이 있어야 했다. 원칙적으로 그는 민주주의를 표방한 당에 반대하지는 않았지만 실제 현실에서 혁명가들은 음모적인 방식으로 행동할 수밖에 없었다. 그렇지 않으면 살아남을 수 없었기 때문이다. 아닌 게 아니라 레닌이 자기의 가장 가까운 친구라고 생각했던 사람도 알고 보니 경찰의 끄나풀이었을 정도다.

이런 내용은 모두 유럽의 주류 마르크스주의자들 사이에 논란의 여지가 없었다. 하지만 한 가지 예외가 있었다. 그의 판단으로는 부르주아 의식과 사회주의적 의식 사이의 분기점이 예리하게 갈렸고, 이런 추론은 순수하게 노동자들만의 노동자 계급 운동은 이론적으로 볼 때 부르주아 출신일 수밖에 없는 직업적 혁명가의 지도를 받지 않을 경우 부르주아적이 될 수밖에 없다는 이상한 결론으로 이어졌다. 하지만 그렇다고 해서 레닌이 노동자 계급을 이끄는 지도부가 지나치게 몽상적이며 개인적이고 당 규율에 무감각한 지식인 집단으로 구성되어야 한다고 보았던 것은 아니다. 문제의 핵심은 프롤레타리아적인 뿌리와 지원을 필요로 하면서도 전체 큰 그림의 운동 속에서 객관적인 목표를 설정해야 하는 당이었다. 무정부주의자들은 당이 수단이 아니라 그 자체로 목적이 될 수 있다고 줄곧 경계했지만, 마르크스주의자들은 당이 비록 최고 수준의 역할이긴 해도 지도부의 이기심을 반영하는 게 아니라 혁명 과정의 긴급성과 관련된 일시적인 기능을 담당할 것이라고 줄곧 주장했었다.

레닌은 당이라는 것은 어떤 목적을 달성하기 위한 하나의 수단에 지나지 않는다고 주장했다. 그러나 당의 조직 및 리더십과 관련된 여러 가지 문제에는 자기만의 매우 독특한 방식으로 많은 관심과 주의를 아낌없이 쏟았다. 레닌은 혁명이 성공하려면 모든 사람에게 (그 사람이 진정으로 대의에 헌신하든 혹은 그렇지 않든 상관하지 않고) 발언 기회를 주기 위해서 설정된 내부적 민주주의의 여러 형식과 이론에 대한 소소한 쟁점들을 둘러싼 끝없는 논쟁들은 감히 생각도 할 수 없는 사치라고 생각했다. 본질적인 정치적 과업은 조직화를 필요로 했으며, 도처에 경찰의 끄나풀이 있고 지도부가 여기저기 흩어져 있는 상황에서 (해외로 추방된 사람들도 있었다) 이 과업에는 필연적으로 비밀스러운 음모적 측면이 개재될 수밖에 없었다. 게다가 다른 많은 열정적인 단체와 조직들이 당과 동일한 정치적 비중을 요구하고 있었다. 러시아 사회민주노동당은 금방이라도 무너질 것 같은 상황에 놓여 있었다. 이런 상황에서 레닌의 발상은 결정적인 리더십 수단으로 복무할 수 있는 당, 이론적으로 견고하며 실천적으로 단호한 당을 지향했다.

당의 조직 및 운영과 관련해서 레닌은 혁명가들이 타도하고자 하는 정부가 아니라 정부를 타도하고자 하는 당 안에서 비롯되는 비판에 맨 먼저 부닥쳤다. 제2차 당 대회는 1903년 브뤼셀에서 열렸고 이 총회에 레닌이 편집장으로 있던 당 기관지 《이스크라》와 관련된 사람들이 참석했다. 이 총회 결과 당은 실질적으로 두 개로 쪼개졌다(이 분열은 1905년에 열린 당 총회에서 최종 확인된다). 레닌이 이끌던 '볼셰비키'(다수파)와 마르토프가 이끌던 '멘셰비키'(소수파) 사이의 논쟁은 처음에 당 기관지에 대한 통제권을 두고 시작되었다. 이 대립은 강력한 권한을 가진 당 중앙위원회를 만들어야 한다는 레닌의 주장을 놓고 다시 불이 붙었으며, 당원 자격을 당의 사업에 헌신하는 사람에게만 한정할 것인가 아니면 당에 어떤 도움이든 도움이 될 수 있는 사람에게도 줄 것인가 하는 문제로도 옮겨 붙었다. 전자의 노선은 당을 엘리트 집단으로 만들자는 것이었고, 후자는 대중 정당의 토대를 만들자는 것인 동시에 당 지도부의 통제력을 민주주의적으로 규정하자는 것이었다. 게다가 전략을 두고서도 볼셰비키와 멘셰비키 사이에는 커다란 차이가 있었다. 멘셰비키는 자유주의자들과 연대하며 의회를 적극적으로 활용하자는 주장이었고, 레닌을 필두로 한 볼셰비키는 의회 전략에 커다란 비중을 두지 않았으며 자유주의자들보다는 농민을 보다 더 유력한 연대의 대상으로 바라보았다.

　모든 급진적인 조직에는 원칙과 이론의 핵심 문제들에 집중할 것인가 아니면 상대적으로 느슨한 태도를 취할 것인가 하는 문제를 놓고 의견 불일치가 나타난다. 그런데 레닌은 이 상황을 한층 더 강하게 밀어붙였다. 멘셰비키는 (이들은 자신의 입지를 줄어들게 만드는 이 호칭을 어쩐 일인지 그냥 받아들였다) 특히 타협에 서툴렀는데, 내부적인 불화가 원인이었다. 이들의 리더십은 통일되어 있지 않았고 규율도 느슨했다. 이에 비해서 레닌은 볼셰비키 내부에서 압도적인 영향력을 행사했으며, 기회주의자나 타협주의자에게는 조금의 인내도 보이지 않았다. 그는 큰 조직에서 권한을 나누기보다는 작은 조직에서 전권을 가지길 원했다. 레닌은 '이 지긋지긋한 싸움, 서로가 서로를 헐뜯는 선동, 이 날카로운 문제 제기들, 동지적 애정을 찾아볼 수 없는 이 태도!'를 개탄하던 한 당원과 논쟁을 벌였고 그 내용을 기록으로 남겼는데, 그는 그 당원이 제기하고 개탄했던 모든 것들이 유익한 것이라고 반박했다.

　　공개적인 투쟁 기회. 자유로운 의사가 표현된다. 여러 경향들이 공개적으로 표명된다. 몇 개의 집단들로 나뉜다. 거수로 투표를 한다. 어떤 결정이 내려진다. 한 단계가 통과된다. 이런 게 전진이 아닌가? 내가 좋아하는 것이 바로 이것이다! 지식을 나열하면서 끝없이 이어지는 지루한 토론, 토론이 끝나는 것은 문제가 해결되었기 때문이 아니라 입이 아파서 더는 말을 할 수 없기 때문이다. 내가 좋다고 말하는 것은 이런 토론과는 전혀 다른 것이다.[16]

레닌은 설령 분열이 오랜 동료들이 등을 지고 돌아서는 것이라 할지라도 오히려 이런 분열을 반겼다. 그랬기에 쿠데타로 당의 권력을 잡겠다는 속셈을 가진 블랑키스트라는 비판도 받았다. 레닌은 이런 비판을 반박했다. 대중이 존재하지만 이 대중은 지도와 지시를 필요로 한다고 했다. 혁명은 '자코뱅파의 정신'으로 고취된 위압적인 독재를 필요로 하며 독재적인 과정이 될 수밖에 없다고 했다.

로자 룩셈부르크는 레닌의 이런 제안에 깜짝 놀랐다. 자기가 경험했던 독일 사회민주당의 관료적인 속성이 맨 먼저 머리에 떠올랐다. 그녀는 이런 제안이 보수주의의 힘을 강화하며, 다양한 분파를 부정하고 더 나아가서는 다양한 의견을 활용할 수 있는 역량을 파괴함으로써 당의 창의성을 훼손한다고 보았다. 레닌의 '초超중앙집권주의는 (……) 관리 감독자의 메마른 정신으로 가득 차게 될 것'이라고 보았다. 그것은 운동을 통일시키는 게 아니라 운동을 구속하는 통제의 문제였다. 게다가 러시아에서 사회민주주의는 '차르와의 결정적인 일전을 앞두고' 있었다. 룩셈부르크는 당의 둘레에 '가시 철망을 치는 행위는 당이 현재 수행해야 하는 어마어마하게 많은 과업을 제대로 수행하지 못하도록 만드는 것'이라고 보았다. 그러면서 당장 해결해야 할 문제를 다음과 같이 정리했다.

"당면 과제는 바로 대규모의 프롤레타리아 조직의 시동을 어떻게 걸 것인가 하는 문제이다. 구조와 관련된 제안은 무엇이든 간에 결코 완벽할 수 없다. 불길 속에서 스스로를 증명해야 한다."

† 볼셰비키와 멘셰비키

1905년에 일어난 사건들을 룩셈부르크의 견해를 옹호하는 증거로 받아들일 수도 있었다. 모든 실패에도 불구하고 그녀는 미래에 대한 전망 그리고 원대한 전략적 계획을 확고하게 붙잡았다. 이에 비해서 레닌에게 1905년의 사건들은 어려운 시기의 출발점이었다. 심지어 그해의 혁명이 진행되던 기간 동안에도 당 내부의 싸움은 1905년 2월에 열린 또 다른 총회에서까지 계속 이어졌다. 이번에는 멘셰비키가 우세했다. 당의 원로로 러시아 마르크스주의의 아버지라 불리던 게오르기 플레하노프Georgii Plekhanov가 레닌에게서 떨어져나갔기 때문이다. 레닌이 쓴 이 총회의 평가서는《일보 전진, 이보 후퇴》One Step Forward, Two Steps Back였는데, 제목만으로도 그가 총회의 결과를 얼마나 우울하게 바라보았는지 알 수 있다. 이 문건에서 레닌은 멘셰비키를 기회주의자라고 비판했다. 이제《이스크라》를 장악한 그들은 레닌의 엘리트주의적 중앙집권주의와 편협함을 신랄하게 공격했다. 멘셰비키와 볼셰비키 양쪽 다 프롤레타리아의 이익을 위해서 일한다고 주장했는데, 멘셰비키로서는 노동자 운동의 발전을 지원한다는 뜻이었고 볼셰비키로서는 진정한 프롤레타리아 이데올로기의 우월성을 (현재 실제 노동자들이 표출하는 믿음의 내용이 무엇이든 간에 상관하지 않고) 확실하게 보증한다는 뜻이었다.

그래서 분열된 당 지도부가 말싸움을 벌이고 추방된 해외에서까지 논쟁을 벌일 때, 당 지도부의 리더십으로써는 도저히 감당할 수 없는 진정한 혁명 상황이 국내에서 서서히 무르익는 것 같았다. 당 지도부가 현실에서 일어나는 이런 사건들에 기여한 비중은 극히 적었다. 군주제의 종식을 열망하는 자유주의자들과 불만을 품은 하급 장교들을 포함한 다양하고 폭넓은 정치적 경향성들의 전체 범위에서 볼 때 당 지도부는 그저 작은 한 부분일 뿐이었다. 관심의 초점은 상트페테르부르크와 모스크바에서 일어난 지역노동자위원회 즉 소비에트 Soviet 였다(소비에트라는 말은 평의회 혹은 대표자회의를 의미하는 러시아어인데, 러시아 혁명 때 노동자, 군대, 농민 등의 위원회인 소비에트가 자연발생적으로 형성된 뒤부터 민중에 의해 자발적으로 조직되고 운영되는 프롤레타리아 독재 정권의 권력기관이란 의미로 전용되었고 마침내 국가제도로까지 확대되었다 — 옮긴이). 볼셰비키는 이 소비에트를 의심스러운 눈으로 바라보았지만 어쩔 수 없이 받아들이는 것 말고는 도리가 없었다. 소비에트가 가지고 있는 명확한 한계 즉 조직화 부족의 결과를 보고서 사람들은 레닌이 품었던 염려가 일리 있음을 확인했다. 정부 당국이 소비에트들을 파괴하자 모스크바에서 필사적인 봉기가 일어났다. 그리고 군대는 제대로 무장을 갖추지 못한 혁명가들을 무참하게 살육했다.

11월이 되어서야 대사면령이 내려지고 제네바에 머물던 레닌은 러시아로 무사히 돌아올 수 있었다. 이 무렵에 혁명은 절정에 다다랐다. 모든 러시아인이 들고일어난 파업은 10월에 시작되었고 차르는 헌법을 바꾸겠다고 약속했다. 이 약속은 임박한 위기가 확산되는 데 도움이 되었고, 바로 이 시점에 정부는 혁명가들을 탄압하기 시작했다. 모든 조건이 사회주의자에게는 불리하게 보였고 이들은 좁아진 정치 공간에서 어떻게 운신해야 할지를 두고 논쟁을 벌였다.

이 경험으로 레닌은 확실히 동요되었다. 폭넓은 정치 운동에 대한 전반적인 공감이 있는 한 테러나 무작위적인 폭력을 통해서 이런 공감을 흩뜨릴 필요는 없었다. 이 싸움이 패하고 나자 레닌은 한층 더 호전적이 되어서 보다 직접적인 행동을 요구하게 되었다. 1849년 이후의 엥겔스와 마찬가지로 레닌은 1905년 이후에 군사 전략을 연구해야겠다고 결론을 내렸다.

"위대한 역사적인 투쟁들은 오로지 무력을 통해서만 해결될 수 있으며 현대적인 투쟁 속에서 무력의 조직은 군사 조직을 의미한다."[17]

그는 '권총과 칼 그리고 등유를 적신 넝마'로 전투 준비를 하며 바리케이드를 쌓는 무장 시위대에 열광했다. 그리고 폭탄을 만든다고 여섯 달 동안이나 말만 시끄럽게 해놓고선 단 하나의 폭탄도 만들지 못한 동지들을 비난했다. 그는 은행 강도를 포함한 다양한 테러 수단을 놓고 궁리를 했다. 행동 그 자체를 위한 이 행동으로 거친 남자로서의 레닌의 명성이 확고하게 굳었다. 그러나 반면에 무모하게 보인 것도 사실이다.

† 전쟁과 혁명

제1차 세계대전 전야에 유럽의 사회주의자들은 자신들의 미래를 확실하게 자신했다. 특히 프랑스와 독일에서 사회주의자들은 점점 더 강력한 유권자 지지층을 확보하고 있었다. 이들은 1889년에 프랑스 혁명 100주년을 기념하며 파리에서 제2인터내셔널을 창설했다. 아울러 제1인터내셔널의 전철을 밟지 않기 위해서 무정부주의자들도 미리 축출했다. 서로 다른 파당들의 제각기 다른 이데올로기적 주장들은 강력했지만 그래도 소통의 장은 열려 있었다(프롤레타리아의 당파성을 배타적으로 강조하던 레닌의 행동이 그토록 특이하게 보였던 것도 바로 이 때문이었다). 수정주의 및 대중 파업의 쟁점들은 불화의 불씨를 내포하고 있었지만 그렇다고 해서 한때의 동지들이 완전히 등을 돌리고 돌아서는 일은 드물었다. 전쟁에는 민족주의도 개재되어 있었는데, 민족주의는 원칙적으로 보자면 계급적 연대를 위협하는 것이었다.

마르크스주의자들은 평화주의자가 아니었음에도 불구하고 반反군국주의자에다 반전주의자로 인식되었다. 전쟁은 노동자 계급에게 결코 득이 되지 않았기 때문이다. 이들은 열강들 사이에 긴장이 고조되고 있음을 알았고 이 긴장이 거대한 전쟁으로 폭발할 수 있음을 알았다. 이런 재앙을 막으려면 사회주의자들이 무엇을 해야 할 것인가 하는 문제를 놓고 진지한 논의가 여러 차례 있었다. 파업과 시위 등의 방법이 대안으로 나오기도 했다. 하지만 이런 대안들 가운데서 어느 것 하나도 제대로 준비되지 않았다. 부분적으로는 비록 여러 국가들이 노골적으로 호전성을 드러내는 상황이긴 했지만 전쟁이라는 끔찍한 일이 과연 실제로 일어날 수 있을까 하는 막연한 의심 때문이었다. 게다가 평화주의적 행동은 비애국적인 행동으로 비쳐서 당국은 이를 빌미로 해서 탄압에 나설 수도 있고 또 대중의 지원이 줄어들 수도 있었기 때문이다. 유일하게 합의가 이루어진 방안은 노동자들이 전쟁 발발을 최대한 방해해야 한다는 것이었다. 하지만 그럼에도 불구하고 만일 전쟁이 일어난다면 신속하게 어떤 결론을 내려야만 했다. 바로 이 지점에서 룩셈부르크와 레닌은 비슷한 생각을 가졌다. 만일 전쟁이 일어난다면 전쟁 상황을 이용해서 혁명의 시기를 앞당겨야 한다는 견해였다.

1914년 7월에 위기가 점점 고조되었지만 주류 사회주의 정당들에서는 이런 정세를 긴박하게 받아들이지 않았다. 당시 상황이 예전의 위기들에 비해서 얼마나 심각한지 제대로 파악하지 못했기 때문이다. 하지만 그렇다고 해서 제2인터내셔널이 할 수 있는 일이 특별하게 많지도 않았다. 전쟁은 제국주의와 '경제적인 차원의 경쟁에서 촉발된 영토 합병의 상투적인 이미지'의 논리에 의해서 일어날 뿐이라는 견해들이 사회주의자들 사이에서 돌았다. 이들은 자위自衛라는 이름으로 정당화되는 이른바 민중 전쟁popular war에 대한 준비가 전혀 되어 있지 않았다. 제2인터내셔널이 채택한 한 형식적인 대안은 단결과 통일성을 유지하는 것이었다. 이 단체는 평화 시에 군국주의가 가지는 위험성을 강조했지만 굳이 '잠재적인 민족주의적인 분열'의 민낯을 드러내놓고 논의할 필요가 없을 만큼 유럽에서 전쟁이 일어날 가능성은 낮다고 판단했다. 그래서 갑자기 전쟁이 터지자 당황했다.[18] 제2인터내셔널은 붕괴되었다. 각국의 사회주의 정당들은 애국적 열정이 자기 당원들을 덮치자 제각각으로 흩어지고 말았다.

레닌은 전쟁이 차르에게도 위험을 제기했음을 알고 전쟁이 터진 직후부터 만일 러시아가 전쟁에 진다면 혁명을 달성하기 위한 가장 좋은 조건이 형성될 것이라고 주장했다. 아닌 게 아니라 실제로 그랬다. 폭동과 파업과 가두 투쟁이 이어진 끝에 군주제는 1917년에 무너졌다. 차르 니콜라이 2세는 퇴위했다. 그리고 당시에 볼셰비키는 많은 지도자들이 국외로 추방되어 있었던 터라 정세를 적절하게 활용하지 못했다. 러시아에 있던 지도자들은 처음에 정부를 운영하려고 나섰던 자유주의 헌법론자들을 지지하고 나섰다. 해외로 추방되어 스위스에 있다가 4월에 러시아로 돌아온 레닌은 곧바로 전 세계에서 사회주의 혁명을 일으키자고 주장하며, 새로 구성되는 임시정부를 절대로 도와서는 안 된다는 점을 분명히 했다. 이 노선은 위험성이 높았다. 그의 러시아 사회민주노동당이 고립된 것이다. 하지만 그것은 그 험악한 조건과 관련해서 사회민주노동당은 아무런 책임이 없다는 뜻이기도 했다. 한편 정부 수립 과정은 분열 속에서 더디게 진행되었고 까다로운 쟁점들은 의회가 자리 잡은 이후로 연기되었다. 경제 상황은 더욱 악화되었고 이 와중에도 전쟁은 계속되었다. 그리고 레닌에게는 독일을 이롭게 하는 반역 행위를 했다는 죄가 씌워졌고, 레닌은 핀란드로 달아났다.

레닌이 엘리트 전위 정당의 필요성을 역설했음에도 불구하고 볼셰비키는 당시의 흥분된 분위기 속에서 과학적 사회주의로 온전하게 무장하지 않은 사람도 당원으로 받아들이는 대중 정당으로 변모하고 있었다. 레닌은 이 당의 지도자였다. 그러나 그는 극단적인 급진파였고 다른 사람들은 타협을 할 준비가 되어 있었다. 레닌이 거둔 성공은 지속적인 노력을 다한 조직화나 이데올로기적인 순수성의 결과가 아니고 정세의 역동성에 대한 독특한 판단의 결과였다. 그는 민중의 절망을 이해했고 또 기존 질서에 절망한 이들을 어떻게 하면 당의 선두에 세울 수 있을지 알았다. 그 시기는 소수에게 많은 아이디어를 제공하는 선전자의 시기가 아니었고 다수에게 적은 아이디어를 제공하는 선동자의 시기였다. 그는 볼셰비키를 이끌고 '평화, 빵, 토지!'라는 단순한 구호를 들고 대중 앞에 나서서, 전쟁에 단호하게 반대한다는 입장으로 확실한 차별성을 보였다. 전쟁의 참화가 계속 늘어나자 볼셰비키의 신망도는 점점 높아졌다. 잘못 판단했던 여름의 반란은 거의 모든 것을 앗아갔었다. 정부 당국의 탄압으로 볼셰비키는 풍비박산이 날 수도 있었지만 다행히 살아남았다. 그리고 8월에 임시정부에 대한 대중의 지지는 거의 바닥으로 떨어졌다.

여기에서 또 다른 선택이 기다리고 있었다. 볼셰비키는 폭넓은 토대의 정부를 구성해야 할 것인가, 아니면 내전의 위험을 무릅쓰고 혁명으로 나아갈 것인가? 9월에 레닌은 러시아는 워낙 양극화가 심하게 진행된 상태라서 좌익의 독재든 우익의 독재든 독재가 들어설 수밖에 없다고 결론 내렸다. 10월에 레닌은 핀란드에서 다시 러시아로 돌아왔다. 구호는 '모든 권력을 소비에트로!'로 정해졌다. 이것은 임시정부에는 아무런 권력도 주지 않겠다는 뜻이었다. 그는 볼셰비키 중앙위원회로부터 무장 봉기의 승인을 받았다. 과거 라이벌이었던 레온 트로츠키는 이제 가까운 동맹자가 되어 있었고 두 사람은 함께 페트로그라드 소비에트의 군사혁명위원회를 권력 획득의 도구로 활용했다. 소비에트에 충성을 맹세한 군대들이 주요 건물들을 접수하기 시작했다. 임시정부의 편에 서서 저항하겠다는 사람은 아무도 없었다. 자유주의자도 그랬고 의용군도 그랬고 심지어 우익도 그랬다.[19]

레닌은 1917년에 결국 승리했다. 살아남았다는 게 그 증거였다. 그는 두 번이나 린치를 당하거나 감금될 뻔했다. 혹은 임시정부와 운명을 함께하면서 비난을 한몸에 받을 수도 있었다. 한때 고립의 외로움을 겪어야 했지만 그게 오히려 다른 사람들과의 차별성을 뚜렷하게 부각시키는 그의 최대 강점이 되어주었다. 그의 세력이 아래로부터 위로의 과정을 통해서 점점 더 많아지고 있었으므로 굳이 위로부터 아래로의 정치적인 제휴를 할 필요도 없었다.

볼셰비키 혁명은 좌익의 전략적 담론을 영원히 바꾸어버렸다. 이 논의는 언제나 욕설이 난무할 정도로 격렬했지만, 1914년까지는 늘 현실에서 일어나는 사건들에 조응하는 식으로 유동적이었다. 전쟁 이전에는 제2인터내셔널 총회 기간의 회의에서 온갖 전략 노선을 제시하는 모든 사회주의자들이 격렬하게 갑론을박을 펼쳤다. 그런데 레닌이 혁명에 성공하자 진보적인 경직성이 전 세계의 사회주의 정당에 도입되었다. 운동의 중심이 베를린에서 모스크바로 넘어갔다. 볼셰비키의 정치적 영향력을 어떻게 확보할 것인가 하는 차원에서 모든 발상과 주장을 판단했던 레닌은 이제 마르크스주의 해석의 심판자 역할을 할 수 있었다. 1917년에 쓰고 다음해인 1918년에 발표된 소책자 《국가와 혁명》State and Revolution

에서 레닌은 러시아가 부르주아 혁명을 생략하고 곧바로 공산주의로 나아가야 했던 이유를 설명하면서 마르크스를 인용함으로써 극단적이고 비타협적인 마르크스주의적 견해를 주장했다. 이 문건 내용 가운데 많은 부분이 카를 카우츠키를 깎아내리는 데 할애되었다. 이렇게 해서 마르크스와 엥겔스의 가장 권위 있는 해석자로 인정받던 카우츠키에게 '배신자'의 낙인이 찍혔다.

만일 레닌이 혁명의 힘든 과정에서 죽었다면 이 문건은 영원히 잊혔을 것이다. 그러나 그것은 혁명의 성공을 목전에 둔 한 사람의 생각, 최초의 프롤레타리아 혁명을 성공으로 이끈 직업적 혁명가의 생각을 고스란히 담은 문건으로서 정전正典의 지위를 부여받았다. 레닌과 그의 후계자 이오시프 스탈린Iosif Stalin은 교리적 정통성이 엄격하게 강제되는 어떤 운동의 교황이 될 터였다. 두 사람이 획득한 공식적인 지위는 단지 더 나은 견해를 가졌다는 점이 아니었다. 그 견해는 더 나은 견해가 아니라 '정확한 견해', 과학적으로 근거가 있는 견해였다. 정확하지 않은 견해를 가진 사람들은 단지 틀린 견해를 가졌다는 데 그치는 게 아니라 계급의 반역자 낙인이 찍혔다.

레닌이 1919년에 설립한 제3인터내셔널은 공산주의 정당들은 중앙집권화해야 하며 폭력 혁명과 독재에 준비해야 한다고 주장했다. 그들은 기존의 사회주의 정당에서 분리해 나와서 사회주의 정당과 공유하는 가치관이나 목적을 강조하기보다는 차별성을 더 많이 강조했다. 당시에 레닌과 트로츠키는 자신들이 혁명의 전위라고 믿었으며, 다른 국가의 혁명가들이 자기들의 사례를 따르기를 바랐다. 전후의 격랑 속에서 그 기대가 전혀 터무니없는 것만은 아니어서 1919년에 있었던 몇몇 혁명 시도들은 비록 성공을 거두지는 못했지만 상당한 진전을 이루었다. 하지만 결국 소련의 사례를 빼고 나면 1848년에 버금가는 실망의 시기가 되고 말았다(1848년 혁명에 대해서는 본문 30쪽 참조 — 옮긴이). 특히 독일에서 그 랬다. 1918년 11월에 독일이 갑작스럽게 패전을 맞이하자 군주제가 무너지고 사회민주주의자들이 이끄는 새로운 정부가 들어섰다. 전쟁에 찬성하는 사회민주당 지도부의 노선에 반대해서 탈당했던 급진적인 단체 스파르타쿠스 동맹Spartacist League은 결정적인 혁명의 시기가 왔다고 판단했다. 카를 리프크네히트Karl Liebknecht와 로자 룩셈부르크가 이끌던 스파르타쿠스 동맹이 1919년 1월에 베를린에서 봉기를 일으켰다. 하지만 이 봉기는 대재앙이었다. 봉기는 유혈 진압되었고, 지도자 두 사람은 우익의 손에 살해되었다. 바바리아에서는 비록 짧은 기간 동안이지만 소비에트가 존속하는 성과를 거두었다가 금방 분쇄되고 말았다. 헝가리에서는 공산주의자들이 잠시 권력을 잡았지만 이 정권은 너무나 무능했던 나머지 악화되는 경제와 외교적 고립 속에서 자멸하고 말았다. 이탈리아에서는 소요 사태가 여러 군데에서 일어났다. 특히 토리노의 공장 지대에서 일어난 소요가 컸지만 정부 당국이 진압하지 못할 정도는 아니었다.

이 모든 일들이 진행되는 동안 볼셰비키는 국내의 적을 상대로 싸워야 했기에 해외의 동지들을 도울 여력이 없었다. 이들이 혁명을 수출한 가장 가까운 사례는 폴란드의 정부군과 벌인 싸움이었는데, 이 전투도 실패로 끝나고 말았다. 폴란드의 노동자와 농민이 계급적인 연대보다도 민족주의를 더 소중하게 여겼기 때문이다. 그 뒤에도 소련은 1921년과 1923년에 독일에 혁명의 불꽃을 다시 한 번 당기려고 시도했지만 모두 우스꽝스러운 실패로 끝나고 말았다.

포위 공격에 외롭게 맞서서 싸워야 했던 볼셰비키는 마침내 내전과 외국의 개입 그리고 기근과의 싸움에서 승리했다. 이 모든 경험을 통해서 볼셰비키는 권력을 단단히 움켜쥐고 있어야 한다는 사실을 뼈저리게 실감했다. 그리고 이 권력 장악은 우여곡절 끝에 마침내 레닌의 후계자가 된 스탈린이 최고 권력을 휘두를 때 한층 더 강화되었다. 스탈린은 당 조직을 장악하고 잠재적인 경쟁자들을 인민 재판과 숙청을 통해서 축출함으로써 레닌의 후계자라는 지위에 올랐다. 레닌의 지근거리에 있던 레온 트로츠키는 추방되었다. 모욕을 대범하게 받아넘길 줄 알았으며 감동적인 지식인 웅변가였던 트로츠키는 스탈린의 견제로 해임과 제명 그리고 유배 생활을 거친 뒤에 국외로 추방되었다. 정적을 견제하는 스탈린의 수단은 점점 더 노골적으로 바뀌었고, 모스크바의 노선에 지속적으로 위협적인 존재였던 그는 결국 스탈린이 보낸 요원에 의해 1940년 멕시코에서 살해되었다.

비록 트로츠키가 스탈린의 방법론을 깎아내리긴 했지만, 그렇다고 해서 프롤레타리아의 비타협적인 독재에 의문을 제기할 위치에 있지 않았고 또 그런 의문을 제기하지도 않았다. 사실 그는 혁명 초기의 무자비한 여러 방법론에는 본인도 함께했었으며 애초의 소비에트 개념이 잘못되었음을 인정할 수 없었다. 하지만 그는 지도부의 잘못으로 소련에서의 혁명이 훼손되고 있으며, 또한 설령 그렇다 하더라도 소련은 노동자 국가이므로 일시적으로 소련을 망가뜨리고 있는 관료적인 타락에서 얼마든지 회복할 수 있다고 줄기차게 주장했다. 잘못된 모든 것을 트로츠키에게 돌리는 스탈린의 편집증 때문에 트로츠키의 병적인 자기 중심주의도 점점 더 커졌다. 그래서 그는 자기가 소련의 이른바 '좌파 반대 그룹' Left Opposition(1923년부터 1927년까지 존속했던 볼셰비키 내부의 한 파벌—옮긴이)의 지도자 지위를 유지하고 있으며 어떤 국제적인 임무가 자기를 중심으로 해서 여전히 진행되고 있다는 환상에 빠져 있었다. 그의 저작물에

쓰인 문체는 과장이 심한 스탈린의 문체에 비해서 확실히 세련되고 현대적이었다. 그러나 그는 독단적이었으며 일탈 행위를 자주 한 바람에 자기를 지지하는 사람들과도 사이가 틀어지곤 했다. 요컨대 트로츠키는 좌익의 담론이 1917년 혁명의 유산에만 온전히 초점을 맞추는 바람에 현실과 동떨어진 불모의 상태로 떨어지게끔 만드는 과정에서 자기에게 주어진 역할을 충실하게 수행했다.

한편 소련 외부에서 좌익 정치는 쓰디쓴 분파주의로 얼룩졌고, 그 결과 실제 역량과 동원할 수 있는 자원 사이의 간극 그리고 정치적인 형태와 민주주의적인 이상 사이의 간극만 더욱 또렷하게 조명되었다. 모스크바는 전 세계 공산주의 정당들을 유지하는 데 필요한 가장 우선적인 과제로 소련의 내부 및 외부에 존재하는 적들에 맞서는 일에 지원할 것을 요구했다. 소련 바깥의 지역 차원의 조건들이나 쟁점들에 대한 대응은 소련 외교 정책의 가장 최근 단계에 가장 잘 들어맞아야 할 필요성과 해당_{害黨} 요소들에 대한 지원을 거부할 필요성 때문에 실종되기 일쑤였다. 실제로 그 바람에 자본가 계급의 삶이 한층 편하고 쉬워졌어도 모스크바의 볼셰비키는 아랑곳하지 않았다. 멀쩡한 사람을 멍청하게 만드는 이 분위기는 이상주의자들을 당의 멍청한 잡일꾼으로 만들었으며, 지식인들로 하여금 노동자 계급 운동에 충성을 다할 것인가 아니면 자기 자신에게 충실할 것인가 하는 선택 사이에서 고뇌하게 만들었다. 이렇게 해서 전략적 혁신의 원천으로서의 유럽 마르크스주의는 결코 회복되지 못했다.

| 제 21 장 |

관료주의자와 민주주의자
그리고 엘리트주의자

Bureaucrats, Democrats, and Elites

:

이렇게 대답한 다음 나는 나의 이 도시를 비웃는 자들에게
그 비웃음을 되돌려주며 말한다.
활기차고 거칠고 강하고 영리한 것이
그렇게도 자랑스러워 고개를 쳐들고
노래를 부르는 또 다른 도시가 있다면 어디 말해보시지.
여기 있노라, 쌓이는 일들의 고역 중에도 마력적인 욕설들을 내뱉는,
나약한 도시들에 뚜렷이 대조되는,
키 크고 대담한 강타자가 여기 있노라.
_칼 샌드버그, 《시카고》

:

Strategy : A history

19세기의 마지막 수십 년 동안에 적어도 유럽에서 사회학을 공부한 사람에게는 필연적으로 마르크스가 현장에서 가장 열광적이었을 뿐만 아니라 없어서는 안 될 인물이었다. 마르크스가 내린 결론이 아무리 의심스러웠다고 하더라도 그의 이름 아래 이루어진 혁명적인 선동은 말할 것도 없고 그의 분석이 가진 힘과 범위는 관심을 끌기에 충분했다. 사회학은 마르크스에 대응하는 과정에서 하나의 학문으로 발전했다. 사회학을 과학적인 학문으로 만든 개척자들 가운데 한 사람으로 꼽히는 프랑스의 사회학자 에밀 뒤르켐 Émile Durkheim은 마르크스에 대한 연구 계획을 세웠는데, 비록 이 연구를 모두 완성하지는 못했지만 그 자체로도 의미가 있었다. 여기에는 지적인 측면과 정치적인 측면이 모두 동기로 작용했다. 뒤르켐은 먼저 마르크스 이전의 사회주의를 연구하기 시작했다. 그의 동료인 마르셀 마우스 Marcel Mauss에 따르면 뒤르켐은 '순수하게 과학적인 관점에서, 학자가 냉철하게 바라보아야 하는 객관적인 사실로서, 아무런 편견

없이 그리고 그 어느 편에 서지도 않고서' 연구에 임했다.[1]

사회학은 마르크스를 다루면서 '부르주아 지식인의 사회 의식의 일반적인 형태'의 원천 및 '자유주의 이데올로기의 재정식화'의 원천으로 복무했다.[2] 자유주의에는 지배적인 강령적 원천이 부족했고 다양한 노선들이 혼재해 있었다. 하지만 그럼에도 불구하고 계급 간의 전쟁을 피할 방법을 모색하는 어떤 뚜렷한 정치적인 계획, 즉 계몽된 국가가 수행할 개혁 프로그램의 믿을 만한 토대를 제공하기 위한 계획은 있었다. 특히 미국에서 끝을 모를 정도로 탐욕스러운 자본가들과 타락하고 속임수만 쓰려고 드는 정당의 지도자들에 절망한 사람들에게 과학적 연구는 실질적인 진보와 발전의 가능성을 제시하는 구원의 학문이었다.

마르크스의 체계 안에서는 권력과 이익에 대한 여러 질문이 중심 주제였다. 보다 실증주의적인 과학은 마치 자연 현상을 탐구하듯이 정치적이지 않고 사적인 욕심이 없으며 공평한 어떤 것을 제시하고 주장했다. 그런데 정치적으로 많은 이익과 손해가 갈리는 상황에서 과연 사람들은 증거에만 입각해서 객관적으로 접근할 수 있을까? 권력을 가지고 있는 사람들과 이 권력을 빼앗으려고 달려드는 사람들 양쪽에 모두 공평할 수 있을까? 실제 현실에서 주류 사회학은 정치적으로 순수하지 않았다. 일부 학자들은 기존 사회 구조의 건강한 활력을 입증함으로써 그리고 민주주의적 낙관주의democratic optimism에 맞서서 계급 제도의 영속성을 입증함으로써 보수적인 주장을 뒷받침했다. 하지만 전체적으로 보면 사회학자들은 진보의 편에 서서 인간 세상에서 이성의 주장을 대변하고 거짓 신화와 미신을 타파하는 데 앞장섰다. 마르크스주의자라면 이런 주장을 하는 과정에서 지배 집단의 이데올로기를 어렵지 않게 찾아냈으며, 부르주아의 이익에 부합하는 어떤 진리를 세상에 드러냈다. 이 이데올로기의 검증 기준은 그것이 사회경제적 변화를 매력적으로 설명할 수 있느냐, 그 과정에서 목적에 부합하는 행동을 올바르게 인도할 수 있느냐 하는 것이었다.

† 막스 베버

막스 베버Max Weber는 사회과학이 안고 있는 여러 가지 문제와 가능성을 동시에 드러내보였다. 그는 1864년에 자유주의적 성향을 가지긴 했지만 대단치는 않았던 정치인의 아들로 태어났으며 나중에 아버지와는 소원하게 지냈다. 베버는 1920년에 폐렴으로 사망했는데, 그 이후부터 그의 명성과 영향력이 점점 커졌다. 이것은 클라우제비츠의 경우처럼 헌신적인 부인이 남편이 사망한 뒤에 남편의 유고가 출판될 수 있도록 정성을 다해 가다듬었기 때문이 아니었다. 대신 베버의 아내는 남편의 전기를 썼다. 제2차 세계대전이 끝난 뒤에 이 전기가 출간되었는데, 여기서 베버는 나치의 압제에 시달렸던 독일의 진정한 가치를 대변하는 온건한 자유주의자로 그려졌다. 베버의 견해는 (그의 개인적인 삶도 마찬가지지만) 전기에 묘사된 것보다 훨씬 더 복잡했을 것이라는 게 현재의 일반적인 의견이다. 그가 언제나 개인의 권리를 주저하지 않고 대변했다는 점을 놓고 볼 때 자유주의적이었던 것은 분명하지만 또 제국주의적이기도 했으며 강력한 독일이라는 국가관으로도 기울어져 있었다.[3]

베버를 전략 이론가의 명단에 올린다는 게 어쩐지 자연스러워 보이지 않을 수도 있지만 사실 이 분야에 그가 끼친 영향은 상당하다. 첫째, 그는 몰가치적인 즉 윤리적 중립성을 표방하며 가치를 판단하지 않는 사회과학을 추구했다. 사회과학자라면 감정을 억제하고 이성적으로 문제에 접근해야 한다고 강조했다. 둘째, 그는 자신의 가장 유명한 저작인 《프로테스탄트 윤리와 자본주의 정신》The Protestant Ethic and the Spirit of Capitalism에서 마르크스의 대안을 제시하면서 자본주의의 발전에서 문화적인 요인들이 수행하는 역할을 입증했다. 셋째, 그는 과학의 이성주의가 삶의 모든 영역으로 침투하는 모습을 묘사하면서 장차 관료화가 사회를 지배할 것임을 냉담하게 예언했다. 넷째, 그는 관료화를 끊임없이 이어지는 연속극의 한 부분으로 받아들이는 정치적 견해를 제시했다. 마지막으로 다섯째, 바로 여기서 전략적 선택을 묘사하는 방식을 제시했는데 어떤 이상적인 것에 대한 갈망만큼이나 결과에도 관심을 기울일 필요가 있음을 강조하며 그런 관심을 요구한 것이다.

《프로테스탄트 윤리와 자본주의 정신》은 판에 박은 듯 일상적인 것, 계산할 수 있는 것, 예측할 수 있는 것 그리고 무언가에 도움이 될 수 있는 것을 찬양하면서 자연은 과학에 종속되고 사회는 관료제에 종속된다고 했다. 그리고 진보적인 '서구 문화의 합리주의'에 대한 자포자기의 절망적인 논평으로 결론을 내린다는 점에서 주목할 만했다. 점점 더 복잡해지는 조직 체계, 지식의 전문화·전공화 그리고 전문 분야 참모진에 대한 필요성, 이 모든 것들은 관료제가 대세로 자리 잡을 것임을 예고했다. 앞으로 다가올 '쇠로 만든 새장'을 조심하라는 경고가 베버가 내린 결론이었다. 오로지 기술적인 것만을 진정한 가치로 여기는 합리적인 대민 행정 체계가 '조직이 기대어야 하는 궁극적이며 유일한 가치'로 여겨질 것이고 이 새장 안에 사는 사람들은 '정신이 없는 전문가, 심장이 없는 감각주의자'가 될 것이라고 했다. 관료제도는 협소한 관점을 가지고 있으며 유능하지만 창의성이 없으며 보다 깊은 목적 의식성이 없는 유순한 사람들로 채워져 영혼이 없고 감각이 없다고 했다.

관료제도는 마르크스의 세계관에서 자본주의가 한 것과 똑같은 역할을 베버의 세계관에서 담당했다. 베버는 관료제도의 힘이 앞으로도 계속 커질 것임을 알았고 또 그 힘에 저항할 수 없음을 이해했다. 그래서 자기 분야에서만큼은 전문적이고 유능해지고자 했다. 하지만 그는 관료제도에 갈채를 보낼 수 없었다. 그리고 마르크스는 역사가 자본주의를 거꾸러뜨릴 것이라고 확신한 데 비해서 베버는 관료제도에 대해 그런 희망을 전혀 가지지 않았다. 과학은 절대적인 종교적 믿음이 사라진 상황에서 사람들에게 미몽에서 깨어나라고 촉구했지만 새로운 매혹거리를 제공하지는 못했다. 베버는 자유와 개방성을 높이 평가했으며 원칙적으로 법전, 건전한 행정 그리고 책임성 있는 관료에 반대할 수 없었다. 인생이 보다 깊은 의미를 박탈당한 채 세속적인 것에 사로잡힐 수 있지만 이런 상황에서도 적어도 관료제도는 작동한다고 생각했다.

"관료제도는 인간을 강제적으로 통제할 수 있는, 지금까지 알려진 것 가운데 형식적으로는 가장 합리적인 제도이다. 다른 어떤 제도에 비해서도 정확성, 안정성, 규율의 엄정함 그리고 신뢰성 면에서 우월하다."[4]

마찬가지로 정치는 피할 수 없으면서도 성가시기 짝이 없는 항구적인 어떤 조건이다. 왜냐하면 평화든 정의든 혹은 구원이든 간에 항구적인 어떤 것이 정치의 결과로는 나올 수 없기 때문이다. 정치 영역은 권력과 항구적인 투쟁의 영역이다. 권력은 어떤 저항에 직면했을 때 사람의 의지를 강요할 능력에 관한 것으로, 무력의 혹은 무력 사용의 잠재적인 가능성의 지배를 받는 문제들을 지적한다. 그러므로 정치는 국가와 떼어놓을 수 없다. 정치인은 타인을 설득해서 자기를 따르도록 해야 한다. 하지만 이 일은 관습이나 종교라는 토대에서는 가능하지 않으며 관료제적 방법 자체는 가치의 원천이 될 수 없다. 이런 사실이 합법성의 문제를 제기하는데, 이 문제는 베버가 내재적인 가치 차원이 아닌 수용성 차원에서 제기한 일종의 테스트이다.[5] 정치적인 신념의 속성은 베버로서는 반드시 풀어야 할 가장 중심적인 수수께끼였다. 비록 이 수수께끼는 믿음의 여러 유형이라는 차원에서 (그 유형들의 실제적인 내용 차원에서가 아니라) 그가 중요하게 다루려고 했던 문제이긴 하지만 말이다.

1차 대전 동안에 한 번, 그리고 전쟁이 끝난 직후에 한 번 베버는 자유청년학생Free Student Youth의 초청으로 뮌헨에서 강연을 했다. 첫 번째 강연은 1917년 11월에 했는데 '직업으로서의 과학'이 주제였고, 두 번째 강연은 1919년 1월에 했는데 '직업으로서의 정치'가 주제였다. 이 두 강연 모두 지금은 사회과학의 역사에서 기념비적인 사건으로 일컬어진다. 베버는 개인적으로 과학과 정치 모두를 직업(혹은 소명)으로 여겼는데, 과학에서 훨씬 더 큰 성공을 거두었다. 그가 도전했던 과제 가운데 하나는, 과학과 정치 가운데 어느 하나가 다른 하나를 위해서 무엇을 할 수 있는지 알아내는 것이었다. 과학의 객관성과 정치의 당파성은 서로 섞이지 않도록 따로 떼어놓아야 했다. 그러므로 베버는, 교수는 '정치인이나 개혁가의 지휘봉을 들고 다닐' 권리를 요구하면 안 된다고 주장했다. 이 주장은 중요한 의미를 담고 있었다. 선악의 판단이 배제될 때 사회과학은 독자적인 어떤 정치 이론을 만들어낼 수 없다는 말이었다. 베버는 비록 자기만의 정치적인 견해를 강력하게 가지고 있긴 했지만 그 견해들이 과학이라는 토대 위에 굳건히 서 있다는 주장은 굳이 하지 않았다.[6] 전쟁이 끝날 무렵에는 자기 주장이 과학적으로 튼튼한 토대 위에 서 있다고 주장하고 싶은 유혹에 저항하면서도 강력한 어떤 견해를 가져야 한다는 긴장이 뚜렷하게 드러났다. 베버의 1919년 강연을 들은 한 청중은 그를 다음과 같이 묘사했다.

"턱수염을 기른 이 수척한 사람은 미래에 있을 재앙의 영상으로 고문을 당하는 예언가 같기도 했고 또 출정 직전의 중세 전사 같기도 했다."[7]

여러 가지 이유로 해서 베버는 과학이라는 직업과 정치라는 직업 가운데 어느 것 하나도 매력적으로 보이도록 만들지 못했다. 사회과학은 고도로 규율이 잡힌 노동 윤리를 금욕적인 자기 부정과 결합함으로써 특히 가까이 하기 어려운 학문으로 다가왔다.[8] 베버는 현실적인 여러 어려움과 전문가의 전문성이 필요함을 강조하면서 언제나 접근할 수 있지만은 않은 여러 개념적 정식화를 채택했다. 직업으로서의 과학이 중요하다는 점은 사실과 가치의 구분을 강조하는 베버의 지적에서 살펴볼 수 있다. 그러나 베버는 정치적 가치의 원천으로서의 과학 지식의 한계를 논의하는 것을 뛰어넘었다. 즉 그는 '세상에 있는 온갖 사실들 및 가치의 존재를 선명하게 해명하고 가치를 추구할 수단들을 올바르게 선택하는 데 도움이 되도록 과학을 채용하는' 차원으로까지 훌쩍 넘어갔다.[9] 베버는 이런 방식으로, 즉 목적을 달성하는 데 필요한 수단들을 파악하게 해줌으로써 과학은 전략에 복무할 수 있다고 보았다. 그런데 당신이 적절한 수단과 맞닥뜨렸을 때 당신은 '그 수단을 반드시 기각해야 한다고 믿을 수 있고' 또 이런 사실이 객관적으로 드러날 수 있다. '이럴 때 당신은 목적과 수단 가운데서 하나를 선택해야 한다. 과연 목적이 수단을 "정당화"할 수 있을까, 없을까?' 과학은 전략을 원천으로 삼을 수는 없다. 왜냐하면 시계視界 바깥에 놓여 있는 여러 가지 가치들을 수단으로 해서 목적을 포착해야 하기 때문이다. 하지만 과학은 특정한 수단이 잘 먹히는 이유나 특정한 목적이 달성 불가능한 이유를 설명함으로써 상당한 전략적 가치를 발휘할 수 있다. '차악과 차선' 사이에서 어느 것 하나를 골라야 하는 선택일 수도 있다. 과학과 가치 사이, 즉 수단과 목적 사이의 상호작용은 그들의 본격적인 조화를 가리키는 것이 아니라 상시적인 긴장을 가리킨다. 그래서 베버는 다음과 같이 썼다.

"수많은 사례에서 '선한' 목적의 달성은 반드시 사람들이 도덕적으로 의심스러운 수단 혹은 적어도 위험한 수단을 사용하는 대가를 기꺼이 치를 (그리고 사악한 파생효과들의 가능성을 받아들일) 마음가짐을 가져야 한다는 사실과 필연적으로 하나로 묶여 있다."[10]

이런 딜레마가 지금은 일상적인 것처럼 보이지만 이런 내용을 그처럼 명료하게, 그리고 그 어떤 정치 체계도 이 문제를 최종적으로 해결할 수 없다는 분명한 확신을 가지고서 표현한 사람은 베버 이전에는 없었고 이후에도 거의 없었다.

이 주제는 1919년 1월에 했던 두 번째 강연에서 다루어졌다. 그가 내다본 전망은 한층 암울했다. 전쟁은 끝났지만 독일은 한 해 전 8월에 연합군과 맺은 항복 조건 때문에 또 혁명과 반혁명의 소용돌이 속에 휩싸여 있었기 때문에 여전히 위태롭게 휘청거렸다. 베버가 가장 활발하게 활동을 하던 그 시점에 그는 과학자라는 자기 직업에 대해서 조금도 의심을 품지 않았으며 정치에도 특별한 관심을 보이지 않았다. 전쟁 기간 동안에 그는 지나치게 야심적이고 공격적인 독일의 전쟁 목표에 대해서 걱정했고 자기 조국이 미국을 적으로 놓고 싸운다는 사실에 마음이 편치 않았다. 극단적인 민족주의 학자들이 조직한 청원에 대응해서 전쟁 역사가 한스 델브뤼크가 또 다른 청원을 조직할 때 베버는 그 청원서에 서명을 했다. 1918년에 그는 초청 교수로 가 있던 오스트리아 빈에서 독일로 돌아왔다. 이때 그는 정치 분야에서 어떤 선도적인 역할을 할 준비가 되어 있는 것처럼 보였다. 하지만 그런 일은 일어나지 않았다. 그는 신헌법

위원회에 이름을 올리고 독일민주당German Democratic Party, DDP 정부의 출범에 기여했지만, 이 정당의 지도부에는 끼지 못했다. 이와 관련해서 한 전기 작가는 베버의 정치적인 이해력이 언제나 최선은 아니었다면서 '그는 불필요하고 비생산적인 논쟁의 수렁에 빠지는 경향이 있었는데 이런 경향은 그가 타고난 정치인으로서의 자질을 가지고 있지 않음을 입증하는 것'이라고 지적했다.[11] 당의 활발한 활동가이긴 했지만 좌익과 우익을 모두 비판하는 경향 때문에 그는 연대가 모색되던 시점에 연대를 성사시키는 협상가가 될 수 없었다. 그가 정치계에서 주요 인물이 될 수 없음은 1920년에 명확해졌는데, 그 뒤에 베버는 정당의 지도부에서 물러났다. 그리고 다음과 같은 사실을 깨달았다.

"정치인이라면 마땅히 타협을 할 줄 알아야 하고 또 그렇게 해야 한다. 하지만 나는 직업이 학자이다. (……) 학자는 타협을 하거나 자신의 어리석음을 덮을 필요가 없다."[12]

정치라는 직업은 그에게 맞지 않았다.

감상적인 차원에서 그는 강력한 독일이라는 발상에 여전히 붙들려 있었고, 파시즘에 반대했으며, 또 비록 그의 많은 친구들이 연관되어 있긴 했지만 갑작스럽게 혁명의 파도가 높아지는 것에 화가 났다.[13] 그는 독일을 무력한 존재로 만들어버릴 무장 해제를 두려워했으며 혁명가들이 어지럽게 만들어놓은 무질서에 화가 났다. 그가 뮌헨에서 강연을 한 시점은 스파르타쿠스 동맹의 두 지도자 룩셈부르크와 리프크네히트가 살해되고 얼마 지나지 않았을 때였다. 베버는 비록 최근에 '리프크네히트는 정신병원에 있어야 하고 룩셈부르크는 동물원에 있어야 한다'는 말로써 그 두 이론가들을 마땅치 않게 여긴다는 발언을 공개적으로 했지만, 그들이 살해되었다는 사실에는 통탄했다. 사실 당시 베버는 강연을 해달라는 요청을 받고서, 만일 자기가 그 강연을 수락하지 않으면 무능한 바바리아 공화국이라고 본인이 고개를 저었던 집단의 급진적인 우두머리 쿠르트 아이스너Kurt Eisner가 자기 대신 강연을 하게 될까봐 강연 요청을 수락했었다.

당시는 정치적인 삶의 딜레마가 극명하게 부각되던 시기였다. 패전과 발작적인 혁명은 수단과 목적 사이의 균형이 얼마나 불완전한지 생생하게 비춰주고 있었다. 이런 상황에 이끌려서 베버는 전략적인 사고에 존재하는 긴장의 핵심을 찌르는 분석을 제시하면서 고매한 목적을 달성할 수단이 없다면 그 목적은 무의미하다고 주장했다. 그리고 계속해서 수단이 초래할 결과에 비춰서 그 수단을 분석할 필요가 있음을 강조했다.

베버는 강연 첫머리에서 평소에도 으레 그랬듯이 '오늘날의 당면한 문제들에 대해서 어떤 제안을 하는 것'은 사양한다고 못을 박았다. 그 뒤를 이어서 정치와 국가를 매력적으로 정의했다. 정치는 '정치적인 연합, 그러니까 오늘날로 말하면 국가의 리더십 혹은 이 리더십에 영향을 미치는 것'에 관한 것이라고 했다. 국가는 목적에 의해서 정의될 수 없으니 수단에 의해서 '즉 물리적인 힘의 사용'에 의해서 정의되어야 한다고 했다. 이때 그가 말한 무력은 국가가 접근할 수 있는 통상적이거나 혹은 유일한 수단이라는 뜻이 아니라 국가가 가지고 있는 특별한 것이라는 뜻이었다. 그러므로 국가는 '주어진 영토 안에서 물리적인 힘을 합법적이고도 독점적으로 사용할 수 있다고 주장하는 어떤 인간 공동체'라고 정의할 수 있었다. 오로지 국가만이 폭력을 정당화할 수 있다는 말이었다. 그런데 이 독점적인 지위가 국내외적으로 위협을 받을 경우 국가는 문제의 소용돌이에 휩싸인다고 했다.

국가의 권위는 전통과 관료제도 그리고 카리스마라는 세 가지 원천

가운데 하나에서 비롯된다. 그런데 전통은 이제 더는 찾으려고 해도 찾을 수 없고 관료제도는 지나치게 협소하므로 베버는 마지막 남은 원천인 카리스마로 눈을 돌렸다. 베버는 카리스마를 정치적인 리더십의 특정한 덕목, 신성한 영웅주의를 통해서 권위를 획득하는 능력 혹은 모범적인 인격이라고 파악했다. 카리스마는 공무원과 구분되는 어떤 지도자의 역할을 규정하는 정치적인 덕목이었다. 공무원은 반드시 '상급 명령 체계에서 내려온 지시를 마치 그것이 자기 신념과 정확하게 일치하는 것처럼 성실하게 수행'해야 하고, 정치인은 반드시 '어떤 태도를 취하고 열정을 발휘할' 준비를 갖추고 있어야 한다고 보았다. 이때의 쟁점은 어떻게 하면 권력을 가장 효율적으로 행사할 수 있을까 하는 문제였다. 즉 '역사의 수레바퀴에 손을 대도 좋다고 허락받은 사람이라면 그는 과연 어떤 유형의 사람이어야 할까?' 하는 문제였다.

선택은 신념을 토대로 한 윤리와 책임감을 토대로 한 윤리 사이에서 다시 말하면 내재적인 원칙에 따라서 (설령 그 원칙이 원인에 따른 필연적인 것이라고 할지라도) 행동하는 것과 발생 가능성이 높은 결과에 따라서 행동하는 것 사이에서 이루어져야 한다. 베버의 이 강연은 원칙에 대한 타협을 거부하는 사람들 즉 '우리가 "혁명"이라는 자랑스러운 이름으로 장식했던 광란의 법석 속에 있는 지식인들'을 자극했다. 왜냐하면 그들의 공허한 낭만주의에는 '객관적인 의무감이 결여되어 있었기' 때문이다. 결과에 대해서 생각하지 않는다는 것은 사악한 것에 기회를 주는 셈이라고 했다. 베버는 자기가 한 행동 때문에 반동과 압제의 세력이 한층 유리해지는 상황에서 자기 탓을 하기보다는 남을 비난하는 데 열을 올리는 혁명가들을 경멸했다. 동기가 순수하다는 사실만으로는 충분하지 않았다. 순수한 동기도 얼마든지 나쁜 결과를 내놓을 수 있기 때문이었다.

당시 독일에서 '무력으로써 절대적인 정의를 세우려고' 했던 사람들은 (자기 강연을 듣던 사람들 가운데 많은 사람들이 이 범주에 포함될 것이라고 베버는 추정했다) 이것이 어떤 의미인지 분명히 알아야 한다고 했다. 그러면서 베버는 이런 질문을 던졌다. 자기를 따르는 추종자들이 모두 자기와 동일한 의제(어젠다)를 가지고 있다고 확신할 수 있을까? 증오와 복수와 원한이라는 감정 그리고 '의사擬似 윤리적 자기 정당성의 필요성' 때문이거나 혹은 '모험, 승리, 전리품, 권력 그리고 약탈품'에 대한 갈망 때문이 아닐까? 이런 마음을 가진 추종자들에게 충분한 보상을 해줄 수 있을까? 이런 추종자들에게 충분히 동기 부여를 할 수 있을까? 추종자들의 이런 행동은 지도자가 애초에 가지고 있던 동기 및 목적과 충돌하지 않을까? 이 '정서적인 혁명주의'는 궁극적으로 (아마도 매우 가까운 기간 안에) '관습적이고 판에 박힌 나날의 일상'에 굴복하지 않을까? 만일 혁명가들이 진정으로 세상의 어리석음과 천박함이 문제라고 생각한다면 그들은 이런 것들을 어떻게 근절하겠다고 생각할까? 베버는 예수가 했던 산상수훈(예수가 선교 활동 초기에 산꼭대기에서 했던 설교―옮긴이)의 평화주의를 반박했다. 정치가라면 반드시 반대 의견을 가져야 한다고 그는 주장했다. 저항을 포기하는 순간 정치가는 '성공을 거둔 사악함에 책임을 져야 하기' 때문이라고 했다.

이렇게 베버는 책임성의 윤리를 말했다. 이것은 다른 사람들의 부족한 부분을 처음부터 파악하고 또 발생함직한 결과에 비춰서 행동을 평가하는 것이었다. 그러나 그는 또한 내재적인 의미는 젖혀두고 즉각적인 효과에만 초점을 맞추는 정치도 염려했다. 궁극적인 목적과 책임성의 윤리가 '어떤 진정한 인간, 즉 "정치적 소명"을 가진 사람'을 통해서 발현되는 것이 그가 생각한 이상적인 모습이었다. 이 지점에서 그는 카리스마를 갖춘 인물, 지도자이면서 영웅인 인물, '본인이 보기에 세상은 자기가 제시하고자 하는 것을 포용할 수 없을 정도로 너무도 어리석고 또 천박하다 할지라도 결코 무너지지 않을' 사람을 찾고 있었다. 그런데 그는 낙관주의자가 아니었다.

"우리 앞에는 여름 꽃들이 활짝 피어 있지 않습니다. 어떤 집단이 지금 승리를 뽐내며 거들먹거릴지라도, 우리 앞에는 얼음 극야極夜의 어두움과 단단함만이 펼쳐져 있습니다."

베버는 '열정과 전망을 동시에 갖춘' 정치를 촉구했다.

"왜냐하면 정치인이라면 불가능한 것을 가능하게 만들려고 몇 번이고 반복해서 시도하지 않는 한, 가능한 것조차도 손에 넣을 수 없을 것이기 때문입니다."[14]

베버는 결과에 대한 평가를 토대로 하지 않고 동기의 순수성을 바탕으로 한 행동들을 혐오했다. 그것은 반대로 자기는 결과에 대한 평가를 할 수 있다는 뜻이고 또 과학적인 연구가 이런 평가를 용이하게 해줄 것이라고 믿는다는 뜻이었다. 사회적인 행동은 어쩌면 늘 도박과 같은 것인지도 모른다. 하지만 대안적인 행동 경로에서 어떤 결과가 빚어질지를 두고 합리적인 가설을 설정한다면 도박에서 이길 확률은 그만큼 더 높아질 것이다. 이런 자신감 없이 어떻게 하나의 행동 경로를 반대하며 또 다른 행동 경로를 제시할 수 있을까?

✝ 레오 톨스토이

만일 베버가 궁극적인 목적의 윤리를 대변하는 인물로 마음에 품었던 사람이 한 명 있었다면 아마도 레오 톨스토이Leo Tolstoy가 아니었을까 싶다. 톨스토이는 베버를 괴롭히던 과학, 관료제도 그리고 모더니즘 등과 관련된 모든 쟁점을 파고든 인물이었다. 하지만 이 주제들을 다룬 관점은 베버와 완전히 달랐다. 어떤 시점에선가 베버는 심지어 톨스토이를 당대의 위대한 이상주의자로 묘사하는 책을 한 권 쓸까 하는 고민을 했을 정도이다. 톨스토이는 적어도 전쟁과 혁명 모두에 반대한다는 점에 관한 한 일관성을 유지했다고 베버는 인정했다. 하지만 그 바람에 톨스토이는 전쟁뿐만 아니라 세상 및 문화의 혜택과도 불화를 겪어야 했다.[15] 베버가 '직업으로서의 과학' 강연에서 톨스토이의 반反합리주의적이고 반反과학적인 견해를 공격한 걸 보더라도 베버가 톨스토이에 충분히 깊이 사로잡혀 있었음은 분명하다. '직업으로서의 정치' 강연에서 베버는 톨스토이가 흔히 썼던 산상수훈 일화를 들어서 '악인에게 폭력으로써 맞서지 마라'고 한 예수의 사랑의 윤리를 비웃었다.

하지만 그것은 톨스토이의 신조였다. 톨스토이는 일련의 정신적인 위기를 겪으면서 정통 기독교의 허세와 특권을 벗어던졌다. 산상수훈과 누가 뺨을 때리면 다른 쪽 뺨을 내밀라는 가르침이 그가 가졌던 신조의 핵심이었다. 이 신조는 남을 미워하지 않고 사악한 것에 저항하지 않으며 어떤 경우에도 폭력을 휘두르지 않고 욕망과 욕설을 피하면서 세상을 평화롭게 살아가기 위한 일련의 규칙으로 이어졌다. 만일 이런 규칙을 세상 사람들이 모두 다 받아들이기만 한다면 전쟁도 없고 무기도 없고 경찰도 없고 재판정도 없을 터였다. 그는 기존의 성스러운 권력과 세속의 권력 모두에 도전했다. 그러나 폭력적인 혁명 역시 부도덕하고 무익하다는 이유로 반대했다. 그는 도시를 떠나 전원생활을 했으며 자연과의 교감을 위해 돈을 버는 것도 거부했다.

우리는 이미 앞에서 반反전략가로서 톨스토이가 했던 역할을 살펴보았다(1권 222쪽 참조— 옮긴이). 물론 여기서 살펴볼 원천도 앞의 경우와 동일하다. 그는 의도적이고 정교한 대의들이 특정한 효과와 쉽게 연결될 수 있다는 사실을 매우 회의적으로 보았으며, 따라서 이렇게 하는 것을 자신의 장점이라고 주장하는 사람들을 경멸했다. 톨스토이는 '전문가, 전문 직업인, 특정한 영역에 대해서 다른 사람들보다 특별한 권위가 있다고 주장하는 사람들'을 특히 경멸했다고 이사야 벌린은 지적했다. 《전쟁과 평화》에서는 위대한 장군의 의지력이 복잡한 명령 체계를 거쳐서 말단까지 전달되어 수많은 병사들의 행동에 영향을 주고 마침내 역사를 바꿀 수 있다는 주장을 조롱했다. 장군이나 혁명을 추구하는 지식인은 자기가 과학적인 어떤 전략을 따른다고 주장할 수는 있겠지만, 사실 이것은 환상일 뿐이라고 했다. 자기가 하는 말이 최종적으로 전달하고자 하는 대상인 평범한 사람들과 분리되어 있으며 또한 그런 사람들을 이해하지 못하기 때문에 그렇다고 했다. 좋은 것이든 나쁜 것이든 간에 변화는 일련의 사건들과 관련된 개인들이 내린 수없이 많은 결정의 결과라고 했다. 벌린은 불행하게도 평범한 사람들은 교육을 받지 못해 무지하며 공통적인 감정과 가치관으로 고상한 사람들과 연결되어 있음에도 불구하고 그 사람들이 하는 행동을 온전하게 이해하지 못하며 또 새로운 세상을 창조하는 데 함께 할 수 없다고 말했다.

진리를 열심히 탐구하면 충분히 많은 것을 얻을 수 있다는 격렬하고도 고통스러운 믿음을 가지고 있었다는 점을 놓고 본다면 톨스토이는 계몽주의적인 인물이라고 할 수 있다. 하지만 그는 또한 여러 가지 핵심적인 측면에서 반反계몽주의적이기도 했다. 예컨대 현대화 및 과학에 대한 과장된 자신감에 겁을 먹었다. 정치적 개혁이 요구하는 것이 훌륭한 삶의 본질을 보지 못한다고 생각했으며 그 개혁을 추구하는 노력이 허망하기 짝이 없다고 보며 지레 겁을 먹었던 것이다.

"그는 자기 시대의 (혹은 그 어떤 시대의) 대중 운동에 꼭 맞게 맞춰질 수 없었다. 그가 속할 수 있었을 유일한 곳은 지금까지 그 어떤 대답도 얻지 못했고 또 앞으로도 그럴 것 같은 파괴적인 질문자 집단이었다."[16]

월터 브라이스 갈레Walter Bryce Gallie(영국의 사회정치학자—옮긴이)에 따르면 조직된 행동은 톨스토이의 '장점'이 아니었으며 톨스토이는 '실제적인 측면에 관해서는 애처로울 정도로 취약했다.'[17] 심지어 가족조차도 그의 새로운 삶의 방식을 확신하지 못했다.[18] 그가 제시했던 것은 (그의 경우에 이것은 결코 사소한 게 아니었는데) 사례와 많은 책, 기사 등이 발휘할 힘이었다.

톨스토이는 평화주의를 비타협적으로 주장했으며 차르에 도전했고 또 가난한 사람이 겪는 고통을 폭로했다. 그의 핵심적인 메시지는 사람들에게 크고 선명하게 받아들여졌다. 그런데 그가 자기 나름의 견해를 효과적으로 선전한 것은 그가 살았던 삶의 방식 덕분이 아니라 타고난 문학적 재능 덕분이었다. 그는 도시 빈민의 생존 투쟁, 군대에 일상적으로 만연해 있던 잔인한 폭력 그리고 귀족들의 일상적인 자기 기만을 생생하게 묘사했다. 군국주의의 죄악과 근시안적인 애국주의를 분석하면서 그것을 냉소적인 위트로 장식했으며 때로는 예언자적인 통찰로 수를 놓았다. 그는 성직자들이 '살인자를 위해서 기도하듯이', 신문 편집자들이 '증오와 살인을 부추기기 위해서 일을 하듯이' 미래의 전쟁의 열풍을 묘사했다. 또한 '소박하고 마음이 따뜻한' 수천 명의 사람이 누리던 '평화가 어떻게 산산조각이 날지' 그리고 어떻게 해서 이 가여운 영혼들이 전쟁터로 터벅터벅 걸어가서 '자기들이 그렇게 해야 하는 이유도 알지 못한 채 전에 한 번도 본 적이 없으며 자기에게 어떤 해도 끼치지 않았던 수천 명의 사람들을 죽이게 될 것'인지 생생하게 그렸다.[19] 이런 점에서 보면 톨스토이에게 전쟁은 훨씬 더 보편적인 불안감의 한 형태, 즉 인류 내부의 부자연스러운 분열의 극단적인 한 형태였던 셈이다. 분열은 불안감을 한층 반영하는 동시에 더욱 위험하게 조장했다. 그리고 그는 사람들이 도대체 왜 이런 일이 일어나도록 그냥 두었을지 설명하기 위해서 자기만의 독특한 허위의식을 배치했다. 정부가 사람들에게 최면을 걸었을 뿐만 아니라, 정말 슬프게도 사람들이 서로에게 '최면을 걸었다'고 해석한 것이다. 사람들을 이 최면에서 깨울 유일한 방법은 애국심이 헛된 신화임을 폭로하는 것이었다. 그의 반反전략적 전망의 핵심에는 인간 사회 내부의 분열은 자연스러운 현상이 아니며, 따라서 사람들이 제대로 치료를 받기만 하면 갈등과 투쟁이 더는 일어나지 않을 것이라는 믿음이 자리하고 있었다.

1882년에 톨스토이는 모스크바의 인구 통계 조사에 참가했다. 그는 그해에 '무엇을 해야 하는가?'라는 질문을 던지는 기사를 하나 썼다. 이 질문은 당시 러시아 사람들이 흔히 자기 자신에게 묻곤 하던 질문이었다.[20] 모스크바는 최근에 빠른 성장을 하면서 시골 출신자들이 대거 이주해서 인구가 급격하게 늘어났고, 거기에 따라서 높은 인구 밀도, 빈곤, 범죄, 질병, 착취 등의 사회 문제도 빠르게 늘어나고 있었다. 톨스토이는 그 통계 조사가 '사회적인 차원의 조사'라고 설명했다. 그리고 학문으로서는 특이한 일이지만 사회학의 목적이 '대중의 행복'이라고 덧붙였다.[21] 하지만 불행하게도 이런 목적에도 불구하고 아무리 정보를 취합함으로써 '법률'을 소상하게 설명한다 하더라도 그리고 이런 법률을 통해서 아무리 장기적인 이득이 돌아온다 하더라도 그 조사를 통해서 삶이 까발

려지는 가난한 사람들에게 돌아갈 즉각적인 이득은 거의 없었다. '사회의
모든 상처, 가난과 악덕과 무지의 상처, 이 모든 것이 낱낱이 밝혀질 것
이다'와 같은 표현이 드러내듯이 비참한 삶의 상태를 흡인력 있게 묘사하
는 것이야말로 가난한 사람들이 행동으로 나설 수 있도록 하는 첫 번째
단계가 될 수 있었다. 하지만 그것만으로는 충분하지 않았다. 톨스토이
는 헐벗고 굶주린 사람을 만났을 때 '가능한 모든 조사를 하는 것보다 그
사람에게 실질적인 도움을 주는 것이 더 중요하다'고 주장했다. 과학적인
차원에서 초연하게 거리를 두고서 하나의 사례에서 다른 사례로 부지런
히 옮겨가는 대신에 그는 가난하고 도움이 필요한 사람들과 관계를 맺을
것을 촉구했다.

진정한 목적은 '사람들이 자기들 사이에 세운 장벽'을 허무는 것이어
야 한다.[22] 이것은 시혜적인 자선을 배격하자는 뜻이었다. 이런 자선은
지배 계층의 죄의식을 덜어주면서 오히려 분리를 강화할 뿐이다. 사회
의 상처를 치료하려면 모든 사람이 협력해야 한다. 그의 외침은 공동체
와 여러 단체들로 향했다. 그런 곳들은 가난하고 억압받는 사람에게 손
을 내밀 의향을 가진 사람들을 필요로 했다. 가난한 사람들에게 돌아갈
이득은 물질적인 것과 정신적인 것을 모두 아우르는 것이어야 한다. 톨
스토이가 경계한 것은 계급 간의 전쟁이었다.

"그런 전쟁은 필요 없다. 있어서도 안 된다. 왜냐하면 그것은 우리의
이성과 가슴에 반대되는 것이기 때문이다. 만일 우리가 살아 있는 사람
이라면 도저히 그런 일은 일어날 수 없다."

톨스토이도 얼마 뒤에 깨달았지만 불행하게도 그의 뜻을 따르는 사
람은 거의 없었다. 게다가 그가 도시의 빈민층을 조사하면서 깨달은 사
실이지만 가지지 못한 사람들은 가진 사람들에 비해서 더 많이 타락해

있었다. 이런 사실은 파면 팔수록 더욱 분명하게 드러났다. 쟁점은 단지 해결해야 할 문제의 규모가 크다는 사실이 아니었다. 예전과 다르게 변해버린 모스크바라는 도시, 이 사회의 성격 자체가 쟁점이었다. 톨스토이는 가난한 사람들 속에서도 여전히 고귀함을 잃지 않은 사람들을 찾을 수 있었지만 알코올 중독자와 매춘부는 달랐다. 그 사람들이 톨스토이를 잘 이해할 수 없었던 것만큼이나 톨스토이는 그 사람들을 도무지 이해할 수 없었다. 그것은 완전히 이질적인 문화였다. 그 문화는 아예 접촉조차 거부했으며, 톨스토이로서는 도저히 용납할 수 없는 방식으로 생존을 이어갔다. 도시의 삶을 파고들면 들수록 그가 전에 가지고 있던 기대와 희망은 점점 초라해졌다. 마침내 어느 날 밤 그는 이 조사 작업을 중단했다. 환자의 상처를 살펴본 다음 차라리 '상처를 그냥 덮어두는 것이 최상의 처방'임을 깨닫는 의사의 심정처럼 참담하고 무기력했다. 톨스토이는 기록 작업도 중단했다.

"나는 아무런 질문도 하지 않았다. 나올 게 아무 것도 없음을 깨달았기 때문이다."[23]

즉 '무엇을 할 것인가?'라는 질문에 대한 대답은 '할 것이라고는 아무 것도 없다'였다.

톨스토이는 여전히 자기가 속한 귀족 계급이 사회 통합과 반대되는 방향으로 나아가는 행동을 지나치게 많이 한다고 비난했지만, 그도 이제는 도시 생활이 문제임을 인식했다. 도시는 물질이 중심이 된 타락한 공간이었다. 개혁으로 나아질 수 있는 차원을 넘어섰다. 이렇게까지 된 원인을 파고들자 뿌리는 한층 깊은 곳으로 내려갔다. 인간이 경제 발전을 추구하면서 밟았던 모든 길이 다 오염되어 있었다. 언제부터인가 돈이 바람직한 인간관계의 형성을 가로막고 있었다. 이런 문제는 돈이 소

용 없고 사람들이 서로에게서 그리고 자연의 아름다움에서 분리될 필요
가 없는 토지에서만 오로지 해결될 수 있었다. 그래서 그는 시골에 모범
적인 사례를 실천하기로 하고 영지인 야스나야 폴랴나로 돌아갔다. 거기
에서 자신만의 전원 유토피아를 만들 생각이었다. 갈 때는 돈 한 푼 없이
옷 한 벌만 가지고 갔다. 그리고 육체노동을 해서 필요한 것들을 마련하
고 살았다. 이렇게 현대적인 도시 생활에서 완벽하게 벗어난 톨스토이는
자기 신념에 충실할 수 있는 유일한 삶을 산다고 주장했다. 그의 이런 태
도는 수동적이며 비협조적이었다. 직접적인 행동은 전혀 없었다. 직접적
인 행동을 하려면 어느 정도의 조직화 작업이 필요했고 추가로 다른 인
력도 필요했기 때문이다. 톨스토이는 1890년에 다음과 같이 썼다.

"무정부주의자들이 모든 점에서 옳다. 기존의 질서를 부정한다는 점
에서 옳고, 권위적인 체계가 사라진다면 기존의 권위보다 더 나쁜 폭력
은 있을 수 없다고 주장했다는 점에서 옳다."

그런데 무정부주의자들이 저지른 단 하나의 실수는 이것이 혁명을
통해서 이루어질 수 있다고 믿었다는 점이라고 지적했다.

"정부 권력의 보호를 필요로 하지 않는 보다 많은 사람들이 시골로
가기만 하면 된다. 그저 그렇게만 하면 된다. (……) 단 하나의 영구적인
혁명만 있을 뿐이다. 그것은 내면적인 인간성을 회복하는 혁명, 즉 도덕
혁명이다."[24]

† 제인 애덤스와 헐 하우스 복지관

1896년 5월, 톨스토이의 영지 야스나야 폴랴나에 미국인 여성이 방문했

다. 시카고에 사는 제인 애덤스Jane Addams였다. 일리노이의 부유한 농장주이자 상원의원의 딸이었던 애덤스는 30대 중반의 처녀였으며, 미국에서 가장 존경받고 또 영향력이 큰 인물로 성장하고 있던 사회사업가였다(그녀는 안짱다리에 곱사등이 장애인이기도 했다—옮긴이). 그녀의 명성은 1889년 시카고에 세운 빈민 복지 기관인 헐 하우스 복지관Hull House Settlement에서부터 시작되었다. 이 기관은 그녀가 예전에 방문한 적이 있는 런던 이스트엔드의 토인비 복지관을 모델로 해서 설립되었다. 이 복지관의 기본적인 철학은 좋은 교육을 받았고 특권을 누리는 사람은 가난한 사람들 속에서 함께 살아야 하며, 이럴 때 양쪽은 서로에게 모두 혜택을 주고받을 수 있다는 것이었다. 가장 규모가 컸을 때는 건물이 열세 개 동이나 되었던 헐 하우스 복지관은 쉼터도 되었고 운동장도 되었으며 목욕탕도 되었다. 이 시설은 미술, 문학, 음악 등의 이른바 고급문화를 배우고 즐길 수 있는 기회를 제공했다. 그리고 강연자를 초청해서 강연회를 열었으며, 여기에서 주민들은 토론을 하기도 하고 조사 작업도 했다. 이 공간은 주민 운동의 본부로 사용되기도 했다.

애덤스는 톨스토이의 저작물을 많이 읽었다. 그녀는 1887년에 영어로 번역된 톨스토이의 《무엇을 할 것인가?》가 '오로지 가난한 사람들에게 쉴 곳과 음식을 나누어준 사람만이 가난한 사람을 도왔다고 당당하게 말할 수 있다'는 자기 철학의 원천이었다고 고백했다.[25] 톨스토이가 그녀에게 영향을 주었음은 명백했다. 이는 헐 하우스의 거실 벽화에 톨스토이가 그려져 있는 것만 봐도 알 수 있었다. 강력한 평화주의자이자 잘 조직된 종교에 대해 의심을 품는 기독교인이었던 그녀는 사악함에 무력으로 저항하지 말라는 톨스토이의 가르침을 전적으로 받아들였다. 그녀는 자기가 '저항의 무용함을 철학적으로 확신하며 사악함은 오로지 선함으로써만 이길 수 있을 뿐 결코 저항으로써 맞설 대상이 아니다'라고 천명했다. 가난, 질병, 착취는 사회 전체를 위협하는 도전이므로, 사회를 갈기갈기 찢어놓을 대립과 갈등을 부르기 전에 화해의 여러 가지 형태를 통해서 해소해야 한다고 믿었다. 그리고 그녀는 복음서를 '동료애의 상징적인 표현'이라고 묘사하면서 '평화의 유대이며 성령의 하나됨이 모든 차이를 넘어서서 자유로운 통행을 주장하는 은총의 장소'라고 했다.[26]

그럼에도 불구하고 그녀는 톨스토이를 만나고 나서 실망했다. 헐 하우스를 열심히 설명했지만 톨스토이는 거의 관심을 기울이지 않았으며 '그저 내 여행 가운의 소맷자락을 불신의 곁눈질로 바라보기만 했다'는 것이다. 그러다가 그 정도의 옷감이면 소녀 여러 명이 입을 옷을 만들 수 있겠다고 불쑥 말하고는 퉁명스럽게 물었다.

"그런 옷이 인민에게 다가가는 데 장벽이 되지 않나요?"

또 일리노이에 농장이 있다는 얘기를 듣고는 '부재지주'不在地主가 아니냐고 물었다. 그러면서 도시에 살기보다는 시골에서 '자기 땅을 일구며' 사는 것이 더 유용하지 않겠느냐고 제안했다. 애덤스는 자기가 받는 오해가 부당하다고 생각했지만, 톨스토이는 애덤스를 충분히 설득했다. 그녀는 결국 시카고로 돌아간 다음에 하루에 두 시간씩 빵 굽는 일을 하기로 결심했던 것이다. 하지만 이 시도는 실패로 끝났다. 애덤스는 그 방법은 자기에게 주어진 시간을 가장 잘 활용하는 방법이 아님을 깨달았다.[27] 이 작은 사건은 제인 애덤스가 어째서 톨스토이의 진정한 추종자가 될 수 없었는지 설명해준다.

톨스토이는 노동을 구분하는 것은 자연을 거스르는 범죄라고 생각했지만 애덤스는 이것을 어쩔 수 없는 것이라고 받아들였다. 그녀가 하던 일을 한 마디로 요약하면 사람들이 상호 의존의 논리를 받아들이도록 하는 것이었다. 톨스토이는 도시가 사람들 사이에 부분과 분리를 강요한다는 이유로 도시 생활을 포기했다. 이에 비해서 애덤스는 도시가 모든 주민을 위해 기능할 수 있으며 또 그렇게 되어야 한다고 믿었다. 애덤스와 그 밖의 다른 진보주의자들이 톨스토이와 공유했던 본질적인 원칙은 사회적 구분은 자연을 거스르는 것이고 이런 잘못을 극복해야 하며 또 얼마든지 극복할 수 있다는 것이었다. 그러나 톨스토이가 사람과 토지와 정신이 하나의 통일체로 결합한 세상을 신봉한 데 비해서, 애덤스는 전 세계에서 가장 있을 법하지 않은 도시들 가운데 하나인 시카고에서 투쟁이 없는 세상을 만들려고 했다.

시카고는 당시 세계에서 다섯 번째로 큰 도시였다. 런던, 뉴욕, 파리 그리고 베를린 다음이 시카고였다. 시카고는 다른 도시들에 비해서 훨씬 늦게 도시의 꼴을 갖추었다. 철도 덕분에 시카고는 미국 중서부의 상업 및 기업의 중심지로 자리 잡았고, 이민자가 대규모로 유입되면서 1880년에 50만 명이던 인구는 10년 뒤인 1890년에 두 배로 증가했다. 그런데 이 인구의 약 60퍼센트는 해외에서 태어난 사람들이었고, 20퍼센트는 최근에 이민 온 사람들이었다. 독일인, 폴란드인, 러시아인, 이탈리아인, 유대인 등이 제각기 강한 자의식으로 똘똘 뭉쳐서 자기들만의 독특한 공동체를 형성했으며, 이 공동체들은 서로 불편한 관계를 유지하며 시카고의 하늘 아래에서 살았다. 1871년에 거대한 화재가 일어나서 도시의 오래된 목조 건물들이 불탔고 도시는 돌과 쇠로 완전히 새로 세워지다시피 했다.[28] 시카고에 고층 건물이 처음으로 생겨났다. 돈이 예술품과 공원과 새로 생긴 대학교로 흘러들어갔다. 특히 시카고 대학교는 존 록펠러John D. Rockefeller의 기부금으로 설립되었다. 시카고에서의 삶은 힘들고 고달팠다. 급진적인 기자 링컨 스테펀스Lincoln Steffens는 1904년에 시카고에서의 삶을 이렇게 묘사했다.

"더할 나위 없이 더럽다. 시끄럽고, 무법천지이며, 추하고, 고약한 냄새가 나고, 또 새롭다. 마을이 얼뜨기처럼 과대하게 성장해버렸고 사람들은 빽빽할 정도로 많다. 범죄의 천국이고, 상업적으로는 뻔뻔하기 짝이 없으며, 사회적으로는 분별이 없고 거칠다."[29]

업튼 싱클레어Upton Sinclair(미국의 소설가―옮긴이)는 식육 가공 도매업에 종사하는 이민 노동자들의 끔찍한 환경을 세상에 알리려고 신분을 위장해서 도축할 가축을 임시로 수용하는 시설에 잠입 취재한 끝에 소설 《정글》The Jungle을 완성했다.

막스 베버도 1904년에 시카고를 방문했다. 세인트루이스에서 열린 중요한 과학 관련 총회에 참석하러 가던 길에 들른 것이다. 베버는 시카고를 '피부가 벗겨지고 창자가 움직이는 게 환하게 들여다보이는 사람'과 같다는 인상적인 비유를 했다.[30] 그는 도축장을 돌아보았다. '아무런 의심도 하지 않는 소'는 도축 공간에 들어선 뒤에 망치로 머리를 가격당하고 풀썩 쓰러졌다. 그런 다음에 쇠로 만든 걸개로 천장에 매달려서 신체가 해체되는 여행을 시작했다. 소는 '가죽을 벗기고 창자를 끄집어내는' 과정을 자기 눈으로 바라보았다. 베버는 '돼지가 우리에서 끌려나와서 소시지가 되고 통조림이 되는 과정'을 지켜보았다. 베버가 시카고를 방문했을 무렵은 '고기 절단공과 도수공 합동조합'Amalgamated Meat Cutters and Butcher Workman's Union, AMCBW이 도축장 전체를 노동조합으로 결성할 목적으로 시도했던 파업이 실패로 돌아간 뒤에 패배의 아픔을 곱씹고 있을 때였다. 베버는 당시의 모습을 다음과 같이 묘사했다. 물론 내용은 명백하게 과장되었다.

"많은 이탈리아 사람들과 흑인들이 파업파괴자strike-breakers로 동원되었다. 날마다 수십 구의 사체가 나와서 한쪽에 쌓여갔다. 비노조원을 태웠다는 이유로 전차가 뒤집어지고 십여 명의 여자가 으스러졌다. 고가철도를 다이너마이트로 폭파한다는 위협이 나돌았고, 실제로 그 위를 달리던 차량이 탈선해서 강에 빠지기도 했다."[31]

베버는 또한 애덤스의 헐 하우스 복지관을 방문했는데, 베버의 아내 마리안네가 이 복지관을 다음과 같이 생생하게 묘사했다.

"이곳은 일일 보육원, 서른 명의 여성 노동자를 수용할 수 있는 숙박 시설, 젊은 사람들을 위한 운동 시설, 무대가 딸린 대규모 강당, 요리 강습용 주방, 유치원 그리고 바느질이나 그 밖에 손으로 하는 온갖 작업들을 가르칠 수 있는 여러 개의 방들을 갖추고 있다. 겨울 동안에는 남녀 1만 5,000명이 여기에 와서 교육과 격려와 상담을 받으며 즐거운 시간을 보낸다."[32]

애덤스는 자기 자신과 헐 하우스를 도시 문제의 소용돌이 속으로 밀어넣은 셈이었다. 도시 문제는 당시 미국의 전형적인 도시 분화分化의 문제였고 이것은 끊이지 않고 지속되던 인종 및 흑인 처우 문제, 농촌 생활 인구의 감소와 도시 생활 인구의 증가, 이민족 간의 대립과 긴장, 자본가와 노동자 사이의 끊이지 않는 충돌 등의 결과였다. 애덤스는 당시 미국에서 전개되던 광범위한 정치 및 사회 개혁 운동이던 프로그레시비즘 progressivism(진보주의)에 투신했다. 이 운동에 동참한 진보주의자들은 당시의 사회적인 여러 문제들을 정부에 도전하는 핵심적인 과제로 바라보았으며 긴급하게 행동으로 나서서 치료하지 않으면 치유 불가능한 골절로 이어질 것이라고 두려워했다. 진보주의자들은 정부가 분파적인 이익을 초월해서 사회 전체의 이익을 위해 사회를 통합하는 역할을 해야 한다고 믿었다. 이런 점에서 애덤스는 민주주의적인 낙관론자였으며, 평범한 사람들이 자기 스스로의 생각을 가지고 자기 삶에 질서와 품위를 채우는 동시에 시민 사회의 여러 과제를 수행하는 데서 건설적인 역할을 충분히 해낼 수 있는 역량을 가지고 있다고 확신했다. 그녀는 이런 생각을 자기가 생각하기에 평소 순진한 활동을 하는 한계에 갇혀 있다고 바라보았던 사람들의 다른 견해, 즉 영국의 페이비언 협회Fabian Society(1884년에 설립되었으며, 점진적인 개혁을 주장하던 사회주의 운동단체 ― 옮긴이)의 '교회나 국가 안 어딘가에는 무언가 잘못된 게 있다는 사실을 깨닫자마자 곧바로 고치려고 하는 권위적인 사람들'이 가지고 있던 견해와 대비시켰다.[33] 애덤스는 대단한 예술과 거창한 생각들을 평범한 사람들도 쉽게 접근해서 누릴 수 있게 만듦으로써 이 사람들이 자기 삶을 개선할 수 있으며 또 생활 속에서 보다 나은 선택을 할 수 있을 것이라고 믿었다.

　누구도 무시하지 못할 사회비평가이자 정치비평가였던 애덤스는 도시의 행정부가 거리를 깨끗하게 청소하는 일이나 어린이를 교육하는 일, 공장을 관리·감독하는 일을 제대로 하지 못한다고 신랄하게 비판했다. 그녀는 페미니스트였고, 인종적인 차별이 철폐되어야 한다고 믿었으며 또 노동조합을 후원했다. 그러나 그 어떤 갈등에도 폭력적인 행위가 동원되어서는 안 되며 아무리 화해할 수 없는 것처럼 보이는 대립의 당사자들이라 하더라도 화해의 악수를 나누도록 만들 방법은 얼마든지 있다고 철저하게 믿었다. 그랬기에 사회주의자들과도 교류를 했다. 하지만 경제적 결정론이니 계급 의식이니 무장 투쟁이니 하는 것들에는 손사래를 쳤다. 노동조합을 지원하면서도, 노동자들이 화해할 수 없는 적으로 여기던 자본가의 손을 따뜻한 마음으로 잡을 수 있을 때까지 더 많은 노력을 해주길 바랐다. 그래서 헐 하우스 복지관은 '서로 다른 계급이라 하더라도 서로에게 의지할 수 있다는 이론을 바탕으로 해서 누구에게나 진지하게 개방되어 있다'고 주장했다.[34] 그녀는 왜 사람들이 극단적으로 막다른 길로 몰리는지 잘 알고 있었다. 하지만 그 사실을 인정할 수 없었다. 그녀는 또한 주민에게 우아한 삶을 보장해주지 못한 채 무질서하게 확장되는 도시의 모습에는 소름이 끼칠 정도로 놀랐다. 그리고 변화의 원천이 될 수 있는 것, 계급 간의 전쟁이 아닌 다른 어떤 것을 필사적으로 찾았다. 애덤스는 사회의 모든 분파들, 예컨대 자본가와 노동자 그리고 보수주의자와 선동가가 한지붕 아래에서 만나기를 바랐다. 이렇게만 할 수 있다면 사람들은 차이를 넘어설 것이고, 미국 땅을 갓 밟은 어리벙벙한 이민자들도 '보다 나은 유형의 미국인'을 만나서 부도덕한 행위와 착취를 당하지 않을 것이라고 생각했다.[35]

그녀의 철학은 그녀가 쓴 에세이에 잘 녹아 있다. 이 에세이는 시카고에서 있었던 어떤 신랄한 논쟁이 계기가 되어서 쓴 글이었는데, 그 논쟁은 미국 철도 노동조합이 풀먼 객차회사Pullman Palace Car Company를 상대로 벌인 파업과 관련이 있었다. 논쟁의 기원은 노동자의 열악한 노동 환경에 있었던 게 아니고 풀먼 사가 자신의 타운십township(이주 시대에 시행한 공유토지의 분할 제도 혹은 그 토지—옮긴이)을 노동자에게 임대해준 간섭주의paternalism(노동자의 과도한 음주와 도박을 규제하는 등 노동자를 가부장적 가족 관계 모델에 따라 규제하는 방침과 제도—옮긴이)에 있었다. 경기 불황에 따라서 노동자의 임금은 삭감되었지만 노동자가 세 들어 살던 집의 임대료는 내리지 않았다. 철도 노동자들에게 빈번한 각종 산재는 노동자들의 분노를 폭발시켜 파업이 시작되었고, 분쟁은 여러 달 동안 이어졌다. 상당한 폭력도 행사되어 열세 명이 사망했고, 계엄령까지 발동된 뒤에야 유혈 사태로 진압되었다(당시 미국의 기차들은 대개 풀먼 객차회사와 연결되어 있었기 때문에 파업은 전국 규모로 확대되었고 물류와 우편까지 멈췄다—옮긴이). 애덤스는 에세이에서 이 갈등을 리어왕과 그의 딸 코델리아 사이의 갈등(셰익스피어의 《리어왕》)에 비유하고, 상대방의 처지를 이해하지 못하는 바람에 그런 불행한 일이 일어났다고 했다.[36]

> 우리는 모두 이 시대의 사회적 열정이 임금 노동자의 해방을 향하고 있다는 사실에 실질적으로 동의하고 있다. 그러나 코델리아가 자신이 구원받는 전망 속에 아버지를 포함시키지 않고 이기적으로 자기 혼자만 생각한 것과 마찬가지로, 미래를 바라보는 전망이 아직 서툰 노동자들은 자본가와의 오래된 인간관계를 아예 생각지도 않은 채 오로지 자기들만을 위한 주장을 하는 경향이 있다. 코델리아는 새로운 삶을 살아가다가 양심의 가책을 느끼고 마침내 자기 아버지에게 다시 돌아간다. 그리고 아버지 곁에서 목숨을 잃는다. 결국 모든 것은 지금 우리에게 너무도 명백한 현실이자 비극인 잔인함과 분노로 이어졌다. 그러므로 노동하는 사람들의 해방이라는 발상에는 처음부터 고용주도 해방의 대상으로 포함되어야 할 것이다. 이렇게 하지 않을 때 수많은 실패와 잔인함과 반동의 폭력이 일어날 것이다.[37]

애덤스는 갈등이 현실에 존재함을 인식했으며 이 갈등들이 전적으로 인위적이지는 않음을 인정했고 또 각각의 집단은 낙담하고 서로를 자극함을 받아들였다. 그러나 그녀는 이런 갈등들이 폭력으로 치닫지 않도록 예방할 수 있다고 확신했다. 진 엘시타인 Jean Elshtain(미국의 정치학자—옮긴이)이 지적했듯이, 중요한 점은 그녀가 '사해동포주의적 미래 가운데 최상의 시나리오'를 위해서 헌신했고 이런 노력이 다양한 인종 집단들의 호전성을 억제했다는 사실이다. 그녀는 시카고의 복잡한 인종적 정치를 헤쳐나가 사람들 사이의 공동의 이익을 포착하는 능력을 가지고 있었고 이 능력을 가지고서 사해동포주의적 미래의 최상의 시나리오를 마련하는 것을 자신의 핵심적인 과제로 떠안았다. 일상적인 생존 투쟁이 워낙 긴급했던 까닭에 사람들이 편견과 관습적인 적대감을 버릴 수밖에 없는 사례를 그녀는 충분히 많이 목격했기에, 국가 사이의 분쟁을 포함한 어떤 갈등에서 무엇을 얻어낼 수 있을 것인가 하는 문제에 대해서 낙관적일 수 있었다. 사람들에게 내재된 선량함이 표출될 수 있는 가능성을 염두에 둔다면, 그 선량함은 사람들 사이에 존재하는 차이를 얼마든지 극복할 수 있으며, 심지어 전쟁 자체를 무의한 것으로 만들어버릴 수도 있다. 애덤스는 '전 세계의 평화를 사랑하는 모든 여성의 대변인'이라고 자처하면서 자기 명성을 걸고서 미국의 제1차 세계대전 참가에 반대했다. 그리고 이 전쟁이 끝난 뒤에는 모든 에너지와 열정을 평화 증진에 바쳤고 그런 노력과 공로를 인정받아 1931년에는 노벨 평화상을 받았다. 그녀는 '도시 생활의 절박함에서 비롯되는 화해는 국제적인 차원에서도 얼마든지 복제될 수 있으며', '영토 방어와 국가 보위를 염려하는 행위는 어떤 것이든 간에 군국주의와 독재주의를 받아들이는 것이나 마찬가지'라고 확신했다.[38]

† 존 듀이와 실용주의

연구 조사 내용이 해당 주제의 탐구에 거의 도움이 되지 않는 동떨어진 것이 되어서는 안 된다는 톨스토이의 관점에는 애덤스도 동의했다. 그럼에도 불구하고 취리히에서 박사 학위를 받았으며 한때 엥겔스와도 교류했던 플로렌스 켈리Florence Kelley의 주장에 주로 영향을 받았던 헐 하우스 복지관은 이웃과 관련된 일련의 연구 중심지가 되어 세기가 바뀌던 시점의 도시 생활을 설득력 있게 담아냈다. 헐 하우스는 사회적인 여러 조건들의 구체적인 내용이 드러나기만 하면 이런 문제들을 해결할 조치들도 마련될 수 있을 것이라는 진보적 낙관주의를 반영했다.[39]

시카고 대학교에서는 사회적인 연구 조사와 행동이 나란히 가야 한다는 발상이 거의 당연한 것으로 받아들여지고 있었다. 알비온 스몰Albion Small은 미국에서 최초로 이 대학교에 사회학과를 만들었으며 또 이 학과의 수장이기도 했는데, 시카고 대학교의 사회학과는 제2차 세계대전이 시작되기 전까지 미국 내 사회학의 '수도'였다(알비온 스몰은 미국 사회학의 아버지로 일컬어진다—옮긴이).[40] 스몰은 정식 임명을 받은 성직자였는데 기독교적인 신앙과 사회적 차원의 조사 사이에서 어떤 껄끄러움도 느끼지 않았으며 사회학이 혁명 진영과 반혁명 진영 사이를 헤치고 자기 갈길을 거침없이 나아가도록 이끌었다. 스몰이 보기에는 사회학이 민주주의적 변화를 위한 도구였다.

"관례가 테제(정)이고 사회주의가 안티테제(반)라면 사회학은 진테제(합)이다."[41]

스몰은 《학문과 사회적 선동》Scholarship and Social Agitation이라는 글에서 점진적인 진보의 신조를 강력하게 방어했다.

"미국의 학자들은 객관적 사실의 지식에서 힘의 지식으로 나아가야 한다. 그리고 보다 완벽한 사회적·개인적 삶에 관심을 가지면서 힘의 지식에서 힘의 통제로 나아가야 한다."

그는 '(구체적인 현실이 아닌) 추상물로써 충족되거나 혹은 살아 있는 사람들에 대한 살아 있는 관심사와 관련된 모든 연구 조사와의 관계를 마음에 깊이 새기지 않는' 사회학 개념에는 공감하지 못했다. 그런데 살아 있는 사람들에 대한 살아 있는 관심사라는 점에서 보자면 시카고라는 도시는 엄청난 보고寶庫였다. 시카고는 '드넓은 사회학 실험실'이었다.[42]

바로 이런 실험적 측면이 존 듀이John Dewey를 흥분시켰다. 듀이는 심리학과 철학 분야의 높은 명성을 등에 업고 1894년에 시카고 대학교 교수진에 합류했다. 이 시기는 그의 정치적 관심 및 지적 관심이 아내 앨리스Alice의 자극 아래 보다 급진적으로 이동하던 때였다(그의 아내 앨리스 치프먼은 공동체적 삶을 실현하는 운동에서 듀이의 동지이기도 했다ㅡ옮긴이). 그런데 대학교는 듀이와 같은 급진주의자들에게는 편한 공간이 아니었다. 노동자를 지원하는 발언을 했다는 이유로 많은 교수들이 대학교에서 쫓겨나고 있었다. 하지만 듀이에게 시카고는 또한 '제발 도와달라고 손을 내미는 숱한 문제들로 가득 차 있는' 도시이기도 했다. 그 손을 잡아줄 공간으로 듀이는 제인 애덤스의 헐 하우스 복지관을 선택했다. 그곳에서 그는 애덤스와 친구가 되었고 또 정기적으로 강연을 했다. 그가 헐 하우스와 관계를 맺은 시기는 풀먼 노동자들이 파업을 한 시기와 우연하게도 일치했다. 듀이는 비록 처음에는 노동조합을 전적으로 지지했지만 애덤스의 설득으로 투쟁보다는 화해를 촉진할 필요가 있음을 받아들였다. 그의 이런 새로운 태도는 파업이 노동자의 패배로 끝나면서 한층 더 강화되었다. 자유주의 노선 가운데서도 차별성이 있는 그의 태도는 사회를 유기적인 생물로 바라보고 이 유기체의 건강에 관심을 가지는 그의 발상이 반영된 것이었다. 그는 사회적 유기체는 개인의 권리라는 보다 고전적인 자유주의적 관심을 둘러싼 대결보다 불필요한 분열 때문에 더 큰 타격을 입을 수 있다고 보았다. 하지만 그럼에도 불구하고 민주주의를 통해서 그런 권리를 확보할 수 있다는 강한 신념도 함께 가지고 있었다. 나중에 그는 민주주의야말로 자신의 길었던 인생에서 상수常數 즉 변함 없는 관심사였다고 술회했다.[43] 듀이는 민주주의적 낙관주의의 이 특정한 형태를 애덤스와 공유했으며, 그것은 또한 모든 사람이 자신을 사회의 한 부분으로 생각하는 방법을 배움으로써 (이럴 경우 갈등 상황에서 타협과 수용은 한결 촉진된다) 자기에게 주어진 잠재력을 실현할 조건을 창출하는 데 초점을 맞추었던 그의 교육 철학에도 반영되었다. 그의 견해는 학교에서부터 직장에 이르는 모든 기관의 영향을 받는 사람들은 어떤 의사결정을 할 때 자기에게 맡겨진 역할의 몫을 반드시 수행해야 한다는 것이었다. 애덤스와 달리 듀이는 평화주의자가 아니었다. 그래서 미국이 1차 대전의 소용돌이 속으로 뛰어들어야 한다고 주장했다. 그러나 나중에는 열렬한 반전주의자로 바뀌었다.[44]

듀이가 철학에서 찾고자 했던 것은 '철학의 여러 문제들을 해결하기 위한 도구'가 아니라 '사람들이 안고 있는 여러 문제들을 다루기 위해 철학자들이 갈고 다듬은 방법론'이었다.[45] 그것은 보수주의 진영에 해결해야 할 과제를 제시하는 동시에 혁명 진영에 대안을 제시하는 것이었다. 그래서 그는 급진파와 보수파를 하나의 진영으로 묶을 필요가 있다고 보았다. 현재 상태가 계속 지속된다면 급진파는 '미래의 전망과 그것에 필요한 행동을 자극'하겠지만 '과거 경험을 기반으로 한 지혜가 없다는 점' 때문에 '무작위적이고 혼란스러운 흥분의 시간'을 보낸 뒤에 곧바로 '무질서하게 해체될 것'이라고 예측했다.

이런 견해에 입각할 경우 사회 개혁가에게는 특별한 역할이 주어진다. '심리학자이자 사회 활동가이며 교육자'로서 듀이는 '대립하는 양측의 주장을 각각의 상대방에게 해석해주면서, 동시에 양측이 화해하도록 종용하는 한편 대립에 관련된 사람들이 가지고 있는 개인적이고 불완전한 개성을 완성시켜야 했다.[46] 사회를 하나의 유기체로 바라보는 견해는 자율적인 개인이라는 개념을 토대로 한 자유방임주의 경제를 반박하는 것이었다. 최적자 생존에 대한 게으른 다윈주의자의 논리를 문자 그대로 해석할 경우 폭력의 정당성을 주장하는 근거가 되므로 그 논의는 사회적인 연대의 절박성에 대한 논의로 대체되어야 한다고 듀이는 주장했다. 만일 진화론적인 과정이 작동하고 있다면 미래로 나아가는 합리적인 경로는 개인의 이득이 아니라 협력과 상호성을 토대로 하는 것임을 인정하는 게 옳았다.[47] 이것은 비非전략가를 위한 철학이었다. 비전략가의 목적은 갈등을 효과적으로 수행하는 것이 아니라 갈등을 극복하는 것이기 때문이다. 하지만 듀이는 또한 실용주의를 채택했다. 이것은 철학으로서의 실용주의가 전략과 관련을 맺기 시작했다는 뜻이기도 하다.

'실용주의'pragmatism라는 단어의 어원은 라틴어 'pragmaticus'인데, 이 단어는 로마 시대에 '활동적이고 현실적' 혹은 '능률적'이라는 뜻으로 사용되었다. 그런데 한동안은 이 단어가 간섭하고 주제넘게 끼어드는 '과도한 활동성'이라는 부정적인 뜻으로 사용되기도 했다. 하지만 19세기가 시작되기 전에 이미 이 단어는 한층 긍정적인 의미를 띠게 되었다. 어떤 사건이나 사실을 대할 때 이상적인 차원에서 접근하지 않고 성취 가능한 것을 목적으로 삼고 체계적이고 현실적으로 접근한다는 뜻으로 사용된 것이다. 이 용어가 철학적인 의미를 담고 사용된 사례는 18세기의 독일 철학자 임마누엘 칸트Immanuel Kant로 거슬러 올라간다. 불확실성 속에서 어떤 행동을 해야 하는 상황의 한 가지 사례로 칸트는 의사가 환자를 진료하면서 관찰한 증상을 토대로 어떤 처방을 내리는 상황을 제시했다. 그런데 의사가 그 처방이 올바른 처방이라고 확신하지 못할 때 처방을 제시하는 의사의 믿음은 '우발적'contingent이다. 다른 의사가 그 환자를 살펴보고서 전혀 다르지만 보다 나은 처방을 내릴 수도 있다.

"그런 우발적인 믿음은 특정한 행동을 실제로 수행할 수 있는 수단을 제공하는 근거가 되는데, 이런 믿음에 나는 실용적인 믿음이라는 명칭을 붙인다."

칸트가 말하는 믿음이라는 것은 전략을 세울 때 필요한 바로 그런 종류의 믿음, 즉 불확실한 상황 아래에서 가장 좋은 선택임에 분명하다고 백 퍼센트 자신할 수 없긴 하지만 그래도 어떤 행동의 근거가 되기에는 충분한 믿음이다.

찰스 피어스 Charles Pierce(미국의 실용주의 철학자—옮긴이)는 칸트가 특정한 유형의 믿음을 말한 것이 아니라 모든 믿음을 말했던 것이라는 견해를 내놓았다. 모든 믿음이 다 우발적이라는 이유에서였다. 모든 행동은 다 많든 적든 간에 어느 정도의 추정을 바탕으로 하므로 그 모든 행동은 일종의 내기(도박)라고 할 수 있다. 그리고 제대로 맞아 떨어진 믿음은 내기에서 이긴 믿음이다. 심리학자이자 철학자이던 윌리엄 제임스william James는 1910년에 68세의 나이로 사망했는데, 그는 오늘날 실용주의의 진정한 아버지로 일컬어진다. 제임스는 피어스의 통찰을 받아들이고 한층 더 발전시켰다. 그는 실용주의적 방법론을 '최초의 것들, 원리들, "범주들", 반드시 필요하다고 여겨지는 것들을 외면하고 대신 마지막의 것들, 성과들, 결과들, 사실들을 바라보는 태도'라고 규정했다.[48] 제임스가 보기에 어떤 생각은 처음에는 참이 아니었다가 어떤 것의 결론이 될 때 참이 되었다. 어떤 생각의 '진실성(참)은 사실 하나의 사건, 하나의 과정, 스스로를 증명하는 과정이다.' 믿음으로 묘사되는 것은 진실에 대한 것이 아니라 행동을 위한 준비에 대한 것이라는 말이었다.

"요컨대 믿음은 실제로 행동을 위한 규칙이다. 그리고 생각의 총체적인 기능은 행동의 습관을 생성하는 과정의 단 하나의 단계일 뿐이다."[49]

이런 논리를 토대로 할 때 검증이라는 것은 어떤 믿음이 현실의 실체를 얼마나 많이 묘사하느냐가 아니라 과연 효과적으로 규범적인지 확인하는 과정이다. 지폐가 통화 수단으로 인정을 받는 동안에는 가치를 지니는데, 생각도 마찬가지이다. 생각은 다른 사람들이 인정을 해주는 동안에는 (그동안에만!) 참이다. 이것은 공적인 영역에 존재하는 생각의 운명에 대한 빈틈없는 관찰이 될 수 있다. 비록 진실에 대한 주장의 신뢰성과 관련해서는 어딘가 어색하고 모자라는 암시를 내포하고 있긴 하지만 말이다.

실용주의는 생각하는 방식에 대한 하나의 처방전 혹은 행동의 결과에 대한 적절한 평가를 촉진하는 추론의 한 가지 형태가 될 수 있다. 또한 전략가들에게 추천되어 조잡하고 둔감한 다른 여러 사고의 양식들과 대비되면서 뚜렷하게 빛을 뿜을 수도 있다. 혹은 예컨대 어떤 사람은 상대적으로 효과적으로 생각한 사람이었고 어떤 사람은 그렇지 않았다는 식으로, 모든 사람들이 어떻게 생각했는지 묘사하는 것일 수도 있다. 지식의 조건성에 대한 인식이 점점 증대하는 상황에 대한 하나의 반응으로서 믿음은 작업가설(여러 가지 실험 결과를 토대로 다음 실험 계획을 세우기 위한 잠정적인 가설—옮긴이)이 되고 또 상황 실험이 된다. 자연과학자가 실험을 통해서 자기가 세운 가설을 확인하는 것과 마찬가지로, 모든 사회적 행동은 실험을 통해서 어떤 가설의 타당성을 검증하기 위한 시도가 된다.

바로 이런 논리적 토대 위에서 듀이는 진보적이고 실험적인 과학이라는 발상에 몰두했다. 이런 점은 그가 실용주의pragmatism라는 용어보다 도구주의instrumentalism라는 용어를 더 즐겨 사용했다는 사실에서도 확인할 수 있다. 비록 도구주의라는 용어가 인기를 끌지 못했지만 말이다.[50] 실용주의는 듀이에게 여러 가지 믿음의 기원 및 그 믿음들이 경험을 통해서 발전하는 과정을 파악하는 수단이었다. 베버와 다르게 그는 사실들이 가치와 분리되어 존재한다고 생각하지 않았다. 어떤 대상을 바라보는 사람의 관점은 그 사람이 세상을 바라보는 방식을 필연적으로 결정한다고 듀이는 말했다. 세계관이 바뀌는 것은 가치가 이동하기 때문이 아니라 개입의 형태가 달라지기 때문이라고 했다. 듀이는 생각하는 것과 행동하는 것은 교육 이론을 개발하는 것뿐만 아니라 그 이론을 시카고 대학교의 실험학교Laboratory School(존 듀이는 이 학교를 세워서 학생들이 경험을 통해 스스로 깨닫도록 하는 교육을 실천했다—옮긴이)에 효과적으로 적용하기도 하는 동일한 과정의 제각기 다른 부분이라는 작업가설을 충분히 확신했다.

그러므로 생각이라는 것은 현실의 실체를 드러내는 것이 아니라 현실에 적용하는 것이다. 현실에 대한 견해는 객관적인 것의 표현이라기보다는 개인이 각자 구축하는 것이므로 언제나 부분적이고 불완전하다는 것이 듀이의 논리였다. 여러 비평가들이 지적했듯이 이런 논리가 너무 멀리까지 나가면 상대주의에 빠지고 만다. 즉 어떤 조합의 믿음들은 행동의 지침으로 기능하는 다른 어떤 조합의 믿음들 못지않게 올바르다는 오류에 빠진다. 하지만 그것이 제대로 '기능하는지'의 여부는 효과를 평가하는 방법에 따라서 달라진다.[51] 사회적인 연구가 중요한 이유도 여기에 있다. 만일 그 연구가 누적적이면 행동의 결과로 깜짝 놀랄 가능성은 그만큼 줄어들기 때문이다. 그러므로 '목적이 수단을 합리화할까?'라는 표준적인 윤리적 질문을 놓고 고민할 때 듀이는 수단은 결과에 의해서 정당화될 수 있을 뿐이라는 점을 조금도 의심하지 않았다. 그는 바람직한 목적으로 이어지는 특정한 수단에 대한 신뢰는 덜 바람직한 다른 결과들에 의해서 보정될 필요가 있음을 인정했다. 그러므로 행동을 하기 전에 의도한 결과이든 혹은 의도하지 않은 결과이든 간에 가능한 모든 결과를 미리 살펴보고, 이것을 바탕으로 해서 결정을 내릴 필요가 있다고 했다.[52] 또 이렇게 하려면 상당한 통찰이 필요한데, 이런 통찰이 없으면 실용주의의 가치는 훼손된다고 했다.

듀이는 지적인 과정을 사회적 과정과 연결시켰다. 훌륭한 삶이란 어떤 공동체의 한 부분으로서 개발되는 것이라고 생각한다는 점에서 그는 톨스토이와 다르지 않았다. 잠재적인 갈등 때문에 (바로 이 점이 듀이가 톨스토이와 다른 점이다) 듀이는 민주주의를 각 개인이 필요로 하는 것들을 서로 긴밀히 연관되도록 하는 것, 겉으로 명백하게 드러나는 적대감을 초월하는 것 그리고 사적인 것을 공적인 것과 통합하는 것이라고 보았다. 이 경우에 사회적인 목적 달성을 위한 진보가 일어나고 있을 때 개인의 목적은 충분히 달성될 수 없을 수도 있고, 또 활발하게 기능하는 국가에 의해서 달성될 수도 있다. 갈등은 문제를 해결하는 수단이며 해결되어야 할 숙제라는 말이다.

듀이는 1904년 총회에 나가지 않기로 마음먹었고, 이 자리에 베버가 참석하기로 되어 있었던 터라 두 사람의 만남은 이루어지지 않았다. 베버와 듀이 두 사람의 관심 주제가 겹쳤으므로 베버는 듀이의 저작을 읽었을 수도 있다. 적어도 핵심적인 몇몇 주제에 관해서는 그랬을 가능성이 높다. 과학적 방법론에 대한 평가, 생각과 행동 사이의 관계에 대한 집중적인 관심과 연구, 그리고 의도뿐만 아니라 결과를 가지고서도 행동을 평가할 필요가 있다는 점에 대한 강조 등의 측면에서 두 사람은 비슷한 길을 걸었다. 그런데 이 두 사람 사이에는 결정적인 차이가 있었다.

듀이는 사실 그 자체와 그 사실에 담겨 있는 가치를 떼어놓으려는 시도를 진지하게 생각하지 않았지만 베버는 거기에 줄기차게 매달렸다. 듀이가 민주주의를 포괄적이고 참여적으로 바라본 데 비해서, 베버는 민주주의의 가치는 넓은 풀pool에서 적절한 리더를 선출하고 또 일정 정도의 책임을 떠안기기 위한 수단이라는 점에 있다고 보았다.

실용주의는 다른 게 아니라 전략가의 철학으로서 번성했다. 실용주의는 특히 정치적인 덕목, 즉 주어진 환경을 바꾸거나 유연성을 과시하는 것에, 혹은 우연과 시험적인 시도와 실수와 정책 뒤집기와 태도의 수정 등을 받아들이는 것에 목적과 수단을 적용하는 재능으로 언급되기에 이르렀다. 실용주의자는 독단주의자와 비교될 때 좋은 점수를 얻을 수 있는데, 독단주의자는 타협을 거부하며 환경 변화에 둔감하고 증거를 무시하기 때문이다. 그러나 듀이는 전략가의 철학인 이 실용주의를 하나의 전략적 세계관과 결합시켰다. 이것은 깊은 갈등을 거부하고 연구를 바탕으로 한 개혁으로 정치를 대체하고자 하는 것이었다. 이와 관련해서 루이스 메넌드Louis Menand(미국의 영문학자―옮긴이)는 다음과 같이 지적했다.

"또 하나의 내전 가능성이 희박해 보이지 않을 때 사상의 우상 숭배를 경고하는 철학은 진보적인 정치가 정치권에 성공적으로 진입하기 위한 토대로 삼을 만한 유일한 철학이었다."[53]

이런 점에서 볼 때 실용주의는 도발적이면서도 신뢰를 주는 사고 형태를 제공했다고 말할 수 있다. 그러나 이것이 그럴 수밖에 없는 두드러진 이유는 없었다. 결과를 고려한다는 것에는 적어도 유용한 수준의 추정으로써 결과를 파악할 수 있다는 자신감이 전제된다. 이런 자신감이 최상의 선택을 가능하게 해주지만 그 선택은 두 개의 나쁜 선택지 가운데서 하나를 골라야 하는 것일 수도 있다.

1936년에 베버의 영향을 받은 미국의 사회학자 로버트 머튼Robert Merton 은《목적의식적인 행동의 기대하지 않은 결과》The Unanticipated Consequences of Purposive Social Action라는 논문을 썼다.[54] 머튼은 어째서 언제나 예상하지 않았던 결론이 나올까 하는 흔한 질문에 대해 무지無知를 그 주된 원인으로 설명할 수 있다고 했다. 또한 보다 풍부하고 깊은 지식은 행동의 질과 효과를 꾸준하게 높여준다는 생각으로 이어진다고 설명했다. 그러나 어떤 지식을 습득할 것인가 하는 데는 한계가 있었다. 머튼은 오랜 세월이 흐른 뒤에 행동경제학자들이 제기할 논지를 기대하면서 추가로 어떤 지식을 습득하는 것이 거기에 들인 시간과 노력의 가치 이상을 늘 보장할 것인지에 대해서는 의문부호를 달았다. 또 다른 변수는 실수였다. 예를 들면 어떤 행동 경로가 과거에 바람직한 결과를 낳았다는 이유만으로 다른 변수들은 고려도 하지 않은 채 이번에도 동일하게 바람직한 결과를 낳을 것이라고 기대하는 실수였다. 이것은 부주의함 혹은 보다 철학적인 어떤 것, 즉 '문제의 특정 요소들을 고려하기를 거부하는 것이나 그런 능력이 없는 것'을 반영하는 것일 수도 있었다.

그 다음에 머튼이 '관심사의 절박한 인접성'imperious immediacy of interest이라고 불렀던 요소가 등장했다. 이것은 나중에 나타날 결과에 대한 고려를 배제하는 단기적인 차원의 어떤 강조를 일컫는 표현이었다. 예컨대 어떤 행동은 특정한 결과가 나오도록 하려고 애를 쓴다는 점에서 합리적일 수 있지만 '그 특정한 행동이 철학적 혹은 사회적 진공 상태에서 수행되는 게 아니라는 바로 그 이유 때문에 행동의 효과는 다른 가치 영역과 관심 영역으로 가지를 치고 나간다.' 그리고 최종적으로 머튼은 모든 전략에 중심이 되는 논지로 주장을 매듭 짓는다.

"미래의 사회 발전에 대한 공개적인 예측은 흔히 끝까지 혹은 적어도 상당한 기간 동안 지속되지는 않는데, 그 예측이 구체적인 상황에서 어떤 새로운 요소 즉 변수로 작용해서 애초에 예측했던 발전 경로를 수정하는 경향을 보이기 때문이다."

그러면서 마르크스의 예측을 예로 들었다. '19세기의 사회주의 강론'은 노동자 조직으로 이어졌는데 이 조직은 단체 교섭의 이점을 활용해 복지 혜택을 보장받음으로써 '마르크스가 예측했던 발전 경로를 비록 완전히 없애버리지는 않았다 하더라도 적어도 상당한 수준으로 늦추었다.'

어떤 전략 논의에서든 간에 원인과 결과에 관한 질문이 핵심이다. 전략적인 행동은 언제나 바람직한 효과는 적절한 행동 경로를 선택하는 것에서 비롯된다고 설정한다. 원칙적으로 보자면 사회과학은 전략적 선택을 보다 쉽게 할 수 있어야 한다. 왜냐하면 우연적인 관계는 이해하기가 훨씬 쉬울 것이기 때문이다. 이것은 그 자체의 윤리적 규범을 생성한다. 베버의 견해로 보자면 어떤 행동을 하는 데서 혹은 아무런 행동도 하지 않는 데서 비롯될 수 있는 결과를 평가하는 능력이라는 개념에는 그 과정에서 사회과학이 당연히 제공하게 될 보다 크고 깊은 통찰의 이점을 활용한다는 뜻이 내포되어 있었다. 그런데 듀이에게는 그런 능력이 어리석은 것이기도 했다. 왜냐하면 듀이는 모든 행동에서 최대한의 결과를 얻어낼 가능성을 부정했기 때문이다. 한편 톨스토이에게 그 어리석음은 사회적 여러 과정들을 그 모든 복잡성 속에서도 적절하게 포착할 수 있다는 자만심 속에만 존재했다. 이런 문제들에 대한 진정한 전문가는 있을 수 없다. 그 어떤 인간의 정신도 장엄하게 전개되는 사회 과정과 정치 과정 속에서 작동하는 모든 변수의 모든 움직임을 온전하게 포착할 수는 없기 때문이다. 즉 어떤 특정한 행동이 빚어낼 차이를 확신을 가지고서 예측하는 게 불가능하므로 어떤 전략도 불가능하다는 뜻이다.

20세기의 초기 수십 년 동안에 전략의 가능성을 부정했던 것은 어마어마하게 제기되는 사회적이고 정치적인 여러 절박한 쟁점들 앞에서 손을 놓아버리고 희망을 포기한다는 뜻이었다. 그러나 신중을 기해야 할 이유들은 의심할 나위 없이 명백하게 존재했다. 상황이 복잡하고 미묘할수록 행동을 결과와 연결시키기가 더 어려워지게 마련이고, 따라서 의도하지 않는 결과를 의도하는 결과만큼이나 심각하게 바라보아야 할 수도 있었다. 심지어 단기적인 목표를 계획대로 달성했다고 하더라도 장기적인 관점 아래에서는 어렵게 달성한 이 성과가 뒤집어질 수도 있었다. 가장 까다롭고 어려운 상황은 자기가 설정한 작업가설을 상대방이 반박하면서 무너뜨리려고 할 때였다. 설령 인과관계를 타당하게 이해했다 하더라도 필요한 효과를 창출하는 데 필요 충분한 조치들을 취하지 못할 수도 있었다. 교육 정책을 바꾼다는 것과 자본주의의 경로를 바꾼다거나 대중을 사로잡고 있는 유해한 거짓 신화를 털어내는 것은 전혀 별개의 일이었다. 진보적인 사회과학으로부터 정보를 제공받은 계몽적인 사회 정책들이 산업화 과정에서 생긴 상처들을 치유할 수 있을 것이라는 낙관주의는 19세기의 이데올로기적이고 경제적이며 군사적인 재앙들 속에서 살아남지 못했다. 20세기 중후반에 시작된 사회적인 변화들 혹은 정치적인 변화들은 주류 사회과학이 제시한 처방전의 영향을 거의 받지 않았다. 그것은 순전히 집단적인 행동을 통해서 자기 삶을 개선하고자 했던 개인들과 집단들이 기울인 노력의 결과였다.

제22장

형식주의자와 신화 그리고 선전

Formulas, Myths, and Propaganda

·
·
·

솔직히 말해서 생각을 생산한다는 것은
작공이 공을 들여서 어떤 대작을 만드는 것과 같다.
_괴테, 《파우스트》

·
·
·

베버와 듀이가 마르크스주의를 자유주의적 관점에서 자기 나름대로 독특하게 비판했지만 이른바 신마키아벨리주의자들이라는 이탈리아 학파가 보다 보수적인 관점에서 마르크스주의를 비판했다. 이들 가운데 특히 두드러진 사람으로 이탈리아의 정치학자 가에타노 모스카Gaetano Mosca를 꼽을 수 있는데, 그는 긴 생애 동안(1858~1941년) 학계와 정치계에 숱한 족적을 남겼다. 또 다른 이탈리아 학파의 학자들로는 생애의 대부분을 이탈리아에서 보냈던 독일의 사회학자 로베르트 미헬스Robert Michels, 프랑스 태생으로 이탈리아에서 처음 학자로서의 경력을 시작했지만 스위스의 제네바로 간 경제학자 빌프레도 파레토Vilfredo Pareto가 있다. 이들의 사상은 보다 평등하며 보다 민주적인 사회를 향한 점진적인 기대를 숨김없이 명백하게 수정하는 것으로서 전개되었으며, 전략적인 고려보다는 전략이 달성할 수 있는 한계 범위에 대한 예리한 인식이 특징이었다. 그들은 정치경제학에서 점점 멀어져서 사회학으로 점점 움직여가던 흐름의 일부였으며, 그들이 추구하던 해답과 설명은 사회적인 행동의 합리적인 측면과는 상대적으로 거리가 멀었다. 사람들은 그들을 마키아벨리의 후예라고 불렀다.[1] 왜냐하면 그들은 공통적으로 이탈리아에 연고가 있었을 뿐만 아니라 정치학 연구를 감상적이지 않은 방법론으로 접근했던 모범적인 사례로 마키아벨리를 설정하고서, 정치학의 사나운 현실을 받아들이며 정치인들이 내놓는 위로 차원의 수사修辭가 가지는 가치를 액면 그대로 받아들이길 거부했기 때문이다.

그들이 내세운 핵심적인 명제는 소수가 언제나 다수를 지배한다는 것이었다. 그러므로 핵심 문제는 엘리트 지배 계층이 자기 지위를 계속 유지하기 위해서 사용하는 수단 및 이 수단의 대체 방식과 관련된 것들이었다. 막스 베버의 제자이던 로베르트 미헬스는 조직상의 필요성이 민주주의적 여러 주장에 미치는 영향을 주제로 가장 의미 있는 경험적 연구를 했다. 독일 사회민주당의 열성적인 당원이던 미헬스는 당의 목표와 전략을 설정하는 데 당의 관료제도가 중요하다는 사실을 깨달았다. 자본주의 정당들이 '대중의 의지'will of the people에 대해서 무슨 말을 읊어대든 간에 민주주의적이지 않다는 사실을 아무도 의심하지 않을 때[2] 사회주의 정당들은 자기들이 선언한 평등주의 때문에 민주주의적 원리를 대상으로 하는 보다 예리한 검증을 제기했다. 미헬스의 분석은 베버의 관료주의 이론들과 완벽하게 들어맞았다. 하지만 베버는 이 급진적인 제자와 다르게 혁명적인 열정의 결과론적인 손실과 낭비를 아무런 불평 없이 감수했다. 이런 맥락에서 베버는 미헬스에게 '대중의 진정한 의지 등과 같은 개념들은 이미 오래 전부터 나에게는 존재하지도 않았다. 그런 것들은 모두 허구 속에 존재하는 발상이다'라고 설명했다.[3]

미헬스는 전쟁 이전의 사회민주당에 대한 연구를 통해 정당의 성장 및 선거전에서의 승리가 정당의 호전성을 얼마나 약화시켰는지 입증했다. 예컨대 '조직화가 당의 핵심적인 요소가 되었을' 정도였다. 정당이 덩치를 계속 키워가는 한 지도부는 여기에 만족했다. 그리고 지도부는 현재의 상태를 흔들어놓을지도 모르는 대담한 행보를 함으로써 조직을 위험을 빠트릴 수도 있는 시도도 기피했다. 정당이 자신의 영속성에 점점 더 많은 관심을 가짐에 따라서 '조직화는 수단에서 목적이 되고 만다'고 미헬스는 지적했다.[4] 조직화 작업은 힘들고 복잡한 과정으로 전문적인 기술을 필요로 한다. 재정을 관리하고 당원을 돌보며 문건을 생산하고 선거를 지휘할 줄 아는 사람들은 보다 우월한 지식을 습득했으며 의사소통의 내용과 형식을 모두 통제했다. 그래서 그들이 하나로 뭉쳐 있는 한, 이들에 비해서 상대적으로 무능한 대중에게는 정당에 자기 의지를 반영할 기회가 주어지지 않는다. '조직화를 이야기하는 사람은 소수에 의한 독재를 이야기하는 셈이다.' 이것이 바로 미헬스가 말했던 '철의 법칙'iron law이었다.

그런데 미헬스가 이 법칙 이상으로 그리고 본인이 나중에 경험했던 사회주의에 대한 각성 이상으로 어떤 일반 이론에 대해서 제시한 것은 많지 않았다. 이 분야에서는 모스카가 더 중요한 역할을 했다. 모스카의 출발점은 단순했다. 시공을 초월한 모든 정치 제도에서 '지배 계급은 영향력 있는 개인들로 구성된 소수 집단이고, 대중은 좋든 싫든 간에 자신들을 관리하는 일을 이 소수 집단에 일임한다'는 것이었다.[5] 모스카는 1인 지배가 이루어질 가능성은 다수에 의한 지배가 이루어질 가능성만큼이나 낮다고 보았다. 조직화의 필요성이 작동하기 때문이었다. 다수는 애초의 속성상 조직화가 되어 있지 않으며 개인들 역시 정의에 따른 속성상 조직화가 되기 어렵다. 그러므로 오로지 소수만이 쉽게 조직될 수 있으며 또 이 조직된 상태를 유지할 수 있다. 모스카는 이것이 핵심적인 정치 투쟁은 지배 계층 내부에서 일어날 수밖에 없음을 의미한다고 보았다. 남들보다 뛰어나려면 정의감과 이타심보다는 노력과 야망이 더 많이 필요하다. 가장 중요한 덕목은 '총명함, 개인 및 대중 심리에 대한 직관, 의지력 그리고 특히 자신감'이다.[6] 변화하는 환경은 지배 계층의 흥망성쇠에 영향을 미친다. 예컨대 종교가 지배하는 사회에서는 성직자가 최고의 대우를 받고 전시에는 용감한 전사가 좋은 대우를 받는다. 어떤 사회적 집단이 가지는 의미가 감소한다면 이 집단을 권력 기반으로 삼는 사람들의 중요도 역시 감소한다.

파레토는 모스카의 뒤를 이었다(하지만 언제나 모든 것이 다 그랬던 것은 아니라고 모스카는 주장했다). 파레토는 공학 분야를 공부했으며 산업 분야에서 한동안 일했지만, 그 뒤에 경제학으로 그리고 사회학으로 명성을 얻었다. 그는 스위스 로잔 대학교의 경제학 교수로 있으면서 신고전주의의 전통을 연구했는데, 여기에서 프랑스의 경제학자 레옹 발라Leon Walras를 만났고 또 추종했다(발라는 '왈라스'라는 영어식 표기의 이름으로 소개되기도 하는데, 수요 가치의 합계와 공급 가치의 합계가 같다는 그의 경제 법칙은 '왈라스의 법칙'으로 일컬어진다─옮긴이). 발라는 일반균형이론의 창시자인데, 이 이론은 어떤 경제권 내의 다른 모든 시장들이 수요와 공급의 균형 상태에 놓여 있다면 어떤 특정한 시장도 균형을 유지할 수밖에 없음을 설명한다. 발라는 1885년 저서 《순수 경제학의 구성요소》Elements of Pure Economics에서 이 이론을 수학적으로 증명했는데, 다음 세기 중반에 특히 미국에서 각광받을 경제 이론을 그때 이미 정리한 것이다.

파레토는 두 가지의 위업을 자기 이름으로 남겼다. 하나는 이른바 '파레토의 법칙'Pareto principle으로, 발생한 효과의 80퍼센트는 20퍼센트의 원인에서 비롯된다는 원리를 발견하고 정리한 것이다. 이 어림짐작의 원리는 입력분이 소수라도 이 입력분에 따른 출력분이 불균형적일 정도로 다수일 수 있음을 주장했는데, 이것은 그 자체로 평등이라는 발상을 정면으로 반박하는 것이었다. 두 번째의 위업은 보다 근본적인 것으로 이른바 '파레토 효율'Pareto efficiency(파레토 최적)인데 이것 역시 후대의 경제학에 커다란 영향을 미쳤다. 1902년에 그는 마르크스주의를 비판하는 책을 발간했는데, 이때를 전환점으로 해서 경제학을 뒤로 하고 사회학으로 나아갔다. 파레토는 마르크스가 제시한 계급 갈등이라는 사상과 인간 행동 분석에 대한 철저하게 현실적이었던 접근법을 높이 평가했지만, 프롤레타리아의 승리를 통해서 계급 갈등이 해소될 것이라고는 믿지 않았다. 이것이 마르크스와의 결별 지점이었다. 파레토는 사람들이 자기들이 어떤 위대한 대의를 위해서 싸운다고 믿을 수 있으며, 이 싸움을 이끄는 리더들 역시 마찬가지일 수 있지만 실제로 그 엘리트는 다수의 대중이 아니라 자기 자신만을 돌본다고 보았다. 아무리 집산주의적인 사회라고 하더라도 갈등은 있을 수 있으며, 예컨대 지식인과 비非지식인 사이의 갈등이 그런 것이라고 했다. 그가 다루었던 주제들 가운데 가장 중요하고 또 영향력이 있는 주제는 그가 처음에 몸담았던 공학과 경제학이라는 영역에서 나온 것으로, 바로 사회적 균형social equilibrium이었다. 그는 사회는 본질적으로 변화에 저항한다고 주장했다. 사회가 외부에서나 내부에서 어떤 힘에 의해 영향을 받을 때 여기에 반발하는 운동이 일어나서 애초의 상태로 돌아가려는 움직임이 전개된다는 것이다. 파레토의 엘리트주의는 그의 대중관에도 반영되었다. 그는 소수의 논리적인 행동을 빼고 남는 압도적인 다수의 행동이 비논리적인 범주에 들어가는 것과 마찬가지로, 전체 사람들 가운데서 소수의 엘리트를 빼고 나면 무지렁이들('열정

과 특성 그리고 지성이 부족한 능력이 없는 사람들')만 남는다고 보았다.[7]

파레토의 업적 가운데는 음모적인 측면도 포함되어 있는데, 정치 제도에서 전략이 수행하는 역할을 분석한 내용이 그렇다. 하지만 파레토가 애초부터 그 쟁점을 그런 관점에서 다룬 것은 아니었고, 그가 (그의 가장 중요한 저작으로 일컬어지며 영국에서 발간된 네 권짜리 연구서인) 《정신과 사회》The Mind and Society[8]에서 채용했던 특이한 표현들을 해석하면 그렇다는 말이다. 파레토는 전략에 관한 논의를 했다기보다 '논리적인 행동'을 언급했다. 행동은 달성 가능한 목적을 지향해야 하며 이 과정에서 그 목적에 타당한 수단을 사용해야 한다는 점을 강조했는데, 그의 이런 발상은 기본적으로 과정상의 합리성과 관련된 문제였다. 파레토의 용어를 동원해서 설명하면, 객관적인 결과(달성된 것)와 주관적인 목적(의도된 것)이 동일해야 한다는 말이다. 바로 이것이 파레토에게는 논리성의 기준이었다. 이에 비해서 '비논리적인 행동'에서는 객관적인 결과와 주관적인 목적이 따로 논다. 행동에 목적성이 부족하거나 아니면 사용하기로 한 수단으로는 천명했던 목적을 도저히 달성할 수 없는 것이다. 파레토는 이런 현상이 현실에서 일상적으로 일어난다는 사실을 발견했다. 비현실적인 행동의 사례들로는 마술, 미신의 신봉, 관례에 대한 의존, 유토피아를 향한 갈망 그리고 개인과 조직의 능력이나 특정한 전술의 유효성에 대한 과장된 자신감 등을 들었다.

파레토는 비논리적인 행동의 뿌리가 '나머지'residues(이것은 '잔기'殘基로 번역되기도 한다―옮긴이) 즉 논리적인 것을 빼고 남는 나머지 것들에 있음을 확인했다. 이 나머지는 행동에 영향을 미치는 상시적이고 본능적인 요소들이지만, '파생'derivations은 시간과 장소에 따라서 변화한다. '나머지'에 대한 분석은 네 권짜리 저술의 두 번째 권에서 시작되었으며, 곧 종잡을 수 없을 정도로 산만하고 복잡하게 전개되었다. 그리고 네 번째 권으로 들어가면 여섯 가지이던 '나머지'는 두 가지로 축소되는데, 이 둘은 무력과 속임수를 각각 대변하던 마키아벨리의 사자와 여우의 구분과 일치했다. 여우에 해당되는 제1계급은 이른바 '조합의 본능'instinct of combinations을 반영한다. 이 본능은 뿔뿔이 흩어져 있는 요소들이나 사건들 사이에 어떤 관계성을 설정하고자 하는 충동을 일컫는 표현이다. 물론 이때의 목적은 창의적으로 생각하기 위해, 다른 사람들이 감히 생각지도 못했던 것으로 허를 찌르도록 하기 위해, 문제적인 상황을 교묘한 술수로 극복하기 위해, 이데올로기들을 만들어내기 위해 그리고 유리한 방식으로 연대(동맹)를 이끌어내기 위해서였다.

이에 비해서 사자에 해당되는 '나머지'의 제2계급은 기존의 지위, 영속성을 바라는 본능, 안전성 그리고 질서를 강화하고자 하는 경향인 '총합성의 지속성'persistence of aggregates을 반영한다. 사자는 가족, 계급, 국가 그리고 종교에 집착하는 모습을 보이면서 결속, 질서, 규율, 소유권 혹은 가족에 호소한다. 파레토는 사자가 보다 쉽게 무력을 사용할 수 있다고 보았다. 사자는 보수적으로 보이고 여우는 급진적으로 보이지만 늘 그렇지는 않다고 했다. 파레토의 용어로 설명하면, 이데올로기는 하나의 파생이며 보다 심오한 어떤 것을 위한 하나의 합리화이다. 무력은 현재의 상태를 무너뜨리는 데뿐만 아니라 보호하고 지키는 데도 사용될 수 있다. 이런 방식으로 파레토는 '나머지'를 고전적인 전략의 두 개의 양극단인 무력(물리적인 힘으로 문제를 해결하는 방식)과 속임수(두뇌의 책략으로 문제를 해결하는 방식)로 나타냈다. 파레토는 이 특성들이 정도 혹은 강도의 차이에 따라서 다른 모습을 보이는 게 아니라 본질적으로 상호 배타적인 전혀 다른 유형이라고 보았다.

지배 계층은 교활한 속임수를 통해서 자기 지위를 유지하려고 하는 똑똑한 여우들로 구성되어 있으며, 둔감하고 상상력이 떨어지는 사자들은 대중 속에서 집단 충성심이라는 감정에 묶여 있을 가능성이 높다고 파레토는 추정했다. 여우는 무력이 아니라 동의를 통해서 사회를 지배하려 하기 때문에 대중을 만족하는 상태로 유지하고 또 위기에 단기적으로 대응하는 데 필요한 이데올로기들을 만들어내고자 한다. 바로 여기에 여우의 취약성이 있다. 여우는 무력을 사용해야 하는 시점이 다가오면 쉽게 타협하고 신경질적으로 구는데 바로 이런 특성이 정권을 위태롭게 만들 수 있다. 어떤 시점에 가면 이들이 전개하는 작전이 더는 먹히지 않고 또 더는 쉽게 속지 않는 상대와 마주하게 된다. 그런데 거친 성정을 가진 사자들이 사회를 지배할 때는 이야기가 다르다. 이 지배자들은 무력에 의존하려는 경향을 보이며 보다 높은 가치를 수호한다고 주장하면서 타협에는 관심을 두지 않는다. 하지만 여우들만 있거나 혹은 사자들만 있어서는 지배 질서를 유지할 수 없으므로 지배 계층은 이 두 유형의 인물들이 적절하게 섞여 있을 때 안정적이다. 그런데 실제 현실에서는 지배 계층에 속한 각각의 유형은 자기와 동일한 유형의 인물들을 가려서 뽑는 경향이 있다. 여우들로 구성된 정권은 시간이 흐를수록 타락하게 마련이며 갑작스럽게 나타날 무력에 취약하고, 한편 사자들로 구성된 정권에는 여우들이 점차 많이 침투함에 따라서 이 정권 역시 점차 내리막길을 걷게 된다. 파레토는 이런 통찰을 바탕으로 해서 '엘리트들의 순환'이라는 개념을 이끌어냈다. 지배 계층을 구성하는 엘리트들은 늘 있게 마련이지만 이 집단의 구성 비율은 바뀔 수 있다는 것이었다. 이렇게 해서 기민하고 교활한 쪽이 이점을 누리겠지만 그렇다고 해서 폭력이 완전히 배제되는 수준으로까지 가지는 않는다고 파레토는 지적했다.

정치의 역사가 무력과 속임수의 변증법으로 진행되었다는 발상은 확실히 매력이 있었다. 그러나 파레토는 민주주의적 주장에 대해서 자기가 가지고 있던 회의주의적 시각 및 당대의 부패하고 냉소적인 정치에 대한 혐오를 반영해서 자신의 견해를 일반화했으며, 또 자기 이론을 강화해줄 과거 역사 속의 사례를 찾았다. 그리고 물질적인 변화가 가져다주는 충격과 점점 비중이 커져가던 관료조직의 중요성을 폄하했다.[9] 그러나 뒤에서도 다시 살펴보겠지만, 이런 사실들에도 불구하고 보수적인 집단들은 사회주의와 마르크스를 대신해줄 수 있는 강력한 지적 대안을 찾는 과정에서 파레토의 사상으로부터 영향을 받지 않을 수 없었다.

† 군중과 공중

보수주의자들은 엘리트는 언제나 존재한다고 생각했다. 하지만 과격 급진주의자들은 엘리트 지배 계층은 언제든 뒤엎어질 수 있다고 확신했다. 보수주의자나 급진주의자 모두 무력 사용이 지극히 드물게 일어날 때 권력을 빼앗기지 않고 계속 유지할 방법에 관심을 가지고 있었다. 지배 계층의 약점이 얼마나 쉽게 노출되고 또 이들이 얼마나 위험해질 수 있을지 여부는 대중을 장악하는 이데올로기의 힘에 달려 있었다. 마르크스는 계급 투쟁 속에서 지배 계층이 점차 취약해질 것이라고 생각했다. 프롤레타리아의 계급 의식이 점차 강화되면서 노동자 계급은 정치적인 정체성을 획득할 것이고, 나아가서는 단순한 분석 차원의 범주를 넘어서서 현실 속에서 구체적인 정치적 존재가 될 것이라고 바라보았다. 이런 마르크스의 이론으로 보자면 불행하게도, 계급 구조가 마르크스가 생각했던 것보다 훨씬 더 복잡한 양상으로 전개되었을 뿐만 아니라 노동자는 계급 의식을 약화시키는 생각들을 지속적으로 받아들였다. 진정한 계급 의식의 정치적 잠재력뿐만 아니라 과학적 올바름까지도 입증하는 일이 사회주의자들이 해결해야 할 과제로 떨어졌다. 사회주의자들은 잘못된 의식을 퍼트리는 주체들과 싸워야 했다. 그 대상은 노동자의 정신에 종교적인 '헛소리'를 우겨넣는 성직자에서부터, 혁명을 하지 않고서도 노동자의 요구를 수용하는 사회 체계를 만들 수 있다고 주장하는, 그래서 어쩌면 성직자들보다 훨씬 더 해로울 수도 있는 개혁주의자들까지 다양했다. 보수적인 엘리트주의자들에게 정치적 안정성은 어떤 믿음들이 올바르냐 올바르지 않냐가 아니라 그 믿음들이 대중을 만족시키느냐 혹은 반란의 정서를 촉발하느냐에 따라서 좌우되었다.

모스카는 사람들 사이에서 충분히 좋은 평가와 인정을 받던 보다 폭넓은 개념들(예를 들면 인종적 우월성, 신에게서 부여받은 권리, '대중의 의지' 등)로 이어지는 설득력 있는 고리를 제공함으로써 지배 계급에 복무하게 될 '정치 공식' 하나를 썼다. 이 공식은 냉소적인 지배자들의 의도적인 속임수인 '허풍과 술수'라는 단순한 차원을 넘어서는 어떤 것이어야 했다. 요컨대 대중적인 필요성을 반영하는 것이어야 했다. 모스카는 대중이 '단순히 물질적이거나 지적인 힘이 아니라 도덕적 원칙의 토대 위에서 다스림을 받는 것을 선호한다'는 사실을 확인했다. 그러니 공식은 굳이 '진실'과 일치하지 않아도 됐다. 그저 대중이 수용해주기만 하면 됐다. 이 공식의 타당성에 대한 의심이 확산된다면 그 효과는 사회질서를 손상하는 것이 될 터였다.

사회심리학 분야의 발달로 의식이라는 개념에 대한 매혹은 한층 더 커졌다. 이 분야에서 특히 영향력을 행사한 책은 프랑스의 사회심리학자

귀스타브 르 봉 Gustave Le Bon의 《군중심리》The Crowd: A Study of the Popular Mind였는데, 이 책은 군사 사상가 존 프레더릭 찰스 풀러(일명 '보니')John Frederick Charles 'Boney' Fuller에게 영향을 주었다고 이미 앞에서 설명했다(1권 283쪽 참조—옮긴이). 1895년 프랑스에서 처음 출간된 뒤에 여러 언어로 번역된 이 책은 '대중의 신성한 권리'가 '국왕의 신성한 권리'를 어떻게 대체하는지 보여주는데, 매우 여러 가지 측면에서 보수적이고 엘리트적인 관점으로 위계의 붕괴를 안타깝게 바라보았다. 르 봉은 사회주의와 노동조합이 악의적인 대중 선동가에 의해서 이용되는 전형적인 사례라면서 적대시했다. 그런데 군중심리에 담겨 있는 비합리성의 여러 원천들을 설명하는 그의 내용이 관심을 끈다. 르 봉은 사회 사상에서 한층 주목을 받게 될 어떤 주제에서 의식적인 행동에 의도적인 이유보다도 한층 더 중요한 영향을 끼치는 것은 바로 '유전적인 영향에 의해서 정신 속에서 생성되는 무의식적인 기체基體, substratum'라고 주장했다. 이런 영향은 개인들이 군중crowd으로 전환되고 비합리성이 무제한적으로 날뛰면서 강력해졌다.

게다가 어떤 사람이 조직된 군중의 한 부분이 된다는 단순한 사실에 의해서 그 사람은 문명의 사다리에서 여러 칸 아래로 후퇴한다. 혼자 따로 떨어져 있을 때면 그 사람은 교양 있는 개인일 수도 있지만, 군중 속에서는 야만인이 된다. 본능에 따라서 행동하는 동물이 되고 만다는 말이다. 그 사람은 무의식적 자발성, 폭력성, 흉포함, 또 원시적인 존재의 열정과 영웅주의를 가지고 있다. 그리고 자신에게 영향력을 행사할 수 있는 말과 이미지에 너무도 쉽게 노출됨에 따라서(그런데 사실 이런 것들은 군중을 구성하는 각 개인들이 혼자 떨어져 있을 때는 전혀 영향력을 행사하지 않는다), 누가 봐도 명

백한 자기의 이익과 많이 알려져 있는 평소의 습관과 다르게 행동하
도록 유도됨에 따라서, 그런 열정과 영웅주의에 한층 더 깊이 빠져
든다. 군중 속의 한 개인은 바람이 부는 대로 이리저리 쓸리는 모래
더미의 모래알 하나와 같다.[10]

르 봉의 어조는 비관적이었지만 그는 대중을 사로잡을 가능성을 하
나 제시했다. 군중의 견해는 그들의 개인적인 이해관계 혹은 심지어 어
떤 심각한 생각을 반영하는 것이 아니다. 그러므로 사회주의 선동가의
말도 안 되는 허황한 발상에 넘어가서 희생자가 된 이 감수성 예민한 군
중은 집단의 심리를 연구한 빈틈없는 엘리트가 제시하는 정반대편의 발
상에도 얼마든지 이끌릴 수 있다는 가능성이었다. 환상에 사로잡혀 있는
사람에게 이성적으로 접근하는 것은 소용이 없다고 했다. 필요한 것은
드라마 즉 '오염된 정신을 새로 채우는' 매력적이고 놀라운 어떤 이미지,
'절대적이고 비타협적이며 단순한' 이미지라고 했다. '군중의 상상력에 감
동을 주는 기술'에 통달하는 것은 '그 군중을 다스리는 기술을 익히는 것'
이라고 했다. 그랬기에 르 봉의 책은 지배 집단의 엘리트들에게는 필독
서가 되었다.

비슷한 발상의 전복적인 버전을 프랑스의 조르주 소렐Georges Sorel이
내놓았다. 도로 관련 엔지니어이자 공무원이었던 소렐은 중년의 나이에
연구와 저술의 세계로 발을 들여놓은 사회철학자였다. 비록 합리주의와
중용에 대한 그의 혐오감은 평생 변하지 않았지만 정치적인 성향은 인생
을 살면서 여러 차례 크게 바뀌었다. 한 연구자는 그의 정신을 놓고 '20
세기 초의 거의 모든 새로운 사회적 경향의 바람이 사납게 불어댔던 교
차로'라고까지 했다.[11] 그는 자기가 견지하던 비판적인 태도 덕분에 당대

에 매우 중요한 대접을 받는 사회이론가가 되었다.[12] 그는 마르크스를 자기만의 기이한 방식으로 받아들였는데, 마르크스를 자본주의의 몰락을 예언한 사람이라기보다는 부르주아의 도덕적 몰락을 예언한 사람으로 제시했다.[13] 그는 인간의 합리성은 군중 속에서 상실된다는 르 봉의 신념을 받아들였는데 이런 점은 그가 대중적인 정치 운동에 털끝만큼의 믿음도 가질 수 없었다는 뜻이기도 하다.

소렐은 퇴폐적인 엘리트, 겁쟁이, 자기에게 주어진 권리를 위해서 싸울 용기도 부족하고 그저 적에게 적당하게 맞춰서 살 생각만 하는 바보들에게 혐오감을 느낀 나머지, 어떤 결정적인 폭력을 행사해서 이들을 말끔히 쓸어버리는 상상을 했다. 그가 마음에 뒀던 모델은 나폴레옹이 벌였던 것과 같은 전투 즉 적을 완전히 섬멸하는 전투였다. 소렐은《폭력론》Reflections on Violence의 저자로 알려져 있는데 이 책은 그가 신디칼리즘에 빠져 있던 시기에 집필되었다. 그런데 그가 신디칼리즘에 빠진 이유 가운데 하나가 이 운동은 정당을 따로 전제하지 않았다는 점을 들 수 있다. 이 책에서 그는 자기가 제기한 사상 가운데 가장 강력한 개념인 신화를 파고들었다. 이 책의 맥락에서 설명하자면, 신화는 분석적일 필요도 없고 실용적일 필요도 없다. 모든 논박을 초월해서 비논리적이고 비합리적이며, 말뿐만 아니라 이미지도 함께 결합되어 구성된 것이다.

"이 구조물은 어떤 신중한 분석을 하기 이전 단계의 직관 하나만으로도 이질적인 것들로 분리되지 않을 온전한 하나의 완전체로서, 사회주의가 현대 사회를 적으로 삼아서 수행하는 전쟁의 또 다른 표현과 일치하는 대중의 감정을 환기시킬 수 있다."

소렐이 이처럼 직관의 중요성을 강조하는 것을 보면 그가 파리에서 강의를 들었던 프랑스 철학자 앙리 베르그송 Henri Bergson의 영향을 받았음을 알 수 있다. 소렐은 신화에 대한 유일하고도 진정한 검증은 그것이 과연 정치 운동을 진전시킬 수 있을까 하는 점이라고 주장했다. 그러므로 그것은 체계적인 사상의 어떤 형태에 관한 것이라기보다는 신념과 동기 부여에 관한 것이었다. 성공적인 신화는 사람들로 하여금 궁극적인 승리를 확신하면서 급진적인 대의를 따라 행동하도록 만든다는 것이었다. 소렐은 유토피아주의를 특히 혐오했으며 성선설이라면 질색했다. 그가 든 사례는 원시 기독교와 마치니의 이탈리아 민족주의였다. 《폭력론》 출간 당시에 그가 염두에 두었던 신화는 신디칼리즘에 입각한 총파업이었다. 그는 마르크스주의적인 혁명을 전혀 신뢰하지 않았다. 하지만 나중에는 레닌의 볼셰비즘이나 베니토 무솔리니_{Benito Mussolini}의 파시즘을 수용하려 들기도 했다. 제대로 작동하는 신화를 찾고, 어떤 사상이 발휘하는 이데올로기적 효과를 가지고 그 사상을 평가하는 데 초점을 맞추는 것은 실용주의자들이 생각한 실용성과는 전혀 다른 것이긴 했지만 그럼에도 불구하고 소렐은 이것이 실용적이라고 생각했다.

† 안토니오 그람시

소렐에게 영향을 받은 사람들 가운데 한 명이 안토니오 그람시_{Antonio Gramsci}다. 그는 어릴 때 계단에서 굴러떨어지는 사고를 당해서 152센티미터의 단신에 곱사등이였고 병약했다. 그러나 엄청난 지성의 소유자였으며 다양한 영역에 폭넓은 관심을 가지고 있었고, 대학 졸업 후 급진적인 언론인이 되었다. 그람시는 소렐의 지원을 받아 토리노에서 공장평의회 운동에 활발하게 참여했고, 나중에는 1921년 사회주의자들과 분리된 이탈리아 공산당Italian Communist Party, PCI 설립에도 힘을 보탰다. 공산주의 인터내셔널Communist International(코민테른)의 이탈리아 대표로 모스크바에서 18개월을 보낸 뒤에는 좌익의 분열로 파시즘이 발흥하는 과정을 실망스러운 마음으로 지켜보았다. 그리고 국민회의의 일원으로 한 차례 투옥이 될 뻔했지만 무사히 넘겼다가 이탈리아 공산당의 총서기가 되기 직전에 체포되었다. 그때가 1926년 11월이었다. 서른다섯 살이었던 그는 파쇼 정권으로부터 20년이 넘는 징역형을 선고받았다. 이후 형량을 10년 가량 사면받았지만 그때는 이미 몸이 망가질 대로 망가져 있었다. 그람시는 석방된 지 사흘 만에 사망했다. 그때가 1937년이었다.

감옥에 있는 동안에 그는 지칠 줄 모르고 독서를 했으며 이 독서에 자극받아서 폭넓은 주제에 관한 글을 수많은 공책에 빽빽하게 적었다. 이런 메모를 하면서 석방된 뒤에 다시 체계적으로 정리를 하려고 했었다. 하지만 석방된 뒤에 곧바로 죽음을 맞이하는 바람에, 결국 불완전한 스케치 상태인 데다가 교도관의 검열을 피하기 위해서 일부러 애매한 표현들로 범벅이 되어 있던 그 글들은 미완성의 메모 상태로 남을 수밖에 없었다. 하지만 그가 남긴 글은 마르크스 이론 및 비非마르크스 이론에 중요한 기여를 한 저작물로 평가를 받고 있다. 그람시는 제2차 세계대전이 끝난 뒤에야 비로소 진정으로 '발견'되었으며, 그때부터 인간적이며 독단적이지 않은 마르크스주의자로 찬양을 받아왔다. 제2인터내셔널 시대부터 전승된 기계적인 정식화에 의문을 제기하면서 행복한 사회주의적 결말로 일관하는 역사적 발전 법칙에 대한 의존에 반대하고 문화도 경제만큼이나 중요하게 다루어야 한다고 주장했다. 너무도 명백하게 착취당하는 노동자 계급이 왜 그렇게 유순하게 당하고만 사는가 하는 문제에 대한 그의 천착은 특히 중요하다.

그람시는 신마키아벨리주의자들로 일컬어지는 사람들을 알고 있었으며, 이들이 내린 결론 가운데 일부를 받아들였다. 우선 예를 들자면 그는 계급이 있는 한 늘 '지배자와 피지배자, 이끄는 사람과 이끎을 당하는 사람'은 있게 마련이라는 발상을 받아들였다. 이 '근본적이고 더는 어떻게 손을 댈 수 없는' 사실을 무시하는 정치인은 실패할 수밖에 없다고 했다.[14] 지배자들은 피지배자들에게 강압을 행사하는 것보다 피지배자들로부터 동의를 얻어내는 것을 더 선호하는데, 이런 동의는 피지배자들에게 현재의 정치 질서가 자기들의 이익에 부합한다고 설득함으로써만 가능하다고 했다. 잔인한 폭력이 아니라 사상의 힘으로 어떤 집단을 지배하는 능력을 그람시는 '헤게모니'hegemony라고 정의했다. 그런데 그리스어 'hegeisthai'(이끌다)에 어원을 둔 이 단어를 맨 처음 사용한 사람은 그람시가 아니었으며, 또 그와 관련된 기본적인 발상도 새로운 게 아니었다. 예를 들어《공산당 선언》에서도 '각 시대의 지배적인 사상은 지배 계급의 사상이었다'라고 했었다. 레닌은 노동조합주의는 프롤레타리아의 이데올로기에 복무하기보다는 부르주아의 이데올로기에 복무한다고 경고하면서 '헤게모니'를 리더십의 의미로 사용했었다.[15] 그러나 헤게모니 지배의 여러 원천에 대한 그람시의 탐구는 이 개념을 한층 풍부하게 했고, 이 단어는 주류 정치학 사전에서 중요한 위치를 차지하게 되었다.

마르크스주의의 문제는 경제와 정치의 밀접한 관계를 설정하고 물질적인 조건에서의 변화가 필연적으로 정치 의식의 변화를 낳는다고 파악한다는 데 있었다. 그러나 그람시는 이런 기계적인 유물론적 인식을 반박하면서 '특정한 순간에 경제적인 요인으로 생성된 어떤 자동적인 추동력은 전통적인 이데올로기의 여러 요소들에 의해서 억제되고 방해를 받으며 심지어 일시적으로 소멸되기도 한다'고 적었다.[16] 그람시는 누구도 반박할 수 없는 명백한 예를 들면서 의회라는 제도를 통해서 민주주의와 평등을 확립할 수 있다는 부르주아적 주장이 그동안 프롤레타리아에게 확실한 설득력을 행사해왔다고 했다. 이런 설득이 계속 유지되기만 한다면 부르주아는 굳이 폭력을 동원하지 않아도 된다고 했다. 헤게모니의 토대가 상실되는 순간에만 강압적인 조치를 동원하면 된다는 것이다. 대중의 분노를 엉뚱한 곳으로 비껴가게 할 방책을 찾는 정부가 대중의 사상을 조종하고 대중을 묵묵히 따르도록 할 방법을 모색할 때만 비로소 그런 조치를 생각할 수 있다는 것이다.

그람시는 사회를 정치적인 요소와 시민적인 요소로 구분했다. 정치적인 사회는 폭력의 영역으로서 국가의 여러 도구들(행정부, 사법부, 군대, 경찰)을 포함하고, 시민 사회는 사상의 영역으로서 종교, 정보 전달 수단(미디어), 교육 기관, 정당, 클럽 등 정치 의식 및 사회 의식의 발달과 관련된 모든 것을 아울렀다. 지배 계급의 동의에 의한 지배가 이루어짐을 외형적으로 드러내려면 자기 사상을 피지배 계급에게 팔아야 한다. 성공한 헤게모니는 생각의 여러 유형들, 현실을 대하는 개념들 그리고 상식으로 통하는 발상들 등의 형태로 드러나는데 이 헤게모니가 언어와 관습과 도덕에 반영된다고 했다. 이때 지배를 받는 사람들은 자기가 사는 사회가 계급 갈등으로 쪼개지기보다는 하나로 굳건하게 통합될 수 있고 또 그렇게 되어야 한다는 내용으로 설득을 당한다.

그런데 그람시는 이런 일은 어떤 커다란 생각을 대중의 의식 속에 냉소적으로 이식한다고 해서 일어나지 않는다고 적었다. 지배 계급은 전통, 애국적인 상징물과 의례, 언어적인 여러 행태들 그리고 교회와 학교가 가지고 있는 권위 등을 자연스럽게 차용할 수 있다. 그런데 그런 것들이 실제 현실의 경험과 연관성을 가져야 한다는 데 지배 계급의 약점이 있다. 이런 까닭으로 해서 헤게모니에 대한 노동자 계급의 동의를 유지하려면 그들에게 일정한 수준의 양보를 할 수밖에 없다. 하지만 그렇다 하더라도 여전히 어려운 수수께끼는 남는다. 노동자 계급은 자기가 처한 조건을 반영하는 나름의 세계관을 가지기 때문이다. 그러나 그람시는 노동자 계급은 분명 그렇게 자기만의 세계관을 가지긴 하지만 이것은 아직 미발달 상태일 뿐이라고 했다. 노동자 의식은 행동 속에서 스스로를 드러내지만 이것은 '그 집단이 하나의 유기적인 전체로서 행동할 때 (……) 이따금씩, 그리고 불규칙적으로만' 드러날 뿐이라고 했다. 그리고 또 이런 개념은 '복종과 지적인 예속 등의 여러 이유로 해서' 지배 계급이 유포한 사상과 공존한다고 했다.[17] 그러므로 이론적으로 보자면 두 개의 의식이 경쟁을 펼치는데 하나는 실제 현실에 반영되어 노동자 계급을 하나로 묶어주고, 다른 하나는 과거로부터 상속되어 무비판적으로 수용된 것으로 언어, 교육, 정치, 대중매체 등을 통해서 강화되는 양상을 띤다. 그러므로 비록 진정한 계급 의식은 모호해지고 왜곡될 수밖에 없지만 적절한 조건만 주어진다면 언제든 현실에서 올바른 방향으로 실현될 수 있다고 보았다.

지배 계급의 입장에서는 헤게모니 사상을 노동자 계급이 진정으로 믿지 않아도 상관없다. 그저 존재만으로도 혼란과 마비를 유발하기에는 충분하다. 그러므로 공산주의자들에게 주어진 과제는 대항 헤게모니counter-hegemony를 창출하는 것, 즉 노동자가 자기가 처한 조건의 원인을 올바르게 평가할 수 있는 여러 가지 도구를 제공하는 것이다. 이렇게 하려면 시민 사회의 적절한 모든 영역에서의 활동이 필요하다. 아닌 게 아니라 그람시는 이런 활동이 완벽하게 이루어지기 전에는 정당이 권력을 획득할 수 없다고 보았다. 그러므로 노동자 계급은 우선 지배 계급이 펼쳐

놓은 판을 엎어버리고 스스로 자신의 헤게모니를 관철시켜야 한다. 그람시는 당을 어떤 집단을 대신하는, 마키아벨리가 말했던 군주로 제시했다.

"현대적인 군주는 (······) 실제 현실의 한 개인, 어떤 구체적인 개인이 될 수 없다. 어떤 유기체, 어떤 복잡한 사회 요소가 될 수 있을 뿐이다. 그 속에서 집단 의지의 통합이 인식되고 또 부분적으로는 행동으로 표출되는데, 이 과정은 이미 시작되었다. 역사 발전 속에서 생성된 이 유기체가 바로 정당이다."[18]

하지만 이런 정당은 이 정당이 강화하고 또 지시하고자 하는 사람들 및 그 사람들의 의지와 긴밀하게 결합해 있을 때 비로소 가능하다고 했다. 그람시는 민주집중제(민주주의적 중앙집권제의 줄인 말로, 공산주의에 의해 조직된 정당 및 사회주의 국가의 기본 원리다—옮긴이)를 열광적으로 지지하지 않았다. 이 제도는 독재 권력을 확보하는 데 초점이 맞춰져 있었기 때문이다. 그는 이 제도가 어떻게 대중에게 '눈에 보이거나 혹은 보이지 않는 정치적 중심을 향한, 군대에서나 있음직한 포괄적인 충성'을 요구할 수 있을지 의심스럽다고 썼다. 이것은 '사기를 돋우는 설교, 정서적인 자극 그리고 (현재의 모든 모순과 불행이 저절로 해결될 것이라는 믿음 하나로 오랜 세월 기다렸던) 황금시대의 메시아 신화'를 수단으로 해서 직접적인 행동이 일어날 수 있는 결정적인 순간에 대비하는 것으로만 유지될 것이라고 했다.[19]

그람시는 자기 생각을 설명하기 위해서 군사적인 비유를 가져왔다. 시민 사회에 대한 지배 계급의 지적 지배는 성채를 쌓고 진지를 파서 전개하는 방식으로 진행되고 있으므로, 끈질기고도 가차 없는 진지전war of position으로 지배 계급의 헤게모니를 공격해야 한다고 했다. 진지전이 아닌 정권 탈취 방식은 기동전war of manoeuvre인데 이것은 혁명가들이 오랜 세월 꿈꾸며 준비했던 것이며 최근에 러시아에서 성공한 방식이기도 했다. 그러나 레닌은 잘 조직된 프롤레타리아 정당, 군주제의 붕괴로 조직이 해체된 국가 그리고 보잘것없는 시민 사회 등의 이점을 가지고 있었기에 기동전에 성공할 수 있었다고 그람시는 보았다. 러시아의 혁명 조건은 지극히 예외적이며 '동양적'인 사례로서 서구 여러 국가들의 복잡한 시민 사회 및 구조와는 전혀 다르다는 것이었다. 서구 국가들에서는 사상의 전투를 벌이는 것이 최우선 과제라는 것이었다.

"정치에서의 진지전은 헤게모니의 개념이다."

그람시가 했던 이 말은 한 비평가의 말을 따르자면 '그람시가 제시한 전략론을 핵심적으로 요약한 것'이다.[20]

그람시는 자기가 분석한 내용을 실천하기는커녕 이론적으로 완성하지도 못했다. 그럼에도 불구하고 그의 분석에는 마르크스주의의 핵심이 녹아 있었다. 그는 궁극적으로 경제가 정치를 추동한다는 생각, 계급 투쟁이 현실에서 진행되면 이것이 노동자의 의식을 형성한다는 생각 그리고 언젠가는 사회의 다수를 차지하는 노동자 계급이 권력을 획득할 수 있으며 진정한 헤게모니 동의를 얻어서 사회를 지배할 것이라는 생각을 버리지 않았다. 하지만 그의 분석은 전통적인 마르크스주의가 설정하는 것보다 훨씬 더 유동적인 여러 관계 및 가능성 그리고 앞뒤가 맞지 않고 일관성이 없는 생각의 여러 유형을 상정했다. 그런데 마르크스주의자로서 정치가 경제로부터 독립해서 독자적인 의도와 열정을 가지고 자율적으로 움직이는 영역임을 받아들이기는 쉽지 않은 일이었다. 만일 사상이 자기만의 독자적인 결과를 가지며 생산 수단과 계급 구성의 변화를 단순히 반영하기만 하는 것 이상의 어떤 의미를 가진다면 (즉 변증법적 유물론을 온전하게 인정하지 않는다면) 사상을 놓고 벌이는 전투가 어떻게 계급 투쟁과 여전히 관련을 가진다고 설정할 수 있을까 하는 질문이 정통 마르크스주의자에게서 제기될 수 있었다. 개인이 개념상 서로 모순되는 생각들을 머리에 담고 있음을 인정한다면, 지배 계급의 헤게모니 사상과 피지배 계급의 아직은 미성숙한 대항 헤게모니 사이의 경쟁도 없어야 할 텐데 왜 그렇지 않을까? 또 일상적으로 존재하는 뒤죽박죽의 혼란, 혹은 계급 투쟁과 관련된 것들에 영향을 미치는 생각들 혹은 신중함, 해고의 공포, 과거에 있었던 실패의 기억, 당 지도부에 대한 불신 등을 바탕으로 한 나름대로의 계산에서 비롯된 무기력함 등은 또 어떻게 설명할 것인가?[21]

그람시가 채용한 군사 비유는 사실 델브뤼크가 섬멸의 전략과 소모의 전략을 이야기하면서 처음 소개했던 것이다. 카우츠키도 1910년에 이 비유를 동원했으며, 레닌도 예비적인 작업을 하면서 힘을 길러야 한다는 논지를 펼치면서 이 비유를 사용했다. 그람시는 아마도 과거에 있었던 전쟁을 설명하기 위해서 전쟁 초기 단계에서 실패한 기동전을 이 기동전에 뒤이어 진행되었던 힘들기 짝이 없는 교착 상태와 비교하면서 (이 교착 상태에서 병사들은 참호를 파고 진지전을 벌였다) 진지전과 기동전이라는 이 비유를 사용했을 것이다. 하지만 델브뤼크에서부터 카우츠키, 레닌을 거쳐서 그람시에 이른 군사적인 비유의 기본적인 주장은 동일했다. 섬멸전 혹은 (그람시의 표현을 그대로 쓰자면) 기동전은 신속하고도 결정적인 결과를 약속하지만 이것이 성공하려면 기습이 필요하고 또 적은 이 기습에 전혀 대비가 되어 있지 않아야 한다. 그런데 설령 이 전략이 발휘할 수 있는 이점을 전제로 한다 하더라도 장기적으로 생각해야 하는 것이 신중한 태도였다. 그래서 그람시는 헤게모니의 영향력에서 우세를 차지하기 위한 장기적인 작전을 주장했다. 국가 권력을 장악할 무렵이면 이미 사회주의 실현의 길로 나아가고 있을 것이기 때문이다.

그런데 하나의 처방이라는 관점에서 보자면 그람시와 카우츠키는 거의 다르지 않았지만 딱 한 가지 예외가 있었다. 그람시는 사상 분야에서 보다 폭넓은 전진을 머릿속으로 그렸으며 의회라는 경로를 보다 회의적인 눈으로 바라보았다. 그의 출발점 또한 허약했다. 특히 진지전 수행 방식에 대해서 그는 초기에는 시위, 보이콧, 선전 그리고 정치 교육 등에 초점을 맞추고서 무력의 충돌은 될 수 있으면 피해야 한다고 생각했다. 어떻게 하면 시민 영역에서 대항 헤게모니 작업을 성공적으로 수행해서 궁극적으로 정치 영역에서의 권력 이양으로까지 이어질 수 있을까 하는 방법과 관련된 문제는 일단 모호하게 남겨두었다. 그 시점도 대충 지배 계급이 여전히 정치적 지배는 하고 있지만 헤게모니를 완벽하게 행사하지 못하게 되는 때로 설정했다. 그런데 바로 그 시점에서 기동전을 피할 수 있는 방법을 알아내기가 어려웠다. 뿐만 아니라 그람시는 경제적 구조 및 사회적 구조가 점점 더 복잡하고 다채로워지는 환경 속에서 어떻게 하면 이 새로운 헤게모니를 발전시킬 수 있을까 하는 훨씬 더 큰 문제도 감당하지 못했다.

그람시가 감옥에 수감되지 않고 바깥에 있었다면 이 전략은 아마도 온건하게 비쳤을 것이다. 아마도 그람시는 눈에 불을 켜고 레닌주의자들을 찾던 파시즘 독재의 탄압을 피해 혁명을 옆으로 젖혀두고 다른 당들과의 타협에 나섰을 것이다. 하지만 그람시는 파시스트의 감옥에 물리적으로 갇혀 있던 것처럼 이탈리아 공산당의 노선과 관련해서도 지적인 감옥에 갇혀 있었다. 그는 자기 내부에서 헤게모니 전쟁을 벌이고 있었다. 사람들이 생각하는 방식이 그 사람들이 행동하는 방식에 영향을 미친다는 사실을 인정할 때마다, 그리고 사람들이 하는 생각은 그 사람들이 속한 계급의 긴급한 명령을 필연적으로 우선시하지 않는다는 사실을 인정할 때마다 그는 자기가 성장했던 그리고 자기가 의식적으로건 무의식적으로건 저항하고 있던 지적 및 정치적 전통을 하나씩 뒤엎었다.

그람시가 처해 있던 상황은 절박하면서도 통렬했다. 자기가 생각한 이론을 현실에 적용해볼 수도 없었을 뿐만 아니라 설령 그런 시도를 한다 하더라도 참담한 좌절을 맛보았을 게 분명하다. 그가 죽은 뒤에 이탈리아 공산당은 그의 저작 가운데 발표해도 괜찮다고 판단한 것들만 선별해서 발표했다. 그런데 마르크스주의가 과학적 역사 법칙을 드러내는 철학으로서의 위엄을 잃어버리고 나자, 그람시의 저작은 그람시가 애초에 의도했던 것과 거의 상관이 없는 방향에서 다루어졌다. 아닌 게 아니라 전쟁이 끝난 뒤에 그람시의 저작은 문화 분야의 강단 학자들에게 환영받았다.

공산당이라는 개념은 헤게모니를 유지하기 위한 하나의 계획으로 바뀌었다. 당원들은 당이 채택한 노선이 아무리 모순적이고 현실의 여러 상황이나 증거와 일치하지 않는다 하더라도 이 노선에 충실할 것과 이 노선을 한 치의 의심이나 망설임도 없이 대중에게 설명할 것을 요구받았다. 지적 왜곡에 관여했던 공식적인 지식인들은 지도부를 지지해야 했다. 이 노선을 의심한다는 기미가 조금이라도 비치거나 노선과 다른 생각을 가지고 있음이 드러날 경우에는 고약한 일을 당할 수도 있음을 알았기 때문이다. 이데올로기들이 거리에서 정부로 이동함에 따라서 이데올로기적인 규율은 사회 전체의 구성원으로 확장되었다. 당의 노선 즉 당의 기본 방침을 일상의 경험에 기대어 날마다 검증해야 했고 또 이 과정에서 일탈의 이견을 제거해야 했으며, 따라서 필연적으로 일어날 수밖에 없었던 공직 변동이 혼란을 불러일으켰다. 모든 것을 설명할 수 있다고 주장하는 어떤 이데올로기는 모든 것에 대해서 어떤 입장을 가져야 했으며 때로 이런 입장들은 우스꽝스럽기까지 했다. 그러므로 핵심 지지층 사이에서도 의심은 모락모락 피어날 수밖에 없었으며 결국 헤게모니는 그 자체의 신빙성보다는 의심을 품거나 배신하거나 비판하는 사람에게 무자비한 징벌을 내리겠다는 위협에 의해서 유지되었다. 이렇게 해서 계급 의식, 정치적인 공식들, 온갖 신화들 그리고 헤게모니와 관련된 애초 제안이 공산당 내부에서 굴절되어 나타난 극단주의는 전체주의 국가들이 행하는 극단주의와 견줄 정도가 되었다.

독일의 나치는 (이들은 어쩌면 르 봉과 소렐을 염두에 두었을 수도 있다) 손톱만큼의 온정도 없으며 지적 수치심이라고는 찾아볼 수 없는 어떤 지배 집단이 대중의 생각을 어떻게 사로잡고 조종하는지 놀랍도록 생생하게 보여주었다. 이들은 대중 집회를 연출하고 언론을 조작하는 등의 현대적인 여러 가지 선전 형태를 활용했다. 비록 아돌프 히틀러Adolf Hitler나 그의 선전 담당 책임자였던 파울 요제프 괴벨스Paul Joseph Goebbels 모두 자기들이 '커다란 거짓말'이라고 불렀던 것을 부끄러운 줄도 모르고 실행했음을 인정하지 않았을 테지만 자기의 적들이 커다란 거짓말을 할 수 있음을 묘사하는 내용을 보면 이들이 어떤 생각을 가지고 있었는지 명백하게 드러난다. 히틀러는 제1차 세계대전에서 독일이 패배한 책임에 대해 유대인이 어떻게 비껴나가는지 설명하면서 원칙 하나를 제시했는데 이 원칙이 사람들의 이목을 집중시켰다.

"이 원칙은 그 자체로도 너무나 명백한데 거대한 거짓말은 언제나 일정한 정도의 신뢰를 확보한다. 왜냐하면 한 국가의 거대한 대중은 언제나 의식적이거나 자발적인 차원에서보다 깊은 정서적 차원에서 상대적으로 쉽게 속기 때문이다."

히틀러는 사람들이 자신의 '정신의 원시적인 단순성' 때문에 작은 거짓말보다 오히려 커다란 거짓말에 더 잘 속는 경향이 있다면서 그 이유를 다음과 같이 설명했다.

"사람들은 누군가가 거대한 거짓말을 날조해낼 수 있다는 생각은 거의 하지 않으며, 설령 누군가가 그런 지적을 한다 하더라도 그렇게 파렴치하게 진실을 왜곡할 정도로 뻔뻔스러운 사람이 세상이 있으리라고는 믿지 않기 때문이다."[22]

† 제임스 버넘

열린 사회_{open society}(철학자 칼 포퍼가 말한 '열린 사회'란 사회적 권위나 진리도 얼마든지 잘못되었을 수 있음을 개인이 자각하면서 제도에 대해서 끊임없이 비판적인 수정을 가하는 사회를 일컫는다―옮긴이)에 속한 좌익들에게 스탈린주의가 끼친 충격은 컸고, 서구의 자본주의 사회는 마르크스가 제시한 길을 따라서 붕괴의 길을 걸어갈 것인가 아니면 자기 파괴적인 속성을 덜 드러내면서 한층 오래 지속될 것인가 하는 등의 문제들이 미국에서도 제기되었다. 공산당은 소비에트 노선을 따라서 1930년대의 극좌 정치를 지배했다. 멕시코에서 추방 생활을 하던 트로츠키는 마르크스주의에 여전히 사로잡혀 있긴 했지만 스탈린의 사악하고 교활한 성정 및 방식에 기겁을 했던 사람들의 집결지 역할을 했다. 끔찍한 경제 위기 기간이던 대공황 시기 동안에 특히 그랬다. 미국에 있던 트로츠키 집단은 어떤 집단보다 규모가 컸다(하지만 사실 구성원이 약 1,000명 정도밖에 되지 않아서 거대하다고는 할 수 없는 규모였다). 소련 공산당과 독립적으로 마르크스주의에 이끌린 핵심 인물들 가운데 다수가 뉴욕에 모여들었는데, 이들은 비록 정치적인 영향력은 발휘하지 못했지만 지적인 영역에서는 무시하지 못할 집단을 형성했다. 하지만 결국 실질적으로 모든 사람들이 마르크스주의를 버렸고, 많은 사람들은 반反스탈린주의에 추동되어 보수주의자로 변신했다. 그런데 이 집단에서 전후 미국의 대단한 지식인들과 저술가들이 배출되었다. 이런 사람들의 움직임에는 당대의 신보수주의 운동도 포함되었는데, 이 운동은 좌익 인사들이 처음 시작했으며 때로는 1930년대의 분파 싸움 기간 동안 개발되었던 논쟁적 기술들을 구사하기도 했다.

이런 환경에서 떠오른 핵심 인물들 가운데 한 사람이 뉴욕 대학교의 교수이던 제임스 버넘James Burnham이었다. 버넘은 한때 트로츠키의 가장 예리한 두뇌 역할을 했지만 트로츠키가 스탈린을 견제하기 위해서 히틀러를 지지하고 나서자 이런 행위가 완벽한 배신 행위라고 판단하고 트로츠키와 절연했다. 이 과정에는 변증법적 유물론의 철학적 타당성을 둘러싼 보다 은밀한 논쟁이 결합되어 있었다. 트로츠키와 결별한 순간부터 버넘의 사상은 반反공산주의가 지배했고 그는 우익 쪽으로 확실하게 전향했다. 이 전향 과정의 초기에 속하던 1941년에 그는 정밀하고도 유사 과학적이며 예언적인 기존의 문체를 여전히 고집한 채, 그리고 권력이 어디에 존재하는지 알고자 하는 관심의 연장선에서 생산 수단에 초점을 맞춰서 《경영자 혁명》The Managerial Revolution을 출간했다. 엄청난 영향력을 행사하게 될 이 책에서 그는 지배적인 지위로 올라서는 (프롤레타리아가 아닌) 새로운 계급을 정의했다. 제목이 암시하듯이 이 책의 핵심 주제는 경영자였다. 경영자는 생산과 관련해서 기술적인 지시와 조정 작업을 하며 자본주의자와 공산주의자를 모두 대신해서 생산 과정을 장악하고 책임지는 존재라고 버넘은 규정했다. 이런 경향 속에서 그는 나치 독일과 (당시에 그는 독일이 유럽에서 승리를 거둘 것이라고 생각했다) 루스벨트 대통령의 뉴딜New Deal 정책을 동일선상에 놓고 바라보았다.[23] 전쟁이 끝난 뒤, 여행용 신발을 팔아서 생계를 꾸려가던 이탈리아의 괴짜 정치 이론가 브루노 리치Bruno Rizzi가 버넘이 자기 책을 표절했다는 의혹을 제기했는데, 이 의혹은 어느 정도 타당한 것이었다. 설령 버넘이 리치의 1939년 저서인《세계의 관료화》The Bureaucratization of the World[24]를 읽지 않았다 하더라도, 이 책의 존재 자체는 알았을 것이다. 트로츠키는《세계의 관료화》가 소련에 대한 자신의 비판을 근거로 삼고 있었기 때문에 이 책을 진지하게 다룰 필요가 있다고 느꼈으며, 사회의 다양한 유형들 속에 형성되어 있는 국가 기관들을 통제하는 관료 계급을 포착하는 데 다른 어떤 훌륭한 마르크스주의보다도 진지하게 이 책을 받아들였다.

버넘의 다음 저서《마키아벨리주의자들》The Machiavellians은《경영자 혁명》의 경제적인 분석에 철학적인 차원을 강화하기 위한 시도였다. 이 책은 모스카, 소렐, 미헬스 그리고 파레토를 노골적으로 언급하며 이들의 논리에 의존했다. 이 책은 필요할 경우에는 무력과 속임수를 동원할 수 있다면서, 권력을 위한 권력을 용인하는 정치에서 기본적인 이해관계와 본능이 수행하는 역할을 마키아벨리만큼 솔직하게 추구했다. 그는 사회적 권력을 획득하기 위한 투쟁을 '열려 있고 또 감추어져 있는 (이 투쟁의) 다양한 형태 속에서' 고려하면서 정치가 개인적인 선호와 무관하게 진행되며, 어떤 특정한 정치적 목표에도 중립적이고 객관적인 과학이 될 수 있다는 가능성을 주장했다. 그는 어떤 발언이든 액면 그대로 받아들여서는 안 된다고 했다. 의미를 정확하게 평가하려면 말이나 행동으로 행해진 모든 것을 보다 넓은 사회적 맥락과 연관 지을 필요가 있다고 했다.

이 책은 신마키아벨리주의자들과 관련된 여러 이론을 제시하는 데 많은 부분을 할애해서, 지배자와 피지배자라는 핵심적인 구분을 강조했다. 버넘의 책을 요약하면 한 마디로 파레토와 소렐을 합친 것이었다. 파레토에게서는 논리적이거나 합리적인 행동이 사회정치적 변화를 이끌어내는 데 아주 사소한 역할밖에 하지 못한다는 주장을 끌어왔다.

"사회적인 삶을 살아갈 때 사람이 의식적으로 설정된 목적을 달성하기 위해서 의도적이고 정교한 걸음을 떼어놓는다는 것은 대개 환상에 지나지 않는다. (……) 환경의 변화, 본능, 충동, 이해관계 등에서 촉발된 비논리적 행동이 훨씬 더 자주 일어난다."

버넘은 또 소렐에게서는 지배 계급의 엘리트 집단은 자신의 권력과 특권을 유지하기 위해서 '보편적으로 수용되는 종교나 이데올로기 혹은 대개 신화와 관련이 있는' 정치적인 공식에 의존한다는 주장을 빌려다 썼다.

버넘은 새로운 엘리트 집단을 '당대의 대중적인 산업, 대중화한 노동력 그리고 정치 조직의 초국적인 형태를 통제할 수 있는 사람들'이라고 규정했다. 그는 이 통제가 매력적인 정치적 공식을 수단으로 삼아서 행사될 수 있다고 판단했다. 그러므로 이 엘리트 집단으로서는 대중이 비과학적인 신화를 수용하도록 만드는 것이야말로 합리적인 행동이라고 했다. 그런데 만일 엘리트 집단이 그런 신화가 유지되도록 하는 데 실패한다면 사회의 조직에 금이 가기 시작하고, 마침내 이 사회는 무너지고 말 것이라고 했다. 요컨대 지도자들이라면 (적어도 이 지도자들이 과학적이라면) 반드시 거짓말을 해야 한다는 것이었다.[25]

바로 이것이 버넘이 씨름하던 문제의 알맹이였다. 나치나 스탈린주의 치하의 국가라면 올바르지 않은 믿음 즉 신화는 사회적인 통제의 수단으로 얼마든지 생산되고 유지될 수 있다. 어느 경우든 간에 기본적인 이데올로기는 리더십에 뿌리를 두고 있긴 하지만 동시에 이 이데올로기는 강압적인 수단으로서도 유지될 수 있기 때문이다. 이 이데올로기에 동의하지 않는 사람들은 처벌을 피할 수 없다. 서구 사회에서는 특정한 사상이 중요한 역할을 했지만 이 역할을 제대로 규명하려면 버넘이 했던 분석보다 훨씬 더 미묘한 분석을 해야만 했다. 서구 자본주의 사회에서는 사상이 유통되는 시장 규모가 한층 더 크기 때문이다. 비평가들은 미국식 민주주의가 전체주의에 비견될 수 있다고 바라보는 버넘의 냉소적인 접근에, 그리고 권력과 권력의 소재에 대한 그의 난삽한 분석에 반대했다.[26] 정치적인 공식은 지배 계층의 엘리트가 개발해서 대중에게 넘겨줄 수 있다는 주장이 지나치게 단순하다는 것이었다. 사상은 물리적인 여러 조건보다 통제하기가 훨씬 어렵다. 버넘의 주장을 기꺼이 받아들이고자 했던 사람들조차도 그가 애초에 제시했던 메시지들을 모두 다 수용하지는 않았다.

† 전문가와 선전 활동

나치는 선전술art of propaganda을 완전히 새롭고도 불온한 차원으로 승화시켰다. 그때는 미국에서도 선전의 이론과 실천을 개발하는 분야에서 커다란 발전이 이미 진행되던 시기였다. 전체주의의 경험 때문에 선전으로 무엇을 획득할 수 있을까 하는 주제에 대한 예전의 주장들을 읽기가 매우 어려워졌다. 이런 시도를 하려면 험한 꼴을 당할 수도 있다는 고통스러운 전망을 감수해야만 했다. 사람들이 자기가 처한 조건을 생각하는

데 영향을 미치는 것이 21세기에 이르러서까지도 얼마나 중요한지 알고 또 이런 점을 고려한다면 서구의 여론 이론의 발전을 살펴보는 것은 중요한 일이다.

일단 로버트 파크Robert Park가 출발점이었다. 그는 듀이 대학교의 학생이었고 스몰의 뒤를 이어서 시카고 대학교의 사회학과 학과장이 되었다. 그는 1904년 독일에서 '군중과 공중'The Crowd and the Public이라는 박사 논문을 썼다.[27] 이 논문은 개인이 군중의 일원이 되는 과정에서 자신의 개인적인 특성을 잃어버리고 그 대신 군중의 총체적인 정신을 획득하는 과정에 대한 르 봉의 생생한 묘사를, 르 봉의 이론을 낡은 것이라고 생각한 프랑스 사회학자 가브리엘 타르드Gabriel Tarde의 견해와 대조시켰다. 타르드는 다른 사람들이 몇몇 개인을 모방할 때, 권력은 모방의 대상이 되는 사람들로부터 모방하는 사람들에게로 흘러간다는 데 관심을 가졌다. 게다가 그는 이 모방이 사회에 응집성을 부여한다는 사실을 확인했다. 당시 점점 발전하던 인쇄 매체는 특별한 의미를 가졌다. 비슷한 대화가 지리적인 위치에 상관없이 동시에 이루어질 수 있도록 해주었기 때문이다. 사람들의 견해는 생활용품처럼 포장되어 수백만 명에게 배송되었다. 그는 이런 사회적 능력이 강력한 효과를 발휘하는 무기라고 인식했다.

타르드는 1890년대에 프랑스에서 있었던 드레퓌스 사건(유대인 프랑스 장교가 독일을 위해서 간첩 활동을 했다는 혐의를 둘러싸고 벌어졌던 정치적 갈등—옮긴이)을 살피면서, 각 개인들이 한자리에 모이지 않고도 총체적인 의견이 점점 덩치를 키워가는 모습을 확인했다. 바로 여기에서 '정신적인 총체성, 물리적으로는 분리되어 있지만 정신적인 유대를 통해서 응집성을 보이는 개인들의 분산'이라는 타르드의 대중관이 제시되었다.[28] 이런 이유로 해서 그는 '지금은 "군중의 시대"라고 한 르 봉'에 동의할 수 없었다. 지금은 '공중의 시대'이며 '이 둘은 매우 다르다'고 했던 것이다.[29] 한 개인은 어떤 군중에 결합할 수 있을 뿐이며, 많은 공중의 한 부분이 될 수 있다는 말이었다. 군중은 쉽게 흥분하지만 공중은 덜 감정적이라서 보다 차분한 여론을 형성한다는 뜻이었다. 파크는 (균질하고, 단순하며, 충동적이고, 사건에 감정적으로 대응하는) 군중 그리고 군중보다 훨씬 더 바람직한 개념인 (외래적이고, 비판적이며, 사실을 추구하고, 복잡성을 오히려 편안하게 받아들이는) 공중을 가르는 이분법을 한층 발전시켰다. 질서가 충만한 진보적인 사회를 기대하는 희망은 공중에 달려 있다고 했다. 공중이야말로 '서로 다른 의견을 가진 개인들로 구성되기 때문에 신중함과 합리적인 성찰로써 인도된다.'[30] 이 공중이 비판적인 태도를 잃어버리면 모든 감정이 한 방향으로만 움직이는 군중과 다름 없어진다고 했다.

군중과 공중 가운데 어느 쪽이 지배적이 될 것인지는 언론의 역할에 달려 있다. 남의 사생활을 캐는 기자는 신문을 계몽과 민주주의의 대리인으로 보았다. 1880년대에 어떤 사람은 '공개는 위대한 도덕적 살균제'라고 썼다.[31] 그러나 만일 언론이 보다 높은 수준의 역할을 망각하고 군중의 욕망에만 영합할 경우, 공중 역시 군중의 수준으로 떨어질 수 있다. 군중의 피암시성(외부에서 들어온 암시를 받아들여서 마치 자신의 기억인 것처럼 보고하는 것―옮긴이)이 저항을 받는 게 아니라 확대될 수 있는 가능성은 제1차 세계대전의 경험을 통해서 충분히 예고되었다. 미국 정부의 공보위원회Committee on Public Information, CPI는 미국이 전쟁에 참가한 1917년에 설치되었는데 가능한 모든 수단을 동원해서 독일 군국주의의 위험성과 강력한 대응의 필요성을 역설함으로써 호전적인 여론을 이끌어내는 역할을 했다. '사람은 빵만으로 살지 않는다. 사람은 주로 구호와 슬로건으로 살아간다'는 유명한 말을 하기도 했던 기자 출신의 진보적인 인물 조지 크릴리George Creely는 미국 공보위원회가 시청 공회당의 집회에서부터 영화에 이르는 모든 매체를 이용해서 핵심적인 메시지를 사람들에게 전달했다고 말했다.

공보위원회 설립을 촉구했던 사람들 가운데 한 명이었던 월터 리프면Walter Lippmann은 공보위원회 활동에 직접 참여했으며 또 이 위원회가 거둔 활동에 깊은 감명을 받았다.[32] 나이에 비해서 조숙하고 고결한 정신을 가지고 있으며 또 상당한 영향력을 행사하는 기자였던 리프먼은 당대의 지적 흐름에 정통했다. 전쟁이 나기 전에 그는 자기보다 훨씬 나이가 많던 심리학자 윌리엄 제임스William James(심리학자이자 철학자로, '실용주의의 진정한 아버지'로 일컬어진다―옮긴이)와 우정을 쌓으면서 의식의 발달과 비합리성의 여러 원천들과 관련된 심리분석적 통찰에 매료되었다. 그는 대중 출판물이 이런저런 음모 이론들이나 좇고 선정적인 폭로를 일삼는 행태를 늘 못마땅하게 여겼다. 이런 풍조 때문에 사회가 늘 불안하며, 건전하고 합리적인 토론이 이루어지지 않는다고 보았던 것이다. 1922년에 그는 기념비적인 저서 《여론》Public Opinion을 출간했다. 이 책에서 그는 사람들이 아는 것은 단지 그들의 실제 환경과 그들 사이에서 발견되는 '유사 환경'pseudo-environment에 놓인 '자기들 머릿속의 어떤 그림'을 통과한 것일 뿐이라고 주장했다. 리프먼은 그 그림들이 형성되고 유지되고 도전받는 방식을 이해하는 것이 중요하다고 지적했는데, 왜냐하면 그 방식이 사람이 하는 행동에 영향을 미치기 때문이라고 적었다.

"그러나 그것은 행동이므로, 그 결과들은 (만일 그 결과들이 행동이라면) 그 행동이 시뮬레이션되는 유사 환경 속에서가 아니라 그 행동이 실제로 발생하는 실제 환경 속에서 작동한다."

이 표현을 시카고 대학교의 사회학자 윌리엄 토머스William Thomas가 그로부터 몇 년 뒤에 자기 이름을 붙인 이론에서 썼던 표현으로 바꾸면 '만일 사람들이 상황들을 실제 있는 그대로 정의한다면, 그 상황들은 자신이 빚어내는 결과라는 측면에서 실제적이다'가 된다.[33]

리프먼은 또한 개인들이 각자 자기의 '고정관념 체계'system of stereotypes를 얼마나 고집하는지 그 수준에 대해서도 언급했다. 왜냐하면 이런 수준이 '우리의 습관, 기호, 능력, 위안 그리고 우리의 희망이 스스로를 맞추는 세상에 대한 질서정연하고 대체로 일관된 이미지'를 제공하기 때문이다.

> 고정관념에 교란이 오면 그것은 마치 우주의 토대에 대한 공격처럼 보인다. 그것은 우리 우주의 기본적인 토대에 대한 공격이다. 그리고 거대한 어떤 것이 걸려 있을 때, 우리는 우리의 우주와 실제 우주 사이에 어떤 차이가 있음을 즉각적으로 받아들이지 않는다. 세상이, 우리가 존중하는 것이 무가치하게 평가되고 우리가 경멸하는 것이 우아한 것으로 평가되는 곳으로 판명되고 만다면 그것은 신경을 건드릴 정도로 불편한 일이 된다. 우리가 생각하는 중요도의 순서와 세상의 중요도의 순서가 일치하지 않는다면 그것은 무정부의 세상이다.[34]

편견이 개재된 고정관념이라는 낯익은 인식상의 문제 외에도, 사람들은 대부분 진리를 추구하는 보다 절제된 탐색에 나설 시간도 없고 그럴 의도도 없다. 신문을 예로 들더라도 사람들이 취하는 것은 이미 선택된 것이고 단순화된 것이다.

어떤 이미지 형식은 결코 피할 수 없는 것이라 하더라도 (이것은 전형적으로 진보적인 주제를 드러내는 것이다) 리프먼은 그 이미지가 지역적인 관심사에 의해서 혹은 의심스러운 광고의 지지를 받는 인간 본연의 이기심에 부응하는 어떤 신문에 의해서 편중될 수 있음을 염려했다. 이 모든 점에 비추어볼 때 리프먼의 견해는 '공중의 의견(여론)'은 의심스럽다는 것이었다. 사람들에게서 자연스럽게 나타나는 '공동의 의지'common will라는 발상과 반대되게, 실제 여론은 하나의 구축물이며 따라서 민주주의적인 동의는 대량으로 생산될 수 있다는 말이었다. 좋은 정부의 시금석은 대중이 정부 정책의 시행 과정에 참여하는 정도가 아니라 정책 결과의 품질이라고 했다. 리프먼은 사람들은 자기 자신의 이익을 가장 잘 판단하며 또 참여 민주주의가 공동체로서의 감각을 창출하기 위한 최고의 수단이라고 확신했던 듀이와 다르게 대의 민주주의를 확고하게 지지했다. 하지만 리프먼과 듀이 모두 사회과학을 포함한 과학이 진보의 원동력이라는 낙관적인 견해를 가지고 있었다.

리프먼은, 엔지니어는 벌써 오래 전부터 이런 역할을 해왔음에도 불구하고 사회과학자는 그렇게 하지 않는다는 사실을 안타깝게 여겼다. 그는 이것을 자신감이 부족해서라고 진단했다. 사회과학자는 '자기 이론을 사람들 앞에 내놓기 전에는 그 이론을 증명할' 수 없기 때문이다.

"만일 사회과학자의 조언을 충실하게 따랐는데 그 사람이 틀렸다면 결과는 헤아릴 수 없을 정도이다. 세상사가 그렇듯이 그는 훨씬 많은 책임을 져야 하고 또 이런 모든 것에 어떤 확신도 가질 수 없다."

그러므로 사회과학자들은 이미 내려진 결정을 설명할 뿐 앞으로 내릴 결정에 대해서는 어떤 영향력도 행사할 수 없다. 이것을 리프먼은 다음과 같이 정리했다.

"실제 일의 순서는 이해관계가 전혀 개재되어 있지 않은 전문가가 먼저 실제로 행동하는 사람들에 대한 사실들을 발견하고 또 정식화한 다음, 나중에 자기가 이해하는 결정과 자기가 조직한 사실들 사이의 차이를 통해서 지혜를 이끌어내는 것이다."

전문가는 '보이지 않는 사건들, 말을 못 하는 사람들, 태어나지 않은 사람들, 사물과 사람 사이의 관계' 등을 아우르는 '무형의 유권자'에게 '보이지 않는 어떤 것'을 제시함으로써 정부에 전혀 새로운 차원을 열어줄 수 있다. 본인이 나중에 전문가들이 행사하길 바라는 역할이나 내용과 다르게, 리프먼의 처방은 정부 관계자들이 보다 현명한 정책을 낼 수 있도록 이들을 가르치도록 권고하는 것 이상으로 나아가지 않았다. 심지어 그는 전문가가 일반인보다 우월하다는 주장도 하지 않았다. 전문가를 대중에 대한 반대 개념으로서가 아니라 표준적이고 진보적인 걱정거리들(예를 들면 도시의 당 조직들, 거대한 연합체들 그리고 정보 전달보다는 광고 수입에 더 많이 휘둘리는 신문사 등)로서 요구했을 뿐이다.[35]

리프먼이 포착한 전문성의 한 가지 행태는 '자각의 기술이자 대중 정부의 정규적인 기관'으로서의 '설득'이었다. 여기에 대해서 그는 다음과 같이 적었다.

"우리 가운데 그 누구도 결과를 미리 알지는 못한다. 그러나 우리가 동의를 이끌어내는 방법을 안다고 하더라도 이런 사실이 모든 정치적 전제를 수정하지는 않을 것이라는 발언은 결코 무모한 예언이 아니다."

당시에 이 주제를 놓고 글을 썼던 다른 많은 사람들과 마찬가지로 리프먼은 이것을 (반드시 부정적인 의미를 담은 단어가 아니라 가치 중립적인 단어로서) '선전'propaganda이라는 말로 표현했다. 이 단어의 어원은 가톨릭 교회의 역사 속에서 찾아볼 수 있는데 아직 개종을 하지 않은 사람들을 위한 가르침의 한 방법론을 가리키는 말이었다. 당시의 표준적인 정의로 보자면 선전은 '특정한 강령이나 실천의 보급을 위한' 어떤 방법이었다.

제1차 세계대전 동안에 아군의 사기를 높이거나 적을 혼란에 빠트 릴 목적으로 의도적으로 거짓말을 하는 것을 모두 선전의 영역으로 아우름에 따라서 선전이라는 단어에 부정적인 의미가 덧붙여졌다. 장차 미국 정치학 분야에서 중요한 인물이 될 해럴드 라스웰Harold Lasswell이 선천 이론을 가지고 명성을 얻었다. 라스웰이 내린 정의에 따르면 선전에는 '의미 있는 상징물을 조작함으로써 총체적인 태도를 관리하는 것'이 포함되며, 대중과 엘리트 사이의 필연적인 간극을 고려할 때 선전은 사회적으로 '불가피한 것'이었다. 그는 또 선전이라는 말에 덧붙여진 부정적인 함축을 탐구했다. 그것은 '과장되고 야단스러운 악수' 이상으로 도덕적이거나 혹은 비도덕적인 것이 아니었다. 개인들은 자기 자신의 이해관계에 대해서 정확한 판단을 내리지 못하기 때문에 공식적으로 인가를 받은 발표의 도움을 받아야 하므로 선전은 필요한 것이었다. 여론 동원에 관한 전문가들이 있어서 '예전에는 폭력과 협박을 동원해야만 가능했던 것이 이제는 주장과 설득으로 가능하게 되었다.'[36] 선전자가 수행해야 하는 전략적 과제는 '자기의 목적에 유리한 태도는 강화하고 불리한 태도는 역전시키며 무관심한 사람을 끌어들이거나 최악의 경우에 그런 사람이 적대적인 편으로 돌아서지 못하도록 막는 것이다.'

개인에게 명백하게 존재하며 지금은 사회 전체의 어떤 특성으로까지 고양된 이성과 감정 사이의 이런 투쟁 의식은 프로이트적인 여러 이론의 영향을 점점 더 많이 받게 되었다. 지그문트 프로이트Sigmund Freud는 개인의 심리와 집단의 심리를 구분하고 나섰다. 전쟁이 끝난 뒤에 프로이트는 무의식과 의식의 변증법에서 보다 복잡한 구조로 나아갔다.[37] 프로이트는 정신 영역을 자아ego, 초자아superego, 이드id로 구분했다. 그리고 이드를 무의식적이고 본능적이며 열정적이고 도덕을 초월하며 전혀 조직화되지 않는 쾌락을 추구하는 정신 영역, 즉 '커다란 솥 안에서 흥분이 부글부글 끓는 것'이라고 규정했다. 이 이드를 관리해서 현실과 조화를 이루며 행동하도록 해주는 의식적이고 조직된 정신 영역을 자아라고 불렀다. 자아는 이성과 상식을 대변하며 이드에 대해서는 '말에 올라타서 자기보다 훨씬 힘이 센 말을 제어하는 마부'와 같은 존재라고 했다. 자아가 하는 일은 초자아 때문에 더욱 복잡해지는데, 초자아는 양심과 도덕(아버지와 같은 존재의 유산 그리고 교사와 같은 외부적인 영향의 반영)을 관장하며, 이드가 끊임없이 즉각적으로 추구하는 것에 대해서 선악의 판단에 기초해서 사회적으로 적절한 행동을 하도록 유도한다.

프로이트의 영향을 받은 사람 가운데 한 명이 영국의 외과의사 윌리엄 트로터William Trotter였는데, 그는 일찍부터 프로이트의 추종자가 되었다. 트로터는 1916년에 '군거 본능'herd instinct을 주제로 한 책을 발간했다. 이 책은 1908년과 1909년에 썼던 글들을 바탕으로 한 것이었지만 여기에다 전쟁의 경험까지 함께 보태서 내용을 강화한 것이었다. 트로터는 인간은 천성적으로 무리를 지어서 살기를 좋아하는데, 그만큼 불안정하며 외로움을 두려워한다고 주장했다. 그래서 종족 보존 욕구와 식욕 그리고 성욕 외에 제4의 본능으로 군거群居의 본능을 가지게 되었다고 했다. 이 본능은 '개인들에 대한 외부로부터의 통제력'을 수용했기 때문에 사람들은 내키지 않는 일이라도 억지로 하게 된다고 했다. 트로터는 이것이 바로 개인과 사회 사이의 상식과 통상적인 규범 사이에 존재하는 긴장의 원천이며, 죄악과 죄의식에 대한 의식의 원천이라고 보았다. 사람들이 '대중의 정신'mass mind이라는 발상이나 군중심리학에 매료되는 것은 사실 새로운 게 아니다. 그러나 과거에 이 주제에 관해서 저작물을 남긴 사람들은 이런 것을 부정적인 힘으로, 즉 군중 행동의 원천으로 바라본 데 비해서 트로터는 보다 긍정적인 차원의 관점을 제시하고 권장했다. 프로이트는 트로터의 견해를 존중했다. 그러나 프로이트는 트로터의 견해는 리더십의 역할 그리고 집단의 구성원들이 집단의 리더로부터 '사랑을 받을' 필요성을 과소평가한다고 판단했다.[38]

이런 다양한 발상들의 실천적인 가능성을 당시 최고의 선전자로 활동하던 에드워드 버네이스Edward Bernays가 입증했다. 버네이스는 프로이트의 조카였으며, 감정 및 비합리성에 대해서 자기가 이해한 내용을 설명할 때는 프로이트와의 이런 인척 관계를 최대한 이용했다. 그는 미국 정부의 공보위원회CPI에 발탁되어 독일에 맞서는 선전 활동을 했으며 1919년에는 세계 최초로 홍보 전문가라는 직함을 내세우고 홍보 전문 사무실을 열었다(현재 그는 홍보PR의 아버지로 일컬어진다—옮긴이). 비록 그가 구사한 방법들은 전적으로 본인 스스로 개발한 것들이지만 리프먼과 프로이트가 그의 사상에 중요한 영향을 미쳤다. 정치적으로 그는 진보적이고 낙관적이었으므로 본인은 선전 및 홍보의 여러 방법들이 보다 나은 사회를 만드는 데 도움이 될 것이라고 믿었다. 그러나 그가 간직했던 이 낙관주의는 괴벨스의 소장 도서 목록에 자기 책이 들어 있다는 사실을 알았을 때 산산조각이 났다. 그가 쓴 첫 번째 책 《여론 정제》Crystallizing Public Opinion는 리프먼의 《여론》이 나온 지 한 해 뒤인 1923년에 출간되었는데 《여론》의 구절들이 스스럼없이 인용되어 있다. 버네이스는 자기가 하는 일이 사회과학과 정신병학에 뿌리를 두고 있으며 대단한 자격증을 필요로 하는 존경받아 마땅한 일임을 입증하려고 애썼다. 버네이스는 복잡한 사회, 정부, 기업, 정당, 자선 단체 그리고 그 밖의 많은 집단은 끊임없이 남의 환심을 사려고 하고 또 남들보다 유리한 입장에 서고자 한다고 주장했다. 이들은 설령 여론을 무시하고 싶을지라도 공중은 그들이 하고자 하는 것에 관심을 가진다고 했다. 그러면서 사람들은 이제 대기업과 노동조합을 '반+공공 서비스' 기관으로 바라보며, 교육과 민주주의의 혜택을 마음껏 누리는 공중은 그들이 하는 행동 속에서 어떤 목소리를 기대한다고 지적했다. 이런 사실을 고려할 때 대기업과 노동조합은 공중이 기대하는 것을 효과적으로 수행하기 위해서라도 전문가의 조언이 필요하다고 역설했다.[39]

버네이스가 한 주장 가운데 많은 내용은 지극히 당연한 말이었다. 그런데 특히 놀라운 것은 홍보 전문가가 제시할 수 있는 것 즉 성공의 근거를 묘사하는 그의 노골적이리만치 퉁명스러운 말투였다. 《여론 정제》에서 버네이스는 '개별적인 인간이 천성적으로 타고난 유연성' 덕분에 정부는 '마치 군대가 병사의 몸을 통제하듯이 홍보로써 사람의 마음을 통제할 수' 있게 되었다고 설명했다. 그는 1928년에 《선전》Propaganda이라는 두 번째 책을 펴냈으며, 이 책에서 다음과 같이 단언했다.

"대중의 조직적인 습관과 견해를 의식적이고 지적으로 조작하는 일은 민주주의 사회에서 매우 중요하다. (……) 사회를 책임지는 사람들은 국가의 진정한 지배 권력인 보이지 않는 정부를 구성한다. (……) 그 결과, 한 번도 들어본 적도 없는 사람들이 우리를 다스리고, 우리 정신의 내용을 구성하며, 우리의 취미를 만들어주고, 우리가 할 여러 가지 생각들을 제시한다."

버네이스는 또 자기가 하는 일에는 엄격한 윤리적 규범이 필요하다고 주장했다. 예를 들면 사회 전체를 무엇보다 우선시할 필요가 있다고 했다. 대중은 자기의 핵심적인 이해관계에 반대되는 행동을 할 수 없으며 '확증된 관점'을 생성하는 일에 관한 한 정치 지도자들이 훨씬 더 중요하다고 주장했다. 그럼에도 불구하고 그의 이론은 민주주의에 대한 모욕감을 한층 악화시켰다. 리프먼도 역시 같은 말을 하는 것처럼 보이는데, 만일 여론이 위에서부터 아래로 내려오는 과정을 거쳐서 형성된다면 이것은 권력은 아래에서부터 위로 올라가는 과정을 통해서 형성되어야 한다는 민주주의의 기본적인 가치를 훼손하는 것이었다. 여기에서 버네이스가 이끌어낸 결론은 '집단 정신의 메커니즘과 동기'를 이해함으로써 '대중이 눈치 채지 못하도록 우리의 의지에 맞추어서 대중을 통제하고 통솔할 수 있다는 것이었다. 이런 일을 '적어도 일정한 범위 안에서 일정한 수준까지는' 할 수 있다고 그는 바라보았다.[40]

정부와 자선 단체에 그리고 기업에 조언을 하는 여론 전문가로서 버네이스는 타고난 전략가였다. 그는 광고업계 사람들을 특정한 제품을 수용하도록 할 방법을 찾는 전문가라고 묘사했는데, 그런 숱한 사람들 위에 우뚝 섰다. 그의 방법론은 고객이 자기가 처한 환경과 완벽한 관계를 맺을 수 있는 방법을 모색하고 또 고객에게 그렇게 조언했다는 점에서 총체적이었고, 사람들이 세상을 전혀 다른 시각으로 바라볼 방안들을 찾았다는 점에서 간접적이었다. 버네이스는 나중에 《합의의 조작》The Engineering of Consent이라는 글을 발표했는데,[41] 제목부터 도발적인 이 글에서 그는 홍보 전략을 숨김없이 노골적으로 드러냈다. 또한 군사적인 비유를 끌어다 쓰기도 했다. 예산의 규모, 목적의 선명성, 현재의 일반적인 의견에 대한 조사 등의 측면에서 세심한 준비를 해야 하고, 주요 주제들에 최대한 관심의 초점을 맞춰야 한다고 했다. 이런 주제들을 '늘 존재하지만 만질 수는 없는 것'이라고 설명하면서 소설의 '줄거리'와 비슷한 것으로 대중의 의식과 무의식에 동시에 호소한다고 했다. 이렇게 해서 '상황은 전격전을 요구할 수도 있고 소모전을 요구할 수도 있으며 또 이 둘을 조합한 것을 요구할 수도 있고 아니면 다른 전략을 요구할 수도 있다' 는 작전이 섰다. 투표를 걷어치워야 하는 보다 신속한 어떤 것이 필요할 수도 있다. 건강과 관련된 쟁점을 놓고 사람들이 저마다 다른 생각을 하게 하면 시간이 많이 걸릴 테니까 이런 상황이 일어나지 않도록 해야 했다. 전술에 관해서는 단순히 신문에 나게 하거나 라디오 전파를 타도록 하는 게 아니라 '뉴스를 만드는 것'이 목적이 되어야 한다고 강조했다. 그의 이 표현은 '일상적인 패턴에서 벗어나는' 어떤 것을 해야 한다는 뜻이었다. 뉴스가 될 수 있을 정도의 사건이라면 '실제로 그 사건과 관련 있는 사람들뿐만이 아니라 그보다 훨씬 많은, 무한하게 많은 사람들에게 전달되어야 하며 그 사건을 직접 목격하지 않은 사람들에게도 어떤 생각을 생생하게 불어넣을 수 있어야 한다.'

버네이스가 했던 홍보 활동 가운데 유명한 사례를 몇 가지 소개하면 이런 것이 있다. 저명한 의사들을 내세워서 '아침을 든든하게 먹는 것'이 건강에 중요하다고 강조하며 베이컨에그(베이컨 조각에 계란 프라이를 얹은 요리―옮긴이)를 아침 식사로 든든하게 먹으라고 선전했다. 1924년에는 캘빈 쿨리지 Calvin Coolidge 대통령이 친근한 이미지로 인기가 높은 연예인들과 만나도록 해서 대통령의 차가운 이미지를 탈색시켜 그의 재선을 도왔다. 또 여성의 담배 소비량을 늘리고 싶은 아메리칸 토바코 American Tobacco 의 의뢰를 받고는 연예계에 데뷔하려는 아가씨 열 명을 섭외해서 1929 년 초에 있었던 부활절 퍼레이드 때 담배를 피워 물고 행진하도록 했다. 배후에 담배 회사가 있다는 사실을 숨기고 공공장소에서의 여성 흡연에 대한 금기를 깨자는 페미니즘 차원의 시도로만 포장했고, 이 행진은 '자유의 횃불' 행진이 되었다(1929년 미국 여성의 흡연량은 1923년에 비해 두 배 이상 늘었다―옮긴이).[42]

버네이스에게는 당연히 비판이 쏟아졌다. 사람들의 생각을 조작하고, 개인의 의무보다는 대중적인 효과를 권장하며, 지적인 도전을 하기보다는 단편적이고 감정적인 측면에 의존함으로써 민주주의의 역할을 훼손한다는 비판이었다. 하지만 버네이스는 대중 매체의 시대에 이런 기법들은 피할 수 없으며 선전은 언제 어디에서나 이루어진다고 반박했다. 개인이든 집단이든 간에 사람은 누구나 자기 생각을 다른 개인이나 집단에 말할 권리가 있으며, 이 과정에서 일어나는 경쟁은 민주주의와 자본주의 둘 다를 위해서도 건강한 요소라고 했다. 한편 그는 자기가 직업적으로 하는 일과 선전자로서의 권위를 과장해서 떠벌림으로 해서 꼭 그만큼 과장된 반응을 감수해야 했다.[43] 제2차 세계대전 이후에는 선전자로서의 그의 권위를 받아들이는 사람은 아직 거의 없었지만, 정치 의식을 어떻게 개발할 것이며 또 이 정치 의식에 어떻게 영향을 미칠까 하는 것과 관련된 쟁점은 잘 정착되었다. 여기서 버네이스가 기여한 것이 있다면 근원적인 정치 이데올로기에 대한 생각과 태도를 형성하는 데뿐만 아니라 보다 전문적인 쟁점들의 틀을 마련하는 데서도 충동이 필요하다는 사실을 입증한 점이다. 인종차별과 전쟁을 둘러싼 1950년대와 1960년대의 정치 투쟁 과정에서 전략은 어떻게 하면 올바른 인상을 심어줄 수 있을까 하는 점에 점점 더 초점이 맞춰졌다.

공산주의와 나치즘의 전체주의적 이데올로기는 특권층이 고안한 정치적인 여러 방식에 대한 폭넓은 대중의 피암시성을 실제 현실에서 입증하고 실천하려고 노력했다. 이들은 전체 국민의 의식에 통일성 있는 세계관을 주입하고 자신의 지시를 강제해서, 현실의 생생한 경험에서 비롯되는 명백한 불일치의 모순을 지우려고 했다. 공산주의와 나치즘이 이런 시도를 해서 성공을 거둔 데는 당이 정한 노선에 동의하지 않거나 노선을 의심하거나 노선에서 벗어나는 사람들이 그런 낌새를 조금이라도 보일 경우 가차 없이 징벌을 가한 점도 크게 기여했다. 그런데 강압적인 주술이 한 번 풀리고 나면, 내재적인 생각들은 어떻게든 살아남는다. 신념 체계(개별적인 신념들이 어떤 원리에 따라 조직되어서 통일적 전체를 이루는 체계—옮긴이)는 보다 복잡해지고 다양해지며, 여론은 집권 엘리트들이 기대한 것보다 덜 우호적이 된다. 버네이스가 가리키는 것은 거대한 이데올로기 대결이 이루어지는 차원보다 아래에 있는 수준 즉 관련된 모든 태도들이 보다 구체적이고 전문적이며 행동 결과가 상대적으로 덜 벅찬 상태에서 진행되는 보다 미묘한 어떤 것이었다. 여기에서는 이데올로기의 신봉자들이 기대하는 것처럼 말이 행동을 지배하는 게 아니라 말과 행동 사이에서 밀접한 상호작용이 일어나고 있었다. 그리고 성공하는 정치인이나 사회 운동가는 끊임없이 변화가 일어나지만 (그리고 이 과정에서 몇 차례의 덧없는 승리를 거둔다 하더라도) 여기에 신경을 쓰지 말아야 함을 깨달았다.

| 제 23 장 |

비폭력의 힘

The Power of Nonviolence

:

사악함이 음모를 꾸밀 때
선함은 계획을 세워야 한다.
_마틴 루터 킹 2세

:

여론에 영향력을 행사하는 방법을 보다 더 정확하게 이해하는 순간 정치 전략의 새로운 기회가 열렸다. 윤리적인 차원의 이유나 신중을 기하는 차원의 이유로 무력에 의존할 마음이 없는 사람들은 전략을 설득력 있는 감동을 만들어 냄으로써 강압적이지 않은 방식으로 여론의 물꼬를 자기 쪽으로 돌려놓는 것으로 생각한다. 하지만 이런 전략이 가지는 힘은 과연 공중public을 지배 계층의 엘리트 쪽으로 얼마만큼이나 움직이느냐에 달려 있다. 그런데 공중 사이에서 어떤 변화가 일어난다고 하더라도 이런 변화가 정부의 정책에 영향을 미치게 하는 메커니즘은 무엇일까? 당국자의 관심을 끌기 위해서 그저 좋은 생각들을 재포장하는 차원의 문제가 아닐까? 그게 아니면 원하는 반응을 얻어내기 위해서는 어떤 압박이 필요한 게 아닐까?

여성 참정권 운동이 이런 여러 쟁점들을 깊이 다루었다. 서구 자본주의 국가들에서 이루어졌던 민주주의 발전은 불평과 불만의 원인이 되는 사항들을 법률적 수단을 통해서 바로잡음으로써 노동 운동의 혁명적 열정의 예리함을 무디게 만들었다. 하지만 다른 한편으로는 민주주의적인 권리를 거부당한 사람들이 느끼는 부당함은 한층 더 커졌다. 영국은 비록 박동하는 심장에 자유주의의 이데올로기를 가지고 있긴 했지만, 심장에서 먼 부분에서는 제도적인 압제가 여전히 시퍼렇게 살아 있던 터라 정치적 평등 요구에 많이 흔들렸다. 아일랜드 자치 법안을 요구하는 선동과 반反제국주의 운동 등 여러 가지 요구들이 있었지만, 그 가운데서도 참정권을 요구하는 여성들이 펼친 단호한 운동이 마침내 성공을 거두었다. 이 운동은 정치 제도만 문제 삼은 게 아니라 동시에 성별gender 및 인간관계의 가장 기본적인 것에 대한 관점도 문제 삼았다는 점에서 매우 독특했다. 여성 참정권 운동이 채택한 전술은 남성의 생색을 내는 듯한 태도 앞에서 관심을 끄는 수단으로서뿐만 아니라 여성성을 바라보는 고정관념(예를 들면 여자는 정치적인 주장을 제시하거나 유지할 능력이 없다는 편견)에 대한 직접적인 도전으로서도 지속적으로 영향력을 행사했다. 그리고 이 운동은 여성이 평등을 누릴 권리가 있다고 주장했을 뿐만 아니라 장차 공공의 삶에 특수한 어떤 성격을 부여하게 된다.

영국에서 이 운동은 여성의 참정권을 1867년의 선거법 개혁 내용에 포함시키자는 제안에서부터 남녀평등의 완전한 보통 선거권이 확립되는 1928년의 남녀평등선거법(이전까지 여자는 30세 이상이어야 선거권을 가질 수 있었는데 이 법은 21세 이상의 여성에게까지 참정권을 확대시켰다—옮긴이) 제정으로까지 이어졌다. 이 기간 동안에 여성의 정치적인 권리는 여성이 박애 활동과 시민 활동에 점점 더 많이 참가하는 과정 속에서 느린 속도로 신장되었다. 여성에게 남성과 동일한 선거권을 부여하는 사항을 놓고는 저항이 끈질기게 이어졌다. 그러다가 제1차 세계대전의 중압감 때문에 결국 이 저항은 항복하고 말았다. 여성 참정권 운동에는 많은 갈래들이 있었다. 어떤 쪽은 기존의 정당과 손을 잡았으며 어떤 쪽은 이런 시도는 헛수고일 뿐이라면서 손사래를 쳤다. 또 어떤 쪽은 운동의 범위를 정치적인 권리라는 좁은 차원으로 한정한 반면에 어떤 쪽은 경제적인 차원의 문제를 제기하면서 여성의 역할에 대한 남성의 전통적인 관점을 타격 대상으로 삼았다. 전략 차원에서 보자면 한편으로는 청원, 로비, 시위 등의 활동을 담당하는 합법 차원의 날개가 있었고, 또 다른 한편으로는 무력적인 차원의 날개로 무서울 정도로 대단한 투사이던 에멀린 팽크허스트Emmeline Pankhurst와 크리스타벨 팽크허스트Christabel Pankhurst 모녀가 이끄는 여성사회정치동맹Women's Social and Political Union, WSPU이 있었다. 이 두 개의 날개 가운데서 어느 쪽이 더 큰 영향력을 발휘했는지, 이 둘은 서로를 깎아내렸는지 아니면 서로를 강화했는지 하는 문제와 관련해서는 지금까지도 의견이 엇갈린다. 그런데 대부분의 사람들은 여성사회정치동맹이 낙서, 방화, 창문 부수기, 사슬로 자기 몸을 철로에 묶고 버티기, 감옥에서의 단식 투쟁 등의 직접적인 행동으로만 싸웠다고 알고 있다. 그러나 이런 투쟁 방식은 그들이 전개했던 운동의 한 부분이었을 뿐이다. 그들의 투쟁 방식은 형태나 강도 측면에서 매우 다양했다.

여성 운동의 호전성은 진보적인 각성의 한 결과로서 시작되었다. 처음에는 높은 이상을 존중해주길 꺼렸던 자유당Liberal Party에 대한 환상을 깨고 각성했으며, 그 다음에는 노동 운동에 의해 여성에게 주어진 우선권이 적다는 사실에서 다시 또 각성했다. 그리고 의회 쪽으로의 길은 막혀서 더 이상 통하지 않는다는 확고한 신념을 통해서도 새롭게 각성했다. 하지만 핵심적인 주제는 고전적인 자유주의적 이상들에서 나온 것들이었다. 예를 들면 개인이 의무만 지게 되고 권리는 아무 것도 보장받지 못한 결과로 이어진 독단적인 권력 형태에 대한 반대가 그랬다. 이 운동의 수사修辭는 프랑스 혁명 그리고 차티스트 운동으로까지 거슬러 올라간다. 계급 차별이 사라지고 난 자리에 성 차별이 대신 들어선 것이다. 호전적인 전술들은 크리스타벨 팽크허스트가 말한 것처럼 '헌법 바깥에 존재하는 사람들은 승낙을 받을 아무런 수단도 가지고 있지 않으므로, 예외적인 수단을 동원할 수밖에 없다'는 이유로 해서 정당화되었다. 여성사회정치동맹이 구사한 기법들은 사람들의 관심을 끄는 데 도움을 주었다. 비록 이렇게 해서 활동가들이 얻는 것이라고는 체포된 뒤에 법정에서 범죄 행위를 인정하지 않으며 정치 투쟁을 할 기회뿐이긴 했지만 말이다. 예를 들어서 1912년에 있었던 배심 재판에서 에멀린 팽크허스트는 자기 자신과 자기 조직이 똑똑하고, 유창한 연설을 할 수 있으며, 유능하고, 규율을 잘 갖추었으며 또 전혀 신경질적이거나 감정적이지 않다는 사실을 세상에 증명했다. 특히 그녀를 비롯한 활동가들은 자기들이 한 행동에 대해서 정치적으로 호소력 있는 변론을 했으며 그 덕분에 배심원이 낮은 형량을 주문하도록 이끌어낼 수 있었다.

이 일이 있은 뒤에 여성 운동의 수사는 한층 극단적으로 바뀌었다. 크리스타벨 팽크허스트는 심지어 테러를 호소하기까지 했다.

"남자든 여자든 간에 정치적인 상속물이 없는 사람들은 압제자들이 이들을 묶어놓으려고 사용하는 것과 똑같은 물리력으로 대항할 수밖에 없다."

수동적인 저항이 비굴한 방법이라는 평가를 받으며 기각되었고 적극적인 저항은 '장엄하고 순수한 것'으로 찬양되었다. 이들이 진행한 공격은 비록 사람을 대상으로 하지는 않았지만 재산을 대상으로 해서 활발하게 일어났고 그 바람에 여성 참정권 자체보다도 폭력이 더 많이 쟁점으로 부각되었다. 그러자 지지자들이 뿔뿔이 흩어졌고, 여성사회정치 동맹은 점점 더 지하로 들어갔다. 그러다가 결국 전쟁이 일어났고, 이 전쟁이 명분을 잃지 않고서도 호전적인 투쟁을 포기할 수 있는 유용한 출구가 되어주었다. 아닌 게 아니라 비폭력 여성 운동은 반전 운동을 벌인 반면에 팽크허스트 모녀는 전쟁에 적극적으로 개입해서 반독-반파쇼의 목소리를 높였고, 나중에는 반反볼셰비키의 목소리를 한껏 높였다.[1]

미국의 여성 참정권 운동은 1920년에 목적을 달성했는데 영국의 경우에 비해서 호전성은 한층 덜했다. 여성 운동은 진보적인 운동과 밀접하게 연관되어 있었는데, 가난한 여성이 아이들을 키우면서도 얼마 되지 않는 임금을 받으려고 공장으로 일을 하러 나가야 했던 산업화의 어두운 그림자를 전면으로 내세웠기 때문이다. 미국의 여성 운동은 비록 1차 대전 이전에는 영국 여성 운동의 영향으로 한층 역동적이었지만 이후에 그들이 선호한 방법은 피케팅, 대중 집회, 가두행진 등과 같이 수적인 힘을 과시하는 것이었다. 오랜 세월 동안 여성에게도 남성과 동등한 역할을 (심지어 설교자의 역할까지) 허용해온 퀘이커 교리가 특히 이 운동에 영향을 주었는데, 퀘이커 교도들은 운동 초기에 리더십을 지원했으며 비폭력 방식을 줄기차게 주장했다. 미국의 여성 운동이 궁극적으로 성공을 거두었다는 사실은 집회, 순회 강연, 전업적인 활동가 등과 같은 정치적 조직화의 구체적인 내용을 운동 주체들이 인식했음을 뜻한다.[2] 이것의 한 가지 결과는 성공적인 정치 전략을 위한 토대로서의 평화주의의 가능성을 열어젖힌 것이다.

'평화주의자'pacifist라는 용어는 19세기에 모든 폭력을 포기하는 사람들을 지칭하는 표현으로 나왔었다. 그런데 이 사람들은 몇 가지 표준적인 과제에 맞닥뜨렸다. 그것은 수세적守勢的인 측면에서는 상대방의 호전적인 공격성을 어떻게 극복할 것인가였고, 공세적인 측면에서는 폭력을 동원하지 않고 어떻게 목적을 달성할 것인가였다. 그런데 무엇보다 어렵고 힘든 부담은, 평화주의자들이 부당함보다 평화를 더 강조함으로써 이들은 계속 현재 상태에 묶여 있을 수밖에 없다는 점이었다. 약자가 행사할 수 있는 폭력을 배제함으로써 그들은 기존 권력의 위계 체계에 묶여서 불평과 불만을 삼키고 참거나 아니면 사랑이나 이성에 호소하는 도무지 가망이 없는 방법에 의존하거나 둘 가운데 하나를 선택할 수밖에 없었다. 하지만 평화주의자들은 다음과 같이 반박했다. 가진 것이 없는 약자는 분쟁이 폭력적으로 바뀔 때 잃을 게 많아지며, 아무리 선한 명분을 내세운 것이라 하더라도 일단 폭력이 한 번 사용되고 나면 투쟁에서 보다 나은 결과가 나올 가능성이 그만큼 더 줄어든다. 그리고 효과적인 비폭력의 압박 형식들을 마련할 수 있을 가능성도 줄어든다고 그들은 주장했다.

† 간디가 준 충격

평화주의는 제1차 세계대전 이후에 가장 강력한 위세를 떨쳤는데, 서부전선(1차 대전 때 독일군 대 프랑스와 영국 연합군 사이에 형성되었던 전선—옮긴이)에서 수많은 인명이 살상되었던 비극에 대한 반작용의 영향이 컸다. 또한 영국의 지배 아래에 있던 인도에서 마하트마 간디Mahatma Gandhi가 영국에 대항하면서 평화주의가 근본적인 변화를 이끌어내는 유력한 운동 수단임을 강력하게 입증한 덕분이기도 했다.

간디의 사상은 남아프리카공화국과 인도의 경험에서 형성되었다.

간디에게 영향을 준 사람 가운데 한 사람을 들자면 우선 미국 매사추세츠의 콩코드에 거주하던 시인이자 수필가이고 또 철학자이던 헨리 데이비드 소로 _{Henry David Thoreau} 를 꼽을 수 있다. 그는 노예 제도에 반대한 끝에 '남자고 여자고 어린이고를 가리지 않고 사람을 사고파는 나라에 세금을 내지 않을 것이고 이런 나라의 권위도 인정하지 않겠다'고 선언했다. 소로는 6년 동안 고집을 꺾지 않았고 결국 체포되어 감옥에서 하룻밤을 보냈는데, 이 경험은 1849년의 강연 '개인과 국가의 관계'로 나왔다. 그의 전략은 만약 모든 사람이 자기처럼 한다면 노예 제도는 철폐될 것이라는 주장에서 한 발자국도 더 나아가지 못했고, 당대에는 고립된 괴짜 정도로밖에 인식되지 않았다. 그러나 나중에 《시민 불복종》_{Civil Disobedience} 이라는 책으로 출간된 그의 강연은 부당한 법률을 거부하는 윤리적 사례의 고전이 되었다.[3] 간디는 청년 활동가 시절에 이 책을 읽었으며 나중에는 이 책이 자신의 사상을 정립하는 데 도움이 되었으며 자기와 비슷한 생각을 가진 미국인과 만나는 경험이었다고 술회했다.[4]

톨스토이와의 관계는 더 밀접했다. 간디는 자서전에서 톨스토이의 《천국이 네 안에 있느니라》_{The Kingdom of God Is Within You} 를 읽고 '압도되었다'고 했다. 1908년에 간디는 톨스토이가 인도의 한 신문사 편집자의 요청을 받고 썼던 《힌두교도에게 보내는 편지》_{A Letter to a Hindu} 를 번역해서 사람들에게 돌려 읽혔다. 이 편지에는 간디로서는 도저히 부정할 수 없는 내용이 담겨 있었다.

"정신적으로나 육체적으로 혜택을 받고 태어난 2억 명이 넘는 사람들이 생각이라는 측면에서 자기들과 전혀 다르고 종교적인 도덕성 측면에서는 비교할 수 없을 정도로 열등한 소수 사람들의 지배를 받고 있다는 것은 놀라운 사실입니다."

그리고 톨스토이는 곧바로, '인도인을 노예로 삼고 있는 것은 영국인이 아니고 인도인이 스스로를 노예로 만들었던 것'이라고 결론을 내렸다. 그러면서 폭력적인 저항을 할 게 아니라 '총독의 폭력적인 행동에, 법정에, 세금 징수에 그리고 무엇보다 병역 징집에' 관여하지 말 것을 촉구했다. 그리고 '모든 사악함에서 인간을 구제하는 유일한 방법인' 사랑으로 나아갈 때 '당신들 역시 당신의 민족을 압제의 노예 상태로부터 구할 유일한 길을 찾을 것'이라고 했다.[5]

분명 톨스토이와 간디 사이에는 비슷한 점들이 있었다. 둘 다 자기 정화, 사랑, 비폭력을 바탕으로 하는 삶을 살고자 했다. 또 특권이 부여된 귀족 계급으로 태어났지만 가난하고 고통 받는 대중 곁으로 될 수 있으면 가까이 다가가려고 했다. 극도의 금욕적인 생활을 함으로써 두 사람은 도덕적인 권위와 국제적인 공감을 얻었다. 간디는 또한 자아 완성이라는 생각을 품었으며, 톨스토이와 다르게 이것을 정치적 행동의 대안이 아니라 본질적인 한 부분으로 바라보았다. 그는 명민했기에 자신의 개인적인 영성이 공적인 삶의 유혹으로부터 자신을 보호할 뿐만 아니라 자기가 하는 정치적인 주장에 광채를 더한다는 사실을 잘 알았다. 간디는 자기의 개인적인 삶을 인도하는 그 가르침을 대중 운동의 토대로 활용했고, 그의 천재성은 바로 이런 능력에 있었다. 본인이 만든 단어인 사티아그라하Satyagraha(진리 추구)로 대변되는 그의 철학은 진리와 사랑과 견실함을 한데 섞은 것이다. 이 철학을 받아들인 사람들은 내면적인 힘을 가지게 되어 폭력적인 수단에 의지하는 사람들을 참아내고 압도할 용기와 규율을 가질 수 있다고 했다. 그러면서 그는 폭력적인 수단은 결코 평화로운 사회를 보장하지 못한다면서 수단과 목적은 따로 떨어질 수 없다고 주장했다.[6] 감옥도 경건하게 받아들이고 공격은 유쾌하게 또 죽음은 평화롭게 받아들여야 한다고 했다. 그는 이런 말을 하고 또 조용히, 온몸을 다 바치면서도 선동적이지는 않게 실천했다. 그런데 이 모든 것이 빈틈없는 정치적 감수성과 결합되어 있었다. 간디는 도덕적인 우월함을 주장함으로써뿐만 아니라 영국인에게 특히 까다로운 쟁점들을 찾아내고 제시함으로써 영국을 수세로 몰아넣는 재능을 가지고 있었다.

1930년 3월에 간디는 해안까지의 240마일(약 390킬로미터─옮긴이) 행진을 시작했다. 소금 생산을 독점하고 또 거기에 세금을 부과하는 당국에 항의하기 위함이었다. 당국은 처음에는 이 저항을 대수롭지 않게 여겼다. 하지만 이 저항은 곧 엄청난 파급 효과를 불러일으켰고, 간디는 투옥되어 다음해까지 감옥에 갇혀 있어야 했다. 비록 이 운동은 당면한 목표를 달성하지 못했다는 점에서 실패였지만, 간디의 방법론은 이제 사람들의 관심을 끌었고 당국은 언제든 저항의 대열에 나설 준비가 되어 있는 사람들을 예의 주시해야만 했다. 인도에서 일어난 대중적인 불만의 폭과 깊이에 영국은 강한 인상을 받았다. 영국으로서는 간디의 이런 과장된 행동과 도덕적 강점에 대해서 마땅히 대응할 만한 무기가 없었다. 인도 장관이던 윌리엄 웨지우드 벤William Wedgewood Benn은 1931년에 아일랜드와 남아프리카공화국에서 일어난 반영反英 운동뿐만 아니라 여성 참정권 운동과도 비슷한 요소를 간디가 주도한 운동에서 확인했다.

"이것들은 모두 대중의 공감을 동맹자로 확보하는 걸 목표로 삼는다. 그들은 정부 당국에 항복하거나 압제자 역할로 나서는 게 아니라 전혀 다른 대안을 들고 맞서고자 한다. (……) 그들은 처음에 일부러 엄중한 대처를 유발한 다음 전 세계를 향해 이런 폭력의 부당함을 호소한다."

이런 일이 있기 전에 그는 이런 도전에 대처하는 가장 좋은 방법은 양보와 억압 사이의 양자택일을 거부하는 것임을 이미 알았지만 그런 거부는 불가능했다.

"그들은 우리가 자기들을 따로 내버려두게 하지 않는다. (······) 반란을 일으킨 사람들과 대놓고 전투를 벌이는 것이 훨씬 낫다. 왜냐하면 이편이 훨씬 단순하고 또 만족스럽게 일을 처리할 수 있기 때문이다."[7]

간디의 운동으로 영국이 인도에서 쫓겨나지는 않았다. 이 운동은 제2차 세계대전에서 비롯된 긴장 속에서 인도 대륙은 너무 넓어서 상대적으로 규모가 작고 또 멀리 떨어져 있는 국가가, 그것도 권위나 역량 면에서 쇠퇴하고 있는 국가가 효과적으로 지배할 수 없는 곳이라는 사실을 확인하는 데 도움을 주었다. 인도인의 여론에서는 언제까지고 무한정 억누를 수만은 없는 민족적 감정이 점점 고조되었다. 간디의 노력이 그 자체로 영국 지배를 불가능하게 만들지는 않았지만, 간디가 이끌던 의회당 Congress Party이 식민지 정부를 대체할 신뢰할 만한 대안 정부로 대두되었다. 간디의 방법론이 이것 이외의 보다 깊은 사회정치적 요인들과 결합했다는 사실이, 비록 그런 방법론이 다른 맥락에서는 얼마나 효과적이었을지 모른다는 의문을 제기할 수 있을지는 몰라도, 그의 방법론을 기각할 이유가 될 수는 없었다.

전 세계가 야만과 격변의 소용돌이에 휩싸여 있던 시기에 간디는 가장 소박한 옷을 입고 가장 소박한 음식을 먹으면서 또 정신적인 메시지를 전달하면서 위엄과 선함의 화신으로 우뚝 섰다. 동시에 그는 확실하고도 성공적인 대중 운동을 이끌었다. 간디는 파업과 보이콧 등 약자에게 익숙한 전술을 선택했으며 이런 것들을 보다 장엄하고 또 보다 고귀한 내러티브의 한 부분으로 삼았다. 적의 내부에 있는 선함으로까지 손을 뻗자는 그의 주장 그리고 화해의 가능성에 대한 그의 믿음은 타협의 가능성을 활짝 열었다. 그런데 이것은 보편적으로 적용이 가능한 전략이었을까 아니면 인도라는 특수한 환경에서만 맞아떨어졌을까? 이 전략은 시간을 초월하는 보편적인 가치를 주장하는 도덕적 권위에 의존했는데 이 전략이 거둔 성공은 인도라는 매우 특수한 환경 덕분이 아닐까?

비폭력이 언제 어디에서나 효과적일 것이라는 주장은 어려운 선택이 제기될 수 있다는 가능성을 무시함으로써 도덕적인 질문을 비켜나갔다. 이 방법론이 권위와 존엄성을 획득한 정확한 이유는 이 방법론을 선택할 때 극단적인 고통이 따르고 정치적으로도 아무런 소득이 없다는 점이었다. 그러나 만일 성공을 기대할 합리적인 근거가 없다면 비폭력을 주장하는 것은 보다 더 큰 사악함을 너그럽게 받아들이고 추종자들을 아무런 보호막도 없는 위험한 상태로 몰아넣는다는 뜻이었다. 심지어 폭력에 의존해도 아무런 소득을 기대할 수 없다는 사실을 인정한다 하더라도 비폭력은 폭력보다 더 큰 위험을 낳을 수 있었다. 이 쟁점은 히틀러와 제2차 세계대전으로 인해 특히 더 첨예하게 제기되었다. 비폭력은 영국을 상대로 해서는 그런 대로 효과를 볼 수 있었다. 영국은 폭력 투쟁을 피하려고 했고 또 대중적인 저항이 전개될 경우 당황스러울 것이기 때문이다. 그러나 자기 방법론이 나치를 상대로 해서도 통할 것이라는 간디의 신념에는 신빙성이 거의 없었다. 뿐만 아니라 간디는 인도가 영국으로부터 독립한 뒤에 인도인들끼리 싸울 때 이 난관을 제대로 극복하지 못했다. 간디는 자기 나름대로는 최선을 다했음에도 불구하고 힌두교도와 무슬림을 가르는 분파주의를 극복하지 못했고, 결국 1948년에 암살자의 손에 비극적인 죽음을 맞이했다(인도는 1947년 8월 15일에 영국으로부터 독립했다. 그러나 이슬람의 파키스탄이 인도에서 따로 떨어져나갔고, 파키스탄 동부는 1971년에 방글라데시로 독립한다―옮긴이).

† 비폭력의 잠재력

인종차별과 분리가 만연해 있던 미국 남부에서 전개된 흑인 시민권 운동에도 간디의 영향력이 미쳤다. 비록 비폭력적인 전술을 구사할 수 있다는 이야기가 양차 대전 사이에서 언급되긴 했지만, 2차 대전 이후에야 비로소 이런 방법론들이 시민권 운동에 도입되었고 이들은 향후 놀라운 성공으로 연결되었다.

그러나 간디의 경우와 미국 시민권 운동의 경우는 두 가지 점에서 확연하게 달랐다. 간디는 멀리 떨어져 있는 제국주의 국가를 상대로 해서 인도인 전체를 일으켜 세우려고 했다. 이에 비해서 흑인은 용서라고는 알지 못하는 가차 없는 다수의 백인 이웃을 상대로 해서 소수의 숫자로 싸워야 했다. 흑인이 처한 특별히 곤궁한 상황 때문에 비폭력적인 전략을 선택한다는 것은 기본적으로 딜레마였다. 남북전쟁 이후에 이른바 '짐 크로법'Jim Crow Laws('분리하되 평등하게'라는 원칙 아래에서 공공장소에서 흑인과 백인의 분리와 차별을 규정한 법, 1876년부터 1965년까지 시행됐다. '크로'는 까마귀라는 뜻이고, 백인 연예인이 만들어낸 캐릭터인 '짐 크로'는 가난하고 어리석은 흑인의 대명사였다─옮긴이)이 남부 여러 주에서 의결되었고, 흔히 무자비한 폭력이 이 법을 뒷받침했다. 흑인은 투표권을 가지기조차도 매우 어려웠다. 식당, 버스, 공원 묘지, 병원, 학교 등에서 차별을 받았고 또 백인과 분리되었다. 흑인과 백인의 결혼은 물론이고 공동 거주조차도 금지 사항이었다. 이런 인종차별주의자들에게 선함을 기대하기란 가망 없는 일이었다. 그렇다고 해서 이들에게 맞설 수도 없었다. 자살 행위였기 때문이다.

1895년에 남부의 백인 지도자들과 부커 워싱턴Booker T. Washington을 비롯한 흑인 지도자들 사이에서 이른바 애틀랜타 협정Atlanta Compromise이 맺어졌다. 그러나 흑인이 정치적으로뿐만 아니라 경제적으로도 성공할 수 있는 능력과 가능성을 가로막는 여러 장벽들이 이 협정조차도 무력하게 만들고 있었다. 협정을 맺을 당시에 워싱턴은 '우리 인종 가운데서 현명한 사람이라면 사회적 평등에 의문을 제기하고 선동하는 것이 극단적으로 어리석은 행동임을 잘 알 것이다'라고 말했다. 성실하고 절약하며 살아간다면 흑인도 종업원의 귀감이 될 것이며, 따라서 ('사회에 조금이라도 기여하는 인종이 그 사회에서 추방되는 일은 없으니까') 점차 미국 사회에 평등한 시민으로 참여하게 될 것이라고 했다. 시민권도 당연히 주어질 것이라고 했다(당시의 급진적인 흑인들은 워싱턴의 이런 온건한 노선을 가리켜서 '톰 아저씨의 생각'이라고 비판했다 — 옮긴이).

이런 온건한 타협을 흑인 온건주의자와 백인 온건주의자들이 기꺼이 받아들였다는 사실은 전혀 놀라운 일이 아니다. 경제적인 권력이 없이는 정치적인 권력을 얻기 어려울 것이라는 그들의 전제는 어느 정도는 타당했다. 그러나 실제 현실에서는 경제 전선에서나 정치 전선에서 흑인이 얻은 것은 거의 없었고, 애틀랜타 협정은 노예 상태의 연장 수단일 뿐이라는 인식이 점점 확산되었다. 이런 상황에서 보다 급진적이고 보다 분석적인 의견을 두 보이스W. E. B. Du Bois가 내놓았다. 두 보이스는 하버드 대학교에서 박사 학위를 받은 최초의 흑인이었는데, 독일에서 베버와 함께 공부했고 이때의 교우 관계는 그 뒤로도 계속 이어졌다. 베버는 두 보이스가 미국에서 가장 재능이 넘치는 사회학자들 가운데 한 명이라고 인정했으며, 인종주의적인 고정관념을 반박할 때면 늘 두 보이스를 반증 사례로 제시하곤 했다. 두 보이스는 이른바 '흑인 문제'를 다루는 주요 연구 프로젝트들을 맡아서, 흑인 문제의 핵심은 서로 다른 인종 사이의 근원적인 차이점이 아니라 정치적인 선택에서 비롯된 것임을 입증했다. 그는 시민권 운동을 했고 제인 애덤스나 존 듀이와 같은 백인의 도움을 받아서 전미유색인지위향상협회National Association for the Acvancement of colored People, NAACP를 창설했다.

1924년에 두 보이스는 또 다른 흑인 사회학자이던 (그리고 시카고 대학교에서 학자로서의 훈련을 쌓았던) 프랭클린 프레이저Franklin Frazier의 글을 전미유색인지위향상협회의 기관지 《위기》The Crisis에 발표했다. 비폭력 노선을 비판하는 글이었다. 프레이저는 뺨을 때리는 사람에게 또 다른 뺨을 내준다는 발상을 비웃었다. 이때는 사적인 폭력적 제재를 금지하는 법률이 상원에서 거부된 직후였다. 이런 사실로 해서 남부의 백인들이 흑인을 위협하기 위한 수단으로 빚어진 살인 행위를 너그럽게 바라본다는 것이 이미 명백해진 상황이었다. 프레이저의 비웃음에 대해서 퀘이커 교도이던 엘린 윈저Ellen Winsor는 간디와 비슷한 인물이 '이 나라에 나타나서 슬픔과 악행을 낳는 야수적인 폭력의 낡은 방식이 아니라 자유로 곧바로 이어지는 경제적 정의를 바탕으로 한 교육이라는 새로운 방법으로 사람들을 참혹함과 무지함에서 벗어나도록 인도할' 것이라고 했다. 그러자 프레이저가 답장을 날렸다.

간디가 나타나서 흑인을 이끈다고 상상해보자. 이 사람은 노예적 복종 상태에서 남부의 드넓은 밭을 경작하는 일을, 자기 아이들을 무식의 구렁텅이에 방치하는 국가에 줄기차게 세금을 내는 일을, 그리고 짐 크로법 및 불법적이고 간악한 시민권 박탈을, 이 모든 것을 직접 고통을 당하는 사람들과 똑같은 마음으로 증오하지 않고서 흑인을 이끈다고? 장차 흑인과 여성에 대한 유례가 없는 대학살이

법과 질서의 이름으로 자행되는 것, 방어 수단도 없이 속절없이 당하기만 하는 이 대학살을 목격하게 될까 두렵다. 미국에는 피가 강물이 되어 흐르고 기독교의 마음을 찾아보기 어려울 것이다.

몇 년 뒤인 1929년에 두 보이스가 간디를 초대하면서 그의 글을 한 편 받았는데, 이때 이 글에 자신의 논평을 덧붙였다.

"선동, 비폭력, 압제자에 대한 협력 거부 등은 간디의 슬로건으로 자리 잡았다. 이 슬로건을 가지고 간디는 인도를 자유의 세상으로 이끌고 있다. 그리고 오늘 그는 서방의 유색인 친구들에게 손을 내민다."[8]

두 보이스는 간디가 가지고 있는 근본적인 철학보다는 그가 언제라도 직접적인 행동에 나설 준비가 되어 있다는 점 그리고 압제에 대한 굴복을 단호하게 거부한다는 점에 초점을 맞추었다. 사실 두 보이스는 간디의 철학을 회의적으로 바라보았다. 미국의 다른 흑인 활동가들이 간디의 운동을 놓고 이야기를 시작할 때 두 보이스는 단식이나 공개적인 기도 혹은 자기 희생 따위의 전술은 비록 '인도에서는 3,000년이 넘는 세월에 걸쳐서 형성되었을지 모르지만' 미국이라는 환경에서는 낯설 뿐이라는 점을 지적했다.[9]

간디는 단 한 번도 미국에 가지 않았지만, 인도 독립이라는 목적을 달성하기 위해서는 미국이 정치적으로 중요하다는 사실을 잘 알고 있었다. 그리고 미국 사회에 형성되어 있는 분열에 자기 사상이 적용될 여지가 있음도 알고 있었다.[10] 간디와의 접촉을 추동했던 애초의 동기는 흑인 인권과 관련된 어떤 대의명분이 아니었다. 그 동기는 전쟁에 초점을 맞춘 전통적인 평화주의적 관심 그리고 보다 최근에 나타난 노동 불안에 대한 관심이었다. 리처드 그렉Richard Gregg은 1920년대 초에 노동 분쟁 전문 변호사로 활동하면서 점차 노동조합의 주장에 공감하게 되었고, 고용주들이 노동조합을 억압하려고 동원하던 폭력을 보고는 기절할 정도로 놀랐다. 노동자들이 마찬가지 방식으로 대응할 때 위험한 사태가 일어날지 모른다고 우려했던 그는 수동적인 저항에서 대안을 찾으려고 했다. 이런 노력의 일환으로 그렉은 인도에 가서 머물면서 정기적으로 간디를 만났다. 그리고 다시 미국으로 돌아와서는 어려운 도덕적 선택으로서의 전통적인 평화주의(즉 전쟁이라는 문제에 사로잡혀 있는 인간적 삶의 신성함에 대한 내면적 확신의 표현)에서 벗어나서, 국내적 갈등에 맞닥뜨렸을 때 단호한 비폭력으로 맞섬으로써 나타날 수 있는 특수한 힘을 보다 전략적으로 평가할 것을 주장했다. 그는 평화주의를 '모호한 신비주의와 정서적인 차원의 무익한 분위기, 허망한 저항 그리고 혼란스러운 사상과 결합한 감상주의'에서 구출하고자 했다. 전통적인 호전적 전략과의 대비를 강조하기보다는 비폭력을 또 다른 유형의 무기 즉 인명을 살상하지 않고서도 전투를 할 수 있게 해주는 혁신적인 무기로 파악해야 한다고 독자들에게 촉구했다.[11]

그렉은 특히 쟁점을 극적으로 부각시키기 위한 수단으로서 억압받는 사람이 당하는 고통을 활용할 수 있을 것인지에 깊은 관심을 가지고 매달렸다. 개인적인 믿음이 아니라 어떤 행동들이 과연 상대방에게 수치스러움을 안겨주고 지켜보는 사람들에게서 공감을 이끌어낼 수 있는가 하는 것이 쟁점이 되어야 한다고 보았다. 그는 폭력적인 공격에 대한 비폭력적인 저항이 '도덕적 격투기의 일종'으로서 공격자가 '정신적인 균형을 잃게 만듦으로써', 어떻게 또 얼마나 효과적으로 작동하는지 묘사했다. 이것은 심경의 변화에 의존하며, 이 심경의 변화는 다른 사람이 당하는 고통에 거의 무의식적으로 공감하는 신경계에 의존한다고 했다. 현대 사회에서 이런 반응의 폭과 영향은 대중 매체 덕분에 한층 더 커졌다고 했다. 방어 수단이 전혀 없는 사람들이 사악하고 무자비한 폭력을 저항 없이 받아들인다는 이 독특한 내러티브는 매력적인 '이야기'가 되고 또 '놀라운 뉴스'가 되며, 이 이야기와 뉴스에서 형성되는 나쁜 평판은 공격자가 무시할 수 없는 위협이 된다는 것이었다. 그렉은 이 접근법이 흑인 시민권 투쟁에도 유용하다고 생각했고, 하버드 대학교 동창생인 두 보이스와도 만났다. 그렉이 흑인의 특성을 '고통을 감내하는 놀라운 능력을 가진 온화한 인종'이며 따라서 흑인이야말로 비폭력 운동에 더할 나위 없이 적합하다고 규정한 것을 두 보이스가 어떻게 받아들였는지는 확실하지 않다.

그렉이 비폭력이 전략으로서 유효할까 하는 문제를 탐구할 때 독일 출신의 미국인 프로테스탄트 신학자이던 라인홀트 니부어Reinhold Niebuhr는 그런 전략은 결코 유효할 수 없다고 결론 내렸다. 니부어가 이런 문제에 관심을 가지게 된 계기는 그렉과 유사하게 노동자가 부당한 대우를 받는다는 사실을 가까이에서 경험했었기 때문이다. 당시에 그는 목회자로서 디트로이트에서 포드 자동차의 노동자들을 위해서 일했다. 이 과정에서 그는 비폭력이 현재의 상태를 유지시킬 뿐이라는 생각을 점점 확고하게 가졌다. 비폭력이라는 원칙에는 반대할 수 없었지만, 불완전한 세상에 비폭력을 적용했을 때 빚어질 수 있는 결과를 경고했다. 그는 사람은 본질적으로 선하다는 낙관주의에 동의하지 않았다. 불평등과 불공정을 통해서 이득을 얻는 사람들이 평등함과 공정함을 바라는 합리적인 요구에 긍정적으로 반응할 것이라고 기대하는 것은 바보짓이라고 생각했다. 이런 사람들에게는 완벽하며 저항할 수 없는 사랑으로 접근할 것이 아니라 그들이 구사하는 폭력에 걸맞은 힘으로 맞서야 한다고 했다. 그는 이런 견해를 탁월하면서도 많은 영향력을 행사했던 자신의 책《도덕적 인간과 비도덕적 사회》Man and Immoral Society를 통해서 제시했다.[12]

니부어는 이렇게 힘에 초점을 맞춤으로써 핵심적인 현실적 사상가로 꼽혔다. 그런데 그가 특히 독특했던 것은 자기 이론의 틀을 신학적인 차원에서 잡았기 때문이다. 전략 일반을 관심사로 하는 우리로서는 신학적 쟁점을 굳이 깊게 파고들 필요는 없지만 그래도 조금은 살펴보는 게 좋을 것 같다. 니부어는 권력(힘, 무력)을 향한 충동이라는 것은 사람들이 무한한 우주 앞에서 스스로에게 어떤 의미를 부여하기 위한 도구 혹은 방법이라고 보았다. 그런데 선천적인 이런 자존감 혹은 자존감의 추구는 인간 의식의 속성에 의해서 악화된다고 했다. 인간은 자신의 바람이 지금 당장의 가능성을 초월해서 얼마나 충실하게 이루어질 수 있을지 상상할 수 있으므로, 자기를 과대평가하려는 충동이 나타날 수밖에 없다. 그리고 이 충동은 적절하게 제지되지 않으면 타협의 가능성을 내팽개치고 싸움을 준비한다고 했다. 비록 이성은 협력과 비폭력을 지시하지만 불행하게도 '자기의 전체적인 이해관계를 생생하게 이해할 수 있게 해주는 고도의 합리성을 획득하는 기적'은 일어나지 않는다는 것이었다. 군중은 추론에 약하므로 집단은 상태를 한층 어렵게 악화시키고, 그 결과 개인을 상대로 해서는 충분히 잘 먹힐 수 있는 도덕성이 집단을 상대로 해서는 재앙을 초래한다고 했다.

니부어는 이런 비관적인 인간관 그리고 권력과 이해관계가 인간사에서 수행하는 역할이 불평등과 불공정의 희생자들 사이에 패배주의를 심어줄 수 있음을 잘 알았다. 하지만 인간의 선함이 가지고 있는 잠재적인 힘을 무작정 믿는 순진하고도 감상적인 이상주의보다는 현실주의에서 출발하는 게 옳다고 생각했다. 갈등의 실체를 보려 하지도, 권력의 여러 쟁점을 깊이 살펴보려 하지도 않는 사람들은 실제로는 소심하고 아무런 효과가 없는 조치들을 제시하는 경향이 있다고 했다. 이 사람들은 무력을 포함하는 강제의 여러 형태에 불편함을 느끼는데, 그래서 결국 정의를 실현할 능력을 갖추지 못한다고 했다. 그리고 베버도 동의했을 논지로 '지금 당장의 결과를 궁극적인 차원의 결과를 놓고 비교하고 또 평가해야 한다'고 말했다. 어떤 수단은 결코 합리화될 수 없다는 견해가 있었지만, 니부어는 이런 견해에 맞서서 결과가 정당성을 제공한다는 점을 거리낌 없이 주장했다. 한 사회의 도덕성과 한 개인의 도덕성은 투쟁의 승패에 걸려 있는 결과의 규모가 다르기 때문에 전혀 다르다고 했다. 절대적인 것을 향한 한 개인의 추구는 하찮은 것일 수 있지만, 한 사회가 절대적인 것을 추구할 때는 '수백만 명의 복지가 좌우된다.' 이때는 완벽함을 추구하지 말고 타협을 받아들이는 것이 낫다.

니부어의 주장에서 다음 단계는 폭력적인 강압과 비폭력적인 강압 사이의 엄격한 구분을 부정하는 것이었다.

"강압이 사회적이고 물리적인 관계의 영역으로 들어가서 다른 사람들의 바람과 활동에 어떤 물리적인 구속을 가한다면, 그것은 물리적인 강압의 한 형태이다."

심지어 비폭력적인 행위도 상처를 줄 수 있다고 했다. 예를 들어서 간디가 영국에서 생산된 직물로 만든 옷을 입지 않은 것은 영국의 직물 노동자에게 상처를 주었다. 니부어는 비폭력 그 자체보다도 비폭력을 주장하는 사람들의 '저만 잘났다는 독선'에 더 많이 화가 난다는 인상을 풍겼다. 물론 그도 비폭력 전략이 가지고 있는 잠재적인 이점을 높이 평가하면서, 비폭력은 '폭력이 가해자와 피해자 양쪽 당사자에게 언제나 만들어내는 원한'으로부터 보호해준다고 했다. 또한 비폭력은 평화로운 해결

책에 대한 관심을 증명할 수 있다고도 했다. 흥미롭게도 니부어는 '절망적일 정도로 소수에 속하며 압제자에 대항할 힘을 개발할 가능성을 전혀 가지고 있지 않은 피억압 집단'에 대해서는 비폭력의 잠재적 가치를 확실하게 인정했다. 바로 이런 맥락에서 그는 비폭력은 '미국의 흑인 해방'에 적절한 전략이라고 덧붙였다.

† 미국에서의 비폭력 노선

1942년 5월 '미국 역사상 최초의 조직된 시민권'이 시카고의 잭 스프랫 커피하우스에서 실천에 옮겨졌다. 스무 명이 몇 개의 소집단으로 나뉘어서 앉았는데 (각각의 소집단에는 흑인 남자나 여자가 적어도 한 명씩은 포함되어 있었다) 이 커피하우스의 몇 되지 않던 직원은 이들에게 서빙을 하느라 정신없이 바빴다. 그들은 특히 흑인에게는 서빙을 하지 않으려 했고 또 설사 너그럽게 마음 먹고 서빙을 해주려 해도 남들 눈에 띄지 않는 틈을 타서 하려고 했다. 그런데 나중에는 이런 행동이 커피하우스의 다른 고객들에게 신고를 받고 출동한 경찰들로부터 거의 공감을 얻지 못했기 때문에 더욱 진땀을 흘려야만 했다.[13] 시민권 운동 활동가들이 시도한 이 투쟁은 성공적이었다. 시카고는 나중에 인종차별 문제가 한층 더 심각해지지만, 그러기 전의 시카고에서 시도된 이 일은 나중에 남부의 여러 주에서 일어나는 차별만큼 심한 차별을 받지 않았다. 어쨌거나 이 시도는 단호하지만 정중한 행동이 인종차별주의자들을 어리둥절하게 만들고 인종차별의 실태를 적나라하게 폭로할 수 있는 가능성을 입증했다.

이 행동의 중심에 신학대학을 졸업한 텍사스 출신의 젊은 아프리카계 미국인 제임스 파머James Farmer가 있었다. 당시에 파머는 인종화해회Fellowship of Reconciliation, FOR의 인종차별 문제 간사였다. 인종화해회는 제인 애덤스와 머스티A. J. Muste를 포함해서 다수의 유력한 반전反戰 인사들이 1915년에 설립했으며 뉴욕에 본부를 둔 강력한 평화주의자 단체였다. 나중에 활발한 노동조합 활동가이자 사회주의자가 되는 머스티는 1940년부터 1953년까지 인종화해회의 사무총장이었다.[14] 이 기간 동안에 평화주의자들은 다시 한 번 자기들이 대중적 대의의 잘못된 편에 서 있음을 깨달았다. 당시에 적의 사악함은 상상을 초월했으며 온 나라는 이 사악함에 완전히 짓눌린 상태였다.

파머는 인종 평등을 촉진하는 임무를 뚜렷하게 명시한 조직을 만들기 위한 선동 작업을 하고 있었다. 그는 자기 생각을 보다 본격적으로 실천하기 전에 시카고에서 어떤 의미 있는 성과를 거둘 수 있을지 확인하는 차원에서 잭 스프랫 커피하우스의 행동을 조직한 것이다. 시카고 대학교에서 인종화해회 소모임이 있었는데, 이 소모임을 이끌던 사람은 조지 하우저George Houser였고, 하우저는 이미 오래 전부터 이와 비슷한 노선을 줄곧 생각해왔던 사람이었다. 이 사람들이 한자리에 모여서 인종평등회의Committee(나중에는 Congress) of Racial Equality, CORE를 창립했다. 이 단체는 나중에 모母단체인 인종화해회보다 중요한 단체로 성장했다. 전쟁 때문에 이미 지리멸렬하게 되어버린 인종화해회에는 도발적이며 긴장을 불러일으킬 수밖에 없는 전술들을 채택하길 바라는 청년 활동가들이 모여 있었다. 이들은 사랑이나 이성 차원을 넘어서서 강압의 차원으로 나아가고 있었다. 파머가 맨 처음 인종화해회에 자신의 '형제애 동원 계획'Brotherhood Mobilization Plan을 제시했을 때 완강한 반대에 부닥쳤다. 이유는 그 계획이 노력과 관심을 반전 투쟁에 집중할 수 없도록 분산시킬 뿐만 아니라 그

저항의 행동이 전쟁과 같은 양상으로 전개될 것이므로, 다시 말해서 노골적으로 폭력적이지는 않다 하더라도 평화와 평온을 깨서 결국 인종차별주의자들의 마음을 정의 쪽으로 돌려놓지 못할 것이기 때문이라고 했다. 파머는 이런 톨스토이적인 의견이나 주장이 복종의 태도를 강화할 뿐이라고 보았다. 행동하지 못한다면 일상적으로 일어나는 차별의 폭력이 영구화될 것이라고 생각했다. 비록 그는 비폭력의 교의를 신봉하긴 했지만, 그가 표준으로 삼던 기준은 동기의 순수성이 아니라 효과성이었다. 마찬가지 이유로 해서 그는 인종평등회의가 진정한 평화주의자만 회원으로 받아들이는 것에 반대했다.[15] 그는 실망한 머스티에게 (머스티는 전국적이지만 공공연히 평화주의적이지는 않은 새로운 조직에 대해서 복합적인 감정을 가지고 있었다) '흑인 대중은 평화주의자가 될 수 없다. 흑인으로 살아간다는 것은 평화주의자가 되지 않고서도 얼마든지 굳세고 당당한 일이다. 그러나 백인들은 이렇게 살아갈 수 없을 것이다'라고 말했다.[16]

파머가 잭 스프랫 커피하우스의 사건을 도모할 때 영향을 받은 사람은 인도에서 간디를 추종하다가 체포될 뻔하기까지 했던 언론인 크리슈나랄 슈리드하라니Krishnalal Shridharani였다. 그의 저서 《폭력 없는 전쟁》War Without Violence은 활동가들이라면 사악한 행동을 하는 사람이 아니라 사악한 행동 그 자체에 초점을 맞춰야 하고 또 대항 행동은 자행되는 특정한 사악한 행동과 직접적으로 연관이 있어야 한다고 경고하는 실용적이고도 실천적인 매뉴얼이었다. 적을 상대로 한 비폭력의 효과를 묘사하는 내용은 주로 그렉에게서 뽑은 것이었고, 예상치 못한 전술로 상대의 허를 찔러서 심리적인 혼란을 일으킬 것을 강조했다. 슈리드하라니는 1943년 6월에 있었던 인종평등회의 창립총회에서 축사를 했는데 파머는 그의 모습에 깜짝 놀랐으며 다음 내용을 기록으로 남겼다. 슈리드하라니는 간디처럼 바짝 마른 금욕주의자가 아니라 잘 먹고 잘 입는 사람이었다. 브라만 계급에 속한 그는 여러 개의 반지를 끼고 시가를 피웠다. 어쩌면 그래서 그랬던 건지도 모르지만 슈리드하라니는 간디의 도덕적 측면을 그다지 높이 평가하지 않았고 현대적인 매체를 동원해서 정치적인 메시지를 확산하는 데 극적인 행동을 활용할 기회에 초점을 맞추는 식의 전략을 강조했다. 그는 또 인도에서 벌어지는 운동은 주로 세속적인데 미국의 평화주의자들이 이 운동의 정신적인 측면을 과장하는 건 아닌지 모르겠다고 말했다. 그렇기 때문에 사티아그라하의 종교적인 측면들은 '간디와 같은 진실하게 양심적인 사람들 및 그를 추종하는 사람들의 개인적인 만족을 위한 것일 뿐만 아니라 선전 및 평판을 위한 것'이라고 했다. 비폭력은 '세속적이고 구체적이며 총체적인 목적'을 위해서 채택된 것이며, 따라서 '필요 없다면 얼마든지 버릴 수 있다'는 것이었다.[17] 그는 평화주의의 신조를 위해서 히틀러와의 싸움에 동참하지 않을 때의 충격이 얼마나 클지 알고 있었고, 그래서 인종화해회나 이 단체의 리더십을 회의적으로 바라보았다.

비폭력 노선이 흑인에게 어떻게 유리하게 작동할지 가장 명확하게 본 사람은 베이야드 러스틴Bayard Rustin이었다. 러스틴은 1912년에 태어났으며 펜실베이니아의 퀘이커 가문에서 성장했다. 그는 지적인 재능과 운동 재능 그리고 음악적인 재능을 타고났다. 세련되고 교양이 넘치던 그는 일부러 상류층의 영국식 발음을 구사했지만 반전 운동과 인종차별 철폐 운동 사이를 오가며 언제든 감옥행을 불사했던 언행일치의 견실한 활동가였다. 그는 1930년대 뉴욕에서 일어난 열광적이고 급진적이던 지식인 사회의 분위기에 감격해서 청소년공산주의자동맹The Young Communist League(10대와 20대 청소년을 회원 대상으로 삼았다—옮긴이)에 가입했다가 이 단체가 인종차별 문제에 대해서는 특별한 활동을 하지 않는다는 사실을 알고는 탈퇴했다. 1941년에는 노동 운동과 밀접한 연관을 맺고 있던 지도적인 청년 운동가 필립 랜돌프Philip Randolph를 알게 되었다. 랜돌프는 초기의 전시 동원이 흑인 노동자가 경제 분야에서 차지하는 중요성을 극적으로 높였다는 사실을 알아차렸다. 그는 만 명의 시민이 워싱턴에 모여서 군대 및 군수 산업에서의 인종차별 철폐를 요구하는 행진을 할 것을 제안했다.[18]

하지만 이 행진은 루스벨트 대통령이 (비록 군대에서의 인종차별은 제외했지만) 군수 산업에서의 인종차별을 철폐하는 공정고용법에 서명함으로써 취소되었다. 러스틴은 랜돌프가 보다 많은 양보를 얻어냈어야 한다고 생각하고, 머스티에게 합류했다. 그리고 실제로 시민권 운동의 현명한 연장자 정치인이었던 랜돌프는 러스틴의 가장 일관되고 충성스러운 후원자가 되었다. 그리고 20년 뒤에는 러스틴이 독자적으로 조직을 만들어서 운영했는데 이 조직이 바로 필립랜돌프재단Philip Randolph Foundation이었다. 머스티가 러스틴의 동성애를 도덕적으로나 정치적으로 인정하지 않았기 때문에, 러스틴이 가지고 있던 정치적 및 행정적 수완에 대한 랜돌프의 후원과 찬양은 특히 중요했다. 1953년에 캘리포니아 법정은 러스틴이 과거에 공산주의 활동을 한 것과 더불어서 부도덕한 행동을 한 것에 대해서 유죄 판결을 내렸는데, 그 바람에 러스틴은 숨을 죽이고 살아야 했고 시민권 운동의 중요한 지도자들 가운데 한 사람으로 인정받지 못했다. 하지만 그는 '최전선에 섰던 거의 모든 흑인 지도자 및 조직을 전술적으로 보좌했던 가장 빈틈없었던 막후의 지적 공학자'였다.[19]

돌이켜보면 짐 크로법이 어떻게 그렇게 오랜 세월 동안 존속되었는지 이해하기 어렵다. 미디어 시대에 그리고 반反식민주의 정서가 점점 커져가던 가운데서 서로 미국을 자기편으로 끌어들이려는 전 지구적인 투쟁이 진행되고 있던 상황에서 미국이 천명했던 가치관과 터무니없이 어긋나는 상황이 전개되고 있었던 것이다. 그러나 낡은 도당의 뿌리 깊은 권력 구조는 쉽게 해체되지 않았으며, 북부의 정치인들이 말로는 인종차별 상황을 개탄하는 동안에도 이 문제에 대해서 획기적인 조치를 취하려는 정치적인 노력은 거의 없었다. 미연방 대법원이 공립학교의 흑백 분리가 부당하다고 판단한 1954년의 기념비적인 판결('브라운 대 교육위원회 판례')은 흑인의 사기를 한껏 올려주는 사건이었다. 그러나 이 판결은 다른 한편으로는 흑백 통합을 반대하는 남부 백인을 한껏 자극하고 강화해서 온건파의 입지를 불안하게 만드는 계기가 되었다. 새로운 과제들이 연이어 나타나면서 인종차별주의자들은 결사항전의 분위기로 똘똘 뭉쳤던 것이다.

주요 흑인 단체이던 전미유색인지위향상협회는 북부에 본부를 두고 있었고 하부의 대중 조직이 부족했으며 남부의 몇몇 주에서는 공격 받을 위험성 때문에 제대로 활동도 하지 못했다. 그럼에도 불구하고 1955년 11월에 로자 파크스 Rosa Parks 는 앨라배마 몽고메리에서 백인 승객에게 자리를 양보하라는 버스 운전사의 지시를 거부했고 결국 이것 때문에 경찰에 체포되었다. 지역의 활동가들이 그동안 철저하게 준비해왔던 그 순간이 다가온 것이다. 곧 몽고메리에서 버스 보이콧이 시작되었다. 이 사건은 '결코 갑작스러운 돌출 사건이 아니었다.'[20] 이 사건의 효과 또한 충분히 예견된 것이었다. 몇몇 경우에 (특히 루이지애나의 배턴 루지에서 그랬는데) 이 행동은 버스에서의 흑백 분리를 완전하게 철폐하는 것은 아니었지만 백인의 양보를 어느 정도로 이끌어내는 성과를 거두었다. 그러나 타협의 내용은 흑인도 백인이 타는 버스에 탈 수는 있지만 따로 구분된 뒤쪽 자리에만 탄다는 것이었다. 몽고메리에서는 백인이 양보를 하지 않았다. 그러자 흑인은 버스를 타지 않고 출근하는 등의 전술을 구사했고 이들의 요구는 버스뿐만 아니라 모든 시설에서의 흑백 분리 정책 철폐로 확대되었다. 버스 보이콧은 대법원이 버스에서의 흑백 분리는 위헌이라고 판결함으로써 382일 만인 1956년 말에 끝났다(나중에 미국 의회는 로자 파크스를 '현대 시민권 운동의 어머니'라고 칭송했다— 옮긴이).

직접적인 행동을 위한 교훈을 찾는 사람들에게 세 가지의 분명한 교훈이 드러났다. 첫째, 경제적인 효과가 정치적인 효과만큼이나 중요하다. 이 점에서 그 행동들은 강압적이었다. 둘째, 정치적인 효과는 보이콧 운동이 어려움을 견뎌낼수록 그리고 국내외의 언론이 이 투쟁에 점점 더 많은 관심을 보일수록 그만큼 더 커진다. 셋째, 지역 차원의 반응이 거칠면 거칠수록 운동의 효과는 그만큼 더 커진다. 그 뒤에 플로리다의 탤러해시에서 일어난 버스 보이콧에서는 지역의 경찰들이 로자 파크스 같은 순교자를 만들어내지 않으려고 보다 치밀하게 작전을 짜고 대응했으며 당국에서도 무조건 밀어붙이지 않고 유연성을 발휘했다. 그 바람에 저항의 열기가 새어나가고 운동은 분열했다. 비록 앨라배마의 버스 인종 분리가 위헌이라고 판단한 대법원 판결이 플로리다에서도 어느 정도의 효력을 발휘하긴 했지만 말이다.

몽고메리 운동의 지도자들은 막 싹을 틔우고 급격하게 성장하던 시민권 운동의 주요 인물들로 성장했다. 이들은 그 교훈들을 다음 10년 동안의 운동에 적용했다. 젊은 침례교 목사이던 마틴 루터 킹 2세Martin Luther King, Jr.는 처음에는 어쩔 수 없이 그 운동을 이끌던 조직인 몽고메리지위향상협회Montgomery Improvement Association, MIA의 대표가 되었지만, 결국 그 운동을 통해서 대중적인 지명도와 명성을 높였다. 비록 여성 소집단이 맨 처음 이 보이콧 운동의 불을 지폈지만 교회가 리더십과 조직을 제공했다. 교회들은 백인 사회로부터 독립해서 흑인이 운영과 재정을 맡아서 하던, 흑인을 대표하는 유일한 지역 기관이었다. 이들 교회에는 시골에서 도시로 이주한 사람들로 점점 넘쳐나고 있었다. 이 교회들은 운동에 존경과 종교적인 근엄함을 부여했다.

나중에야 드러나는 사실이지만 킹은 자기 구역 너머의 다른 청중들의 마음도 사로잡을 수 있는 타고난 지도자이자 천부적인 재능의 웅변가였다. 그는 조직과 전술을 잘 이해했으며 필요한 것이면 무엇이든 배우고자 했다. 그는 간디와 소로를 알았다. 그러나 비폭력을 하나의 전략으로 생각하지는 않았다.[21] 그는 신학교 학생일 때 도덕성과 정치의 문제를 놓고 씨름했으며, 니부어의 기독교적 현실주의를 알고 있었다. 그리고 사랑의 힘이 사람들의 마음을 바꿀 수 있다고 말하는 사람들의 말에 확신을 가지지 않았다. 그는 학생 때 쓴 에세이에서 '평화주의자들은 사람의 마음속에 있는 사악함을 알지 못한다. (……) 그러므로 어떤 사람이 다른 사람을 해치지 못하도록 하기 위한 어느 정도의 강압이 필요하다'고 썼다. 나중에 그는 당시에 자기는 '우리가 우리의 문제를 해결할 수 있는 길은 오로지 무장 봉기밖에 없다'고 생각했다고 술회했다.[22]

몽고메리 보이콧이 시작되었을 때 킹이나 몽고메리지위향상협회의 다른 구성원들은 전략이라는 개념이 그다지 많지 않았다. 비폭력을 실천하긴 했지만 이런 전술을 의도적으로 신중하게 선택한 것도 아니었다. 폭력은 인종차별주의자들의 무기였고 만일 양측이 싸움으로 붙는다면 흑인이 질 게 뻔했다. 보이콧이 시작되고 처음 몇 주 동안 흑인에 대한 압박이 점점 거세짐에 따라서 흑인은 무기 소지를 포함해서 스스로를 방어할 방책을 어떻게든 마련해야 했다. 특히 킹의 집이 폭탄 공격을 받앗던 1956년 1월 말 이후로는 그런 필요성이 더욱 절박하게 대두되었다. 그런데 킹은 간디주의에 젖은 조언자들을 만나면서 비폭력 쪽으로 전술과 철학을 바꾸었다. 킹에게 맨 처음 다가간 사람은 러스틴이었다. 러스틴은 인도 경험과 감옥 생활에서 비롯된 신망을 포함해서 실천적인 경험을 매우 많이 가지고 있었을 뿐만 아니라 자기의 신념, 명민함, 설득력에 대한 확신도 함께 가지고 있었다. 하지만 러스틴은 논란이 있을 수 있는 과거 때문에(그는 동성애자였다—옮긴이) 몽고메리에 도착하자마자 거의 곧바로 킹의 곁을 떠나야 했다. 하지만 그는 그 뒤로도 계속 킹에게 도움말을 해주었으며, 그 뒤로 두 사람은 줄곧 가까운 관계를 유지했다. 많은 평자들은 러스틴이야말로 몽고메리 운동에서 가장 큰 영향력을 행사했던 자문자로 꼽는다.[23] 러스틴이 떠난 자리를 대신 메운 사람은 인종화해회 및 인종평등회의의 핵심 활동가이던 글렌 스마일리Glenn Smiley 였다. 스마일리는 리처드 그렉의 저술을 킹에게 소개했다. 1956년 말에 킹은 자기에게 특별히 큰 영향을 주었던 존재로 소로와 간디의 저술 외에 그렉의 《비폭력의 힘》The Power of Non-Violence을 꼽았다.[24] 러스틴과 스마일리 그리고 그보다 더 나중에 그렉 외에도 킹에게 영향을 준 또 한 사람은 해리스 워퍼드Harris Wofford였다. 워퍼드는 나중에 케네디 대통령 밑에서 일했으며, 과거에는 인도에서 비폭력을 연구하기도 했던 사람이다. 부유한 변호사이자 공산주의자 경력도 가지고 있던 스탠리 레비슨Stanley Levison도 러스틴이 다리를 놓아서 킹과 연결되었는데, 그 뒤로 킹과는 막역한 친구 사이가 되었다.

이런 사람들이 킹의 조언자가 된 뒤로는 곧바로 비폭력이 일종의 신중한 전술이라기보다는 지도 원칙으로 자리 잡았다. 러스틴은 비폭력은 무조건적이어야 한다고 주장했다. 그래서 무장 경호원을 두어서는 안 되

는 것은 말할 것도 없고, 설령 방어용이라고 하더라도 권총을 소지해서
는 안 된다고 했다. 그는 또한 이렇게 할 때 전술적으로 어떤 이점이 있
는지를 증명했다. 몽고메리지위향상협회의 지도자들이 보이콧을 금지하
는 주 정부의 법률을 위반한 혐의로 재판을 받으러 갈 때 옷을 깔끔하게
입고 환하게 미소를 지으며 자기들이 저지른 잘못을 먼저 인정하라고 설
득했는데 이렇게 함으로써 체포의 심각성과 위협성을 아예 지워버리도
록 한 것이다. 몽고메리 운동이 끝나갈 무렵에 킹은 개인적으로 간디 철
학에 깊이 빠졌다. 그리고 그로부터 2년 조금 덜 지난 시점에는 그 위대
한 스승의 추종자들을 만나려고 직접 인도로 가기까지 했다. 킹은 자기
노선을 다음과 같이 천명했다.

"필사적으로 저항하는 소수의 사람들이 가지고 있는 총보다 더 큰 힘
이 사회적으로 조직된 대중이 행하는 행진에 있다. 우리의 적들은 무장
하지 않았지만 단호한 마음을 가진 거대한 대중보다는 차라리 소규모의
무장한 사람들을 상대로 하는 게 훨씬 편할 것이다."

역사는 그에게 '사나운 바다가 거대한 절벽을 때리고 때려서 결국은
바위덩어리로 부숴서 떼어내듯이 지치지 않고 자기 권리를 주장하는 사
람들의 단호한 운동은 낡은 질서를 허물어뜨리고 말 것'임을 가르쳤고,
그는 이런 역사에서 확신을 얻었다.[25] 의심할 수 없는 사실이지만 킹의
비폭력은 간디의 철학에서만큼 예수의 산상수훈에서도 가르침을 받았
다. 산상수훈의 영성과 존엄은 목사라는 그의 신분에도 딱 맞았다. 흑인
여론이 이것을 얼마나 높이 평가해줄 것인가 하는 것은 별개의 문제였다.
흑인들은 폭력을 행사해서 얻을 것이라고는 거의 없음을 잘 알았다. 그
러나 인종적 차원의 정의의 이름으로 행해지는 고결한 행동들은 인종차
별주의자들의 마음을 녹일 수 있다는 주장이 과도한 기대라는 것도 알았

다. 게다가 특히 일자리가 있어야 하고 가족을 돌봐야 하는 사람들에게 는 체포되어 감옥에 갇힐 수도 있다는 위험은 이만저만 큰 위협이 아니 었다.

비폭력 전략은 킹에게서 완벽하게 들어맞았다. 간디의 경우와 마찬 가지로, 킹을 지지하는 많은 사람들에게는 그 전략이 조건부였다. 한편 킹이 이론적으로 정리한 내용은 대부분 독창적인 것이 아니었다. 실제로 그의 전기를 쓴 작가들이 그의 박사 학위 논문 주제를 살피면서 발견한 사실이지만 킹은 유감스럽게도 표절을 했었다. 아무리 좋게 본다 하더라 도 이것은, 설령 다른 사람들이 그에게 자기가 쓴 글 가운데 일부를 킹이 써도 된다며 기꺼이 허락했다고 하더라도 킹의 태도가 느슨하게 풀어져 있었음을 뜻한다. 러스틴은 킹이 맨 처음 썼던 정치적인 글의 초고를 썼 으며, 이 글을 자기가 발간하던 잡지 《해방》Liberation에 킹의 이름으로 실었 다.[26] 이 글에는 '자기 연민을 자기 존중감으로 또 자기 비하를 긍지로 대 체한 (……) 새로운 흑인'이 그려져 있다. 버스 보이콧은 흑인이 자신에 대 해 가지고 있던 그리고 백인이 흑인에게 가지고 있던 끈기와 의지가 없 고 물렁하다는 고정관념 가운데 많은 것을 지워버렸다. 이 보이콧은 '마 법의 주술을 깨어버렸다.' 이 투쟁에서 여섯 가지의 교훈이 정리되었다. 첫째, 커뮤니티는 끈끈하게 단결할 수 있으며 커뮤니티의 지도자는 굳이 원칙에 위배되는 일을 하지 않아도 된다. 둘째, 지도자들은 위협이나 폭 력으로 위협을 받을 필요가 없다. 셋째, 교회는 점점 호전적으로 바뀐다. 넷째, 새로운 자기 믿음이 생긴다. 다섯째, 백인 기업가들이 흑인이 투쟁 에 나설 때 손해를 입을까봐 걱정하게 됨에 따라서 경제적인 측면이 중 요하다는 사실을 확인했다. 여섯째, '새롭고 강력한 무기'를 비폭력 투쟁 에서 발견했는데 이 무기가 있음으로 해서 폭력에 맞닥뜨려서도 폭력에 의존하지 않고 운동을 강화시킬 수 있다. 킹은 1956년에 대법원이 버스 보이콧 운동의 손을 들어주는 판결을 내릴 때 했던 연설에서 이와 비슷한 교훈들을 언급했다.[27]

킹은 일관된 어떤 철학을 개발하는 데 따로 노력을 기울인 적이 없었다. 러스틴과 레비슨이 직접적으로 개입하지 않았더라면 그의 첫 저서인《자유를 향한 큰 걸음》Stride Toward Freedom은 결코 나올 수 없었을 것이다. 이 책에서 비폭력을 다룬 장章을 개로우Garrow는 당혹스럽다는 표현으로 설명했다. 여기에서도 킹은 다른 사람의 말과 글을 자유롭게 빌려오는 경향을 보였는데, '비폭력으로의 순례'를 다룬 이 핵심적인 장은 '부분적으로는 형편없이 조직되어 있으며 때로는 킹을 도운 수많은 조언자들의 글을 마구잡이로, 그것도 엉터리로 짜깁기를 해놓았다.'[28] 이 책이 많은 결점을 안고 있음에도 불구하고 킹은 흑인 운동의 상징적인 인물로 서서히 부각되고 있었고, 러스틴은 시민권 운동에서 그가 가진 가치를 누구보다 잘 알았다.

킹을 간디와 비교하는 것은 암시하는 게 많았지만 잘못된 결론으로 유도될 가능성이 있었다. 킹은 이제 겨우 20대였고 정치적인 어떤 역할을 할 준비도 되어 있지 않았을 뿐만 아니라 그런 역할을 추구하지도 않았다. 그는 때로 갈피를 잡지 못하는 사상가였고 나중에 드러나는 사실이긴 하지만 사생활에서도 부주의했다. 하지만 이런 결점과 경험 부족에도 불구하고 그의 용기와 헌신 그리고 남부 흑인 문화에 대한 이해를 부정할 수는 없다. 그의 웅변은 특별했다. 그것은 거의 시에 가까울 정도였고, 흑인 목사 특유의 낯익은 운율과 리듬감이 넘쳤을 뿐만 아니라 미국 민주주의와 서구 철학의 고전적인 비유로 매끄럽고도 풍성했다. 툭하면 제기되던 살해 위협과 폭력 그리고 투옥 속에서 그가 무릅썼던 너무도 명백했던 위험은 그가 진정으로 대의를 위해서 헌신하고 고통을 당했음을 증명한다. 그는 곧 언론의 스타가 되었고 가장 구체적인 얼굴과 가장 매력적인 목소리로 흑인 운동의 대표자가 되었다. 베버의 표현을 빌리자면 그는 '카리스마'의 소유자였다.

러스틴은 몽고메리 운동을 돌아보면서 버스 보이콧이 획득했던 전략적 이득을 강조했다. 버스 보이콧은 경제적인 충격이라는 선명한 목적을 가지고 있었으며, 쉽게 직접 행동으로 옮길 수 있는 투쟁 방식이었다. 흑인 학생과 백인 학생을 한교실에 수용하는 통합 교육과 같은 다른 목표들과 다르게 여기에서는 '행정적 기구나 법률 장치'가 따로 필요 없었다. 그저 '날마다 투쟁에 동참'하기만 하면 됐고, 따라서 그만큼 커뮤니티 내부의 결속력과 자긍심을 높여서 '보잘것없는 사람들을 고귀하게' 만들었으며 '공포를 용기로' 바꾸어놓았다. 특히 이 운동은 '흑인 문화 내부의 가장 안정적인 사회적 기관인 교회'를 활동 기반으로 했다.[29] 1957년 초에 러스틴은 남부기독교지도자회의Southern Christian Leadership Conference, SCLC의 창립을 막후에서 조종했다. 여기에서는 말 한 마디 한 마디가 모두 의미가 있었는데, '남부'라는 표현이 들어간 것은 이 단체가 전국적인 조직이 아님을 뜻했다. 이 단체는 흑인을 대상으로 하는 교회뿐만 아니라 백인을 대상으로 하는 교회까지 모두 포함한 남부 교회들에게 주어진 특별한 역할을 반영했으며, 부수적으로는 이 단체가 하는 운동이 공산주의자들의 책동이라는 주장을 무력화시켰다. 또 이 단체는 대중적인 조직 형태를 지양했다. 이렇게 했을 때 유리한 점은 전국 조직으로서 스스로 생각할 때 흑인을 가장 잘 대변한다고 평가를 받던 전미유색인지위향상협회와의 싸움을 피할 수 있다는 사실이었다. 이 협회의 사무총장이던 로이 윌킨스Roy Wilkins는 갑작스럽게 지도자의 위상으로 성장한 킹을 경계했다.

킹은 북부를 기반으로 한 윌킨스가 짐 크로법을 상대로 한 법률적인 투쟁을 전개하는 데 지나치게 사로잡힌 나머지 그 문제들을 직접적으로 다루기 위한 행동과 투쟁은 거의 하지 않는다는 염려를 거의 숨기지 않고 노골적으로 얘기했다. 하지만 그럼에도 불구하고 그는 운동에서 통일성이 깨지는 것을 조장하고 싶지 않았다. 남부기독교지도자회의가 가지는 진지한 이점은 투쟁에 의미를 부여할 수 있는 지도자로서 킹을 지지하는 제도적인 장치가 된다는 사실 그리고 추종자들이 쉽게 이해하고 따를 수 있는 차원에서 전략을 제시한다는 사실이었다. 이와 관련해서 워퍼드는 나중에 다음과 같이 회고했다.

"러스틴은 늘 곁에 있으면서 조언을 하는 것 같았다. 그래서 때로 킹은, 간디적인 어떤 고귀한 명령에 따라서 미리 계획되어 있던 상징적인 행동을 하는 귀중한 꼭두각시 인형 같기도 했다."[30]

러스틴은 킹이 꼭두각시가 아니며 특별한 리더십 덕목을 가지고 있음을 알고 있었다. 하지만 본인도 인정했듯이 교회는 엄숙한 관료제적인 절차가 없는 순수하게 자율적인 조직이라는 점이 문제였다. 그래서 성직자들이 정치적인 차원에서 조직될 때도 어떤 성직자가 자기 신도를 조직하는 것과 동일한 방식이 동원되었다.[31] 이런 게 킹에게는 잘 맞았지만 곧 여기저기서 불만이 터져나왔다. 킹을 신랄하게 비판한 사람들 가운데 남부기독교지도자회의를 운영하던 유능한 조직가 엘라 베이커Ella Baker라는 인물이 있었다. 베이커는 구세주를 찾고자 하는 강한 열망 때문에 특정 인물에 대한 열광적인 분위기가 형성되는 것에 무척 실망했다. 이런 열망이 민주주의적인 대중 운동의 출현을 가로막는다고 보았기 때문이다.[32] 대중적인 기반이 없었기에 안정적인 수입원이 마련되지 않았고, 그래서 킹이 보내는 전체 시간 가운데서 많은 부분이 기금을 모으러 다니는 길바닥에 뿌려졌다. 페어클로프Fairclough는 '전국적인 차원의 대중 조직을 만드는 데 반대한 결정은 (……) 심각한 결점, 궁극적으로는 운동을 절름발이로 만들게 될 결점이 되었다'고 주장한다.[33]

심지어 보다 큰 규모의 조직이 있었다 하더라도 비폭력적인 직접적인 행동을 내세운 운동을 하는 데는 여러 가지 문제가 나타났을 것이다. 일단 자원봉사자의 수가 제한되어 있었다. 운동에 동원되는 전체 인구 가운데 채 5퍼센트도 되지 않았다. 직업을 가지고 있으며 가족을 부양해야 하는 사람들에게 중요한 헌신을 기대한다는 건 현실성이 없었다. 1960년대 초의 특징이었던 호전성이 거세게 몰아칠 때는 흑인과 백인을 불문하고 엄청나게 많은 학생들이 직접적인 행동을 선호했다. 학생비폭력조정위원회Student Nonviolent Coordinating Committee, SNCC가 1960년에 남부기독교지도자회의의 도움을 받아서 조직되었다. 그들은 제임스 파머와 그의 동료들이 1942년에 했던 것과 같은 행동을 되살려냄으로써 자신만의 뚜렷한 발자취를 남기기 시작했다. 맨 처음 1961년에 그린스보로에 있는, 인종 분리 정책이 실시되고 있던 울워스 백화점의 간이식당에서 네 명의학생이 연좌시위를 벌였다. 당시에 이 시위는 학생들의 분노가 자발적으로 표현되었던 것으로 알려졌지만, 사실은 그게 아니었다. 그 학생들은 전미유색인지위향상협회NAACP의 청년 분과 내에 있던 활동가였으며 지난 두 해 동안 쌓였던 연좌농성의 경험이 있었고 또 그 행동을 사전에 꼼꼼하게 계획했다. 이런 사실이 밝혀지자 그 운동은 '태양 아래의 건포도처럼'(이 표현은 할렘가의 시인 랭스턴 휴Lanston Hugh의 시 《레녹스가街의 벽화》Lenox Avenue Mural에 나오는 구절이며, 극작가 로레인 한스베리Lorraine Hansberry의 희곡제목이기도 하다. 1959년에 초연된 이 희곡에서는 과로로 사망한 아버지의 보험금 1만 달러 때문에 할렘가에 사는 흑인 가족의 욕망이 부딪히며 파국을 만들어낸다―옮긴이) 바짝 말랐다. 그리고 이 운동은 교회 및 대학교 네트워크를 통해서 확산되었다.[34] 그리고 5월에 남부 전역의 버스터미널에서 인종 분리를 철폐하고자 한 '자유 버스 운동'freedom ride(프리덤 라이드)가 워싱턴 D.C.를 출발하면서 시작되었다. 흑인과 백인 활동가들이 같은 버스를 타고 여행하는 이 전술은 직접적인 행동이라는 킹과 러스틴의 철학과 맞아떨어졌으며, 두 사람은 이 전술을 운동의 새로운 단계로 수용하는 데 전혀 어려움이 없었다. 그 무렵 백인은 한층 정교하게 전술을 운용하고 나섰다. 이 버스가 당연히 인종차별주의자들의 표적이 될 것이라는 러스틴의 판단이 옳았을 수도 있지만, 법원 판결을 내세워서 흑인과 백인이 함께 버스를 타고 도시를 순회하는 이 전술은 많은 저항을 조직하는 데는 실패했다. 또 하나의 중요한 투쟁 전술이던 선거인 등록은 흑인이 장기적인 차원에서 실질적인 힘을 획득하는 데 가장 좋은 길이었다. 하지만 이 투쟁은 진행이 느렸다. 특히 지역의 공무원들이 자기가 흑인 유권자를 배제한다는 유권해석을 내릴 수 있다고 생각할 때는 특히 더 그랬다.

1961년 12월에 최초의 '지역 사회 전체의 저항 운동'이 조지아의 올버니에서 시작되었다. 식당이나 버스 터미널과 같은 특정한 표적에 초점을 맞추는 게 아니라 지역에 존재하는 모든 인종차별 및 분리를 대상으로 해서 총체적으로 공격함으로써 인종차별주의자들의 관용 한계를 시험할 위기를 조장하는 방식이었다. 이 운동은 큰 성공을 거두지 못했다. 그러나 운동가들은 이 과정에서 분명히 일련의 교훈을 얻었고 '또 이 교훈들은 시행착오 과정을 거치면서 전체 운동의 가장 극적인 투쟁들을 주도할 수 있을 정도로 정제되었다.'[35] 이 새로운 운동은 일부러 폭력을 유발하기 위한 목적으로 설계되었다고 할 수 있을 정도로 한층 더 도발적이었으며, 인종차별주의자들의 가슴에 상호 이득의 어떤 계기를 불어넣고자 할 때는 비폭력이라는 전략이 얼마나 멀리까지 나아갈 수 있는지 보여주었다. 이제 사람들에게 충격을 안겨줄 것은 야수적인 폭력이 공개적으로 횡행하는 현실과 기본적인 인권을 요구하는 행동이 가지는 존엄성을 대조시키는 것이었다. 러스틴이 썼듯이 '저항은 권력 구조에서 야수성과 압제를 유도해낼 수 있을 정도로 효과적인 전술이 되었다.'[36] 만일 그렇다면 폭압적인 경찰 지휘관을 더 많이 포착하는 게 필요했는데 이일은 갈수록 어려워졌다. 경찰 지휘부도 폭력을 휘두르지 않고서 시위자들을 체포하라고 지시했고 또 그런 훈련을 했기 때문이다. 그런데 1963년 봄에 앨라배마의 버밍엄에서 일어난 흑백 분리 시설 철폐 시위 현장에서 '황소'라는 별명의 경찰 지휘관 유진 코너Eugene Connor가 활동가들이 찾던 폭력 경찰의 모습을 유감없이 발휘했다. 그는 사람들의 상상을 초월해서 어린 학생들을 체포했고 또 심지어 이 과정에 소방 호스와 개까지 동원했다. 이로써 시위를 벌이는 사람이 바로 희생자라는 인상이 확실하게 심어졌다.[37]

버밍엄 투쟁 뒤에 놓인 전략은 애초에 폭력이 어떤 징후가 될 수 있는 위기를 만들어낼 생각으로 폭력을 도발하겠다는 것은 아니었다. 킹은 버밍엄의 감옥에 갇힌 상태에서 지역의 성직자들로부터 '현명하지 못하고 시의에 맞지도 않는 짓'을 했다는 비판을 받자 시위와 관련된 자기 철학을 명확하게 밝혔다(킹은 1963년 4월 버밍엄 감옥에서 '나의 친애하는 성직자님들께'로 시작하는 편지를 몰래 써서 자기의 '비폭력 직접 행동'의 의미를 알렸다─옮긴이). 시위를 개탄할 게 아니라 이런 시위를 낳은 조건을 개탄해야 한다고 했다. 비폭력적인 직접적인 투쟁의 목적은 협상을 하자는 것이며, 이 목적을 달성하기 위해서는 '그런 위기를 만들어낼 필요가 있고 협상을 끊임없이 거부해온 백인 커뮤니티가 어쩔 수 없이 이 쟁점을 직시하도록 강제할 긴장을 강화할 필요가 있다'고 했다. 자기들이 하는 투쟁의 목적은 '쟁점을 극적으로 비화시켜서 그 문제가 더는 무시되고 덮이지 않도록 하는 것'이라고 했다.[38] '행동을 통한 선전'(본문 76쪽 참조 — 옮긴이)의 비폭력 버전이었다. 버밍엄 투쟁의 경우에 이 목적을 달성하는 데는 지역 경찰의 과잉 진압뿐만 아니라 그 도시에 대한 지속적인 경제적 압박도 톡톡하게 기여했다. 이 두 가지가 결합함으로써 극적인 효과가 발생했던 것이다. 그래서 러스틴이 지적한 것처럼 '남부에서는 기업가를 비롯한 경제계 인사들이 카메라를 끔찍하게 두려워했다.'[39] 활동가들은 무질서 상태를 오래 유지함으로써 인종차별을 철폐하고 흑인 노동자를 보다 많이 고용하는 것이 경제적 생존을 위해서 치러야 하는 어쩔 수 없는 비용이라는 사실을 버밍엄의 기업가들에게 설득할 수 있을 것이라는 기대를 가지고 있었던 것이다. 활동가들은 여기서 다시 한 걸음 더 나아가 시민권 법안을 바라보는 케네디 행정부의 정치적 계산에도 영향을 주고자 했다.

갈등의 진앙지는 도심이었다. 상대적으로 비좁은 공간이라서 경찰 당국이 제대로 저지하지 못할 경우 도심 전체가 시위대로 가득 채워질 수 있었다. 앨라배마 때와 다르게 버밍엄 투쟁은 사전 계획이 잘 짜여 있었으며 지역 조직에 강력하게 의존했다. 이 투쟁은 1963년 4월이 시작될 때 함께 시작되었다. 그때는 부활절을 2주 앞둔 시점으로, 도시의 상점들로서는 한 해 가운데서도 가장 바쁜 시기였다. 투쟁은 처음 흑인 커뮤니티가 불매 운동을 벌이고 시위를 하며 식당들에서 연좌농성을 하면서 시작되었다. 전체 60만 명 인구 가운데서 25만 명이던 흑인 전체가 도심지 가게의 불매 운동에 참여할 수 있었고 이럴 경우에 효과는 즉각적이고도 엄청난 타격일 것임은 불을 보듯 뻔했다. 코너 경찰서장이 도시를 통제하기 위해서 구사한 첫 번째 전술은 올버니에서 빌려온 수법이었다. 연좌 등의 시위를 금지하는 법원 명령에다 고액의 보석 보증금을 결합시키는 것이었다. 하지만 올버니에서와 마찬가지로 지도부는 불복종을 결정했다. 킹과 그의 가장 가까운 비서 겸 동지이던 랠프 애버내시_{Ralph}Abernathy가 성^聖 금요일(부활절 전의 금요일. 예수가 십자가에 못 박힌 날을 기억하기 위한 날—옮긴이)에 경찰에 체포되었다. 그러자 사람들은 줄줄이 법원 명령을 무시하고 나섰다. 5월 2일, 수천 명의 고등학생까지 시위에 참가하는 가운데 시위대의 규모는 점점 더 커졌다. 그리고 곧 체포된 사람의 수가 무려 1,000명을 넘었다. 당국은 이제 두 가지 길 가운데 하나를 선택해야만 했다. 감옥이 미어터져서 더는 수용할 수 없을 때까지 시위 군중을 잡아들여야 할까 아니면 시위대가 목표로 정한 지점까지 나아가지 못하도록 막아야 할까? 그런데 경찰이 소방 호스, 곤봉, 개 등을 동원해서 도심으로 향하는 시위대를 가로막자 시위는 폭력적으로 변했다. 이런 흐름을 막으려고 했지만 이미 때는 늦었다. 버밍엄의 한 보안관은 다음과 같이 보고했다.

"범법자들로 유치장은 가득 차버렸고, 한 해 예산이 벌써 다 지출되었다. 근무에 나선 경찰관은 과중한 업무에 지쳐서 금방이라도 쓰러질 지경이라 시위자를 체포할 힘조차 없다. 욕설을 퍼붓는 시위 군중, 어디에나 있는 뉴스 카메라들 그리고 '황소' 코너 서장을 비롯한 불안한 얼굴의 간부들이 내놓는 앞뒤가 맞지 않고, 사람들마다 제각각인 명령들에 치이고 채이며 이리저리 휘둘린다."[40]

그리고 마침내 절정의 순간이 왔다. 5월 7일이었다. 고귀하던 도심이 시위대의 물결로 범람했다. 시위대가 다른 곳에서 시위를 벌이며 연막 작전을 펼치다가 평소보다 일찍 도심 진입을 시도하는 본 행진을 시작한 바람에 (이때 경찰은 점심을 먹고 있었다) 경찰의 저지선은 측면에서 뚫렸다. 연막 작전을 벌이던 시위대도 도심으로 합류했다. 약 3,000명의 시위대가 도심을 점거했고, 경찰은 통제력을 상실했음을 인정해야만 했다. 킹은 당시를 회상하면서 점심을 마치고 온 어떤 기업가를 다음과 같이 묘사했다.

"헛기침을 몇 번 하더니 이렇게 말했다. '거 있잖소, 내가 계속 생각을 해봤는데 말이오, 우리가 함께 머리를 맞대고 뭔가를 만들어낼 수 있지 않을까 하는 생각이 드는데…….'"[41]

다음날, 비록 정치계의 고위인사들은 싸움을 계속하길 바랐지만 기업계는 항복 선언을 했다.

그리고 1963년 6월 19일, 케네디 대통령이 시민권 법안을 의회에 제출했다. 그리고 8월 말에 러스틴이 조직한 역사적인 워싱턴 행진이 뒤를 이었다. 무려 25만 명이나 되는 사람들이 참가한 행진이며, 또한 킹의 저 유명한 연설 《나에게는 꿈이 하나 있습니다》I Have a Dream가 나온 행진이었다. 이렇게 해서 이제 시민권은 미국 정치계의 가장 중요한 의제가 되었다.

그렇지만 그 시점에서 시민권 운동은 필연적으로 정치적인 권리는 경제적 조건이나 사회적 조건의 개선을 보장하지는 않는다는 사실에 직면했다. 투표권을 행사한다고 해서 아이에게 먹일 양식이 나오는 것도 아니고 집세가 나오는 것도 아니었다. 물론 투표권 덕분에 장기적으로는 도움이 될 정치적인 여러 활동 방식이 가능하게 되긴 했지만 지금 당장은 그게 문제가 아니었다. 킹이 벌인 운동은 만족이 아닌 좌절 속에서 정점에 다다랐다. 흑인이 도심 지역에서 폭동을 일으키고 있었다. 이런 상황에서 킹이 다시 가난의 문제로 관심을 돌리기 시작하자, 남부에서 정치적 성공을 거두었고 또 킹을 전국적인 유명 인사로 만든 방법들이 남부가 아닌 미국 전체에 걸쳐 있는 한층 더 까다로운 경제적인 문제를 해결하는 데도 유효할 것인가 하는 점이 문제로 대두되었다.

킹은 명백한 몇 가지 목표에 집중해서 자기가 잘 이해하는 커뮤니티들과 함께 힘을 합쳐서 운동을 전개해왔다. 전술로는 지역의 백인 커뮤니티에게 경제적인 고통을 안겨주는 강압적인 방식과 경찰이 폭력을 행사하도록 도발해서 인종차별이 얼마나 부당한 행위인지 언론 매체를 통해서 폭로되도록 하는 우회적인 방식을 동시에 사용했다. 백인들은 흑인이 버스를 보이콧하고 도심을 점거함에 따라서 막대한 경제적 손실을 입었다. 만일 이들이 과거에 잘 먹혔던 여러 방법을 가지고 이 운동을 억누르려고 한다면 북부의 정치인과 언론인을 적으로 돌려야 했다. 그렇지 않으려면 흑인과 새로운 협정을 맺는 것 말고는 따로 뾰족한 방법이 없었다. 이 운동을 이끌던 전략가들은 자기 진영의 대중이 모진 고통을 당할수록 더욱 더 유리한 패를 손에 쥘 수 있었다. 사람들이 압박을 견디지 못하고 무너지지 않는 한, 시위자들의 존엄성과 경찰의 야수성이 빚어낸 대조는 언론의 멋진 기사거리인 동시에 운동을 이끌던 지도부가 얼마든지 바라는 것이었다.

문제는 대의의 선명함이 아니었다. 이게 문제가 된 적은 한 번도 없었다. 인종차별주의자들이 하는 주장은 자유주의적 가치와 배치되어 도무지 믿을 수 없었다. 그러므로 활동가들에게 남은 과제는 흑인이 다른 미국인들이 누리는 것과 똑같은 권리를 누리려면 힘을 모아서 번듯한 지역 차원의 단체를 조직하는 것이라는 내용으로 흑인을 설득하는 것이었다. 이런 설득 작업에 지역의 교회가 중심적인 역할을 했다. 이 전략 역시 비폭력을 요구했다. 이것은 인종차별주의자들이 흑인이 당하는 고통에 마음이 약해져서 뒤로 물러날 것이라고 기대했기 때문이 아니라, 이렇게 해야 도덕적인 우월성을 유지할 수 있기 때문이었다. 시민권 운동을 하면서 정치를 학습한 사람들은 직접적인 행동이 얼마나 큰 가치가 있는지 확신했으며 또 그런 운동에 필적할 정도로 관심을 끄는 주장들을 발견했다. 그러나 이런 대의명분의 주장들은 시민권만큼 선명하고 명확하지 않을 수 있었다. 1960년대의 급진적인 정치는 품위와 절제로 시작했지만 곧 분노가 이런 덕목들을 앞질렀다. 도심의 슬럼가에서 폭동이 일어났으며 법률에 어긋나는 불법적인 전쟁에 반대하는 시위가 예리한 양상으로 전개되었다.

제 24 장

실존적 전략

Existential Strategy

이제 기계의 작동이 역겨워질 때가 올 겁니다.
당신은 낙담할 것이고 일자리에서 쫓겨날 겁니다.
암묵적으로도 일자리를 얻을 수 없을 겁니다.
이 기계의 작동을 멈추려면 기계 장치에 온몸을 던져야 할 겁니다.
그리고 이 기계를 작동시키고 소유하는 사람들에게,
만일 당신이 자유롭지 않다면
그 기계는 영원히 움직이지 않을 것임을 지적해야 할 겁니다.
_마리오 사비오, 《자유 언론 운동》, 1964년 12월

시민권 운동의 후반기 투쟁을 이끈 주체는 청년이었다. 이
들은 남부에서 했던 경험 때문에 미국 사회에 대한 비판 및
새로운 정치의 요구라는 측면에서 급진적으로 바뀌었다.
1960년대 초에 청년들은 학생비폭력조정위원회와 민주사
회학생연합Students for a Democratic Society, SDS을 창립할 정도로 조
직화되었다. 전자는 주로 흑인 활동가로 구성되었고 후자
는 명칭이 암시하듯이 대학에 기반을 두었으며 주로 백인
학생 활동가로 구성되었다. 두 단체 모두 처음에는 자기 조
국이 기반하고 있는 이상주의, 인종적 분리와 핵전쟁 준비
라는 현실적인 실체 사이의 간극에 분노했다. 그리고 이 두
단체는 모두 비폭력의 원칙을 확실하게 견지했지만 1960년
대 말이 되면서 폭력을 수용하고 파벌주의에 빠졌다.

두 단체 가운데 민주사회학생연합이 상대적으로 더 많
은 관심을 받았다. 약자인 소수에게서 나온 급진적인 정치
집단보다는 부족함이 없는 다수 집단에서 나온 급진적인
정치 집단이 상대적으로 더 놀라울 수밖에 없기 때문이었

다. 게다가 민주사회학생연합은 정치 분야를 넘어서서 보다 넓은 차원의 문화적인 어떤 변천의 징후로도 인식되었다. 전쟁과 공황으로 삶의 체험이 우울할 수밖에 없었던 기성 세대와 상대적으로 평온하게 자랐지만 기존의 사회적 구속을 참을 수 없어 하는 청년 사이에는 세대 차이가 뚜렷하게 존재했다. 이런 차이는 음악적 기호의 변화와 섹스를 대하는 태도의 변화 그리고 환각제의 사용 등으로 나타났다. 1960년대의 10년을 대표하는 핵심 단어는 반反식민지 투쟁에서 빌려온 '해방'liberation이었다. 이 단어는 사회적 제도 및 낡은 법률에 구속감을 느끼는 (여성 및 동성애 집단을 포함한) 모든 집단에 적용되었다. 이런 점으로 보자면 그것은 국가가 일상적으로 수행하는 역할 자체에 반기를 든 셈이었으며, 영감inspiration이라는 차원에서도 집단주의적이기보다는 개인주의적이었다.

이런 사실을 염두에 두면, 기본적으로 집단주의적이며 국가 및 노동조합의 역할과 가능성을 열정적으로 수용했던 정통적인 좌익을 왜 그렇게 불편하게 여겼는지 쉽게 이해할 수 있다. 넘쳐나는 풍요로움 속에서 노동조합의 역할이나 가능성은 평가절하되었고, 집단주의를 강조하는 수사修辭는 이미 오래 전에 사라지고 없는 낡은 투쟁의 메아리로밖에 들리지 않았다. 게다가 정통 좌익이라는 진영 안에서는 공산주의자, 트로츠키주의자 그리고 사회민주주의자가 볼썽사납게 드잡이를 하면서 싸우고 있었으니 말이다. 남부에서 자유 버스 운동(프리덤 라이드)을 경험한 젊은 활동가들은 툭 하면 감옥에 수감되고 매질을 당해야 했던 터라 사회주의를 위한 이론적 청사진을 그릴 시간적인 여유도 없었다. 비록 민주사회학생연합이 처음에는 산업민주주의동맹League for Industrial Democracy, LID의 학생 지부로 출발했지만 (산업민주주의동맹은 존 듀이John Dewey가 만든 또 다른 단체로 미국 사회주의의 반反공산주의 계열인 노동조합 지지 노선을 채택하고 있었다), 그 뒤로는 독자적인 노선을 걸어가고 있었다. 그러므로 청년 세대의 반란은 자기 만족적인 자유주의와 주류 미국 사회의 사회적 보수주의social conservatism(가족을 비롯한 전통적 가치를 존중하는 정치 사회적 경향─옮긴이)에 반대했을 뿐만 아니라 사회민주적 전통에도 반대했다. 일관성 있는 이데올로기를 반영하는 어떤 합의된 프로그램의 토대 위에서 의회주의적 선거를 중심으로 투쟁하기 위해서 조직된 대중 정당의 사회민주적 전통은 미국 사회에 전혀 뿌리를 내리지 못하고 있었다. 이 새로운 급진주의자들은 상대적으로 자유주의자였고, 무정부주의자였으며, 반反엘리트주의자였고, 모든 권위 및 조직적인 규율을 의심하며 심지어 모든 밝은 것을 포기하면서까지 필사적으로 확실성을 추구했다. 그들은 현실의 구체성에서 멀리 떨어져 있으며 오로지 자신의 이익만을 추구하는 엘리트 계층에 속하는 개인들이 내린 결정이 아니라, 평범한 사람들도 동참할 수 있으며 자기 운명을 스스로 만들어나갈 수 있는 그런 노선을 필요로 했고 또 원했다.

민주사회학생연합은 1962년에 미시간의 포트휴런에 있는 전미자동차노동조합United Auto-Workers의 모임에서 결성되었는데, 당시에 산업민주주의동맹의 사회민주주의자들과 한 차례 충돌이 있었다. 미시간의 학생기자였으며 민주사회학생연합의 창립을 선언하는 이른바 '포트휴런 선언문'의 수석 작성자였던 톰 헤이든Tom Hayden은 수십 년이 지난 뒤에 당시를 회고하면서 '겉으로 보기에는 멀쩡하고 진지한 사람들이 끝도 없이 의견이 대립하는 머리가 깨질 것 같은 논쟁에 그토록 깊이 코가 꿰어 허우적거리는 모습'이 놀라울 뿐이라고 했다.

"형성기의 경험 차원에서 우리는 우리와 역사적으로 가장 가깝던 사람들, 자유주의와 노동자 조직의 대변자이며 또 한때는 본인들이 급진적인 청년 활동가였던 바로 그 사람들을 향한 불신과 적개심을 학습했다."[1]

반면에 늙은 좌익 활동가들은 젊은 활동가들이 노동자 계급의 대의 및 노동조합에 무관심하며 공산주의가 탄압받는 상황에 말려들기 싫어 한다는 사실에 충격을 받았다. 새로운 급진주의자들은 계급 분석을 정밀 하게 하지 않았으며 오히려 이론 자체를 의심했다. 정치적인 행동은 가 치관과 정서를 진정으로 표현하는 것이어야 했고, 신념은 결과에 대한 예측보다 우선시되어야 했다. 젊은 활동가들의 이런 모습은 편의주의에 대한 경계의 표현이었고 정치적 효과를 위한 타협을 거부하는 것이기도 했다. 때로는 정교하게 계획된 체계적인 생각을 의심하면서, 오로지 의 식의 즉각적인 흐름만을 (비록 이것이 아무리 모호하고 또 분명치 않다 하더라 도) 신뢰할 수 있다는 생각을 당연하게 받아들이기도 했다. 초기에는 활 동가로 일했지만 나중에는 신좌파New Left(1960년대에 유럽과 미국에서 일어 난 비非공산당계의 사회주의자— 옮긴이) 이론가가 된 토드 지틀린Todd Gitlin은 신념을 '극적으로 표현하기 위해서' 취했던 행동을 다음과 같이 묘사했다.

"마치 쾌감을 주는 약물의 효력을 평가할 때처럼 (……) 참가자들에게 어떤 기분을 안겨주느냐에 따라서 각각의 행동들을 평가했다."

그래서 즉각적인 경험을 제공하는 행동을 가장 좋은 것으로 평가했 고 장기적인 차원에서 효과가 발생하는 행동에 대해서는 거의 생각할 가 치도 없다고 여겼다.[2]

그 바람에 이 새로운 급진주의자들은 베버의 역설에 사로잡혔다. 비 록 베버는 사회와 정치가 꾸준하게 관료주의화의 길을 걸어감으로써 의 기소침해졌지만 기능성의 논리를 무시하는 것은 무책임한 태도라고 여 겼다. 새로운 급진주의자들로 구성된 신생 정치 형태는 무책임성의 윤리 를 끌어안았다. 이들에게 목적과 수단 사이의 구분 따위는 없었다. 모든 타협, 핵심적인 어떤 가치에 대한 전면적인 부정은 소중한 무엇이 사라지고 없다는 뜻이자 궁극적으로 성취될 어떤 것이 줄어든다는 뜻이었다. 특히 연좌시위로 대표되는 이들의 전술은 본능적으로 모든 규칙에 저항하는 것이었다. 이들이 구사하는 전술은 이론이나 조직 측면에서 놀라울 정도로 부족한 점이 많았으며 어떤 분명한 방향도 없이 그저 행동주의에 푹 빠져 있었다. 이들의 내면 철학은 사회주의적인 것이 아니라 실존적인 것이었다.

실존적 전략 실험은 실패했다. 문화적으로는 그토록 자유스러웠던 (이런 점에서 보자면 그 효과는 영속적이었다) 실험의 특징이 정치적으로는 답답해서 분통이 터질 듯한 것이 되었다. 대안적인 결과가 아니라 핵심적인 가치 자체가 기준이 될 때는 타협을 이끌어내기가 어렵고 또 이전에 맺어진 동맹도 쉽게 깨어질 수 있다. 위계가 존재하지 않음으로 해서 모든 결정이 끊임없는 도전과 재평가를 받아야 한다면 조직은 느리고 답답해지며 어떤 행동의 실행은 그저 시험 삼아서 한 번 해보는 것일 뿐이다. 활동가들은 합리성을 의심하고 감정을 믿으면서 점점 더 화를 내게 된다. 새로운 급진주의자들이 경험의 정치와 타협을 혐오하면서 이들은 고립되었고 엉뚱한 곳에 매달리게 되었으며, 또 이들이 처음에 반란을 일으키고 뿌리쳤던 튼튼한 이론과 규율이 있는 조직을 기반으로 한 여러 집단의 개입에 취약해졌다.

† 반역자

마르크스가 예견했던 양극화된 계급 사이의 투쟁은 없었다. 전후 자본주의 사회는 사람들의 삶의 질을 한층 개선하면서 자기 만족적이지만 서로에게 무관심한 대중 사회로 진입해 들어갔다. 중산층 봉급 생활자가 점점 늘어났고, 이들은 주로 대규모의 비인격적 조직에 속했다. 삶 자체도 그다지 힘들지 않았다. 그러나 무언가가 사라져버렸음이 뚜렷하게 드러나기 시작했다. 자본주의 사회에 가해지는 비판은 빈곤이나 비참함이 아니라 황량함, 즉 물질적인 박탈이라기보다는 정신적인 공허함으로 바뀌었다. 윌리엄 화이트William Whyte의 소설 《조직 인간》The Organization Man을 보면 미국 중산층에 어느 정도 실현된 균질성은 표준화된 삶의 경로, 소비자 취향, 문화적 감수성 그리고 이런 것들에 동반된 유순함 등이 반영된 것으로 묘사되어 있다. 그런데 잘못은 조직화에 있는 게 아니라 조직화의 숭배 즉 '개인과 사회 사이에 어떤 갈등이 있음을 부정하는 연약한 마음'에 있었다.[3] 실제로 이 집단을 소재로 한 저술들 가운데 많은 것들이 (이 가운데 데이비드 리스먼David Riesman의 《고독한 군중》The Lonely Crowd과 라이트 밀즈Wright Mills의 《화이트칼라 노동자》White Collar Workers가 포함된다) 이 계급의 등장은 즐겁지 않다고 묘사했다.

리스먼은 내면을 지향하는 인격은 초기에 형성된 삶의 목표를 추구하고 강한 가치 의식을 가지고 있으며 따라서 그런 가치에서 일탈할 때는 죄의식으로 괴로워한다고 주장했다. 이 사람들이 다른 방향성을 가진 사람들에게 길을 내주었는데 이렇게 새로 길을 잡은 사람들은 환경에서 힌트를 얻으며 자기가 나아갈 방향을 당대 사람들 혹은 심지어 언론에게서까지 찾으려 할 정도로 이들에게 의존한다. 이 차이는 내적인 나침반을 따르느냐 아니면 외적인 레이더를 따르느냐의 차이이다. 《고독한 군중》은 사회학자가 쓴 책으로는 최고의 베스트셀러가 되었다. 사회를 하나의 공동체로 묶어주는 수단으로서 그리고 민주주의적 감수성을 장려하는 수단으로서 '또 다른 방향성'을 찾던 예전의 진보주의자들과 다르게 이 책은 (저자인 리스먼이 의도했던 것보다 훨씬 더) 사회적인 관습과 정치적인 정설正說에 유해한 어떤 것이 무비판적으로 대중 매체를 통해서 전송된다는 견해를 촉진했다.[4] 사회 환경에 적응할 때 핵심적인 가치들을 부정할 위험이 있다는 발상은 또한 에리히 프롬Erich Fromm의《자유에 대한 두려움》The fear of Freedom의 주제이기도 했다. 나치 독일에서 탈출한 난민이었던 프롬은 뿌리 없는 개인이 체제 순응주의나 전체주의에서 안정성을 추구하려는 경향을 경고했다. 자유는 제한의 부족이 아니라 많음에 대한 것이라고 했다. 그러므로 전문가가 제시한 지혜나 상식의 명령을 무조건적으로 받아들이지 말아야 하며, 보다 더 적극적이고 창의적으로, 더 표현하며 더 자발적으로 움직일 필요가 있었다. 사회 구조도 부정적이고 위압적인 측면을 구속하는 모습이 아니라 자연스럽고 긍정적인 측면을 억누르는 모습으로 제시되었다.[5]

1960년대의 문화 발전에 열광한 사람들은 이런 문화 발전이야말로 비인간적인 거대한 기업형 국가가 요구하는 순응주의에 반발하는 인간 성정의 긍정적인 측면을 확인하는 것이라고 보았다. 1970년에 시어도어 로작Theodore Roszak은 지나간 10년을 긍정적으로 회고하면서 자기가 박수를 보내는 많은 발전들이 이른바 '기술주의'technocracy에 대한 대응이라고 묘사했다. 로작은 베버의 말에 호응하면서 기술주의를 마음의 어떤 상태와 결합한 대기업의 권력이라고 규정했다.

이 규정에 따르면 우리 인간의 필요조건은 어떤 형식적인 분석으로 전적으로 대체된다. 이 분석은 확실하면서도 헤아릴 수 없는 기술들을 가지고 있는 전문가들이 수행할 수 있는데, 이 기술들은 그 전문가들에 의해서 사회적·경제적 프로그램들, 개인적인 관리 절차들, 상품 그리고 기계, 기구류 등으로 직접 번역된다.

기업의 중심에서 발견되는 이런 전문가들은 인간이 필요로 하는 것 대부분은 이미 충족되었다고 믿는다고 했다. 로작은 문제가 있다면 무언가 오해를 했기 때문에 빚어진 것이라고 본 것이다.[6] 한편 그는 다른 방식으로 시, 문학, 사회학, 정치적인 내용의 소책자 그리고 시위 등이 이 기술주의적 가정을 반박한다고 주장했다. 이런 관점에서 보면 1960년대의 10년은 합리성에 대항하는 (이것이 관료제도와 과학적 전문성에 대항하는 것이든 혹은 쾌락주의적 삶의 방식 그리고 전통적인 직업관에 대한 비난에 대항하는 것이든 간에) 전반적인 반란의 한 부분에 지나지 않았다. 객관적인 지식이라고 주장되는 것은 불신을 받았다. 지식의 축적에 의해서 세계관이 형성되는 게 아니었고, 지식은 실제 현실이 아닌 내재적인 세계관을 반영해서 언제나 인용 부호가 따라붙어야 했다.

그렇다면 이것이 전략에는 어떤 의미가 있었을까? 일반적인 수준에서 보자면 이것은, 전략은 선택이라는 가정을 전제로 한다는 것뿐만 아니라 (현재 진행되는 상황의 환경을 면밀하게 살피며 미래를 미리 내다볼 필요성을 포함해서) 올바른 선택을 위한 여러 방법들의 가용성에도 반기를 들었다. 몇 가지 점에서 자유주의는 20세기 동안에 발전해오면서 전략의 형성을 위한 최적 조건들(예를 들면 정치적인 의사의 자유로운 표현, 결사의 자유, 선택을 명확하게 하고 결과를 통해서 생각할 수 있도록 해주는 수단으로서의 과학적 방법론에 대한 존중 등)을 만들어왔다는 점에서 긍지를 가질 수 있었다. 그런데 이제 신좌파는 이런 접근법이 문제가 많다고 보았다. 이것은 선택의 범위를 제한하고, 어떤 결정을 내릴 때 이 결정의 영향을 받는 요소들을 변수에서 배제하는 사고의 한 형태이며 또 조직, 즉 위계를 강조하는 발상이라고 바라본 것이다.

자기 만족적인 다수 문화(지배적인 문화) 앞에서 전략적인 과업이라는 것은 애초에 아무런 가망이 없으므로 목적과 수단을 연관 짓는 것을 놓고 크게 걱정해봐야 아무런 의미가 없을 수도 있다. 젊은 급진주의자들의 열망은 합리적 계획의 영역을 초월해버렸다. 그러므로 절대적인 목적을 위한 어떤 전략이 영웅적이고 낭만적인 모습으로 대두되어도 실패할 수밖에 없는 운명이고, 그럼에도 불구하고 이 전략이 야망 차원에서 장엄하고 정직성 차원에서 고귀하다는 사실은 전혀 놀랍지 않다. 이제 목표는 목적을 달성하는 게 아니라 존재를 확인하는 것으로 바뀌었다. 이런 점에서 미국의 젊은 급진주의자들은 부조리와 포기 그리고 절망으로 가득 찬 인간의 조건을 깊이 탐색했다. 그리고 이들은, 선택은 피할 수 없다는 점을 강조하던 대서양 너머 프랑스의 실존주의자들과 통하는 데가 있었다.

장 폴 사르트르 Jean-Paul Sartre 는 행동의 무용함에 대해서 깊은 사색을 하는 것처럼 보인다. 하지만 가망이 없다는 것 자체는 수동성의 이유가 될 수 없다는 게 그의 관점이다. 아닌 게 아니라 인간은 '자유롭도록 운명적으로 결정되어 있으므로' 선택을 피할 수 없다. 인간은 자기 존재의 환경을 선택하지 않았지만 여기에 대응을 해야만 한다. 이들이 하는 대응의 질은 (이 대응이 영웅적이든 아니면 겁쟁이처럼 비겁한 것이든 간에) 각자의 의무이며, 또 궁극적으로 각 개인의 삶을 규정한다.[7] 미국에서는 사르트르보다 알베르 카뮈 Albert Camus 가 더 많은 영향을 미쳤다. 정치적으로 보면 카뮈는 공산주의자보다 무정부주의자에 더 가까웠으며, 소련에 대해서 강한 반감을 가지고 있었고 그 바람에 사르트르와 소원해졌다. 원래 그는 평화주의자였지만 프랑스가 독일에 점령되자 1940년에 레지스탕스 활동을 했고, 이 활동의 연장선에서 지하 신문인 《콩바》_{Combat}를 발행했다. 이때의 경험은 1947년의 우화적인 소설 《페스트》_{La Peste}의 영감이 되었다. 페스트가 알제리의 도시 오랑을 휩쓸자 시민들은 혼란을 틈타서 자기 이익을 챙기려 하고 사람들은 계속 죽어간다. 하지만 시민들은 결국 희망을 버리지 않고 마침내 페스트를 물리치며, 이 과정에서 시민들 사이의 끈끈한 연대 의식이 형성된다. 그런데 의사이던 베르나르 리외는 그 철학을 다음과 같이 요약했다.

"내가 주장하는 전부는 이 지구상에 페스트가 있고 희생자가 있으며 가능한 한 페스트의 세력과 함께하지 않는 것이 우리가 해야 할 일이라는 것입니다."[8]

카뮈에게서, 설령 어떤 반란에 저항해서 이길 확률이 거의 없다고 하더라도 이 반란이 삶을 살아갈 가치가 있는 소중한 것으로 만들었다는 주장이 나왔다. 성실성 그 자체가 결과보다 더 중요하므로, 성실성을 가지고 행동하는 한 약자 혹은 패배자가 될 일은 없으니 걱정할 필요가 없다는 말이었다.

✝ 라이트 밀즈와 권력의 의미

라이트 밀즈는 1962년 40대 중반의 나이에 심장마비로 사망했다. 밀즈는 당시에도 논쟁의 여지가 많은 인물이었으며, 그때 이후로 지금까지도 계속 그렇다. 원래 허풍을 떠는 성격이긴 했지만 그에 대한 논쟁은 이런 이유 때문이 아니며 언제나 이견자의 자리에 섰기 때문도 아니다.[9] 그는 내면 지향적인 인물의 고전적인 사례라고 할 수 있다. 자기 가치관에 충실했으며, 자신을 어떤 정치 집단과도 결코 협력하지 않는 고독한 사람이라고 묘사했다. 젊은 시절에 그는 커다란 영향 세 가지를 받았는데, 이 가운데 둘은 그의 사상에 결정적인 것으로 끝까지 남았다. 첫 번째 영향을 준 요소는 실용주의자들이었다. 그리고 그 다음이 박사 학위 논문의 주제였다. 그는 지식인의 공적 역할에 대해서 실용주의자들과 의견을 같이했다. 그래서 밀즈에게서는 제임스의 반反군국주의 철학과 듀이의 참여 민주주의 주장을 발견할 수 있다. 하지만 밀즈는 듀이의 유사과학적 이론 틀 및 정치에 관한 지나치게 공학적인 견해에 대해서는 회의적이었다. 밀즈는 권력의 문제에 관한 한 어떤 타협도 거부했으며 또 정치의 조작적 요소와 감정적 요소 그리고 강압적 요소를 인정하려 들지 않았다.[10] 그러나 권력의 한 형태로서의 지성에 헌신하는 듀이의 태도는 인정했다. 듀이와 밀즈 두 사람 다 고집이 무척 셌는데, 듀이의 문체가 무겁고 기능적이었던 반면에 밀즈의 문체는 악담과 개인적인 판단 등으로 다채롭게 수놓였다는 점이 두 사람의 차이이다.

프랑크푸르트 학파 출신의 이민자였던 한스 거스Hans Gerth는 밀즈가 철학에서 사회학으로 분야를 바꾸는 데 도움을 주었으며 또 그에게 막스 베버의 저작을 소개했다. 그때 밀즈는 베버로부터 기본적인 설명 틀 즉 계급, 지위, 권력 그리고 문화의 복합체를 깨우쳤으며 인생의 모든 영역에서 관료제도가 수행하는 역할에 놀랐다. 밀즈가 마르크스의 저작을 읽고 진지하게 받아들인 것은 한참 뒤의 일이었고 그때 이후에야 비로소 보다 더 마르크스주의적으로 바뀌었다. 그는 말년이 되면서 점점 더 활발한 활동을 하는 지식인이 되어 쿠바 혁명을 지키려 했으며 또 영국 신좌파(마르크스주의자들로 구성되었으며, 구성원 가운데는 공산당을 탈퇴한 학자들이 많았다)와 적극적으로 교류했다. 그는 학생들에게, 자기는 학생들을 타성과 보수주의의 힘에 저항할 준비가 되어 있는 변화의 잠재적인 대리인으로 생각한다고 호소하기도 했다.[11]

밀즈가 저술한 책들은 미묘한 분석과 연구 조사를 열렬한 사회 비평과 결합시켰다. 그는 1950년대에 반대파 지식인으로서 국제적인 명성이 점점 높아졌는데 이 시기에 그가 했던 비판의 강도와 수위도 점점 더 높아졌다. 그는 권력의 구조에 몰두했다. 즉 현대 기업형 국가인 미국에서 엘리트 계층이 자기 지위를 유지하는 데는 이제 잔인한 폭력이나 강압은 필요하지 않게 되었으며 그저 조작을 하기만 하면 충분히 그런 일을 할 수 있게 되었다고 보고, 그 과정과 방식을 깊이 파고들었던 것이다. 그의 표적은 장차 이른바 '다원주의 학파'pluralist school라 불리게 될 진영이었다. 다원주의 학파는 시민 참여가 상대적으로 낮은 상태에서도 민주주의는 얼마든지 잘 작동할 것이라고 주장했다. 모든 사람이 정치적인 과정에서 어떤 것을 얻어내고 또 그 과정에서 과도한 스트레스나 기쁨을 받을 아무런 근거가 없으므로, 어쨌거나 민주주의는 효과적이고 공정하게 돌아갈 것이라는 주장이었다.

권력에 대한 이 논쟁은 중요한 것이었고, 밀즈의 책 《파워 엘리트》The Power Elite는 늘 어느 한 편의 논거로 인용되었는데, 흔히 로버트 달Robert Dahl의 《누가 통치하는가?》Who Governs: Democracy and Power in an American City를 반박하는 논거로 인용되었다.[12] 그런데 어려운 점은 이 두 책이 전혀 다른 권력관 및 권력 측정 방식을 반영하고 있으며, 급진적인 정치를 놓고 한창 개발되고 있던 논의와 관련되어 있다는 것이었다. 권력은 일반적으로 어떤 정치적인 실체의 속성으로 언급되었으며, 군사적 및 경제적 힘의 보다 노골적인 지표들로써 측정되었다(이런 사실은 지금도 마찬가지이다). 하지만 군사력과 경제력이 강력하다고 해서 모든 측면에서 바람직한 결과를 보장하지는 않는다는 사실은 분명했다. 아무리 강력한 힘을 가지고 있다고 하더라도 언제나 성공하지는 못했다. 해결해야 할 문제들의 맥락 속에서 여러 가지 자원들을 함께 고려해야 했다. 어떤 카드 게임자가 있다고 치자. 이 사람은 브리지 게임은 솜씨 좋게 잘할 수 있지만 포커 게임은 그렇지 않을 수 있다. 그러므로 추정 권력과 실제 권력, 가능성과 결과, 잠재적인 것과 실제 행동은 다를 수 있다.[13] 달이 내린 정의는 영향을 미칠 수 있는 역량을 강조하면서 다음과 같은 권력 관계를 제시했다.

"A는 B로 하여금 B가 하려 하지 않는 어떤 것을 강제로 하게 할 수 있을 정도로 B를 압도할 권력을 가지고 있다."[14]

그러나 A가 그런 역량을 가지고 있다는 것만으로는 부족하다. 특별한 어떤 관계 속에서 측정 가능한 효과를 통해서 B가 A의 의지에 종속해야만 권력이 될 수 있다는 말이다.

이런 견해에 대해 가장 중요하고 영속적인 도전이 되었던 견해 가운데 하나가 밀즈의 저작이 아니라 또 다른 두 사람의 정치학자 피터 바크라크Peter Bachrach와 모튼 바라츠Morton Baratz가 1962년에 공동으로 저술한 논문에서 나왔다.

물론 B가 영향을 받을 어떤 결정에 A가 참여할 때 권력은 행사된다. 그러나 권력은 또한, 상대적으로 A에게는 아무런 해가 되지 않는 쟁점들에만 정치적 과정의 범위를 한정하는 사회적 가치와 정치적 가치 및 제도적인 관행을 만들거나 강화하는 데 A가 자기 열정과 노력을 기울일 때도 행사된다. A가 이렇게 하는 데 성공하는 것에 비례해서, B는 A에게 심각한 손해가 될 수 있는 어떤 쟁점을 전

면에 내세울 수 없게 된다.[15]

권력의 이 두 번째 얼굴은 음험하고 교활하기 짝이 없다. 그것은 어떻게 하면 A가 권력 구조 안에서 B를 압도할 것인가 하는 문제이다. 즉 B가 직접적인 대결을 통해서 A를 거꾸러뜨릴 수 없도록 하는 것은 말할 것도 없고 B가 A에게 도전할 수 있는 기회를 원천적으로 봉쇄하는 원초적인 동의를 만들고 또 이런 상태를 유지함으로써 B를 압도할 것인가 하는 문제였다. 1960년대 말에 급진주의자들이 포용한 것이 바로 이런 맥락의 비판이었다. 비록 바크라크와 바라츠가 의도했던 것보다 한결 더 생경한 '허위 의식'false consciousness을 통하긴 했지만 말이다. 밀즈는 지배 계급의 집행위원회인 정부를 분석하거나 부르주아 이데올로기에 의해서 형성되는 대중 의식을 분석하는 등의 단순한 마르크스주의적 분석을 피했다. 이른바 파워 엘리트에 대한 그의 묘사는 조직된 음모보다는 (기업의 이사들 및 '군벌'을 포함한) 이해관계의 관료제도적 수렴에 더 많은 초점을 두었다. 그러나 점검과 균형의 제도는 이제 더는 작동하지 않으며, 지배 엘리트는 어떤 특권적인 견해가 독점하는 어떤 필수적인 자원에 대한 의견을 촉진한 나머지 자기들이 원하는 것을 원하는 시점에 얻을 수 있게 되었다.[16]

밀즈는 학자라기보다는 시사 논평가로 더 많이 알려졌고 또 영향력을 행사했다. 그는 '적의 가슴에 정확하게 총구를 겨누듯이 자기가 고발하고자 하는 내용을 앞장서서 드러내놓고 말할 준비가 되어 있었다.'[17] 그럼에도 불구하고 그의 신랄하고도 정확한 표현은 어디까지나 사회학의 연장선상에 놓여 있었다. 주류 사회학에 대해서 그가 가지고 있었던 끈기는 그의 저서 《사회학적 상상력》The Sociological Imagination에 반영되었는데,[18] 이 책에서 그는 주류 사회학의 잘못된 두 가지 경로를 지적했다. 하나는 자만심이 강한 거대 이론grand theory(일반화와 추상화 수준이 매우 높은 사회학 이론—옮긴이) 경향이고, 다른 하나는 당대의 거대한 여러 질문들에 대해서는 주변적일 수밖에 없는 미시적인 연구들만 하는 추상적 경험주의abstracted empiricism 경향이었다. 하지만 그는 개인적인 차원의 문제들을 사회적 구조 및 정치적 구조와 연결시키는 것이 사회학의 진정한 목적이 되어야 한다고 주장했다. 어떤 개인이 실업 상태에 놓여 있다면 이것은 개인의 문제이지만, 만일 실업률이 20퍼센트라고 한다면 이것은 사회의 구조와 관련된 문제이며, 따라서 사회학이 떠안아야 할 영역이라는 것이다. 이런 역할을 할 때 사회학은 비로소 정치의 종합적이고도 기본적인 규율이 될 수 있다고 했다. 사회학적 상상력이 정치적 상상력을 먹여살릴 것이라고도 했다. 이런 맥락에서 밀즈는 다음과 같이 주장했다.

"경우에 따라서 아무리 간접적이라고 하더라도 어떤 일을 해내려고 하기 전에 우선 그 일의 구조 및 그 일과 관련된 동향이 무엇인지, 당신이 속한 시기 즉 20세기 후반부 50년에서 그 일이 어떻게 형성되며 또 그 일의 의미가 무엇인지 먼저 파악해야 한다."

✝ 포트휴런 선언문

톰 헤이든은 타고난 문장가였으며 새로운 분위기를 참신한 언어로 표현한 최초의 인물이었다. 헤이든이 수석 작성자로 참가한 포트휴런 선언문Port Huron Statement은 1962년 6월에 약 60명이 모여서 함께 논의한 것이다. 헤이든은 나중에 그때 당시 자기들은 '새로운 반란 세대에 목소리를 실어

주어야 한다'는 의무감을 느꼈다고 술회했다.[19] 이들에게 영향을 미친 사람은 적지 않았다. 헤이든의 철학 교수였던 미시간 대학교의 아놀드 카우프만Arnold Kaufman은 헤이든에게 모든 사회적 제도의 민주화를 설명해줄 해설자로 존 듀이를 소개해주었다. 카뮈는 삶의 한 방식으로 반란을 생각하는 방식을 가르쳐주었고, 라이트 밀즈는 권력을 배분하는 방식과 보다 개인적인 어떤 것까지도 가르쳐주었다. 두 사람 다 신앙심을 잃어버린 기독교인이었다는 사실은 부분적인 것이었다. 헤이든은 왜 자기가 자기 가족에 대해서 불안정한 생각을 하게 되는지 밀즈의 저작을 읽으면서 깨우쳤다. 그 저작 속에서 크라이슬러의 회계원으로 살았던 자기 아버지, '빳빳하게 다림질한 화이트칼라를 자랑스러워했고 노동자보다 높지만 실제 의사결정자보다는 낮은 틈새 지위를 차지하고 있었으며 날마다 숫자와 씨름을 했고 밤이면 술을 마시며 텔레비전을 보았고 누구에게랄 것도 없이 세상에 대한 불평을 했던 아버지'의 초상을 보았던 것이다.[20]

밀즈는 헤이든에게 '사람들이 카뮈의 페스트 앞에서도 무관심하고 냉담하도록 만든 요인들'을 설명했다. 관료제도의 엘리트들은 사람들의 수동성을 환영했는데 이들은 사람들에게 진정한 민주주의를 장려할 아무런 동기도 없었다. 밀즈는 자유에 대한 환상을 가지고 있긴 하지만 보다 큰 권력 구조들에는 아무런 영향력도 행사할 수 없는 대중 사회의 피조물인 '유쾌한 로봇들'의 출현에 대해서 썼다.

"하찮은 사람의 의식과 우리 시대의 쟁점들 사이에는 무관심의 장막이 드리워진 것 같다. 이 하찮은 사람의 의지는 마비되어 있고 그의 정신은 빈약하다."

이런 분위기 속에서 포트휴런 선언문이 나왔는데 이 선언문은 또한 학생들이 놓여 있는 지위가 어정쩡하다는 사실을 인정했다.

"우리는 대체로 편안하게 자라 지금은 대학에 들어와 있지만, 우리가 물려받은 세계를 편치 않은 심정으로 바라보는 세대이다."

학생들은 대중을 대변하겠다고 주장하지는 않았지만 '우리 가운데 다수가 우리가 속한 사회와 세상의 일시적인 평형 상태는 앞으로도 영원히 작동할 것들'이라고 바라보면서 스스로를 소수파에 속한 사람들이라고 선언했다. 또한 학생들은 '그런 냉담함을 걱정조차 하지 않는다'고 지적했다.[21]

이 선언문은 사람들이 왜 그렇게 무력감을 느끼는지 또 무관심에 굴복했는지에 대해 밀즈적인 분석을 했다.

"사람들은 언제든 일이 잘못되어서 모든 것이 손 쓸 수 없는 상태로 바뀔지도 모른다는 생각에 두려워한다. 사람들은 혼돈을 막아주고 있을 것 같은 보이지 않는 틀을 부숴버릴지도 모른다는 생각에 변화를 두려워한다."

그러나 선언문은 인간성에 대한 낙관적인 기대를 담고 있었다.

"우리는 사람이 무한히 귀중한 존재이며 이성과 자유 그리고 사랑을 실천할 수 있는, 아직은 사용되지 않고 있는 거대한 능력을 가진 존재라고 생각한다."

만일 '도덕적 재정렬' 과정에서 핵심적인 가치들을 발견한다면 '정치적 재정렬'도 가능할 것이라고 보았다.[22] 정치는 목적을 위한 수단이 아니며 그 자체로 하나의 목적이라고 했다. 또한 사람들과 이 사람들이 속한 사회를 갈라놓은 분열을 치료할 참여 방법이자 하나의 약속이라고 했다.

신좌파는 현대 사회의 복잡성을 모든 인간이 이해할 수 있고 또 가깝게 느낄 수 있는 쟁점들로 전환시켜야 한다. 무력감과 무관심에 어떤 형태를 부여해서 사람들이 각자 개인적으로 겪는 문제들의 정치적·사회적·경제적 원천들이 무엇인지 알아보도록 해야 하며, 사회를 바꾸기 위해서 스스로를 조직할 수 있도록 해야 한다. 번영과 도덕적 만족과 정치적 조작의 시대라 불리는 이 시대에 신좌파가 사회 개혁의 엔진이 되려면 고통에만 의존해서는 안 된다.[23]

이 학생들에게 당면한 대의는 남부에서의 시민권이었다. 이것은 학생들이 행동으로 실천하기에 적합한 문제였다. 또한 학교에서 정치학 강의를 들어서 얻을 수 있는 것보다 훨씬 더 교훈적이고 의미 있는 경험을 하게 했다. 하지만 이것은 학생운동을 상당히 멀리까지 나가게 할 수 있을 뿐이었다. 목표는 인권에 대한 요구를 단지 선거 과정에 반영하는 것이 아니라 제도의 형태로 실현하는 것이었다. 학생들이 제기한 요구의 출발점은 자신들이 몸담고 있던 기관인 대학교였다. 학교는 학생들이 순응하길 기대했고 강의실에서 들은 내용을 아무런 이의도 제기하지 않고 받아들이길 기대했으며 퇴학당할 위험까지 무릅쓸 일 없이 그 모든 원칙을 따르길 원했다. 이 새로운 분위기가 점차 확산되었다. 샌프란시스코 버클리 캠퍼스에서 인종평등회의CORE를 조직하는 문제를 놓고 빚어진 충돌이 최초의 대규모 학생 시위로 이어졌다.

포트휴런 선언문과 밀접한 관련이 있던 대학생 딕 플랙스Dick Flacks는 한창 성장하고 있는 운동 속에 삶의 방식으로서의 운동과 변화의 대리인으로서의 운동이라는 두 가지 흐름이 대립한다는 사실을 포착했다. 플랙스는 삶의 방식으로서의 운동을 '실존적인 휴머니즘'이라고 불렀는데, 이것은 핵심적인 믿음들에 따라서 행동하는 것 이상은 요구하지 않고 '어떤 윤리적인 존재에 접근하는 것'만을 끊임없이 추구하는 것이라고 보았다. 하지만 이 방향은 무책임한 것이라고 생각했다.

"이 방향은 개인적인 삶의 만족만 추구하면서 다른 사람들이 각자 그런 변화를 도모할 수 있도록 도움을 줄 가능성을 포기한다. 자기가 직접적으로 속한 공동체가 개인적인 구원과 만족을 얻는 데 커다란 기대를 가지지만 이런 가능성도 제한되어 있고, 결국에는 각성과 후회의 고통을 겪을 수밖에 없음을 깨닫는다."

베버가 그랬듯이 플랙스는 신념과 의무감을 조화시킬 방안을 모색했다. 신념과 의무감을 조화시킨다는 것은 '정치적으로' 행동한다는 뜻이었다. '왜냐하면 사회정치적 체계를 재구축하지 않고서는 우리의 가치들이 지속적인 차원에서 실현될 수 없기 때문'이다. 그러나 실존적인 윤리와 동떨어진 정치는 '점점 더 조작적이고 권력 지향적으로 바뀌며 인간의 삶과 영혼을 희생시키는 방향으로, 즉 타락하는 방향으로 나아갈 것'이라고 보았다. 그러므로 해답은 '전략적인 분석'이라고 플랙스는 주장했다. 비록 '전략에 대한 뚜렷하고도 체계적인 몰두'가 인위적인 구속을 초래하며 자발성을 제한하고 또 사람들이 진정으로 원하는 것에 대한 반응성을 줄일 것이라는, 당시에 만연해 있던 의심이 일리 있다고 받아들이긴 했지만 말이다. 전략은 소수의 재산이므로 '전략적 차원의 행동은 엘리트적'일 수밖에 없다고 보았던 것이다. 플랙스는 불행하게도 전략 없이는 우선순위의 개념도 없을 것이고 '효과적인 사회적 행동을 하고자 하는 학생들 사이에서는 거의 무작위적인 행동만' 있을 뿐이라고 보았다.[24]

이것은 해결책을 찾아낸 것이라기보다는 문제를 묘사하는 것이었다. 과거의 급진주의자 세대들의 경우와 마찬가지로 문제에 대한 모든 해답을 가지고 있는 체하지 않고 사람들 속에 함께 있으면서 사람들과 함께 쟁점들을 놓고 씨름하는 것이 딜레마에서 빠져나갈 유일한 길처럼 보였다. 이런 맥락에서 헤이든은 뉴어크의 지역 사회 프로그램인 '경제 실태 조사 및 행동 프로젝트',Economic Research and Action Project에 참가했다. 엘리트주의에 대한 금지는 제한적이었다. 그 지역에는 다른 '자유주의 세력들'이 있었고, 그들과 연대를 하는 게 바람직할 수 있었기 때문이다. 그러나 헤이든은 그 집단들이 '지역 사회와 폭넓은 접촉을 하면서도 활동적이고 급진적인 회원제는 전혀 운영하지 않으며 (……) 가난한 사람들의 삶을 실제로 바꾸려는 노력은 거의 하지 않는 프로그램들로 일관하는 (……) 극단적으로 자기 중심적'이라는 사실을 깨달았다. 그리고 '정치적인 물물교환'은 '우리가 우리 이웃과 가지고 있는 기본적인 신뢰'를 파괴할 것이라고 보았다. 그래서 자기들이 있어야 할 자리는 '밑바닥'이어야 한다고 생각했다.[25] 자유주의적 전략들은 '대중은 냉담하며 단순한 물질적 필요성을 미끼로 동원할 때 대중이 커다란 열정을 보여주는 어떤 짧은 기간 동안에만 반짝 일으켜 세울 수 있다'고 설정했다. 그렇기 때문에 '대중은 숙련되고 책임성 있는 리더들을 필요로 한다'고 보았다. 그런데 골칫거리가 낯익은 경로로 뒤를 따랐다. 리더들은 오로지 자기들만이 조직을 유지할 수 있다고 추정한 것이다. 사람들은 그런 엘리트주의에 '무관심과 의심'으로 반응했으므로, 지도부는 대중을 냉담하다고 부를 수 있다고 헤이든은 말했다. 그러나 헤이든도 '복종적으로 생각하는' 걱정스러운 경향을 인정하긴 했다.

헤이든은 마르크스주의적 신념 속의 폭넓은 대중을 고려한 게 아니라 소수의 사회 최하층만을 고려했다.[26] 우선 가장 명백한 해답 하나가 떠올랐다. 하지만 그는 그 해답에 잠시 움찔했다. 그 해답은 권력을 가진 집단과 손을 잡거나 적어도 일시적으로 타협을 해야 하는 것이었기 때문이다. 헤이든은 이 방안을 버렸다. '복지 국가 개혁'이라는 것은 결국 실패할 수밖에 없다고 보았기 때문이다. 왜냐하면 그런 차원의 개혁들은 '활동가들이 대상으로 설정한 가난한 사람들이 생각해낸 것이 아니고' 또 그런 개혁들은 중산층으로 하여금 '모든 것이 잘 관리되고 있다는 평온한 인식 속으로' 느긋하게 녹아들도록 허용하기 때문이다. 헤이든은 오로지 권력에만 초점을 맞추었다. 그러면서도 권력을 원하는 것처럼 보이지 않으려고 했다. 그래서 설령 사회 최하층이 권력을 잡는다 하더라도 이들은 다른 사람들과 아무런 갈등을 일으키지 않고 함께 잘 살아갈 것이라는 가설이 필연적으로 성립하도록 했다. 그러나 그 사람들은, 그 사람들이 원할 것이라고 활동가들이 믿은 것을 정말 원했을까? 만일 그 사람들의 마음이 오랜 세월의 무기력감과 소비지상주의 문화 때문에 바뀌었다면, 언제든 내팽개칠 준비가 되어 있는 그들의 요구와 노력이 실망스럽지 않을까?

놀라울 것도 없이 '실행 가능한 전략'을 찾던 헤이든에게 '수수께끼' 하나가 던져졌다. 그의 목적은 '철저하게 민주주의적인 혁명'이었다. 즉 '하향식 조직화'에 권력을 부여하는 것을 역전시켜서 결코 조작될 수 없는 '새로운 유형의 인간'이 나타나도록 하는 것이었다. 이 새로운 인간 유형이 조작의 대상이 될 수 없는 것은 '이 인간 유형은 자신의 반란을 정의하면서 조작에 반대한다는 것을 기본적인 사항으로 설정했기 때문'이다. 이럴 때 가난한 사람들은 자신이 열망하는 것을 바탕으로 해서 행동함으로써 의사결정을 바꿀 것이며 '풍부하면서 위압적인 사회'의 기질에 반대할 것이라고 바라보았다. 그도 나중에 인정했듯이 이 분석에 담긴 흠은 가난한 사람의 열망이 개인적 차원의 가치를 추구하는 중산층 사람들의 열망과 다를 것이라고 설정한 점이다. 그는 조직 그 자체에 대한 관심을 부정할 수 있는 리더들 혹은 운동의 목적을 이해하고 여기에 헌신할 일반 사람들을 찾기가 어렵다는 것을 이미 알고 있었다.[27]

헤이든이 참여 민주주의를 계속 붙들고 있을 때 학생비폭력조정위원회(1960년대 흑인 활동가들로 구성된 청년 단체—옮긴이)는 그것을 포기하는 과정에 있었다. 사무국장이던 제임스 포먼James Forman은 1964년에 활동가들이 시민권 단체를 경쟁적으로 조직하는 것보다 적절한 대중 조직 하나를 만드는 것이 더 낫다고 주장했었다. 중앙집권을 주장하는 사람들이 보기에 이것은 지역 현장의 활동가들이 자기가 설정하고 있는 쟁점을 전국적이고 총체적인 필요성에 복속시키기만 하면 되는 문제였다.

하지만 그것은 지역의 많은 활동가들로서는 따르기 어려운 노선이었다. 현장에서 멀리 떨어져 있는 중앙은 지역의 관심사에 민감하게 반응할 수 없을 테고 또 세력 확장에 지나치게 몰두할 것이라고 걱정했던 것이다. 게다가 이것은 학생비폭력조정위원회 창립 정신에도 위배되었다. 하지만 참여 민주주의는 이미 실질적으로 좌절 속에서 지쳐가고 있었다. 대의에 자신의 시간과 노력을 바칠 수 있는 헌신적인 지역 사람들을 찾는 일도 흔히 있는 문제였지만, 토론이 끊임없이 이어지고 감히 아무도 결론을 내리려 들지 못함으로써 참여 민주주의의 기본 원칙이 오히려 의사결정을 마비시키는 쪽으로 나아가는 것 역시 흔한 문제였다. 주도권을 행사하려고 하는 모든 시도가 민주주의의 권리를 침해한다고 비판받았다. 프란체스카 폴레타Francesca Polletta는 저서 《자유는 끝없는 만남이다》Freedom Is an Endless Meeting에서 '사람들이 스스로 결정하게 하는 것'이 어떻게 해서 사람들로 하여금 위험을 피해서 온건한 방향을 추구하며 혁명보다는 사회복지를 추구하도록 하는 짜증스러운 경향과 대립하게 되었는지 자세하게 살핀다. 이 방침은 사람들은 자기가 실제로 가지고 있는 관심에 대해서 설명받을 필요가 있다는 확신으로 이어졌다. 그리고 보다 깊은 요인들 또한 작용했다. 교육을 받은 북부 사람들은 가난한 사람들이 자연적으로 가지게 된 지혜에 대해서 존경심을 가졌고 또 지역 문화에 무지했던 까닭에 흔히 지역 사람들에게 자기 중심적으로 비쳐졌다. 폴레타에 따르면 그것은 인종보다는 계급 및 교육에 관한 문제였다. 비록 흑인 지역 사회나 커뮤니티의 조직가들로서 백인이 가지는 의무감 같은 게 존재하긴 했지만 말이다. 그러나 1966년을 기점으로 해서 흑인의 힘이 백인의 힘을 넘어섰고, 학생비폭력조정위원회의 새로운 지도부는 보다 전투적인 행동을 통해 북부의 자유주의자들과 자신들을 차별화하고자 했다.[28]

✝ 영웅적인 조직가

참여 민주주의를 연습하는 차원에서 수행되었던 지역 사회 조직의 경험과 지역의 권력 구조를 바꾸고 또 참여할 목적에 더 많은 비중을 두고 수행되었던 지역 사회 조직의 경험을 비교해볼 필요가 있다. 솔 앨린스키 Saul Alinsky는 1909년 시카고에서 태어났으며 1926년에 시카고 대학교 사회학과에 입학했다. 당시 이 학과는 로버트 파크Robert Park가 학장이었는데, 처음 기자로 활동하다가 나중에 사회학자로 돌아섰던 파크는 모든 형태의 도시 생활에 연구의 초점을 맞추고서 거의 관음증적인 호기심을 가지고 탐구에 열중했다. 1921년에 가까운 동료이던 에드윈 버지스 Edwin Burgess와 함께 펴낸《사회학 입문》Introduction to the Science of Sociology은 사회학 분야에서 거의 20년 동안 핵심적인 교재로 군림했다. 내성적인 성격으로 줄곧 파크의 그림자에 가려 있었던 버지스는 학자라기보다는 사회 개혁가에 더 가까웠다. 그는 '사회적인 연구 조사는 사회 병리에 대한 해결책'이라고 보았다. 그러나 엘리트주의적인 차원보다는 민주주의적인 차원에 가까운 '사회 변화를 제어하는' 수단이라고 보았다.[29]

파크와 버지스는 시카고 지역을 탐구하는 현장 여행에 학생들을 데리고 갔다. 이들이 찾아간 곳은 무도회장에서부터 학교, 교회 그리고 가정 등 다양했다. 시카고는 크고 다양했으며, 서로 뚜렷하게 구분되는 이민자 지역 사회들이 존재했다. 금주법 시기(1920~1933년 — 옮긴이)에는 저 유명한 알 카포네Al Capone 조직을 비롯한 조직 범죄단들이 수두룩했다. 캐나다와 인접했다는 지역적 특수성 때문에 시카고는 캐나다에서 제조한 불법 주류의 미국 밀반입 기지였으며, 조직 범죄단들은 불법 주류 거래를 놓고 치열하게 경쟁했다. 파크는 시카고라는 도시를 연구 대상으로 삼아야만 하는 이유를 다음과 같이 정리했다.

"이 도시에서는 인간 성정의 선과 악이 극명하게 드러난다. 바로 이런 이유로 해서 시카고는 인간 성정과 사회적 과정들을 가장 쉽고 또 효과적으로 연구할 수 있는 임상실험실이라고 할 수 있다."[30]

파크를 필두로 한 시카고 학파가 가지고 있던 신념의 핵심은 현장 연구 조사를 기반으로 해서 한층 강화되었는데, 사회적인 문제는 개인적인 차원의 문제에서 비롯된 게 아니라 사회적인 차원의 문제에서 비롯되었다고 보아야 한다는 것이었다. 버지스는 이런 신념을 파크보다 한 걸음 더 멀리 들고 나가서, 연구자들이 수행해야 하는 역할을 '지역 사회가 스스로를 연구하고 조사할 수 있도록 조직해야 한다'고 주장했다. 지역 사회는 자기 문제를 스스로 조사하고, 사회적 쟁점에 대해서 스스로를 교육하며, 또 '사회의 발전'을 위해서 스스로를 조직할 준비를 갖춘 핵심

리더 집단을 만들어내야 한다고 했던 것이다.

버지스는 앨린스키에게 가장 많은 영향을 준 인물이었다. 결과적으로 이렇게 된 가장 큰 이유는 버지스가 학생이던 앨린스키에게서 자기가 거둔 학문적 성취를 허물어뜨릴 능력을 발견한 데서 시작되었다.[31] 앨린스키는 범죄학에 매력을 느꼈고 대학교를 졸업한 뒤에 버지스의 도움으로 특별연구원이 되었다. 그리고 알 카포네 조직을 연구하기로 마음먹었다. 가능하면 조직 내부자의 시선으로 이 조직을 연구하고 싶었다. 그리고 그 조직 주변을 얼쩡거리면서 조직원들과 접촉했고 그들이 하는 이야기를 들었다.[32] 한동안 그는 주립 교도소에서 범죄학자로 일하기도 했다. 그러다가 1936년에 청소년 비행 문제를 사회적인 차원에서 해결할 방법을 모색하는 '시카고 지역 프로젝트'Chicago Area Project에 참가했다. 범죄의 원인은 개인의 나약한 심성이 아니라 가난과 실업 등의 요소들이 복합적으로 작용하는 이웃 집단에 있었다.

버지스는 조직가들과 관련된 원칙을 작성했다. 그 프로그램은 지역 주민들이 계획하고 운영해서 자발적으로 참여하는 것으로서 지역 주민을 위한 것이어야 했다. 이렇게 하려면 우선 훈련 및 지역 차원의 리더십이 필요했다. 기존의 이웃 관계를 강화해야 했고 모든 활동을 주민의 참여를 이끌어내기 위한 수단으로 활용해야 했다.[33] 그는 지역 조직가들은 예전에 비행 청소년이었던 사람이면 더 좋다고 생각했다. 그들이라면 자기 동네 사람들에게 보다 쉽게 수용될 수 있는 행동을 제시하는 데 도움이 될 것이라고 주장했다. 이 접근법을 두고 논란이 많았다. 앨린스키는 온정주의적인 사회 사업에 직접적으로 반기를 들었으며 그 바람에 범죄를 너그럽게 허용한다는 오해를 받았다. 대중적인 인기에 영합해서 지역 사람들이 자기들을 도우려고 하는 사람들, 자기들에게 진심으로 관심을 가지는 사람들에게 맞서서 대항하도록 선동한다는 혐의까지 뒤집어썼다.

　1938년에 앨린스키는 시카고에서도 유명한 빈민가로서 히스패닉계 밀집 지구인 백오브더야드를 맡았다. 이 지역은 이미 업튼 싱클레어의 1906년 소설 《정글》(이민 노동자들의 끔찍한 현실에 대해 쓴 소설―옮긴이)의 무대로 악명이 높은 곳이었다. 하지만 앨린스키는 타고난 조직가였다. 영리하고 세상 물정에 밝고 또 뻔뻔하기까지 했던 그는 다른 사람 같았으면 지역 주민들에게 무시를 당하거나 협박을 받았을 테지만 별 어려움 없이 주민들의 신망을 얻었다. 하지만 그의 접근법은 프로젝트가 허용한 기준 이상으로 정치적이었다. 그는 청소년 비행 문제를 그 지역이 직면하고 있던 거의 모든 문제들과 한데 합쳤을 뿐만 아니라 개인이 아니라 집단으로서 큰 영향력을 행사하는 핵심적인 집단들의 대표자들을 기본으로 해서 지역 사회의 조직을 결성했다. 또한 조직 노동자를 자기가 하는 지역 사업으로 투입했고, 자기에게 부여된 권한을 넘어서서 육가공 산업 내의 노동자 투쟁에도 관여했다. 그리고 1940년에는 그 프로젝트에서 완전히 발을 빼고 독자적으로 지역 운동을 펼쳤다.

　시간이 흐르면서 그는 사회과학이 현실과 동떨어진 대상을 연구 대상으로 삼는 경향을 점점 더 강한 어조로 비판했다. 그는 시카고 대학교 사회학과는 '택시 운전사 가운데 아무나 붙잡고 물어보면 매춘부가 어디에 있는지 공짜로 가르쳐주는데 이 정보를 알고자 하는 연구 프로그램에 10만 달러를 들이는 기관'이라는 묘사를 인용하면서, 여기에다 '사회학자에게 문제를 해결하라고 요구하는 것은 설사 환자에게 변비약을 처방하는 것이나 마찬가지'라는 자신의 관찰 내용을 덧붙였다.[34] 확실히 사회과학계의 지형과 경향들은 시카고 대학교의 파크―버지스 시대 이후로 많이 달라져 있었다. 그럼에도 불구하고 앨린스키의 초기 궤적은 양차 대전 사이 기간 동안에 규율에 사로잡혀 있었음을 반영한다.

　1941년《미국사회학회지》American Journal of Sociology에 발표한 논문에서 앨린스키는 자기의 접근법을 명쾌하게 설명했다. 그는 백오브더야드의 도축장 및 정육 포장 공장에서 일하는 사람들의 비참한 삶을 묘사했다. 그곳은 '질병, 청소년 비행, 타락, 불결함, 알코올 중독 등의 대명사'였다. 전통적인 지역 사회 단체는 이런 지역에서는 거의 가치가 없었다. 왜냐하면 이런 단체는 각각의 문제를 서로 떼어놓고 바라보며 또 지역 사회 자체도 '전반적인 사회적 풍경'과 떼어놓고 바라보기 때문이었다. 그러나 각각의 지역 사회를 보다 넓은 맥락 속에서 바라보면 '자력으로 개선해나갈' 능력이 제한되어 있을 수밖에 없음을 쉽게 알 수 있고 또 인정할 수밖에 없었다. 앨린스키는 '효과적인 지역 사회 단체로서 기능할 가능성이 있는 기본적인 조직이 둘 있다'고 파악했다. 가톨릭교회(성당)와 노동조합이었다.

　"가톨릭교회의 교구 신자는 또한 노동조합의 회원이기도 하다."

　그는 지역의 단체들을 하나로 묶어서 백오브더야드 주민 의회Back of the Yards Neighborhood Council를 만들었다. 이 조직은 가톨릭교회와 노동조합뿐만 아니라 지역 상공회의소, 지역 재향군인회 등을 아울렀으며 또한 '유력한 가업가들의 사교 모임, 출신 국적별 모임, 친목 모임, 체육 모임'까지도 아울렀다.

　이 주민 의회를 통해서 실업과 질병 등과 같은 문제들은 지역의 모든 사람들의 문제임이 드러났다. 노동조합이나 기업 모두 지역의 구매력에 의존했기 때문이다. 여러 모임과 단체의 리더들은 '예전에는 서로를 비인격적인 단체의 대표로 바라보았지만 (이 경우 서로를 적대적인 관계에 놓여 있던 모임이나 단체의 우두머리로밖에 바라보지 않았지만) 이제는 서로를 한 명의 인간으로서 바라보게 되었다.' 이런 바뀐 모습 뒤에는 자기 권리를 찾기 위해서 '스스로의 힘으로 세우고 소유하고 운영하던' 조직에 의존해야 할 필요성이나 편의성보다는 권리 자체를 강조한 '민중의 철학'people's philosophy이 있었다.[35]

이것은 헤이든의 철학과 명백하게 완전히 다른 것이었다. 앨린스키는 자기 자신의 길을 버리고 지역 조직들 속으로 온전히 들어갔다. 헤이든은 이런 방식으로 해서 평범한 사람들이 배제되고 지역의 권력 구조가 강화되지 않을까 걱정했다. 당시에 많은 좌파 지식인들은 가톨릭교회와 손잡고 일하는 데 의문을 던졌다. 가톨릭교회는 무신론자인 공산당에 매우 적대적이었기 때문이다. 앨린스키의 전기 작가의 표현을 빌리자면, 앨린스키가 스스로를 급진주의자로 정의한 내용은 '그의 경향, 신념, 수사修辭 그리고 그의 소망'에 반영되어 있다. 하지만 이보다 훨씬 더 많은 내용이 '보다 실용적인 형태를 띠었던 그의 행동'에 반영되어 있었다.[36] 그는 도움이 되기만 한다면 누구와도 기꺼이 손을 잡을 준비가 되어 있었다. 그의 롤 모델은 공산주의 선동가라기보다는 노동조합 조직가였다.

당시는 광산노동자연합United Mineworkers의 존 루이스John Lewis가 이끌던 미국 노동 운동의 영웅적 시대였다. 광산노동자연합은 엘리트주의적인 직업별 조합이 지배하던 생기 없는 미국노동총동맹American Federation of Labor을 잠에서 깨우고 산업별노동조합회의Confederation of Industrial Organizations, CIO를 구성했다. 루이스는 반反공산주의 정서를, 경제를 안정시키고 또 계획하는 중앙집권화된 국가에 대한 믿음과 결합시켰다. 그는 막 싹을 틔우던 노동 운동에 역동적인 리더십을 제공했다. 끈기 있고도 상상력 넘치는 그의 협상 방식은 1937년 미시간의 플린트에 있는 제너럴모터스 공장의 연좌파업 시위에서 입증되었다. 이 일이 있은 뒤로 다른 기업들도 산업별노동조합회의와 정면으로 대결하는 것을 경계했다. 루이스는 직접적인 위협을 하지 않고서도 미국 철강업계를 주무를 수 있었다. 그는 남부의 광산 노동자들에게 가해지던 인종차별에 문제를 제기하고 나섰다. 흑인 노동자는 워낙 적은 돈으로 절약해서 살아가므로 백인 노동자보다 적은 임금을 받아도 그럭저럭 잘 살아갈 수 있다는 게 광산업자들이 주장하는 논리였다. 이런 환경이었기에 그는 노동자들로부터 환영 받았고, 산업별노동조합회의의 조합원 수는 2년 만에 340만 명으로 늘어났다. 앨린스키는 이 영웅적인 노동조합 조직가 루이스를 1939년 7월에 만났다. 그때는 루이스가 시카고의 포장육 가공 노동자들을 대변하고 있을 때였고, 루이스의 딸 캐스린Kathryn은 앨린스키의 산업사회재단Industrial Areas Foundation의 이사였다.

루이스는 앨린스키의 롤 모델이었다. 루이스는 자기 중심적이었고, 기업가와 대결하기를 즐겼으며, 배짱 넘치는 태도로 당당하게 조직을 이끌었다. 나중에 앨린스키는 루이스를 찬양하는 전기를 쓰기도 했다. 앨린스키는 루이스로부터 상대를 자극해서 어떤 행동을 하도록 도발하는 방법, 갈등을 조장하는 방법, 그런 다음 해결책을 협상하는 방법 그리고 모든 단계에서 자신이 가지고 있는 힘을 최대한 활용하는 방법을 배웠다. 앨린스키는 행동을 지적으로 정당화하는 것과 여기에 동원되는 수사적인 표현에 관심을 기울였으며, 루이스가 공정함과 정의라는 미국적 이상과 산업별노동조합회의를 결부시켜서 사용자를 압박하는 투쟁 프로그램을 구사하는 방식에 깊은 감명을 받았다.

"이것과 비슷하게 앨린스키 본인의 논법도 산업사회재단의 목적을 어딘가 귀에 익은 느낌의 미국의 정치적 전통과 결합시키는 것이었다."[37]

1946년에 앨린스키는 첫 번째 저서인 《급진주의자여 일어나라》

Reveille for radicals를 출간했는데, 이 책은 예상치도 않게 베스트셀러가 되었다. 이 책의 토대가 되는 기본적인 발상은 노동조합들이 공장에서 효과적으로 사용해왔던 기법들이 도시의 지역 사회 조직에도 똑같이 활용될 수 있다는 것이었다. 그의 표현대로 하자면 '공장 울타리를 넘어서는 단체 교섭'을 도시 빈민의 조직 사업에 구사할 수 있다는 말이었다. 이 책에서 급진주의자들은 호전적인 이상주의자로 묘사되었다. 즉 '자기가 하는 말을 믿는' 사람, '위대한 개인적인 덕목들'뿐만 아니라 상식을 가진 사람, '진정으로 그리고 완벽하게' 인류를 믿는 사람, 가능한 모든 수단을 동원하는 사람, 합리화와 천박함을 피하는 사람 그리고 '겉으로 드러난 것이 아니라 근본적인 원인'을 다루는 사람으로 묘사된 것이다. 이 급진주의자의 목적은 유토피아적으로 그려졌다. 모든 개인이 가지고 있는 가치가 인정받고 또 언제든 실현될 수 있는 곳, 모든 사람이 정치적·경제적·사회적으로 진정으로 자유로운 곳 그리고 전쟁도 공포도 비참함도 시위도 퇴폐도 없는 곳, 그런 곳을 만드는 것이 그의 목적이었다. 자유주의자들은 앨린스키의 경멸을 받아야 했다. 철학 때문이 아니라 기질과 태도에 녹아 있는 이런저런 결점들 때문이었다. 그는 자유주의자들이 무책임하고, 머뭇거리며, 자기 만족적이고, 싸움을 해내갈 배짱이 부족하며, '급진적인 머리에 보수주의적인 가슴'을 가지고 있고, 어떤 쟁점의 양 측면을 보아야 한다고 끝까지 우기다가 제풀에 지쳐서 나가떨어지며, 행동과 당파적 열정을 두려워한다고 지적했다.

본질적인 차이는 '권력이라는 쟁점'에서 비롯된다고 앨린스키는 지적했다. 급진주의자들은 '오로지 권력을 손에 넣고 이것을 잘 활용함으로써 사람들은 스스로를 보다 나은 처지로 개선할 수 있다'는 사실을 안다고 했다. 자유주의자들이 저항을 할 때 급진주의자들은 반란을 일으킨다고 했다.[38] 지역 사회 조직이라는 개념('어떤 프로그램이든 인간성 그 자체의 지평에 의해서만 제한된다.')이 영웅적이었다면 앨린스키가 가지고 있었던 조직가라는 개념 역시 영웅적이었다는 사실은 놀라운 일이 아니다. 앨린스키의 전기를 쓴 작가는 다음과 같이 기술한다.

"앨린스키가 조직화라는 슈퍼맨의 망토를 입고 하늘 높이 올라가서는 진리와 자유와 미국적 길을 위해서 싸울 만반의 준비를 갖춘 다음에 어떤 산업 지구의 버려진 지역 사회를 향해서 곧바로 내리꽂히는 모습은 누구라도 상상할 수 있을 것이다."

이 조직가는 장차 '인류를 향한 사회적 위협에 맞서는 전쟁'을 이끌게 된다.[39]

그 뒤 1972년에 앨린스키가 갑작스럽게 사망할 때까지 20년 동안 그의 사도들은 미국 전역에서 수많은 조직 사업에 관여했다. 앨린스키 본인은 특히 두 가지 사업에 전념했다. 하나는 시카고의 우드론 지구에서 했던 사업이었고 다른 하나는 뉴욕의 로체스터에서 했던 사업이었다. 두 곳 모두 다수의 흑인 커뮤니티가 있었고 실업 문제 해결 그리고 궂은 업무에는 흑인만 고용하는 인종차별적 관행의 해결이 과제였다. 특히 로체스터에서 앨린스키가 표적으로 삼은 곳은 이곳에서 가장 큰 기업이던 이스트만 코닥Eastman Kodak이었다. 앨린스키는 두 곳에서 모두 상당한 성공을 거두었다. 하지만 이런 성공은 고용주로부터의 항복이 아니라 협상을 통해서 가능했다.

앨린스키는 죽기 얼마 전에 또 한 권의 저서 《급진주의자를 위한 규칙》Rules for Radicals을 발간했는데 이 책은 그의 철학을 고스란히 담고 있다. 뒤에서 다시 언급하겠지만 이 책은 그가 1960년대의 다른 급진적인 사회 운동들과 어떤 식으로 관계를 설정하고 또 이런 관계 속에서 자신의 위치를 어디에 설정했는지 파악하는 데 중요한 단서가 된다. 이런 점들에 대해서는 뒤에서 살펴보기로 하고, 일단 여기서는 '규칙' 그 자체에 대해서만 살펴보자.

그는 열한 가지 규칙을 제시했는데, 하나같이 모두 약자가 취할 수 있는 전략으로는 기본적인 것이다. 첫째는 순전히 《손자병법》 그대로이다. 자기가 실제보다 강하다는 인상을 상대에게 심어준 후 상대를 설득하는 것이다('만일 당신의 조직이 작다면, 조직원의 수를 어둠 속에 숨긴 채 시끄럽게 왁자지껄 떠들어서 모든 사람이 당신의 조직이 실제보다 더 많은 조직원을 확보하고 있다고 생각하도록 만들어라'). 둘째와 셋째는 당신 편인 사람들이 편안하게 느낄 수 있는 공간에 될 수 있으면 가까이 있도록 하며, 상대는 불편함을 느낄 수 있는 공간으로 될 수 있으면 끌어내어서 '혼란과 공포와 퇴각'을 조장하라는 것이다. 넷째는 상대방이 가지고 있는 규칙을 역으로 이용하라는 것이고, 다섯째는 '사람이 가지고 있는 가장 효능 좋은 무기'인 조롱과 비웃음을 활용하라는 것이다. 이것이야말로 가장 반격을 하기 어려운 공격 방식이기 때문이라고 했다. 여섯째는 다섯째의 연장선상에 있는데 좋은 전술은 자기편이 즐겁게 수행하는 전술이며 나쁜 전술은 재미도 없거니와 시간만 질질 끌어 계속 유지하기 어려워지는 전술이라고 했다. 상대가 별다른 효과도 없이 시간만 질질 끌도록 하는 게 일곱 번째이다. 좋은 전략의 진수는 상대에게 지속적으로 압박을 가하는 것이기 때문이다. 이렇게 하는 것이 여덟 번째 규칙이다. '전술의 주요 전제는 상대에게 끊임없이 압박감을 주는 구체적인 작전을 개발하는 것이다. 이렇게 할 때 상대는 당신에게 유리한 쪽으로 대응하게 마련이다.' 그리고 아홉 번째는 적에게 가하는 위협이 실제보다 더 무섭게 받아들여질 방법을 생각하는 것이다. 열 번째는 예컨대 '좋아, 그래 이제 뭘 할 건대?'라는 질문에 대한 대답 즉 건설적인 어떤 대안을 마련하는 것이다. 그리고 마지막으로 열한 번째에 대해서는 다음과 같이 추천한다.

"표적을 하나 선정하고 이 표적이 꼼짝 못하게 만들고 개인적인 차원에서 접근하며 양극화시켜라. 추상적인 기업 혹은 관료제도 자체를 공격하려고 하지 마라. 책임성 있는 개인을 포착해라. 비난을 피하거나 희석시키려는 시도를 무력화해라."

이 열한 개의 규칙은 현장 활동가들을 위한 규칙이었고, 따라서 지역의 권력 구조에 어떤 식으로 끼어들 것인가 하는 문제 그리고 모든 행동을 규제하는 기본 원리들과 관련된 전략적인 사고의 형식과는 달랐다. 앨린스키는 현장의 실천적인 활동 즉 구체적으로 설정된 목표에 초점을 맞추었다. 그 열한 개의 규칙은 인내력, 연대, 기습 공격 역량 그리고 대중이 어떤 식으로 자기들을 바라보는지 지속적으로 관찰할 필요성 등의 차원에서 전략에 필요한 요소들이 무엇인지 그가 생각한 것을 반영한 것이다. 그는 지역 사회 혹은 커뮤니티에 대한 감각 그리고 조직에 대한 자신감은 실제 현장에서 벌이는 투쟁과 나란히 나아가서 상대방의 반격에 끄떡하지 않고 대응하며 한 가지 쟁점에서 또 다른 쟁점으로 주도권을 가지고 대결을 이끌어나갈 수 있을 정도로 강하고 튼튼하게 키워야 한다고 했다. 앨린스키를 찬양한 사람들 가운데 한 사람이었던 언론인 찰스 실버만_{Charles Silberman}은 그의 접근법을 게릴라전에 비유했다.

"적의 세력은 잘 정렬되어 있는 반면에 새로 구성한 아군의 약점은 쉽게 드러나는 하나의 고정된 전투를 피하고 치고 빠지는 작전을 구사해서 작지만 짭짤한 승리들을 챙길 필요가 있다. 그러므로 연대감 및 공동체감을 창출하는 것이 기본 목적인 가두행진이나 집세 납부 거부와 같은 극적인 투쟁이 강조되었다."[40]

단지 표적에 가하는 압박을 계속 유지하는 것뿐만 아니라 지역 사회를 튼튼하게 세우며 조직화하는 것까지 목적에 포함시켰다. 확실히 앨린스키는 비폭력은 좋지 않은 발상임을 분명히 했다. 물론 이것은 도덕적인 차원에서 이루어진 판단이 아니었다. 그는 질 게 거의 뻔한 행동에는 철저하게 반대했다. 무력에 호소하는 것에 대해서도 역시 마찬가지였다.

앨린스키가 들고 나와서 유명해진 전술들 가운데 몇몇은 고약한 장난과 도발의 의미를 담은 것도 있었다. 그 가운데 하나는 고용 정책에서 흑인과 백인을 차별하던 시카고의 어떤 백화점을 상대로 한 싸움이었다. 이때 그의 전술은 평소 백화점이 고객들로 붐비는 토요일에 수천 명의 흑인을 보내서 물건을 사지도 않은 채 매장을 어슬렁거리면서 돌아다니며 정상적인 구매 고객을 방해함으로써 백화점이 실질적인 매출액 감소의 고통을 당하도록 하겠다는 것이었다. 또 하나의 전술은 시카고 시장을 압박하기 위한 것이었다. 조직원들이 오헤어 공항의 모든 화장실을 차지하고 앉아서 공항에서 내린 여행객이 화장실을 찾다가 발을 동동 구르도록 만들겠다는 것이었다. 또 하나, 비록 유쾌한 장난으로 조직원을 즐겁게 하는 동시에 상대방을 압박하려는 의도였지만 특히 악명이 높았던 투쟁으로 꼽히는 것은 이스트먼 코닥의 후원을 받던 로체스터 필하모닉 관현악단의 공연장에서 방귀를 뀌는 것이었다. 젊은 남자들이 구운 강낭콩을 엄청나게 많이 먹은 뒤에 공연장에 입장해서 그 전술을 구사한다는 것이었다.

그런데 특이한 사실은 이런 전술들은 흑인에 대한 백인의 부정적인 고정관념들에 어느 정도 의존한다는 사실은 논외로 치더라도 실제로는 실행되지 않았다는 점이다. 하지만 앨린스키는 그런 전술을 쓰겠다고 말을 하는 것만으로도 충분히 위압의 효과를 발휘한다고 주장했다. 그가 수행한 전술적 혁신들 가운데 하나는 주주총회 자리에서 발언할 권리를 얻기 위해서 기명 투표를 활용함으로써 기업을 곤혹스럽게 만드는 것이었는데, 1967년에 코닥을 상대로 해서 처음 이 방법을 썼다. 주주총회에 제출되는 보고서들은 기타 주주(주주를 분류할 때 최대 주주, 주요 주주, 소액 주주, 기타 주주 등으로 분류한다—옮긴이)는 거의 신경을 쓰지 않았지만, 이사회를 당혹스럽게 만들고 이런 내용이 언론에 보도되도록 하는 방법을 개발했던 것이다.

앨린스키는 자유주의자를 신뢰하지 않았고 가난한 사람을 낭만적으로 묘사하는 경향을 혐오했다. 그의 이런 특징은 1960년대 중반에 지역 사회 속으로 파고든 청년 급진주의자들의 기질과 같았다. 하지만 중요한 차이점이 몇 가지 있었다. 우선 앨린스키는 결과를 중심에 놓고 생각했다. 아무리 작은 승리라 하더라도 그는 승리를 원했는데, 이럴 경우 연합체를 만들 수 있으며 또 어떤 합의를 이끌어낼 수 있었기 때문이다. 그는 자기가 서 있는 지점이 소수파의 자리임을 잘 알았다. 이런 상황은 자기가 중산층에 속한다고 생각하는 미국인이 점점 더 많아짐에 따라서 더욱 심화되었다. 그래서 그는 방관자로 구경만 할 수도 있는 사람들을 자기편으로 끌어들여서 지지를 확보할 필요성을 절감했다. 그는 부유한 자유주의자들에게서 자금을 기부받을 준비를 갖추었으며 외부(예를 들어서 고객이나 주주 혹은 고위 당국자 등)의 지원을 동원할 수 있는 압박의 원천으로 삼기 위해서 언제나 표적의 약점을 찾았다. 그는 또한 요구되는 조직화의 정도가 (특히 외부 인사나 전문가가 개입했을 때) 그 자체로 쟁점거리가 된다는 사실을 잘 알았다. 기업은 노동자의 투쟁을 무력화하려고 외부의 '선동자들'이 개입했다고 신속하게 그리고 악의적으로 선전에 나섰다(그런데 앨린스키는 개인적으로 자기에게 '선동자' 딱지가 붙는 것을 기꺼이 받아들였다). 사실 젊은 급진주의자들은 강력한 지도자들을 경계했는데, 이들은 쉽게 대안 권력의 자리에 올라서서는 사람들을 원래대로 무력한 존재로 만들어버리기 때문이었다. 젊은 급진주의자들이 기대한 대로, 앨린스키는 조직가는 사람들 사이에 잠재되어 있는 정치 의식을 끄집어내서 부당함을 인식하게 할 뿐만 아니라 잘못된 것을 올바르게 바로잡을 가능성까지도 인식하게 해주는 일을 해야 한다고 말하기 시작했다. 지역의 리더십이 이 의식에 목소리를 부여하고 이것의 장기적인 신빙성을 보장할 수 있을 때 지역 사회 혹은 커뮤니티는 조직화에서뿐만 아니라 의식에서도 혼자 힘으로 설 수 있을 것이라고 보았다. 앨린스키는 지역의 조직 사업은 길어야 3년 동안만 외부의 도움을 받아야 하며 그 뒤로는 자립하는 것을 원칙으로 삼았다.[41] 그러나 말년에 가서는 그도 이 원칙의 효용을 의심했다.

그러나 그는 자원도 거의 없고 자신감도 없는 사람들, 하루하루를 살아나갈 문제와 씨름하느라 거의 모든 에너지를 빼앗기고 마는 사람들과 함께 일을 했다. 앨린스키의 동료로 10년 동안 함께 활동하다가 1962년에 기자가 되어 지역 운동의 현장을 떠났던 니콜라스 폰 호프만Nicholas von Hoffman은 '룸펜 프롤레타리아 계급'이 갑작스럽게 낭패를 당할 때 어떻게 대처했는지 다음과 같이 묘사했다.

"가스도 끊기고, 전기도 끊겼다. 결국에는 집주인이 그들을 쫓아냈다. 사촌 하나는 감옥에 가 있었고, 아기는 급하게 응급실로 데려가야 했다. 아이들 가운데 하나가 사회복지사에게 욕을 했고 그 바람에 가족이 받던 지원은 끊어졌으며, 집에서는 폭군으로 군림하는 남자가 아내를 죽도록 두들겨 팼다. 윌슨은 음식을 사려고 돈을 훔쳤고, 재니스는 임신을 했으며, 어머니는 술이 취해 있던 바람에 직업 지도원과 했던 약속을 지키지 못했다."

그 결과 가난한 사람은 '도무지 믿을 수 없으며, 따라서 굳은 약속으로써 단단하게 결속해야 할 조직의 대상이 아니었다.' 실제로 이것은 (시민권 운동에서도 확인한 사실이지만) 믿을 만하고 능력 있는 지역 지도자의 풀 pool 이 크지 않다는 뜻이었다. 어떤 커뮤니티에서건 전체 인구의 불과 몇 퍼센트만 앨린스키의 운동에 동참했다. 그러므로 그의 방법들은 조심스러운 조직화와 강력한 리더십에 의존할 수밖에 없었다. 이것이 나중에 유행하게 되는 자발성 및 참여 민주주의에 맞지 않았지만 그래도 그는 자기 방식이 옳다고 판단했다. 호프만은 나중에 앨린스키는 '피할 수 있었던 패배를 결코 너그럽게 넘어가지 않았으며 도덕적 승리에만 만족하는 것을 용납하지 않았다'고 기억했다. 그는 모든 부당함을 올바르게 바로잡을 수는 없다는 판단 아래 이길 수 있는 싸움만 골라서 했다.[42]

✝ 세자르 차베스

아들 앨린스키가 영웅적인 조직가로 헌신할 준비를 하고 있을 때 아버지 앨린스키는 아들의 그런 발상을 무척이나 걱정했다. 권력을 잡고 행사하는 사람들 가운데 동기가 순수한 사람은 드물었다. 대부분은 정치의 격동을 즐기기만 하면 그만이었기 때문이다. 그렇게 정치인은 교활하고 또 냉소적이었으며 자기에게 따라붙은 높은 악명을 즐겼다. 그러니 불완전함을 인식하는 것이 완전하다는 주장보다 더 갈채를 받았다. 이런 점에서 앨린스키는 자기가 돕고 있던, 세자르 차베스 Cesar Chavez 가 걱정스러웠다. 프레드 로스 Fred Ross 가 1950년대 초에 차베스를 고용했는데, 당시 로스는 앨린스키의 후원을 받아서 멕시코 출신의 농업 노동자들을 대상으로 유권자 등록 운동 및 노동자 권리 증진 운동을 주로 하던 캘리포니아의 커뮤니티서비스조직Community Service Organization, CSO을 운영하고 있었다. 그리고 10년 뒤에 차베스는 여기를 떠나서 농업노동자연합United Farm Workers Union, UFW의 전신인 전미농업노동자협의회NFWA를 설립했다. 그는 간디의 추종자여서 단식과 순례 등의 방법을 채택했으며 비폭력을 주장했다. 1966년 봄에 그는 농업 노동자를 이끌고 델라노에서 캘리포니아의 주도인 새크라멘토까지 400킬로미터가 넘는 거리를 행진했다. 여기에다 캘리포니아산 포도의 전국적 불매 운동도 결합시켰다. 앨린스키는 이런 방식에 회의적이었지만, 이 불매 운동은 폭넓은 지지를 받았으며 무려 5년 동안 지속된 끝에 마침내 승리로 끝났다. 농업 노동자의 임금이 인상되었고 노동조합을 결성할 권리도 법률적으로 보장되었다.

기존의 노동조합들은 이민자 출신 노동자들을 경계했다. 백인 고용을 위협하는 요소로 비춰졌기 때문이다. 미국노동총연맹산업별조합회의 American Federation of Labor and Congress of Industrial Organizations, AFL-CIO(1955년 당시 미국의 양대 노동조합 기구였던 미국노동자협회AFL와 산업별노동조합회의CIO가 결합하면서 출범한 미국의 전국적 노동조합 조직—옮긴이)[43]가 이전에 농업 노동자를 조직하려고 시도했지만 실패했었다. 지도부가 지역의 조건을 이해하지도 못했고 스페인어를 할 줄도 몰랐으며 높은 이직률의 계절별 뜨내기 노동자들을 상대해야 했음에도 불구하고 그저 오래된 노동 운동 방식의 낯익은 방법들에만 의지했기 때문이다. 차베스는 지역 사회에 조합의 뿌리를 두는 것이 중요하다고 판단하고 (지역 사회는 자녀의 교육 기회를 제공하고, 또 교회에 접근할 수 있게 해주었기 때문이다) 예컨대 집세 납부 거부 운동 따위의 전술적 레퍼토리를 전미농업노동자협의회에 첨가했다. 그는 또한 시민권 운동의 사례도 활용했다.

> 흑인이 어떻게 싸움에서 이겼을까? 모든 사람들이 달릴 것이
> 라고 생각할 때 (……) 그들은 달리지 않고 무릎을 꿇고 기도를 한다.
> 분명히 실컷 두들겨 맞은 것 같은데 그들은 패배를 승리로 바꾸어놓
> 는다. 그들은 오로지 자기가 가진 것, 자기 몸뚱어리와 용기만을 사
> 용한다. (……) 우리 농업 노동자도 그들과 똑같은 무기를 가지고 있
> 다. (……) 그들이 앨라배마와 미시시피에서 보여주었던 것과 똑같
> 은 용기를 가지고서 이 교훈을 적용하는 날, 바로 그날, 농업 노동자
> 의 비참한 삶은 마침내 끝이 날 것이다.[44]

이런 전략으로 차베스는 농업 노동자 운동의 중심이 되었다. 그리고
1968년에 상징적인 순간을 맞았다. 아무런 성과도 없이 끝날 것처럼 보
이던 장기 파업에 농업 노동자들은 지쳐가고 있었고, 사람들은 비폭력의
가치를 점점 더 짙은 의심의 눈으로 바라보았다. 이때 그는 단식에 돌입
했다. 강압적인 방식이 아닌 정신적인 방식이 더 효과가 크다는 자기의
믿음을 거듭 주장하고 또 고통의 힘을 증명하기 위해서였다. 그의 이 투
쟁 방식은 노동조합 내부에서 폭력을 이야기하던 사람들을 향해서 비폭
력을 간곡하게 주장하는 것이었다. 멕시코인 가톨릭교회 신자들은 그의
시도를 높이 평가하면서 그가 자기들을 대신해서 고통을 당하고 있다고
보았다. 성직자들이 단식 현장에서 예배를 보면서부터는 그의 단식은 종
교적인 행사가 되었다. 이 일로 노동자들은 활기를 되찾았고, 많은 노동
자들이 자발적으로 차베스의 단식 현장으로 순례 여행을 했다.

노동조합을 강화하는 과정에서 확보된 이런 강점이 한층 더 강화될

수 있는 계기를 맞았다. 차베스의 단식이 거짓이라고 생각한 포도 농장 주들이 그 시점에 노동조합이 취하는 전술을 금지해달라는 요청을 법원에 내기로 한 것이다. 농장주들의 이런 움직임은 약할 대로 약해진 차베스에게는 멋진 기회가 되었다. 수천 명의 지지자들이 기도를 하는 가운데 차베스가 법정에서 발언할 수 있게 된 것이다. 마침내 그는 25일에 걸친 단식을 끝내고 (이 25일 단식은 간디가 가장 오래 했던 단식 기간보다 하루 더 긴 기록이다) 로버트 케네디Robert Kennedy 상원의원이 건네준 **빵** 한 조각을 들고 에큐메니칼(세계교회) 의식을 치른 뒤에, 발언을 했다. 성직자가 그의 연설을 대신 읽었다.

> 나는 가장 진실한 용기의 행동, 가장 강한 남자다운 행동은 정의를 위한 온전하게 비폭력적인 투쟁 속에서 다른 사람을 위해서 스스로를 희생하는 것이라고 확신합니다. 한 사람의 인간이 된다는 것은 다른 사람을 위해서 고통을 당하는 것입니다. 신이여, 우리가 인간이 되도록 도와주소서.[45]

앨린스키는 경건함을 경계했다. 그는 차베스에게 단식이 당혹스럽다는 말을 대놓고 했다. 또한 앨린스키는 차베스가 부양해야 할 가족이 있음에도 불구하고 지치지도 않고서 낮은 임금을 받으며 늘 고통 속에서 살아간다는 사실에 감동을 받지도 않았다. 결국 농업노동자연합의 실무자들은 최저생활만 보장하는 급료를 받아야 한다는 차베스의 주장은 불만의 원천이 되고 말았다.[46]

차베스와 함께 일했던 마샬 간츠Marshall Ganz는 전략적 창의성의 원천으로서 최초의 동기 부여가 중요하다고 인식했다. 전략은 맨 처음 오는 게 아니라 어떤 행동에 대한 단호한 결심과 헌신을 뒤따르는 것이며, 이 단호한 결심과 헌신이 '집중, 열정, 위험을 무릅쓰는 용기, 끈기 그리고 학습'을 고취한다고 보았다. 지금 현재의 문제에 집중적으로 관심을 가질 때 비판적인 생각이 자극을 받으며, 일반적인 기대와 전후사정을 비판적으로 바라볼 수 있다고 했다.[47] 차베스가 그 동력을 제공했다. 그러나 차베스 역시 실제로 일을 하는 사람이 의사결정을 내리는 강력한 리더십에 의존하는 조직관을 가지고 있었는데, 이것은 참여 민주주의 혹은 그 어떤 종류의 민주주의와도 거리가 먼 것이었다. 운동을 이끄는 것과 조직을 운영하는 것은 전혀 다른 활동이다. 후자의 활동에서 차베스는 괴짜 독재자가 되어서 결국 농업노동자연합을 무질서 상태로 몰아넣고 말았다. 차베스는 영감을 고무하는 인물로 남아 있으며 농업노동자연합의 많은 동지들이 다른 사회 운동 분야에서 중요한 역할을 하지만 결국 차베스는 자기에게 충분할 정도로 아첨하지 않는 실무자들을 쫓아냄으로써 자기가 세운 조직을 망쳐버렸다(농업노동자연합은 한때 5만 명의 조합원이 활동할 정도로 컸지만 2014년 현재 조합원의 수는 5,000~6,000명 수준으로 줄었다. 한편 1993년에 사망한 차베스를 기리기 위해서, 오마바 대통령은 2011년에 차베스의 출생일인 3월 31일을 '세자르 차베스의 날'로 정하는 대통령 포고령을 선포했다―옮긴이).[48]

† 불완전한 커뮤니티

인간은 원래 불완전하다. 이런 불완전함은 평범한 사람들은 말할 것도 없고 지도자들에게서도 나타났다. 앨린스키가 가장 쓰라리게 깨달았던 교훈은 어쩌면 정치적으로 각성되어 있는 외부 출신의 조직가들과 이들이 권력의 대상으로 사로잡으려고 하는 커뮤니티 사이에 의견 일치가 자연스럽게 이루어질 일은 결코 없다는 사실이었을지도 모른다. 1945년 이후에 다시 활성화된 백오브더야드 커뮤니티에서는 흑인이 자기 지역으로 들어오지 못하도록 막는 데 총체적인 노력을 기울였다. 호프만이 지적했듯이 일단 어떤 지역이 새롭게 정비되고 나면 그 지역은 '인종적 배척의 반석이 된다.' 이제는 지켜야 할 것이 생겼기 때문이라고 그는 지적했다. 심지어 그다지 인종차별적이지 않던 사람들조차도 흑인이 자기 지역에 들어오면 '그 지역이 슬럼이 되고 범죄가 들끓고 교육 환경도 나빠지게 되며 부동산 가격이 떨어진다'고 믿었다.[49]

앨린스키는 마지막으로 가졌던 어떤 인터뷰에서 (이때 그는 '회계원처럼 보이며 항만 노동자처럼 말하는 사람'으로 소개되었다) 이 역설과 상대적으로 덜 낭만적인 '민중'관을 참담한 심정으로 인정했다. 그가 1930년대 말에 백오브더야드에 도착했을 때, 그곳은 '증오의 시궁창이었다. 폴란드인, 슬로바키아인, 독일인, 흑인, 멕시코인, 리투아니아인 등 모두가 모두를 증오했으며, 이들 모두가 또 아일랜드 인을 증오했고, 아일랜드인은 이 모든 증오에 대한 복수를 몇 배로 더 갚았다.' 그는 이 지역의 문제를 진단하면서 '보다 나은 세상에 대한 꿈들' 이 '변화의 공포, 자기들이 가지고 있는 물질적 재화를 잃을 것이라는 공포, 흑인에 대한 공포, 이런 공포들의 악몽'으로 대체된 것이라고 지적했다. 그는 '다시 그 지역으로 돌아가서 25년 전에 내가 세웠던 것을 내 스스로 무너뜨리는 새로운 운동을 조직하자'고 생각했다. 그는 사람들이 '불결함과 가난함과 절망'에서 탈출하도록 돕는 것이 옳다고 여전히 생각했다. 설령 그 사람들이 지금 '기존의 편견들'에 사로잡혀 있다고 하더라고 그렇게 하는 게 옳다고 생각했다.

"가진 것 없는 사람들이 절망과 차별과 박탈 속에 놓여 있다고 해서 그 사람들에게 자비, 정의, 지혜, 인정 혹은 도덕적 순수함 같은 특별한 덕성이 자동적으로 부여되지는 않는다."

그 사람들은 평범한 모든 사람들이 그렇듯이 약점이 있는 그저 평범한 사람들일 뿐이었다.

> 역사는 혁명의 이어달리기 경주와 같다. 한 집단의 혁명가들이 이상주의의 횃불을 들고 달리고, 그러다 보면 이것이 확립된 질서가 되는데, 그러면 다시 새로운 혁명가 세대가 앞선 세대의 횃불을 뺏어들고 다시 앞으로 달려간다. 이런 양상은 계속 반복되며 이 과정에서 반란자들이 높이 치켜든 휴머니즘과 사회 정의의 여러 가치들이 꼴을 갖추고 변해가며 또 서서히 모든 사람들의 마음에 심어진다. 설령 이들의 주장이 현재의 기득권 집단의 물질적 타락에 때로 굴복한다 하더라도, 이런 과정은 계속 이어진다.

1960년대의 이런 정서로 앨린스키는 대학가에서 높은 인기를 누리는 연설자가 되었다. 앨린스키는 혁명적이지는 않지만 급진적인 변화를 주장하며 권력의 재분배를 소리 높여 외쳤다. 그리고 그는 그 길이 쉽거나 단순할 것이라고 생각하지도 않았으며 또 그런 사실을 솔직하게 인정했다.

"변화는 운동을 의미한다. 운동은 갈등을 의미한다. 갈등은 열기를 의미한다. 열기는 논쟁과 투쟁을 의미한다."

그러나 그는 신좌파 지도자들과 닮은 점이 거의 없었다. 1964년 여름에 앨린스키와 민주사회학생연합sds의 핵심적인 인물들이 만날 자리가 마련되었다. 학생운동의 그 핵심 인물들 가운데는 톰 헤이든과 토드 지틀린도 있었다. 그런데 이 만남은 순조롭게 진행되지 않았다. 앨린스키가 부정적인 태도를 보인 것이다. 리더십과 위계 체계가 없는 상태에서는 가난한 사람들이 중산층 출신의 대학생들이 거부하던 생활 방식(라이프스타일)을 역시 거부할 것이라는 발상은 너무도 고지식하고 순진한 생각이라는 것이었다.[50] 앨린스키로서는 약자로 산다는 것은 명예로운 훈장이 아니라 벗어던지고 싶은 부담이었기 때문이다.

앨린스키의 이런 회의주의적 시각은 마틴 루터 킹 2세에게까지 확장되었다. 그가 비록 킹의 업적을 존중했고 또 킹이 구사하던 전술들 가운데 몇몇을 그대로 모방하다시피 했지만 킹을 바라보는 부정적인 시각을 온전히 버릴 수는 없었다. 1966년에 킹이 시카고에 왔을 때 두 사람의 만남이 주선되었지만 끝내 두 사람은 만나지 않았다. 앨린스키가 거부감을 느꼈기 때문이다. 앨린스키로서는 킹과 같은 거물급 인사가 자기 활동 구역의 안방까지 들어오는 것을 경계했던 것이다. 특히 당시에 앨린스키는 남부에서 투쟁을 시도해봐야 환영을 받지도 않을 것이고 또 거기에서의 투쟁이 효과적이지도 않을 것이라는 판단 아래 그런 시도 자체를 하지 않겠다는 결정을 고심 끝에 내렸기 때문에 더욱 그럴 수밖에 없었다. 그는 노벨상을 받을 사람이 아니었지만 그렇다고 해서 2인자 자리를 맡을 사람도 아니었다. 또한 남부의 어떤 목사가 남부에서 하던 투쟁 방식이나 전술을 가지고는 도시라는 환경에서 성공할 수도 없을 것이라고 생각했다. 그는 시민권 운동의 기본적인 접근법은 직접적인 행동을 동원해서 핵심 쟁점들을 극적으로 부각시킨다는 점에서 자기의 방식과 비슷하다고 보았다. 그리고 성공의 열쇠는 남부의 기득권자들이 무식하다는 점과 국제적인 압박이라고 생각했다. 그랬기에 이런 말도 할 수 있었다.

"버밍엄에서 '황소' 코너가 경찰견과 소방 호스를 동원해서 시위대를 진압하고 체포하는 장면이 시민권 투쟁을 하는 사람들보다 시민권 운동에 더 많이 기여할 것이다."[51]

앨린스키는 적절한 조직이 필요하다는 점을 늘 주장해왔었다. 그리고 그를 따르는 사람들은 킹을 따르는 사람들이 모두 다 같지는 않다는 사실을 알아차렸다. 개중에 '어떤 사람들은 매우 재능이 넘치고 어떤 사람들은 부엉이처럼 미쳐서 날뛰었다.' 그러나 이들은 킹에게 조금이라도 더 가까운 자리를 차지하려 지나치게 많은 시간을 서로 헐뜯고 싸우는 데 소비했다. 그런데 킹의 리더십은 이런 부정적인 영향을 주는 사람을 결코 떼어내지 못했다. 이런 사람들을 전혀 통제하지 못했던 것이다.[52]

베이야드 러스틴은 시카고 문제를 놓고 킹과 격렬하게 논쟁을 했으며, 그때 북부 슬럼가와 거칠고 냉소적인 문화와 도시 정치의 복잡성 특히 마이클 데일리_{Michael Daley} 시장의 무시무시한 조직에 대해서 킹에게 경고를 했었다. 삶은 대개 험하고 거칠었다. 그러나 흑인은 정치 과정에서 배제되지 않았으며 지역의 조건 또한 남부에서 진행되었던 도덕성 차원의 투쟁과는 비교할 수 없을 정도로 복잡했다. 어떤 언쟁에서는 러스틴이 킹에게 시카고가 어떤 곳인지 제대로 알고 나서 그런 말을 하라고 나무랐다.

"당신은 금방 지워져서 흔적도 찾아볼 수 없을 겁니다."

그러자 킹은 자기는 기도를 하면서 신에게 의견을 물어볼 것이라는 말로 자기 주장을 매듭지었다. 러스틴은 화가 머리끝까지 났다.

"킹이 신에게 얘기하고 신이 킹에게 얘기한다? 말이 되는 소리야?"[53]

러스틴이 아무리 불만을 토로해봐도 그 심각한 전략적 의문을 풀 길은 없었다. 그리고 결국 러스틴이 염려하던 일이 실제로 일어났다. 킹은 사람들로부터 전혀 우호적이지 않은 반응을 받았고 투쟁 동력을 끌어모으는 데 실패했다. 킹은 대중을 투쟁 현장으로 동원할 수 있는 단 한 가지 쟁점을 선택해서 집중하지 않고 모든 쟁점들을 한꺼번에 끌고 갔다. 즉 운동에 초점이 맞추어지지 않았던 것이다. 즉 빈민가의 거주민에서부터 실업자 및 대학생까지를 망라하는 많은 잠재적인 지지자들을 운동으로 이끌어내서 극적인 행동으로 이어도록 하는 대중 운동으로 승화시켜야 했지만 이 목적에 초점이 맞추어지지 않았던 것이다. 재정적인 어려움, 지역의 변변찮은 리더십, 남부에서의 산만함과 혼란, 그리고 러스틴이 경고했던 복잡성 등은 모두 킹의 운동이 결코 운동의 지속성을 보장해줄 관성을 얻지 못할 것임을 경고했다.

앨린스키는 지역사회의 조직으로 할 수 있는 것을 입증했을 뿐만 아니라, 동시에 아래에서 위로 올라가는 이 방식의 한계 또한 선명하게 노출했다. 이런저런 싸움에서 이기고 또 그렇게 해서 삶의 수준은 개선될 수 있을지 몰라도 사람들이 들고일어날 때 이 사람들이 얻을 수 있는 총합을 낭만적인 시각을 버리고 냉정하게 바라보면 그런 결과들이 환멸스러울 수밖에 없었다. 사람들, 특히 거친 삶을 살아가는 사람들은 자기만의 우선순위 및 극복 방안들을 가지고 있다. 그리고 이런 것들은 활동가들이 제시하는 것들과 아주 이따금씩만 우연하게 일치할 뿐이다. 게다가 시민권 운동의 도덕적 선명함을 담보하는 투쟁은 거의 없다 보니 출발점에서부터 기득권층을 곤혹하게 만들 수 없었다. 자유주의 사회에서 차별 철폐의 원칙에 반대되는 주장을 하기란 불가능하므로 앨린스키가 제기할 수 있는 유일한 쟁점은 속도와 방법이었다. 다른 쟁점들은 분석적인 차원에서나 윤리적인 차원에서나 모두 훨씬 더 복잡했다. 또 러스틴이 강력하게 주장했듯이 시민권과 관련된 것이든 혹은 빈곤 문제 해결과 관련된 것이든 간에 여러 변화들은 변화에 필요한 지원을 중앙 정부에 요구했다. 체제에 단순히 분노하기만 할 때는 활동가들이 분노를 터트리면서 대변하고자 하는 사람들에게 전혀 도움이 되지 않는 결과만 빚어졌을 뿐이다.

제 25 장

블랙파워와 백인의 분노

Black Power and White Anger

우리는 환상을 심장에 배불리 먹였고
심장은 그 음식으로 잔인하게 성장했다.
많은 것을 증오에다 퍼부어라,
사랑에 붓는 것보다 훨씬 더 많이.
_윌리엄 버틀러 예이츠, 《내 창문 곁 응시의 둥지》
(아일랜드 내전[1922~1923년]의 참상을 주제로 한 시 – 옮긴이)

이렇다 할 진전이 없는 가운데 타협을 인정하고 연대를 강화하길 꺼렸던 결과는 두 개의 극단으로 나타났다. 하나는 환멸과 냉담함이었고, 다른 하나는 분노와 보다 극단적인 정책이었다. 이런 양상은 1960년대에 학생비폭력조정위원회SNCC가 신속하게 진화한 데서도 확인할 수 있다. 이 단체는 창립 선언문에서 '비폭력의 철학적 이상이야말로 우리 목적의 토대이며, 우리 신념의 가정이며, 또 우리 행동의 태도임'을 확인했었다. 그러나 이 단체의 활동가들이 자기들이 고통을 무릅써가며 성취하려는 것에 대해서 확신을 가지지 못하고 자기들의 공개적인 정치 스타일의 한계에 좌절함에 따라서, 그리고 비폭력 철학에 요구되는 구속에 점점 더 참을성이 부족해짐에 따라서 창립 선언문의 내용은 그만큼 빛이 바랬다. 이 단체의 활동가들은 백인 자유주의자들의 지원을 계속해서 받기 위해서는 신중해야 한다는 지시를 받았다. 심지어 민주당이 자기 당 내의 인종차별주의적인 정치인을 자기 당과 상관없다고 말할 때조차도 신중에 신중을 기하며 조심스럽게 행동해야 했다. 하지만 이들은 인종차별주의자와 경찰뿐만 아니라 마틴 루터 킹 2세의 엘리트주의조차도 의심의 눈으로 바라보기에 이르렀다.

북부에서는 이미 흑인 정치 영역에서 보다 급진적인 움직임이 전개되고 있었다. 예를 들어 강도죄로 복역하던 중에 교도소에서 이슬람교로 개종한 말콤 엑스_{Malcolm X}('엑스'라는 성은 이슬람으로 개종하면서 쓰기 시작했는데, 미국 흑인들의 성은 옛날 백인 주인이 멋대로 붙였던 것이니만큼 '엑스'로써 흑인의 빼앗긴 이름을 상징한다는 것이 당시 흑인 이슬람교도들의 입장이었다—옮긴이)는 가장 유명하고 또 카리스마 넘치는 인물로 부상해서 사랑과 평화의 메시지로 대표되던 킹과 뚜렷한 대비를 이루고 있었다. 말콤 엑스는 흑인 분리주의_{black separatism}(백인 지배 체제에 흡수 통합되는 것을 거부하고 흑인의 자주성을 추구한 운동의 기본 철학—옮긴이)를 주장했고 백인을 악마라고 비난했으며 또 폭력을 포기하길 거부했다. 그는 자기 방어는 진정한 의미의 폭력이 아니라 '지성'_{intelligence}이라고 주장했다. 그는 불만에 차 있고 좌절한 도시의 흑인들에게 킹과는 전혀 다른 방식으로 이야기를 했다. 시민권 운동의 지도자들은 그가 인종 간의 증오를 부추기고 흑인에 대한 백인의 편견에 오히려 놀아난다며 그를 반박했다. 하지만 그는 계속해서 차별성 있는 흑인 의식을 강조했다. 그러나 1964년에 가서는 이슬람 국가 건설 운동과 공식적으로 결별을 선언했으며 발언의 수위도 낮추었다. 그리고 그 직후인 1965년 2월에 암살되었다.[1]

보다 선명한 메시지를 제시했지만 상대적으로 멀리 떨어져 있던 인물이 프란츠 파농_{Frantz Fanon}이었다. 그의 아버지는 서인도 제도의 흑인이었고 어머니는 프랑스인이었다. 파농의 사상은 프랑스 식민주의의 현실을 목격하면서 형성되었고 알제리에서 정신과 의사로 근무하면서 원숙기를 맞았으며, 그 뒤에 그는 민족해방전선National Liberation Front, FLN에 가입했다. 그의 주요 저작인《대지의 저주받은 자들》Wretched of the Earth은 백혈병으로 투병하면서 1961년에 쓴 논문이다. 그런데 나중에 이 책이 영어로 번역되고 장 폴 사르트르Jean-Paul Sartre의 서문이 첨가되면서 이 책의 어조는 애초에 파농이 의도했던 것보다 한층 더 격앙되었다. 식민지 현실 그 자체에 대한 파농의 통찰이 상대적으로 적게 다루어졌는데, 이것은 식민지 주민들로서는 폭력이 유일한 전략이라는 점을 강조하는 과정에서 빚어진 결과였다는 것이다.[2] 그는 정신과 의사였던 까닭에 폭력에 대해서는 실존적인 접근을 했고 이런 특성 때문에 책의 내용은 한층 더 격렬해졌다.

파농은 반反유대주의를 자극한 것은 애초에 유대인의 특성이 아니고 거꾸로 '유대인을 반대하는 사람이 유대인을 만들었다'는 사르트르의 주장을 인용했으며, 그래서 '식민지 이주자는 토착민을 존재하게 했으며 또 토착민의 존재를 영속화했다'고 주장했다.[3] 파농은 또 폭력은 심리적 및 물리적 지배에서 벗어나는 수단이라고 말했다.

"개인적인 차원에서 폭력은 정화의 힘이다. 폭력은 개인이 열등감에서 벗어나게 해주며 그 사람이 자존감을 회복하도록 해준다. (……) 식민지인은 폭력 안에서 그리고 폭력을 통해서 자기 자유를 발견한다."

한편 사르트르는《대지의 저주받은 자들》의 서문에 이렇게 덧붙였다.

"토착민은 무력을 통해서 식민지 이주자들을 무찌름으로써 자기를 괴롭히던 식민지적 신경증을 치료하고 털어낸다. 분노가 끓어오를 때 토착민은 자신의 잃어버린 순수성을 재발견하며, 자기가 스스로를 창조한다는 사실을 깨닫는다."[4]

히틀러에 의해 추방당해 1941년 뉴욕으로 이주한 유대계 독일인 철학자 한나 아렌트Hannah Arendt는 파농의 추종자 대부분이 《대지의 저주받은 자들》에서 폭력을 주제로 다룬 제1장만 읽고 그 뒷부분은 읽지 않은 게 아닌가 하고 의심했다. 왜냐하면 책 뒷부분에서 파농은 '혼합되지 않은 총체적인 야수성'은 결국 '몇 주 안에 운동을 망쳐버리고 말 것'임을 분명하게 서술했기 때문이다. 그녀는 특히 사르트르가, 네차예프와 바쿠닌에게서 상대적으로 더 많이 영향을 받은 파농의 발상들 및 장차 '미친 듯한 분노'와 '활화산 같은 감정 폭발'로 성취될 것들을 놓고 파농이 보였던 흥분을 제시하면서, 파농이 마르크스주의자라고 주장하는 대목에서 깜짝 놀랐다.[5]

파농의 분노는 백인의 권력 구조와 협력하면서 무언가를 도모하려는 노력은 가망이 없다고 결론 내린 미국의 흑인 활동가들을 사로잡았다. 1965년의 신좌파를 연구한 논문에서 제이컵스Jacobs와 란다우Landau는 다음과 같이 적었다.

"괴롭힘, 체포, 구타 그리고 남부에서 산다는 것 자체가 가지는 심리적인 고문에 지칠 대로 지친 경험 많은 흑인 활동가들은 미국의 경제 체계와 정치 체계가 가지는 총체적인, 그러나 때로는 미묘하게 행사되기도 하는 힘과 맞닥뜨린 바로 그 시기에 자기들이 설정하고 있던 목적을 재점검하기 시작했다."[6]

학생비폭력조정위원회에서 이상주의는 점점 바닥을 드러내며 말라가고 있었다. 말콤 엑스에게 영향을 받았으며 자기가 수행할 게릴라전의 형태를 기꺼이 연구하고 또 실천할 준비가 되어 있던 '장군들'이 '시인들'을 대체했다. 대도시의 빈민가에 거주하는 흑인의 비참한 경제적 처지가 점점 악화되고 또 베트남 전쟁이 한층 치열해지면서 백인보다 흑인이 상대적으로 더 많이 징집되자 흑인의 슬픔과 주름은 한층 더 깊어졌다.

캐시어스 클레이라는 이름을 버리고 무슬림으로 개종해 무하마드 알리 Mohammed Ali라는 이름을 새로 얻은 권투선수는 '그 어떤 베트콩도 나를 깜둥이라고 부르지 않았다'고 말했다. 흑인이 폭력을 동원해서 대도시에서 반란이라도 일으킬 것 같은 기세에 백인 사회가 깜짝 놀라는 반응을 보였고, 폭력을 주장하는 흑인들로서는 백인의 그런 반응 자체만으로도 만족스러웠다.

학생비폭력조정위원회의 초기 개척자였으며 1965년에 이 단체의 대표를 맡았던 활동가 스토클리 카마이클 Stokely Carmichael은 이른바 '블랙파워' black power의 옹호자가 되었다. 빈민가에서 성장한 그는 교회 언어가 아니라 길거리 언어를 구사했다. 그는 1966년에 학생비폭력조정위원회의 새로운 구호를 무엇으로 할지 생각했다. 그런데 또 한 차례의 체포를 당한 뒤에 (이 체포는 스물일곱 번째 당하는 체포였다) 군중을 향해 다음과 같이 외쳤다.

우리는 블랙파워를 원한다! 그렇다. 이것이 바로 우리가 원하는 것, 블랙파워다. 우리는 이것을 부끄러워하지 말아야 한다. 우리는 줄곧 이렇게 살아왔다. 우리는 대통령에게 구걸을 해왔다. 우리는 연방 정부에 구걸을 해왔다. 구걸하고 또 구걸하고, 이것이 지금까지 우리가 해온 것들이다. 이제는 우리가 일어나서 우리 힘으로 넘겨받아야 할 때다.[7]

그는 백인이 아무리 운동에 참가한다 하더라도 백인은 백인일 뿐이라고 했다.

"백인은 비록 무의식적이라고 하더라도 마음속에 흑인에 대한 어떤 고약한 생각을 품고 있다. 백인은 이 생각을 떨쳐내지 못한다. 왜냐하면 백인의 잠재의식이 그렇게 작동하도록 사회 전체가 만들기 때문이다."

인종차별 의식이 그토록 깊게 각인되어 있는 한 흑인이 아무리 백인과의 연대를 이야기한들 아무 소용이 없다고 했다. '우리와 연대를 할 사람은 우리 말고는 아무도 없다'고 했다. 흑인이 스스로를 위해서 발언하고 행동하는 모습을 보이고 난 다음에야 비로소 백인과 연대하는 일이 가능해질 것이라고 했다. 그러므로 학생비폭력조정위원회는 '흑인으로만 구성될 것이고, 흑인만이 결정을 내리며, 또 흑인에게서만 재정을 후원받을 것'이라고 밝혔다.[8]

카마이클은 강단의 학자인 찰스 해밀턴Charles Hamilton과 함께 펴낸 책에서 '흑인은 부끄러움이 아닌 자부심을 가져야 하며, 또 모든 흑인은 서로에게서 형제애적인 상호 책임감을 가져야 한다'고 주장했다. 백인 미국인이 '부드럽게 말을 하고 사뿐사뿐 걷고 은근한 방식으로 접근할 여유가 있는 것은 (……) 그런 문화를 가지고 있기 때문'이라고 했다. 흑인이 '그들의 방법의 빌려서 우리가 받는 억압의 무게를 가볍게 하려고 한다면' 우스꽝스러울 뿐이라고 했다. 그럼에도 불구하고 만일 이 노선으로 나아간다면 이 사람들은 백인에게 비판의 화살을 돌리지 않는 대가로 '빵 부스러기 몇 개'를 얻을 뿐이라고 했다.

그런데 문제는 이 기본적인 전제가 아니었다. 미국의 정치 집단들 가운데는 인종적인 기반을 토대로 해서 정치적인 조직을 만드는 사례가 많이 있었다. '어떤 집단이 공개된 어떤 사회 안으로 들어가려면 먼저 자기들끼리 똘똘 뭉쳐야' 했다. 그러니 흑인이 편의를 봐달라고 부탁하는 게 아니라 권력을 추구하면서 목소리를 높일 때만 전체 사회의 체계로부터 어떤 반응을 기대할 수 있었다. 그러나 카마이클은 극단적으로 급진적인 차원에서 '형제애'를 공유하자고 주장했다. 흑인은 흑인을 깔아뭉개는 것을 인정하고 또 영속화하는 중산층의 가치관을 받아들여서는 안 된다고 했던 것이다. 그러나 만일 경제적인 차원의 개선이 목적이라면 이 노력은 당연히 흑인 부르주아로 향해야 할 것이라고 했다.

그런데 커다란 문제는, 최근 있었던 정치적 개선의 바탕이 되었던 비폭력을 과연 계속 고수할 것인가 하는 질문이었다. 이 질문에 카마이클과 해밀턴은 비폭력은 수동성의 이미지를 창출함으로써 흑인에게 족쇄를 채웠다고 대답했다.

"백인 폭도와 백인 기마폭력단에게 이제 자기들이 큰소리치며 뻐기던 시절은 끝났다는 사실을 똑똑히 알아듣도록 해줘야 한다. (……) 이것은 정당방위다. (……) 우리 가운데서 블랙파워를 지지하는 사람들은, '비폭력' 방식으로 시민권에 접근하는 방법은 백인이라면 가능하지만 흑인으로서는 도저히 감당할 여유가 없는 사치일 뿐임을 분명하게 알고 있다."[9]

마틴 루터 킹은 일이 이렇게 진행되자 깜짝 놀랐다. 킹은 폭력에 호소하는 것에 반대했을 뿐만 아니라 자기가 하는 운동이 집중적으로 조명하고자 하는 쟁점들보다 폭력 자체가 부각된다는 사실에 좌절감조차 느꼈다. 그래서 그는 힘은 그 자체가 목적이 아니라 목적('진정한 형제애가 넘치는 사회의 건설')을 달성하기 위한 수단으로 삼아야 한다고 주장했다.[10] 그가 사망한 뒤에 출판된 책에서 그는, 흑인은 미국 사회에서 소수집단이므로 백인과의 연대를 굳건하게 지켜야 한다는 이유를 들어서 블랙파워라는 개념은 자기 파괴적이라며 비판했다. 킹의 요지는 결국 백인과 흑인은 서로를 필요로 하며 이들은 '하나의 운명이라는 옷을 입고 있다'고 했다.[11]

1967년에 백인은 학생비폭력조정위원회에서 축출되었고 비폭력 노선은 폐기되었다. 새로운 대표인 랩 브라운H. Rap Brown은 폭력을 '체리파이로서의 미국인'이라고 표현했다(체리파이는 미국인이 가장 즐기는 디저트다. 조지 워싱턴 초대 대통령은 식사 때마다 체리파이를 빠뜨리지 않았다—옮긴이). 그만큼 폭력이 일상적이라는 뜻이었다. 나중에 블랙파워가 학생비폭력조정위원회를 망가뜨렸다는 사실을 인정하게 될 카마이클은 흑표당黑豹黨, Black Panthers Party에 가입했다. 이 단체는 1966년 캘리포니아 오클랜드에서 결성되었으며, 출범 때부터 거칠고 폭력적인 수사修辭를 앞세웠다. 흑표당의 대표였던 바비 실Bobby Seale은 자서전에서 이 단체의 창립 과정을 설명하면서 초기에 병기고를 확보하는 데 집착했으며, 여기에 필요한 비용을 중국의 혁명 지도자 마오쩌둥의 어록 《작고 빨간 책》The Little Red Book을 팔아서 남긴 이익으로 충당했다고 했다.[12] 흑표당과 연관된 눈에 확 띄는 이미지와 수사 그리고 호전성 때문에 비록 회원 수는 한 번도 5,000명을 넘기지 못했지만 이 단체의 영향력은 회원 수에 비해 훨씬 컸다.

카마이클은 흑인 분리주의를 계속해서 주장했는데, 1967년에는 다음과 같이 말했다.

"주적主敵은 당신의 형제가 아니며, 당신 살의 살이 아니며 당신 피의 피가 아니다. 주적은 흰둥이와 그들의 인종차별 제도들이다. 그들이 바로 우리의 주적이다. 그리고 혁명 전쟁을 맞이할 준비를 할 때면 언제나 주적에 집중해야 한다. 우리는 우리끼리 싸움을 해도 될 만큼 힘이 남아돌지 않는다."[13]

카마이클은 심지어 흑표당과도 결별했다. 그의 기준으로 보자면 흑표당조차도 백인과 손을 잡으려 하는 경향이 있었기 때문이다. 그는 아프리카 사람들과 가까워질 수 있는 유일한 길은 아프리카로 이주해서 아프리카 이름으로 개명하는 것이라고 결론을 내렸으며, 실제로 자기 이름을 크와메 투레~Kwame Ture~라고 고쳤다.

흑인 운동 내부의 이런 경향에 베이야드 러스틴은 깜짝 놀랐다. 과거 학생비폭력조정위원회에 몸담았던 예전 친구들이 폭력주의 및 흑인 분리주의 쪽으로 전향하자 러스틴도 새롭게 눈을 떴다. 나중에 그는 당시의 상황을 다음과 같이 회고했다.

"흑인의 분노를 느끼는 순간, 누구나 할 것 없이 자동적으로 백인에 대한 공포를 느낄 수밖에 없다. 우리는 언제나 그들 분모의 분자였기 때문이다. (……) 이 둘은 늘 함께 따라다닐 수밖에 없는 것이었다."

러스틴은 직접적인 행동에 초점을 맞추는 것은 백인을 멀리 떼어놓고 흑인들 사이에 '절망과 무력감을 뿌리면서' 백인과 흑인의 양극화 대립을 한층 가중시킨다고 보았다.[14] 그는 빈곤과 실업이 인종 폭동의 중요한 계기로 작용한다는 인식에 대해서는 마틴 루터 킹과 같은 의견이었지만, 바로 이 지점에서부터 노동조합의 울타리 안에서 흑인과 백인이 어떻게 하면 하나로 통합될 수 있을지 탐구하는 방향으로 나아갔다. 그는 경제적인 차원의 문제들이 크고 중요한 쟁점들이며 이 문제들은 연방 정부 차원의 프로그램을 필요로 한다는 확신을 가지고 있었는데 이런 확신을 전제로 한다면 '빈곤과의 전쟁'에 예산을 투입할 준비가 되어 있는 정부를 지지하는 게 결정적으로 중요했다. 그의 이런 입장은 또 따른 불화로 이어졌다. 그것은 베트남 전쟁을 반대하는 시위가 우선적으로 중요한 일인가 그렇지 않은가 하는 문제를 둘러싼 이견이었다. 예전에 그와 함께 일하던 동료 대부분이 그와 의견을 달리했다. 러스틴은 1965년 2월에 발표했던 한 글에서 특정한 집단과는 연대를 할 수 있다고 썼었는데 여기에서부터 갈등은 시작되었다. 러스틴의 주장은 이랬다.

"시민권 운동의 강력한 도덕주의적 경향은 권력은 부패하기 마련임을 일깨워주지만 권력의 부재 역시 부패로 이어진다는 사실을 망각한다. (……) 자립만으로는 충분하지 않다. (……) 우리에게는 동맹자가 필요하다."

러스틴은 타협을 주장한 것이다. 특히 그는 노동조합 그리고 민주당과 협력하길 바랐다.

"이 과제에 대해서 몸을 움츠리는 지도자는 자기가 순수하다는 사실을 드러내는 것이 아니라 정치적 감각이 부족하다는 사실을 드러낼 뿐이다."[15]

이 시점의 타협은 특히나 중요한 의미를 띨 수 있었다. 미국이 베트남 전쟁의 수렁에 점점 더 깊이 빠져들던 시기였기 때문이다. 그런데 러스틴을 추종하는 사람은 거의 없었고 예전 동료들도 점점 더 멀어지고 있었다. 그는 이제 중요한 영향력을 행사하는 평화주의자도 아니었고, 그가 개척했던 비폭력적인 직접적인 행동의 전술들이 매우 타당하다는 확신도 사라지고 없었다. 요컨대 어떤 전기 작가의 표현을 빌리자면 러스틴은 '운동이 없는 전략가'가 되고 말았다. 그는 존슨 정부의 자유주의 그리고 나아가 본질적 문제들을 해결할 수 있는 능력을 과대평가한다는 혐의를 받았으며 독립적인 목소리를 가져다줄 직접적인 행동을 포기하라며 흑인에게 백기 투항을 조장한다는 혐의를 받았다.[16] 카마이클과 해밀턴은 러스틴이 세 개의 헛된 믿음을 조장한다고 비판했다. 첫 번째는 흑인의 이해관계가 노동조합 및 백인의 이해관계와 동일하다는 믿음이고, 두 번째는 '정치경제적으로 안정적인 집단과 정치경제적으로 불안한 집단 사이에 실천적인 연대가 이루어질 수 있다'는 믿음이며, 세 번째는 '정치적인 연대는 도덕적이고 우호적이며 정서적인 기반 위에서 양심에 대한 호소로 이루어진다, 혹은 이루어질 수 있다'는 믿음이었다. 러스틴이 제안한 연대는 '사회의 총체적인 개조'에는 전혀 관심이 없으며 오로지 주변적인 개혁에만 관심을 가지고 있는 집단을 대상으로 한 것이라고 두 사람은 비판했다.[17] 그러면서 두 사람은 연대 자체에는 반대를 하지 않지만, 온정적인 차원의 연대를 반대한다고 주장했다. 자립할 수 있기 전까지는 누구와 어떤 연대를 하기에는 흑인이 아직 허약하다고 했다.[18] 아울러 수용할 수 있는 유일한 연대는 가난한 흑인과 부유한 흑인 사이의 연대라고 했다.

✝ 혁명 속의 혁명

1965년에만 하더라도 베트남 전쟁은 정말 성가신 쟁점이었지만 1, 2년이 지나고 나자 무엇보다 중요한 쟁점으로 떠올랐다. 이 전쟁 때문에 이제 급진주의자들은 이런 끔찍한 전쟁을 수행하는 정부를 상대로 어떤 것을 함께 도모한다는 것 자체를 상상할 수 없게 되었다. 전쟁터로 파병되는 군인들은 물론 청년들이었고, 이들은 대부분 징병되었으며 비율로 볼 때 흑인이 백인에 비해서 훨씬 많았다. 반전反戰의 분노는 1968년에 정점에 다다랐는데, 이 분노가 운동의 전체 방향을 완전히 바꾸어버렸다. 민주사회학생연합의 활동가들은 가난한 지역사회를 대상으로 하는, 끈기가 필요한 교화 사업에서 손을 떼고 반전 활동에 초점을 맞추었다. 빈민의 비참한 삶이라는 미시적인 문제에서 제국주의와의 전쟁이라는 거시적인 문제로 쟁점의 초점을 옮긴 것이다. 몇 년 전만 하더라도 너무도 당연히 받아들여지던 비폭력이 이제는 너무도 물렁하고 비현실적인 전략으로 비치기 시작했다. 특정 쟁점들에 집중하는 투쟁은 이제 충분하지 않았다. 문제의 근원을 파고들 필요가 있었다.

1965년에 민주사회학생연합의 대표는 폴 포터Paul Potter였다. 포터는 사회학과 인류학을 공부하던 사려 깊은 청년 지식인이었는데, 당시 그는 개인이 아닌 '체제'system가 문제의 핵심이라는 생각을 진지하게 하고 있었다. 이것은 급진적인 발상이었다. 왜냐하면 '체제'가 잘못되어 있다면 개인적인 차원에서 개별적인 개혁을 해봐야 얻어낼 수 있는 성과는 별로 없을 것이기 때문이었다. 그는 베트남 전쟁을 여러 개의 쟁점들 가운데 하나의 쟁점으로 바라보았다. 1965년 4월로 조직되었던 워싱턴 반전 행진은 미국의 베트남 전쟁에 대한 개입이 점차 강화되던 시점에 이루어진 투쟁이라서 예상했던 것보다 규모가 훨씬 컸고 투쟁 주체에 엄청난 힘을 실어주었다. 포터는 이 시위를 이용해서 압제의 체제 아래에서 스스로를 치유할 능력을 상실한 미국의 사회적 질서에 대한 급진적인 비판을 제기했다.

"우리는 바로 이 체제를 지적해야 합니다! 우리는 이 체제를 지적하고, 이 체제를 묘사하며, 이 체제를 분석하고, 이 체제를 이해하며, 그렇게 해서 이 체제를 바꾸어야 합니다. 이 체제가 바뀌고 이 체제를 제대로 통제할 때만 오늘 베트남에서 전쟁을 수행하고 또 내일 남부에서 살인을 저지를 세력을 멈출 수 있다는 희망을 가질 수 있기 때문입니다."[19]

이렇게 해서 이제 '체제'가 적으로 등장했다. 그러나 그것의 실체는 모호했고, 작동 방식도 분명하지 않았다. 포터는 자기가 익힌 사회학 지식 및 체계적인 접근법을 통해서 거기까지 일단 나아갔다. 그가 동원한 체계적인 접근법은 사회가 서로 연결되어 있는 여러 개의 부분들로 구성되어 있는 것으로 파악했다. 주류 사회학에서 이 접근법은 정치적 및 사회적 변화는 언제나 평형 상태를 추구한다는 견해를 표준으로 제시했다. 포터와 같은 급진주의자들에게 그 체제는 복잡한 어떤 사회적 조직이 공익을 위해서 작동하는 중립적인 구조물이 아니라 왜곡된 모습으로 깊이 뿌리를 내리고 있으며 스스로를 끊임없이 강화하는 유기체였다. 미국은 체계적으로 역기능을 수행하도록 왜곡되어 사람들로 하여금 스스로에게 보다 나은 성정에 반대하고 거스르도록 만들었으며 그 결과 대중의 전두엽을 절제하는 이른바 '문화적 대학살'cultural genocide이 자행되기에 이르렀다고 포터는 말했다. 그래서 사람들은 현재 무슨 일이 진행되고 있는지 제대로 판단할 수 없게 되었고 지금과 다른 어떤 대안을 상상할 수 없게 되었지만, 만일 사람들이 이 능력을 회복할 수만 있다면 이 체제를 다시 통제할 수 있을 테고 그러면 '체제를 체제의 의지가 아닌 사람들의 의지 아래 둘 수 있을 것'이라고 했다. '체제' 논의는 거대하지만 숨겨진 어떤 음모, 즉 막후에서 경제적 · 사회적 · 정치적 영향력을 행사하는 파워 엘리트 집단에 관한 이야기를 쉽게 전달할 수 있었다. 포터는 자본주의니 제국주의니 하는 낡은 딱지들은 피하고 싶었다. 그러나 결국에는 그런 것들이 사용하기에 손쉬운 딱지였다. 본질을 파고들었던 제임스와 듀이의 전통을 이어받은 급진적 실용주의자였던 포터는 운동이 점점 더 폭력적이고 첨예한 대결의 양상으로 전개될 것을, 그리고 워싱턴 행진에서 했던 연설에서 자기가 구사했던 표현들이 그런 양상을 촉진할 것을 염려했다. 포터의 뒤를 이어서 민주사회학생연합의 대표가 된 칼 오글스비Carl Oglesby는 체제를 지적하거나 분석하는 것만으로 충분할 것이라는 발상을 반박하며 한 걸음 더 깊숙하게 들어갔다.[20]

헤이든은 1965년 12월에 북베트남으로 날아가서 (이것이 헤이든으로서는 첫 번째 해외 여행이었다) 미국이 공중 폭격을 한 결과를 눈으로 직접 확인했다. 그리고 미국의 참전을 반대하는 것에서 미국인과 싸우는 남베트남민족해방전선NLFSV을 지원하는 것으로 운동의 노선을 바꾸었다(하노이를 방문한 수백 명의 미국인들이 실제로 북베트남을 지원했다 — 옮긴이). 이런 노력이 어느 정도 수준을 넘어갈 때 반역 행위로 규정할 수 있을지 혹은 북베트남이 촉진하던 자유와 이데올로기의 성격이 정확하게 무엇인지 등에 관한 의문들조차도 무시되거나 경시되는 경향이 있었다. 미국 정부가 남베트남에 자행한 끔찍한 일들과 미국이 구사한 전술들이 워낙 거대한 쟁점이었기 때문이다. 몇몇 미국인이 공산주의자들과 통신선을 열어놓고 있어야 한다는 주장까지 했지만 그다지 큰 비판을 받지 않았을 정도였다. 헤이든은 그런 위험을 잘 알고 있었다. 사회학자 스타우튼 린드Staughton Lynd와 함께 펴낸 《뒷면》The Other Side에서 그는 파티에 참석한 사람들은 파티를 주최한 사람이 실제 사실과 다르게 모든 측면에서 훌륭하다고 맞장구쳐줄 수는 없지 않느냐고 했다. 적어도 자기들은 그렇게 행동하지 않겠다고 주장했다.

"우리는 우리에게 강제 노동 수용소의 존재를 상기시켜줄 카뮈를 필요로 하는 사르트르가 아니다."(사르트르는 소련의 수용소에서 대량 학살이 자행된 사실을 알았지만 이런 사실을 숨기려 했고, 카뮈가 이런 점을 공격했다. 당시에 사르트르는 소비에트에 경도되어 있었고, 카뮈는 소비에트의 침략성에 비판적인 입장을 취했다 — 옮긴이)

그러나 전반적인 인상은 이 젊은 중산층 활동가들이 자기들이 가지고 있는 신념 때문에 고통을 받으면서도 길고 긴 투쟁에 아무런 개인적인 욕심도 없이 헌신하는 거친 혁명가들을 경외의 눈으로 바라본다는 느낌이었다. 쿠바 순례 여행에서도 비슷한 결과가 나왔다. 장막 뒤에는 조잡하고도 잔인한 지역 차원의 정치가 자행됨을 알 수 있는 힌트들이 있긴 했지만, 그럼에도 불구하고 이런 것들은 진정한 혁명 정신과 관련된 흥분 속에서 흔적도 없이 사라졌다.

베트남 전쟁에 반대하는 폭넓은 연대를 결성하는 게 목적이었다면 이런 방문들은 별 의미가 없었다. 이미 여론은 반전 쪽으로 기울고 있었으며, 특히 1968년에는 더욱 그랬다. 이 전쟁은 돈도 많이 들거니와 아무런 이익도 없었기 때문이다. 하지만 여론은 조국의 적을 감싸는 것까지 받아들이지는 않았다. 적을 감싸고 지원하고 나선 사람들에게는 애국심이 부족하다는 명백한 사실 때문에 많은 사람들이 뒷걸음질 쳤다. 그러나 활동가들에게는 아무런 문제가 되지 않았다. 그들은 이미 미국과 미국의 말 잘 듣는 시민을 포기하고 있었다. 역사의 조류가 제3세계의 반反제국주의 민중을 통해서 실현될 때 자기가 미국 국적을 포기하는 일은 불가피하다는 확신을 가지고 있었기 때문이다.[21] 쿠바와 베트남을 급진적인 사상의 원천으로 수용하고 나자, 이제는 마르크스 레닌주의를 진지하게 받아들이는 것이 자연스럽고도 당연한 논리적 귀결이었다. 이렇게 해서 바야흐로 좌파의 낡은 이데올로기들이 새롭게 복귀할 가능성이 열렸다. 이와 관련해서 당시의 한 급진주의 활동가는 나중에 그때를 회고하면서, 민주사회학생연합 내부에 있던 마오주의 분파는 '우리는 과격한 민주주의적 무정부주의라는 수프에 뿌려진 규율이 잘 갖추어진 외부의 양념'이었다고 후회하는 마음으로 말했다.[22]

이런 흐름 속에서 새롭게 부상하던 어떤 관점이 있었다. 미국의 가난한 사람을 제3세계 전체와 연결해서 기업 권력과 자유주의적 무관심이라는 동일한 체제의 희생자로 바라보는 관점이었다. 미국의 급진주의자들은 희망이 없는 소수가 되기보다는 전 세계적인 차원에서 진행되는 운동의 한 부분으로 스스로를 규정하기 시작한 것이다. '제3세계'third world 라는 용어는 1950년대 초에 프랑스에서 만들어졌다. 경제적으로는 개발되지 않았으며 정치적으로는 제1세계인 자유주의 자본주의 국가들 및 제2세계인 사회주의 국가들과 모두 거리를 유지하던 국가들을 지칭하기 위한 것이었다. 오랫동안 잊혔던 모델인 제3계급 즉 평민이 다시 부각되었다. 1789년 프랑스 혁명 당시에 이 제3계급은 제1계급과 제2계급인 귀족과 성직자에 맞서서 봉기를 했었다. 그러므로 제3세계라는 용어는 불리한 환경에 놓여 있는 국가들의 연대라는 발상을 토대로 한 셈이고, 이 국가들은 언젠가 기존의 질서를 뒤엎을 수도 있다는 뜻이기도 했다. 그리고 제3세계라는 범주에는 제2차 세계대전의 결과로 식민지에서 독립한 적지 않은 국가들도 포함되었다. 이제 제국주의라는 쟁점의 초점도 이동했다. 그 초점은 이미 과거가 되어버린 유럽 열강에서 벗어나서 반공 이념으로 합리화되고 기업적 탐욕으로 추동되는 미국적 신식민주의의 치명적인 지배로 이동했다. 쿠바가 바로 이런 투쟁의 한 가지 사례였고, 베트남은 또 다른 사례였다. 그리고 또 다른 대결들이 대기하고 있었으며, 어떤 시점에 가면 제국주의가 이런 위기를 이겨내지 못할 것 같았다. 미국 내의 급진주의 운동은 바로 이 시점을 될 수 있으면 앞당기려고 노력했다.

헤르베르트 마르쿠제Herbert Marcuse는 이런 일련의 발상이 유효하다고 인정했다. 그는 1960년대 말에 라이트 밀즈의 뒤를 이어서 인기 신좌파 지식인으로 꼽히던 독일의 철학자였으며, 예전에는 프랑크푸르트 사회연구소의 회원이었다. 이 연구소는 공산당과 일정한 거리를 유지하는 마르크스주의자들을 위한 기지였으며 1930년대에 뉴욕으로 자리를 옮겼다. 마르쿠제는 주로 프로이트에 관심을 가진 헤겔주의자로 알려져 있었는데, 1964년에 《1차원적 인간》One Dimensional Man을 발표한 뒤로부터 그의 명성은 달라졌다. 이 책은 서방 국가들이 정치적 다원주의, 경제적 풍요로움, 복지, 예술에 대한 접근성 등 모든 측면에서 우월한 요소를 갖추고 있음에도 불구하고 어째서 사람들이 극도의 불만족을 느낄까 하는 의문에 대답을 했다. 모든 좋은 것들이 사회적 통제의 도구가 되어 사람들이 자신의 진정한 가치를 인식하지 못하게 하고 또 진정한 행복을 성취하지 못하게 막는다고 했다. 심지어 반대의 관념적인 형태들도 돌아가면서 선택됨으로써, '억압적 관용'repressive tolerance을 통해 새로운 자유주의적 전체주의가 나타났다고 했다. 억압적 관용이라는 것은 '체제에 반대하는 세력을 달래기 위한 것이며 수고하지 않아도 되고 지배를 받지 않아도 되는 자유에 대해서 역사적인 전망의 이름으로 이루어지는 모든 저항을 반박하기 위한 것'이었다(지배 세력이 반대 세력에게 제한적인 관용을 베풀어서 반대 세력의 예리함을 무디게 만들고 자기 논리를 정당화하는 효과를 누림으로써 사실상 관용은 억압적인 성격을 띠게 된다― 옮긴이). 사람들은 자유롭지 않았으므로 자신의 부족한 자유에 대해서 어떤 판단을 내릴 수 없었다.

급진주의 학생들 사이에서 이름을 날린 마르쿠제는 《해방론》An Essay on Liberation에서 그 학생들을 서구에서뿐만 아니라 전 세계에서 변화를 이끌어내는 대리인이라고 칭송함으로써 그들에게 화답했다. 쿠바 혁명과 베트남 혁명은 서구의 억압을 이겨내지 못할 수도 있었다. 마르쿠제는 '제3세계의 해방 및 발전의 선결 조건들은 선진국에서 마련되어야 한다'고 바라보았던 것이다. 체제는 가장 강한 고리에서 부러져야 하며 그러기 위해서는 정치적인 차원 및 정신적인 차원의 억압에 저항해야 한다고 했다. 이런 일은 소규모의 집단들이 자율적으로 행동함으로써 관료제도나 조직 없이도 이루어질 것이라고 했다. 이런 목적 혹은 전망은 명백하게 유토피아적이었는데 구체적인 방법은 시행착오를 통해서 개발될 것이라고 마르쿠제는 생각했다.

"이해, 서로를 향한 따뜻함, 사악하고 그릇된 것 즉 억압의 유산에 대한 본능적인 인식은 반란의 정당성을 입증할 것이다."[23]

'양키 제국주의'에 대한 직접적인 도전의 상징적인 인물은 에르네스토 체 게바라Ernesto Che Guevara였다. 체 게바라는 아르헨티나의 중산층 가정에서 성장했으며 의과대학을 졸업했다. 그랬던 그가 혁명에 눈을 뜨고 쿠바의 독재자 풀헨시오 바티스타Fulgencio Batista를 무너뜨리려던 피델 카스트로Fidel Castro의 부관이 되었고, 결국 쿠바 혁명을 성공적으로 이끌었다. 겨우 서른 살밖에 되지 않은 나이에 카스트로 정부에서 장관이 되었지만 제국주의에 맞서는 새로운 전선들을 개척하리라 결심하고 다시 야전으로 돌아갔다. 그리고 자기가 개발한 게릴라전 이론을 콩고에서 연습한 다음 볼리비아에서 실전으로 사용했다. 이 두 군데에서 벌인 투쟁은 모두 성공했다. 하지만 볼리비아 투쟁 때 체포되어 즉결 처형되었다. 그때가 1967년이었다. 포스터에 그려진 미남에 텁수룩한 수염, 베레모를 쓰고 단호한 표정을 짓는 그의 이미지는 혁명의 상징으로 지금까지 이어져서 통용된다.

1966년 1월에 체 게바라는 아바나에서 열리던 '아시아, 아프리카, 남아메리카 민중과의 연대 조직(3대륙Tri-Continental)' 창립총회에 메시지를 보냈다. 베트남이 고립되지 않도록 하라는 경고를 담은 메시지였다.

"대결이 일어나는 모든 전선에서 줄기차고도 견고한 공격을 하라. (……) 제국주의는 세계적인 차원의 체제이며 자본주의의 마지막 단계이다. 그러므로 세계적인 차원에서 격퇴해야 한다. (……) 제2, 제3의 베트남이 계속 나와야 한다."

이럴 때 미국은 환영받지 못하는 여러 지역에서 싸움을 할 수밖에 없을 테고 결국 지쳐서 나가떨어질 것이라고 했다. 앞에 놓인 길이 비록 험난하지만 국가적 차이를 젖혀두고서 무장 투쟁이 가능하고 또 필요한 지역에서는 언제든 싸울 태세를 갖추고서 '무장 선동'을 수행해서 사기를 드높여야 한다고 했다.[24]

그리고 그 뒤에 게릴라전에 대해서 체 게바라가 메모한 내용과 볼리비아에서 작전을 펼치면서 작성했던 일기 등이 출판되었는데 (이 일기에서는 농민을 설득해서 우군으로 끌어들이지 못했던 점을 분명하게 적시했다), 핵심적인 개념은 '게릴라 거점'foco이었다. 헌신적안 전사로 구성된 이 소규모 집단은 국가로 하여금 야수적인 본능을 드러내게 만드는 동시에 사람들이 보다 공감할 수 있는 정부의 대안을 제시함으로써 반란을 자극할 수 있다는 것이었다. 실제로 그의 사상은 제3세계보다 유럽과 미국의 '1968년 세대'(1968년에 하나의 사회 집단으로서의 젊은층이 최초로 역사에 전면적으로 등장했는데, 이 세대를 가리키는 표현이다―옮긴이) 사이에서 더 큰 영향력을 행사했다. 그런데 라틴아메리카 이외의 지역에서는 혁명가들이 체 게바라의 모델과 전혀 다르며 또 전반적으로 보다 더 성공적이었던 마오주의 모델을 전범으로 삼는 경향을 보였다.

체 게바라의 낭만적인 모델은 쿠바 혁명에 대한 잘못된 이해를 바탕으로 했다. 카스트로는 스스로를 마르크스 레닌주의자가 아니라 자유주의자이며 폭넓은 반反바티스타 연합의 지도자임을 표방했다. 하지만 이것은 바티스타 축출에 성공하고 권력을 잡은 뒤에 표방한 것이었다. 카스트로는 비정규전에 대한 자기 생각에 주요하게 영향을 미친 것은 어니스트 헤밍웨이Ernest Hemingway가 스페인 내전을 소재로 해서 썼던 소설 《누구를 위하여 좋은 울리나》For Whom the Bell Tolls 라고 했다. 그는 미국인의 공감을 얻으려고 무척 조심스러워했고 또 애를 썼다. 마오가 1930년대에 에드거 스노Edgar Snow를 이용해서 자기 이미지를 온건하게 보이도록 했던 것과 마찬가지로(스노는 마오쩌둥과 그의 동지들이 대장정 기간에 겪은 온갖 고난과 투쟁을 직접 추적해서 생생하게 묘사한 《중국의 붉은 별》을 썼다―옮긴이) 카스트로는 《뉴욕 타임스》의 기자 허버트 매튜스 Herbert Matthews를 이용했다. 매튜스는 카스트로의 이상주의, 반反공산주의의 가능성 그리고 카스트로 군대의 강력함 등을 지속적으로 보도했다. 당시에 카스트로 군대의 병력은 약 40명이었는데, '10명에서 40명으로 구성된 여러 개의 집단들'이라고 쓰게 하고 또 부관을 시켜서 존재하지도 않던 제2중대에서 연락책이 왔다고 보고하게 함으로써, 매튜스를 통해서 자기 병력에 대한 환상을 조작했다.[25] 이렇게 함으로써 그는 외부로부터 자금 지원이 답지하도록 했다. 특히 쿠바 혁명에 공감하던 미국인들로부터 많은 지원을 받았다. 그 뒤로 카스트로의 중요성은 점점 커졌다. 도시 지역의 핵심적인 지도자들이 살해되었음에도 불구하고 그는 시골에 있던 그의 안전한 기지 덕분에 살아남았기 때문이다. 카스트로는 처음에 중산층 핵심 요소들의 지원 및 투쟁 측면에서 도시의 중요성을 인정했지만, 혁명 이후의 정치공학 및 카스트로 본인의 좌경 경향으로 혁명의 '교훈들'이 체계적으로 왜곡되었다.[26] 카스트로와 체 게바라는 자기들이 했던 역할을 강조하는 한편 도시의 노동자 계급이 가지는 중요성과 이 집단의 리더십을 상대적으로 낮게 평가하기 위해서 혁명의 역사를 다시 썼다.

1961년에 체 게바라는 자기 이론의 세 가지 핵심 요소를 제시했다.

민중 세력은 군대와 맞서서 이길 수 있다.

혁명을 완수하기 위한 모든 조건이 형성될 때까지 반드시 기다릴 필요는 없다. 폭동이 이런 조건을 만들어낼 수 있다.

저개발의 아메리카에서 시골은 무장 투쟁의 기본적인 영역이

다.[27]

선결 조건과 관련된 내용은 혁명 이론의 핵심이 되었다. 비혁명적인
시기에 혁명가가 되어 혁명가로 살아갈 때는 극심한 좌절감이 동반될 수
있다. 혁명의 조건이 잠복 상태에 있으며 극적인 어떤 행동에 의해서 언
제라도 수면 밖으로 나타날 수 있는 것처럼 행동하는 데 따르는 위험 때
문에 과거에 수많은 투쟁이 물거품으로 끝나고 말았었다. 불만이 나타나
고는 있지만 아직 이 불만이 채 성숙되어 있지 않을 경우 불만은 어떤 계
기에 의해서 대중적인 분노로 전환될 수는 있다. 이때 직업적 혁명가들
은 그 계기를 직접 만들거나 제공하지 않고 결정적인 계기가 되는 사건
이 일어난 뒤에야 비로소 나타나곤 하는 경향이 있다. 예를 들어서 마오
는 대중의 지원을 이끌어내기 위해서 정치 교육과 행동이 중요하다는 사
실을 잘 알았지만, 게릴라 부대 자체가 정규군이 될 수 있다고는 한 번도
주장하지 않았다. 그러나 체 게바라는 어떤 혁명에서든 간에, 혁명에 참
가하는 사람들이 혁명의 성격을 제대로 이해하지 않고서도 혁명은 얼마
든지 마르크스적이 될 수 있다고 주장했다. 이것은 투쟁 과정에서 정치
적인 맥락을 경시하며 따라서 이것을 적절하게 고려하지 않는다는 뜻이
었다. 체 게바라는 베트남의 보응우옌잡武元甲, Vo Nguyen Giap 장군의 책《인
민의 전쟁, 인민의 군대》People's War, People's Army의 서문을 쓰면서 베트남의
경험이 자기 이론에 딱 들어맞는 것처럼 썼다. 마치 보응우옌잡이 베트
남에서 '게릴라 거점'을 마련하고 전쟁을 시작했으며 투쟁의 정치적인 의
미에 대해서는 전혀 관심을 기울이지 않았던 것처럼 왜곡했던 것이다.[28]
　게릴라 거점이 전위당을 대체했고, 전사들은 군사적 용기를 통해

서 그리고 독재정권이 잔악한 행위를 하도록 도발해서 여론을 자기 쪽으로 돌림으로써 쿠바 국민 및 외부의 지원을 이끌어냈다. 체 게바라는 처음에 정권에 합법성을 보장해준다는 점에서 그리고 정권이 취약할 때 약점을 덮어준다는 점에서 민주주의적인 여러 제도를 인정했다. 그런데 1963년이 되면서 지배 계급의 독재 권력을 대변한다는 이유로 민주주의를 머리에서 지워버렸다. 이런 교의는 3대륙 창립총회에 보낸 메시지를 통해서 국제적인 것으로 격상되었다. 체 게바라가 보낸 그 메시지는 혁명 투쟁은 지리적 경계선을 초월해서 수행되어야 한다는 내용이었다. 그는 대담하고 용감한 지휘관이었을지 모르지만 정치적인 감각이 부족했고 너무 단순화해버린 이론 때문에 커다란 대가를 치렀다. 그는 단 한 번도 효과적인 정치적 연대를 강화한 적이 없으며, 또 혁명을 공식적으로 대표할 지역 차원의 강력한 지도자의 필요성을 높이 평가하지 않았다. 오히려 그는 강력한 전사의 존재가 용기와 자신감을 심어줄 것이라는 신념으로 자신의 비결만을 신봉했다.[29]

그럼에도 불구하고 체 게바라는 서구의 급진주의자들에게 상당한 영향을 주었다. 무엇보다도 우선 그는 부분을 바라보았다. 둘째, 내부 사람들의 노력에 의존하지 않는 미국 제국주의는 패배할 것이라는 이론을 제공했다. 마지막으로 셋째, 변변찮아서 도무지 가망이 없을 것 같은 자원을 가지고 대중 운동을 성장시켜나가야 하는 힘든 일을 감당할 수 없었던 끈기 없는 청년 급진주의자들에게, 대중의 혁명적인 잠재력을 이끌어낼 방법을 찾아내기만 하면 아무리 혁명가가 소수라고 하더라도 혁명을 성공시킬 수 있다는 가능성을 보여주었다. 체 게바라의 사상을 효과적으로 퍼트린 사람은 프랑스의 청년 기자였던 레지스 드브레Regis Debray였다. 그의 저서 《혁명 속의 혁명》Revolution in the Revolution은 혁명이라는 발상을 현대화하는 과정에서 쿠바의 혁명 지도자들이 가졌던 잘못된 생각을 제목으로 그대로 가져다가 썼다.[30] 사실상 드브레의 책을 후원한 사람은 체 게바라가 아니라 카스트로였다. 체 게바라는 드브레가 볼리비아를 방문했을 때 그 책을 보았을 뿐이다(사실 드브레의 이 여행은 체 게바라의 패배를 앞당기는 계기가 되었다. 드브레가 볼리비아를 방문함으로써 체 게바라가 볼리비아에 있다는 사실을 당국이 간파했던 것이다). 체 게바라는 드브레가 게릴라 거점이라는 '미시적인 차원'에 초점을 맞춤으로써, 특히 중요하게는 3대륙 창립총회에 보냈던 자기 메시지가 담고 있는 '거시적 전략'을 적절하게 언급하지 않음으로써 자기 이론을 단순화한다는 점에서 그 책을 비판적으로 보았다.[31]

또 한 사람의 라틴아메리카 혁명가였던 카를로스 마리겔라Carlos Ma-righela는 체 게바라가 떠난 자리를 짧은 기간 동안 채웠다. 그는 브라질의 노련한 공산당원이었는데, 50대에 접어든 시점에 체 게바라가 살해되었다는 소식을 들었다. 그는 1966년 아바나에서 열린 3대륙 회의에 참석했는데, 1968년에 당이 너무 경직되어버렸다는 이유로 공산당에서 탈퇴하고 도시 게릴라 활동을 지원할 것이라고 선언했다. 도시라는 요소가 마리겔라가 체 게바라와 다른 결정적인 점이었다. 마리겔라는 볼리비아 혁명이 실패한 것을 보고 깨우친 결과이지만 게릴라 활동은 낯익은 지형에서 이루어져야 한다고 믿었다. 그는 누구보다도 도시를 잘 알았다. 그는 1969년 말에 경찰에 사살되었는데 그때까지 그의 조직은 납치와 철도역 점거 등 수많은 작전을 펼쳤다. 그런데 그가 특히 유명하게 된 것은 그가 죽은 뒤에 아바나에서 널리 회람되었던 《도시 게릴라 소 매뉴얼》Mini-manual of the Urban Guerrilla 덕분이었다.[32] 비록 마리겔라는 '군국주의자들을 산만하고 지치게 만들며 이들의 사기를 떨어뜨릴' 목적으로 설계된 투쟁을 거친 뒤에 장기적으로는 대중 군대를 전망한다고 했지만, 혁명을 진행하는 그의 방법들은 본질적으로 테러였다. 그 방법들은 기본적으로 언론의 관심을 끌기 위한 '행동을 통한 선전'의 또 다른 버전에 의존했다. 테러가 보장해주는 '가장 뚜렷한 효과'는 '대중이 폭동으로 들고 일어날 수 있을 정도로 공격적인 폭력적 반격'을 도발한다는 점이라고 그는 주장했다. 하지만 흔히 그렇듯이 결과는 반대로 나타났다.

✝ 폭력의 신기루

1967년 12월, 폭력의 적법성을 둘러싼 쟁점이 뉴욕에서 열린 한 포럼에서 논의되었다. 포럼에 참석한 패널 가운데는 한나 아렌트와 노암 촘스키Noam Chomsky도 포함되어 있었다. 아렌트는 '폭력의 신기루'에 반대하면서 이것은 무기력의 무기일 뿐 진정한 힘이 아니며 궁극적으로는 목적까지도 압도해버리는 수단이 될 수 있다고 경고했다. 다른 패널들이 폭력이 정당하고 효과적으로 사용되었던 사례를 제시하기란 어렵지 않았다. 하지만 가장 두드러진 반박은 청중석으로부터 나왔다. 톰 헤이든이었다. 당시의 현장 모습을 스케치한 《뉴욕 타임스》는 헤이든에 대해 '마르고 창백한 얼굴의 청년이었고, 넥타이는 느슨하게 풀어져 있었다'고 묘사했다. 헤이든은 쿠바에서는 소규모 집단이 '정치적인 토대'를 마련할 목적으로 폭력을 사용했는데 이 폭력이 어떻게 해서 '놀라운 성공'을 거두었는지 설명했다. 그리고는 민주주의적 절차가 실패할 수밖에 없는 이유를 다음과 같이 밝혔다.

내가 보기에는 이렇습니다. 당신이 베트남 전쟁과 미국의 인종
차별을 종식시킬 수 있음을 말이나 이론이 아니라 행동으로 보여줄
수 있기 전에는 당신을 기다리지 못하는 다른 사람들이 사용하는 폭
력을 당신은 절대로 나쁘다고 할 수 없습니다.

그러자 아렌트가 반박했다.

"미국 정부에 폭력으로 맞선다는 것은 명백하게 틀린 노선입니다."[33]
다음해에 아렌트는 폭력과 관련된 주장을 한층 다듬어서, 폭력은 권
력을 파괴할 뿐 새로운 권력을 만들어내지는 못한다고 주장했다.[34]

미국의 급진주의자들이 라틴아메리카의 게릴라 전법을 모방해서 여
러 가지 시도를 했는데, 모두 참혹한 결과만 얻었다. 흑표당은 쿠바에 훈
련소까지 세우고서 미국의 산악 지대에 게릴라 거점들을 마련할 계획을
세웠다. 이 계획에 대해서 당시 흑표당 대표였던 엘드리지 클레버Eldridge
Cleaver는 다음과 같이 회상했다.

"그 계획은 시골 지역에서 자급자족하면서 쉽게 옮겨 다닐 수 있는
소규모의 이동식 구조물을 확보하는 것이었다. 그리고 그 거점에서 수천
명의 병력을 양성하려고 했다. (······) 지금 생각하면 우스꽝스럽기 짝이
없다."[35]

그런데 정말 심각한 모방은 민주사회학생연합의 한 분파인 '웨더맨'
Weathermen에게서 나왔다. 이 집단은 1968년 4월에 있었던 뉴욕 컬럼비아
대학교 점거 사건으로 거슬러 올라간다. 당시에 학생들은 대학교 당국이
인근의 흑인 거주 지역을 잠식하고 교수들이 무기 소지 조사를 하는 데
불만을 품고 항의를 했다. 하지만 학교 당국의 이런 일은 당시로서는 흔
한 일이었다. 전 세계의 대학교에서 격동의 물결이 흘러넘쳤고 베트남

전쟁 반대 시위로 시끄러웠다. 5월에 파리 거리를 가득 메운 프랑스 대학생의 시위로 프랑스 제5공화국은 거의 무너지기 직전까지 갔다. 그리고 자유주의자들이 정말 애석해하던 일이 벌어졌다. 마틴 루터 킹 목사가 그해 4월에 암살되었고, 로버트 케네디도 6월에 대통령 예비 선거 연설을 하고 나오다 암살되었던 것이다. 이 두 사건으로 비폭력 직접 행동을 주장하던 지도자들과 선거를 통해서 변화를 실현하겠다던 사람들은 입도 뻥끗할 수 없게 되었다. 이 일이 있은 뒤에 헤이든은 (그는 개인적으로 케네디를 알고 있었다) 민주주의 정치에 대한 희망을 버렸다.[36] 그는 컬럼비아 대학교 벽에 붙은 구호를 보고 (사실 이 구호는 체 게바라가 3대륙 회의에서 제시했던 구호를 패러디한 것이었다) "하나, 둘, 셋, 더 많은 컬럼비아 대학교!"라는 제목의 기사를 썼다(당시 컬럼비아 대학교에서 발생한 반전 시위가 미국 전역으로 확산되기를 바라는 마음에서 이런 구호가 나왔다 ― 옮긴이). 그는 여전히 자신만의 독창적인 전망을 붙잡고 놓지 않았다.

학생 시위는 흑인 시위의 곁가지만은 아니다. 이것은 조작과 주입과 출세주의의 세계인 중산층 세상을 진정으로 반대하는 목소리다. 학생들은 사회의 근본적인 제도에 반대하고 있다.

하지만 그의 분석은 이제 훨씬 더 거칠어져 있었다. 대학교들이 제국주의와 연결되어 있다고 했다. 바리케이드를 쌓자고 했고 경찰의 공격에 맞서서 건물 파괴 위협으로 대응하자고 했고 또 무기 조사를 하는 교수들의 연구실을 습격하자고 했다. 그러면서 임박한 위기를 강조했다.

"너무도 거대해서 경찰이 손도 쓸 수 없을 위기가 눈앞에 다가와 있다."[37]

컬럼비아 대학교 시위대의 지도부 가운데 한 명이던 마크 러드Mark Rudd는 한 걸음 더 나아갔다. 헤이든의 급진주의는 1950년대 후반에 천천히 무르익었지만, 러드는 짧은 시간에 급진주의로 깊이 빠졌다. 그는 나중에 '나는 체 게바라 숭배 모임의 회원으로 있으면서 전쟁을 종식시키고 혁명을 완수하기 위해서는 폭력이 필수적이라는 믿음을 가지게 되었다'고 솔직하게 고백했다. 그가 연설을 할 때마다 빼먹지 않고 늘 하던 말이 있었다. '지배 계급은 자기가 가진 권력을 결코 평화적인 방법으로 내놓지 않을 것입니다'라는 말이었다. 그리고 '정치 권력은 총구에서 나온다'는 마오쩌둥의 유명한 아포리즘도 빼먹지 않았다. 흑표당은 이미 미국 내에서 혁명 전쟁을 진행하고 있었던 터라 '결국에는 군대가 내부적으로 붕괴하고, 우리가 이끄는 혁명군은 군대 탈영병들로 꾸려질 것'이라는 '영웅적인 일종의 환상'도 점점 커지고 있었다.[38]

보다 발전된 혁명 이론을 대학교로 들고 온 마오주의자들과 맞닥뜨린 러드의 소집단은 자기들도 쿠바와 컬럼비아 대학교의 결합을 바탕으로 한 자신들만의 이론으로 대응해야 한다고 믿었다. '체 게바라와 카스트로가 쿠바에서 게릴라전을 시작함으로써 쿠바 공산당의 보수주의를 거부했던 것과 마찬가지로, 나머지 좌파의 느려터진 접근법을 거부하고' 자신들 스스로 도시 게릴라가 되기로 한 것이다. 러드는 당시를 회상하면서 이렇게 적었다.

"우리의 성경은 드브레의 《혁명 속의 혁명》이었다."

다가올 무장 투쟁에 대비해서 대학교를 떠나 청년 조직을 목적으로 형성된 테러 행동조직인 웨더 언더그라운드Weather Underground도 이 분파를 모태로 했다. 이 단체의 이름은 '바람의 방향을 알기 위해 일기 예보관까지 필요하지는 않다'는 밥 딜런Bob Dylan의 노랫말에서 나온 것이다. 민주사회학생연합의 실험 정신과 공개성이 있던 자리에 이제는 시대에 뒤떨어진 마르크스주의적 분파 투쟁이 들어섰다. 도시 게릴라가 되겠다는 시도에는 희극적인 요소와 비극적인 요소가 동시에 들어 있었다. 이들의 조직원 수가 300명을 넘은 적이 한 번도 없었고, 핵심 인물들은 폭발물 오작동으로 죽거나 체포되어 수감되었기 때문이다. 흑표당의 운명 역시 비슷했지만 한층 더 폭력적이었다고 할 수 있다. 러드는 나중에 자기가 친구들과 함께 '미국에서 가장 큰 급진주의자 조직, 대학교 수백 곳에 지부가 있고 강력한 전국적 정체성을 가지고 있으며 어마어마한 성장 잠재력을 가지고 있던 조직을 내팽개치고 혁명적인 도시 게릴라전에 대한 환상을 좇았던 일'을 후회했다.[39] 그런데 컬럼비아 대학교의 사회학 교수이자 사회학자인 대니얼 벨Daniel Bell은 이런 일이 일어날 것을 예상했다. 1968년에 그는 다음과 같이 썼었다.

"무법자적인 전술은 결코 통일성과 일관성이 있는 사회 운동의 표식이 아니다. 극심한 증오와 무기력에서 촉발된 낭만주의의 단말마일 뿐이다. (……) 민주사회학생연합은 자신의 방식 때문에 파괴될 것이다. 이 단체는 지금 당장은 격동을 먹고 살아가긴 하지만, 무질서한 충동들을 폭넓은 사회 변화에 영향을 주는 데 필요한 체계적이고 책임성 있는 행동으로 전환시킬 역량을 가지고 있지 않다."[40]

✝ 다시 시카고로

1960년대는 아메리칸 드림과 남부의 인종차별의 냉혹한 현실 사이의 간극을 극적으로 보여준 시위의 여러 혁신적인 형태들로 시작되었다. 이 시위에 참가한 사람들은 미국적 이상주의, 당당하면서도 절제되고 정연한 이상주의를 체현했다. 1960년대의 10년 동안에 시위의 맥락은 극적으로 바뀌었다. 남부에서 진행된 정치적인 발전이 도시 빈민의 경제적 절망 그리고 합법적이지도 않고 의미도 없는 것으로 널리 알려진 어떤 사악한 전쟁터로 끌려가야 한다는 공포와 대립적으로 맞닥뜨렸다. 명확하던 운동의 정치적 핵심이 레닌주의적 전위나 게바라주의자의 게릴라 거점이라는 두루뭉술한 어림짐작으로 바뀌기 시작하고 훨씬 더 개인적이고 자유주의적이며 관대한 문화가 뿌리를 내리면서 미국적 삶의 방식에 대한 도발적이고 영속적인 도전이 제기되었다. 비록 사람들은 동일한 인구통계학적 조류 속에서 헤엄 치고 있었지만, 베트남 문제 외에도 어째서 반反문화(기존의 가치관과 관습 등에 반항하는, 특히 젊은이의 문화—옮긴이)와 급진주의적 정치가 손을 잡고 나란히 가는지 설명해주는 논리적인 이유는 없었다.

1967년 한 해 동안에 유순하고 쾌락주의적인 '히피들'은 (이들은 흔히 마약에 취해 있었다) 이른바 '플라워 파워'flower power(꽃의 힘)의 한 형태로 '사랑과 평화'를 제시하면서 등장했다. 이들에게는 지도자와 같은 형식적인 장치는 일절 없었다. 다만 예언자로서로 앨런 긴즈버그Allen Ginsberg라는 비트 제너레이션의 시인이 있었다. 긴즈버그의 부모는 공산주의자였지만 이런 사실이 오히려 그가 정치적인 행동주의에 등을 돌리게 만들었다. 1950년대에 그의 명성이 점점 높아질 때 그가 기본적으로 초점을 맞춘 것은 '반란이나 사회적 저항'이 아니라 '의식의 양식에 대한 탐구'였다.[41] 하지만 1963년에 사이공을 방문하면서 그는 보다 정치적인 인간되었으며, 베트남 전쟁의 강력한 반대자가 되었다.[42] 긴즈버그에게는 쾌활함이 있었다. 때로는 자기가 주장하는 것이 터무니없음을 본인도 알고 있는 것 같았다. 하지만 시와 염불에는 의식에 영향을 미치는 어떤 능력이 있음을 믿었으며, 그의 이런 믿음은 진지했다. 개념이나 실행에서 언제나 명료하지만은 않았던 그의 사상은 언어의 힘을 토대로 했다.

1966년에 긴즈버그는 전미학생위원회National Student Association, NSA 집회에서 시낭송을 한 다음에 '나는 전쟁의 종식을 선언한다!'라고 외쳤다. 그리고 나중에 자기가 그렇게 한 의도를 다음과 같이 설명했다.

"내 언어가 역사적인 사건과 일치하도록 만들어서 내가 전쟁의 종식을 선언할 때 이 외침이 나의 의지나 의식적인 의지력에 의한 어떤 주장의 표명과 실현으로서의 견고하고도 절대적인 언어의 힘의 장을 마련해서, 이것이 국무부와 존슨의 입에서 나온 언어가 형성하는 힘의 장에 대항해서 궁극적으로는 그것을 압도하도록 하기 위함이었다."

전쟁광의 '흑주술'과 겨루는 언어를 거의 포스트모던한 방식으로 토론한 것이다. '주술의 형태를 빌려서' 정치적 비평을 한 셈이다.[43] 그런데 이 주제를 포크송 가수 필 옥스Phil Ochs가 이어받았다. 옥스는 1967년 11월에 뉴욕에서 3,000명의 청년과 함께 '나는 전쟁이 끝났다고 선언한다!'라고 외치는 가두 시위를 이끌었다. 여기에서 히피의 정치적 분파인 '이피'Youth International Party, Yippie(청년국제당)가 나왔다.

이피의 창립자는 애비 호프만Abbie Hoffman과 제리 루빈Jerry Rubin이었다. 두 사람은 1960년대가 시작될 때부터 이미 급진주의적 저항 운동에 관여했었다. 루빈은 버클리 대학교의 자유언론운동(1964년 11월에 캘리포니아 대학교 버클리 캠퍼스에서 처음 시작된 것으로, 캠퍼스 내에서의 정치적 활동을 금지하던 대학에 저항해서 자유로운 발언을 할 권리를 주장하고 실천했다—옮긴이)에 관여했으며 전업 활동가가 되어서 티치인teach-in이라는 반전 자유토론회를 조직했다. 그는 상상력이 넘치는 전술가라는 명성을 가지고 있었으며, 역시 좌익 쪽으로 나아갔다. 호프만과 루빈은 저항의 표준적인 형태가 예전의 신랄함을 상실했으며 따라서 언론의 관심을 받으며 메시지를 널리 퍼트리기 위해서는 새로운 형태의 대중적인 집회가 필요하다는 결론을 내렸다. 1966년에 루빈은 활동가들이 '선전과 소통의 전문가'가 되어야 한다고 주장했으며, 만화책에서부터 길거리의 가설극장에 이르기까지 가능한 모든 전선에서 자기가 반대하던 체제에 도전할 방법을 반反문화 속에서 보았다. 이런 까닭에 두 사람은 긴즈버그가 시도했던 주술에 강하게 이끌렸다. 1968년 8월에 민주당 전당대회가 시카고에서 열리기로 예정되어 있었는데 두 사람은 이 집회를 활용하기로 했다. 그들은 기존의 방식과는 다른 시위 방식을 동원하면 좋겠다고 생각했고 마침내 반反문화 이벤트인 '삶의 축제'Festival of Life를 생각해냈다. 집회 자체를 기상천외한 초현실적 유머와 무정부주의를 뒤섞은 하나의 떠들썩한 구경거리로 만들겠다는 발상이었다. 1월에 이피 선언문이 발표되었는데 이 선언문은 축제를 지향한다고 밝혔다.

"우리는 공원에서 사랑을 나눌 것이다. 우리는 책을 읽고, 노래를 부르고, 웃고, 신문을 만들고, 암중모색을 하고, 전당대회를 조롱하며 우리만의 시간 속에서 자유 미국의 탄생을 축하할 것이다."[44]

베트남 전쟁이 점차 수렁으로 빠져들자 린든 존슨 대통령은 재선에 나서지 않기로 결심했다. 로버트 케네디가 암살되고 반전을 주장하던 상원의원 유진 매카시Eugene McCarthy가 사퇴를 한 뒤에 부통령이자 존슨이 후계자로 지명한 허버트 험프리Hubert Humphrey가 민주당의 대통령 후보 지명을 받았다. 그러나 존슨이 재선에 나서지 않는다는 사실이 시위를 그만둘 명분은 되지 않았다. 운동의 모든 분파들이 마치 '나방이 불을 보고 달려들듯' 시카고로 몰려들었다. 민주사회학생연합의 강경한 새로운 지도자들이 있었고, 여전히 비폭력적인 직접적인 행동을 주장하는 급진적인 평화주의자들이 있었다. 또 상수도에 환각제인 LSD를 풀었다는 이야기나 주 의회 의사당에 연막탄을 터트리는 행동 그리고 다양한 도발 수준의 섹스 관련 쇼 등으로 당국을 조롱하는 이피yippie(히피와 비슷하지만 좀 더 전투적이고 정치적인 미국의 반체제 청년 집단을 말한다. 1968년 베트남전 반대 시위를 계기로 생겼다—옮긴이)들이 있었다. 운집한 군중들은 평화보다 폭력을 더 많이 이야기했다. 오랜 기간 시카고 시장으로 재임했던 마이클 데일리Michael Daley는 법과 질서 유지 원칙을 거듭 천명하면서 시위대에 과도하게 물리력을 행사했다. 경찰은 시위자의 소속, 신분, 정파 등을 가리지 않고 무차별 진압에 나섰다. 사복을 입고 돌아다니는 경찰도 있었다. 양쪽 모두 정보원을 심어두고 있었으며 또 양쪽 모두 한 치도 물러서지 않고 첨예하게 격돌했다.

톰 헤이든은 시위 허가를 받는 일을 포함해서 시카고 집회를 준비하는 업무의 중심에 있었다. 헤이든이 다른 활동가들과 대화를 나눌 때의 표현은 점점 거칠어지고 있었다. 그로서는 이때가 실존적인 순간이었다. 그는 자기가 홀로코스트를 반대했던 '선한 독일인'과 다르다는 것을 보여줄 수 있었던 것이다. 끔찍한 전쟁에 반대하는 주장을 할 때 그는 이미 (실존주의자로서 실존주의자답게) 개인적인 대가를 얼마든지 치를 준비가 되어 있었다. 이런 결심은 약자는 경찰의 잔인한 폭력에 짓밟히면서 순수한 희생자의 모습으로 비칠 때 많은 것을 얻어낼 수 있다는 발상으로 한층 더 단단해졌다. 대결이 고조될수록 전쟁에 소요되는 국내적 비용은 한층 더 높아질 터였다. 정부는 비용 편익 분석을 한 끝에 남베트남을 포기할 것이라고 그는 결론을 내리고 있었다. 설령 이런 선택이 '오른쪽(우익)에 치우쳐서 잠을 자는 개들을 각성시키는' 것이라고 하더라도 결국에는 남베트남을 포기할 것이라고 보았던 것이다.[45] 루빈도 운동은 탄압 속에서 성장한다는 이론을 들고 나왔다.

"탄압은 시위를 전쟁으로 바꾸어놓을 것이다. 시위자들을 영웅으로 바꾸어놓을 것이다. 개인들의 집합체인 대중을 하나의 공동체로 바꾸어 놓을 것이다. (……) 탄압은 구경꾼과 방관자와 이론가를 쓸어버릴 것이다. 누구든 이쪽 편이 아니면 저쪽 편을 들 수밖에 없게 만들 것이다."[46]

이런 이야기들이 돌자 긴즈버그는 경계했다. 나중에 긴즈버그는 자기는 단 한 번도 '폭동'의 시인이었던 적이 없다고 설명했다. '바보가 됨으로써 보다 현명해지고자 했으며, 화를 냄으로써 보다 평화로운 존재가 되고자 했다.' 그의 목적은 사람들의 의식을 바꾸는 것이었다.[47] 시카고에서 그가 보았던 것은 자기가 좋아했던 '자각의 전당'도 아니었고 '영적인 계층'도 아니었다. 그가 본 것은 '피의 묵시록'이었다.[48] 그는 거기에서 시 한 편을 쓰면서 날아다녔다. ('무력한 명령을 기억하라 / 경찰이 무장한 채로 보호하려고 했던 / 그 무력한 자유, 혁명가가 / 영광으로 모의하려고 했던……') 그는 나중에 자기가 시카고에 있었던 일이 이피를 위해서뿐만 아니라 '우리의 총체적인 정치적 삶의 맥락 속에서도 (……) 하나의 종교적 경험'이었다고 설명했다. 경찰이 음악 축제를 금지하는 결정을 내리려 할 때 그는 신중한 판단을 촉구했다. 자신을 고요한 영향력이라고 소개하면서 시위자들에게 폭력 혹은 히스테리에 맞서서 옴(힌두교에서 베다 독송의 전후나 기도 시작 때 외는 신성한 소리, '그럴지어다'라는 뜻이 내포되어 있다―옮긴이)을 외라고 권유했다.

"열 명이 옴을 외면 백 명을 진정시킬 수 있고, 백 명이 옴을 외면 천 명의 물질 대사를 조정할 수 있다. 천 명의 육체가 진동하면 옴은, 제복을 입었거나 벌거벗은 모습으로 시카고 도심 거리를 가득 메운 채 잔뜩 겁을 먹은 사람들을 그 자리에서 더는 움직이지 못하도록 붙잡을 수 있다.”

시위가 진행되던 어느 한 시점에서 그는 무려 일곱 시간 동안 소리 높여 경을 외웠다. 이런 행동을 비롯해서 그가 보였던 다른 반전 퍼포먼스들의 목적은 어떤 생각을 전달하거나 원칙을 주장하는 것이 아니라 '어떤 존재의 상태를 불러오는 것'이었다.

여기에서 우리는 진짜 역겨운 모습이 드러나게 하면 (평범한 사람들이 문제의 그 상태를 지지하든 말든) 사람들을 거기에 반대하도록 돌려놓을 것이라는 발상을 다시 한 번 더 목격한다. 자신들의 수가 적다는 사실에 실망한 급진주의자들로서는 경찰의 잔인한 폭력성을 자기들의 지지 기반을 확대하는 수단으로 삼아야 했다. 그 모든 상황을 세계의 언론이 지켜보고 있었고, 언론은 허공을 가르며 춤을 추는 경찰봉과 피 흘리는 시위자들이라는 장엄한 광경을 있는 그대로 보도할 것이기 때문이었다.[49] 전술적으로는 강경파가 이겼지만 운동은 패배했다. 1960년대 10년 동안 진행되었던 진보적인 급진주의화는 희생을 통한 관심 끌기, 양심을 향한 호소, 공동 자치의 주장 등을 기반으로 한 정치가 가지고 있는 한계를 드러냈다. '올곧은 인내, 침묵의 메시지, 존경심이 우러나는 의복' 등으로 대표되는 엄숙한 비폭력이라는 초기 개념들은 '외침과 위협, 경멸, 날조, 욕설, 야유, 쓰레기, 치밀어 오르는 거대한 분노 그리고 점점 더 커져가는 폭력의 경향'에 자리를 내주고 말았다.[50]

시카고에서 빚어진 이 충돌을 마르크스주의적으로 분석한다면 이 충돌의 당사자는 노동자 계급에 속하는 경찰과 중간 계급에 속하는 시위자들이라고 말할 수 있다. 노동자 계급의 분노는 특권적인 삶을 누리며 즐기는 사람들과 이들을 비호해온 체제를 향했는데, 이제 노동자 계급은 전통적인 가치관을 떠받드는 사람들을 비웃었고 자기에게 주어진 책임을 외면했으며 또 자랑스럽게 여겨야 할 애국적인 상징물들(특히 국기)에 도전했다. 앨린스키는 좌익 진영의 폭력 및 극단주의에 대응해서 우익 진영이 결집하고 봉기할 것을 두려워했다. 그는 《급진주의자를 위한 규칙》을 발간함으로써 그 새로운 혁명가들에게 '시간과 장소에 구애받지 않는 인간 정치의 중심적인 행동 개념들'을 상기시키려고 했다. 그는 '체제를 공격하는 실용적인 방법'이 필요하다고 역설했다. 그리고 노동자 계급에 속하면서 평범하게 살아가는 사람들을 무시하거나 모욕하지 말라고 경고했는데, 이 경고는 틀리지 않았다.

"만일 우리가 그들과 소통하는 데 실패한다면, 우리와 동맹을 맺도록 그들을 설득하지 못한다면, 그들은 오른쪽으로 넘어갈 것이다."

앨린스키와 러스틴은 새로운 급진주의자 세대에 책임성의 윤리를 강조하면서도 자기들은 청춘의 열정을 질투하며 지속되는 빈곤, 불평등 그리고 폭력 등 자기들이 지금까지 오면서 결국은 실패하고 말았음을 입증하는 수많은 증거들로 둘러싸여 있는 늙은이로 비춰질 것임을 잘 알았다. 또한 동시에 그들은 자기들이 돕고자 하는 사람들은 다수파가 될 역량이 부족하기 때문에 패배자로 머물러 있다는 사실 그리고 그 사람들을 조직하는 일은 타협 및 연대를 필요로 하는 힘든 투쟁의 길이라는 사실도 잘 알았다. 하루하루의 생존에 목을 매고 있는 사람들이 모호한 구호들로만 정의된 훨씬 더 크고 위험한 투쟁에 선뜻 나설 것이라고 기대하는 것이 얼마나 허망한 일인지도 알았다.

미국은 1973년이 되어서야 비로소 베트남에서 철군했다. 그러나 강제적인 징집 제도가 없어짐에 따라서 미국인의 역할은 정치적으로 유독성이 약화되었다. 신좌파의 청년 활동가들도 바뀌어서 어떤 사람들은 예전보다 한결 온건해졌고 어떤 사람들은 아예 운동판을 떠났다. 그럼에도 불구하고 여전히 지속되는 것이 있었으니 그것은 일상생활에 대한 비평이었다. 이 비평은 음악과 패션에 반영되었고, 기분 전환용 약물 사용에도 어느 정도 반영되었으며, 뿐만 아니라 엘리트주의 및 위계에 대한 혐오와 관료제도에 대한 경계에도 반영되었다.[51] 개인의 가치에 초점이 맞춰지면서 자결自決과 해방이라는 반反식민주의적 언어는 자기들이 압박과 비난을 받는다고 느꼈던 게이 혹은 여성 등과 같은 집단에도 적용되었다.

† 여성 해방과 동성애자 운동

페미니즘은 새로운 주장이 아니었다. 학생 운동이 성장하기 전에 이미 페미니즘을 주제로 한 책들은 많이 나왔었다. 그러나 '여성 해방'이라는 개념은 인간은 자기 운명을 스스로 결정하며 자기 가치를 주장할 수 있다는 발상을 기본 철학으로 하는 운동이 진전되는 과정에서 비롯되었다. 여성 참정권 운동을 주도하던 단체들은 이미 사라지고 없었다. 남녀평등 요구들은 노동 운동을 통해서 제기되는 경향을 보였다. 1961년에 케네디 대통령이 엘리너 루스벨트Eleanor Roosevelt를 위원장으로 하는 여성지위위원회Commission on the Status of Women를 설치함으로써 여성 운동은 활력을 띠게 되었다. 이 위원회는 2년 뒤인 1963년에 여성의 권리와 기회에 대한 제한을 상세하게 다루는 보고서 하나를 냈다. 1964년 시민권법에는 '성별'이 추가되었는데, 처음에 이 법안을 인종차별주의자이던 어떤 하원 의원이 농담처럼 발의했다가, 나중에는 페미니스트들과의 기묘한 연대 속에서 통과되었다. 그런데 평등고용추진위원회Equal Employment Opportunities

Commission는 이 법률을 그저 농담이라고만 생각하고 아무런 작업도 하지 않았다. 그러자 1966년에 이런 홀대에 대응하는 차원에서 전미여성연맹 National Organization of Women, NOW이 창립되었다. 초대 대표는 여성 운동가 베티 프리던Betty Friedan이었고, 그녀의 책 《여성의 신비》The Feminine Mystique는 직장과 가정에서 모두 차별받고 무시당한다고 느끼던 여성 세대를 대변하는 목소리를 냈다.[52] 여성은 미국 내의 직장에서 서서히 없어서는 안 되는 존재가 되어가고 있었으며(1970년대 초를 기준으로 하면 전체 일자리의 40퍼센트를 여자들이 차지하고 있었다) 임금을 비롯한 처우에서 남자들과의 차별을 점차 거부하고 있었다. 프리던은 유능한 선전자였으며 상대적으로 작은 단체의 수장이라는 자기 역할을 최대한 활용해서 언론의 관심을 끌고 자신과 동료들의 의견을 세상에 알렸다. 이렇게 여성 운동에는 처음부터 정연한 리더십이 존재했다.

전미여성연맹과 별도로 이 운동을 대표하는 또 다른 흐름이, 신좌파 활동을 하면서 여자라는 이유만으로 좌절감을 느껴야 했던 수많은 젊은 여성들 사이에서 진행되고 있었다. 이들은 주로 남성들로 구성된 지도부에서 비롯되는 차별의 억압에 시달려야 했고, 또 여성 활동가에게는 온갖 잡일과 성 상납까지 당연하게 여기는 남성 활동가들의 기대에 시달려야 했다. 스토클리 카마이클은 1964년에 '학생비폭력조정위원회에서 여성이 하는 유일한 자세는 엎드리는 것이다'라고 했다. 메리 킹Mary King과 케이시 헤이든Casey Hayden(톰 헤이든의 첫 번째 아내)은 기념비적인 어떤 에세이에서 운동권에서 여성은 자기 지위에 '행복하지 않고 만족하지도 않으며' 또 여성의 재능과 경험은 낭비된다고 보고했다. 지금은 모호하고 시험적으로밖에 보이지 않는 문건에서 두 사람은 '객관적으로 볼 때, 일반적인 미국인의 생각에 비추어서 성적 카스트 제도만큼이나 요원하다고 볼 수 있는 어떤 것을 기반으로 해서 우리가 운동을 시작할 수 있을 가능성은 전무한 것 같다'고 했다. 사람들 특히 남자들은 여성 문제를 심각하게 생각하지 않았다. 그런 까닭에 그들은 전쟁, 빈곤, 인종 등의 문제들만을 놓고 일해야 한다고 생각했다. 하지만 킹과 헤이든은 국가가 자기들이 제기하는 문제들을 해결하기는커녕 똑바로 바라보지도 못한다는 사실은 '사회에서 작동하는 여성 문제들, 동등한 인간으로서 여성이 겪는 문제들은 사람들이 맞닥뜨리는 가장 기본적인 것들 가운데 일부'라는 뜻이라고 주장했다.[53]

남성 활동가들이 여성 활동가들을 무시하는 태도는 그냥 넘길 수 없을 정도로 힘들어졌다. 남성 동료가 생색을 내면 낼수록 여성의 분노는 더 커졌다. 1967년에 소집단들은 보다 분명한 페미니스트 의제를 제시하기 시작했고, 1968년이 되면 여성의 독자적인 전국 조직이 나타났다. 전미여성연맹과 다르게 이 여성 집단은 저항과 풀뿌리 민주주의의 경험을 상당히 많이 가지고 있었다.[54] 1969년에 캐럴 하니시Carol Hanisch는 운동권 내부의 여성 지위 실태를 다루는 논문을 써서 만일 자기들이 힘을 합한다면 그 뒤에 이어질 과정은 환자가 치료법을 찾듯이 어떤 '치료'의 형태를 찾는 것이 될 것이라고 적었다. 관건은 개인적인 것이 정치적인 것임을 이해하는 것이라고 했다. 오로지 집단적인 행동을 통해서만 해결될 수 있는 문제라고 바라보았던 것이다.[55] 이런 접근법이 실존적인 전략으로서 기능한 이유는 의회 차원에서의 변화를 추구할 때를 제외하고 이 접근법은 리더십과 조직에 의존하지 않고 (흔히 운동이 어디로 나아가야 할지 혹은 나아갈 수 있을지 하는 문제에 관한 어떤 합의도 없는 상태에서) 다양한 생활 방식(라이프스타일)에 대한 선택을 조정하면서 평등과 가치라는 핵심적인 원칙들을 일상적으로 주장했다는 데 있었다. 핵심적인 페미니즘적 불만들은 일단 공개적으로 제출되고 나면 이해하기 쉽고 또 무시하기 어려웠다. 가부장제 및 결혼의 강압적인 속성을 보다 급진적인 개혁의 시각으로 부각시키면 움찔 놀라서 뒷걸음질 치는 여자들이 있기도 했다. 그러나 그들은 이것을 자유롭게 무시하고 자기에게 중요한 쟁점들 즉 낙태 문제, 성폭력에 대한 무관심 문제, 동일 임금을 받을 권리 문제 등에 집중할 수 있었다.[56]

시민권 운동을 통해서 여성은 열린 공간으로 점점 더 많이 진출했다. 동성애자들 역시 마찬가지였다. 동성애자들은 미국에서 자기들이 흑인 다음으로 거대한 소수 집단이라고 주장했다. 많은 동성애자들은 그저 자기를 인정해주고 존중해주길 열망했다. 그래서 성적 취향 때문에 손가락질 받지 않길 바랐다. 하지만 당시는 동성애가 치료를 받아야만 하는 정신 장애의 일종으로 즉 비정상의 상태로 여겨지던 시대였다. 1960년대에 이 '버림받은 지위'를 끝내고자 하는 움직임이 전개되었다. 동의성인(법적으로 성관계 동의 결정을 할 수 있다고 보는 연령대의 성인 — 옮긴이)이 개인적인 차원에서 무슨 일을 하든 정부나 고용주가 관여할 사항이 아니라는 주장이 공개적으로 나오기 시작한 것이다. 반反문화의 영향 아래에서, 주류 사회가 '동성애자 해방'과 온전한 성적 자유에 대한 요구를 받아들여야 한다는 주장이 탄력을 받았다. 1969년 7월에 뉴욕의 그리니치빌리지에 있는 스톤웰 인Stonewell Inn이라는 게이바를 경찰이 습격했고, 이 일로 분노한 동성애자들이 폭동을 일으켰다. 이 일로 인해서 보다 보수적인 동성애자 옹호 집단들은 위해와 방해를 받을까 염려했지만, 급진적 활동가들은 동성애자의 권리를 중요한 주장 가운데 하나로 받아들였다.[57]

몇몇 측면에서 이 운동은 반전 운동과 비슷했다. 미국 국기나 영장을 불태우는 것과 같은 보다 극단적인 저항 행동들을 모든 사람이 우호적으로 바라보지는 않았지만, 점점 더 많은 반전 시위가 사람들의 관심을 사로잡았다. 민주사회학생연합 소속 대학생들이 최초의 반대 시위에 핵심적인 인물들로 줄곧 앞장섰다고 해서 그 시위 및 운동의 모든 것에 대한 권한이 민주사회학생연합에 전적으로 위임되었다는 뜻은 아니다. 저항 운동의 기반이 이미 폭넓어졌고 또 이 운동은 여론조사 기관들과 주류의 논평자들에 의해서 지탱됨에 따라서, 운동은 이제 정부도 무시할 수 없는 정치적인 무게를 가지게 되었다. 이런 운동들은 많은 사람들이 내리는 개인적인 결정들에서 새로운 생활 방식(라이프스타일)들, 문화 형태 그리고 정치적 표현들이 비롯된다는 점에서 톨스토이적이었다.

많은 개인들에게 중요한 쟁점들을 극적으로 드러내며 개인이 정치적으로 바뀔 수 있도록 도움을 주는 데 사용할 수 있는 방법들이 보다 넓은 정치 의식을 강화할 수는 없었다. 중요한 자원으로서의 권력이 초기에 불평등하게 배분되었다는 사실은 누군가가 계속해서 부당하게 많은 권력을 가지는 게 아닌가 하는 경계심을 낳았다. 권력은 추구의 대상이 되어서는 안 되었다. 실제로 누군가 권력에 대한 관심을 드러낼 때면 의심이 생겨났다. 사람들은 가상의 리더들을 제재하며 답답하기 짝이 없는 관료제도를 피할 수 있는 조직 형태를 선호하고 설계했다. 이런 조직은 훌륭한 교육을 받았으며 생각이 잘 정리되어 있고 헌신적이며 열정적인 청년들이 공동의 대의를 바탕으로 해서 의사소통할 때 원활하게 돌아간다. 그러나 열정의 수준이 떨어지고 공동의 대의가 상투적인 수준으로 낮아지며, 어려운 선택들을 내려야 하고, 확장된 기간 동안에 새로운 전략들을 수행해야 하며 구성원들이 지루해하고 피곤해하고 혼란스러우면 조직은 곧 비틀거리게 된다.

그 대신 격렬한 분노와 깊은 좌절의 감정에 휩싸일 때 행동은 맹렬하고 충동적이 될 수 있으며 웅대한 행동과 당당한 몸짓이 나올 수 있다. 민주사회학생연합이나 학생비폭력조정위원회의 운명은 부족한 신중함과 리더십에 대한 불신이 어떤 결과를 빚어내는지 경고하는 것으로 받아들일 수 있었다. 하지만 동성애자 운동에서도 그 유산은 남아 있었다. 조직화를 진행하고 보다 투명한 결정을 하는 것과 관련해서 권력의 문제를 아래에서 위로만 생각하고 위에서 아래로는 생각하지 않은 경향은 보다 수평적이고 보다 공개적인 조직 구조에 대한 요구를 낳았다. 극좌파가 저지른 성과 없는 테러 행위는 1970년대와 1980년대에 비폭력적인 직접적 행동보다 더 많이 언론 매체 기사의 헤드라인이 되었다. 그러나 1989년에 동유럽에서 일어난 사건들은 (그리고 적어도 초기 단계만을 따지자면 2011년 초의 이른바 '아랍의 봄'은) 1960년대 초 시민권 운동에서 사용되었던 기법들을 다시 한 번 보여주었다. 수십 년의 격차를 두고 벌어진 이 사건들 사이의 연결점을 진 샤프_{Gene Sharp}가 제시했다. 그는 유명한 노동조합 활동가이자 평화주의자인 머스티와 함께 일했던 평화주의자이며 초기의 연좌시위에도 참가했던 인물이다. 샤프는 비폭력 노선에 관한 한 당대의 선도적인 이론가였으며, 심지어 유명한 경제학자로 나중에 노벨상을 받게 되는 토머스 셸링_{Thomas Schelling}의 후원까지 받았는데 셸링은 샤프의 세 권짜리 저서인 《비폭력 행동의 정치학》_{The Politics of Nonviolent Action}에 서문도 썼다.[58] 이 책은 간디의 혁신적인 역할을 강조하고 그렉의 '도덕적 격투기' 개념(본문 224쪽 참조—옮긴이)을 채용했지만 권력을 바라보는 시각이 독특했다. 정부는 '사람들의 선의와 결정 그리고 지원'에 의존해야지 그것의 반대가 되어서는 안 된다고 보았기 때문이다. 이럴 때 복종은 자발적이고 동의는 얼마든지 철회될 수 있다고 했다. 그러면서 이렇게 될 수 있는 여러 가지 방법들을 나열했다. 여기에는 시위와 청원에서부터 불매 운동과 파업 그리고 심지어 상관의 명령에 대한 불복종까지 망라되었다.[59] 2000년대에 이란에서부터 베네수엘라에 이르기까지 독재 정권들은 샤프를 위험한 선동가로 바라보았으며, 그의 사상은 아랍의 거리와 골목으로 파고들었다.[60] 이 경험은 비폭력 노선의 잠재력과 한계를 동시에 강조했다. 언제든 강경한 폭력을 휘두를 준비가 되어 있을 정도로 불복종을 전혀 허용하지 않는 정권은 자기를 반대하는 집단을 역시 폭력의 길로 내몰았다.

1960년대에 진행되었던 운동에서 영감과 상상력을 자극하는 측면들이 그 단초를 제공했다. 단기적인 결과를 생각했던 사람들이 1960년대 초기의 불매 운동과 연좌 시위 그리고 가두 시위 등을 통해서 얻을 수 있었던 것에 희망을 걸었다면 아마도 곧바로 제지당했을 것이다. 경험의 무게는 이 사람들에게 불리하게 작용했다. 설령 성공의 가능성이 낮다고 하더라도 옳은 일을 하는 데는 대의명분의 가치가 있다. 이것이 운동과 자존감에 활력을 불어넣었다. 사회적인 변화보다 정치적인 변화를 추구하는 운동은 일단 한 번 시작되어 불이 붙으면 조직화의 압박을 받을 수밖에 없고 결과에 대해서 생각을 할 수밖에 없다. 초기 민주사회학생연합 활동에서 톰 헤이든의 동지였던 토드 지틀린은 강단의 사회학자가 되어 예전의 운동을 회고했는데, 이 회고 속에서 그는 폭력에 관한 비생산적인 논의가 가져다준 충격을 온전하게 이해했다. 이 논의가 우파의 논리에 어떻게 이용되었는지, 그래서 좌파가 이상주의자가 아니라 분별없는 파괴자로 묘사될 수밖에 없었던 과정을 이제는 알았다. 이것은 민주사회학생연합의 활동에 아쉬움을 가지는 당시 회원들의 공통된 주제였다. 지틀린은 솔 앨린스키가 《급진주의자를 위한 규칙》을 펴냈던 바로 그 나이로 다가서면서 《어느 젊은 활동가에게 보내는 편지》Letters to a Young

_{Activist}를 썼다. 이 책에서 그는 자기 세대가 저질렀던 실수를 피할 방법을 조언했다. 그는 우선 막스 베버로부터 시작해서, 자기 젊은 시절에 '직업으로서의 정치'는 짜증스럽고 성가셨으며 '영감을 자극하는 것과 거리가 멀었다'는 사실을 깨달았음을 인정하고 나중에 베버로 다시 돌아왔다. 그는 베버가 주장했던 책임성의 윤리에 반대하면서 당시였다면 '급진적인 행동은 환경을 바꾸어놓고 불가능한 것을 보다 더 가능하게 만들어준다'고 주장했을 테지만 이제는 아니라고 했다.

"그리고 나타난 결과 (……) 여기에서 벗어날 길은 없다. 이상과 열정이 엄청난 실수들과 나란히 갈 수 있다는 사실이 얼마나 당혹스러운지 모른다."

지틀린은 당대의 부조리한 일들을 바로잡기 위해 시민 불복종 운동을 생각하는 활동가들을 위해서 운동은 '멀리 바라보는 전략적인 것'이 되어야 한다고 힘주어 말했다.

"운동은 세상을 자기 마음대로 다시 창조하겠다는 희망을 품어서는 안 되며 또한 단순히 자기 자신을 표현해서도 안 된다. (……) 운동은 역사의 문을 바깥에서 두드릴 게 아니라 역사 속으로 자리를 잡고 들어가야 한다."

그러면서 '대중적인 (설령 그게 잘 보이지 않는다 하더라도) 신념과 정서'를 좇아서 기회를 붙잡아야 한다고 했다.[61]

제 26 장

프레임, 패러다임, 담화 그리고 내러티브

Frames, Paradigms, Discourses, and Narratives

나는 결코 예언자가 아니다.
나는 그저 예전에 벽이었던 곳에다 창문을 내는 일을 할 뿐이다.
_미셸 푸코

교육 받은 중산층이 전개했던 반反문화라는 발상은 사회적 선택뿐만 아니라 정치계와 기업계에 그리고 지적인 삶 전반에 깊고 큰 영향을 미쳤다. 이 발상은 미국 정치에서 좌경화를 촉진하지는 않았다. 그것은 다음 장에서 보다 자세하게 다룰 테지만 그보다 오히려 거대 담론이 논의되는 방식 자체에 주요한 충격을 주었다. 전혀 새로울 것도 없었던 이 발상의 주요 통찰 내용은 세상을 이해하는 데 정신적 구조물mental construct이 필요하게 됨에 따라서 우리는 현실에 대해서 특별한 어떤 의견을 가지는 것 말고 그 이상의 어떤 것을 알 수 없다는 것이었다. 다른 사람의 정신적 구조물의 틀을 결정할 수 있는 사람은 그 삶의 태도와 행동에 영향을 미칠 수 있다는 주장도 역시 새로운 게 아니었다. 이것은 월터 리프먼Walter Lippmann의 여론 이론과 에드워드 버네이스Edward Bernays의 '동의의 공학'engineering of consent적 접근이 이미 밝혔던 사실이다. 리프먼과 버네이스는 계몽된 사람들이 건전한 공공정책의 이름으로 이런 것들을 수행할 때 얼마든지 긍정적인 효과를 기대할 수 있다고 주장했었다. 그런데 나치와 공산주의 독재가 국가 전체를 조작한 결과는 선전이 얼마나 무서울 수 있는지 생생하게 입증하면서 이 점에 관한 한 낙관주의를 멀리 던져버렸다.

전체주의에 대한 자유주의적 대응은 인간의 이해력에 자연적인 제한을 가하는 것이 무엇이든 간에 인간 정신에 대한 모든 가능성을 활짝 열고 경험과 실험을 공유하는 것이 최선의 길이라는 것이었다. 어떤 의견이 아무리 의도가 좋고 또 훌륭한 연구 조사를 바탕으로 한 것이라 하더라도 이 하나의 의견만 강조해서는 안 된다고 보았다. 인류의 희망은 다양성과 복수성이 보장될 때 최대한 확장될 수 있다는 것이다. 자유민주주의는 진리를 추구하는 최상의 기준들과 결합한 자유롭고 다양하며 따지길 좋아하는 언론에 의해서 보증받을 수 있다. 이것은 언론이, 그리고 더욱 심각하게는 학계가, 보고와 분석의 객관성을 최대한 추구해야 함을 의미한다. 관용적인 열린 사회의 본보기적인 철학자가 칼 포퍼Karl Popper였다. 포퍼는 오스트리아에서 성장했고 나치를 피해서 영국 런던으로 이주했다. 그는 모든 과학적 노력에는 정밀한 경험주의가 필요하다고 단언하면서, '반증 가능성'falsifiability을 입증할 수 있는 모든 제안을 했으며 또 개인들의 흠결이 있는 구조물들이 기반하는, 이미 검증을 거친 축적된 풍부한 인간 지식에서 위안을 찾았다(과학과 비과학을 결정하는 기준으로 논리실증주의자들은 '검증 가능성'verfiability을 주장하지만, 포퍼는 인간의 경험으로는 시간과 공간의 한계로 모든 것을 다 경험할 수는 없다며 반증 가능성을 제시한다. '백조는 희다'라는 가설을 검증하기 위해 세상의 모든 백조를 검증할 수는 없지만 검은 백조 한 마리만 발견해도 그 가설이 틀렸음을 입증할 수 있다. 모든 지식은 이렇게 반증의 사례가 발견될 때까지만 한시적으로 옳은 것이고, 과학적 지식은 이러한 반증할 수 있는 가능성에 열려 있어야 한다는 말이다 — 옮긴이).[1]

신좌파가 제기한 도전은 서구 자유 민주주의의 다양성과 복수성이라는 것은 그저 환상일 뿐이라는 주장이었다. 의심을 품고 도전해볼 가치가 있는 제안들은 당연히 받아들여졌지만 그 밖의 다른 전망들 및 주장들은 무시되었다. 이것은 마르크스주의자들에게는 공정한 기준이었으며, 1950년대에 점점 더 많은 관심을 모으고 있던 안토니오 그람시Antonio Gramsci의 헤게모니 개념의 핵심에 놓여 있었다. 좌익 논쟁 역시 헤르베르트 마르쿠제Herbert Marcuse와 같은 프랑크푸르트 학파 상속인들의 영향을 받았다. 이주자 이론가들이 뉴욕의 신사회연구원New School for Social Research에 모여들어서 지식이 사회적 상호작용을 통해서 어떻게 개발되고 유지되는지 설명하고 '실재의 사회적 구성'social construction of reality(모든 사람들이 동일한 객관적 실재를 인식하지 않는다고 보는 지식사회학의 기본 원리—옮긴이)이라는 개념을 소개했다.[2] 이 이론가들 가운데 프랑스 이론가들이 점점 더 중요한 비중을 차지했고 이번에는 실존주의자들이 아니라 후기 구조주의자들과 포스트모더니스트들의 중요성이 높아졌다.

주류 사회과학의 현장 조사와 실험적 관찰은 유럽 이론의 보다 높은 수준의 영역까지 다다르지 못했지만 그래도 인식의 한계와 해석 구조의 중요성을 정기적으로 확인했다. 정치적인 쟁점은 해석 구조가 과연 외부에 의해서 의도적으로 조작될 수 있을까 하는 것이었다. 그런데 연구 결과를 보면 이런 조작은 정기적으로 일어났다. 반드시 엘리트 집단의 어떤 조직적인 음모의 한 부분으로 진행되었던 것은 아니지만 어쨌거나 정치적인 차원에서 다루어졌던 것만은 분명하다고 연구 저작들은 밝혔다. 또 그 쟁점들이 처음에 어떻게 제기되어서 그 뒤에 있을 논쟁의 조건들을 형성하는지도 밝혔다.

윌리엄 제임스William James는 이미 1869년에 이런 질문을 제기했었다.

제임스는 우리가 알고 있는 것이 실제의 실체인지 묻는 대신에 '어떤 환경 아래에서 우리는 사물이 실제 실체라고 생각할까?'라는 질문을 제기했다. 캐나다에서 태어난 미국 사회학자 어빙 고프먼Erving Goffman은 제임스의 토대 위에서 이렇게 대답했다.

"우리가 현실의 실체에 대한 틀(프레임)을 짜는 것은 현실의 실체와 협상하고 이것을 관리하고 이해하며 또 인식과 행동에서 적절한 선택을 하기 위함이다."

고프먼은 각 개인들이 자기 주변에 있는 세상과 자기 경험을 어떻게 이해하고 파악하는지, 그리고 자기가 가지고 있는 관련 지식을 분류할 해석적 도식 즉 기본적인 틀을 어떻게 필요로 하게 되는지 탐구했다.[3] 하나의 쟁점을 바라보는 견해가 여러 가지 있을 수 있을 때 특정한 틀(프레임)을 마련한다는 것은 특정한 방식이 가장 자연스럽게 비친다는 뜻이다. 이 틀은 어떤 상황의 특정한 성격들을 집중적으로 조명함으로써, 있을 법한 원인과 거기에 따라서 일어날 것 같은 결과를 강조함으로써, 또 특정한 가치들 및 기준들을 제시함으로써 마련된다.

✝ 전 세계가 지켜보고 있다

(The Whole World Is Watching, 이 표현은 1968년 시카고 민주당 전당대회 시위에서 반전 시위대가 경찰 폭력에 맞서 외친 구호이기도 하다─옮긴이)

언론은 막후의 동의를 창조하고 유지하는 데 주요한 역할을 할 의무를 지고 있었다. 특히 텔레비전이 신문과 라디오를 밀어내고 정치와 관련된 주된 정보원으로 자리를 잡으면서부터는 더욱 그랬다. 언론이 온화하지만은 않은 역할을 할 것이라는 가능성은 이미 1940년대에 제기되었다. 1930년대부터 지식에 가해지는 사회적 영향력이라는 주제에 초점을 맞추고 있던 경제학자 로버트 머튼Robert Merton이 그런 주장을 하고 나섰다. 비록 그는 선전 효과에 대한 해럴드 라스웰Harold Lasswell의 주장에 회의적이었고 '선전 대상자'에 대해서 알려진 게 거의 없다는 사실에 관심을 가졌지만, 그는 또한 나치의 등장에 바짝 긴장을 한 유대인이기도 했다. 머튼은 1941년에 컬럼비아 대학교로 자리를 옮기면서 사회학자 폴 라자스펠드Paul Lazarsfeld와 집중적인 공동 작업을 했는데, 당시에 라자스펠드는 심리학 공부를 어느 정도 한 상태였으며 대학교 안에 설치한 응용사회조사 연구소를 운영하고 있었다. 머튼은 경험적인 조사는 이론과 결합해야 한다고 굳게 믿었으며 라자스펠드와 손을 잡은 것도 이 때문이었다.[4]

두 사람의 초기 연구 조사는 매스컴의 제한적인 효과가 친구나 가족에 비유될 수 있음을 지적했다. 그들은 인식의 전환보다는 인식의 강화 쪽에 초점을 맞추었다. 1948년에 발표한 공동논문에서 두 사람은 언론이 '사회적 행동'에 미치는 충격의 문제를 다루었는데 사회적 행동이라는 용어를 두 사람은 개선된 인종 관계나 노동조합에 대한 공감 등 진보적인 대의를 뜻하는 것으로 사용했다. 두 사람은 쉬지 않고 땀을 흘려야 하는 임금 노예 상태에서 사람들을 해방시키고자 개혁가들이 온갖 노력을 쏟았음에도 불구하고 대중은 지금 여유 시간을 사소한 것과 피상적인 것 일색인 언론 제품들에 쏟아붓고 있음을 걱정하는 고상한 비평가들의 근심을 지적했다.

그들은 사회적인 기준을 강제하는 차원에서 언론이 발휘하는 정치적인 충격을 다음과 같이 요약했다. 첫째, 사적인 삶 속의 이런 기준들에서 일탈하는 것을 폭로한다. 둘째, 최면제로 기능해서 대중을 무감각하게 만들고 정치적인 실체의 시시콜콜한 부분에만 관심을 가지도록 만든다. 그리고 마지막으로 체제 순응주의를 조장한다. 두 사람은 언론에 대한 비판적인 평가의 근거를 거의 제시하지 못했다. '그랬기 때문에 상업적인 언론은 진정으로 비판적인 결과물의 설득력 있는 발전을 비록 간접적이긴 하지만 효과적으로 제한한다.' 이렇게 해서 아무리 사소한 차원의 진보적인 태도라 하더라도 소유주의 경제적인 이해관계를 거스르는 것들은 텔레비전이나 라디오의 프로그램에서 배제되었다. 요컨대 '돈을 어떻게 쓸 것인지 결정할 권리는 그 돈을 내는 사람에게 있다'는 것이었다. 언론이 공중의 태도를 보다 진보적인 방향으로 형성할 수 있는 환경이 과연 가능할까? 물론 가능했다. 그러나 언론 자체가 분할되지 않아야 하고, 기존의 기본적인 가치관을 바꾸려는 시도가 있어서는 안 되며 기존의 견해들이 바람직한 방향으로 유통되어야 한다는 전제가 붙었다. 하지만 설령 이런 조건이 마련되어 있다 하더라도 언론 분야에서 어떤 운동이 추가되려면 활동가의 1 대 1 접촉이 필요했다.[5]

1970년대 초가 되면 대중에게 전달될 쟁점들이 가지고 있는 중요성과 의제 설정 과정 사이에 어떤 관계가 있음이 명백한 사실로 자리를 잡았다. 각 쟁점에 할당되는 유효 접근 범위 그리고 보도의 위치(예컨대 신문의 지면 혹은 방송의 보도 순서)에 따라서 어떤 쟁점들은 사람들이 많은 관심을 가지는 반면에 어떤 쟁점들은 무관심 속에 묻혀버리기 때문이었다.[6] 언론에 '화제 혹은 사건'에 관한 내용이 아무 것도 없다면 '대부분의 경우에 우리의 개인적인 의제 속에 혹은 우리 삶의 공간 속에 아무런 쟁점도 존재하지 않을 것'이라는 점에서 그건 너무도 뻔한 이치였다.[7] 어떤 쟁점들은 각 언론사의 자체 의제가 반영되어 대중에게 전달되었다. 많은 경우에 이런 의제 설정에 가장 유리한 주체는 정부였다.

그러므로 언론은 사람들에게 특정한 쟁점들을 놓고 다른 사람들을 신경쓰지 말고 특정한 생각을 하라고 권장할 수 있다. 그렇다면 이 사람들이 구체적으로 무엇을 생각해야 할지까지도 언론이 조장할 수 있을까? 급진주의 활동가로 일하다가 사회학 교수가 된 토드 지틀린은, 자기가 민주사회학생연합의 특징이며 투쟁과 변천의 경로라고 생각했던 것과 그것이 실제로 언론에서 묘사되는 것 사이에 차이가 발생하는 문제를 놓고 깊이 탐구했다. 앞에서 이미 살펴보았듯이 어떤 대의가 사람들로부터 공감을 얻어낼 수 있는 방법 가운데 하나는 그 대의를 주장하면서 시위를 하다가 경찰에게 탄압을 받는 것이었다. 시카고에서 경찰이 활동가들을 짓밟을 때 활동가들은 '전 세계가 보고 있다!'는 구호를 외쳤다. 시위대가 이런 구호를 외친 배경에는 자기들을 무자비하게 탄압하는 경찰은 전 세계로부터 비난을 받을 것이라는 믿음이 있었다. 그러나 10년 전과 다르게 정치적인 효과는 의심스러울 정도로 미미했다. 많은 언론 매체들이 비난한 것은 경찰이 아니라 오히려 시위대였다.

지틀린은 언론이 현실의 실체를 온전하게 반영하기보다는 사람들이 현실의 실체라고 생각하는 어떤 것을 스스로 만들어낸다는 사실을 입증하려고 했다. 나중에 그는 다음과 같이 회상했다.

"나는 고귀하며 합리적이며 포스트 1960년대식 편견에 여전히 사로잡혀 있었다. 이 편견은 고약한 생각들을 혐오하는 것으로 시작해서 설령 생각과 이미지들이 다르다 하더라도 사려 깊은 사람들로 구성된 사회가 차갑게 등을 돌리는 대신 운동을 따뜻하게 만들어줄 것이며 따라서 운동은 다가올 시대를 위해서 (설령 그 시대가 수십 년 뒤라고 하더라도) 보다 건강한 정치적 풍토를 조성할 것이라는 내용의 회고적인 낙관주의로 나아갔다."[8]

2003년에 발간된 그의 책《전 세계가 보고 있다》The Whole World Is Watching 는 운동권의 시위 현황을 보도하는 언론의 중요성을 인정했다. 이런 보도가 없이는 설령 시위가 있었다 하더라도 그 시위는 일어나지 않은 것이 되어버리기 때문이었다. 그러나 동시에 시위와 그 시위를 어떤 식으로든 해석할 수 있는 언론 사이에는 의존 관계가 형성되었다.

지틀린은 위로부터의 설득과 아래로부터의 동의를 결합함으로써 기존의 질서를 대중적으로 수용하게 만든다는 그람시의 헤게모니 분석 개념을 알고 있었다. 운동의 역사와 이 운동이 어떻게 보도되었는지 추적함으로써 지틀린은 현대적 대중 매체 차원의 몇 가지 부분에서 그람시를 현대적으로 응용한 셈이었다. 그는 고프먼의 틀(프레임)이라는 발상에 의존해서 대중 매체가 무엇을 보도하며 또 어떻게 보도하는지에 대한 선택을 하는 방식을 설명했다.

"매체가 동원하는 틀은 인식과 해석과 표현의, 그리고 선택과 강조와 배제의 지속적인 양상이다."

틀은 담화를 조직하는 하나의 방식이며, 어떤 방식이든 방식은 반드시 있어야만 한다고 했다. 세상을 있는 그대로 보도하는 것은 전혀 불가능하기 때문이라고 했다.

세상에는 많은 것들이 존재한다. 매 순간마다 세상은 온갖 사건들로 가득 차 있다. 심지어 주어진 어떤 사건 안에도 무한하게 많은 세부 사항들이 있다. 틀(프레임)이라는 것은 존재하는 것과 일어나는 것 그리고 중요한 것에 대한 작고 암묵적인 여러 개의 이론들로 구성되어 있는, 선택과 강조 그리고 표현의 원리들이다.[9]

지틀린이 관심을 가졌던 것은 언론 매체가 민주사회학생연합을 어떻게 음험하게 훼손해왔는가 하는 문제였다. 언론은 민주사회학생연합을 때로 무시하고 하찮게 여기고 주변으로 돌리고 비난했다. 또한 동시에 구성원들 사이의 의견 차이를 침소봉대하며 이들이 제기한 문제에 대한 처방을 탐구하기보다는 이 단체의 파괴적인 행동을 부각시켰다. 이 문제를 파고들던 그는 마침내 급진주의자들이 여유를 가지고서 헤게모니에 도전할 수도 있었던 어떤 환경을 놓고 곰곰이 생각했다. 지배 집단이 상황의 본질을 자신하지 못할 때 그들은 그 상황을 자기 이익에 맞게 정의할 수 없었다. 또 핵심적인 요인이 급진주의자들의 통합이 아니라 기득권층의 통합일 수도 있었다. 혹은 평범한 보통 사람들의 반응이 문제였을 수도 있는데, 독자적인 가치관과 규범을 가진 이 사람들이 자기 가치관과 규범이 시위 때문에 도전을 받는다고 판단했을 수도 있기 때문이다. 이처럼 쟁점은 기존의 견해들이나 매체의 방법론을 초월해서 멀리 나아갔다.

† 토머스 쿤

느슨한 관념 체계들이 있고 이 체계들이 제한된 경험적 토대에도 불구하고 정치적인 영향력을 행사할 수 있음을 포착한 것은 케네스 갤브레이스 Kenneth Galbraith 가 '일반적인 사회적 통념' conventional wisdom 이라는 발상을 하면서부터였다. 이 용어는 상식적인 생각이라는 뜻으로 통용되었지만, 갤브레이스가 1958년에 '언제든 수용될 수 있다는 바로 그 이유로 해서 존경을 받는 생각들'이라는 뜻으로 처음 사용했다. 진리로 인식되는 것은 흔히 타당성뿐만 아니라 편의성, 자긍심, 익숙함까지도 반영하는 것이라고 그는 주장했다. 가장 단순한 차원에서 말하자면 이 일반적인 사회적 통념은 기업가가 상공회의소 앞에서 경제인이라는 이유만으로 모욕을 받을 일이 매우 드물다는 것에서 확인할 수 있다. 반대로 심지어 '사회과학의 가장 높은 차원'에서도 발견된다고 했다. 사소한 이론異論들을 많은 사람들이 가지고 있을 수 있지만 서로 다른 이 견해들을 둘러싼 논의가 활발하게 전개됨에 따라서 '프레임 자체에 대한 도전을 적절하지 않다고 배제하는 일이 비과학적이거나 편협하게 보이지 않은 채로 일어날 수 있다'고 주장했다. 안정성과 연속성의 가능성을 쉽게 부정할 수 있는 지적인 진기함의 안이한 흐름을 견제하는 소중한 가치가 일반적인 사회적 통념에 녹아 있음을 갤브레이스는 인정했다. 그런데 변화가 극적으로 강제되기 전에는 환경에 대한 적응을 피한다는 게 문제이고 위험이었다. 그러므로 일반적인 사회적 통념의 적敵은 진부화, 즉 '생각들이 아니라 사건들의 행진'이라는 게 갤브레이스의 생각이었다.[10]

갤브레이스는 일반적인 사회적 통념에 부정적인 함축을 부여했다. 보다 중립적이며 또 인기도 많이 끌었던 용어는 패러다임paradigm이었다. 토머스 쿤Thomas Kuhn은 1960년대에 가장 영향력이 컸던 책들 가운데 하나로 꼽히는 《과학 혁명의 구조》The Structure of Scientific Revolutions를 썼다. 이책에서 그는 엘리트의 불확실성과 사건들의 행진이 결합함으로써 생성될 수 있는 역동성을 묘사하는 한편 권력 구조는 깊이 각인된 사고 구조에 의존한다는 견해를 한층 튼튼하게 다졌다. 쿤의 이 책은 흔히 사람들이 정치와 분리되어 있다고 생각하는 영역, 즉 실험적인 방법과 증거 축적을 통해서 발전하는 영역을 파고들었다. 쿤은 객관적인 실체를 점진적으로 하나씩 제시하는 식의 과학적인 노력을 하는 대신 객관적인 실체라는 것은 사실상 일련의 패러다임 이동paradigm shifts이라고 주장했다. 일련의 생각들이 과학자 사회scientific community 안에 너무도 강력하게 각인된 바람에 이것을 물리치는 일이 경험적인 도전만큼이나 정치적일 수밖에 없을 때, 이 일련의 생각들이 바로 패러다임이라고 쿤은 정의했다. 과학자 사회가 어떤 유력한 패러다임 속에서 작동할 때 이것은 '정상적인 과학' normal science(정상 과학)이다. 이 과학의 핵심적인 개념들을 학생들에게 가르칠 것이고, 이 패러다임의 구조를 따르고 결론을 타당하다고 인정하는 연구를 장려하고 찬양할 것이다. 이렇게 해서 패러다임에 대한 도전은 도저히 이해할 수 없는 비정상의 구조물로 보인다. 그리고 이런 비정상의 충격은 쌓이고 쌓여서 마침내 걷잡을 수 없이 된다. 이것을 쿤은 '과학 혁명'scientific revolution이라고 불렀다. 과학자들이 잘 안다고 생각하는 모든 것을 다시 살피고 기존의 모든 정보와 가설을 다시 평가하는 순간이다. 보통 이 과정에는 기존의 낡은 체계를 지키려는 수비대의 격렬한 저항이 동반된다. 그리고 점차 새로운 패러다임이 기존의 패러다임을 밀어낸다. 이런 패러다임 변화의 가장 고전적인 사례가 코페르니쿠스 혁명이었다. 이 새로운 패러다임은 지구를 포함한 행성들이 태양 주변을 돈다는 사실을 입증함으로써 천동설이라는 기존의 가설을 뒤집어엎었다.

　쿤이 전하고자 하는 메시지는 설령 아무리 이성과 실험을 철저하게 신봉하는 시대라고 하더라도 사람들이 가지고 있는 믿음들은 근본적으로 전혀 이성적이지 않은 요인들의 영향을 받는다는 것이었다. 이 설명은 기존의 지배 제도 안에서는 더 이상 수용될 수 없는 낡은 질서를 놓고 이것을 지키겠다는 측과 이것을 없애버리겠다는 측 사이의 대결까지 포함하는 것으로, 강력하게 정치적이었다. 혁명기에는 기존의 정치 전략이 더 이상은 충분하지 못한 것처럼 과학적 방법론이나 추론도 마찬가지라고 했다. 대결에서 결정적인 순간에 승패를 판가름하는 것은 과학 분야에서 혁명적인 군중 혹은 강압에 해당하는 것 혹은 인격의 힘처럼 과학적 방법과 아무런 관계가 없는 요인들이라고 했다. 새로운 패러다임은 총체적인 동의의 형태를 획득할 것이고, 이에 따라서 지배 집단이 순환될 것이며 정상 과학은 보다 많은 비정상이 다시 또 충분히 많이 쌓이기 전까지는 정상적인 과학으로서의 지위를 누릴 것이라고 했다.[11] 혁명이 그랬듯이 이 과정은 마르크스적이라기보다는 파레토적이다('파레토의 법칙'에 대해서는 본문 168쪽 참조―옮긴이).

그런데 쿤이 학생들의 반란과 시위가 한창이던 1960년대에 지적 억압의 도구로 기능하는 패러다임이라는 개념을 세상에 내놓았을 때 쿤으로서는 전혀 예상치도 않았던 끔찍한 일이 일어났다. 세상이 자기를 혁명가로 바라본 것이다. 그러자 쿤은 자기는 기본적으로 보수적임을 강조하고 나섰다. 하지만 당시에 쿤을 바라보던 학생들의 시선은 이랬다.

"우리에게 패러다임이란 것을 말해줘서 고맙습니다. 이제 우리는 그게 무엇인지 알았으니까, 그것 없이도 잘 해나갈 수 있을 겁니다."

이 순간에 그는 자기 메시지가 '심각하게 잘못 받아들여진다'고 느꼈다. '대부분의 사람들이 그 책에서 이해하고 얻어가는 것'이 쿤은 마음에 들지 않았다.[12] 그는 패러다임이라는 것이 언제나 해롭고 잘못된 길로 인도한다는 말은 하지 않았다. 패러다임은, 패러다임이라는 개념이 없을 경우 도무지 혼란스럽고 정리가 되지 않는 것들을 깔끔하게 정리해주는 것이었다. '선택과 평가와 비판을 허용하는 이론적이고 방법론적인 어떤 믿음에 대한 암묵적인 동의가 적어도 어느 정도는 보장되지' 않는다면 과학적 탐구라는 행위 자체가 불가능하다고 했다.[13] 또한 그는 어떤 패러다임이 사회에 튼튼하게 자리 잡을 수 있도록 허용하는 것은 오로지 과학 차원의 정치라는 주장도 하지 않았었다. 정상 과학 내부에서 위기가 발생하는 시점은, 새로운 발견을 위한 탐색이 지속적으로 이루어지고 또 이미 알려져 있는 사실을 재확인하는 차원에서 한 걸음도 벗어나지 않으려 하는 태도에 대한 반발이 커질 때이다. 이와 관련해서 쿤은 다음과 같이 주장했다.

"하나의 패러다임을 기각하겠다는 결정과 다른 패러다임을 수용하겠다는 결정은 언제나 동시에 일어난다. 이런 결정으로 이어지는 판단에는 두 패러다임을 자연과 비교하고 그리고 두 패러다임을 서로 비교하는 과정이 포함된다."[14]

쿤에 대한 비판은 많이 있었다. 특히 역사관이 지나치게 단순하다는 점이 비판의 대상이었다. 그가 묘사한 과정들이 존재하는 경우가 분명히 있긴 했지만, 그가 말하는 '정상 과학'의 시기 동안에도 이론은 상당한 수준으로 변했으며 심지어 새로 열린 돌파구가 낡은 패러다임을 여전히 고집하는 경우들도 있다는 주장이었다. 또 쿤이 과학적 전문성 내부에 지나치게 집중해서 초점을 맞추는 바람에 과학자들이 활동하는 보다 넓은 맥락과 전문성 및 관료화에 따른 충격에는 충분한 관심을 기울이지 않는다는 비판도 있었다. 쿤은 그 책을 출간한 뒤에도 자기 이론을 계속 보완하고 발전시켰는데, 이런 내용을 특히 1970년에 펴낸 개정판에 담았다. 그 뒤로 그의 지적 열정이 과학 철학의 보다 추상적인 측면에 초점이 맞추어짐에 따라서 그의 메시지에 담겨 있던 급진주의는 줄어들었다.

하지만 그 무렵에는 쿤이 패러다임이라는 용어를 가지고서 자기 사상에 담으려고 했던 의미가 무엇이었든 간에 상관없이 패러다임이라는 용어는 다른 분야에서 활동하는 사람들에게 채용되면서 자기 갈 길을 막무가내로 나아갔다. 1987년에 쿤의 저작은 20세기에 출판된 예술 및 인

문학 분야의 책 가운데서 1976년부터 1983년까지 가장 많이 인용된 책으로 꼽혔다. [15] '패러다임의 변화'는 이제 과학 혁명이 활짝 꽃을 피운 것과 전혀 관련이 없는 데서도 사용되는 상투적인 표현이 되었다. 그의 모델은 (적어도 단순화한 버전의 모델은) 사회철학을 포함해서 통일성 있는 견해들에서 중요한 것은 인식할 수 있는 어떤 실체와 그 견해들 사이의 관계가 아니라 그 견해들 뒤에 있는 정치적인 힘임을 주장하는 상대주의자들에게 주는 선물처럼 비쳤다. 이것과 관련해서 특히 영향력이 있는 사례가 미국의 정치철학자 셸던 월린Sheldon Wolin이 쿤의 개념을 빌려서 자연과학에서의 '행동주의적' 경향에 객관성이 존재한다는 주장을 반박한 것이다(행동주의는 인간의 모든 행동은 외부 조건에 적응하는 과정에서 학습되며 생각이나 감정은 이 학습에 영향을 주지 못한다고 보는 심리학 이론이다—옮긴이). 월린은 자기 주장을 다음과 같이 요약했다.

"어느 정도까지는, 중요한 것은 보다 진실한 패러다임이 아니라 강제된 어떤 것이다." [16]

패러다임은 이제 자기 갈 길을 스스로 찾아갔다. 반증이 제시됨에 따라서 언제든 변할 수 있는 명시적이고 형식적인 과학 이론들을 묘사하는 하나의 방법에서 벗어나서 전혀 다른 영역으로 나아가기 시작한 것이다. 암묵적이고, 비공식적이며, 때로는 혼란스럽기도 하고, 모순적이기도 하며, 유동적임에도 불구하고, 내적으로 통일성을 갖추고 있으며, 엄정하고 잘 통제되는 식으로 다루어지며, 또 몇몇 핵심적인 측면에서는 진실에 전혀 민감하지 않은 일련의 편견과 선입관을 허용하기 시작한 것이다. 여러 믿음 체계들을 강력한 패러다임들로 범주화하고 또 나아가 개인과 집단들을 그 패러다임들 안에 분류하려는 경향은 개인들과 집단들이 특정한 몇몇 측면에서 어떤 패러다임에서 일탈한다거나, 문화적으로 특수한 여러 가지 방식들로 패러다임들을 해석한다거나, 이 패러다임들을 자기들의 정치적인 환경에 맞게 맞춘다거나 혹은 그 패러다임들에서 통상적인 규준과 완전히 동떨어진 행동을 추론한다거나 하는 것의 정도나 수준을 정당하게 평가하지 못했다. 진실이라는 것에 중요한 어떤 것이 과학적인 노력의 결과만큼이나 정치적인 조작의 결과로도 빚어질 수 있다는 전제가 마련되면서 보다 폭넓은 영역의 주제들이 정치적으로 다루어질 가능성이 활짝 열리고 말았다는 말이다.

예를 들어서 '지적 설계론'intelligent design이라는 흥미로운 주제를 놓고 살펴보자(지적 설계론은 진화론에 반대되는 입장으로서 어떤 지적인 존재가 총체적인 설계 아래에서 세상의 피조물을 만들었다는 주장인데, 창조론의 한 갈래이다—옮긴이). 1996년에 캘리포니아에 본부를 둔 '과학과 문화 갱신 센터'Center for the Renewal of Science and Culture라는 연구소가 '유물론과 이것의 파괴적인 문화적 유산을 긍정적이고 과학적인 대안으로 대체하는 것'을 목적으로 설정했다. 그리고 1999년에 마침내 이 목적을 달성할 전략을 완성했다. 이 전략은 이른바 '쐐기 프로젝트'Wedge Project였다.[17](지적 설계론을 미국에 퍼트리기 위한 5개년 계획을 담은 문건이 내부 회람용으로 작성되었으며, 이 내용이 1999년에 인터넷을 통해서 바깥으로 새어나오면서 전모가 세상에 알려졌다— 옮긴이) 이 명칭은 유물론적인 과학을 '한 그루의 거대한 나무'에 비유한 데서 비롯되었다. 유물론적인 과학은 비록 거대한 나무이기는 하지만 이 나무 줄기의 약한 부분에 쐐기를 박아서 쪼개면 얼마든지 쪼갤 수 있다는 뜻이었다. 1991년 필립 존슨Phillip Johnson의 《심판대의 다윈》Darwin on Trial을 필두로 한 수많은 진화론 반박 저술들이 '이 쐐기의 뾰족한 면'을 제시하고자 했다. 이런 저술들은 진화론의 대안이 지적 설계론이라고 주장했다. 세상은 진화의 무작위성만으로는 도저히 설명할 수 없으며 통일성을 갖춘 어떤 설계가 반드시 필요하다는 논리로써 진화론을 공격했다. 하지만 이런 주장을 하면서도 신이 이 지적 설계의 주체라는 말은 굳이 따로 하지 않았다. 이 주장을 하는 사람들은 쿤의 이론을 활용해서 진화생물학은 지배 집단을 형성하는 일부의 과학자 집단이 주장하는 지배적인 하나의 패러다임일 뿐이라고 주장했다. 이 지배 집단이 진화생물학 이외의 다른 의견을 인정하지 않고, 심지어 이런 이견異見이 학회지에 실리지 못하도록 압력을 가한다고 했다. 이런 사회적인 압력이 탐구심이 강한 청년 과학자들이 전복적인 발상을 하지 못하도록 가로막는다는 것이었다.[18]

지적 설계론을 '기독교적인 유신론적 신념과 일치하는 하나의 과학'이라는 지위에 올려놓으려는 시도 속에서 쐐기 전략의 그 쐐기들은 틈새를 점점 넓게 벌리기 시작했다. 쐐기 전략이 규정한 두 번째 국면에는 '공개성과 여론 형성'이라는 목표가 포함되어 있었다. 각급 학교와 언론 매체에서 폭넓게 이 문제를 다루도록 하되 여기에 기독교 여론을 동원할 것을 특히 강조했다. 그리고 이어서 '문화적 대결과 갱신'이라는 세 번째 국면에서는 학계의 다양한 총회에서 문제를 제기하고 이론적인 대결을 펼치고 또 가능하다면 법률적인 뒷받침을 받아서 이 주장이 각급 학교의 교과 과정에 반영되도록 밀어붙일 것을 목표로 설정했다. 그 다음에는 사회과학과 인문학을 상대로 하는 싸움으로 나아가야 한다고 했다. 그러니까 장기적인 목적은 단지 이 지적 설계론을 '과학의 지배적인 관점'으로 만드는 것뿐만이 아니라 '인문학 범주인 윤리학, 정치학, 신학, 철학으로까지 확장시키고 또 이것이 미술에도 영향을 미칠 수 있도록 하는' 것도 포함하고 있었다.

지적 설계론을 주장하는 사람들은 '프레임 짜기'가 중요하다는 것을 잘 알았다. 그래서 예컨대 존슨은 '이른바 성서과학 내부의 분열을 야기하고 싶지 않으면, 성경과 창세기는 아예 이 논쟁에서 철저하게 배제시키라'라고 말했다. 지적 설계론의 목소리를 세속 사회에 전하고 종교적인 이견자들을 통일시킬 필요가 있다고 했다. 그런데 이들이 창조론의 논리를 굳이 피한 현실적인 이유는 따로 있었다. 이들은 이 논의가 공립학교 교과서에 실릴 것을 목표로 하는데, 공립학교 교과 과정에서는 창조론을 금지한다는 법원 판례가 있었기 때문이다. 또한 창조론을 주장하는 사람이 학교 이사회에 참가할 수 없다는 규정도 있었다. 창조론 운동이 학교 교과서에 접근하기 어렵게 되자 그들은 진화론 역시 공립학교의 교과 과정에 포함되어서는 안 된다는 물 타기를 시도했다. 진화론을 대체할 매력적인 대안이 엄연히 존재하는데 진화론만 교과 과정에 포함되어서는 안 된다는 논리였다. 그래서 2005년에 도버 카운티의 교육 위원회는 학교에서 진화론과 함께 지적 설계론을 가르치라고 결정을 내리기에 이르렀다. 하지만 결국 학부모인 키츠밀러Kitzmiller 등이 도버 카운티의 교육 위원회를 상대로 해서 미국 연방 법원에 소송을 제기했고, 결국 대법원은 지적 설계론은 창조론의 한 형태로 과학이 아니기 때문에 이것을 학교에서 진화론과 함께 가르치라는 도버 카운티 교육 위원회 측의 결정은 미국 수정 헌법의 제1조인 국교 금지 조항을 어긴 위법이라고 판결했다.[19]

이 사건은 패러다임에 대한 패러다임이 얼마나 복잡한지를 입증했다. 진화론이나 지적 설계론 모두 통일성 있는 세계관을 온전하게 나타내지 못했다. 진화론적 생물학자들 가운데서도 의견은 매우 달랐지만 그렇다고 해서 위기감이 조성되어 있지는 않았다. 진화론은 연구자들이 결실이 풍부한 방향으로 나아가도록 하는 강력한 이론으로서 인정받고 있었기 때문이다. 쿤의 용어에 따르자면 지배적인 기반(매트릭스) 아래에서도 적지 않은 모범적인 패러다임들이 도전을 받고 있었다. 지적 설계론 역시 변칙적인 실험 증거를 기반으로 삼을 수는 없었다. 지적 설계론의 패러다임이 과학적 엄밀성에 저항할 수 없기 때문이었다. 즉 하나의 설계로서 세상은 언제나 지적이지는 않으며 명백하게 불완전한 것들이 수없이 많이 존재하기 때문이었다. 창조론적인 이론도 한 가지만 있는 게 아니었다. 많은 사람들이 성경을 문자 그대로 이해하고 받아들였다. 예를 들어서 성경은 '대지의 네 기둥'을 언급하는데, 그래서 극단적인 직역주의자들은 지구가 실제로 평평했을 수 있다고 주장했다. 다른 사람들은 지구가 둥글다고 인정은 하지만 태양이 태양계의 중심이라고 갈릴레오와 논쟁을 벌였다. 보다 보편적인 것이 이른바 '젊은 지구 창조론' Young Earth Creationism인데, 이 이론은 성경의 내용을 충실하게 따라서 지구는 6,000년에서 1만 년 전에 창조되었으며 아담과 이브의 원죄 때문에 죽음과 재앙이 지구를 덮쳤고 노아의 홍수 때문에 현재 지구의 지형이 형성되었다고 주장한다. 이에 비해서 '늙은 지구 창조론'Old Earth Creationism을 주장하는 사람들은 신이 지구를 창조한 건 맞지만 그 시기가 매우 오래되었다고 믿는다. 그리고 이 외의 다른 이론들도 있는데, 이것들은 성서에서 묘사하는 창조 과정들은 실제로 매우 길어서 성서에서 말하는 '하루'는 오늘날의 시간 개념이 아니라 극단적으로 긴 어떤 기간을 가리킨다고 주장하기도 하고 화석 기록들을 인정하긴 하지만 새로운 유기체의 출현이 바로 진화에 따른 사건이 아니라 신의 의도적인 창조 행위를 반영하는 것이라고 주장하기도 한다.[20] 그런데 또 창조론자들이 기독교도 혹은 무슬림일 수는 있겠지만, 이 가운데서도 많은 사람들은 진화론에 대해서 전혀 이질감을 느끼지 않는다. 물질적인 세상은 신이 창조한 DNA로 얼마든지 설명할 수 있다는 것이다. 즉 진화가 신의 의도에 따라서 이루어졌다는 주장이다. 이 주장에 따르면 정신적인 세상과 인간의 영혼은 진화론을 인정하더라도 여전히 종교로 해석할 수 있게 된다.

그러므로 독자적인 이름표를 가지고 있어서 남의 시선을 의식하는 자의식이 강한 어떤 패러다임 내부에서조차 서로 구분이 되며 심지어 서로 모순이 되는 의견들이 많이 존재한다. 이런 사정은 진화생물학자들 사이에서도 마찬가지이다. 비록 이들은 (지적 설계론자들과 다르게) 이견을 다루고 또 해소하기 위해서 과학적인 방법론을 구사한다는 점이 다르긴 하지만 말이다. 쿤은 과학자 사회 내에 온갖 문지기들과 독단론자들이 있을 수 있지만, 이때 이 사회는 다원론적인 사회가 될 수 있으며 진화론의 여러 이론들은 보다 나은 어떤 용어를 찾아서 진화할 수 있다고 보았다. 그런데 지적 설계론은 '자연'과학의 방법론을 회피하므로, 이 이론이 어떤 패러다임의 변화를 유도할 근거는 존재하지 않는다고 했다. 지적 설계론의 유일한 희망은 자신의 패러다임을 학교의 교과 과정에 포함시키고 또 가능하다면 진화론을 교과 과정에서 탈락시킬 수 있을 정도로 충분히 강력한 지지자 집단을 확보하는 것이 될 수밖에 없다고 했다. 하지만 이런 대립은 쿤이 마음에 두고 있던 투쟁의 양상이 전혀 아니었다. 왜냐하면 그것은 단일한 하나의 사회 안에서 벌어지는 투쟁이 아니라 전혀 다른 두 개의 사회 사이에서 벌어지는 투쟁이기 때문이었다.

† 미셸 푸코

1960년대에 자기 사상을 발전시켰으며 그 뒤로 이데올로기와 권력을 다루는 방식에 영향을 미쳤던 또 한 사람의 철학자가 있는데, 바로 프랑스의 미셸 푸코Michel Foucault였다. 푸코는 개인적인 것과 철학적인 것 사이의 상호작용을 특이할 정도로 강렬하게 받아들인 사상가였으며, 동성애와 우울증 때문에 어려움을 겪으며 정신병학과 성의 역사에 특히 관심을 가졌다. 그는 초기에 별다른 소득도 없이 프랑스 공산당에 잠깐 휩쓸린 뒤에는 마르크스주의와 거리를 두었던 것 같다. 하지만 이른바 '68 정신'(1968년 5월 프랑스에서 일어났던 진보적인 사회변혁운동의 기본 정신―옮긴이)의 열정적인 지지자로 돌아와서 학생들의 점거 시위 및 좌익적 연구 활동을 권장했다. 그리고 마오의 문화 혁명 및 아야톨라 호메이니Ayatollah Khomeini의 이란 혁명에 심취해서 공부를 하고는 다시 거기에 환멸을 느끼고 돌아섰다. 그리고 1984년에 성sexuality에 관한 여섯 권짜리 저술을 집필하던 도중에 57세의 나이로 사망했다. 사인은 에이즈에 의한 합병증이었다. 많은 중요한 사상가들이 그랬듯이 그도 역시 평생을 사는 동안 여러 차례 이론적인 입장을 바꾸었으며, 또한 어떤 딱지가 자기에게 붙여지는 걸 거부했다. 하지만 현재 그는 사람들 사이에서 선도적인 포스트모더니스트로 알려져 있긴 하다. 그가 진심으로 의도했던 것이 무엇인지 해석하면, 자기는 그 어떤 것도 '진심으로 의도하지 않았다'고 했던 그의 역설의 특별한 수준에 다다를 수 있다. 역사 분야를 제외한 영역에서 그가 보인 추상적인 글쓰기는 매우 치밀해서 난해하기 짝이 없으며, 따라서 그의 사상을 단순한 설명으로 제시하려는 시도는 어려울 수밖에 없다. 하지만 그의 접근법은 전략 연구와 몇몇 부분에서는 전략의 실천을 포함한 당대의 사회 사상에 많은 영향을 미쳤다.

푸코와 쿤은 많은 점에서 비교가 된다. 두 사람 다 진리에 대한 주장은 불확정적이며 권력 구조에 의존해서 좌우된다는 논지로 사람들의 관심을 끌었다. 쿤은 패러다임을 가지고 있었던 데 비해서 푸코는 '에피스테메'episteme(인식틀)를 가지고 있었다. 푸코는 에피스테메를 '참과 거짓의 분리가 아니라 과학적이라고 특징지을 수 있는 것과 그렇지 않은 것의 분리'를 가능하게 해주는 '기구'라고 묘사했다.[21] 적어도 그의 초기 사상에서는 에피스테메가 다른 것들과는 공존할 수 없는 언제나 독특하고 지배적이며 배타적인 것이었다. '모든 지식의 가능성의 조건을 규정하는 것은 언제나 단 하나의 에피스테메뿐'이라고 했다.[22] 쿤은 사회과학들과 보다 폭넓은 문화 속에서 보다 큰 복수성을 언제나 설정했는데, 따라서 서로 다른 학파들이 서로의 토대를 공격한다고 보았다. 또 자연과학과 다르게 사회과학은 동일한 문제 해결 접근법을 공유하지 않는다고 보았다. 게다가 그의 패러다임들은 과학적 연구 조사를 위한 의식적이고 의도적인 구성 체제(틀, 프레임)였다. 그런데 푸코의 에피스테메는 흔히 무의식적인 것이었고, 여기에 영향을 받는 사람들의 눈에는 전혀 보이지 않는 방식으로 사상과 행동의 조건을 설정했다. 쿤은 경험적인 관찰이 가지는 중요성을 인정하고 또 주도권을 놓고 서로 다투는 패러다임들을 판단할 수 있는 객관적인 검증 방식이 어떤 식으로든 가능하다고 보았다. 반면에 푸코는 이런 가능성을 일체 인정하지 않았다. 진리를 추구하는 끊임없는 싸움이 있다고 본 것은 동일하지만, 이 싸움이 어떤 절대적인 것을 해결하기 위한 것이 아니라 행동에 대한 경계선을 설정하기 위한 것이라고 보았던 것이다.

푸코는 그 이유가 생각의 모든 형태가 권력의 문제들과 해결할 수 없을 정도로 복잡하게 얽혀 있기 때문이라고 설명하면서 권력 체계의 역사적인 순서를 묘사했다. 먼저 중세 사회에서 권력은 지배의 전반적인 구조를 아우르지만 세부적인 것에는 거의 관심을 기울이지 않는 통치권이었다. 그런데 그 다음 단계인 부르주아 사회는 개인의 활동을 통제하는 감시와 억류의 여러 형태(예를 들면 감옥, 학교, 정신 병원, 공장 등)를 두루 갖춘

'규율의 지배'disciplinary domination를 발명했다. 프랑스 혁명이 낳은 대중 군대의 발전에 그가 관심을 가지게 된 것은 다중을 고용 가능한 군대로 전환하는 데 채용되었던 여러 가지 방식들 때문이었다. 이런 식으로 푸코는 어떤 객체들의 개념화가 새로운 권력 형태를 반영한 것임을 보여주었다.

> 18세기 말이 되면 병사도 이제는 만들어질 수 있는 존재가 되었다. 특정한 형태가 없는 점토, 어울리지 않는 육체의 덩어리는 이제 필요한 형태대로 다듬어질 수 있다. 자세도 점점 교정된다. 잘 계산된 구속이 신체의 각 부분으로 천천히 진행되어 신체의 각 부분은 이 구속에 유순하게 적응하고, 이런 과정을 통해서 자동적인 습관이 자리를 잡는다. 간단하게 말하면, '농부의 때를 벗기고 (……) 군인의 풍모를 부여했다.'

이것이, 필적할 만한 통제의 여러 형태들을 갖춘 시민 사회 안에 확산되어 있는 규율 권력disciplinary power의 토대이다.

이 통제는 자율적인 행동 양식을 가르치기 때문에 굳이 폭력을 필요로 하지 않는다.[23] 이런 식으로 권력과 지식은 동일체가 되는데 푸코는 이 둘을 묶어서 '지식-권력 결합체'라고 부른다. 이런 권력은 소유되거나 휘두르는 것이 아니며 삶의 모든 영역에서 본질적인, 개념적으로 가장 개인적이고 또 내면적인 특성이다. 이 권력은 집중적이라기보다는 확산적이며, 위압적인 만큼 광범하고 또 고정된 것이라기보다는 변하기 쉽다. 진정한 '진리'가 없으므로 억압받을 것도 없고 배척받을 것도 없다. 그러므로 진리에 대한 고려는 권력에 관한 것, 누가 무엇으로써 섬김을 받을까 하는 점에 관한 것 그리고 이것이 야기하는 지배와 저항의 여러 형태에 관한 것이 되었다.

그러므로 권력에 대한 푸코의 접근은 물리적인 구속은 덜 중요하게 여겼으며 명백한 동의의 지속성에 의문을 던졌다. 다른 사람들의 생각이 형성되고, 행동이 어떤 특정한 세계관을 따르는 것은 담화discourse를 통해서이다. 진리 체계regime of truth는 참과 거짓의 기준 및 이것들이 간파될 수 있는 절차를 마련한다. 진리 체계는 일상의 담화 속에 새겨져 있어서 어떤 것들은 당연하게 받아들여지도록 하고 또 어떤 것들은 눈에 두드러지도록 한다. 이런 방식으로 해서 현실의 실체에 대한 관점들이 장악과 조종의 주체가 되어서 사람들 눈에 띄지 않은 채로 권력 구조를 강화하며, 사람들의 행동 양식들을 굳이 조정하게 된다. 그것도 굳이 강제력을 따로 동원할 필요도 없이 말이다. 푸코에게 전략은 권력과 도저히 풀 수 없을 정도로 복잡하게 연결되어 있었다. 그가 권력을 언급하면서 공공연한 투쟁에서 '승리를 할 수 있는 선택'이라고 주류적인 의미로 말을 하긴 했지만, 그의 개념은 한층 더 포괄적이었다. 전략은 '권력을 효과적으로 수행하거나 유지하기 위해서 동원하고 가동하는 수단 전체'였다.

푸코가 인문학에 미친 영향은 심오했으며, 이런 점에서 그의 가치는 지금도 여전히 토론의 열띤 주제이다. 전략 사상에 미친 영향 역시 상당했다. 첫째, 권력이 도처에 편재해 있다는 그의 의견은 국가라는 거시적 차원뿐만 아니라 사회적 존재라는 미시적 차원까지 아우르는 모든 사회 관계들을 투쟁의 장으로 바꾸어놓을 잠재력을 가지고 있었다. 둘째, 그는 투쟁은 끝도 없이 영원히 지속된다는 개념을 제시했다. 대결이 있고 이 대결이 누군가의 승리로 끝나고 안정된 시기가 오지만 이 안정은 언제든 다시 깨질 수 있다는 것이다. 저항의 가능성 및 역전의 가능성은 상존한다고 했다. 한 차례의 승리가 '반동의 자유로운 준동蠢動'을 대체해서 안정적인 메커니즘(제도)을 허용할 수는 있겠지만', 이것은 어디까지나 경쟁 메커니즘이 허약할 때만 통하는 논리일 뿐이다. 이럴 때 '지배' 즉 '서로 대항하는 주체들 사이의 장기적인 대결에 의해서 부여되고 또 강화되는 전략적 상황'이 형성될 수 있다. 그러나 겉으로 보기에 설령 특정한 담화의 지배가 굳건하게 유지되며 명백하게 안정적인 시기라고 하더라도 담화가 개방됨에 따라서 언제든 투쟁 국면으로 이어질 수 있다.

결과적으로 권력 관계와 투쟁 전략 사이에는 상호적인 호소, 영속적인 연관 그리고 영속적인 역전이 존재한다. 어떤 순간에라도 권력 관계는 두 세력 사이의 대결로 전환될 수 있다. 마찬가지로 사회에 존재하는 대항자들 사이의 관계는 어떤 순간에라도 권력 메커니즘들을 가동시킬 수 있다.[24]

푸코는 클라우제비츠의 정의를 뒤집어서 정치를 전쟁의 연장이라고 제시했다.[25] 전쟁은 '영속적인 사회 관계, 즉 권력의 모든 관계 및 제도의 뿌리 깊은 토대'라고 말했다. 그러므로 사회 관계는 '중립적인 주체가 존재할 수 없는 (……) 그리고 또 우리 모두는 필연적으로 누군가의 적이 될 수밖에 없는' 전투에서의 명령이다. 어느 한쪽의 편을 든다는 것은 '진리를 해석하고 (적이 자기에게 유리하게 활용하는) 현재의 실수와 환상을 평가절하하며, 우리가 질서와 평화가 회복된 세상에 살고 있다고 믿게끔 만드는 것이 가능하다'는 것을 의미한다. 그러므로 권력의 담화들이 사회를 통해서 확산되는 것만큼이나 저항 역시 회피와 전복과 논쟁이라는 형태를 통해서 확산될 수 있다. 이런 점에서 지식에 대한 주장들은 진리를 두고 벌어지는 투쟁에서 휘두르는 무기이다. 푸코는 서로 갈등하는 '지식들'

(푸코는 복수형으로 사용했다)에 대해서 글을 썼는데, '왜냐하면 그 지식들은 서로 적으로서 대항하는 주체들이 각자 가지고 있는 것이고 또 그 지식들은 내재적인 권력 효과를 가지고 있기 때문'이다.[26]

이미 안정적으로 확립되어 논쟁의 여지가 없는 것처럼 보이는 것을 탐구하는 방식으로써 담화들을 분석할 때 이 담화들의 부수적인 것들과 권력 구조와의 관계를 드러낼 수 있다. 이 작업은 일종의 해방 효과를 발휘해서 피정복자에게 출구를 제시할 수 있다. 이것은 특별히 새로운 생각이 아니며, 신좌파들 사이에서 나돌던 지적 흐름 가운데 하나였다. 즉 아직은 발현되지 않았지만 피해자가 자기 처지를 이해하는 순간 언제든지 폭발할 수 있는 전쟁, 사회 전체에서 진행되고 있긴 하지만 아직 언표로 드러나지 않은 전쟁이라는 발상이었다. 그런데 푸코의 생각이 신좌파의 발상과 달랐던 점은 계급 투쟁과 혁명 정치에 초점을 맞추지 않았다는 사실이다. 이런 것들을 푸코는 낡아빠진 개념으로 바라보고 대신 '여성, 죄수, 징집된 병사, 병원의 환자 그리고 동성애자 등이 (……) 특정화된 권력에 대항해서 벌이는 특수한 투쟁'에 초점을 맞추었다.[27] 이른바 '68 정신'이 아직도 신선하게 살아 있던 1976년에 강의를 하면서 푸코는 1960년대 서구 사회 내부에 있던 '분산되고 불연속적으로 전개되던 사회 운동들'에 깊은 감명을 받았다. '점점 더 자율적이고 탈중심적이며 무정부적으로 바뀌던 당대 정치 투쟁의 여러 형태들'이 그의 방법론에 딱 들어맞았다. 그는 '사회정치적 비판이 가능한 도피 공간을 마련하는 데 도움이 되었던 (……) 반反정신의학 운동anti-psychiatry movement(인습적인 정신의학 이론과 치료법에 대한 반대 운동으로, 특히 1960년대와 70년대 초기에 많은 영향력을 미쳤는데 정신병의 치료 기법뿐만 아니라 정신병에 대한 일반적 개념까지 공격했다―옮긴이)'을 언급했다. 이때는 그가 죄수에게도 발언권을 부여하자는 운동에 더 깊이 개입하던 때였다. 그는 '자격을 박탈당한 사람들 및 이들의 지식을 해방시키는 데' 박차를 가하고 있었다. 이런 맥락에서 푸코가 영속적으로 미친 영향들 가운데 하나가 '사회의 주변으로 밀려나 있는 개인들의 곤궁한 처지는 (흔히 이 개인들은 자신의 안전과 사회의 안전이라는 목적 아래에 제도적인 차원에서 이렇게 주변으로 밀려나 있다) 도전을 받을 수도 없고 또 도전을 받아서도 안 되는 권력 관계들의 한 부분이라는 인식에 미친 영향이다.

푸코의 이론들 덕분에, 물리적인 수단을 동원하지 않고서도 즉 '권력 메커니즘의 특이성이 (……) 연결점들과 확장점들의 위치를 규정하고 (……) 전략적 지식을 조금씩 쌓아간다'는 사실을 분석하는 것만으로도 기존의 권력 구조를 잠식할 수 있게 되었다.[28] 그런데 적어도 푸코적인 관점의 증거에 입각하면, 담화를 분석하는 언어는 명료한 만큼이나 모호할 수 있으며, 따라서 예속된 집단들에게는 실질적으로 거의 도움이 되지 않을 것이라는 주장도 가능했다.[29] 게다가 이것은 권력 관계를 이해하는 한 가지 방법이긴 하지만 대리자와 구조, 각 개인들의 의도 그리고 무력의 역할 등에 대한 질문들을 무시함으로써 또 다른 어려움들을 야기했다. 너무도 많은 내용이 권력과 또 전략이라는 그의 개념에 담겨 있음으로 해서, 이 개념들이 정확한 의미를 상실하는 위기를 맞은 것이다. 글로 쓴 것이든 아니면 어떤 행동 양식이든 간에 모든 것을 다 전략이라고 여긴다면, 전략이라는 용어는 원래의 의미를 잃어버리기 때문에 가치 있는 고찰이 불가능해진다. 정복당해서 복종하는 집단들에게는 강압적인 권력을 중요하게 여기지 않는 것이 현명할 수 있다. 해방의 어떤 담화를 찾는 일은 한층 더 안전해야 했다. 그러나 무력은 여전히 투쟁의 중재자가 될 수 있었다.

† '내러티브'라는 개념

사상을 둘러싼 투쟁에서 사용되는 본질적인 도구를 묘사하게 될 단어는 담론_{discourse}이 아니라 내러티브_{narrative}였다. 1990년대에는 어떤 정치적인 과제에서든 간에 내러티브는 반드시 필요한 용어로 자리를 잡았다. 어떤 정치 운동이나 정당이 사람들 사이에서 자기가 진지하게 받아들여져야 하는 이유를 설명하거나 혹은 자기의 핵심 메시지를 전달할 때 내러티브는 필수적인 개념이었다. 내러티브는 개념이 문학적이고 정교한 것들에서 벗어나 모든 사회적 상호작용의 본질적이고 핵심적인 것들로 나아가던, 1960년대 말 프랑스에서 있었던 급진주의적인 지적 격랑으로까지 거슬러 올라갈 수 있는 (패러다임의 경우에 해당되는 사상들과는 또 다른) 일련의 사상들을 토대로 했다. 내러티브는 뇌의 작동을 보다 더 잘 이해하는 것뿐만 아니라 인간 행동의 명백한 측면들을 성찰하는 것에서 동력을 얻었다.

1960년대 말까지 내러티브는 여전히 문학 이론에서 어떤 사건을 풀어낼 때 (의식의 흐름이나 개성들 사이에서 빚어지는 상호작용에 의하기보다는) 등장인물이 말로써 풀어내는 방식을 지칭하는 것으로 폭넓게 사용되고 있었다.[30] 그랬던 내러티브 개념이 프랑스의 후기 구조주의(구조를 선험적·보편적인 것으로 본 초기 구조주의에 대립하여 구조의 역사성과 상대성을 중시하는 사상. 1960년대 후반 프랑스에서 등장했다―옮긴이)의 영향 아래에서 폭넓은 이론 분야로 확대되었다. 후기 구조주의자들은 텍스트의 의미를 저자의 의도가 반영된 것으로 보기를 거부하며 텍스트가 자기가 독해되는 환경에 따라서 독립적으로 어떤 의미의 범위를 지지할 수 있다고 주장했다. 그러므로 동일한 텍스트라고 하더라도 읽을 때마다 의미가 새로울 수 있다고 했다. 푸코도 관련이 있었던 이 집단의 핵심 인물은 문학 평론가 롤랑 바르트Roland Barthes였다. 바르트는 내러티브라는 개념을 전면으로 내세우면서, 순전히 문학적인 차원에서만 존재하던 이 개념의 영역을 의사소통의 모든 차원으로 확장시켰다. 그는 1968년에 다음과 같이 썼다.

"셀 수도 없이 많은 내러티브들이 있다. (말로 표현된 것이든 글로 표현된 것이든 간에) 표현되어 나타난 언어, (움직이는 것이든 움직이지 않은 것이든 간에) 그림, 몸짓 그리고 이 모든 것들이 질서를 갖추고 합쳐진 것이 모두 내러티브다. 내러티브는 신화, 전설, 우화, 동화, 단편소설, 서사시, 역사, 비극, 드라마, (……) 코미디, 무언극, 그림, (……) 스테인드글라스 창문, 영화, 지역 뉴스, 대화 속에 존재한다. (……) 지금까지 내러티브가 없었던 곳은 없고 또 그런 민족도 없다. 모든 계급, 모든 인간 집단은 자기들의 이야기를 가지고 있으며 대개 이 이야기들을 다른 집단에 속하는 사람들, 심지어 그 집단과 적대적이거나 정반대인 문화적 배경을 가지고 있는 사람들도 즐긴다. 내러티브는 대개 선한 문학 혹은 나쁜 문학과 상관없이 존재한다. 인생과 마찬가지로 내러티브는 국제적이고 초역사적이며 초문화적으로 그냥 그렇게 존재한다."

내러티브는 무한하게 많이 있을 뿐만 아니라 역사, 심리학, 사회학, 민족학 그리고 미학을 포함한 많은 유리한 지점들에서 살펴볼 수 있었다. 바르트는 연역적인 이론을 통해서 공통의 구조들을 찾아내는 일이 가능하다고 믿었다.[31] 바르트가 이런 글을 쓴 다음해인 1969년에 같은 집단에 속하던 츠베탕 토도로프Tzvetan Todorov는 내러티브의 각 구성 요소들을 구분하고 이 요소들 사이의 관계를 탐구하는 내러톨로지narratology(서사학)라는 개념을 도입했다. '내러티브'되는 것은 이야기 즉 각각의 인물들이 (이야기에 구조를 제공하고 인과관계를 설명하는, 다시 말해서 왜 그 사건들이 그

때 일어났는지를 설명하는) 어떤 구성에 의해서 하나로 엮이는 일련의 사건들이었다. 이에 비해서 담화는 이야기의 드러남 즉 청중(독자)에게 궁극적으로 나타나는 것을 묘사했다.

1970년대 말이 되면 사회 이론에서 '내러티브 전환'narrative turn('인간은 생각해서 이야기하는 것이 아니라, 이야기하려고 생각한다'는 것—옮긴이)에 대한 논의도 진행되었다. 1979년에 시카고 대학교에서 열린 총회 자리에 대한 글에서는 다음과 같이 그때의 분위기를 회상한다.

"지적 흥분과 발견의 아우라 즉 내러티브 연구에 대한 공통된 감정이 인간적 창조에 관한 의미 있는 다른 연구와 마찬가지로 현대 시기에 획기적인 비약을 했다. (……) 내러티브는 심리학과 언어학에 용어를 빌려주는 문학 분야의 전문가들만이 소유권을 주장할 수 있는 게 아니다. 이제 내러티브는 인문과학과 자연과학의 모든 분야들에서 긍정적인 통찰의 원천으로 자리 잡았다."[32]

사람들이 말하는 이야기들을 분석하면 그 사람들이 자기 삶을 어떻게 살아가는지 알 수 있는 놀라운 통찰력을 얻을 수 있다는 믿음에 고무되어서, 1980년대에 사회과학이 '내러티브에 관한 이론의 물결'에 얼마나 깊이 사로잡혀 있었는지 밝히는 보고도 2011년에 나왔다.[33]

내러티브는 흔히 이야기라는 말로 대체될 수 있으며 또 이 이야기는 극단적으로 단순할 수도 있는 것처럼 묘사된다. 어떤 것이든 간에 하나의 이야기로 바라볼 수 있다는 주장은 기본적인 인간의 의사소통 속에서 이야기가 가지는 중요성을 반영한다. 마크 터너Mark Turner는 단순한 이야기들이 온갖 정보 조각들을 통일성 있는 하나의 이야기로 정리해주지 않는다면 삶은 혼돈 그 자체일 것이라고 주장했다. 심지어 아기들조차도 물병과 물병에 담긴 액체, 입, 그리고 맛을 궁극적으로 '마시기'라는 제목이 붙는 하나의 이야기로 만들어낼 수 있다고 했다. 부분적인 정보만을 가지고 있는 이 단순한 이야기들은 다음 단계나 앞서 일어났던 일을 쉽게 상상할 수 있도록 해준다. 내러티브 상상은 인간의 설명 능력 및 예측 능력에 필수적인 것이라고 터너는 주장했다.[34] 윌리엄 캘빈William Calvin은 인간이 가지고 있는 계획 능력과 내러티브 구축 능력 사이에 밀접한 상관성이 있다고 주장했다.

"우리는 혼잣말을 하면서 다음에 무슨 일이 일어날 것인지 내러티브를 만들어내고 그런 다음에는 통사론과 같은 조합의 규칙들을 적용해서 어떤 시나리오가 가능성이 없다, 가능하다 혹은 충분히 일어날 수 있다 등으로 평가하는데 이 과정에서 그 상관성이 어느 정도 실현된다."[35]

내러티브는 의미가 어떻게 부여되고 그 관계성은 무엇인지, 사람들은 세상을 어떻게 이해하는지 설명할 수 있는 개념이었다. 이 개념은 문화를 인식하고 설명하는 여러 이론들에도 잘 들어맞았다. 그래서 내러티브 전환은 실제로 알려진 것에 대한 자신감이 확실하지 않다는 사실, 동일한 사건을 놓고 다양한 해석이 가능하다는 매력적인 사실 그리고 정체성을 구축할 때 이루어지는 여러 선택들을 당사자 본인이 의식한다는 사실을 포착한다. 이처럼 내러티브는 인간의 상상력과 공감이 가지는 중요성을 강렬한 빛으로 강조하면서, 외부적인 실체에 대해서 완벽한 지식을 가질 수 있다는 발상에 문제를 제기했다.

얼마 지나지 않아서 내러티브에 대한 학문적 관심은 공공 분야로 나아갔다. 심리학자들은 내러티브를 심리 치료의 여러 형태로 활용했고, 변호사들은 배심원의 마음을 움직이는 수단으로 사용했으며, 상거래에서 피해를 입은 사람들은 보상금이나 배상금을 청구하는 데 사용했다. 시간이 지나면서 내러티브를 자의식에 활용하는 방법이 모든 유형의 정치적인 배우들에게까지 확장되었다. 처음에는 급진주의자 집단과 물리적인 자원 부족을 보완하려는 사람들만 주로 내러티브에 관심을 기울였다. 이것은 약자가 강자에 맞설 수 있는 또 하나의 방법이었다. 힘이 약하다고 해서 더 나은 이야기를 만들어내지 말란 법은 없기 때문이다. 이렇게 해서 실제 전투보다는 내러티브 전쟁이 선호되었다. 그리고 나중에는 어떤 정치 투쟁이든 간에, 그리고 그 투쟁의 위상이 전체 스펙트럼 가운데 어디에 위치하든 간에 모든 투쟁은 자기만의 내러티브를 요구하기에 이르렀다.

내러티브에는 많은 기능이 있을 수 있다. 내러티브는 지원을 이끌어내고, 또 이 지원을 어떤 곳으로 향하도록 하며, 연대를 유지하고, 생각이 다른 사람들의 동조를 이끌어내서 연대를 한층 강화하는 수단이 된다. 내러티브의 역할이 언제나 특별하게 계획적이지만은 않다. 반反문화에서 나오는 운동들(예를 들면 여성과 동성애자 및 그 밖의 주변 집단들을 위한 권리를 요구하는 운동들)에서도 내러티브가 작동함을 감지할 수 있다. 내러티브 사용은 푸코 특유의 분석 유형이기 때문에, 그리고 피해자의 사정과 굴욕, 저항이 이야기라는 도구를 사용해서 비슷한 상황에 처한 사람들이 자신의 개인적인 좌절을 공적인 대의명분과 연결시키도록 함으로써(즉 보다 폭넓은 운동의 한 부분으로 자신을 위치시킴으로써 추가적인 힘을 얻을 수 있도록 함으로써) 한결 높은 신용을 얻었다.

내러티브는 문화 속에 강하게 각인되어 있는 여러 이야기들을 반박하면서 그 이야기들의 진실성과 공정성에 의문을 제기할 수 있다. 예를 들어서 1950년대 초에 토착 미국인(인디언)들이 고전적인 서부극에 반대하고 나섰다. 서부극이란 것들은 대개 용감한 카우보이들이 미개한 인디언을 쳐부수는 내용이었기 때문이다. 또 이탈리아계 미국인들은 자기들에게 조직 범죄단의 이미지가 덧칠된다고 불평했다. 시민권 운동은 아메리칸 드림의 평온한 모습과 흑인의 고통스런 경험을 대조시키는 데 주로 의존했다. 흑인 가수 폴 로브슨Paul Robeson은 《올 맨 리버》Ol' Man River의 가사를 '나는 지쳤어, 노력하는 것도 지쳤어, 사는 것도 지쳤지만 죽는 것도 두려워'에서 '나는 울지 않고 노력할 거야, 계속해서 싸워야 해, 그렇지 않으면 나는 죽는 걸'로 바꾸었다.[36] 이 경우에는 기존 내러티브의 무게가 엄연하게 존재했고, 따라서 과연 얼마나 많은 것이 그런 시도를 통해서 이루어질 수 있을지 의심스러울 수 있었다. 1960년대 후반의 운동들 가운데 많은 것들은 좌절이라는 개인적인 감정이 과연 정치적인 행동으로 전환될 수 있을까 하는 의문에 분명한 확신을 가지지 못한 채 시작되었다. 그런데 개인의 자서전적인 이야기들이 완전히 이질적인 다른 개인들이 공통된 경험을 통해서 공동의 대의를 발견하는 데 도움을 주었다. 1972년에 여성 운동 잡지인 《미즈》Ms.의 창간호에 실린 제인 오라일리Jane O'Reilly가 쓴 기사는 여성들이 다른 여성의 이야기를 즉각적으로 이해한다는 사실을 보여주었다. 그것은 "여성의 마음속에 있는 실체의 수수께끼를 온전하게 해결할 수 있는 아주 작은 것을 둘러싼 진실이 밝혀지는, '째깍' 하는 인식의 순간", 우리 눈에 한 줄기 빛을 비추어주고 혁명이 시작되었음을 알리는 바로 그 순간이었다. 곧 '째깍'click은 겉으로 보면 진부하기 짝이 없는 어떤 표현의 보다 깊은 의미를 함께 이해하는 것을 뜻하는 '페미니즘 용어'가 되었다.[37]

과거에 멸시와 무시를 받았던 사람들의 관점으로 사회적 상황들을 묘사하는 내러티브들은 소설, 영화 그리고 시트콤과 같은 문학과 관련된 기존의 양식들로 자기 길을 찾아갔다. 흑인과 동성애자가 긍정적으로 묘사되었고, 여성은 보다 단호한 모습을 보였으며 또 남성의 단호함과 둔감함은 자주 조롱을 받았다. 특히 텔레비전에서는 새로운 캐릭터들을

(주변 사람들 및 사회에) 위협적이지 않은 안전한 존재로 나타내기 위해서 해로울 수도 있는 요소들을 제외함으로써 말끔하게 '살균된' 주제를 제시하는 등 스토리텔링이 어느 정도 통제를 받을 수는 있었다. '해방된' 여성이 된다는 것 혹은 '이성애자'들 사이에서도 아무런 문제 없이 잘 지내는 동성애자가 된다는 것이 의미하는 게 무엇인지 드러내는 검증된 어떤 단일한 내러티브는 없었다. 하지만 희생자들이 선함의 대명사로 묘사될 때 백인의 편견에 맞서기는 쉬웠다. 예를 들어서 1967년 영화《초대받지 않은 손님》Guess Who's Coming To Dinner에서 이상적인 의사 존(시드니 포이티어 분)과 같은 사람들이 그랬다. 흑인의 경험과 흑인이 백인 사회에서 맞닥뜨리는 그 모든 복잡한 것들이 묘사되기에는 시간이 걸렸다. 이런 종류의 변화가 정치적으로 방향이 조정되거나 통제되는 경우는 거의 없었다. 비록 정치 지도자들로서는 그 변화가 향하는 지점에 대해서 자기 의견을 제시해야 했겠지만 말이다. 그러므로 그 과정은 패러다임이나 내러티브가 변화할 때처럼 그렇게 단순하지 않았다. 각각의 내러티브들이 기여한 것이 각자 다르다는 사실과 그것들이 축적되어서 발휘하는 효과가 논쟁의 조건 자체를 바꾸어놓았다. 그러나 이것은 정교하게 계획된 전략의 결과가 아니었다.

정보화 시대를 맞아서 가능해진 새로운 정치 형태를 선도적으로 탐구하던 데이비드 론펠트David Ronfeldt와 존 아퀼라John Arquilla에 따르면(이 두 사람은 랜드 연구소 소속으로 사이버 전쟁에 대한 개념을 제시했다—옮긴이), 스토리(이야기)는 '정체감과 소속감'을 표현할 수 있으며 '대의와 목적 그리고 임무'를 전달한다. 구성원 개개인이 뿔뿔이 흩어져 있는 어떤 집단이 하나로 뭉치고 이들에게 공동의 전략을 제시하는 데 스토리가 도움을 준다. 론펠트와 아퀼라는 그런 종류의 행동이 자기들에게 어떤 것을 기대하는지 그리고 전달되어야 할 메시지는 무엇인지 알았다.[38] 어떤 운동권 내부에서 활동가들은 영감과 용기를 주는 이야기들에 귀를 기울일 것이다. 모범적인 이야기들은 이미 승인을 받은 규범들을 강화하는 데 기여하고, 반면교사로 삼아야 할 이야기들은 성급한 행보를 할 경우나 합의된 선에서 일탈할 경우에 뒤따를 수 있는 위험을 경고한다. 외부 지원을 강화하기 위해서 핵심적인 메시지를 선명하게 드러내고 또 상대방(적)이 하는 주장의 정당성에 흠집을 내는 이야기들을 개발할 수 있다. 이 것은 내부적으로 편차가 있는 전략에 관한 주장들이 여러 개의 내러티브들을 놓고 벌어지는 논쟁 형태로 나타날 수도 있다는 뜻이다. 전략적 방침을 놓고 걱정하는 사람들은 과거에 투쟁들이 어떻게 진행되었으며 또 그 성과가 얼마나 눈부셨는지 구체적인 예를 들어서 경고하는 형태의 스토리를 내놓을 것이다.

애초에 자기편이 아닌 사람들에게 영향을 미치고 돌아서게 만드는 것이 가장 어렵다. 그 개념이 정치적인 주류로 이동해 들어가자 거기에서는 대서사$_{\text{grand narrative}}$(커다란 내러티브) 논의가 시작되었다. 한 정치 집단이 대중에게 인식되고 싶은 정체성이 무엇인지, 이 집단의 목적과 가치가 무엇인지, 당대의 쟁점과 이 집단의 관계가 무엇인지 등과 관련된 기본적인 조건들을 규정하는 논의였다. 그리고 이 논의를 거쳐서 일단 내러티브가 설정되고 나면 언론 매체를 잘 이해하고 있으며 이것이 날마다 풀어놓는 보도에 영향을 미치고 또 일련의 사건들로써 프레임을 짜는 일을 전문적으로 하는 대변인$_{\text{spin doctor}}$이라는 언론 전문 담당자가 개인적인 에피소드들을 '술술 풀어낸다.'$_{\text{spin}}$[39] 최근의 경제 지표들이 최악의 상황을 가리키고 있음에도 불구하고 경제가 잘 돌아가고 있다고 혹은 고위 공직 후보자의 어두운 과거가 공직 수행과 아무런 관련이 없다고 공중을 설득하려면 언론 보도 자료의 발표 시간을 언제로 또 얼마나 잡을 것이며 핵심적인 기자들에게 어떻게 따로 간략하게 설명할 것인지 등을 포함해서 매체의 방법론은 말할 것도 없고 각 매체의 기사 마감시한 등을 포함한 일정까지 훤하게 꿰뚫고 있어야 한다. 이런 내러티브들은 반드시 분석적일 필요는 없다. 증거나 경험을 바탕으로 하지 않을 때라도 얼마든지 감정에 호소할 수 있고, 의심스러운 비유나 역사적으로 비슷하지만 모호한 사례를 동원할 수도 있다. 성공적인 내러티브는 특정한 사건들 사이의 연관성을 끄집어내어서 상대방을 더욱 꼬이게 만들고 좋은 뉴스와 나쁜 소식을 분리하며, 누가 이기고 누가 지는지 설명한다.

프레임을 만드는 패러다임이든 혹은 담화이든 간에 (혹은 선전, 의식성, 헤게모니, 믿음 체계, 이미지, 구조물, 마음 상태든 간에) 이런 발상들이 몰고 온 충격은, 권력을 향한 어떤 투쟁은 근본적으로 볼 때 널리 인정받는 세계관을 형성하기 위한 투쟁이라는 견해를 강화했다. 과거에 사회주의자들은 이와 비슷한 인식을 하고서 정치 교육이라는 장기적인 투쟁을 소책자와 강연이라는 수단을 이용해서 준비했었다. 버네이스가 개척한 기법들은 프레임이 가지는 중요성에 대한 그의 직관적인 인식과 함께 한층 더 거대한 충격이 전개될 것임을 예고했다. 이미지와 사상을 놓고 벌어지는 투쟁은 급진주의자와 여기에 저항하는 사람들 사이의 투쟁이 아니라 주류 정치 활동가들 사이의 투쟁이 되었다. 그리고 그 혜택을 먼저 받은 쪽은 좌익 쪽이 아니라 우익 쪽이었다.

제27장

인종과 종교 그리고 선거

Race, Religion, and Elections

⋮

뉴스 보도의 총체적인 목적은
사람들이 생각하는 범위를 좁히려는 것임을 모르겠는가?
_조지 오웰, 《1984년》

⋮

2004년 11월 선거에서 공화당의 부시가 민주당의 존 케리 John Kerry 상원의원을 꺾고 재선에 성공했다. 민주당은 자기들이 당연히 이길 수 있고 또 이겨야 한다고 생각했던 이 선거의 예상 밖의 결과를 놓고 내러티브의 부족을 핵심적인 패인으로 꼽았다. 케리의 여론 담당 책임자이던 스탠리 그린버그 Stanley Greenberg 는 공화당은 '유권자에게 동기를 부여하는 내러티브'를 가지고 있었다고 평가했다. 케리 선거 본부의 자문이었던 로버트 슈럼 Robert Shrum 도 '우리도 내러티브를 가지고 있긴 했지만 그게 먹히지 않았던 것 같다'며 아쉬워했다. 민주당의 전략 전문가인 제임스 카빌 James Carville 은 한 술 더 떴다.

"공화당 사람들은 '테헤란에서 온 테러리스트들과 할리우드에 있는 동성애자들로부터 당신을 보호해주겠다'고 말했다. 그런데 우리는 '우리는 깨끗한 공기와 더 나은 학교와 더 나은 보건 서비스를 원한다'라고 말했다. 공화당은 명쾌한 내러티브를 가지고 있었고, 우리는 장황한 기도문을 가지고 있었다."

정치 분야의 언어에 관해서 특히 예리한 눈을 가진 언어 전문 칼럼리스트 윌리엄 새파이어William Safire는 내러티브 연구 잡지의 편집자인 짐 펠란Jim Phelan의 견해를 소개했다. 민주당에서는 새로운 내러티브 개발과 관련된 모든 것이 문제였다고 펠란은 말했다.

"사람들은 케리가 선거에서 왜 졌는지 설명할 수 있는 통일성 있는 내러티브를 제공하기 위해서 선거 과정에서 일어났던 일들을 선택하고 그 일들을 축약한다. 그리고 그들이 마련한 통일성 있는 내러티브는 케리에게는 일관된 통일성이 없었다는 것이었다."

그는 또 만일 케리가 선거에서 이겼다면 아마도 내러티브의 통일성 덕분이라고 축하받았을 것이라고 덧붙였다.[1]

공화당원들은 자기들의 정치적 메시지를 예리하게 다듬을 목적으로 언어 사용 측면에 한동안 주의를 기울였다. 이런 노력을 보여주는 가장 중요한 사건은 1994년 중간 선거를 위한 뉴트 깅리치Newt Gingrich 하원 의장과 선거 전문가인 프랭크 루츠Frank Lutz의 협력 활동이었다. 그 선거의 핵심 표어는 '미국과의 계약'Contract with America이었다. '계약'이라는 단어를 선택한 데는 이유가 있었다. 계획은 어쩐지 구속력이 떨어지는 느낌이었고, 약속은 어쩐지 파기될 것 같은 느낌이었으며, 맹세는 흔히 잘 지켜지지 않는 것이었다. 그리고 강령은 지나치게 정치적이었으며, 서약은 지나치게 법률적이었고, 맹약은 어쩐지 종교적인 느낌이 들었기 때문에 모두 버리고 마지막으로 남은 것이 계약이었다고 루츠는 말했다. 그리고 이 문구 앞에 '공화당이 하는'이라는 수식어를 붙일 수도 있었지만 열린 마음을 유지하려는 무당파 유권자들을 고려해서 뺐다고 했다.[2] 실제 문서(《아메리칸 드림의 강화》American Dream Reinforcement)에서도 개인적인 책임, 가족의 강화, 세금 감면 등에 관한 논의에 많은 노력이 들어갔다. 1995년에 이 두 사람은 다시 힘을 합쳐서 공화당 하원의원 후보들을 위한 보고서(《언어, 한 가지 핵심적인 통제 메커니즘》Language: A Key Mechanism of Control)를 작성했다. 이 문서에는 자신들을 언급할 때는 '기회, 진실, 도덕, 용기, 개혁, 번영' 등과 같은 단어들을 사용해서 말해야 하며 민주당 쪽을 언급할 때는 '위기, 파괴적, 병든, 애처로운, 거짓말, 자유주의적, 배신' 등과 같은 단어들을 사용해야 한다는 촉구가 들어 있다.[3]

심지어 2004년 대통령 선거 이전에도, 언어를 전공한 민주당원들이 (이 가운데는 특히 언어학자 조지 레이코프George Lakoff도 포함되어 있었다) 걱정스러운 마음을 참지 못하고, 쟁점들을 둘러싼 프레임이 민주당에게 불리하게 (예를 들어서 '상속세'가 '사망세'로 불린다든가 하는 식으로) 형성되어 있다는 사실을 지적하며 여기에 관심을 쏟아야 한다고 줄기차게 요구했었다. 일단 상대가 짜놓은 언어의 울타리 안에서 싸움을 하게 되면 너무 많은 것을 양보하고 들어가는 셈이라고 했다. 레이코프가 해야 할 일은 이런 프레임들을 다시 뒤집어서 미국인이 새로운 생각을 가지고 정치적인 여러 쟁점들을 바라볼 수 있도록 하는 것이었다. 그래서 그는 '프레임을 새로 짜는 것은 사회적인 변화다'라고 말했다.[4] 하지만 물론 쉬운 일이 아니었다. 대통령 선거가 끝난 뒤에 그는 커다란 철학적 논쟁들은 비유를 둘러싼 것들이며 사실이 주는 충격은 이 사실들을 이해하는 틀인 프레임에 좌우된다는 주장을 강하게 밀어붙였다.[5] 임상 심리학자이자 민주당의 진성 당원이던 드루 웨스턴Drew Westen은 민주당의 무능한 선거 전략에 좌절감을 느낀 끝에 민주당이 유권자의 정서에 호소하는 방법을 배워야 한다는 내용으로 직접 책을 썼다. 그런데 빌 클린턴이 이 책을 열정적으로 높이 평가했고, 2008년 선거에서는 민주당 진영이 웨스턴의 책을 신중하게 읽고 참고했던 것 같다.

웨스턴은 민주당원들이 선거가 정치적인 쟁점을 놓고 다투는 대결의 현장이며 유권자의 합리성과 보다 나은 성정에 호소하는 전술이 얼마든지 성공할 수 있다고 믿고 싶어 한다는 점이 문제라고 주장했다. 불행하게도 인간은 이성적인 동물과 거리가 멀며 사람들은 정서에 호소하는 메시지에 반응하고 그것을 통해서 마치 세상을 제대로 바라보는 것 같은 느낌에 사로잡히는 경향이 있다고 웨스턴은 지적했다.

"대부분의 경우에 사람들의 마음을 사로잡으려고 벌이는 이 싸움은 사람들의 인식 바깥에서 진행된다. 그래서 사람들은 자기 내면에서 펼쳐지는 사이코드라마를 그저 맹목적으로 바라보기만 하는 구경꾼일 뿐이다. 즉, 벽에 드리워진 자기 두개골의 그림자에 사로잡혀 있을 뿐이다."

공화당원들은 이런 사실을 잘 이해했고, 신과 애국주의의 편에 서 있는 모습으로 자기들을 묘사하는 내러티브를 개발했다. 민주당원들은 물렁해서 범죄에 제대로 대처하지 못할 뿐 아니라 국가 안보를 위협하는 적과 맞서서도 절뚝거리기만 하며, 마치 미국이 아직도 1930년대의 대공황에서 벗어나지 못한 것처럼 노동자 계급을 위해서 싸워야 한다는 주장의 늪에서 헤어나지 못하는 모습으로 묘사했다. 공화당은 네거티브 수법을 동원하며 등을 돌린 유권자들을 다시 불러오는 데 전혀 양심의 가책을 느끼지 않았다. 이에 비해서 민주당은 네거티브 수법은 유권자를 돌아서게 만들 뿐이며 공화당의 터무니없는 공격은 얼마든지 이겨낼 수 있을 것이라고 믿고 또 그렇게 행동했다.

이런 상황에서 벗어나려면 민주당원들이 정치적인 쟁점들의 프레임을 민주당에 유리한 방향으로 짜는 방법을 배워야 했다. 자기 후보가 유권자의 이해관계 및 가치관과 함께한다는 사실을 유권자들에게 설득할 방법을 찾아야 했다. 그리고 민주당과 민주당의 원칙이 정서적으로 매력적으로 보이게 만드는 방법을 찾아야 했다. 이렇게 하려면 일관성이 있으며 정책을 선명하게 설명할 수 있는 대서사grand narrative를 개발해야 했다. 이런 내러티브는 단순하고 통일성이 있으며 쉽게 접근할 수 있고, 추론이나 상상력이 지나치게 비약되지 않도록 해야 했다. 충분히 알아들을 수 있고 또 입에서 입으로 반복해서 전달될 수 있어야 했다.

"이것은 도덕을 가지고 있어야 하고, 생생하고 쉽게 기억할 수 있어야 하며 감동적이어야 한다. 대서사의 각 요소들은 쉽게 시각화할 수 있어야 하며 기억과 정서적 충격을 극대화하는 것이어야 한다."

대서사는 유권자들의 의견이 충분히 형성되기 전에, 다시 말해서 사소한 약점들을 인정함으로써 상대방의 네거티브 수법에 대항하는 일종의 '예방 접종'의 효과와 기회가 가능할 때 내놓는 것이 가장 좋다고 웨스턴은 지적했다. 웨스턴이 했던 주장의 요지는 선거는 '단지 정치적인 쟁점들 그 자체에 의해서가 아니라 유권자가 어떤 후보나 당에 대해서 생각하고 느끼는 것의 많은 부분을 요약하는 직감을 포함한 유권자의 가치관과 정서에 의해서 승패가 갈린다'는 것이었다.[6]

웨스턴의 제안과 레이코프의 제안은 말과 이미지가 발휘하는 힘을 신봉하는 것이었다. 이 제안들은 충분한 정서 관련 정보와 전문적인 미디어 기술이 결합되기만 하면 아무리 자유주의적인 강령이라고 하더라도 유권자 다수가 얼마든지 받아들일 것이라는 믿음을 촉진했다. 이 대서사는 여론은 조작이 가능해서 경쟁자의 내러티브 수준에 의해서 얼마든지 이리저리 휘둘릴 수 있다는 견해, 즉 여론에 대한 음울한 입장을 반영한 것이었다. 심리학자인 스티븐 핑커Stephen Pinker는 이런 접근법은 비유가 가지는 중요성을 과장하며 (비유는 흔히 비유의 기원이나 함축에는 그다지 많은 신경을 쓰지 않는다) 또 프레임의 역할이 가지는 중요성도 과장한다고 경고했다. 보다 나은 비유와 프레임을 유권자의 머리 안에 주입할 수 있다는 발상은 이성을 내팽개치고, 대립되는 믿음을 무작정 희화화하며 경쟁자를 과소평가하는 위험에 빠질 수 있다고 했다.[7] 언어 사용과 관련해서 루츠가 정리한 지침은 쟁점들의 프레임을 짜는 것이 중요하다는 사실을 인정했지만 오히려 그는 의사소통의 보다 기본적인 규칙들을 강조했다. 그는 단순함과 간결함을 목표로 삼았다. 짧은 단어와 짧은 문장을 강조했으며 통일성, 이미지, 소리, 질감을 강조했고 또 열망을 담고 있고 진기함을 제공하는 언어를 강조했다. 그는 목록의 마지막 부분에 가서야 비로소 이성적인 차원에서 '맥락을 제공하고 타당성을 설명할' 필요성을 지적했다. 신뢰성은 철학만큼이나 중요하다고 했다. 그는 노골적으로 레이코프를 언급하면서 '언어만 가지고서는 기적을 일굴 수 없다. 실제 정책은 적어도 어떤 것의 프레임을 어떻게 짜느냐 하는 것이나 마찬가지이다'라고 했다.[8]

매스컴의 영향에 관한 연구 결과는, 대중이 따라갈 준비가 미처 되어 있지 않은 특정한 방향으로 여론의 흐름을 돌려놓는 일이 쉽다는 주장과 거리가 멀었다. 열성적인 지지자들을 동원할 수는 있겠지만 설령 그렇다고 하더라도 표적 대상의 다수는 심드렁하게 외면하는 경향이 있으며 따라서 핵심 메시지가 많은 사람들에게 전달되지 않는다고 했다. 사람들은 관심이 없는 쟁점에 대해서는 여전히 무관심할 수 있으며 이미 가지고 있는 견해와 충돌하는 견해에는 저항할 수 있었다. 이 사람들은 그런 견해들에 맞닥뜨릴 때 의도적으로 그런 견해들을 회피했거나 아니면 자기가 아둔하며 허점투성이라고 생각했다. 관련된 연구 조사에 대한 한 설명에서는 개인적인 차원의 영향력이 매스컴의 영향력보다 더 중요하다는 것을 핵심 발견 사항으로 기록하고 있다.

"정치적인 설득은 환경에 의존한다. 유세가 거의 저항을 받지 않을 때, 저항이 줄어들 때, 적절하게 배치된 사람들이 단순하고도 결정적인 실마리를 제공할 때 그리고 역사의 물길이 바짝 경계하고 있는 시민들을 침해할 때, 설득의 효과는 한층 더 높아진다."[9]

✝ 새로운 정치

언어의 정치적 사용이라는 쟁점은 1960년대의 이른바 '새로운 정치'에서 나타났다. 1968년에 일어났던 일련의 사건들은 후일 미국에서 좌익보다는 우익에 더 유리하게 작용한 것으로 판명되었다. 부분적인 이유로는 대학가와 대도시에서 일어난 사회적인 격변이 강력한 반발을 불러일으켰고, 이 반발은 공화당이 유리하게 활용할 수 있는 종류의 것이었다. 공화당은 그 뒤 40년 동안이나 줄곧 그 반발심을 활용하려고 온갖 시도를 해오고 있다. 노먼 메일러 Norman Mailer 는 1968년에 시민권 운동의 어떤 지도자가 기자회견장에 나타나기를 기다리면서 (사실 그 지도자는 이미 40분이나 늦은 상태였다) '매우 불쾌한 감정'을 느꼈다. '이 사람이 이제는 흑인과 흑인의 인권에 아주 질려버렸구나' 하는 느낌이었다. 그런데 메일러는 자기가 이런 낌새를 느꼈는데 다른 사람들은 어떨까 하는 생각을 했다. 미국에서 얼마나 많은 사람들이 자기와 똑같은 생각을 할 것인지 생각했다. 미국에서 분노는 썰물처럼 빠지고 있었던 것이다.[10] 아닌 게 아니라 흑인 운동에 대한 백인의 반격은 이미 진행되고 있었다. 이 반격은 흑인만 노리는 게 아니라 비애국적인 급진주의자들, 마약을 하는 히피들 그리고 시위를 하는 대학생들을 향했다. 이런 경향에 혜택을 입은 사람들이 많았는데 그 가운데 한 사람이 공화당 후보로 대통령에 당선된 리처드 닉슨이었다. 만일 새로운 정치가 나타난다면, 그 정치는 진정한 민심의 표현에 방해가 되는 직업적인 정치인을 거부하는 쪽에는 상대적으로 적게 의존하며 투표율을 극대화하기 위한 방편으로서 보다 전문적이고 직업적인 정치적 형태를 배양하는 쪽에 상대적으로 더 많이 의존할 터였다.

성공한 정치인은 언제나 선거 운동 관리자들을 따로 두고 있었다. 이 관리자들은 대개 후보와 매우 가까운 사이이며 대중 정서에 대한 감각을 가지고 있고 경쟁 후보를 아무런 근거도 없이 헐뜯으면서도 손톱만큼의 양심의 가책도 느끼지 않을 만큼 뻔뻔했다. 1960년대 말에 이 역할은 점점 더 전문적인 영역으로 발전했다. 여론조사와 광고 기법 그리고 전략 분석에서 상당한 발전이 있었고 더구나 이 세 영역에서의 발전은 시너지 효과를 발휘했다. 신문과 라디오 외에 텔레비전이 가세하면서 매스미디어에 의해 활짝 열린 여론 조작의 가능성은 새로운 국면으로 진입했다. 엄청난 수의 잠재적인 유권자에게 어떤 메시지를 전파할 수 있는 능력에다, 특정 지역구 주민들의 이해관계 및 견해에 맞게 그 메시지를 재단할 수 있는 능력까지 결합했다. 조지 갤럽George Gallup이 1930년대에 개척했던 인구통계학적 표본화를 바탕으로 한 여러 형태의 정교한 여론조사 방식들 덕분에 여론의 추이를 지속적으로 살필 수 있게 되었고, 또 특정 시점의 민감한 쟁점이 무엇인지 알 수 있게 되었다.

1933년에 《정글》의 저자이자 사회주의적 경향을 가진 기자이던 업튼 싱클레어Upton Sinclair는 《캘리포니아의 주지사인 나는 어떻게 빈곤을 종식시켰나》I, Governor of California and How I Ended Poverty라는 두껍지 않은 책 한 권을 펴냈다. 미래의 역사를 서술한 이 책은 베스트셀러가 되었다. 싱클레어는 '자기의 역사를 실제 사실로 만드는' 독특한 시도를 하겠다고 천명했다. 당시 캘리포니아는 공화당의 일당 독재가 이루어지는 주였고, 실업률은 무려 29퍼센트나 되었다. 싱클레어는 협동 공장과 협동 농장을 운영하고 높은 세금을 매기는 정책을 통해서 가난을 몰아내겠다는 공약을 내세우고 민주당 후보로 나서기로 결심했다. 그리고 주지사 후보 지명을 받았고, 전국적으로 엄청난 파장과 열기를 불러일으켰다. 하지만 불행하게도 그가 책에서 썼던 표현들이 캘리포니아 주민들을 깜짝 놀라게 하는 일이 벌어졌다. '싱클레어주의에 반대하는 캘리포니아 동맹'의 선전 담당자이던 클렘 휘태커 Clem Whitaker 와 레오네 백스터 Leone Baxter 가 공화당 후보를 위협하던 싱클레어를 간단하게 저지하는 방법을 알고 있었던 것이다. 두 사람은 싱클레어가 썼던 모든 글을 다 읽고 몇 가지 치명적일 수 있는 구절들을 찾아냈다. 예를 들면 결혼의 성스러움을 의심하는 표현 등이 그런 것들이었다. 여기에서는 전후 문맥 따위는 필요 없었고 그런 표현들이 소설 속 특정 인물의 캐릭터와 관련된 것이라도 상관하지 않았다. 그저 그런 표현들을 싱클레어가 했다는 사실만 부각시키면 되었다. 두 사람은 이런 내용을 정기적으로 《로스엔젤레스 타임스》에 기고했고, 당연히 싱클레어는 낙선했다. 그리고 나중에 싱클레어는 논픽션 《나는 어떻게 두들겨맞았나》 How I Got Licked 를 썼다.

휘태커와 백스터는 선거 운동을 전문으로 하는 회사 Campaigns Inc. 를 운영했는데, 이 회사는 유료로 정치 컨설팅을 해준 최초의 회사였다. 진보 당원들이 주 정부 차원의 정치를 주무르던 지방 당 조직 거물들의 전횡을 근절하기 위해서 개혁을 주도했는데, 휘태커와 백스터는 이 개혁 조치를 최대한 이용했다. 이 조치에 따라서 정당은 자기 후보를 직접 지명하지 못하도록 했고, 따라서 후보자는 보다 더 직접적으로 유권자들과 접촉해야 했다. 휘태커와 백스터는 처음 20년 동안 75번의 선거에 관여해서 70번이나 자기들이 컨설팅해준 후보가 이겼다고 주장했다. 그들은 오로지 공화당 후보들만 의뢰인으로 받았는데, 사실 그들의 컨설팅을 받은 공화당 후보들은 정치 컨설팅 1세대 경험자라고 할 수 있다. 또한 두 사람은 의료보험 개혁에 반대하는 운동도 벌였다. 처음에는 캘리포니아만 대상으로 하다가 나중에는 전국으로 범위를 넓혀서 이 반대 운동을 전개하면서 사회의료보장제도의 반대 논리를 개발했다. 이들은 여론에 영향을 미치는 여러 가지 기법들을 개척했는데, 이 기법들은 지금도 여전히 사용되고 있다. 시골의 지방지를 대상으로 해서 사설이나 보도기사로 곧바로 사용할 수 있도록 아예 완성된 원고를 만들어서 보도자료 형식으로 보내는 것, 쟁점보다는 후보자 개인에 초점을 맞추는 것, 언제나 상대 후보를 공격하는 것('수세적으로 선거 운동을 하면 반드시 진다'), 상대 후보를 얕잡아보지 않으며 늘 다음 행보를 예상하는 것, 그리고 선거 유세 주제를 단순화하는 것 등의 기법이 그렇다.

미묘함은 나쁜 것이었고 반복은 좋은 것이었다. 백스터는 '사람의 마음에 기대는 말들은 아무 소용이 없으니 사람의 마음에 충격을 주어야 한다'고 했다.[11] 이들이 요구하는 컨설팅 비용은 결코 적지 않았지만, 의뢰인들은 가난하지 않았다. 공화당은 기업가들의 당이었고 대기업이었다. 오하이오의 공화당 상원의원 마크 한나Mark Hanna는 능란한 선거 전문가였는데, 20세기 초에 그는 이미 '미국 정치에서 가장 중요한 것 세 가지가 있는데, 하나는 돈이고 또 하나는 돈인데 나머지 하나는 뭔지 잊어버렸다'라는 말을 했었다. 시간이 지날수록 선거 자금 모집이 점점 중요해진 나머지, 이 분야를 전담하는 컨설턴트를 따로 두어야 할 정도가 되

었다.[12]

후보 지명 과정에서 예비 선거의 역할이 점점 커짐에 따라서 (1968년 이후에는 거의 대부분의 주가 예비 선거 제도를 수용했다) 당을 주무르던 우두머리들이 차지하던 비중이 점점 줄어들었다. 미국에서는 수많은 각급 선거의 일정이 미리 빽빽하게 정해져 있는데 미국 정치 제도의 복잡성은 선거에서 좋은 성적을 기록한 컨설팅 회사들에게 좋은 돈벌이 기회가 되었다. 2001년을 기준으로 할 때 미국의 모든 선출직을 다 계산할 경우 무려 50만 명이 선거를 통해서 선출되며, 4년 주기로 약 100만 건의 선거가 치러지는 것으로 추정되었다.[13] 유머 작가이자 만화가인 제임스 서버James Thurber는 2000년에 '미국의 연방 정부 및 많은 주 정부에서 진행되는 선거 과정에서 핵심이 되는 자리'를 선거 컨설턴트들이 꿰차고 있는 모습으로 묘사했다.[14] 1970년에 이미 선거 유세는 후보자들이 벌이는 것이 아니라 '선거 산업의 공룡들이 후보자들을 대신해서' 벌이는 싸움이라는 주장이 나왔다.[15]

그러므로 기자이던 제임스 페리James Perry가 1968년에 《새로운 정치》The New Politics라는 책을 썼을 때 이 책이 다루는 내용이 저항, 시위, 시민 불복종 그리고 커뮤니티 조직화가 어떻게 하면 낡은 지배집단을 흔들어놓을 수 있을까 하는 문제가 아니라 여론조사와 마케팅이 얼마나 더 정교해졌을까 하는 문제였던 것도 당연하다. 페리는 심지어 컴퓨터의 잠재적인 활용도에도 관심을 기울였다.[16] 그러나 이런 기법들은 신좌파가 기울였던 노력과 다르지 않게 성공을 보증하지는 않았다. 페리의 책 가운데 많은 부분이 온건파에 속하던 조지 롬니George Romney가 1968년 공화당 후보 지명전에서 이런 기법들을 어떻게 활용했는지 묘사하는 데 할애되었다. 이 책이 출판될 무렵에 롬니의 유세전은 붕괴했고 유권자들을 사로잡는 데 실패했다. 이 실패는 자기가 과거에 베트남 전쟁을 지지한 것은 국방부의 '세뇌' 결과라고 했던 자신의 엄청난 주장 때문에 한층 더 악화된 결과였다.

텔레비전의 중요성은 그 이전에 있었던 두 차례의 선거에서 몇 가지 다양한 방식으로 강조되었다. 존 케네디가 1960년에 텔레비전으로 중계되었던 대통령 후보자 토론 방송의 덕을 톡톡히 봤음은 유명한 사실이다. 그리고 1964년에 공화당의 강경파인 배리 골드워터Barry Goldwater를 상대로 한 민주당 후보들의 방식을 통해서 네거티브 광고의 가능성도 강조되었다. 이 광고는 존슨 대통령이 배경에서 평화를 주장하는 가운데 핵전쟁으로 이어질 미사일 발사의 카운트다운이 시작될 때 어린 소녀 하나가 데이지 꽃을 세는 모습을 보여주었다. 이 광고는 골드워터에게 무모함의 이미지를 성공적으로 덧씌웠다. 이 광고는 감정에 호소하는 것이었다. 여기에는 그 어떤 실체적인 사실도 들어 있지 않았고 또 골드워터의 이름조차 언급되지 않았다.[17]

닉슨은 1960년에 쓰라린 경험도 했던 터라 텔레비전을 신뢰하지 않았다. 하지만 프로듀서이던 로저 에일스Roger Ailes가 텔레비전을 유리하게 활용할 수 있다고 닉슨을 설득했다. 에일스의 이런 노력은 에일스의 친구이던 기자 조 맥기니스Joe McGinnis의 《대통령 팔기》Selling of the President에 충실하게 담겨 있다. 이 책은 아무리 호감을 주지 못하는 사람이라고 하더라도 정치 시장에서 얼마든지 잘 팔리는 상품이 될 수 있다는 발상을 포착했다. 나중에 네거티브 광고에 초점을 맞추는 것과 대조적으로 이 단계에서의 목적은 '포지티브'였다. 에일스의 의도는 닉슨이 했던 말과 전혀 상관없이 별도로 닉슨의 어떤 이미지를 창조하는 것이었다. 맥기니스는 이 과정을 다음과 같이 설명했다.

닉슨은 아무도 들으려 하지 않는 재미없는 구닥다리 이야기를 하는 경향이 있다. 이 말들은 업소의 배경 음악으로 깔린다. 배경에는 무언가 즐겁고 매혹적인 것이 깔려 있다. 플래시를 터트려서 찍은 사진들은 세심하게 선정되어서, 닉슨이 유능하며 전통을 존중하고 침착하며 미국인이 세계의 어떤 국민보다 우월하다는 믿음을 가지고 있다는 인상을 준다. 그리고 고층 건물들이 즐비하고 최강의 군대와 최대의 공장을 갖추고 있으며 세상에서 가장 귀여운 어린이들이 살고 있고 세상에서 석양이 가장 붉은 나라인 미국에서는 다른 사람들이 지껄여대는 모든 문제들은 미국인에게 아무런 문제가 되지 않는다는 인상을 만들어낸다. 한 걸음 더 나아가 이런 사진들이 빚어내는 연상을 통해서 리처드 닉슨은 바로 그 긍정적인 것들 그 자체가 될 수 있다.[18]

에일스는 닉슨보다도 그 책이 전하고자 하는 메시지에 더 행복했을 것이다.

매체를 동원한 선거 운동의 목적은 닉슨이 사람들이 생각하는 것보다 더 호감 넘치는 인물이며 정치의 한가운데에 안전하고 믿음직하게 서 있을 수 있음을 입증하는 것이었다. 그런 점에서 이 접근법은 실제로 '낡은 정치'와 잘 맞았다. 당시는 예비 선거보다는 당 조직에 의해서 선거인단의 다수가 선출되는 방식으로는 마지막으로 치러지는 공화당 후보 지명전이었다. 그러므로 닉슨은 폭넓은 매력을 입증하기보다는 당 내부자들과의 거래를 통하는 전통적인 경로를 따라갈 수 있었다. 그가 선택한 기본 전략은 2위로서 1위를 추격하는 후보자에게 딱 맞는 표준적인 것이었다. 즉 조직의 외연을 향하는 게 아니라 한가운데로 들어가서 자신의 우익적 이미지를 부드럽게 만들고자 했던 것이다. 지지를 최대한 이끌어 낼 목적으로 닉슨이 서야 할 정치적인 여러 가지 위치도 주의 깊게 선택되었다. 이 과정에서 소수는 화를 내며 떨어져나가도 상관없었다. 그의 연설문을 작성했던 사람은 닉슨의 '중도주의'가 '선거구 주민의 한가운데를 관통하는 어떤 선을 따라서 형성된 차이점에 대한 실용적인 분리'를 기반으로 했다고 회상했다. 목적은 '가장 공략하기 어려운 합의점'을 찾아내는 것이었다. 그의 관심은 '대주제'에 있지 않았고 '탈출구를 제공해 줄 수 있는 소규모 조정'에 있었다.[19] 게다가 아무리 닉슨이 교묘하게 상품화되었다고 하더라도 그가 유세에 조심스럽게 임했다는 사실은 초기의 상당하던 격차가 점점 좁혀져서 근소한 차이로 대통령이 되었음을 뜻했다.

† 신보수주의 다수파

1968년 선거에서 닉슨의 선거 본부에 몸담았던 한 논평자는 닉슨의 실패 원인을 1960년대의 격변으로 생성된 진정한 기회를 인식하지 못한 것으로 보았다. 민족지학에 관심을 가지고 있던 젊은 변호사 케빈 필립스Kevin Phillips는 1967년에 《떠오르는 공화당 다수파》The Emerging Republican Majority라는 책의 원고를 완성했다. 그런데 출판업자는 출판에 앞서서 그 책이 1968년 선거에 유용할지 확인부터 하려고 했고, 그렇게 미루어진 출판은 1969년에야 이루어졌다. 이 책은 무척 양이 많고 분석적이었다. 도표가 143개에 지도가 47개나 되었다. 그러나 이 책에서 전하고자 하는 메시지는 단순했다. 미국은 그때까지 줄곧 신좌파가 설정하고 있던 위치인 '대규모의 민족적 다수의 필요성과 이해관계에 묶여 있는 특권적 지배계층' 즉 새로운 경향과 접촉하지 않는 낡은 자유주의적 체제의 지배를 받고 있었다. 지배 계급은 인종에 집착하는 청년 소수파가 공개적으로 반란을 일으킬 수 있도록 도움을 주는 '말과 행동 사이의 간극'을 만들어냈다.

필립스는 점점 발전하고 있던 인종 정치학에서 공화당에 유리한 기회를 포착했다. 설령 민주당이 새로운 흑인 유권자들을 끌어들인다 하더라도 공화당은 백인들을 결집시킬 수 있었기 때문이다. 신좌파의 이상주의와 인종적 차이는 얼마든지 넘어설 수 있다는 낡은 진보적 희망에 맞서서 필립스는 유권자들이 가지고 있는 민족적 정체성은 강력하고 또 영속적이라고 주장했다. 유대인과 흑인이 민주당과 함께 간다 하더라도 가톨릭 배경을 보다 많이 가진 소수파(폴란드인, 독일인, 이탈리아인)는 자유주의자들과 맞서고 있다는 것이었다. 비록 이민자 커뮤니티들이 한때 민주당을 북부의 개신교 공화당원들로부터 자기들을 지켜주는 방어막으로 생각했지만, 이제 그 사람들의 자식들은 민주당을 적대적으로 바라보았다. 필립스는 뉴욕에서 노동자 계급에 속하는 가톨릭교도들이 우익 쪽으로 이동하는 현상을 지구별로 지도로 표시해서 시각적으로 제시함으로써, 설령 공화당이 집세 자금 대출과 평등한 기회 그리고 지역 사회 활동 등과 같은 자유주의적인 도시 의제(어젠다)에 반대한다 하더라도 공화당은 안전할 것임을 입증했다. 이런 의제들은 백인을 도심지에서 외곽으로 밀어내고 있으며, 이런 현상은 쇠락하는 북부에서 남부와 서부의 선벨트(미국 남부를 동서로 뻗은 온난 지대—옮긴이)까지 이어지는 보다 넓은 변화의 한 부분이라고 주장했다. 필립스는 이 새로운 지형地形이 불가피하다고는 주장하지 않았다. 하지만 어쨌거나 공화당으로서는 이 기회를 잡을 필요가 있다고 했다. 그러면서 1968년에 닉슨의 다수파는 너무나 층이 엷었는데 그 이유는 공화당원들이 그의 사상을 따르지 않고 그가 실제보다 온건한 이미지를 가지고 있는 것처럼 보이려고 했기 때문이라고 했다.

필립스의 논지에 방해되는 첫 번째 요소는 '미국인 유권자가 가지고 있는 뿌리 깊은 천박함'을 그가 '단호하게 만족스러워한다는 점' 그리고 자기가 발견한 사실에 저항하는 '감상주의자들'을 그가 '공공연하게 멸시한다는 점'이었다.[20] 정치가 사람들 사이의 차이점을 이용할 수 있다는 사실은 많은 사람들에게는 질색할 일이었다. 그러나 필립스로서는 오랜 세월 동안 미국 정치의 특징으로 존재해오던 것을 명시적으로 드러낼 뿐이라는 주장할 수 있었다. 루스벨트의 뉴딜 연합 체제New Deal Coalition가 성공할 수 있었던 이유는 정확하게 말해서, 그가 동일한 정당 안에 인종차별주의자와 흑인, 반反노동자 집단과 친親노동자 집단, 열렬한 개혁주의자와 부패한 기득권층을 모두 담아낼 방법을 찾아냈기 때문이다. 대공황이라는 거대한 역사적 사건 때문에 공동의 이익을 위해서 인종적 정체성을 억누를 수 있었다. 그러나 도시 정치에 몸담고 있던 사람들 가운데서 인종적 정체성이 아주 사라졌다고 믿은 사람은 거의 없었다.[21]

두 번째 방해 요소는 그의 논지에 따르면 공화당의 정치가 많은 공화당원들이 저항할 것으로 예상되는 길로 나아가야 했는데 이럴 가망이 별로 없다는 점이었다.[22] 1968년에 닉슨이 따를 수 있었던 남부 전략에는 한계가 있었다. 앨라배마의 주지사 조지 월리스George Wallace는 인종 분리 정책을 기반으로 해서 제3당 후보로 나섰으며, 최종적으로 남부 다섯 개 주에서 승리했다. 새로운 정치적 지형의 방향으로서 닉슨이 동의했던 것은 부통령 후보 선택에서 공화당 내의 자유주의적 진영을 억박지르는 것이었다. 뉴욕의 주지사 넬슨 록펠러Nelson Rockefeller는 부실한 선거 운동을 했고 닉슨은 록펠러 카드를 버리고 대신 상대적으로 덜 알려진 메릴랜드의 주지사 스피로 애그뉴Spiro Agnew 카드를 빼들었다. 애그뉴는 온건한 노선을 견지해왔었고 점차 오른쪽으로 이동하던 인물이었다. 부통령으로서 그는 기억에 남을 두운頭韻의 표현('pusillanimous pussyfooters'[겁이 많은 우유부단자들], 'nattering nabobs of negativism'[부정적으로 중얼중얼 불평하는 부자들])을 가지고서 자유주의적인 엘리트들을 공격함으로써 자기 이름을 남겼다.

1970년에 민주당 소속이던 두 명의 온건주의 여론조사 전문가가 한층 조심스러운 형태로 필립스의 메시지를 그대로 반복했다. 리처드 스캐먼Richard Scammon과 벤 와텐버그Ben Wattenberg였다. 그들은 아직은 공화당이 의회에서 다수파로 자리를 잡고 있지 않지만, 만일 민주당이 범죄와 비관주의에 대한 유권자들의 걱정을 인정하지 않는다면 그런 일은 얼마든지 벌어질 수 있다고 경고했다.[23] 그런데 민주당은 젊은 활동가들이 중도층 유권자들이 소스라치게 놀랄 만한 쟁점들을 계속 밀어붙이는 가운데 왼쪽으로 더 이동하면서 예전에 닦아놓았던 기반을 무시했다. 1972년 민주당 지명자로 나선 자유주의적인 반전주의자 조지 맥거번George McGovern은 닉슨에게 완패를 당했다. 그리고 이렇게 해서 들어선 공화당 정부는 먼저 애그뉴가 부패 스캔들로 사임했고, 그 다음에는 닉슨이 1972년의 선거 기간 중에 불법을 저질렀으며 나중에는 그 일을 은폐하려고 시도했음이 밝혀져서 탄핵을 받았고 결국 사임했다(이른바 '워터게이트 사건'이다—옮긴이). 사임한 닉슨의 뒤를 이어 대통령이 된 부통령 제럴드 포드Gerald Ford와 그의 부통령 넬슨 록펠러는 1972년 선거에서는 본선에 참가하지도 못했는데, 1976년 선거에 나서서 패배의 쓴잔을 들었다. 그런데 이 보수주의 주제와 깃발을 로널드 레이건Ronald Reagan이 다시 집어들고 맹렬하게 휘둘렀다.

† 로널드 레이건

할리우드의 배우였던 로널드 레이건은 우익의 대변자로 나서면서 정치를 시작했다. 그는 1954년에 제너럴 일렉트릭$_{GE}$의 공식 대변인으로 고용되기도 했다. 이것은 그가 미국 전역의 제너럴 일렉트릭 공장을 순회하면서 자유기업제도(경제에 대한 국가 규제와 개입을 최소화하고 개방적인 경쟁을 허용하는 경제적 지향—옮긴이)를 소리 높여 외치며 큰 정부(경제에 대한 정부의 규제와 개입을 적극적으로 지지하는 정부 운영 방침—옮긴이)와 공산주의가 몰고 올 위험을 경고했음을 의미한다. 레이건은 워낙 호감을 주는 외모에다 친근하고 편안한 스타일이어서, 본인의 정치적인 성향 때문에 쉽게 자기를 외면할 수도 있었던 사람들과도 어렵지 않게 연결 고리를 맺어나갔다. 레이건은 또한 자기가 속해 있었던 비현실의 세상으로 쉽게 들락거릴 수 있는 능력을 가지고 있었는데, 그 덕분에 그가 하는 주장이 설령 공상적인 것이라고 하더라도 사람들은 쉽게 믿어주었다. 이것은 레이건만이 가지고 있던 탁월한 능력이었다. 그의 전기 작가 한 사람은 그가 '영웅적인 행동이 현실의 실체를 변형시킬 수 있는 상상의 세계, 그리고 그 세계의 이야기들'에 사로잡혀 있었다고 표현한다. 상상의 세계와 현실의 세계는 그의 정신 속에서 합쳐진 형태로 존재했다. 그가 하는 말은 언제나 진지했다. 심지어 실제 사실과 일치하지 않는 것을 이야기할 때도 마찬가지였다. 왜냐하면 그는 자기가 옳다고 진심으로 믿는 것을 말했기 때문이다. 그의 내면에서 감정과 사실이 갈등을 일으킬 때는 언제나 감정이 사실을 이겼다.

"그는 이야기의 힘, 진지하게 표현되는 이야기의 힘을 믿었다."[24]

레이건이 1966년에 캘리포니아 주지사 후보로 출마할 때였다. 그는 유권자들이 전직 배우라는 자신의 유명세에 혹해서 자기에게 투표하지는 않을 것임을 분명히 알았다. 그래서 전체 유권자의 중간값에 해당하는 층에 집중하는 공화당의 전통적인 선거 전략을 따랐다. 그는 자기가 우익이며 경험이 부족하다는 상대 후보의 공격에 일일이 대꾸하지 않았다. 목소리 톤을 낮추었으며, 대중에게 잘 알려져 있는 중도주의 사람들을 포함하여 지원 유세단을 꾸렸다. 당시 선거 본부에 있었던 한 사람은 나중에 그 모든 사실을 인정함으로써 경험이 없다는 상대 진영의 공격에 맞섰다고 설명했다.

"레이건은 직업 정치인이 아니었다. 그는 시민 정치인이었다. 우리의 자동적인 방어선은 바로 그것이었다. 그러니 굳이 따지자면 그가 정치 초짜인 시민 정치인이라고 해서 문제될 것은 아무 것도 없었다. 시민 정치인이 모든 쟁점에 대해서 모든 해답을 알고 있어야 한다는 기대 자체가 잘못된 것이었기 때문이다."

그런데 심지어, 레이건 진영에서 이런 설정을 강하게 밀어붙이자 오랜 기간 주지사로 재임했던 팻 브라운Pat Brown이 오히려 직업 정치인이라는 틀에 수세적으로 갇히는 상황이 전개되었다. 그리고 이 일은 그 뒤 미국의 많은 선거에서 두고두고 회자되었으며 또 유세 전략으로 활용되었다. 레이건 선거 본부는 레이건이 훌륭한 연설을 암기해서 대중 앞에 전달하는 것밖에 할 줄 모르는 일개 배우일 뿐이라는 비판에 적절하게 또 적극적으로 대응하기 위한 방편으로 자유로운 질의응답 형식의 프로그램을 활용했다. 레이건 선거 본부의 관리자들은 처음에는 버클리 캠퍼스의 불안정한 소요 사태를 주제로 삼아서 자세하게 파고들 의도가 전혀 없었지만, 실제로 그렇게 한 것이 선거에 유리하게 작용했다고 말했다.[25]

주지사로 당선되고 나자 레이건은 언젠가는 보수주의 진영을 대표할 잠재적인 대통령 후보로 비쳤다. 1968년에 시험적인 시도가 한 차례 있긴 했지만, 실제로 대통령 후보로 나설 준비를 한 것은 주지사로 두 번의 임기를 마친 뒤인 1974년부터였다. 그는 전국에 방송되는 라디오 프로그램을 통해서 자신을 꾸준하게 대중에게 노출시켰으며 대중에게 전달할 메시지를 다듬고 또 청취자들로부터 최고의 반응을 이끌어낼 수 있는 표현이나 주제가 무엇인지 파악하기 위한 수단으로서도 이 매체를 활용했다. 그 무렵에 스스로를 보수주의자라고 생각하는 사람이 차지하는 비율은 38퍼센트로, 자유주의자라고 생각하는 사람이 차지하는 비율 15퍼센트보다 두 배 이상 많았다. 그리고 이 통계 조사에 따르면 스스로를 중산층 혹은 중산층으로 나아가는 길에 있다고 생각하는 사람의 비율이 43퍼센트였다.[26] 1976년에 레이건은 포드에 맞서서 공화당 후보 지명전에 뛰어들었는데, 이때의 경험은 1980년에 선거를 성공적으로 치를 수 있었던 충실한 징검다리가 되었다. 당시에 그는 1970년대 말에 국내외적인 경제 및 정치 위기를 맞아 힘들게 분투하던 지미 카터_{Jimmy Carter}의 음울하던 재임 시기 분위기의 덕을 많이 보았다. 레이건의 메시지는 민주당과 연관된 사회적 보수주의와 적자 재정 지출 및 큰 정부에 대항하는 공화당과 연관된 경제적 보수주의를 뚜렷하게 대비시키는 것에서부터 시작되었다. 그런 다음에 그는 '한때 이 두 가지 종류의 보수주의를 뚜렷하게 구분했지만, 지금은 이 낡은 전선이 사라지고 있다'고 주장했다. 그는 '미국 보수주의의 두 갈래가 일시적으로 불편한 동거를 하는 걸 바라지 않으며, 새롭고 지속적인 다수파를 창조할 것'이라는 전망을 내놓았다.[27] 그리고 이어서 이 두 가지 전통이 하나로 결합할 수 있을 뿐만 아니라 이렇게 될 때 미국의 아름다운 미래가 보장될 것이라고 했다. 이 점에 관한 한 그는 기존의 공화당 정치인들이 늘 보여주던 모습 그대로 장밋빛 약속을 했다. 카터로 인해서 빚어진 모든 우울함 및 칙칙함과 예리하게 대비되는 보다 강력하고 보다 부유한 미국이라는 화창한 장밋빛 미래를 제시했던 것이다. 레이건은 공화당 후보로 카터와 토론할 때 스스로를 주류를 대변하는 인물로 내세우려고 노력했으며, 4년 전에 비해서 사람들의 형편이 과연 나아졌는지 따지는 예리한 질문으로 상대를 공격했다.

스스로 앞장서서 공화당이 다수파가 되는 새로운 세상을 만들려면 필수적인 전제 조건으로 공화당 내의 집단들 사이에서 자신을 향한 지지를 단단하게 만들어야 한다. 그런데 이 일을 가능하게 해줄 메시지들을 대중하게 제대로 전달하는 것이 얼마나 중요한지 레이건은 두 군데 영역에서 입증했다. 하나는 지미 카터에게 질려버린 남부 유권자 집단이었다. 비록 카터가 남부 출신이긴 했지만 말이다. 레이건은 노골적으로 인종주의를 부추기는 걸 교묘하게 피하면서도, 1960년대에 시민권 운동가 세 사람이 살해된 일로 유명한 도시이던 미시시피의 필라델피아에서 선거 운동을 시작했다. 레이건은 잘 알려져 있던 한 인종차별주의자를 자기 곁에 세우고 '주 정부의 권리'(미국 헌법에서 연방 정부에 따로 위임하지 않고 또 각 주 정부에 금지하지 않는 권리―옮긴이)에 대한 자신의 신념을 강조했다. 이것은 누가 보더라도 명백하게 흑인 인권 운동을 차단하겠다는 암묵적인 의사 표시였다. 그리고 레이건이 절대적으로 호소했던 두 번째 집단은 종교 진영이었다.

정기적으로 교회에 나가지는 않았던 것으로 알려져 있던 레이건이

1980년에 했던 대통령 후보 수락 연설을 하면서, 즉흥적인 것처럼 보였지만 실제로는 미리 정교하게 준비했던 발언으로 연설의 마지막 부분을 장식했다. 그는 사전에 언론에 보도자료용으로 배포할 후보 수락 연설문에 어떤 내용을 넣을까 말까 줄곧 고민했다고 말했다. 그러면서 이렇게 덧붙였다.

"이 땅을, 이 자유의 땅을, 자유롭게 숨쉬기를 열망하는 이 세상의 모든 사람들을 위한 이 자유의 도피처를 신께서 마련해주셨다는 사실을 우리는 과연 의심할 수 있을까요?"

이렇게 함으로써 그는 대통령 선거 운동을 교묘하게 성스러운 종교 전쟁으로 전환시켰다. 그는 묵념을 제안했고, 묵념이 끝난 뒤에는 장차 통상적인 관용구로 자리 잡게 될 말로써 연설의 대미를 장식했다.

"신이여, 미국을 축복해주소서."

이로써 새로운 종교 전쟁이 시작되었다. 사실 이것은 전체 미국인의 3분의 2를 차지하는 인구에서 긍정적인 반응을 이끌어내고자 한 레이건의 치밀한 계획에 따른 것이었다. 보다 더 중요한 점은 올바른 메시지를 보내기만 하면 점점 더 강력하게 힘을 키워가던 기독교 진영의 지원을 받을 수 있음을 레이건과 그의 선거 본부가 알고 있었다는 사실이다.

비록 카터는 독실한 신앙인이었고 자주 자기 신앙심을 이야기했었지만, 재임 기간 동안에 특별히 종교적인 의제에 따라서 어떤 정책 결정을 내렸다고 볼 수는 없었다. 1973년 1월, 기념비적인 대법원 판결이 내려졌다. '로우 대 웨인'의 사건에서 낙태를 개인의 프라이버시로 인정하고 허용한다는 취지의 판결이 내려졌던 것이다. 이 일로 종교계 특히 기독교 사회와 가톨릭 사회가 발칵 뒤집어졌다. 개인적인 것이 정치적인 것이라는 급진주의자들의 주장을 이제는 보수주의자들이 끌어안았다.

보수주의자들은 마약, 범죄, 성 개방 등으로 물든 이런 참혹한 도덕의 타락을 정치가 바로잡아주길 기대했다. 남부의 침례교 목사이자 텔레비전 프로그램 진행자였던 제리 팔웰Jerry Falwell은 1979년에 기도집《미국은 구원받을 수 있다》America Can Be Saved를 펴냈다. 팔웰은 성聖과 속俗은 구분될 수 없다고 믿었다. 그러므로 신을 믿는 사람들은 좋은 교육을 받아서 '변호사가 되고 기업가가 되고 또 미국의 내일에 중요한 일을 맡아서 하는 사람이 되어서 미국 사회를 이끌고 나가야 한다. 만일 미국을 완전히 새롭게 바꾸어놓고 싶다면 신을 따르는 사람들을 올바른 방향으로 동원해야 하며 뿐만 아니라 이 일을 신속하게 해야 한다'고 했다. 낙태에 반대하고 학교에서 기도를 하게 하며 또 성 및 성별과 관련된 전통적인 생각에 찬성하는 도덕적 다수를 형성하는 것이 팔웰의 목표였다.

"만일 모든 근본주의자들이 누구에게 한 표를 던져야 할지 알고 또 그렇게 실천한다면, 우리는 누구든 가리지 않고 모두 당선시킬 수 있다."

그래서 팔웰은 '도덕적 다수'Moral Majority라는 이름의 단체를 만든 뒤에, 레이건에게 자기 단체가 지지할 수 있는 흥미로운 공약을 내기만 한다면 300~400만 표는 몰아주겠다고 약속했다. '도덕적 다수'의 또 다른 지도자였던 폴 웨이리치Paul Weyrich는 그 조직을 '미국의 현재 권력 구조를 뒤집어엎으려고 애쓰는 급진주의자 집단'이라고 묘사했다.[28] 레이건의 연설과 '태어나지 않은 아이를 보호'하기 위한 헌법 수정 제안의 등장은 레이건이 구사한 멋진 속임수였다. 그리고 결국 그는 유권자의 표를 얻었다.

† 리 앳워터

새로운 보수적 다수파가 1980년대를 관통하면서 살아남을 수 있도록 하는 데 혁혁한 공을 세웠다는 공치사를 받을 인물이 있다. 리 앳워터Lee Atwater이다. 앳워터는 1970년대에 남부에서 공화당 청년 당원으로 활동하며 이름을 날렸고, 1984년에는 재선을 노리는 레이건의 선거 본부에서 중심적인 역할을 맡았으며, 1988년에는 레이건의 부통령이던 부시를 대통령으로 만드는 데도 중추적인 역할을 했다. 그런 뒤에는 공화당전국위원회 의장이 되었지만, 얼마 뒤에 뇌종양 판정을 받았고 1991년에 마흔 살의 나이로 갑자기 세상을 떠났다.

앳워터는 매우 흥미진진한 인물이었다. 매력적이고 카리스마가 넘쳤다. 하지만 교활한 인물이었다. 얼마나 교활하던지 상대 진영 사람들뿐만 아니라 자기 진영 사람들을 대상으로도 온갖 꼼수를 다 동원했다. 실존주의와 수수한 생활 방식 측면에서는 자기 세대의 다른 청년들과 다르지 않았다. 게다가 흑인 문화에도 음악적으로 동질성을 느꼈다. 그런데 그는 반골 기질 때문에 공화당원으로 돌아섰다. 나중에 그는 자신의 과거를 다음과 같이 회상했다.

"민주당의 청년 당원들은 너나 할 것 없이 모두 양복에 조끼까지 입었으며, 늘 담배를 피워 물고서 흥정과 합의를 하고 돌아다녔다. 그래서 나는 '제기랄! 나는 공화당원이다 왜?' 하고 말했다. (……) 이랬던 내 태도는 1970년대 초에 진행되고 있던 어떤 흐름에 대한 나 나름대로의 반응이었다. 나는 좌익 진영이 미국 청년의 머리와 가슴을 사로잡았다고 주장하는 방식이 마음에 들지 않았다."

남부에서 공화당원이 된다는 것은 모반자가 된다는 뜻이었다. 정책적 쟁점에 초점을 맞추어서는 승리를 얻어낼 수 없었다. 이기려면 후보자의 특성에 초점을 맞추어야 했다. 그래서 앳워터는 '상대 후보가 나쁜 사람임을 입증하는 것'을 철칙으로 삼았다. 그는 스스로를 '마키아벨리적인 정치 전사로서 인신 공격의 전략과 전술 구사에 능하며 개인적인 공격, 더러운 음모 그리고 네거티브 수법에 특히 솜씨가 있다'고 했다.[29]

그런데 앳워터의 등장 시기는 타이밍이 매우 좋았다. 그가 정치계에 발을 들이던 무렵은 전문적인 전략가들 앞에 기회의 문이 활짝 열리던 시기였기 때문이다. 수많은 선거가 있고 또 선거 운동이 끊임없이 계속 이어지는 미국 정치의 구조 덕분에 예상 득표수를 얻어내는 메커니즘을 이해하고 또 이 내용을 현대적인 차원의 소통 및 직감과 결합할 줄 아는 사람들에게는 엄청난 기회였다. 앳워터는 어떤 쟁점이든 간에 인종 문제 및 범죄와 연결을 시키는 데 탁월한 재주가 있어서 네거티브 선거의 대가로 통했다. 그의 이런 명성은 1988년에 민주당 후보 마이클 듀카키스Michael Dukakis를 꺾음으로써 유감없이 발휘되었다. 그는 자기가 하는 일은 단 한 번만 삐끗해도 전체 경력이 한 순간에 무너진다는 사실을 잘 알았다. 하지만 그는 주목받기를 좋아해서 자기 고객뿐만 아니라 자기 자신에 관한 이야기까지 줄기차게 풀어냈다. 그는 각종 매체들이 무엇을 필요로 하는지 알았고 또 그것을 지렛대 삼아서 매체들을 이용했다. 텔레비전 시대의 피조물이었던 그는 정교하게 설정된 텔레비전의 어떤 장면 하나가 여러 날 동안 사람들의 입에 오르내리고 또 특정 후보자를 바라보는 유권자들의 견해와 태도를 얼마나 획기적으로 바꿀 수 있는지 잘 알았다.

앳워터는 또한 전략을 열렬하게 공부했다. 마키아벨리의 책을 정기적으로 읽는다고 했고 클라우제비츠의 《전략론》을 늘 가까이에 두고 읽는다고 했다. 《손자병법》도 최소 스무 번은 읽었다고 했다. 그를 기리는 추도식에서 《손자병법》에 나오는 문구가 사용될 정도였다. 1988년에 그는 '성공을 보장하는 일련의 처방이 있다. 집중, 전술적 유연성, 전략과 전술의 차이 그리고 명령의 초점이라는 발상 등이 여기에 포함된다'라고 말했다.[30] 그는 린든 존슨을 정치적인 수완의 대가로 여겼고 텍사스 출신의 정치인인 린든의 성공을 묘사한 로버트 카로Robert Caro의 전기를 성경에 비유했다.[31] 그는 또 남북전쟁의 여러 전투를 연구하고 총체전의 무자비한 논리를 가장 잘 이해한 사람으로 북군의 셔먼 장군을 꼽았다(셔먼 장군은 남부 주요 도시를 초토화하며 진격하는 이른바 '셔먼의 대행진' 전략을 구사했다ー옮긴이).

앳워터가 관심을 가졌던 유일한 스포츠는 레슬링이었다. 레슬링에서는 서로 맞붙은 두 선수가 갖가지 속임수를 동원해서 싸운다. 이것은 《손자병법》이 주목하는 내용을 잘 설명해준다. 그는 특히 상대방이 덜 창의적인 방식으로 임할 때 창의적인 교활함이 빛을 발하는 원리와 방식을 잘 이해했고 또 응용했다. 그는 상대방에 대한 조사를 철저하게 해야 한다고 주장했다. 그래야 상대방의 약점을 파악하고 타격 지점을 정할 수 있기 때문이라고 했다. 뿐만 아니라 상대방의 공격으로부터 방어를 잘 하기 위해서는 자기 후보의 약점도 잘 알아야 했다. 이른바 지피지기知彼知己의 원리였다. 부시가 공화당 후보 지명을 받도록 도울 때는 경쟁자이던 로버트 돌Robert Dole 상원의원의 성격이 다혈질임을 이용해서 그의 판단이 흐려지도록 유도했으며, 민주당의 듀카키스와 본선에서 붙었을 때는 듀카키스의 안방이던 매사추세츠에서 듀카키스가 강점으로 자부하던 환경 문제를 놓고 공격해서 그를 혼란에 빠트려서, 자기가 압도적으로 우세하다고 느끼던 지역에 어쩔 수 없이 자원을 투입하도록 만들었다.

이것 역시 적이 예상하지 못한 곳으로 신속하게 기동하라는 《손자병법》의 가르침을 응용한 것이었다.[32]

미국 선거에서 전통적으로 중요시되던 이데올로기적인 요소 및 정당의 규율이 가지는 의미가 축소되면서 후보 개인의 자질에 따라서 승패가 보다 많이 갈렸다. 이제 선거 전략은 단 한 차례의 겨루기로 결정이 나는 결투나 마찬가지였다. 선거는 제로섬 게임이고, 따라서 한 사람이 이기면 다른 사람은 질 수밖에 없다. 그러니 대결은 치열할 수밖에 없다. 유권자의 규모를 생각할 때 유권자 개개인과 접촉하기란 애초에 불가능한 만큼 선거 운동은 대중매체를 통해서 이루어질 수밖에 없다. 선거는 정책의 경연장이라기보다는 인물의 경연장이 되었다. 앳워터는 이른바 '스핀'spin(이미지의 생성 혹은 조작이라는 뜻으로 사용되는 용어. 이미지 관리자를 '스핀 닥터'라고 부른다 — 옮긴이)의 대가로 인정을 받았으며, 주어진 각각의 상황에 고유한 논리를 부여해서 발생한 모든 일들이 보다 큰 규모의 내러티브에 기여하는 방식으로 설명되도록 유도했다. 스핀을 통하면 청렴한 후보자에게도 부패한 인간의 딱지를 붙일 수 있고, 아무리 몹쓸 짓을 한 정당이라도 유권자의 비난을 피할 수 있었다. 그리고 진짜와 가짜가 뒤섞여서 구분할 수 없게 되고, 우연하게 일어난 일이라 하더라도 의도적인 계획 속에서 일어난 사건이 될 수 있었다. 물론 반대로 계획 아래에서 이루어진 일도 우연하게 일어난 일이 될 수 있었다. 비록 앳워터는 병상에서 죽어가며 성경을 이야기했고 또 자기 때문에 억울하게 당한 사람들에게 사과의 말을 전하긴 했지만, 과연 이게 진심에서 우러나온 사과였는지 아니면 자기 이미지를 호도하기 위한 술책이었는지 알 수 없는 일이다. 그의 추종자 가운데 한 사람이었던 메리 마탈린Mary Matalin에 따르면 앳워터는 자기가 개인적으로 무례하게 굴었던 모든 사람에게 용서를

구하고 싶어 했지만 자기가 구사했던 정치적인 방법은 '죽어가던 병상에서도 철회하지 않았다.'[33]

앳워터는 언론 매체에 많은 공을 들였는데, 자기만의 독특한 이야기를 구성하고자 하는 기자들 개개인의 바람에 모두 부응하려고 했다. 그는 선거 운동을 하던 초기부터 자기만의 기법들을 개발했다. 예를 들면 기자들이 '중요한 인물로 신뢰를 받는다는 느낌을 가지도록' 보도자료를 우편으로 보내지 않고 기자를 직접 찾아가 만나서 전달했다. 그리고 또 이 보도자료가 마감시한 한 시간 전에 기자 손에 들어가도록 해서 기자들이 '따끈따끈한' 뉴스로 받아들이게 만들며 또한 동시에 검토할 시간을 (그래서 뉴스로 채택되지 않을 가능성을) 최소한으로 줄였다. 보도자료는 거의 대부분 한 쪽짜리로 만들었으며, 한눈에 쏙 들어올 수 있도록 제목도 스물다섯 단어를 넘지 않도록 했다.

"평균적인 기자는 대부분의 사람들과 마찬가지로 게으르다. 늘 마감시한에 쫓기는 기자들은 보도자료를 바탕으로 해서 기사를 온전하게 새로 쓰지 않고 보도자료를 그대로 베껴서 기사로 쓰려고 한다."[34]

마틀린은 언론 매체가 특정 시기에 한 주제밖에 다룰 수 없다는 점을 지적하면서 앳워터의 재능을 두고 '언론의 생리를 잘 안다'고 표현했다.[35]

이 모든 것 뒤에는 미국의 정치와 사회에 대한 치밀한 분석이 놓여 있었다. 1980년대 초에 앳워터는 우연히 클라크 클리퍼드Clark Clifford가 1947년 11월에 해리 트루먼Harry Truman 대통령에게 보낸 보고서 《1948년의 정치》The Politics of 1948를 접했다. 다음해에 있을 대통령 후보 지명전에서 누가 최종적인 후보로 나설 것인지 정확하게 예측하고 또 나아가 트루먼이 승리할 것까지 예측한 보고서였다. 그런데 앳워터는 선거인단을 살펴보고는 솔리드 사우스Solid South(전통적으로 민주당을 지지하는 남부의 여러 주— 옮긴이)를 확실하게 확보하고 1944년 선거에서 민주당이 이긴 주들에서 이번에도 이긴다는 것을 전제로 할 때, 통상적으로 여기서만 이기면 전체 선거에서도 이긴다고 일컬어지는 동부의 몇몇 규모가 큰 주들에서 트루먼이 질 수도 있었다는 사실을 깨달았다. 앳워터는 이런 사실을 1983년 3월의 보고서 《1984년의 남부》South in 1984에서도 확인했다. 이 보고서는 동일한 조건에서 어떻게 레이건이 재선에 성공할 수 있었는지 보여주었다.

"남부 사람들의 본능적인 정서는 여전히 민주당으로 기울어 있다. (……) 남부 사람들은 반드시 공화당 후보를 뽑아야 한다고 생각할 때만 공화당 후보에게 표를 준다. (……) 그러나 1980년에 레이건은 남부 사람들을 설득해서 같은 남부 사람이던 지미 카터에게 등을 돌리도록 하는 데 성공했다."

앳워터는 '포퓰리스트'라고 자기가 직접 이름을 붙인 부동층을 승패의 관건이라고 파악했다. 이 집단은 공화당을 지지하는 '컨트리클럽 회원들'로 묶일 수도 있었고 민주당을 지지하는 흑인으로 묶일 수도 있었다.[36] 다음해의 또 다른 보고서는 남부를 승리의 관건으로 강조하며 '(전국적인) 자유주의적인 민주당 지지자와 남부의 전통적인 민주당 지지자를 갈라놓는 쐐기'를 박아넣을 것을 촉구했다.

앳워터가 포퓰리즘에 관심에 가진 것은 이것은 보수주의와 다르게 이데올로기라기보다는 일련의 부정적인 태도라는 점 때문이었다.

"그들은 커다란 정부에 반대하고 커다란 기업에 반대하며 또 커다란 노동조합에 반대한다. 그들은 언론과 부자 그리고 빈자에 적대적이다."

사람들이 이렇게 부정적인 태도를 가지고 있다는 것은 이 사람들을 움직여서 자기 당 후보자로 결집시키기 어렵다는 뜻이었다.

"이 사람들이 움직인다는 것은 십중팔구 보수주의적이거나 공화당적인 대의로서 자유주의적이거나 민주당적인 대의를 지지한다는 것을 의미한다."[37]

앳워터는 포퓰리스트라는 부동층 집단에 이 자유론자들을 포함시켰다. 이 집단을 그는 자유주의자나 보수주의자만큼이나 중요하게 여겼다. 이 집단의 철학을 그는 전체 유권자의 약 60퍼센트를 차지하는 (1946년에서 1964년 사이에 태어난) 베이비부머 세대와 연관 지었다. 베이비부머 세대는 텔레비전 시대에 태어났으며, 다양한 가치관과 생활 방식에 관심을 가지고서 '자아 실현'과 '내면적인 주체적 방향을 따르는' 삶을 살고 있었다. 따라서 이들은 경제적인 문제에서뿐만 아니라 개인의 삶에 정부가 간섭하는 것에 반대했다. 앳워터는 이 모든 점에서 사람들을 지배하는 여러 태도들을 탐구했는데, 이런 태도들은 (정서적인 것 혹은 지적인 것을 모두 아우르는) 여론들보다 더 깊이 사람들의 마음에 새겨져 있음을 확인했다. 그 결과 정치적인 성향은 예전보다 한층 더 유동적으로 바뀌었고 따라서 유권자들의 태도를 따지며 파고드는 선거 운동은 한층 더 어려워졌다. '구체적인 사례 즉 청중들로 하여금 생각하기보다 느끼게 만드는 (통상적인 경향으로 말하면, 혐오하게 만드는) 쉽게 소화할 수 있는 처방약의 노골적인 남용'을 찾아내는 것이 선거 운동의 핵심적인 과제로 자리를 잡았다.

1988년 대통령 선거에서 부시 선거 본부 측은 처음부터 불리한 전세를 인정하고 시작했다. 부시는 특권을 누린 배경과 레이건 정부에서 부통령으로 재직할 당시의 기민하지 못했던 여러 모습들로 연상되었기 때문이다. 아닌 게 아니라 선거 운동 초기에는 여론조사 결과 부시가 듀카키스에게 밀렸다. 그런데 범죄자로 매사추세츠의 교도소에 갇혀 있던 윌리 호턴Willie Horton이 구원투수로 등장했다. 호턴은 듀카키스가 매사추세츠 주지사 시절에 지지했던 재소자 주말 특별 외박 프로그램의 혜택을 받고 교도소 밖으로 나왔었는데 중간계급 백인 가정에 침입해서 남자를 묶고 여성을 강간했다가 체포된 범죄자였다. 부시는 호턴을 부각시켜서 흑인이 백인을 강간하려 든다는 인상을 심어줌으로써 전세를 역전시켰다. 민주당 후보 지명 과정에서 앨 고어는 듀카키스가 '유죄 판결을 받은 범죄자에게 주말 외박을 허용했다'고 언급했었는데, 당시에는 더 이상 아무 것도 나오지 않았다. 하지만 앳워터 팀은 이 문제를 파고들어서 이 사안이 듀카키스에게 얼마나 큰 피해를 줄 수 있을지 파악했다.

"윌리 호턴이 스타성을 가지고 있는 한 호턴을 정치적으로 얼마든지 무서운 폭탄으로 써먹을 수 있다. 이것이야말로 자유주의와 거구의 흑인 강간범을 멋지게 섞어놓은 사례이다."[38]

로널드 레이건 역시 캘리포니아에서 재소자의 일시적인 외박을 허용하는 비슷한 계획을 세웠었고, 매사추세츠에서 시행되던 문제의 그 제도도 듀카키스 전임 주지사, 그것도 공화당 전임 주지사가 마련한 것이었다. 듀카키스는 그 정책을 포기하고 싶지 않았고 대신 그는 일급 살인범의 경우에 한정해서 제도의 실행 조건을 강화하는 데 동의했었다. 그런데 이야기의 전체 맥락이 완전히 뒤바뀌어서 듀카키스는 강간범과 살인범을 습관적으로 사회로 풀어놓는 나약한 자유주의자가 되어버렸다. 비록 호턴 이야기를 띄우는 광고가 부시 선거 본부에서 공식적으로 진행한 것이 아니었지만, 공화당 지지자들은 무자비하게 듀카키스를 공격했다. 예를 들어서 일리노이의 공화당 지지자들은 '매사추세츠의 모든 살인범, 강간범, 마약사범 그리고 어린이 성추행범은 모두 듀카키스를 지지한다'고 선전했다. 메릴랜드의 공화당 지지자들은 듀카키스가 무시무시한 호턴과 나란히 서 있는 모습과 함께 '이 사람들이 1988년 선거에서 가정을 소중하게 여기는 팀입니까?'라는 문구를 배치했다. 호턴은 범죄와 인종이라는 쟁점을 부각시키는 데 활용되었다. 특히 인종이라는 쟁점은 보다 더 잠재의식적이었다. 텔레비전 토론에서 듀카키스는 아내가 강간당하고 살해당했다면 그 범인에게도 사형을 반대할 거냐는 질문을 받고 자기는 평생 동안 사형을 반대해왔다고 대답했는데, 이로써 듀카키스는 범죄에 무관심하다는 이미지가 한층 더 강화되었다. 비록 호턴 관련 광고가 나올 무렵에 이미 부시는 듀카키스를 앞서고 있긴 했지만, 듀카키스는 그때 적절하게 대응하지 못한 것이 '내 정치 경력을 통틀어서 가장 큰 실수'였다고 나중에 술회했다.[39]

앳워터는 또한 종교적인 카드도 효과적으로 사용했다. 그 결과 남부 지역의 기독교도들이 대거 공화당 쪽으로 돌아섰다. 그들은 카터를 지지할 수 있었지만 1984년에 레이건의 경쟁자였던 월터 먼데일Walter Mondale 이나 듀카키스는 지지하지 않았다. 부시는 텔레비전 토론에서 어떤 사상가로부터 가장 큰 영향을 받았느냐는 질문을 받고는 비록 훌륭한 신앙생활을 하는 기독교인이 아니었음에도 불구하고 '예수'라고 대답하는 기민함을 보였다.

"예수는 내 마음을 바꾸어놓았기 때문입니다."

복음주의자인 빌리 그레이엄Billy Graham은 이 대답을 '멋지고도 훌륭한 대답'이라고 묘사했다. 부시는 그때 매우 친밀한 존재로 신을 언급했다. 뿐만 아니라 카메라를 똑바로 바라보면서 그 대답을 함으로써 자기 발언에 신뢰감을 주었다. 그럼으로써 부시는 자기가 원하던 지지를 얻었다.[40] 그러나 듀카키스가 1988년 선거에서 패배한 이유는 이것들 때문만이 아니었다. 부시 진영이 잘했을 뿐만 아니라 듀카키스 진영이 맥 빠진 선거 운동을 했다는 점도 패배의 원인이었다. 1992년에 진행된 클린턴의 선거 운동은 네거티브 인신공격을 받을 때, 불쾌한 표정으로 침묵을 지키는 것 이상으로 대꾸를 하는 것 자체가 오히려 품위를 떨어뜨리는 것이라고 생각하며 제대로 받아쳐서 대응하지 못할 때 어떤 결과가 빚어지는지 잘 보여주었다.

✝ 영속적인 선거 운동

민주당도 정치 전략에 여러 가지 기여를 했다. 그 가운데 특히 중요한 것은 앳워터 이전에 있었던 것으로서, 선거는 꾸준하게 지속되는 연속적인 활동 속에서 진행되는 일회성 계기일 뿐임을 인식하는 것이었다. 집중적인 선거 운동은 선거 기간 동안에 물론 최고조에 다다르겠지만, 그러나 어떤 후보자가 이렇게 한다는 이유만으로 이 후보자가 (선거 운동과 관련된 모든 노력의 표면적인 목적인) 통치 업무를 잘 해나갈 것이라는 뜻은 아니다. 선거 운동 기간을 앞과 뒤 양쪽으로 늘인 사람은 지미 카터였다. 그의 선거 책임자이던 해밀턴 조던Hamilton Jordan은 인지도를 높이기 위해서 될 수 있으면 일찍 선거 운동을 시작하라고 조언했다. 그러려면 자금 모집을 일찍부터 시작할 필요가 있었다. 이것을 기자인 아서 해들리Arthur Hadley는 '보이지 않는 예비 선거(프라이머리)'invisible primary라고 이름 붙였는데, 한 선거 운동이 끝난 뒤부터 다음 선거의 공식적인 첫 번째 주 예비 선거가 시작될 때까지의 기간을 가리킨다. 이 기간 동안에 잠재적인 후보자들은 이런저런 준비, 특히 자금 모집 준비를 해둘 필요가 있었다. 자금 모집은 특히 중요한 까닭에 이 기간을 '머니 프라이머리'money primary라고 부르기도 한다.

보이지 않는 예비 선거에서 '영속적인 선거 운동'으로 전환되는 현상은 자연스럽고도 당연한 과정이었다. 영속적인 선거 운동은 카터의 여론 조사 책임자이던 팻 캐델Pat Caddell이 1976년 12월에 쓴 보고서에서 처음 도입한 개념인데, 캐델은 다음 사실을 확인했다.

"너무도 많은 훌륭한 사람들이 내용을 버리고 스타일을 찾으려 하다가 현재 무슨 일이 일어나고 있는지 공중이 이해할 필요가 있는 눈에 보이는 신호들을 공중에게 제시하는 것을 잊어버리는 바람에 선거에서 패배를 하고 있다."

캐델에 따르면 '공중의 승인 아래 통치를 해나가려면 지속적인 정치적 선전이 필요하다.' 이 개념은 나중에 빌 클린턴의 자문위원이 되는 기자 시드니 블루멘탈Sidney Blumenthal이 창안한 것이다.[41] 영속적인 선거 운동 뒤에 놓여 있는 필수적인 전제 조건은 일별 뉴스 사이클이 강렬한 집중성을 가져야 한다는 사실 그리고 부정적인 소재가 나타나자마자 이것을 처리하지 못할 때는 그만큼 비용이 발생한다는 사실을 인식하는 것이다. 일별 내러티브가 적어도 정책을 만들어내는 업무만큼 혹은 그 이상으로 중요하다는 생각이 단기적인 사고를 극한까지 밀어붙였다.

1992년, 클린턴 선거 운동 본부가 윌리 호턴 사건에서 얻은 교훈 그리고 민주당의 대통령 후보였던 월터 먼데일과 마이클 듀카키스가 연속해서 공화당 후보에게 가볍게 나가떨어지는 과정에서 얻은 교훈은, 상대방이 어떤 내용이나 형태의 네거티브 공격을 하든 간에 여기에 즉각적이고 공격적으로 대응해서 맞받아쳐야 한다는 것이었다. 예비 선거 기간 동안에 클린턴이 바람을 피웠다는 온갖 이야기들이 나오자마자 선거 본부에서는 곧바로 행동에 들어가서 관심을 다른 곳으로 돌렸다. 선거 본부의 제임스 카빌James Carville은 힐러리 클린턴Hillary Clinton에게 이렇게 말했다.

"선거 운동에서는 초점이 필요합니다. (……) 선거 운동은 군사작전이 나 마찬가지입니다. 적어도 겉으로 보기에는 말이죠. 지금 나에게는 지 도들, 어떤 표식들, 즉 긴급함을 알릴 수 있는 어떤 것이 절실하게 필요 합니다. 거대한 전자식 컬러코드 지도가 있으면 정말 좋겠습니다."

그러자 그녀는 마치 전쟁 상황실에 있는 것 같다고 말했다. 선거와 전쟁은 비슷한 점이 많은데, 두 진영이 전투를 벌이고 마지막에 한쪽은 이기고 다른 한쪽은 지기 때문이다. 카빌은 '주관적인 감정을 개입시키지 않고 분석적이고 계산적인 방식으로 모든 것을 바라보려고' 노력하지만 실제로는 결코 그렇게 되지 않는다고 솔직히 인정했다.

"결국 보면 나는 그것과 반대로 가고 있습니다. 나는 언론 매체를 혐 오합니다. 우리 후보자가 당선되도록 하는 데 완전히 몰두해 있지 않은 사람은 누구를 막론하고 모두 혐오합니다. 만일 선거 운동을 하지 않는 다면, 날마다 이 일을 하면서 살아가지 않는다면, 하루에 열여덟 시간 동 안 이 일을 하지 않는다면, 이런 일을 제대로 한다고 할 수가 없습니다."

이런 근거로 해서 카빌은 다시 덧붙였다.

"그리고 거의 언제나 일어나는 일이지만 실패하는 법이 없습니다. 나 는 언제나 우리 후보자와 사랑에 빠져 있습니다."

그는 전쟁의 비유를 계속 이어가서, 선거에서도 공세를 유지하는 것 이 훨씬 만족스럽다고 했다. 시시하고 미적지근한 것보다 '상대방을 아 예 난도질하는 것이 정신적으로도 훨씬 더 큰 보상을 안겨준다'고 했다.[42] 2012년에 카빌은 고대 로마의 선거 운동을 열정적으로 설명하면서 초반 에 네거티브 공격으로 나서야 한다는 조언을 특히 강조했다.

"기회가 생길 때마다 상대방이 안고 있는 범죄, 성 추문, 부패 등의 약점을 물고 늘어져서 상대방에게 흠집을 내야 한다."[43]

카빌은 1992년 선거 운동에 참여했던 또 다른 전문가와 공동으로 저술한 책에서, 선거 운동을 여러 언론 매체들의 다양한 요구와 연결시켜서 자기 철학을 설명했다. 그는 정치인과 언론 매체가 만나는 어떤 상황에서부터 설명을 풀어나갔다. 만일 어떤 정치인이 암 치료법을 발표하겠다면서 매체를 불러서 설명을 하다가 오케스트라 피트로 굴러 떨어졌다고 치자. 이럴 때 그 매체는 어디에다 뉴스 보도의 초점을 맞출까? 아마도 이 매체가 내놓는 기사의 제목은 "정치인, 오케스트라 피트에 떨어지다"가 될 것이라고 했다. 매체들은 기본적으로 추문, 속임수, 여론조사, 공격 등에만 관심을 가지므로, 어떤 의제(어젠다)를 통제할 수 있는 유일한 희망은 공세적인 공격에서 찾을 수밖에 없다고 했다.[44] 적절한 순간이 오기를 기다리면서 긴 시간에 걸쳐서 공격을 준비할 수 있지만, 무엇보다 중요한 것은 타이밍이었다. 이 타이밍은 뉴스 사이클이 점점 더 짧아지는 추세 속에서 (이런 추세 속에서 어떤 이야기가 채 끝나기도 전에 다른 새로운 이야기를 찾아가게 만드는 미디어의 왕성한 식욕이 생겨났다) 기회를 노려야 하고, 또 어떤 이야기든 간에 방송인에게 허용된 짧고도 개수가 많은 토막 시간들을 적절하게 포착해야 한다. 예컨대 1968년에는 방송에서 후보자가 방해를 받지 않고 발언한 시간이 42.3초였지만, 2000년이 되면 그 시간은 7.8초로 줄어들었다.

그래서 속도는 한층 중요한 요소로 강조되었다. 그리고 또 속도는 정확함, 기민함, 유연함 등에 추가점을 얻어주었다. '분석이 마비되는' 시간이 있어서는 안 되었고, '첫인상을 심어주기 위한 두 번째 기회'는 없었다. 언론 매체가 찍은 첫 번째 사진은 두고두고 사용되는 원판이므로 중요하다. 마찬가지로 뉴스 사이클에서 맨 먼저 나와야지 뒤에 나오면 수많은 기사들 속에 그냥 묻혀버리고 만다. 일단 어떤 판단이 서고 행동으로 진행된다면, 다시 또 생각할 겨를은 없다. 걸음을 멈추고 머뭇거리면 치명적인 위험에 노출되기 때문이다. 어떤 논쟁에서 자기에게 유리하게 프레임을 짜려면 핵심적인 메시지를 단순하게 만들어야 하고 또 이 메시지를 무자비하게 반복해야 한다. 의사소통은 기억할 수 있는 이야기들을 필요로 한다. 이 모든 것을 아울러서 카빌은 '사실(팩트)은 말을 하고 이야기(스토리)는 팔린다'라고 요약했다.

카빌의 팀은 매체를 지속적으로 잘 다루었다. 한 차례 토론이 진행된 뒤에는 올바른 메시지가 수용되도록 그리고 부시 진영에 관한 부정적인 어떤 것은 단 하나도 빠트리지 않도록 확실하게 점검하고 챙겼다. 듀카키스가 어떻게 패배했는지 잘 알고 있었기에, 상대 진영이 클린턴 후보에게 어떤 의문을 제기하자마자 곧바로 대응할 신속대응팀을 따로 조직했다. 심지어 부시가 후보 수락 연설을 하던 바로 그 순간에조차도 주제별로 그의 발언을 비판하는 보도자료를 실시간으로 연달아 내보냈다. 후보자간 토론이 있을 때는 클린턴이 사전에 미리 부시가 어떤 태도들을 취하고 있으며 재직 중에 어떤 기록을 세웠는지 철저하게 숙지함으로써, 부시가 미처 어떤 주장을 하기도 전에 미리 반박을 할 수 있었다.[45] 두 후보자가 서로를 의식했든 하지 않았든 간에 카빌은 상대방으로 하여금 지속적으로 방향 감각을 잃어버리게 만드는 시도를 함으로써 보이드의 우다 고리_{OODA loop}(방향 설정과 그에 따른 행동의 점진적인 개선—옮긴이)를 따르고 있었다. 선거본부의 마지막 회의 때 카빌의 티셔츠에 적힌 구호는 '스피드가 부시를 …… 죽였다'였다.

미국의 각급 정치에서 네거티브 선거 운동이 꾸준하게 지배적인 위치를 차지한다는 사실은, 특히 판세가 박빙으로 흘러가고 또 선거 자금이 크게 부족하지 않을 때 후보자나 선거 본부의 전략가들이 네거티브 공격이 잘 먹힌다고 확신한다는 뜻이다.[46] 네거티브 공격이 통하는 이유는 사람들이 긍정적인 정보보다 부정적인 정보에 더 민감하게 반응하기 때문이다. 부분적인 이유겠지만 아무래도 그 경우에는 '보안과 삶의 기준을 놓고 볼 때 이 사람을 과연 신뢰할 수 있을까?' 하는 차원에서 위험의 강도가 더 높아지기 때문이다. 후보자의 고결한 덕성을 이야기하는 긍정적인 메시지는 아무래도 강력한 반응을 이끌어내기 어렵다. 부정적인 메시지 역시 지나치게 거슬리거나 이전투구의 양상으로 흐를 때 혹은 현재적인 관심사와 관련이 없을 때는 잘 먹히지 않을 수 있다. 상대 후보가 젊은 시절에 바람을 피웠다거나 과격한 사상에 빠져 있었다는 내용의 네거티브 공격은 그 후보가 해명을 하는 과정에서 무능한 모습이나 솔직하지 않은 모습을 보이지 않는 한, 적절하지 못한 것으로 비칠 수 있다.[47] 그러므로 네거티브 공격을 하는 측의 주장은 상대방의 해명을 부정하기 위해서뿐만 아니라 상대방이 자기에게 전혀 위협이 되지 않음을 증명하기 위해서도 중요하다. 게다가 모든 메시지가 다 그렇듯이 메시지를 듣는 계층은 복수이다. 전국적인 차원의 선거 운동에서 지속적으로 문제가 되는 것은 핵심적인 지지 기반을 강화할 수 있는 주장들이 온건한 의견을 가지고 있는 계층들로 하여금 뒷걸음치게 만들 수도 있다는 점이다.

이것은 1992년 선거가 남긴 교훈들 가운데서 특히 중요한 것이었다. 그 위험을 인식한 클린턴은 부시 진영에서 퍼붓는 공격을 무력화하기에 좋은 위치에 자리를 잡았다. 그는 레이건과 부시의 12년 재임을 정기적으로 언급함으로써 어려운 경제 여건과 변화의 필요성에 초점을 맞출 수 있었던 것이다. 남부 출신으로서 그는 또한 앳워터가 정체성을 포착했던 포퓰리스트 역할을 수행할 수도 있었다. 즉 '새로운 계약'(기독교에서 모세의 율법에 의하지 않고 신의 은총에 의해서 신이 인간 한 사람 한 사람과 맺는 구원의 약속—옮긴이)과 '신 아래에 있는 하나의 국가'one nation under God(공산주의를 극심하게 탄압하던 시절인 1954년 연방의회는 국기에 대한 맹세에 이 문구를 삽입할 것을 결정했다—옮긴이)를 말함으로써 종교적인 주제들을 교묘하게 채용하면서도 이 주제들을 보다 자유주의적으로 비틀었던 것이다. 이렇게 함으로써 그는, 보다 세속적인 중도층 사람들을 놀라게 하지 않고서도 종교적으로 비춰볼 때 올바른 일을 해나갈 수 있다고 믿고 또 그렇게 주장했던 부시의 도움을 받은 셈이다.[48]

1988년 선거에서 종교 문제와 관련된 쟁점을 활용해서 톡톡하게 재미를 보았던 부시는 이번에는 이게 잘 먹히지 않는다는 걸 깨달았다. 문제의 한 부분은 도덕적 다수파를 강하게 밀어붙임으로써 공화당이 정치적인 문제라기보다는 사회적인 문제로 여겨지던 것들에 관해서는 소수파가 되고 말았다는 데 있었다. 가톨릭교도들은 복음주의자들과 함께 낙태를 노예제도와 동등한 것으로 제시함으로써 스스로를 폐지론자에 비유했다. 그들은 동성 결혼을 반대했을 뿐만 아니라 동성애를 저주했다. 신보수주의운동New Right의 창시자인 폴 웨이리치Paul Weyrich는 다음과 같이 선언했다.

"만일 당신이 게이의 권리를 주장하고 여기에 찬성한다면, 당신은 성경이 분명하게 금지한 계율을 어기는 것입니다."[49]

그리고 이어서 대법원이 그들의 표적이 되었다. 왜냐하면 대법원은 학교에서 기도를 금지했고, 낙태를 법률적으로 허용했으며 또 동성 간의 관계를 너그럽게 받아들였기 때문이다. 그들은 헌법을 수정하기 위한 구체적인 움직임에 돌입해서 이 문제를 다룰 법관들이 적절하지 않다고 문제를 제기하고 나서는 한편, 공화당에게는 남녀평등 헌법 수정안에 반대하고 나서라고 촉구했다. 1992년 공화당 전당대회에서 기독교연합Christian Coalition은 '신과 국가'라는 제목의 집회를 열었고, 제리 팔웰이 중요한 자리를 차지하고 앉았다. 전당대회장 안팎에 그리고 숱한 연설에서 종교적인 언어와 표현이 넘쳐났다. 부시는 수락 연설을 하면서 민주당이 'G-O-D'라는 세 글자를 전당대회장에 동원한 것을 비판했다.

그러자 곧바로 역풍이 불었다. 어떤 후보든 간에 전당대회에서 수락연설을 한 뒤에는 지지율이 뛰어오르는 게 당연했지만, 이번에 부시에게는 이런 일이 일어나지 않은 것이다. 이 여론조사 결과는 상대 진영이 반反종교적이라는 주장이 불화를 조장한다는 불안감 그리고 부시의 기독교 지지층이 극단주의적이라는 불안감이 반영된 것이었다. 한편 텔레비전 복음 전도사이던 팻 로버트슨Pat Robertson은 다음과 같이 주장했다.

"페미니스트의 주장은 여성의 평등권을 말하는 게 아니다. 사회주의적이며 반反가족적인 정치 운동을 말한다. 남편을 버리라고, 자식을 죽이라고, 마녀질을 하라고, 자본주의를 파괴하라고, 레즈비언이 되라고 여성을 부추긴다."[50]

당시에 부시는 주류의 사회적 가치관에서 벗어나서 핵심적인 쟁점인 경제 문제를 회피하려 하고 있는데, 이런 일련의 움직임들이 모두 부시에게 피해를 입혔다.

공화당은 미국 사회에서 일어나고 있던 변화의 의미를 놓쳐버릴 위험에 처했다. 1988년과 1992년 두 선거에서 모두 부시의 러닝메이트였던 댄 퀘일Dan Quayle은 공화당을 전통적인 가치관과 동일시할 방안을 찾았다. 1988년에 그는 '저쪽과 이쪽 사이에 가로놓인 간극은 문화적인 차원의 분리'라고 했었다. 그리고 1992년 전당대회에서 그는 가족의 중요성을 입증하고 싶어 했고, 그래서 텔레비전 시트콤 《머피 브라운》Murphy

_{Brown}의 주인공인 머피 브라운이라는 가공의 인물을 선택해서 비판의 포화를 퍼부었다. 당시 주인공이 가장 최근에 선택한 것은 싱글맘이 되는 것이었는데, 이런 결정이 '아이를 혼자서 키움으로써 아버지라는 존재의 중요성을 무시한다'고 비판했다. 그러면서 시트콤의 이런 설정 자체가 미국 가정에 제기되는 시련을 생생하게 보여준다고 목소리를 높였다. 이런 위험은 이혼율 증가, 성적인 개방, 범죄 증가, 도덕심의 전반적인 하락 등과 관련이 있다고 했다. 하지만 퀘일의 이런 공격은 패착이었음이 금방 드러났다. 머피 브라운이 낙태를 선택했다면 과연 그녀는 보다 나은 롤모델이 될 수 있었을까? 미혼모나 직장에 다니면서 혹은 이혼하고서 혼자서 아이를 키우는 여자를 공격한 것은 현명한 선택이 아니었다. 사실 이런 사람들이 전체 유권자 가운데서 차지하는 비율은 결코 적지 않았다. 1990년을 기준으로 할 때 미국 가구의 약 4분의 1이 핵가족으로 분류되었다. 그리고 18세 미만의 아이가 있으면서 직장에 나가는 엄마의 비율은 1955년에 27퍼센트이던 것이 1992년에는 76.2퍼센트였다. 그리고 공화당의 낙태 반대 주장에 불편해하던 여자들도 곧 클린턴 쪽으로 넘어갔다.[51]

빌 클린턴이 1990년대에 충분히 성공적으로 대통령직을 수행했음을 전제로 할 때, 2008년에 그의 아내 힐러리가 민주당의 대통령 후보 자리를 놓고 버락 오바마와 박빙의 판세 속에서 치열하게 싸워서 졌다는 사실은 놀라운 일이다. 버락 오바마는 혼혈 인종이며 자유주의자였기에 누가 봐도 불리한 조건을 가진 국외자였기 때문이다. 힐러리 클린턴이나 오바마 모두 대통령에 당선되기만 하면 최초라는 수식어를 달 수 있었다. 클린턴은 최초의 여성 대통령이 되고 오바마는 최초의 흑인 대통령이 될 터였다. 다른 몇 가지 점에서 보자면 두 사람이 벌인 경선 과정의 치열함

은 두 후보의 특성이 비슷했기 때문이라고 할 수도 있다. 두 사람 다 전직 변호사이자 상원의원이었다. 그런데 클린턴이 나이가 많고 보다 많은 경험을 가지고 있었으며, 또 전직 퍼스트레이디였고 당의 중진이었다. 이에 비해서 오바마는 당내에서 소수파에 속했으며 전국적인 지명도를 확보한 것도 지극히 최근이었다. 게다가 그는 평판이 좋지 않던 이라크 전쟁에 애초부터 반대했던 이력도 가지고 있었다. 하지만 이런 차이에도 불구하고 두 사람이 제시한 정책만 놓고 보자면 두 사람의 의견은 크게 다르지 않았다. 오바마는 탁월한 웅변가였고, 그가 성공을 거둔 것도 탁월한 언어감각 덕분이라고 말을 해도 전혀 틀린 말은 아니었다. 그는 또한 아메리칸 드림의 상징적인 인물이었다. 온갖 불리한 여건에도 불구하고 난관을 뚫고서 그 자리까지 올라갔기 때문이다.

오바마가 성공을 거둔 데는 웅변술뿐만이 아니라 (클린턴과 벌인 토론에서 오바마가 훨씬 많이 이겼다) 기본적인 조직화도 기여를 했다. 그의 전략은 아직 먼 길을 가야 하는 시점이던 2007년 6월에 이미 나왔다. '초기 단계의 승리를 계기로 삼아서 바람을 일으키는 (……) 모반자의 고전적인 선거 운동'이 바로 그 전략이었다. 그는 이미 자금 모집 경쟁에서 기부자의 수나 기부금 액수 면에서 클린턴을 앞섰다. 오바마의 수석 전략가인 데이비드 악셀로드David Axelrod는 자기들은 전국적인 차원의 선거 운동을 하는 것이 아니라 초기 단계의 몇몇 주에 집중함으로써 승리를 '하나씩 하나씩 거두어간다'는 전략을 가지고 있다고 설명했다. 오바마 진영이 마련해둔 각본에는 새로운 것이라고는 없었다. 개혁을 주장하는 후보들은 언제나 풀뿌리 역량을 언론의 힘과 결합시키려고 했고 통상적으로 결국 그 후보들은 낙마했다.[52]

오바마 선거 본부의 총괄 책임자 데이비드 플루프David Plouffe는 힐러리 클린턴과의 대결에서 승리를 거둔 것을 되돌아보면서 오바마와 같은 소수파가 주류 다수파를 이길 수 있었던 것은 선명한 메시지(이 메시지는 '전망, 쟁점들 그리고 전기傳記'의 합성물이었다)를 마련하고, 이 과정을 '승리할 수 있는 득표율에 다가설 수 있는 가장 가능성이 높은 길'을 찾아내는 과정과 결합한 덕분이라고 보았다. 이 전략을 바꾸지 않는다는 것도 오바마 선거 본부가 채택한 전략의 한 부분이었다. 그러니 따로 또 추정하거나 이를 바탕으로 기존의 방침을 수정할 이유도 없었다. 선거 본부는 핵심적인 구호 하나에 집중해서, 다수의 예비 선거 또는 당 간부 회의(코커스)를 통해서 선택한 접근법에 엄격하게 의거해서 시간과 자원을 할당했다. 플루프는 오바마가 자기는 '정치적 정체성을 찾아서 이리저리 헤매고 다닐' 생각이 없다고 했던 말, 그리고 '일곱 개의 서로 다른 전략이 아니라 단 하나의 흠이 있는 전략을 가지고 있다'고 했던 아들 조지 부시의 자문위원들 가운데 한 사람이 했던 말을 인용했다. 오바마 선거 운동에서 핵심적인 요소는 기술을 활용하는 것, 특히 인터넷 공간을 확실하게 장악하는 것이었다. 오바마 선거 본부는 2007년 초에 1만 개의 이메일 주소를 가지고서 시작했지만, 2008년 6월에 이 주소는 500만 개가 넘었다. 물론 이 가운데 40퍼센트는 자원봉사를 하거나 기부금을 냈다. 선거본부가 끌어당길 필요가 있던 사람은 이미 소셜네트워킹과 인터넷에 깊이 빠져 있었고, 덕분에 이 사람들이 선거 유세에서 어떤 역할을 하도록 유도하는 일은 손쉽게 이루어졌다. 그들은 또 디지털 통신에만 의지하지 않고 전통적인 매체, 광고 메일 그리고 개인적인 대화에도 의존했다.

이 접근법을 뒷받침하는 원리는 상당히 단순하다. 이 원리는 이렇다. 우리는 바쁘고 분절된 세상에 살고 있으며, 이런 세상에서 사

람들은 경쟁적으로 관심을 끌고자 하는 온갖 구실과 요구의 융단폭
격을 받고 있다. 이런 점을 염두에 둔다면, 그 사람들에게 어떤 메시
지를 전하고자 한다면 한층 더 강력한 시도를 해야 한다. 어디에나
가 있을 필요가 있다. 그리고 여러 가지 매체를 통해서 여러 차례에
걸쳐서 당신이 보내는 메시지를 전달받는 사람들을 위해서 당신의
메시지는 통일성을 갖출 필요가 있다.[53]

오바마의 선거 운동은 또한 폭넓게 진행된 인구통계학적 변화의 혜
택도 톡톡히 보았다. 미국은 인종적으로나 문화적으로 점점 더 다양화
되고 있었는데, 공화당은 백인 남자 중산층 엘리트 집단의 당, 즉 한때는
사회를 지배했지만 지금은 수세에 몰려 있는 집단의 당으로 비칠 위험을
안고 있었다. 미국의 여러 정당들 뒤에 놓여 있는 연대의 관계는 다시 또
바뀌고 있었다. 공화당은 1960년대에 드리워졌던 문화적 변동의 반작용
덕분에 무려 30년 동안이나 혜택을 보았다. 그런데 공화당에게 이득을
안겨 주었던 변화들이 이제 거꾸로 공화당을 압박하기 시작한 것이다.

타이밍으로 치자면 다소 불행했다고 할 수 있는 2002년에 출간된
어떤 책이 민주당이 다수당이 될 것이라고 전망했다. 민주당을 지지하는
경향이 상대적으로 높은 인구층(전문직 상류층, 직장 여성, 흑인, 아시아계 미
국인, 히스패닉)이 점점 늘어나고 있다는 게 근거였다.[54] 그런데 문제는 추
세가 아니라 프레임이었다. 2001년 9·11사태 이후로 미국 사회의 주요
한 쟁점은 국가 안보였고, 아들 조지 부시는 최고사령관이라는 자기 지
위를 최대한 활용해서 승리연합winning coalition을 강화했다. 그런데 2006년
이 되면 이라크에서 일어난 일련의 사건들이 빚어낸 결과로 해서 승리연
합은 허약해졌다. 그리고 2008년이 되면 경제 위기 앞에서 승리연합은

공화당 후보에게 힘이 되어주지 못했다. 공화당이 책임을 져야 하는 경제 위기는 점점 커져서 선거 운동의 막바지 단계 동안에 위기 상황에 다다랐다.

미국 정치계의 새로운 재편에 대해서 자동적인 것은 아무 것도 없었다. 정치계가 재편되려면 변화하는 인구통계학적·사회경제적 경향을 호소력과 신뢰성을 동시에 갖춘 메시지와 결합시킬 능력이 필요했다. 이와 관련해서 공화당은 과연 앞으로도 계속 백인 유권자(특히 보다 높은 교육의 혜택을 받지 못한 시골 지역 유권자)를 중심에 놓을 것인지 판단해야 하는 문제에 맞닥뜨렸다. 1970년대와 1980년대에 먹혔던 주제들은 새로 투표권을 획득한 유권자들의 등을 돌리게 만들었지만, 다른 한편으로는 계속해서 공화당 활동가들 그리고 특히 자기들의 가치관과 생활방식이 위협을 받고 있다고 인식하고 이것을 굳건하게 지키는 것을 기본적인 과제로 생각하는 티 파티 운동 Tea Party movement(2009년 미국의 여러 길거리 시위에서 시작한 극우 보수주의 정치 운동으로, 정부의 경기부양 정책과 세금인상 정책에 반대한다—옮긴이) 관계자들에게는 여전히 훌륭한 자극제로 기능했다.

2008년에 민주당 후보 지명을 받으려고 경쟁했던 클린턴과 오바마는 1960년대 이후로 진행되어온 태도의 변화를 생생하게 드러냈다. 두 사람 다 시카고와 깊은 인연을 가지고 있었다. 클린턴에게는 시카고가 고향이었고, 오바마에게는 빈민 운동을 하면서 정치적인 훈련을 쌓은 곳이자 새롭게 정착한 곳이었다. 시카고와 관련해서 두 사람은 이것 말고도 또 다른 인연을 가지고 있었다. 바로 솔 앨린스키 Saul Alinsky다.[55] 과거에 급진주의자 대학생이었던 클린턴은 웰슬리칼리지 졸업반 때인 1969년에 앨린스키를 주제로 졸업논문을 썼으며, 이 논문에서 앨린스키를 '성공한 급진주의자로 매우 희귀한 표본'이라고 묘사했다.[56] 그리고 그녀는 심지어 앨린스키로부터 일자리를 제안받기도 했다. 한편 오바마는 한때 '웨더맨'Weathermen(본문 323쪽 참조—옮긴이) 회원이었던 빌 아이어스Bill Ayers 에게 줄을 대려다가 퇴짜를 당한 뒤인 1980년대 중반에 앨린스키가 시카고에 조직한 커뮤니티 조직에서 일을 했다. 오바마가 후보 지명전에서 승리하자 공화당에서는 앨린스키와의 연관성을 부각시켜서 그를 민주주의적인 정치보다는 직접적인 행동을 선호했던 마르크스주의 선동자 앨린스키의 판박이로 묘사하며 흠집을 내려고 시도했다. 오바마의 출현은 흑인의 정치적 진출은 체제 내에서 시도할 때 가장 가능성이 높다고 했던 러스틴의 믿음이 현실화되는 것으로 비칠 수도 있었다. 하지만 이 두 시각은 모두 다 책임감의 윤리가 궁극적인 목적보다 우위에 있음을 드러냈다.

책임감의 윤리라는 용어는 애초에 베버가 유토피아적인 목적을 추구하는 과정에 재난의 위험을 얼마든지 감수할 준비가 되어 있는 사람들의 논리를 잠식하기 위한 의도로 사용한 것이었다. 만약 베버가 살아 있었다면, 아마도 그는 전체주의가 시작될 때 전체주의가 정당하다는 완강한 어떤 논리를 발견했을 것이다. 이 정당화의 논리는 권력을 잡기 위해서 전위 정당을 구성했던 좌익 및 우익의 혁명적인 유토피아주의자들이 거둔 승리를 대변했다. 성공한 소수의 혁명가들(레닌, 히틀러, 마오, 카스트로 등)은 영웅적인 전략가로 우상화되었다. 권력 쟁취 기회를 파악하고 포착하는 과정에서 보여주었던 눈부신 통찰력, 냉철한 이론, 단호한 결심 그리고 헌신은 숭배의 대상이었다. 하지만 혁명 과정에서 유리하게 조성되었던 환경이나 혁명을 저지하려던 진영이 저지른 실수 등은 무시되거나 평가절하되었다. 서구의 자유 민주주의자들은 이 모델을 거부했다. 그들은 법치를 단호하게 견지할 것을 천명하고 특정한 인물을 향한 맹목적인 숭배를 거부함으로써 전체주의에 반대한다는 입장을 분명히 밝혔다.

독단적인 권력에 필연적으로 따라붙는 제한은 정치 전략가들이 성취하고자 소망하던 것에 가해진 제한이었다. 법은 지켜져야 하고 임기는 보장되어야 하며 상대방을 제거하려 하거나 언론의 입을 막으려는 시도 및 모든 가짜 이유들은 저지되어야 한다. 이것은 일당 독재의 가능성을 축소시켰다. 그러나 그뿐만 아니라 분쟁의 제한적인 해결 가능성까지도 함께 축소시켰다. 그 결과 나타난 것이 언제 끝이 날지 알 수도 없는 상태에서 특정한 울타리 안에서 끊임없이 계속되는 정치 투쟁이었다.

전략은 일상적인 요구로 전락했고, 심지어 전략의 범위도 한정되었다. 한 차례 선거가 끝나자마자 곧바로 다음 선거 준비가 시작되었다. 법안들은 온갖 영향력, 문제 제기 그리고 잠재적인 폐지 등에 종속되었다. 여러 사회 운동들은 반발이라는 대항 운동뿐만 아니라 자기 내부에 갖가지 분파를 발생시켰다. 이 모든 것들은 늘 수많은 아마추어 전략가 및 전문 전략가를 바쁘게 했지만 그들에게 결정적인 승리를 안겨다준 적은 거의 없었다. 그야말로 이따금씩, 정치적인 노력에 폭넓은 사회경제적 변화들이 결합할 때만 새로운 사고방식들이 제도화되었고 정책 변경이 실행되었으며 새로운 헌법 조항들이 의결되어 한때 그런 것들이 격렬한 논쟁의 대상이었다는 사실조차 까맣게 잊혀졌다. 예를 들어서 시민권 운동이나 사회복지제도 실행 분야에서 이런 일들이 일어났다. 보다 온건한 진전과 정기적인 좌절이 통상적인 정치적 경험으로 자리를 잡았다. 모든 선거 운동이 다 승자를 배출하지는 않았다. 자원은 성취될 수 있는 것에 제한을 가했다. 아무리 매력적인 내러티브라고 하더라도 일시적으로만 유효했고, 연대는 늘 깨지기 쉬웠으며, 압도적으로 높았던 가능성은 불운에 발목이 잡혔다. 아무리 훌륭한 대의명분이라도 잘못 인식될 수 있었고, 아무리 좋은 법안이라도 잘못 해석될 수 있었으며 또 아무리 훌륭한 후보라도 어리석은 실수를 저지를 수 있었다. 일이 잘 풀리지 않을 때는 쟁점 자체보다는 특정한 사람에게 그것도 부정적으로 초점을 맞추고 싶은 유혹이 언제나 나타나게 마련이다. 아마도 진보적인 실용주의 옹호자들이 이런 일들을 마음에 담아두지는 않았을 것이다. 왜냐하면 그들은 실용주의가 사회적인 분열을 초월할 수 있는 수단을 제공해줄 것이라고 기대했기 때문이다. 그러나 오히려 정치적인 삶은 때로 실천 과정에서 무책임하게, 심지어 황당할 정도로 터무니없어 보일 수도 있다. 하지만 다른 의미에서 보자면 이것은 궁극적인 목적이 우선이라는 윤리를 회피하고자 하는 논리였다. 사람을 화나게 만드는 이 엉망진창의 멈추지 않는 정치 활동은 책임감의 윤리가 가지고 있는 제한적인 논리를 반영했다.

제4부

위로부터의 전략
Strategy from Above

| 제28장 |

경영자 계급의 성장

The Rise of the Management Class

오늘날 우리가 이미 접근하고 있는
포괄적인 관료화 및 합리화의 결과가 어떤 것일지 상상해보라.
지금 대규모 제조업과 그 밖의 다른 경제 분야의 민간 기업들을 통틀어서
현대적인 흐름이 이미 자리를 잡았다. (……)
모든 단계에서 합리적인 계산이 명백하게 관철되고 있다.
이런 계산에 의해서 노동자 개인의 성과는 수학적으로 측정되며
각각의 노동자는 기계 속 톱니바퀴의 작은 이 하나가 된다.
그런데 어떤 노동자가 이런 사실을 알면
그가 맡아서 하는 일은 그보다 조금 더 큰 이가 된다.
_막스 베버, 1909년

앞서 제3부에서는 아래로부터의 혁명 즉 권력이 없는 사람들이 자기가 대변하는 사람들을 위해서 권력을 획득하는 과정을 살펴보았다. 이제 제4부에서는 이미 권력을 가지고 있는 사람을 다룬다. 여기에서 권력을 가지고 있는 사람이라는 표현은 권위 있는 결정을 내리는 위치에 있으며 그 권위를 가지고 무엇을 할 것인지 산출해야 하는 사람을 뜻한다. 경영에 주로 초점을 맞춰 설명하겠지만, 공공 부문을 포함한 대규모 조직의 상층에 있는 사람들이 내리는 의사결정에 특히 집중해서 살펴볼 것이다. 이 집단을 지금부터 우리는 경영자manager라고 부르기로 한다. 그런데 이 경영자 집단은 군대의 장성을 포함한 다른 어떤 집단보다도 전략적 조언의 혜택을 많이 받아왔다. 조직의 최고 상층부와 하부의 여러 단위들에 전달되는 조언을 살펴보면 전략이라는 발상이 어째서 오늘날 어디에서나 적용되는 만병통치약이 되었는지 알 수 있다.

사회가 발전하면서 인간관계가 워낙 복잡해졌기 때문

에 전략이 필요하게 되었다. 예를 들어서 대기업의 이사들은 소유주, 부서장, 협력 업체, 경쟁자, 정부 그리고 소비자와 관련된 의사결정들을 동시에 내려야 하고 또 그럴 수밖에 없다. 각각의 관계는 협력과 갈등이 배합된 것으로 발전하게 마련이다. 그리고 이런 관계는 내부적으로는 협력을 하지만 외부적으로는 치열한 경쟁을 벌이는 동반자 관계의 공식적인 수사修辭에서는 보통 포착되지 않는다. 조직적 위계의 수직축을 따라서 관리하는 일은 수평축(경쟁 업체, 규제 당국)을 따라서 관리하는 일과 완전히 다르다. 그래서 다양한 유형의 문헌들이 나온다. 이런 문헌에서 제시하는 조언은 대개 원론적이며 특정한 시나리오에 딱 맞는 것이 아니므로 폭넓은 의미의 관계를 다룬다. 즉 특정한 과제를 어떻게 수행할 것인가 하는 문제보다 조직 내외의 운용 환경에 장기적으로 어떻게 맞춰나갈 것인가 하는 데 더 초점을 맞춘다. 또 여기서는 다른 조직이 가지고 있는 힘을 자세하게 탐구하기보다는 집행 차원이나 동원 가능한 기술 차원의 변화가 가져다줄 충격을 탐구한다. 관계와 활동과 구조가 다양하다는 것은 경영 전략이 군사나 정치 영역에서보다 더 활발한 논의의 장이 되었음을 의미한다. 특히 경영 전략과 사회과학과의 관련은 논의가 만족스럽지 못했던 만큼 더 많이 강조되고 발전했다. 주로 게임 이론을 통한 경제학과의 상호작용과 조직화 이론을 통한 사회학과의 상호작용이 있었는데, 이런 것들은 사회과학이 가지고 있는 가능성과 한계를 동시에 드러냈다.

여기에서는 앞서 제3부에서 패러다임 그리고 내러티브라는 발상과 함께 시작되었던 당대 사회 이론의 쟁점들을 다루려 한다. 경영자 집단의 융성이 관료화와 합리화의 논리를 대변한 것처럼 사회과학의 융성 역시 마찬가지였다. 사회과학의 여러 학문들은 현대 산업 사회에 대한 (그리고 그 모든 격변의 성장 과정과 갈등에 대한) 성찰 및 연구로서 발전했고,

또 자기가 문제점으로 지적했던 것들에 대한 처방전도 제시했다. 그러나 전문 직업화의 과정 속에서 사회과학은 특수한 분석과 프레젠테이션의 형태로 받아들여졌고, 이 과정에서 사회과학은 자기 일을 가장 소중하다고 여겼을 사람들과 분리되는 일이 일어났다. 이론과 행동은 서로에게서 연관성을 찾고 또 맺으려고 분투했다.

† '경영자'의 의미

'경영하다'_{manage}라는 단어의 어원은 13세기 말 이탈리아어에서 찾을 수 있다. 라틴어로 손을 뜻하는 '마누스'_{manus}에서 파생된 '마네기아레' _{Maneggiare}는 말고삐를 쥐는 능력 즉 말을 다루는 능력을 뜻했다. 경영이라는 말은 16세기에 이런 식으로 사용되었지만 시간이 흐르면서 나중에는 전쟁부터 결혼까지 그리고 소설의 구성에서부터 개인의 재정 문제까지 모두 아우르는 것으로 의미가 넓어졌다. 이것은 단순한 관리나 집행 이상의 어떤 것, 그러나 총체적인 통제보다는 수위가 낮은 어떤 것을 의미했다. 그리고 강압적일 뿐만 아니라 설득력이 있고 조작 능력이 뛰어난 수완, 개인이나 조직 혹은 상황에서 상대적으로 보다 많은 것을 얻어낼 수 있는 재능을 의미했다. 총체적인 통제라는 개념의 하위 개념이라는 점은 중요했다. 경영이라는 것은 결코 온전하게 통제할 수 없는 정세를 처리해서 극복하는 것을 의미했다.

경영이라는 전문 직종에 종사하는 사람들은 국가의 일이든 기업의 일이든 간에 부동산 관리나 기업 경영과 같은 복잡한 문제들을 탁월하게 감독하고 집행하는 (혹은 그렇게 할 수 있다고 신뢰를 받는) 사람들이다. 이런 까닭에 사람들은 경영자가 전략 부족이라는 바람직하지 않은 상태를 개선할 수 있을 것이라고 믿는다. 물론 궁극적인 통제력 혹은 전략은 소유주의 손에 달려 있다. 이런 점은 기업 지배의 표준적인 형태로 남아 있다. 예컨대 경영자는 주주들이 구성한 이사회에 나가서 보고를 하고, 이사회는 예산 및 중요한 사안에 대한 책임을 진다. 그러나 관리해야 할 조직이 복잡하면 복잡할수록 경영자에 대한 의존도는 그만큼 더 커지고 조직의 강령이 조직의 위계와 관련해서 어떤 규정을 하든지 간에 효과적인 권력은 실제 현장의 쟁점을 실질적으로 파악하는 사람들에게 돌아간다. 전업적인 경영자라면 자기가 선호하는 결과가 이사회 역시 반길 만한 결과가 되도록 쟁점의 프레임을 짜는 방법을 어렵지 않게 익힐 수 있다.

기업이 거대한 조직으로 성장함에 따라서 경영자는 명목상으로는 자기를 견제하고 감시하는 역할을 가진 이사회의 구성원을 자기 마음에 드는 사람으로 채우면서 조직 전체를 효과적으로 통제한다. 하지만 그럼에도 불구하고 경영은 여전히 총체적인 통제 아래에 놓이는 하위 개념이다. 이는 경영자가 언제든 해고될 수 있기 때문인데, 실제로 경영을 제대로 하지 못하는 경영자가 해고되는 것은 드문 일이 아니다. 경영자의 성공 여부는 경영자가 조직의 위계상 자기 아래에 있는 사람들을 다그쳐서 최상의 결과를 만들어내는 능력에 달려 있다. 그러나 흔히 비교 대상이 되는 군사적인 명령 체계와 다르게 경영에서는 조정과 통합의 기능이 한층 더 폭넓어서 무조건적인 복종의 여지는 그만큼 축소된다.

경영은 중요성이 점점 더 커지는 직업이며 기업이 성과를 내는 데 필수적인 요소라는 인식 아래에서 비즈니스 스쿨이 잇달아 설립되었다. 최초의 비즈니스 스쿨은 펜실베이니아에 있는 와튼 스쿨_{Wharton School}로 1881년에 설립되었다. 하지만 이때의 경영은 복잡한 경영 과정의 여러 문제들만큼이나 다루기 까다로운 노동자 문제에 많은 비중을 두었다. '노동자 관련 문제'가 가장 중요한 과제였던 것이다. 필라델피아의 사업가이자 이 학교의 설립자인 조셉 와튼Joseph Wharton은 와튼 스쿨에서 '현대 산업 사회에서 단일한 지도자 혹은 고용주 아래에서 거대한 규모의 자원과 노동자를 조직하고 또 노동자들 사이에 철저한 규율을 유지할 필요성'뿐만 아니라 '파업의 속성과 예방책'을 가르치길 원했다.[1] 그 뒤 27년이 지난 1908년에는 하버드 비즈니스 스쿨이 문을 열었다. 이 학교는 '응용과학'을 촉진하는 데 써달라는 조건이 달린 기부금으로 설립되었는데, 애초의 관심은 공학工學에 있었다. 하지만 결국 하버드 대학교는 경영학을 선택했고, 그 바람에 많은 사람들이 직업 훈련소라고 생각했던 속성과 대학 본연의 학문적 목적에 집중하는 속성이 대립하는 일이 벌어졌다. 그런데 초대 학장이던 에드윈 게이Edwin Gay가 이 갈등을 해결할 방법을 모색하던 중에 프레더릭 윈슬로 테일러Frederick Winslow Taylor의 발상을 접했다. 테일러 본인은 대학 교육의 필요성을 인정하지 않았고 그래서 교수 초빙 제안도 거절했다. 하지만 하버드 대학교에서 정기적으로 강의는 했다. 그런데 정말 중요한 사실은 그의 철학이 이 학교의 초기 커리큘럼에 충실하게 반영되었다는 점이다.

† 테일러주의

테일러는 처음 철강업계에서 엔지니어로 일을 시작했는데, 그때부터 어떻게 하면 노동력을 보다 효율적으로 사용할 수 있을까 하는 문제를 깊이 파고들었다. 그는 '명확하게 정리된 규정을 바탕으로 하는 진정한 과학'인 경영의 한 형태를 창안했다고 주장했다. 테일러의 제안이 매력적이었던 것은 너무 실천적인 쪽으로만 치우친 나머지 세부적인 지식 자체를 불필요하다고 바라보는 기업 문화를, 기술적인 측면을 저속하다고 헐뜯는 대학 문화와 하나로 묶어내는 방식을 제안했기 때문이다. 1900년에 설립된 다트머스 비즈니스 스쿨의 할로우 퍼슨 Harlow Person 학장은 테일러주의를 '일관성이 있고 논리적이며 따라서 가르칠 만한 유일한 경영 체계'라고 평했다. 1911년에 퍼슨은 (노동자가 수행하는 과업의) 과학적 관리를 주제로 한 최초의 컨퍼런스를 조직했다.[2] 새로운 경영자들에게 이것은 중요한 발전이었다. 경영자들이 가지고 있던 전문성과 직업 정신이 이제는 제대로 평가를 받을 수 있었고 또 학문적인 차원의 존경까지 받을 수 있었기 때문이다.

어떤 조직에서 이루어지는 기본적인 과업들 각각은 철저한 측정과 분석을 통해서 '단 하나의 가장 좋은 방법'으로 수행되어야 한다는 믿음이 테일러 방법론의 출발점이었다. 테일러는 분석과 측정 작업을 하고 그렇게 해서 찾아낸 사실에 입각해서 행동하는 사람들이 새로운 직업군을 형성할 것이라고 생각했다. 그러면서 계획 부문과 실행 부문을 엄격하게 구분했다. 계획 부문에서는 매우 똑똑한 사람이 필요했지만, 실행 부문에서는 명석함이 조금 떨어지는 사람이라도 상관없다. 테일러는 실행을 하는 사람은 '교육을 충분히 받지 못했거나 아니면 지능이 모자라서 (……) 이 과학의 원리를 이해하지 못할 수 있으며, 따라서 이 사람들은 언제나 좋은 교육을 받은 사람들의 지도를 받아야 한다고 말했다.[3] 사람들이 똑똑하게 일하도록 할 필요는 있지만 똑똑한 사람들이 그 일을 할 필요는 없다는 것이었다.

노동자를 생각이 없는 기계라 생각하고 그렇게 대할수록 더 좋다고 했다. 저마다 독립적인 자신의 생각을 가지고 있고 또 그런 생각을 주장할 때 발생할 수 있는 모든 복잡한 것들이 없어야 최적의 작업량을 계산할 수 있을 테기 때문이었다. 특정하게 규정된 어떤 과업을 수행할 때 특정한 도구들을 가지고서 그 과업을 가장 효율적으로 수행할 수 있는 방법을 찾아내는 데는 계량화와 수학을 동원했는데, 이 과정은 과학이라는 이름으로 그럴듯하게 포장되었다. 하나의 과업은 일련의 작업 동작들로 세부적으로 나눈 다음, 가장 단순한 노동자라도 쉽게 따라할 수 있는 일련의 동작들로 다시 통합되었다. 스톱워치를 이용해서 각 동작을 분석하는 '시간-동작' 연구가 진행되었다. 작업의 과학적 토대가 마련되었으니 이것을 어떻게 실행할 것인가 하는 문제를 둘러싸고 말싸움은 없어야 했다. 그런 말싸움이 없어진다면 '노동자 문제'도 자연스럽게 해결될 터였다. 테일러는 노동자를 '타고난 게으름뱅이'라고 썼다. 그래서 최대한의 노력을 기울여서 열심히 일하는 법이 없다고 했다. 관리자들도 더는 어떻게 해야 할지 알지 못하므로 그냥 손을 놓고 게으름을 방치할 뿐이고 또 어림짐작으로 작업 능률을 평가하며, 그저 노동자들이 스스로 알아서 주도적으로 열심히 해주길 바랄 뿐이라고 했다. 그런데 테일러가 보기에 이런 태도는 전형적인 비효율적 작업 방식이었다. 게다가 작업의 능률이 오르지 않은 상태에서 경영진은 다름 아닌 임금으로써 노동자에게 보상을 해줘야 했다. 사실 테일러는 임금이야말로 최고의 동기 부여 수단이라고 생각했다.

철강 산업에서 달성했다고 하는 효율성 개선에 대한 테일러의 주장은 과장된 것이다. 그가 이룩한 개선의 공적은 다른 분야의 자원들 덕분이라고 생각해야 옳은 경우가 적지 않았다. 그가 실제로 쌓은 업적의 한계는 그가 죽고 오랜 시간이 지난 뒤에, 즉 그의 선구자적인 업적을 여러 세대에 걸친 경영학도들이 배운 뒤에야 입증되었다. 그가 애초에 했던 이야기는 베들레헴 스틸Bethlehem Steel(이 공장의 지분 4분의 1은 조셉 와튼 소유였다)에서 일하던 슈미트라는 한 노동자를 주인공으로 한 것이었다. 테일러는 슈미트를 표준적인 노동자로 제시했다. 너무 똑똑하지도 않고 또 돈을 더 주겠다고 하면 얼마든지 열심히 일을 할 준비가 되어 있어서 목표량의 네 배나 되는 선철銑鐵을 처리할 정도였기 때문이다. 찰스 리지Charles Wrege와 아마데오 페로니Amadeo Perroni는 테일러의 연구 조사가 얼마나 많은 오류를 담고 있는지 발견했다. 그들은 이런 사실이 훨씬 일찍 발견되어서 이 우상이 높이 찬양받지 않도록 했어야 하는데 그렇지 못한 것이 안타깝다고 했다.[4]

질 휴Jill Hough와 마거릿 화이트Margaret White는 테일러를 보호하고 나서서, 그의 목적은 새로운 접근법을 제시하는 것이었고 그가 한 설명과 실제 현실이 일치하지 않은 부분이 사실상 그다지 크지 않으며 다른 기업가들도 그의 제안을 따른 덕분에 성공했다고 주장했다. 원래 이야기라는 것은 윤색되기 마련이고, 또 테일러의 이야기는 여전히 제조업에서의 효율성 개선에 대한 그의 주장을 충분히 효과적으로 입증한다고 했다. 그러므로 테일러를 '스토리텔링 측면에서 예술적인 능력을 가지고 있었으며' 특히 표준화된 작업 공정에서 일할 노동자를 어떻게 선발하고 훈련시킬 것인가 하는 등의 쟁점들을 파고드는 후대의 이론가들을 위해서 주춧돌을 놓은 선구자로 보아야 한다고 주장했다. 그러면서 테일러의 기본적인 교훈은 지금도 여전히 유효하게 남아 있다고 했다.

"아무리 기본적인 공정이라고 하더라도 얼마든지 상당한 수준으로 개선될 수 있으며, 그 결과로 고용주와 고용인 양측이 모두 이득을 볼 수 있다."[5]

테일러가 자기 아이디어를 체계적이고 일관적으로 포장했음은 분명하다. 이로써 그는 최초의 경영 구루가 되어서 기업계 지도자들을 상대로 강연을 할 수 있었고 또 엄청난 영향력을 행사한 베스트셀러 《과학적 관리의 원칙》The Principles of Scientific Management 의 저자가 될 수 있었다. 그는 1915년에 사망했고 그의 묘비석에는 '과학적 관리의 아버지'라는 문구가 새겨졌다. 그가 죽은 뒤에는 헨리 갠트Henry Gantt 와 프랭크 길브레스Frank Lillian Gilbreth, 릴리안 길브레스Frank and Lillian Gilbreth 부부 등 그의 제자들이 그의 사상을 계속해서 발전시키고 확산시켰다.[6] 그들은 모든 사람의 이익을 높이기 위해서 과학으로써 관습과 미신을 일소하는 '공격적인 합리성'aggressive rationality을 장려했다.[7] 테일러가 '정신 혁명'이라고 불렀던 것도 그 안에 포함되었는데, 이것은 노동자와 경영자 모두에게 필요한 것이었다. 테일러의 제자들은 현재 발생해 있는 수익의 배당을 주장할 것이 아니라 함께 힘을 모아 수익의 규모를 더 키워서 서로에게 이득이 되도록 하자고 주장했다. 바로 이것이 테일러가 주장한 또 다른 핵심이었다. 그는 경영자와 노동자의 대타협을 제안했으며, '효율성 엔지니어'라는 새로운 계급을 등장시켜서 이 제안을 충분히 실현 가능한 제안으로 만들었다. 그로부터 30년 뒤에 테일러가 했던 말을 자기가 똑같이 반복한다는 사실을 깨달은 피터 드러커Peter Drucker는 테일러의 과학적 관리를 놓고 다음과 같이 제안했다.

과학적 관리라는 개념은 《연방주의자 논집》Federalist Papers(연방 헌법의 비준을 위해서 시민을 설득할 목적으로 미국 건국 이념을 정리한 논문들을 모든 논문집—옮긴이) 이후로 미국이 서구 사상에 가장 강력하고도 영속적인 기여를 한 것이다. 산업 사회가 지속되는 한 우리는 인간의 작업을 체계적으로 연구·분석할 수 있으며 또 그 작업

을 구성하는 기초적인 부분을 수정함으로써 그 작업을 개선할 수 있

다는 통찰을 결코 망각하지 않을 것이다.[8]

이 철학은 당시의 시류와 잘 맞아떨어졌다. 테일러는 자기 책의 서두

를 열면서 어떤 한 회사가 아닌 국가적인 차원의 목표로 효율성을 개선

하자고 촉구했다. 그는 가정 경영에서부터 교회 경영, 대학교 경영 그리

고 정부 경영에 이르는 모든 사회 활동에 과학적 관리의 원리들이 적용

되기를 기대했다.

이것이 하나의 '과학'이라는 발상은 (이런 발상이 테일러의 주장에 확실

한 힘을 실어주었다) 나중에 대법원 판사가 되는 진보적인 변호사 루이스

브랜다이스Louis Brandeis가 내놓았다. 브랜다이스는 1910년에 철도 화물 운

임 인상에 반대하는 소송을 맡아서 진행하면서 철도 회사들이 요금을 올

리는 대신에 '과학적 관리'라는 새로운 기법을 도입하면 얼마나 많은 비

용을 절감할 수 있는지 입증하려고 노력했다. 그의 이런 노력이 빚어낸

결과는 법정 바깥으로 퍼져나갔다. 그는 과학적 관리를 '보편적인 준비

성'universal preparedness이라는 보다 포괄적인 사회적 목적과 연결시켰다. 미리

일정을 설정해주는 방식의 계획, 오해 없이 알아들을 수 있는 지시 사항,

끊이지 않는 감시와 감독은 커다란 보상으로 돌아올 것이라고 했다.

"실수는 고칠 필요가 없이 아예 예방한다. 지연 및 우발적인 사고에

따른 끔찍한 낭비는 처음부터 피한다. 어림짐작 대신 계산을 한다. 실제

시범을 보이고 의견을 구한다."[9]

진보적인 운동권 안에서 테일러가 합리주의자가 꿈꾸던 것에 대한

해답을 제시했다고 생각하는 사람은 브랜다이스 한 사람뿐만이 아니었

다. 왕성한 탐구 정신을 가졌던 기자인 아이다 타벨Ida Tarbell은 테일러가

'천재적인 협력과 보다 공정한 인간관계'에 기여한 당대의 창의적인 천재라며 갈채를 보냈다.[10] 과학은 산업 사회를 갈기갈기 찢어놓을 수도 있는 강력한 갈등을 예방할 수 있는 길 그리고 집단의 분파적인 이해관계가 얽히고설킨 데서 사회 전체의 공동선을 증진할 길을 제시했다.

진보 진영에서 특히 테일러에 관심을 가졌다. 경제 성장에 필수적이긴 하지만 자유주의 경제와 민주주의 이론을 동시에 위협하는 대규모 기업에 모든 사람들이 당혹스러움을 느꼈기 때문이다. 그때까지 진보주의자들은 법률적인 차원의 해결책을 좇아서 대규모 기업의 규모를 줄이려는 시도만 했었다. 그런데 과학적 관리가 매우 가능성이 높은 관리적 차원의 해법을 제시했던 것이다. '효율성'이라는 개념은 직관이 아니라 과학이 이기적인 소수가 아닌 다수의 필요성을 충족하는 방향으로 정책을 평가하고 사회를 재조직하기 위한 중립적이고 객관적인 토대를 제공해줄 것이라는 진보적인 확신에 딱 들어맞았다. 브랜다이스는 노동조합에 과학적 관리를 수용해서 자기를 고용한 고용주와 함께 회사를 운영할 기회를 누리라고 촉구했다. 하지만 진보주의자들은 실망했다, 아니 당황했다. 노동조합은 테일러주의를 딱 잘라서 차버린 것이다. 그들은 자본과 노동 사이의 경계선을 흐리게 할 어떤 것에도 관심을 가지지 않겠다고 했다. 그리고 과학적 관리라는 개념은 근본적으로 볼 때 동반자 의식을 강조하는 게 아니라 엄격한 위계에 입각한 중앙 집중식의 통제를 강화하겠다는 것이라고 받아들였다. 작업의 핵심 과업과 관련된 정보 및 통찰을 경영자에게 제공할 때 노동자가 작업 현장을 지배할 통제력은 잠식될 것이고, 나아가 경영자는 노동자에게 마치 은혜를 베푸는 것처럼 행동하고 또 노동자를 비인간적으로 대하는 태도를 강화할 것이라고 생각했다. 그들은 테일러의 방법론은 노동자에게서 많은 것을 뽑아가면서도 여기에 걸맞은 보상은 전혀 해주지 않는 착취의 수단이라고 보았다.

노동계가 테일러주의를 적대적으로 바라보았지만 소련은 테일러주의를 채택했다. 그랬기에 소련의 테일러주의 채택은 한층 더 큰 의미를 지녔다. 혁명 이전에 레닌은 테일러를 연구하고 그의 방법론이 노동자를 착취하는 도구라고 천명했다. 적어도 자본주의 사회에서 적용될 때는 그렇다고 했다. 아무리 생산성이 네 배로 오른다고 하더라도 거기에 비례한 혜택을 노동자가 누리지는 못할 것이라고 했다. 그러나 테일러주의는 쉽게 그의 머리를 떠나지 않았다. 그리고 혁명에 성공해서 권력을 잡은 뒤에 절망적인 경제 상황을 맞이한 상태에서 레닌은 테일러주의를 조심스럽게 연구해보라고 지시했다. 1918년 5월에 '자본주의의 마지막 단어'를 사회주의적 목적에 활용하라고 지시한 것이다.

"우리는 테일러 시스템과 이것의 체계적인 시험 및 적용의 연구와 가르침을 러시아에 도입해야 한다."

그는 이런 선택이 노동조합이 가차없이 반대했던 체계와 부르주아적인 전문가들에 의존하는 것임을 잘 알았다. 하지만 소련에서는 '노동자위원회'가 경영자의 '일거수일투족'을 감시하고 있으므로 다를 것이라고 주장했다.[11]

그런데 레닌의 이런 시도가 새로 성립한 정권이 진정한 사회주의에서 벗어나는 또 하나의 사례라고 바라보았던 이른바 좌파공산주의자(이들은 공산당 지배를 고수하기 위해 레닌의 실용주의적 정책을 반대했다—옮긴이)의 반대를 물리치고 이것을 강력하게 밀어붙였던 인물은 인민군사위원이던 트로츠키였다.

레닌과 트로츠키는 사리를 잘 아는 엘리트와 유순한 추종자들에 의존하는 시스템에 거의 어려움을 느끼지 않았다. 트로츠키에게 이것은

'생산에 참여하는 인간 능력에 대한 현명한 실험'이었다. 테일러와 그의 사도들이 이룬 작업이 소련에 소개되고 적용되었으며, 많은 이론가들이 자문관으로 초빙받아서 소련에서 작업을 했다. 그런데 소련이 이렇게 할 수밖에 없었던 이유가 있었다. 국내 사정이 워낙 긴박했기 때문이다. 사회의 인프라가 손을 쓸 수 없을 정도로 엉망진창이었고 게다가 내전까지 진행되고 있었던 것이다. 그러므로 소련에서는 규율과 생산성이 절대적으로 필요했다. 또 이런 이유들로 해서 볼셰비키들은 현실에서 당장 필요한 핵심적인 지식을 가지고 있던 차르 치하의 관료들과 기술자들을 환대할 수밖에 없었다. 그래서 노동자를 대상으로 한 성과급 제도와 특수 분야의 전문가들을 대상으로 한 보너스 제도도 시행되었다. 노동조합은 사회주의 국가에서 존재할 필요가 없다는 이유는 모두 폐지되었다.

단기적인 차원에서 보자면 이런 노력은 국가의 생산성을 높이고 인프라를 정비하는 데 도움이 되었다. 그리고 장기적으로는 소련의 산업 조직의 근간을 마련하는 데 도움이 되었다. 소련의 산업 조직은 중앙집권적 계획 및 노동자에게 전달되는 세부적인 지시 사항을 바탕으로 하는데, 노동자들로서는 보상을 기대하기보다는 처벌이 두려워서 별다른 선택의 여지없이 이 지시에 복종해야 했다. 노동조합 철폐와 산업의 군사화를 포함해서 1920년대에 소련에서 진화한 이 제도는 이른바 '이빨 있는 테일러주의'Taylorism with teeth로 일컬어졌다.[12] 물론 소련에 일어난 모든 것의 책임을 테일러주의로 돌리자는 것은 아니다. 당시의 환경에서 레닌과 트로츠키가 (그리고 나중에 스탈린도) 소련의 노동력을 군대식으로 편제한 데는 몇 가지 이유가 있었다. 우선 그런 편제는 이데올로기적인 성향과 권위주의적인 리더십에 맞았다. 게다가 테일러주의를 추종하는 사람들은 자기 주장을 과장하면서까지 자기를 드러내려고 하지 않았다. 그러나 계획을 실행과 분리시키고 중앙에서 하부로 일방적으로 지시 사항을 전달하며 '단 한 가지 최상의 길'만을 고집스럽게 주장하는 기괴한 버전의 소련식 과학적 관리법은 결국 필연적인 논리적 한계를 노출시켰다.

† 메리 파커 폴렛

미국에서보다 소련에서 테일러주의를 더 쉽게 추진할 수 있었던 몇 가지 이유가 있었다. 소련에서는 저항을 쉽게 분쇄할 수 있었지만 미국에서는 저항이 여전히 활발했고 노동조합에 따른 고용 시장의 불안이 높았기 때문이다. 그래서 미국에서는 기업 전략에 대한 탐색이 본격적으로 시작되었다. 단순히 노동자가 보다 효율적으로 작업할 수 있도록 하는 것뿐만 아니라 보다 넓은 의미의 '노동 문제'를 탐구할 수 있는 이론적인 기반이 필요했던 것이다. 당시의 경영(관리) 이론가들은 보다 나은 경영을 통해서 조화로움을 지향할 수 있는 방법이 있다고 주장했다.

　　메리 파커 폴렛Mary Parker Follett은 사회과학자이면서 철학자였는데, 경영학보다 오히려 사회 사업 및 교육 분야에서 특이한 경력을 가지고 있었다. 그녀는 제인 애덤스Jane Addams와 동일한 노선인 '사회적 페미니스트'의 길을 걸었다. 이 노선은 여성의 전통적인 역할을 바탕으로 하면서도 이것을 보다 확장시켜서 (애덤스에 따르면, 살림살이에 대해서 잘 아는 여성의 조언이 그동안 적절하게 반영되지 않음으로 해서 온갖 어려움을 겪었던) '도시의 살림살이'까지 떠안는다는 것이었다. 폴렛은 애덤스의 모범을 따라서 커뮤니티(지역사회) 사업을 하면서 진보 정치에 힘을 보탰다. 그녀는 애덤스처럼 엘리트 대 대중이니 자본가 대 노동자니 하는 당대의 관행적인 이분법적 사고방식에 도전했다. 이런 이분법은 통합된 하나의 커뮤니티를 만들어내는 것이 아니라 분파만 만들어낸다는 것이었다. 그녀가 보기에는 어떤 사람들이 다른 사람들에 비해서 더 낫다는 조잡한 엘리트주의적 견해가 불화와 부조화의 원천이었다. 특히 그녀는 '대중'이라는 단어에 반대했으며, 귀스타브 르 봉Gustave Le Bon이 주장했던 '민중people을 군중crowd으로 바라보는 발상'(본문 175쪽 참조―옮긴이) 혹은 '제안과 모방에 따른 유사성의 확산'에 쉽게 허물어지는 민중이라는 개념에 정면으로 도전했다.

폴렛의 목적은 커뮤니티(지역 사회)를 온전한 통합체로 묶어낼 수단을 찾는 것이었다.[13] 폴렛은 권력이 오만불손하게 휘둘러지는 경우에 한해서 권력('어떤 일들이 일어나도록 만드는 능력')이라는 개념에 반대했다. 지배계층이 이런 식으로 권력을 휘두를 때 그 사회에 속한 피지배계층은 원한을 품게 되고 어떤 기득권이든 간에 한 번 잡은 기득권을 포기하려 들지 않는다고 했다. 그러므로 권력을 공유하는 것이 좋다고 했다. 이럴 경우에 지배 계층의 에너지뿐만 아니라 사회의 모든 에너지를, 사회가 공유하는 동일한 목적을 위해서 동일한 방향으로 동원할 수 있기 때문이다. 그녀는 인간성에 대해 이런 믿음을 가지고 있었기에 민주주의라는 것을 각 개인들이 집단 속에서 하나로 묶여가는 과정이라고 보았다. 어떤 집단에서건 간에 온갖 생각들이 교직되고 수정되고 또 서로를 강화시키며 새로운 형식으로 나타나기도 하고, 공통의 문제점에 집중한다고 했다. 이기적인 주장이나 편견은 잠식되며 사회는 (그녀의 핵심적인 목표인) 통합을 향해 한 걸음씩 다가간다고 했다. 개인만 존재하는 것도 아니고 사회만 존재하는 것도 아닌 '집단과 집단 단위 즉 사회적 개인'이 존재하게 된다고 했다. 이런 맥락에서의 동의는 결코 마지못해서 하는 어떤 것이 아니라 긍정적인 것이며, 결정에 공동으로 참여한 결과이며 공동의 의무감이자 공동의 소유권이다. 그녀는 예컨대 경영자와 노동조합 사이의 협상을 통한 합의와 같은 적대적이던 주체들 사이의 동반자 관계를 추구하지 않았다. 왜냐하면 이런 관계는 근본적으로 창의적이지 않다고 보았기 때문이다.

그녀가 추구했던 통합된 결과라는 것은 훨씬 더 가치 있는 어떤 것이었다. 이렇게 볼 때 (그리고 듀이의 철학을 따라서) 민주주의는 달성된 성과라기보다 개인들 사이의 상호작용 속에서 정보가 축적되는 하나의 과정이었다. 그리고 이런 사회에서 권위는 특정한 개인들에게서 나오는 것이 아니라, 모든 사람이 어떤 프레임으로 정리된 문제들을 인정하고 또 이 문제들을 해결하려고 달려들 것을 요구하는 '상황 논리'에서 나온다고 했다. 그러므로 그녀의 접근법은 반反전략적이었으며, 개인들이 조작하기 어려운 상황들을 만들어냈다. 비록 폴렛의 견해는 그녀가 민주주의 이론의 보다 큰 쟁점들을 다루면서 점점 더 발전하긴 했지만, 집단 과정의 중요성을 강조하고 또 갈등을 파괴적인 요인이 아니라 창의적인 요인으로 바꾸어놓으려고 노력했기에 자연스럽게 조직화와 관련된 연구로 나아갔다. 1926년부터 그녀는 경영 집단이 하는 일들을 보다 넓은 사회적 맥락에서 바라볼 필요성을 느끼면서 이 문제에 도전하기 시작했다. 그녀는 경영 집단들에게 그들이 사회의 여러 대표단에게 의존하는 것이 얼마나 큰 가치가 있는지 재평가하고 사회 내에서 강화된 유대를 최대한 활용하라고 촉구했다.[14] 그리고 경영과 혁신을 위해서는 아래에서부터 위로 향하는 보다 많은 접근법이 필요하다고 주장했다. 지금 시점에서 보면 그녀는 시대를 너무 앞서갔던 것 같다. 경영진이 세세한 일까지 챙기는 것을 '우두머리 행세를 하는 것'이라고 혐오하면서 보다 수평적이고 참여적인 접근을 권장했기 때문이다. 그녀는 기업 조직의 비공식적인 측면

이 가지는 중요성을 주장하면서 사회적인 상호작용이 총체적인 성과에 기여한다는 점을 강조했다. 동시에 그녀는 경영자가 떠맡아야 할 확장된 역할 그리고 기술적인 전문성과 지식을 쉽게 접하고 습득할 수 있는 사람들에게 권위를 부여할 때의 이점을 인정하면서 테일러주의에 대해서 직접적으로 이의 제기를 하지는 않았다. 그러나 테일러주의는 위계 자체를 제거하지는 않았다. 하지만 적어도 테일러주의가 사회적인 지위에 의존하지도 않았으며 임의적으로 행사되지 않았음은 분명하다. 문제는 다시 동의라는 차원으로 되돌아갔고, 이런 점은 경영을 '사람들을 통해서 어떤 일들이 이루어지도록 만드는 기술'이라고 정의한 데서도 반영되었다.[15]

폴렛은 보스턴에서 경영자와 노동조합 사이의 관계 및 인사 정책 개발에 직접 참가했음에도 불구하고, 당대에는 경영 이론가보다는 사회철학자로서 더 큰 영향력을 행사했다. 그녀가 설정하고 추진했던 과제는 1918년에 출간한 저서 《새로운 국가, 집단조직화》The New State: Group Organization – The Solution of Popular Government라는 제목에서도 파악할 수 있다. 이 책에서 그녀는 이렇게 썼다.

"우리의 정치적 삶은 정체되어 있고, 자본가와 노동자는 사실상 전쟁을 벌이고 있으며, 유럽의 여러 국가들은 서로 못 잡아먹어서 안달이다. 이것은 모두 우리가 함께 살아가는 방법을 배우지 못했기 때문이다."[16]

하지만 그녀가 제시한 치료법은 필요한 조건들이 이미 갖추어져 있을 때만 효력이 있는 것이었다. 즉 공동의 문제들을 함께 해결해나가겠다는 의지가 전제되어야만 가능한 일이었다. 게다가 양측의 견해 차이를 접어두고서 권력 관계를 기존과는 다른 발상으로 생각해야 했다. 이 방법론에 따르자면 사람들은 이기적인 차원에서 전략적으로 생각하지 말고 오로지 전체만을 생각해야 한다. 하지만 물론 이것은 각 개인들이 가지고 있는 잘못된 가정들을 서로 강화할 때 통합적인 사고와 실천의 결과가 현명해지거나 적절해진다는 것을 의미하지는 않는다. 집단의 사고를 신뢰하는 이런 식의 발상은 훨씬 나중에 집단사고groupthink(응집력이 높은 소규모 의사결정 집단에서 대안의 분석 및 이의 제기를 억제하고 합의를 쉽게 이루려고 하는 심리적 경향—옮긴이)라는 개념으로 등장한다.[17] 예컨대 각 집단의 대표들이 상위 집단에서 만날 때, 이들은 과연 더 큰 통합을 추구하면서 자기가 속한 집단의 견해를 무시할 수 있을까? 만일 각각의 집단이 자기가 처한 상황논리에 따라서 어떤 결정을 내린다면 집단이 처한 어떤 상황 수준에서는 도저히 양보할 수 없는 것이 나타날 수 있고, 따라서 집단들 사이에는 거친 싸움이나 강력한 협상을 통해서만 해결될 수 있는 갈등이 발생할 수밖에 없다. 집단 역학에 관한 폴렛의 빈틈없는 관찰 덕분에 계몽된 이기심이 가져오는 조직화의 편익이 생생하게 입증되었지만, 전략을 가장 필요로 하는 상태인 갈등의 여러 문제들에 대한 해답은 제시되지 않았다.

✝ 인간관계 학파

폴렛의 발상은 다른 경영 이론가들의 발상과도 어느 정도 일치했는데, 그녀는 이 사람들과 자주 교류했다. 이런 교류를 통해서 폴렛에게 영향을 주었던 사람들은 이른바 인간관계 학파로 분류되는 이론가들이었다. 이들은 자기가 가진 철학을 진지하게 신봉했는데 비록 조직이 제대로 작동하기 위한 조건으로 사회관계망social network이 중요하다고 강조했지만, 기본적으로 엘리트주의적인 학파였다. 이 학파의 핵심적인 인물은 엘튼 메이요Elton Mayo였다. 그는 호주 출신으로 1926년에 하버드 비즈니스 스쿨의 교수진으로 합류했으며, 시카고 인근에 있던 전화기 제조업체 웨스턴일렉트릭Western Electric의 호손 공장 노동자를 대상으로 산업 현장에서 이루어지는 노동을 대상으로 최초로 사회학적 연구를 실행했다. 이른바 '호손 실험'으로 불리는 이 실험을 통해서 그의 이름은 유명해졌다. 그런데 메이요가 어떻게 해서 하버드 비즈니스 스쿨에 합류하고 또 호손 실험을 하게 되었는지 살펴보기 전에 먼저 그의 생각을 전체적으로 살펴보는 것이 좋을 것 같다.

메이요는 서구 문명이나 개인주의 혹은 민주주의의 신봉자로 자처하지 않았다. 그는 민주주의가 유권자의 감정과 비합리성을 이용만 할 뿐이고, 합리적인 이성이 들어설 자리가 거의 없으며, 계급 갈등을 부추기고, 또 '최고 수준의 기능'보다는 '집단적인 평범함'을 선호하는 제도라고 생각했다. 폴렛이 제시했던 작업 현장의 민주주의라는 발상을 메이요는 끔찍하게 여겼다. 왜냐하면 그것은 경영에 대해서 아무 것도 모르는 사람들에게 경영 통제권을 넘겨주자는 것이었기 때문이다. 그는 심리학 지식을 바탕으로 해서, 경제학은 감정과 비합리성이 동기를 형성하는 과정이나 이 과정에 미치는 영향을 무시하기 때문에 인간적인 요인을 결코 파악하지 못한다는 확고한 신념을 가지고 있었다. 게다가 인간적 혹은 심리적인 차원에서 내재되어 있는 근원적인 문제를 해결하지 않고서는 사회적인 갈등을 해결할 수 없다고 보았다. 급진적인 운동 및 기업계의 불안정은 진정한 불만에 대한 반응이 아니라 '정신적 통제력 부재의 숨겨져 있는 불꽃'이 표출된 것이라고 보았다. 만일 선동자들이 근본적으로 '분노와 야만의 파괴욕에 사로잡혀 있으며 음모적인 파괴의 망상을 하는 경향'을 가지고 있다면, 민주적인 가정들은 거의 도움이 되지 않는다고 했다. 도움은커녕 오히려 사태만 악화시키며 사회를 적대적인 두 진영으로 갈라놓고, 자기들이 가지고 있는 불만의 근원이 무엇인지 전혀 알지 못하는 노동자들로 하여금 '터무니없는 지성과 의지의 모든 에너지를 동원해서 도깨비불 같은 환상'을 좇게 만든다고 했다. 그래서 메이요는 노동자 계급의 물질적인 여러 조건들을 바로잡는 것이 아니라 왜곡된 삶에 반영된 민주주의의 정신병리학적 경향들, 통합되지 못한 채 뿔뿔이 흩어져 있는 개인들 그리고 무질서한 가치관을 바로잡는 것을 처방전으로 제시했다.[18]

메이요의 이런 견해를 잘 알고 있던 하버드 비즈니스 스쿨의 학장 월리스 던햄 Wallace Donham이 메이요를 교수진으로 초빙했다. 던햄은 은행가였고 하버드 로스쿨 졸업생이었다. 던햄은 1919년에 학장이 되었고 이 자리를 1940년대까지 지켰다. 그는 비즈니스 스쿨의 학문적인 수준을 높이는 한편 기업계와의 연계성을 강화하는 것이 자기가 학장으로서 해야 할 일이라고 생각했다. 이것은 기금을 모집하는 데도 필수적인 일이었다. 당시 하버드는 급진주의자들과 사회주의자들에게 피난처를 제공하는 것으로도 유명했는데, 던햄은 하버드의 이런 경향과도 싸워야 했다. 메이요가 실험을 하는 데 사용되는 비용은 대학교가 아니라 기업들로부터 직접 나왔다. 메이요의 강점은 일단 그가 가지고 있던 견해였고 (이 견해에는 던햄도 동의했다) 또 심리학 분야의 전문성이었다. 하지만 메이요가 하버드로 가려면 양측 사이에 놓여 있던 의견 차이가 해소되어야 했는데, 이 내용은 1927년에 그가 대학교 총장에게 보낸 편지에 반영되어 있다.

"심리학을 포함한 산업생리학의 과학적 연구 없이는 산업계의 노동 문제가 안고 있는 비판적인 특성이 줄어들 것 같지 않습니다."

이와 관련해서 오코너는 다음과 같이 썼다.

"메이요의 연구는 경영자의 핵심적인 관심사를 직접적으로 이야기하는 것이었다. 노동자의 비합리적이고 선동적인 경향을 어떻게 진정시킬 수 있을까, 그리고 그것을 위해 경영자와 관리자를 훈련시킬 커리큘럼을 어떻게 개발할 수 있을까 하는 문제들이 그런 것들이었다."

1933년에 메이요는 자기 주장의 요지를 한층 강화했다. 문제는 '유능한 행정적 엘리트'가 부족하다는 점이 아니라 이 엘리트들이 '사회적 조직화 및 통제에 관련된 생물학적이고 사회적인 사실들'을 제대로 잘 이해하지 못한다는 점이라고 했다. 던햄은 이런 차원에서 엘리트들을 훈련시키는 것이야말로 비즈니스 스쿨이 본질적으로 해야 할 과제라고 보았다.[19]

메이요는 평범한 노동자의 물리적인 효율성을 제고하는 테일러주의를 보완해서 심리적인 차원의 해법을 제시했다. 메이요 역시 테일러와 마찬가지로 이 일을 해결할 방법과 관련해서 자기만의 이야기를 가지고 있었다. 웨스턴일렉트릭 호손 공장의 소규모 노동자 집단을 대상으로 한 실험의 의미를 놓고 고민할 때 섬광처럼 번쩍이며 떠오른 생각이었다. 메이요가 결합하기 전부터 이미 진행되고 있던 이 연구의 목적은 예컨대 작업장의 보다 나은 조명 조건처럼 물리적인 조건을 바꿀 때 생산성에 과연 의미 있을 정도로 많은 영향이 발생하는지 확인하는 것이었다. 이와 관련해서 이 실험에서 가장 중요한 단계는 릴레이 조립대에서 일하는 여섯 명의 여성 집단을 대상으로 하는 것이었다. 실험의 목적은 휴식 시간과 노동 시간이 주는 충격을 확인하는 것이었다. 그리고 실험 단위를 개인이 아니라 집단으로 설정해서 생산성이 높아지면 집단 차원에서 보너스를 주기로 했다. 2년 6개월 동안 이어진 실험 결과, 생산성은 30퍼센트 높아졌고, 업무 만족도도 매우 향상되었다.

어째서 이런 일이 일어났는지는 연구자들이 그 사람들에게 실질적으로 관심을 보였다는 사실 자체가 그런 차이를 이끌어냈음을 파악하고 또 이런 내용에 대한 '위대한 설명'을 메이요가 내놓은 다음에야 비로소 분명해졌다. 그가 내린 결론은 심리적인 조건이 물리적인 조건보다 더 중요하며 노동자는 자신이 속한 집단의 역학 및 비공식적인 사회관계망에 반응한다는 것이었다. 동기 부여는 이기적인 관심을 넘어서서 남에게 인정받는 것 그리고 안전함을 보장받는 것으로 나아갔다. 행복한 노동자는 그렇지 않은 노동자보다 높은 생산성을 발휘하므로 경영자는 직원들과 좋은 작업 관계를 만들고 또 유지해야 했다. 테일러의 경우와 마찬가지로 이런 실험의 내용은 메이요가 애초에 가지고 있었던 발상 속에서 보다 세련되게 채색되고 해석되었다. 복잡한 사실을 보다 쉽게 이해할 수 있는 단순한 설명이 제시된 것이다. 지금 시점에서 되돌아보면, 호손 공장 노동자의 생산성이 높아진 이유를 설명하는 최상의 답변은 생산성 향상 장려금(그것도 노동조합이 없는 공장에서 또 불경기였음에도 불구하고)과 개별적인 노동자의 태도를 결합한 것이라고 할 수 있다. 그 실험에 열성적이지 않던 두 사람을 다른 노동자 두 사람으로 대체한 것이 전환점이었다.[20] 메이요가 내린 결론은 그 자체로 터무니없는 게 아니었다. 그것은 관리자들로 하여금 노동자를 보다 둥글둥글하고 인간적으로 바라보고 또 대하도록 장려하라는 폴렛의 이론과도 맞아떨어지는 것이었으며, 또 이 결론은 경영 관행을 개선하는 데 전환점이 되었다.

이렇게 해서 인간관계 학파가 형성되었고, 이들은 조직의 비공식적인 측면들과 작업장의 사회적 조건에 집중해서 노력을 기울였다. 호손 실험이 없었더라면 메이요는 이미 오래 전에 잊히고 말았겠지만 산업 사회학 역사에서 메이요의 위상은 확고해졌다. 사실 그는 정신병학 관련 경력을 포함한 자기 자신의 자격을 과장하는 경향을 보였으며 그 바람에 동료 교수들로부터 속물적이고 게으르며 강의에는 관심이 없고 오로지 세상에 자기 이름을 알리는 데만 신경쓴다는 평가를 받았다. 앞에서 살펴보았듯이 메이요는 사회적인 갈등을 이 갈등의 골을 초월하는 건강한 협력을 통해서 치유될 수 있는 '사회적인 질병'의 결과로 바라보았다. 이것이 그가 가지고 있었던 기본적인 철학이었다.[21] 그러므로 노동자들 사이에서 자기들의 이익을 도모하기 위한 협력은 건강한 것이 아니었다. 그는 정치가 문제를 악화시킨다고 보았기 때문에 권력이라는 문제에 대한 논의를 전체적으로 꺼렸다. 그리고 어떤 해결책이든 간에 집행을 맡은 엘리트가 책임을 지고 알아서 진행해야 할 것으로 보았으며, 이런 엘리트라면 응당 기술적 능력에 걸맞은 사회적 능력을 개발하는 훈련을 받아야 한다고 보았다.

호손 실험에서 긍정적인 반응이라고 주장되는 것들은 진정으로 사리를 깨우친 경영자들보다는 적절하지 못하게 깨우친 연구자들에게서 나왔다. 1930년대 중반에 메이요는 전화 회사 뉴저지벨New Jersey Bell의 최고경영자이던 체스터 바너드 Chester Barnard를 알게 되었다. 만족을 모르는 독서가이자 지적인 인물이던 바너드는 경영과 행정 분야에서 탄탄한 경험을 가지고 있었는데, 그는 1938년까지 하버드에서 강의를 했다. 그리고 이 강의 내용은 일부 수정 과정을 거쳐서 오늘날까지도 경영 사상에 관한 독창적인 저서로 평가를 받는《경영자의 역할》The Functions of the Executive 로 출간되었다. 바너드는 생리학자 로렌스 헨더슨 Lawrence Henderson을 만나서 매우 가까운 관계를 맺었다. 헨더슨은 하버드 대학교 내에서도 손꼽힐 정도로 선도적인 인물이었고 또한 메이요의 동료이기도 했다. 그런데 두 사람 다 이탈리아의 사회학자이자 도드라진 엘리트주의자이기도 했던 빌프레도 파레토 Vilfredo Pareto에 대해서 관심을 가지고 있었다. 이런 점을 바탕으로 해서 두 사람의 유대 관계가 형성되었다.

헨더슨은 1920년대에 파레토를 알았고, 1930년대에는 파레토를 선전하는 전도사가 되었다. 그리고 하버드 대학교에 내에 이른바 '파레토 서클'Pareto Circle이라는 이름으로 일컬어지는 모임을 조직했다. 헨더슨이 가지고 있던 과학적 정신에 비추어볼 때 사회적 균형(본문 169쪽 참조―옮긴이)이라는 파레토의 발상은 그가 가지고 있던 보수적인 성향과 잘 맞았을 뿐만 아니라 심금을 울릴 정도로 큰 감명을 주었다. 비록 헨더슨이 '파일드라이버(말뚝 박는 기계―옮긴이)도 아주 조금 모방했다'는 말을 들은 세미나 기법을 가지고서 이 서클을 지배하긴 했지만, 이 집단에는 당대 최고의 사회학자들로 꼽히던 탈코트 파슨스Talcott Parsons와 조지 호먼스 George Homans 등도 함께했다.[22] 이 모임은 마르크스의 대안을 찾던 보수주의 학자들에게도 피난처가 되었으며, 사회를 독립적이며 자정 능력을 갖춘 체계로 파악하던 이론가들에게도 매력적으로 비춰졌다. 헨더슨은 파레토의 저작을 프랑스어 원서로 읽었을 뿐 아니라 자기 사상을 실제 현실에 적용하려고 노력하던 바너드에게 깊은 인상을 받았다.

바너드의 저작에서 파레토의 영향을 찾아내기란 어렵지 않다. 인간의 의사결정 및 행동에 나타나는 비논리적인 요인들, 상황 논리에 따라서 선택이 결정되는 방식 그리고 엘리트들의 순환 등을 강조한 점만 봐도 파레토의 영향은 확연하다. 사회적인 체계로서의 조직을 어떤 유형의 균형을 추구하는 인간의 신체에 비유하는 발상에서도 파레토의 영향은 분명히 존재한다. 바너드는 어떤 조직이 균형점에 도달하려면 효과성과 효율성을 동시에 갖출 필요가 있다고 했으며, 또 많은 조직들이 이 과제에 실패함으로써 뒤처지고 말았다고 강조했다. 그는 효율성을, 조직을 구성하는 개인들을 만족시키는 능력이라는 뜻으로 사용했다. 경영자는 조직의 목표를 정식화해야 하고 이 목표를 어떻게 달성할지 방식을 결정해야 하는데, 이 과정에서 조직의 모든 구성원이 참여하도록 하되 특히 이 참여는 직접적이고 접근 가능한 소통을 통해서 이루어져야 한다고 했다. 그는 또 존중과 협력의 중요성을 강조하면서 (메이요와 마찬가지로) 존중은 물질적인 장려책보다 더 중요하며, 협력은 분열적인 이데올로기들과 여러 형태의 정치적 행동 때문에 위험해진다고 했다. 존중과 협력이라는 이 두 가지 측면 모두에서 노동자는 개인적인 이해관계에 대한 잘못된 생각을 쉽게 하는 경향이 있으며, 그러므로 경영자의 리더십이 특별히 중요한 역할을 한다고 했다.[23]

경영자는 기술적인 기능과 사회적인 기능을 가지는 것 외에도 적절한 가치관으로 지탱되는 협력적인 조직을 창조하기 위해서 활발하게 일해야 한다. 경영자의 이런 노력이 없을 때 조직은 붕괴한다.[24] 그러므로 '사람들을 교육하고 선전해서' 적절한 동기와 인식을 '주입하는 것'은 중요하다. 경영자는 도덕적인 규정에 자기를 맞춰야 할 뿐만 아니라 사기를 더 높여줄 수 있는, 다른 사람들을 위한 도덕적 규정을 창출해야 한다. 이런 목적을 달성하기 위해서는 '개인적인 이해관계와 개인적인 소소한 이행 사항들보다 협력적인 전체의 공동선'을 먼저 생각하도록 '관점, 본질적인 태도, 조직 혹은 객관적인 권위 체계에 대한 충성도'를 반드시 구성원들에게 주입해야 한다고 했다.[25]

바너드는 또한 자기 논지를 입증할 이야기 하나를 가지고 있었다. 인기가 좋았던 한 강연에서 그는 자신이 뉴저지 긴급구호본부 책임자로 일하던 1935년에 있었던 한 폭동 사건을 이야기했다. 그는 폭동을 일으킨 사람들의 존엄성을 인정함으로써 그 엄중한 상황을 진정시켰다고 했다.[26] 바너드의 설명에 따르면, 트렌턴의 실업자 대표들과 자기 사무실에서 만나기로 약속이 되어 있었는데 약 2,000명이나 되는 실업자 시위대가 경찰과 충돌하면서 이 만남이 연기되었다. 뉴욕 급진주의자들의 사주를 받은 이 시위로 많은 사람들이 체포되었고 어떤 사람들은 구타를 당하기도 했다. 바너드는 이런 류의 사건이 세상 사람들의 입에 오르내릴 때 실업자 보조 프로그램을 위해 조성되는 공적 자금을 마련해야 하는 납세자들의 분노는 커질 수밖에 없음을 알았다. 바로 이런 사실을 그는 실업자 대표들과 만난 자리에서 했다. 물론 그들이 하는 불평을 먼저 듣고 또 그렇게 해서 한결 협조적인 분위기가 조성된 다음에 그 얘기를 했다. 그러자 문제는 쉽게 해결되었다. 경제적인 차원이 아니라 인간관계적인 차원에서 말이다. 실업자들에게 존엄성은 중요했기 때문이다. 자기와 가족이 먹을 음식보다도 더 중요했기 때문이다.

바너드의 감성과 기지가 제대로 먹혔을 수도 있다. 그러나 당시에 있었던 다른 보고와 보도를 놓고 보면 그의 설명은 전체 이야기의 한 부분밖에 되지 않았다.[27] 사실 거기에는 강력한 경제적 차원의 동기가 있었다. 실업자들은 식량 지원을 대폭 늘려달라고 요구했고, 바너드는 그렇게 하겠다고 약속했다. 하지만 그럼에도 불구하고 시위 현장에서 상해자가 보다 많이 나올 경우 전체 프로그램이 위험해질 수도 있다는 바너드의 주장은 매우 진지한 정치적 차원의 발언이었다. 이 주장은 예전에 폴렛이 주장했던 집단역학의 증진을 놓고 벌어진 관찰 사실을 반영한다. 집단 속에는 여러 개의 집단이 존재하며 이 경우에 바너드의 전략은 실업자들과 손을 잡고 실업자 구제 프로그램을 지지하며 그렇지 않아도 힘든 상황에 놓여 있어서 실업자들에게 제공되는 보조금이라면 질색을 하는 납세자들에 맞서는 것이었다. 계급도 아니고 정당도 아니고 국가도 아닌 어떤 소집단에 대해서 하는 이야기는 갈등의 문제를 해결하지 않았다. 사회가 하나의 거대한 무정형의 집단으로 재형성될 수 있지 않는 한 각각의 개인들은 어떤 집단들이 어떤 집단들에 반대한다는 사실, 서로 다른 집단이 가지고 있는 이해관계가 충돌한다는 사실을 파악하게 될 것이다. 집단 사이의 갈등이 점점 더 많이 발생할 때, 집단 간의 조화는 점점 더 긴장 상태에 사로잡힐 것이다.

애초에 경영자에게 지워졌던 역할은 노동자를 관리하는 것이었다. 그리고 이런 관리를 하는 데 무엇이 요구되는지는 당대의 사회 이론들이 규정했고, 많은 이론들이 평범한 사람들은 본질적으로 단순하며 또 쉽게 설득되고 조작될 수 있다는 노골적인 의견을 제시했다. 노동자는 보다 많은 급여를 준다는 말에 기꺼이 기계 장치의 효율적인 나사가 될 수 있었다. 해고의 협박도 효과적인 수단이 되었다. 최악의 경우에 노동자는 선동자에게 휘둘려서 군중심리에 휩싸일 수도 있었다. 20세기가 되면서 노동조합의 힘이 점차 커지고 또 전문적인 능력을 필요로 하는 업무가 더 많아지게 됨에 따라서 노동자를 유순하고 잘 통제되는 대상으로 유지할 수 있는 가능성은 계속 줄어들었다. 게다가 인간관계 학파가 가지고 있었던 발상은 애초에 노동자를 사회주의와 노동조합으로부터 떼어놓는다는 것이었다. 이 과정이 진행되다 보니 경영자는 자기 조직이 단순한 위계 체계가 아니라 엄청나게 복잡한 사회적 구조물이며 또 노동자는 인간적인 대접을 받을 때 긍정적으로 반응한다는 사실을 점점 더 확실하게 깨달았다. 그런데 조직이 이런 식으로 발전하는 것이 권력의 구조라는 측면에서 어떤 의미가 있는지 알아낼수록 이런 접근법 아래에서는 권위적인 체제가 온정적인 체제로 대체될 가능성이 높아진다는 사실이 드러났다. 물론 독재를 원하는 입장에서는 바람직하지 않은 위험한 일이었다. 권력 구조를 더 많이 연구하고 또 보다 폭넓은 사회경제적 변화와 관련해서 접근할수록 경영자는 전략을 더 많이 필요로 하게 되었다.

| 제29장 |

경영이 하는 일

The Business of Business

:

경영이 경영해야 할 대상은
경영이다.
_알프레드 슬론

:

차세대 경영 이론가들이 전략을 어떻게 발견했는지 살펴
보기 전에, 먼저 그 기간 동안에 경영이라는 과제와 직면
한 권력과 관련된 몇몇 쟁점들을 먼저 탐구해볼 필요가 있
다. 제2차 세계대전 이후 경영 전략의 이론화 과정에서 있
었던 중요한 발전들은 자본가와 노동자 사이의 긴장이 (비
록 완전하게 사라졌다고는 할 수 없어도) 상당한 수준으로 완화
된 시점에서 미국의 대기업들이 취했던 형식들을 반영한다.
그러나 이런 기업들의 최초 출발점은 미국 산업 발전이 한층
광포하게 진행되던 시기에 놓여 있었다. 그 시기의 특징적인
모습은 노동 불안과 기업의 대규모 연합 혹은 담합이었다.

　20세기가 되자 자본주의는 마르크스가 기대했던 것과
다르게 변신의 길을 걸었다. 자본가들은 호황과 불황이 반
복되는 경기 주기를 낳는 자본주의 체제의 휘발성을 극복
할 여러 가지 방안을 찾아냈다. 그 가운데 가장 중요한 것
은 (적어도 그렇게 보이는 것은) 기업의 규모를 키우는 것이었
다. 규모가 엄청나게 큰 기업들은 경제 조건이 아무리 급박

하게 바뀌더라도 살아남을 수 있었다. 기업들이 이렇게 규모를 키우려고 노력하는 과정에서 점점 더 많은 경영자층의 도움을 받았다. 이런 변화 과정은 마르크스가 혁명을 어떻게 준비할 것인지 그리고 파리코뮌을 도 대체 어떻게 이해해야 할 것인지를 놓고 바쿠닌과 논쟁을 하던 바로 그 시기에 시작되었다.

† 존 록펠러

존 록펠러 John D. Rockefeller와 스탠더드 오일 Standard Oil 이야기는 잘 알려져 있 다.[1] 1865년에 오하이오의 클리블랜드에 살던 야심찬 26세 청년 록펠러 는 그 도시에서 가장 큰 정유회사를 사들였다. 그는 남북전쟁이 끝나면 서 경제가 빠르게 팽창하는 환경을 최대한 이용하기 위해서 생산 설비 를 늘렸고, 그에 따라 수입도 그만큼 더 늘어났다. 그런데 불행하게도 다 른 사람들도 똑같은 생각을 가지고 있었고, 곧 전체 정유 설비 능력은 등 유와 그 밖의 석유 제품들에 대한 시장 수요를 초과했다. 이런 시장 상황 에서 살아남으려면 가장 효율적인 업체가 되는 길밖에 없다는 판단을 내 린 록펠러는 품질을 개선하고 원가를 낮추는 한편 (이런 것들보다 훨씬 더 창의적인 선택으로) 업계의 다른 업체들을 합병함으로써 공급 및 배분이라 는 양 측면을 모두 지배하고 나섰다. 아울러 그는 현금을 충분히 많이 확 보해서 시장이 갑작스럽게 요동칠 때 자금 부족으로 낭패를 당하지 않도 록 했다. 그런 다음에는 하루에 일정 규모 이상의 화물을 적재하기로 약 속하는 대가로 화물 운임을 할인받음으로써 철도 회사들과 우호적인 (그 러나 논란의 여지가 많았던) 관계를 형성하면서 다른 정유사들에 대해 경쟁 우위를 확보했다.

　록펠러는 시장에서 작동하는 여러 가지 힘들을 인위적으로 조작하는 것이 적절하지 않다는 생각은 조금도 하지 않았다. 정유 산업에서 시장 진입을 쉽게 허용할 경우에는 업계가 금방 포화 상태에 다다르며 이 혼돈의 상태가 만성적으로 지속되어서 시장은 불안정해질 수밖에 없다고 확신했다. 그래서 시장의 변덕스러운 규율에 맞추기보다는 차라리 시장을 지배하고 통제하는 쪽을 선택했다.

　"석유 산업은 혼란에 빠져 있었고 사정은 날마다 악화의 길을 걷고 있었다. (……) 정유업자들이 저마다 모두 사업을 독점하려고 듦에 따라서 (……) 이 사람들은 자기뿐만 아니라 경쟁자들까지도 재앙 속으로 몰아넣었다."[2]

　수요와 공급이 균형을 이루는 일은 절대로 있을 것 같지 않았다. 록펠러의 전략은 다른 환경에서였다면 전적으로 올바르게 보였을 그런 것이었다. 그는 서로를 파괴하고 또 제 살을 깎아먹는 경쟁 대신에 협력을 추구했던 것이다.

　석유 산업의 상태를 전제로 할 때 록펠러가 설정한 가정이 옳았을 수도 있다.[3] 하지만 그럼에도 불구하고 록펠러의 발상은 자유 시장 이데올로기에 대한 도전이었다. 록펠러의 경우에 그 도전은 그가 동원한 수단들 때문에 한층 심각했다. 그는 통상적으로 자기와 손을 잡을 미래의 동업자에게 합리적인 조건을 제시했으며, 때로는 한때 경쟁자였던 사람들을 절망의 구렁텅이에서 건져주기도 했다. 그러나 자기가 내민 손을 거부한 업체들에게는 공격적인 가격 정책으로 궁지에 몰아넣고 무릎을 꿇리는 등 무자비한 보복을 했다. 1870년에 스탠더드 오일을 처음 설립했을 때 이 회사의 미국 정유 시장 점유율은 10퍼센트였지만, 1870년대 말에는 이 수치가 90퍼센트에 육박했다.

독립 회사들이 원거리 송유관을 건설하는 쪽으로 과감한 행보를 하며 스탠더드 오일을 기습적으로 공격하려고 할 때조차도 스탠더드 오일은 실질적인 위협을 전혀 느끼지 않을 정도로 굳건했다. 스탠더드 오일은 자체적으로 송유관을 건설했으며 얼마 지나지 않아서 펜실베이니아 유전 지대를 미국의 다른 지역으로 연결하는 전체 송유관망을 지배했다. 이런 지배가 이뤄지지 않았던 유일한 예외가 원유 송출관 부문이었지만 심지어 여기에서도 스탠더드 오일은 소수파 지분을 가지고 있었다. 독립 정유사들은 스탠더드 오일의 전횡을 억제할 법률적인 장치를 마련해달라고 정부에 요구했다. 이로써 스탠더드 오일이 거의 독점에 가까운 시장 지배를 추구하고 또 유지하기 위해서 동원했던 온갖 방법들이 법원에 의해서 세상에 공개되었다.

1882년에 록펠러는 그 비밀들에 다시 장막을 드리울 방법을 찾아냈다. 자기 자신의 재정 상태를 살피고 관리할 수 없었던 기업들에서 통상적으로 사용되던 어떤 법률적 장치를 활용하는 것이었다. 록펠러가 주식을 보유하고 있던 회사들은 비밀 협약을 통해서 하나로 뭉쳤다. 주주들은 자기 주식을 아홉 명의 수탁인에게 맡겼다. 이 아홉 명 가운데는 존 록펠러와 그의 동생 윌리엄 록펠러도 포함되어 있었다. 이 경우 법률적으로 엄격하게 말하면 스탠더드 오일은 다른 회사를 소유한 게 아니었다. 각각의 주에 사무소를 개설한다거나 책임자를 임명할 수 있는 주체는 스탠더드 오일의 주주들이 소유한 트러스트trust(같은 업종의 기업의 자본의 결합을 통해 만든 독점적 기업 형태로 '기업 합동', '기업 합병'이라고도 한다—옮긴이)였다. 이렇게 스탠더드 오일은 사실상 독점기업이었다. 빠진 것이라고는 실질적인 석유 생산뿐이었다. 잠재적으로 그것은 매우 커다란 취약성이었다. 특히 석유가 다 떨어질 경우에 그 취약성은 엄청난 위험이 될 수 있었다. 그러나 1880년대 말에 새로운 유전들이 미국 전역에서 발견되기 시작했고, 미국의 석유 생산량은 이제 펜실베이니아 유전에만 의존하지 않아도 되었다. 록펠러는 추가 통합의 기회가 존재한다는 것을 알았고, 공급업체들에 대한 의존도를 줄였다. 그리고 정력적으로 합병 작업을 시작했다. 얼마 뒤에 스탠더드 오일은 모든 석유 제품 판매의 84퍼센트를 차지하는 것 외에도 미국 원유 생산량의 3분의 1을 담당하게 되었다. 생산자이자 소비자였기에 스탠더드 오일은 가격을 자기 마음대로 정할 수 있었다. 그래서 경쟁을 실질적으로 완전히 철폐하지 않고서도 미국의 석유 산업을 실질적으로 지배했으며, 또한 해외에서도 상당한 수익을 내고 있었다. 수요 측면에서도 사정은 록펠러에게 유리하게 돌아갔다. 비록 조명의 주된 에너지원으로 전기가 등유를 대체했지만 자동차와 휘발유 엔진이 시장을 다시 한 번 바꾸어놓았다. 정유 제품 가운데서 적은 비중밖에 차지하지 않았던 휘발유가 갑자기 주요 제품으로 등극한 것이다.

세기가 바뀔 무렵에 스탠더드 오일은 영향력 행사에 관한 한 최고 절정기에 다다랐다. 이미 상당한 힘을 가진 경쟁자들이 포진해 있던 국제 시장의 규모가 커진다는 것은 그만큼 스탠더드 오일이 행사할 수 있는 상대적인 영향력이 줄어든다는 뜻이었다. 스탠더드 오일 트러스트가 안아야 하는 정치적 부담의 무게 때문에 이 과정은 점점 더 빠르게 진행되었다. 록펠러는 막대한 부를 형성하는 과정에서 의심스러운 행동들을 했다는 이유로 비난을 받았다. 스탠더드 오일이 거칠 것 없이 성장하는 과정에서 회사를 빼앗기거나 파산하거나 혹은 성장이 제지되었던 소규모 업체의 관계자들은 스탠더드 오일과 록펠러에 원한을 품었다. 이들은 미국적인 가치관에 호소했고 또 부패한 권력 및 거대한 부가 한 곳에 집중되는 것에 반대하는 투쟁에 나선 소수 사람들의 고결한 이미지에 호소할 수 있었다. 그런데 록펠러 말고도 이른바 '날강도 귀족'Robber baron은 여럿 있었다. 앤드류 카네기Andrew Carnegie, 코넬리우스 밴더빌트Cornelius Vanderbilt 그리고 존 피어폰트 모건John Pierpont Morgan 등도 모두 비슷한 맥락에서 욕을 먹었다. 트러스트를 이용해서 시장을 지배하고 경쟁을 몰아낸 기업은 스탠더드 오일 하나만이 아니었다. 하지만 트러스트의 규모가 가장 크고 또 가장 악명이 높았던 것이 스탠더드 오일 트러스트였다. 록펠러는 기업들의 연합이야말로 효율성과 안정성을 보장하는 바람직한 방법이라고 믿었지만, 결과는 독점을 향해서 나아갔다. 그런데 1890년의 셔면 반독점법이 만들어지면서 연방 정부는 트러스트를 조사하고 규제할 권한을 가지게 되었다. 록펠러는 법정 안에서는 최고의 변호사들을 선임해서 싸웠고, 법정 바깥에서는 반독점법을 무력화할 정교한 장치들을 개발했다. 우선 기부를 통해서 정치적인 지원을 매수했으며 자신은 물론 스탠더드 오일과 관련된 우호적인 이야기들이 많이 기사화되도록 언론을 구워삶았다. 또 새로운 기업들을 만들어서 자기는 스탠더드 오일과 아무런 관련이 없다고 주장하도록 했지만 실제로는 이런 회사들도 모두 스탠더드 오일 트러스트의 통제를 받았다. 한편 스탠더드 오일은 세부적인 사항들에 놀라울 정도로 관심을 기울이며 압도적으로 우월한 정보와 통신을 사용해서 시장과 경쟁자들을 계속해서 주시하고 추적했다. 이 모든 것을 통해서 스탠더드 오일은 '연방 정부를 오지랖만 넓은 열등한 권력체'로 취급했다.[4]

하지만 록펠러의 무소불위는 영원하지 않았다. 그의 죄악을 폭로하고 그에게 인과응보의 벌을 내리는 사람이 나타났다. 기자이던 아이다 타벨Ida Tarbell이었다. 그런데 이 기자는 앞서 제28장에서 테일러에게 갈채를 보내던 인물로 소개했던 바로 그 사람이다. 우연찮게도 타벨의 아버지는 석유 산업 초기에 스탠더드 오일에 맞서다가 커다란 피해와 고통을 입었었다. 그랬기에 그녀의 기사는 한층 예리하고 대담했다. 그리고 마침 그녀가 진보적인 성향이던 폭로 전문 잡지 《맥클루어스 매거진》 McClure's Magazine에 몸담고 있었고 또 이 잡지가 스탠더드 오일 트러스트를 주요 표적으로 설정했기에 그런 일이 가능할 수 있었다.[5] 그녀는 운이 좋게도 스탠더드 오일의 중견 간부로부터 회사의 전반적인 이야기를 들을 수 있었는데, 나중에는 이 사람이 기사의 핵심적인 정보 원천이 되어 주었다. 한 달에 한 번씩 연재되는 시리즈 기사가 1902년에 시작되었고, 이 시리즈는 2년 동안 이어지면서 스탠더드 오일의 세부적인 사항들을 흥미진진하게 그려내고 불공정한 경영 수법들을 폭로하면서 대대적인 공분을 불러일으켰다. 그녀는 스탠더드 오일의 규모나 재산에 반대하는 게 아니라 이 회사가 구사하는 방법에 반대한다고 주장했다.

"그들은 단 한 번도 공정하게 행동하지 않았으며 스스로 자신의 위대함을 파괴했다."[6]

타벨의 폭로 타이밍이 적절했다. 진보적인 성향의 시어도어 루스벨트 대통령은 반反독점이라는 대의를 중시했고 법률적인 장치를 통해서 정부가 기업의 힘을 통제할 수 있어야 한다고 주장했다. 루스벨트가 스탠더드 오일을 조사하라는 지시를 내렸고, 마침내 1906년에는 이 회사가 셔먼법을 어기고 담합을 한 혐의로 법정에 섰다. 회사는 완강하게 저항했지만 증거가 워낙 확실했다. 1심에서 배심원 평결은 1909년에 트러스트를 해체하라는 것이었고, 이 내용은 1911년 대법원에서 확정되었다. 재판의 수석 판사는 다음과 같이 결론 내렸다.

"상업적 발전 및 조직화의 천재가 다른 업체들을 시장에서 몰아낼 의도와 계획을 실천에 옮겼다."[7]

스탠더드 오일은 서른네 개의 법인으로 해체되었고, 이 가운데는 장차 엑손_Exxon_으로 성장할 회사도 포함되어 있었다.

당시에는 이런 조치로 록펠러가 완벽하게 패배한 것처럼 보였다. 그러나 루스벨트는 록펠러의 편의를 봐주었다. 단일 회사가 규모가 크고 또 복잡한 성장 시장을 지배하기는 점점 어려워지는 상황이 펼쳐지고 있었다. 규모가 작은 기업이 새로운 조건에 유연하게 대응하는 능력은 보다 강력하고 수익성 높은 기업이 될 수 있는 조건이었다. 그 즈음에 은퇴해 있던 록펠러는 성공 신화를 일구어가던 신생 기업들의 주식을 가지고 있었다. 그는 백 세 가까이까지 살았다. 거대한 자선 단체가 그의 이름을 달고 나타났고, 얼마 가지 않아서 미국에서 경제학과 경영학을 연구하는 방식 자체에도 영향을 주었다. 그의 후계자들은 계속해서 기업계와 정치계에 중요한 영향력을 행사했다. 그러므로 록펠러 이야기는 결코 비극은 아니다.

록펠러가 위대한 전략가였음은 의심할 여지가 없다. 그는 시장 시스템을 전체적으로 조망했으며, 개별적인 기업이 차지하고 있던 위치의 전략적 가치를 평가했다. 에너지 전문가인 대니얼 예긴_Daniel Yergin_은 록펠러를 '전략가이자 최고사령관이며 예하의 부하들에게 은밀하고도 신속하게 기동해서 탁월한 실행력으로 집행할 것을 지시했다'고 평가했다. 또 록펠러는 군사적인 비유를 싫어하지 않았는데, 예를 들면 '연합군의 최고사령관이 미리 브라스밴드를 파견하면서 특정한 어떤 날에 자기가 공격을 시작할 것임을 적에게 미리 알려주라는 명령을 내리는 것'을 도무지 이해할 수 없다면서 자신의 은밀한 수법들을 정당화했다.[8] 또 로날드 처노우_{Ronald Chernow}(미국의 역사가이자 작가—옮긴이)는 어떤 문제가 있을 때 이 문제를 끌어안고 곰곰이 생각한다고 록펠러를 묘사한다.

"계획을 세울 때는 오랜 기간에 걸쳐서 은밀하게 숙성시킨다. 하지만 일단 어떤 결심을 하고 나면 그 결심에 대해서 어떤 의심도 품지 않으며 애초에 설정한 전망을 향해서 한 치의 흐트러짐도 없이 나아간다."[9]

그러나 록펠러가 거둔 전략적 성공은 부당한 방법을 동원하고 퇴행적인 목적을 추구한 결과였으므로, 큰 뜻을 품은 기업가를 위한 롤모델로 그를 꼽을 수는 없다.

† 헨리 포드

록펠러와 달리 헨리 포드_{Henry Ford}는 적어도 한동안은 모범적이며 전향적인 기업가로 인식되었다. 자동차 산업에 대한 포드의 전망은 젊은 시절 미시간에 있던 아버지의 농장에서 기계류를 만지작거리면서 형성되고 발전했다. 그는 말이 끌지 않는 마차가 과연 가능할지 생각했고, 만약 그게 가능하다면 시골 생활 최악의 단조로운 점들을 극복할 수 있지 않을까 생각했다. 증기 엔진은 너무 크고 무겁고 또 위험했다. 그는 어쩌면 기름을 동력원으로 하는 내연 엔진이 미래의 대안이 될 수 있을지 모른다고 생각했다. 그리고 1880년대 중반에 그는 이런 엔진들 가운데 하나를 가지고 일할 기회를 얻었는데, 이때 엔진의 기본 원리들을 이해했으며 또 자기만의 실험을 하기도 했다.

당시에는 자동차를 사고파는 대중적인 시장이 없었다. 자동차는 신뢰성보다 더 중요한 속도를 구비한 값비싼 장난감일 뿐이기 때문이었다.

자동차 제작업체의 관점에서 보자면 주문 제작 방식으로 얼마든지 비싸게 팔 수 있었으므로 공장식 대량 생산이 굳이 필요하지도 않았다. 그러나 포드는 당시에는 아직 존재하지 않았던 대중적인 수요 그리고 대량 생산을 전제로 하는 대중 시장에 대비해서 소비자들이 부담 없이 살 수 있는 자동차를 개발할 방법을 꿰뚫어보았는데, 바로 이 점이 바로 그가 가진 천재성이었다. 하지만 그는 개인 투자자들이나 은행들로부터 투자를 받지 못했다. 이 일로 그는 경쟁을 두려워하고 소비자에게 관심이 없는 사람들을 나중에까지 경멸하게 되었다. 그는 채권자나 주주들로부터 완전히 해방되는 길을 추구했다. 그래서 비록 처음 포드 자동차Ford Motor Company를 설립했을 때는 지배주주가 아니었지만, 1906년에는 회사 주식의 절반 이상을 소유했다.

포드는 또한 카르텔과도 맞서서 싸워야 했다. 자동차생산자협회 Association of Licensed Automotive Manufacturers, ALAM는 아무리 봐도 의심스러운 특허권을 가지고서 새로운 업체가 시장에 진입하는 것을 막고 있었다. 1903년에 이 협회는 포드의 시장 진입을 거부했다. 포드는 당시의 반反독점이라는 사회의 분위기로 볼 때 이 협회가 비록 적절한 수준의 경쟁조차도 배제하겠다는 허울만 좋은 이런저런 주장들을 하고 있지만 결국에는 탐욕 때문에 당국의 철퇴를 맞고 꼬리를 내릴 것임을 간파했다. 포드는 록펠러와 반대 위치에 섰다. 트러스트 대 일반 시민의 대결에서 약자의 위치에 섰던 것이다. 요컨대 포드 자동차는 '강력한 독점체인 골리앗에 혼자 힘으로 맞서는 산업계의 다윗'이었다. 하지만 그는 자기가 '압제와 불공정한 경쟁에 맞서서 반란을 일으키도록 조장하는 미국적 자유의 본능'으로 충만해 있다고 주장했다. '무서워서 꼬리를 내리거나, 일방적으로 두들겨맞는 것'은 그의 기질에도 맞지 않았다.[10] 그리고 오랜 법정 싸움

끝에 그는 이겼고, 대중의 박수를 받았다.

포드 자동차 회사의 첫 번째 광고에 포드는 '일상생활에서 사용할 수 있도록 특수하게 설계되었으며 크기가 적당하게 작고 단순하며 안전하고 사용이 간편하며 마지막으로 (그러나 역시 마찬가지로 중요한 점인데) 매우 합리적인 가격으로 살 수 있는 자동차를 만들고, 또 시장에서 팔고 싶은 바람'을 담았다. 가격을 내리려면 일단 대중 시장이 필요했고, 새로운 형태의 조립 방식이 필요했다. 포드가 염두에 두고 있던 모델은 자전거 업계였다. 자전거 업계는 다양한 모델을 소비자에게 제시하고 있었는데 거의 한 해에 하나 꼴로 새로운 모델을 내고 있었다. 하지만 포드가 보기에 이것은 '여자들이 옷이나 모자에 대해서 가지는 것과 동일한 발상'을 바탕으로 한 잘못된 철학이었다. 그는 오래 지속되는 것을 원했다. 예를 들면 그는 자기가 처음 기계류에 흥미를 가진 계기가 되었던 시계와 같은 것을 만들고 싶었다. 그러려면 무엇보다 가격이 관건이라고 생각했다. 모델의 가짓수는 적게 하되 단순성과 신뢰성에 보다 더 초점을 맞춘다는 뜻이었다.

바로 여기에서 고품질의 소재로 제작되지만 작동이 간편한 '국민차' universal car 라는 개념이 나왔다. 포드는 장차 '모델 T'Model T로 유명하게 될 디자인에 매달렸고, 그런 다음에 이 모델 하나를 대규모로 생산하는 데 초점을 맞추었다. 영업사원들이 차별성을 가진 소비자들에게 제시할 선택의 폭이 거의 없다는 사실을 염려할 때 그는 이렇게 말했다.

"어떤 소비자든 간에 자기 자동차의 색깔을 마음대로 선택할 수 있다."

이 자동차는 소수를 위한 사치품이 아니라 '다수의 대중'을 위한 것이었다. 1913년에 처음 도입된 조립 라인에는 부품과 도구 그리고 노동자가 조립 공정에 따라서 차례대로 늘어서 있어서 하나의 부품이 조립될 때마다 한 공정씩 이동하고 최종적으로 완성차가 나왔다. 이렇게 함으로써 '노동자로서는 굳이 따로 생각할 필요가 없어서 좋았고 또 동작을 최소한으로 할 수 있어서 좋았다.' 그런데 조립 라인에서 노동자가 하는 작업이 너무도 단순한 바람에 이직률이 높아서 노동자를 안정적으로 유지하기 어려웠다. 그러자 1914년에 포드는 하루에 5달러의 급료를 지불하겠다고 선언했다. 그는 이것을 '우리가 여태까지 만들었던 것 가운데 최고의 비용 절감 운동' 중 하나라고 묘사했다.

포드는 만일 평범한 사람들이 고객으로 대접받을 때 어떤 일이 일어날 것인지 그리고 그들의 점점 커지는 열망을 어떻게 충족할 것인지 당시의 다른 어떤 업체보다도 잘 이해했다. 그는 오로지 자기 전망을 실현할 생각만 하면서 보다 좋은 소재와 보다 좋은 방법을 탐구했다. 이 단계에서 그의 주변에는 경쟁자라고 할 만한 사람이나 업체가 없었다. 다른 업체들은 포드가 미래를 대표한다는 사실을 아직은 깨닫지 못했기 때문이었다. 자동차 시장은 새로운 시장이기도 했거니와 빠르게 또 무한하게 성장하는 시장이기도 했다. 포드는 자신만의 성공 공식을 완성했다.

포드는 사회주의와 조잡한 자본주의 사이에 대안이 되는 경로를 제시함으로써 자동차 제조업에서뿐만 아니라 산업 사회의 발전에서 획기적인 돌파구를 마련했다. 그는 대량 생산의 기술과 이것이 충족하는 대량 소비의 욕망이라는 두 가지 중대하고도 서로 연관이 있는 요소의 발전에 결정적인 계기를 제공했다. 하루 5달러라는 급료를 주는 일자리는 안정적인 좋은 일자리였고, 이 급료를 받는 노동자는 상대적으로 높은 구매력 덕분에 구매력 있는 소비자의 지위로 올라섰다. 포드는 자신의 평범함과 자신이 가지고 있는 단순한 취향, 부자와 빈자 사이의 간극에 기꺼이 다리를 놓고자 하는 마음 그리고 자기 공장 주변의 시민 활동 프로그램들 등으로 해서 자기가 평범한 사람들에게 얼마나 가까이 다가 갈 수 있는지 입증하고자 했다. 이것은 반은 마케팅이었고 반은 진심이 었다. 그리고 그것은 곧 대중적으로 포드가 특수한 유형의 기업임을 인식 시키는 계기가 되었다. 그는 자신의 뿌리를 잊어버리지 않았을 뿐만 아니 라 대중을 좇는 것이야말로 좋은 사업이며 직원들이 발휘해야 할 충성의 원천임을, 그리고 생산성을 높이는 길이며 고객을 확보하는 경로임을 알 았다.

이것은 보다 폭넓은 정치적인 의제(어젠다)와 관련이 있었다. 이와 관 련해서 포드와 가까운 사이였으며 포드 자동차의 2인자로서 포드의 경영 철학에도 깊이 관여했던 제임스 쿠젠스James Couzens는 다음과 같이 말했다.

"사회주의의 어리석음과 무정부주의의 테러는 부자와 빈자 모두에게 공정한 활동 공간과 동등한 거래를 보장해주는 산업 체계 속에서 안개처 럼 사라져버릴 것이다."[11]

노동자들이 자신의 임금과 근로조건을 개선하는 싸움에 나서면서 산업화 과정을 줄기차게 가로막았던 상시적인 불안정을 해소할 방책이 발견되었다. 이른바 '일급 5달러 운동'은 좌익 쪽에 자리 잡고 있던 많은 사람들을 열광시켰고, 다른 한편에서는 자기 공장의 노동자들 사이에서 자기로서는 도저히 감당할 여유가 없는 수준의 임금에 대한 기대가 스멀 스멀 피어오르는 걸 목격한 기업주들을 깜짝 놀라게 만들었다. 진보적인 사람들은 부자를 보면 노동자에게 빚을 진 사람으로 생각했다. 몇몇 사 회주의자들은 마르크스의 이론보다 포드의 실천을 연구하는 게 더 바람 직하다는 주장도 했다. 특이한 개성을 가진 사람들이 자동차 제조의 대 가일 뿐만 아니라 기계류의 천재이자 민주주의의 영웅인 포드 즉 자기가 한 약속을 지켜서 일자리를 보장해주었던 사람 주변에 나타났다.

포드주의Fordism의 정치적인 함의는 자본가와 노동자의 서로 대립하는 지금까지의 요구들을 하나로 합치는 것 이상으로 복잡하다는 사실이 밝혀졌다. 포드의 접근법은 맹렬할 정도로 온정적이었다. 공장은 어떤 보편적인 노동자가 보편적인 기계 속에 들어가는 보편적인 부품들 가운데 하나가 되어서 보편적인 국민차를 생산하도록 다른 사람과 구분되는 개인적 차원의 영역을 줄이기 위해서 필요한 모든 조치를 다하도록 조직되었다. 이렇게 서로 연결된 (즉 조립 라인 안의 누군가가 늦어지면 전체 라인이 늦어지도록 설정된) 체계 안에서는 규율이 필요했고 개인적인 차원의 여지는 없어야 했다. 그래서 포드는 이렇게 말했다.

"사람들은 자기가 지시받은 일을 정확하게 해야 한다."

포드는 '인간의 정신적 설비는 사람마다 다르다'고 생각했는데, 이것은 많은 사람들이 반복적이고 지루한 작업에 만족하고 불평을 하지 않는다는 뜻이었다. 포드는 자기 공장에 '사회부'sociological department라는 부서를 따로 마련해서 노동자들에게 지속적으로 새로운 자극을 주어서 절제와 근면함을 잃지 않도록 했다. 이 부서는 노동자들의 개인적인 삶을 과도할 정도로 관찰하고 통제했다.

포드는 또 산업 차원을 떠나서 전쟁 반대 활동을 활발하게 했다. 그는 정치에 참여해볼까 하는 생각을 했으며 1916년에는 대통령 후보로 추천을 받기도 했다. 그러다가 나중에는 우드로 윌슨Woodrow Wilson을 등에 업고 상당한 영향력을 행사했다. 1918년에는 미시간 주 상원의원에 출마했다. 이때 그는 실제 선거 운동을 하는 것은 한사코 거부했지만 그럼에도 불구하고 매우 적은 표 차이로 낙선했다. 그가 이 선거에서 진 이유는 주로 과거에 평화주의 및 반反군국주의 활동을 했는데 선거 당시에는 미국이 전쟁을 치르던 중이었기 때문이다. 시간이 지나면서 그의 태도는 특이하게 비치기 시작했는데, 특히 적의에 찬 그의 반反유대인주의는 매우 위험했다.

포드는 독재자였다. 아첨을 권장했으며 자기가 서 있는 장場에서 일어나는 사회정치적 맥락의 주요 변화를 전혀 파악하지 못했다. 사회적으로 높은 지위에 있을 때는 지위를 이용해서 동업자든 주주든 혹은 독립적인 성향을 가진 경영자든 간에 누구의 간섭도 허용하지 않으려 했다. 그는 수십만 명의 종업원이 있고 수백만 달러의 매출액을 기록하는 거대한 회사를 대상으로 해서 '마치 이 회사가 구멍가게밖에 되지 않는 듯' 개인적인 차원의 통제와 감시를 하려고 들었다.[12]

포드 자동차는 1923년에 최고 전성기에 다다랐다. 이때는 트랙터와 트럭을 제외하고도 200만 대나 되는 승용차를 생산했다. 그런데 바로 그 무렵부터 제너럴 모터스General Motors와 크라이슬러Chrysler라는 두 경쟁업체가 치고 올라왔다. 포드가 모델 T에 집중해서 매달릴 때 다른 업체들은 보다 다양한 라인업의 모델들을 내세워서 포드 자동차를 추격했다. 1926년에 포드 자동차의 생산량은 150만 대에 가까스로 턱걸이를 할 정도로 줄어들었다. 경쟁자들은 신용 및 할부를 포함하는 새로운 대금 결제 방식을 도입했지만 포드는 부채가 쌓일 것을 두려워한 나머지 경쟁자들과 비슷한 조건으로 자동차를 파는 걸 꺼렸다. 포드는 가격이 가장 중요하다는 확신을 가지고서 생산성을 높이려고 노동자들을 다그쳤으며 딜러들에게는 팔리지 않은 자동차를 떠안는 위험을 강요했다. 사리에 밝다는 그의 명성은 점점 빛이 바랬다. 그는 심지어 본인이 그토록 중요하게 여겼던 소비자가 점점 더 제품에 대해서 까다로운 요구를 하고 취향이 변덕스러워졌으며 스타일에 관심을 가지게 되었고 또 소비 지출에 탐닉하게 되었다는 사실을 인정하려 들지 않았다. 그는 경쟁업체들이 제공하는 온갖 신기한 장치들보다 낮은 가격이 여전히 소비자들에게 먹힐 것이라고 믿었다. 심지어 제품과 판매 방식에서의 현대화를 주장했던 아들 에젤Edsel의 말도 듣지 않았다. 아버지는 아들이 줏대가 없고 배포가 작아서 겁을 잘 먹는다고 생각했다. 하지만 매출액이 두드러지게 줄어들자 그제야 모델 T를 대체할 새로운 제품이 필요하다는 사실을 인정했다. 모델 T의 생산이 중단된 1927년 무렵에 모델 T는 약 150만 대 팔렸으며 1908년에 825달러이던 가격은 290달러로 떨어졌다.

1933년에는 대공황 때문에 포드 자동차는 32만 5,000대밖에 팔지 못했고, 이 기록은 크라이슬러의 40만 대와 제너럴 모터스의 65만 대에도 미치지 못하는 수준이었다. 이제 노인이 된 포드는 정신이 허황한 듯했다. 게다가 루스벨트 정부가 들어서고 뉴딜 정책이 시행됨에 따라서 대기업에 대한 정부의 느슨하고 관대하던 태도도 옛날이야기가 되고 말았다. 이제는 노동조합에 대한 지원을 포함한 개혁과 규제에 방점이 찍혔다. 그래서 포드는 뉴딜 정책을 격렬하게 비난했다. 그는 이것이 집산주의를 촉진하고 경제의 활기와 기업가 정신을 좀먹는데, 이런 경향은 부의 창조보다는 부의 재분배를 강조하고 강제함으로써 더욱 고약해질 것이라고 보았다.

포드는 오래 전부터 노동조합에는 적대적이었다. 노동조합이 강화해왔다고 믿는 계급적인 반감이라는 발상도 질색이었다. 그는 노동조합의 목적이 대량 생산에 따른 혜택을 소비자에게 돌려주려 하지 않고 자기들 몫으로 챙기려는 것이라고 믿었다. 포드의 관점에서 노동조합은 여전히 금융자본가와 마찬가지로 기생충과 같은 계층이었다. 그는 1920년대 초에는 높은 수준의 임금을 책정했다. 그러나 1930년대 들어서서 회사가 힘들어지자 노동자들에 대한 회사의 요구는 한층 더 무거워졌다.

1925년에는 노동자 160명이 자동차 3,000대를 생산했지만, 1931년에는 같은 수의 노동자가 7,697대를 생산해야 했다. 악화된 노동 조건 속에서도 흔히 마피아에 비유되는 경비대security force가 이 생산성 수준을 강제적으로 유지했다. 노동자들은 사소한 잘못을 저질러도 쉽게 해고되곤 했다.

포드는 노동조합을 쫓아내기 위해서 물리력을 사용할 준비까지 갖췄다. 그리고 마침내 이런 일이 1932년 3월에 일어났다. 공산주의 활동가들의 사주를 받은 실업자 2,500명이 경찰과 충돌한 것이다. 시위대가 던지는 돌멩이와 시위 진압대가 쏘는 최루탄과 물대포가 난무했으며, 나중에는 경찰이 실탄까지 쏘았다. 결국 이 시위에서 네 명이 사망했다. 한동안 공포와 협박이 사회를 뒤덮었고, 노동조합 운동 내부에서는 분열이 일어났다. 그러다가 1937년 5월에 노동조합 운동은 프랭클린 루스벨트 대통령의 뉴딜 정책과 노동조합을 보호할 목적으로 제정된 1935년의 와그너법(정식 명칭은 '전국노동관계법'National Labor Relations Act이다―옮긴이)을 통해서 정치적인 지원을 받았다. 그리고 제너럴 모터스와 크라이슬러는 일련의 연좌파업을 겪은 뒤에 전미자동차노동조합United Auto Workers이 노동자를 대표하는 유일한 단체임을 인정했다. 노동조합 지도부는 포드 자동차에 대해서도 동일한 권리를 인정받으려 했지만 이들은 포드 자동차의 경비대로부터 몽둥이찜질을 당했다. 그 결과 포드 자동차의 평판은 한층 더 나빠졌다. 비록 포드는 노동조합에 대해서 강경한 태도를 계속 유지하려고 했지만 그의 입지는 점점 좁아졌다. 정부가 노동자를 대상으로 실시한 여론조사에서 노동자의 70퍼센트가 노동조합 설립을 지지했다. 포드의 부하들은 포드가 이 결과를 받아들이길 원했으나 포드는 어떤 대가를 치르든 간에 끝까지 저항하겠다면서 뜻을 굽히지 않았다. 그러다가 유혈 사태를 두려워한 그의 아내가 남편을 설득하고 나섰고, 그제야 포드는 항복했다.

포드는 위대한 혁신가이긴 했지만 동시에 끔찍할 정도로 무능한 전략가이기도 했다. 그는 자기 생각이 절대적으로 옳다고 믿었으며, 회사 운영에 관해서는 그 누구의 말도 들으려 하지 않았다. 다른 사람들이 모두 그의 말에 동의할 때는 아무런 문제가 없었다. 그러나 그는 회사가 자기 뜻대로 운영되어야 한다고 믿었으며, 여기에 어긋나는 어떤 주장이나 제안도 인정하려 들지 않았다. 회사 내의 관리자든 노동자든 정부든 그 누구의 말도 들으려 하지 않았다. 심지어 소비자의 의견조차도 묵살했다. 그는 다른 누구로부터 조언을 받을 필요성을 전혀 느끼지 못했다.

"다른 사람은 생각도 해보지 않은 어떤 문제를 당신이 해결해야 하는데, 이 해결책을 어떻게 책에서 배울 수 있단 말인가?" [13]

회고록 《나의 인생과 일》My Life and Work(국내에는 '헨리 포드, 고객을 발명한 사람'이라는 제목으로 출간되었다—옮긴이)에서 그는 전문가라는 사람들을 경멸했다. 모든 것이 이미 다 알려져 있으며, 따라서 새로운 방법이라는 것 자체가 불가능하다는 것이었다.

"만일 내가 부당한 수단으로 반대 의견을 묵살하길 원한다면 아마도 나는 그 반대 의견에 전문가라는 사람들을 붙여줄 것이다."

사람들은 포드와 테일러를 흔히 쌍둥이로 바라보곤 하는데, 두 사람 사이에는 분명히 공통점이 있었다. 포드의 사상에는 노동자 관련 제도를 합리화하려는 테일러와 동일한 정신이 스며들어 있었다. 그런데 포드가 테일러의 저작을 읽었을 것 같지는 않다. 그는 언제나 자신의 경험을 통해서 결론에 다다랐으며, 보다 높은 생산성을 달성하기 위해서 그가 취했던 조치 가운데 많은 것들은 기법과 소재의 혁신에서 비롯된 것이었다.

그럼에도 불구하고 포드 주변에 있던 사람들 가운데 다수는 테일러의 접근법을 잘 알고 있었다. 그들은 자기들이 이 접근법이 가지는 문제의식과 동일한 문제의식 아래에서 일을 한다고 생각했다. 분명 포드가 거둔 성공은 테일러의 접근법이 옳다고 인정함으로써 가능했던 것이다. 그리고 테일러주의와 포드주의 둘 다 발전된 생산 방법을 대표하는 단어가 되었다.

포드가 초기에 보였던 온정주의를 인간관계 학파들이 포용했을 수 있다. 그들은 아마도 노동자와 자본가의 분리를 초월하겠다는 포드의 의지를 수용하고 지지했을 것이다. 그러나 자기 회사의 직원들을 대하는 그의 태도와 방식은 점점 더 거칠어졌고 또 의심스러워졌으며, 그 결과는 노동 불안으로 나타났다. 이것은 그가 나중에 노동조합을 인정할 때에야 비로소 해소되었다. 프랭클린 루스벨트 정부는 노동조합이 갈등에 기초한 낡은 사고를 대변한다고 생각한 사람들을 전혀 지지하지 않았다. 1930년대가 되면 포드는 청원에 무릎을 꿇었고 노동조합에 백기를 들었다. 이때 그는 야심찬 경영 전략가가 참조해야 할 또 하나의 변변찮은 모델 신세로 전락해 있었다.

✝ 알프레드 슬론

경영 전략가가 참조할 괜찮은 전략가로 꼽을 수 있는 사람은 알프레드 슬론Alfred P. Sloan이었다. 슬론은 제너럴 모터스를 약 36년 동안이나 이끌었던 천재이다. 그는 처음에 운영 책임자였다가 나중에 대표가 되었고, 그 다음에는 최고경영자가 되었으며, 마지막으로 회장으로 있다가 1956년에 은퇴했다. 제너럴 모터스 역시 미시간에 본부를 두었으며 1908년에 윌리엄 듀랜트William C. Durant가 창립했다. 포드가 국민차를 목표로 할 때 제너럴 모터스는 작은 기업들을 차례로 인수하면서 덩치를 키웠다. 그러다가 결국 빚을 이기지 못하고 소유권이 은행 채권단으로 넘어갔고, 듀랜트는 경영권을 잃었다. MIT에서 전기공학을 공부했으며 당시 제너럴 모터스 자회사의 사장이 되었던 슬론은 1920년에 제너럴 모터스의 운영 책임을 맡았다. 그가 대표직을 맡게 된 1923년은 자동차 산업이 슬럼프를 맞고 있을 때였다. 그는 처음부터 회사의 구조 및 제품 라인업 전환에 착수했으며, 방식은 당시 미국 경제계에서 폭넓게 적용되던 방식을 그대로 따랐다.

슬론의 지위는 세 가지 핵심적인 측면에서 포드의 지위와 달랐다. 첫째, 가장 뚜렷한 차이점으로 포드는 선두를 달리고 있었지만, 슬론은 그렇지 않았다. 둘째, 슬론은 제너럴 모터스라는 커다란 우산 아래에 모여 있는 회사들이 생산하는 다양한 모델의 자동차를 팔고 있었고, 포드는 국민차 딱 한 종류만 팔고 있었다. 셋째, 포드는 자기 마음대로 의사결정을 내릴 수 있었고 또 그렇게 했지만, 슬론은 의사결정을 내릴 때마다 최대 주주인 뒤퐁 가문의 의사를 고려해야 했다. 회사가 방만하고 부주의하게 운영된다는 사실에 깜짝 놀라서 듀랜트를 경영진에서 몰아낸 것도 바로 뒤퐁 사람들이었다. 처음에 슬론은 최고경영자이자 회장이던 피에르 뒤퐁Pierre Dupont에게 보고를 했다. 이것은 슬론이 포드와 다르게 외부의 경쟁자들에 대처할 전략뿐만 아니라 내부적인 차원의 전략도 가지고 있어야 했다는 뜻이다. 회사 내의 다른 동료들과 회사 정책을 두고 토론을 해야 했으며, 또 다양한 (그리고 많은 경우 서로 상충되는) 관심들을 고려해야 했다. 예를 들어서 뒤퐁은 구리 냉각 방식을 채택한 새로운 유형의 엔진을 개발해서 포드 자동차의 아성에 도전하겠다는 야심찬 계획을 지원했는데, 슬론은 만일 이 프로젝트가 실패할 경우 회사가 받을 충격은 그야말로 재앙이 될 것이라고 생각했다. 하지만 슬론은 이 프로젝트를 대놓고 반대하며 싸우지 않았다. 대신 이 프로젝트가 실패할 경우에 차선책으로 활용할 보다 안전한 물 냉각 방식의 엔진을 준비했고, 그 프로젝트는 슬론의 예상대로 실패했다.

1920년부터 1921까지 슬론은 자동차 산업뿐만 아니라 현대적인 기업의 틀을 근본적으로 새로 짜게 될, 서로 관련이 있는 두 개의 발상을 내놓았다. 첫 번째는 중앙에서 지도와 지침을 여전히 제공하면서도 제너럴 모터스의 복잡한 구조에서 최상의 결과를 이끌어내는 것과 관련된 일련의 제안이었다. 슬론은 1920년에 《조직화 연구》organization study라는 문건으로 자기 계획을 제시했다. 나중에 '정전'正典 그리고 '경영 이론과 실천의 시금석'이라고 불리게 될 바로 그 문건이었다.[14] 슬론은 이 문건을 놓고 '실제적인 접근법을 좇아서 경영적 판단을 했던 사람'이 획득한 과학적 접근법의 결과라고 했다. 그는 순전히 자기의 경영 경험에만 의존했다. 그는 군대에 있어본 적도 없고 그렇다고 이론가나 학자처럼 책을 많이 읽은 것도 아니었다. 나중에 그는 설령 자기가 그런 경험을 했다고 하더라도 '당시에 내게 도움이 될 만한 것들을 그런 경험에서 그다지 많이 찾아내지 못했을 것'이라고 술회했다.

슬론이 제출한 계획은 채용되었다. '고도로 합리적이고 객관적인 운영'을 바랐던 이사회 구성원들의 마음을 움직였기 때문이다. 계획은, 겉으로 보기에 상반되는 두 개의 제안을 담고 있었다. 하나는 회사를 여러 개의 사업 단위로 쪼개서 각각의 사업부가 자체 최고경영자의 지휘를 받으며 '아무런 제한도 받지 않고' 운영을 확대할 수 있도록 하는 것이었다.

다른 하나는 전체 기업의 발전과 통제를 위해서 '중앙집권적인 기능이 필수적인 것으로 작동하도록 한다'는 제안이었다. 슬론은 이 두 제안이 빚어내는 모순이 '문제의 핵심'이라고 보았다.[15] 하나는 중앙으로부터 끊임없이 간섭을 받지 않고서 일을 해나가는 능력이었고, 다른 하나는 명확한 재정적·정책적 지침들 안에서 일을 해나가는 능력이었다. 어떤 긴장이 있고, 이 긴장이 경영이 해결해야 할 핵심적인 과제를 제시한다는 점을 깨닫는 것이야말로 획기적인 지적 돌파구였다. 이 지적 돌파구는 경영의 영역으로 새로운 것을 끌어들였다. 슬론의 자서전을 쓴 사람은 그것을 '새로운 종류의 기업 음악, 통제되면서도 탈중심화된 생산과 운영 그리고 행정의 교향곡, 거장 연주자에 대한 보상 및 지휘자에 대한 존경을 담고 있는 교향곡'이라고 묘사했다.[16]

전략과 관련된 핵심적인 질문은 포드 자동차에 어떻게 대응할 것인가 하는 문제였다. 1920년대가 시작될 무렵에 포드 자동차는 미국 전체 승용차 시장의 60퍼센트를 차지하고 있었다. 전설적인 모델인 '모델 T'에 맞서서 제너럴 모터스가 가지고 있던 모델은 여러 개의 사업부에서 제각기 생산하는 열 개의 모델이었다. 이 가운데 어떤 것들은 고급품에 속했고 어떤 것들은 기본적인 제품에 속했다. 형식적으로만 따진다면 이 제품군은 시장의 모든 부분을 아울렀지만 실제로 제너럴 모터스의 자동차들은 몇몇 지역에서는 자기들끼리 경쟁했다. 나중에 밝혀지는 사실이지만 포드 자동차는 자기 만족적이며 고집이 센, 상대하기가 더할 나위 없는 좋은 경쟁자였다. 그러나 슬론으로서는 자기가 하는 도전에 포드 자동차가 제대로 대응하지 못하기만을 바랄 수는 없는 노릇이었다. 그가 제너럴 모터스를 상대로 마련한 시나리오에 포드 자동차가 완벽하게 멍청하게 대응해줄 것이라고 전제할 수는 없었던 것이다. 하지만 적어도 어느 정도의 시간을 벌어두고 있다는 판단은 내릴 수 있었다. 1921년에 포드 자동차는 모델 T를 포기해야 한다는 압박감을 전혀 느끼지 않았다. 그 모델이 엄청난 수입을 가져다주었기 때문이다. 게다가 포드 자동차가 궁극적으로 보일 대응 방안도 예측할 수 있었다. 포드 자동차는 자금이 넉넉했으므로 직접적인 경쟁에서 상대방을 밀어내기 위해서 모델 T의 가격을 왕창 내릴 게 뻔했다.

1921년 여름 내내 슬론은 이 어려운 문제를 해결할 전담반을 지휘했다. 그는 회고록에서 당시를 다음과 같이 회상했다.

> 첫째, 우리 회사는 가장 낮은 가격대에서부터 가장 높은 가격대까지 모든 가격대에 걸쳐서 자동차를 생산해야 하고, 이 생산은 대량 생산 방식으로 이루어져야 하며 소규모 생산 방식으로 터무니없이 비싼 자동차를 생산해서는 안 된다는 이야기를 했다. 둘째, 가격 단계들 사이의 간극이 크지 않도록 해야 하지만 이 간극이 너무 좁을 때는 대량 생산의 이점을 충분히 누릴 수 없으므로 이 이점을 최대한 누릴 수 있도록 간극을 조정해야 한다는 이야기를 했다. 그리고 셋째, 가격대 혹은 가격 단계에서 중복이 발생하지 않도록 해야 한다는 이야기를 했다.[17]

이 방안이 탁월했던 이유는 자동차의 이런 등급들이 기존의 시장 실체를 전혀 반영하지 않은 것이라는 데 있었다. 이 등급들은 시장에 대한 완전히 다른 사고방식, 즉 소비자가 가격 및 품질의 다양한 선택지 앞에서 보여줄 다양한 대응 방식들을 반영하는 것이었다. 만일 슬론이 옳다면, '모든 사람의 지갑purse과 목적purpose에 맞는 자동차'라는 구호 아래 제품 라인업을 합리화해서 제품을 시장에 내놓을 때 시장은 회사에 딱 맞도록 형성될 수 있다. 그는 외부 환경에 스스로를 맞추는 게 아니라 외부 환경 자체를 완전히 새롭게 형성하고 있었다.

이 접근법은 저가 제품을 대상으로 테스트할 수 있었다. 당시 4퍼센트가 될까 말까 한 시장 점유율을 가지고 있던 쉐보레를 개조해서 저 막강한 모델 T를 대적할 선수로 내보낼 수 있다는 말이었다. 슬론은 이 경쟁이 450~600달러의 가격대 안에서 일어나는 것을 보았다. 포드는 모델 T가 이 가격대의 제품들 가운데서 가장 가격이 낮다는 데 자부심을 가지고 있었다. 슬론은 포드 자동차와 정면으로 경쟁하는 것은 '자살 행위'라고 여겼다. 이와 관련해서 그는 나중에 다음과 같이 설명했다.

"우리가 고안한 전략은 포드 자동차의 점유율을 높은 가격대에서부터 조금씩 갉아먹는 것이었다. 이렇게 해서 쉐보레의 점유율을 수익이 발생하는 수준으로 올려놓자는 것이었다."[18]

이것은 보다 높은 가격을 정당화할 수 있도록 보다 높은 품질을 확보하겠다는 뜻이었다. 즉 조금 더 많은 돈을 내더라도 조금 더 좋은 품질의 자동차를 살 용의가 있는 사람들에게 자동차를 팔겠다는 의도였다. 뿐만 아니라 돈을 조금 덜 내고자 하는 마음으로 다음 등급의 자동차를 바라보는 사람들에게서도 매출을 올리겠다는 의도였다. 한편 포드는 기존 전략을 고집하면서 스스로를 낮은 가격대에 묶었다. 포드 자동차에 대한 충성심을 내던지고 떠나가는 모반자가 생겨도 어쩔 수 없었다. 쉐보레는 일단 수익성을 확보하고 나면 이 안정적인 기반을 토대로 해서 포드 자동차의 영역을 보다 공격적으로 파고들어 더 많은 영토를 확보할 수 있다고 바라보았다.

그렇다면 여기에 대해서 포드의 대응 방안은 어떤 것이 있었을까?

본질적으로 보자면 쉐보레가 손익분기점에 도달하지 못하도록 저지해야 했다. 하지만 단기적으로 포드가 할 수 있었던 것은 모델 T의 가격을 낮추는 것이 전부였다. 1920년대 초부터 이미 추세화된 자동차 시장의 매출 감소가 지속되길 바라며, 쉐보레의 보다 나은 디자인적인 특성들을 직접적으로 공격할 새로운 모델로 반격을 하겠다는 생각을 할 수는 있다. 그러나 포드 자동차는 모델 T라는 단 한 가지 모델에만 의존했으므로 새로운 모델을 개발하는 데는 많은 시간이 걸릴 터였다(물론 포드 자동차는 넉넉한 자금을 가지고 있었기에 다른 자동차업체를 인수해서 그 업체의 제품을 포드의 이름으로 시장에 내놓을 수는 있었다). 그런데 어떤 새로운 모델을 내든 간에 모델 T의 점유율을 갉아먹을 건 분명했다. 그렇다면 시장이 회복되고 포드 자동차의 매출이 올라가더라도 이 접근법은 쉐보레의 위협을 처리할 즉각적인 조치는 될 수 없었다. 그러나 포드 자동차로서는 현재 모델 T의 가격대 아래의 시장을 노리며 새로운 고객을 끌어들일 수 없었으므로, 쉐보레로서는 보다 높은 가격대를 자신의 영역으로 확보하고 포드 자동차의 기존 고객뿐만 아니라 그 가격대보다 높은 가격대를 공략할 수 있었다. 이 가격대에서 매출이 증가한다면 포드 자동차가 아무리 공격적으로 가격 전쟁을 벌인다 하더라도 쉐보레는 포드 자동차의 공세에 전혀 영향을 받지 않을 수 있었다. 이렇게 해서 (슬론의 표현을 빌리자면) '오래된 대가master는 변화를 지배master하는 데 실패했다.' 포드는 '자기를 유명하게 만들어주었으며 또 늘 익숙했던 시장이 얼마나 완벽하게 변해버렸는지' 전혀 이해하지 못했던 것이다.[19] 그리고 6년이 지난 1927년에 제너럴 모터스는 180만 대의 자동차를 팔면서 시장을 주도했다.

슬론이 포드와 같은 입장을 취한 것이 하나 있었다. 슬론 역시 루스벨트 정부가 기업 활동에 개입하는 데 반대했으며 루스벨트 대통령에 반대하는 활동을 격렬하게 펼쳤던 것이다. 그는 적의에 찬 반反뉴딜자유연맹anti–New Deal Liberty League의 활동을 지원했으며, 1936년 선거에서 루스벨트가 재선에 성공하지 못하도록 대통령 선거운동에도 적극적으로 개입했다. 그러다가 결국 제2차 세계대전 때문에 양측은 협정을 맺었다. 그런데 이런 상황이 단기적으로는 제너럴 모터스에 시련을 안겼다. 가장 중요한 것이 노동조합과의 관계였다. 포드와 다르게 슬론은 자신이 산업 사회의 모든 문제들에 대한 해답을 가지고 있다고는 단 한 번도 주장하지 않았으며 생산 현장의 작업 조건에 대해서 거의 관심을 보이지 않았다. 그는 노동조합이 임금, 작업 규정, 작업 여건 등에 관한 문제들에 대해서 대안적인 권위를 대표하려 한다고 보았고, 이런 노동조합이 없이도 회사는 문제없이 잘 돌아갈 것이라고 생각했다. 또 노동조합은 보다 크고 보다 수익성이 높은 케이크를 만들어서 모든 사람이 혜택을 받자는 데는 관심도 없고, 미래의 수익성이 훼손되거나 말거나 신경 쓰지 않고 그저 지금 당장 케이크를 나누어먹기만 바란다고 생각했다.

노동자가 노동조합에 가입하지 못하게 막으려고 회사는 정보원들을 고용해서 노동조합과 관련된 활동을 감시하고 정보를 수집했다. 작업 현장에서 조직 활동을 하는 직원은 가차없이 해고했으며 거기에 관심을 가지는 직원에게는 경고를 했다. 노동자들은 자기들 사이에 첩자가 있다는 사실을 알고 있었고, 그들 사이에는 불확실성과 의심이 한층 더 높아졌다. 그 결과 노동조합을 조직하기는 한층 더 어려워졌다. 노동조합을 조직하는 사람들을 보호할 목적으로 이런저런 법률이 제정되긴 했지만 이런 사정은 변하지 않았다. 1936년 여름까지 제너럴 모터스의 직원 4만 2,000명 가운데 약 1,500명만이 전미자동차노동조합의 회원으로 가입해 있었다. 1936년 11월에 루스벨트 대통령이 재선에 성공하고 미시간의 주지사도 노동조합에 공감하자, 상황은 갑작스럽고도 극적으로 반전되었다. 새로 결성된 상급 단체인 산업별노동조합회의_{Congress of Industrial Organization}는 광산 노동자 출신의 지도자인 존 루이스_{John Lewis}의 리더십 아래 자동차 산업을 표적으로 삼기로 결정했다. 지역의 호전적인 활동가들 역시 이번이 자동차 회사들을 공격할 최적의 시기라고 판단했다. 제너럴 모터스가 불황을 이기려고 힘겹게 사투를 벌이자 노동자들은 임금은 예전보다 적게 주면서 일은 더 많이 시킨다고 불평했다. 회사는 생산 목표를 그대로 둔 채 직원을 감축했다. 관리자들은 실업의 공포를 이용해서 노동자를 윽박지르고 임금을 삭감했다. 이런 상황 속에서 쌓이고 쌓였던 노동자들의 분노가 1936년에 폭발했고, 1930년대의 가장 큰 파업이 전개되었다. 미국의 노동조합과 자동차 산업의 미래를 결정짓는 파업이었다.

12월까지 연좌파업이 수많은 공장들로 확산되었다. 특히 플린트에 있던 제너럴 모터스 차체 공장의 연좌파업은 결정적이었다. 슬론에게 이 파업은 노동자들의 정면 도전이었다. 그는 노동자들에게 '진정한 쟁점은 제너럴 모터스의 공장들을 노동자 조직이 운영할 것인가 아니면 경영진이 계속 운영할 것인가 하는 문제'라고 말했다.[20] 이런 그의 발언과 태도는 그가 뉴딜 정책을 얼마나 두려워했는지 확인시켜준다. 그는 뉴딜 정책의 본질이 바람직한 경제 질서를 희생시켜서 집산주의라는 잘못된 길로 인도하는 것이라고 생각했던 것이다. 이제 노동자들이 회사의 재산을 불법적으로 점거·점유하고 있으므로 쫓아내야 마땅하다는 게 그의 판단이었다. 그렇다면 어떻게? 법에 따르면 무력을 행사할 수 있었지만 노동자들이 저항할 경우에는 어떻게 할 것인가? 회사는 심각한 폭력을 승인할 준비가 되어 있는가? 게다가 주 정부와 연방 정부에서는 협상을 통해서 잘못된 상황을 원래대로 돌려놓으라는 압박을 가하고 있었다. 비록 루스벨트는 노동자들의 행위를 너그럽게 용서할 수는 없었지만 그가 개인적으로는 노동자의 요구에 공감하는 것은 분명했다. 이런 상태에서 슬론은 일부러 대통령의 비위를 맞추는 길로 나아가지는 않았다.

노동조합으로서는 자신의 지위를 유지하는 것이 가장 중요했다. 그런데 노동조합이 계속 공장을 점거해서 공장이 돌아가지 못하게 막는다면 제너럴 모터스로서는 그만큼 더 피해를 입을 수밖에 없었다. 노동조합이 이렇게 버티려면 자기들을 무력으로 쫓아내려고 시도하는 사람이면 누구든 막론하고 접근하지 못하게 막아야 할 뿐만 아니라 난방과 음식을 지속적으로 공급받아야 했다. 그런데 실제로 공장을 점거한 사람들은 소수였다. 왜냐하면 노동조합은 애초에 많은 조직원을 확보하지 않았고, 따라서 공장을 점거하거나 보급을 지속적으로 해줄 역량이 부족했기 때문이다. 노동자 약 7,000명을 고용하고 있던 한 핵심적인 공장의 경우에는 공장 점거 인원이 채 90명도 되지 않는 경우가 종종 있었다. 게다가 그 많지 않은 인원 모두가 다 제너럴 모터스의 직원도 아니었다. 그래서 회사가 1937년 1월에 처음으로 난방을 끊고 음식물 반입을 금지하자 점거 노동자들이 공격적으로 밖으로 치고 나와서 회사 정문을 확보했다. 음식을 비롯한 보급물자가 계속 반입되도록 하기 위해서였다. 그리고 노동자들이 돌멩이와 소방 호스로 경찰의 최루탄에 맞서면서 상황은 점점 더 악화되었다. 그 다음에는 실탄이 발사되었고 여러 명이 부상을 당했다. 하지만 사망자는 나오지 않았다. 노동조합은 쉐보레 제4공장(엔진 공장)을 점거함으로써 압박을 강화했다. 처음에는 경비대의 시선을 유도하기 위한 연좌파업이 차체 2공장에서 진행되었는데, 이는 엔진이 생산되는 보다 중요한 공장을 점거하기 위한 미끼였던 셈이다.[21]

회사는 노동자들의 행위가 불법임을 확인하는 법원의 명령서를 받아냈다. 그러나 점거 농성을 벌이는 노동자들은 이 명령도 이행을 거부했다. 협상을 계속 진행하려는 시도도 여러 차례 있었지만 회사는 전미자동차노동조합이 단독 협상권을 가지도록 승인해달라는 노동조합의 핵심적인 요구를 회피했다.

"제너럴 모터스는 그 어떠한 노동조합도 단독 단체 교섭 대상자로 인정하지 않을 것이다."

슬론은 노동조합이 농성을 풀고 나면 그 문제를 고려하겠다고 말했지만 루이스는 칼자루를 놓을 의도가 없었고 거기에서 어정쩡하게 타협할 마음도 없었다. 파업이 일어나기 전에 제너럴 모터스의 한 달 평균 생산량은 5만 대였다. 그런데 2월이 되면서 이 수치는 무려 125대로까지 내려갔다. 정치적으로 슬론은 점점 더 고립되어갔고, 루스벨트 정부는 슬론이 약속을 지키지 않는다고 비난했다. 논평자들도 그가 시대의 흐름을 전혀 알지 못한다고 지적했다.

시위대를 해산하기 위한 무력 사용의 책임은 미시간의 새로운 주지사 리처드 머피 Richard Murphy에게 있었다. 머피는 갈등을 종식하기 위해서 무던히 애를 썼다. 그는 법을 집행해야 한다는 사실을 알고 있었지만 폭력 사태로 비화해서 대규모 사망자가 발생할지도 모른다는 두려움에 떨었다. 하지만 그의 이름은 '피의 머피'Bloody Murphy로 역사에 기록되고 말았다. 만일 노동조합에 대한 압박의 수위를 높일 필요성을 느꼈다면, 주 방위군에게 건물에서 사람들을 몰아내라고 명령할 게 아니라 쉐보레 엔진 공장이 점거되었을 때 차단선을 강화했으면 됐다. 끈기를 요구하는 이 전략은 날마다 심각한 손해를 보고 있던 제너럴 모터스보다는 머피에게 더 쉬운 전략이었다. 그런데 사실 심지어 제너럴 모터스조차도 혹시 일어날지 모르는 폭력을 두려워했다. 노동조합을 인정하는 유화적인 제스처를 취하기만 해도 분쟁이 종식될 수 있는 상황에서, 만일 폭력 사태가 일어나서 사망자라도 발생한다면 자기들이 얼마나 많은 비난을 받을 것인지 잘 알고 있었기 때문이다.

팽팽한 대치가 끝을 향해 달려갈 때 머피는 루이스에게 법을 집행하겠다는 공식적인 경고를 전달했다. 그러자 루이스는 주지사에게, 자기는 공장으로 들어가서 다른 노동자와 함께 총에 맞아 죽을 준비를 하겠다고 대답했다. 당국의 물리적인 힘이 압도적으로 우세하다는 사실에 대해서는 조금의 의심도 있을 수 없었지만 과연 그 무력이 실제로 사용될 수 있을 것인지에 대해서는 많은 의심이 있을 수밖에 없는 이런 상황의 본질을 꿰뚫은 루이스는 머피를 비난하고 조롱했다. 분쟁이 조정되지 않는한 파업을 철회할 생각이 없다고 했다. 그러면서 물었다.

당신은 무엇을 할 생각입니까? 당신은 총검이라는 단 한 가지
방법으로 노동자들을 끌어낼 수 있습니다. 당신은 총검을 가지고 있
으니까요. 폭이 넓은 양날검과 네 개의 면이 있는 프랑스식 검 가운
데 어느 쪽을 좋아하십니까? 사각형 스타일의 검이 사람 몸에 보다
큰 구멍을 낸다고 합디다. 사람 몸에 푹 찔러넣고 안에서 빙빙 돌릴
수도 있답니다. 존경하는 머피 주지사님, 당신은 어떤 종류의 총검
을 우리 몸에 쑤셔넣고 빙빙 돌리실 생각입니까?

사실 이 무렵은 합의가 가까운 시점이었다. 협상은 슬론의 부하 가운데 한 사람이 루이스와 직접 대화를 해서 진행되었다. 분쟁을 끝내라는 대통령의 요청을 핑계 삼아서 원래 상태로 돌아가기로 했다. 그리고

1937년 2월 11일, 제너럴 모터스는 연좌파업을 끝내는 합의문에 서명을 했다. 전미자동차노동조합은 배타적인 협상권을 획득했고, 10월까지 이 단체의 회원은 40만 명으로 늘어났다.

그러나 회사와 관련된 행정적인 절차는 아직 끝나지 않았다. 1938년 에 법무부는 포드 자동차와 크라이슬러뿐만 아니라 제너럴 모터스를 반反 독점법을 위반한 혐의로 기소했다. 기소 내용은 딜러들이 회사와 관련이 있는 금융사만 사용하도록 제한을 가함으로써 거래를 불법적으로 제한 했다는 혐의였다. 슬론은 크라이슬러나 포드와 달리 순순히 승복하지 않 고 싸우기로 결심했다. 이런 행위가 기업 활동에 대한 부당한 간섭이라 고 믿었을 뿐만 아니라, 제너럴 모터스가 거대한 위험에 직면해 있음을 감지했기 때문이다. 제너럴 모터스의 시장 점유율이 50퍼센트를 향해서 추락하고 있었던 것이다. 슬론은 1938년 말에 이렇게 썼다.

"우리가 설정한 기준은 각 제품 가격대에서 45퍼센트이다. (……) 우 리는 그 이상을 원하지 않는다."

이것은 그가 모든 기업이 가지고 있는 본능을 거슬러서 시장 점유율 을 떨어뜨려야 했음을 의미한다.

뉴딜 정책과 관련해서 슬론과 깊은 관련이 있었던 인물 가운데 한 사람이 아돌프 벌Adolf Berle이었다. 벌은 컬럼비아 대학교 로스쿨 교수로 루스벨트가 대통령이 되기 전에 이미 그의 핵심 두뇌들 가운데 한 명 이었고 대통령 루스벨트에게도 정기적으로 자문을 해주던 인물이었다. 1932년에 그는 가디너 민즈Gardiner Means와 함께 기념비적인 저서 《현대 기 업과 사유재산》The Modern Corporation and Private Property을 발간해서 대기업의 소 유권과 통제권의 다양한 양상을 밝히면서 경영자가 주주의 조사를 거의 받지 않으면서 일을 처리한다는 사실을 입증했다. 이 책은 또한 미국에서 생산수단이 대략 200여 개의 대기업에 집중되어 있음을 보여주었는데 이들 대기업 가운데서 제너럴 모터스를 가장 뚜렷한 사례로 부각시켰다. 경제 권력이 이 거대 기업들을 통제하는 소수의 손에 집중되고 있다는 것이었다.

"이 권력은 다수 개인에게 해를 끼칠 수도 있고 이득을 안겨줄 수도 있다. 그리고 모든 선거구에 영향을 미치고, 거래의 흐름을 바꾸어놓으며 어떤 커뮤니티는 파멸시키고 또 어떤 커뮤니티는 번성하게 만든다."

경제 권력은 '민간 기업'이라는 용어가 암시하는 내용을 훌쩍 뛰어넘는 사회적 역할을 수행함으로써 국가의 정치 권력과도 경쟁할 수 있다고 했다. 이렇게 해서 새로운 형태의 투쟁이 진행되고 있다고 했다.

"국가는 어떤 면에서 기업을 규제하려고 한다. 하지만 기업은 꾸준하게 점점 더 많은 힘을 축적하면서 모든 노력을 다해 이런 규제를 피해나간다."[22]

제2차 세계대전이 치러지는 동안에 슬론이 포드와 경쟁을 하면서, 그리고 제너럴 모터스 내부의 구조적인 문제들을 처리하면서 보여주었던 관점이나 태도 혹은 방식이 만능은 아니었다. 정부와 노동조합을 대할 때는 통하지 않았던 것이다. 핵심적인 몇 가지 측면에서 이런 것들은 1930년대에 대기업이 직면했던 커다란 전략적 쟁점이었고, 미래에는 이런 쟁점들이 저절로 없어질 것이라고 믿을 만한 이유는 없었다. 그러나 슬론과 그의 회사 제너럴 모터스가 다음 세대의 경영 이론가들에게 남겨준 중요한 것들은 그가 실패한 영역이 아니라 그가 성공을 거둔 영역에 있었다.

제 30 장

경영 전략

Management Strategy

⋮

우리가 경영이라고 부르는 것의 거의 대부분은
사람들이 자기에게 주어진 일을 완수하기 어렵게 만든다.
_피터 드러커

⋮

반감을 품은 마르크스주의자들은 소련의 전체주의 사회와 자본주의 사회에서 전개되는 새로운 발전을 바라보며 느끼는 비통함을 계급 투쟁의 여러 가지 개념을 들어서 설명했다. 그러한 내용은 경영 이론의 중요한 밑거름이 되었다. 앞에서 제임스 버넘James Burnham의《경영자 혁명》The Managerial Revolution(본문 190쪽 참조─옮긴이)을 언급했는데, 이 책은 내용보다는 제목 때문에 자주 인용된다. 이 제목은 새롭게 떠오르는 권력 구조가 공산주의자와 자유시장주의자를 똑같이 어리둥절하게 만드는 과정을 깔끔하게 묘사하기 때문이다. 허버트 솔로Herbert Solow와 존 맥도널드John McDonald를 포함해서 예전에 트로츠키주의자였던 많은 사람들이 경영 잡지인《포춘》Fortune에 합류했다. 우리가 이미 앞에서 게임 이론의 중요한 저자로 만났던 맥도널드는 여전히 갈등과 전략에 매료된 모습이었다.[1]《포춘》편집진의 또 다른 구성원은 소설《조직 인간》The Organization Man의 저자이자 이 잡지의 비판적인 측면을 반영하는 윌리엄 화이트William Whyte였다. 그리고 다른 한 사람은 자유주의적 경제학자 존 케네스 갤브레이스John Kenneth Galbraith였다. 그는 우익적 성향을 가지고 있던 《포춘》의 소유주 헨리 루스Henry Luce가 '매우 특이하게도, 경영을 주제로 한 훌륭한 저자는 자유주의자이거나 아니면 사회주의자임'을 발견한 사실을 확인하고 기록했다.[2]

갤브레이스는 또한 지금은 사회의 권력이 경영자 계급에게 있다는 주제와도 연관성이 있었다. 이 주제는 (고도로 경쟁적인 시장을 설정하는) 사회주의만큼이나 신고전주의 경제학에 문제를 제기한다. 개인 회사가 전체 시장에서 차지하는 비중이 적고, 따라서 이들이 미치는 개별적인 영향력은 한정되어 있지만 소수는 가장 중요한 부문에서 위력적인 지위를 차지하고 영향력을 행사한다. 기업의 경영자는 기업의 소유자와 소비자 사이의 상충하는 이해관계에 사로잡히지 않고 오히려 그들이 맺고 있는 관계 자체를 재구축해서 소유주와 소비자가 모두 경영적인 관심사에 종속되도록 만들었다. 경영자는 또한 잠재적인 경쟁자들이 효과적으로 도전하지 못하도록 가로막고 국가와 거의 대등한 관계로 협상을 하는 여러 가지 방법을 발견했다. 기업의 성공과 실패는 상대적으로 시장 조건의 영향을 덜 받게 되었고 대기업의 조직적 역량에 더 많이 의존하게 되었다. 아서 챈들러Arthur Chandler는 경영자의 역할을 애덤 스미스Adam Smith의 '보이지 않는 손'과 명쾌하게 대조시켜서 '보이는 손'으로 묘사함으로써 이 주장을 깔끔하게 포착하고 포장했다.[3] 그리고 플라톤의 철인哲人 정치론까지 거슬러 올라갈 수 있는 또 다른 생각, 즉 명석하고 좋은 교육을 받은 엘리트와 관련해서 이야기할 수 있는 주제도 있었다.

이 주제와 관련한 가장 성숙한 정식화는 1967년 갤브레이스의 《새로운 산업 국가》The New Industrial State의 거의 마지막 부분에서 이루어졌다.

갤브레이스는 벌과 민즈의 영향을 받았으며 또 이 책의 증보판에서 본인이 밝힌 것처럼 버넘의 영향도 받았다. 그는 주주의 영향력이 점차 줄어들고 개발과 생산 그리고 경영 분야 전문가들(이들로 구성되는 의사결정 기구에 그는 '테크노스트럭처'technostructure[기술 구조]라는 이름을 붙였다)의 영향력이 점차 늘어나는 경향에 대해서 보고했다.

"권력은 이제 더는 익명의 주주들이나 이사회 임원들에게 주어져 있지 않다. 이들은 지금 고위 경영자에게 복속되어 있을 뿐이다. (……) 권력은 현대의 산업 기술과 계획이 요구하는 다양한 기술적 지식과 경험혹은 그 밖의 재능을 가진 사람들이 쥐고 있다. 권력은 현대적인 산업체의 리더십에서부터 노동력 부족 문제로까지 확장되며 많은 수의 사람들과 다양한 재능을 포함한다."

그러나 이 새로운 계급의 아주 소수층만 조직의 지도부에서 영향력을 행사한다. 그 과정에서 그들은 보다 폭넓은 이해관계와 태도를 반영할 수 있지만, 이들의 기본적인 임무는 자기가 생계를 위해서 의존하는 조직의 이해관계에 맞춰서 충실하게 행동하는 것이다. 그런데 이 점에 관한 핵심적인 메시지가 언제나 명쾌하지는 않다. 갤브레이스가 제시한 테크노스트럭처 개념은 많은 수의 사람들을 아우른다. 버넘은 이것이 최고경영자를 가리킨다고 보았는데, 경영자를 권력을 행사하는 사람으로 정의하는 그의 분석은 동어반복의 오류에 빠질 위험을 안고 있다.

이 구조에서 계획은 결정적인 역할을 한다. 그것은 수요공급의 법칙을 넘어서는 수단이었다. 비록 소련의 경제 체제가 연상됨으로 해서 상당한 고통을 당하긴 했지만 다가올 문제들과 기회들을 전향적으로 준비할 필요성을 서구의 여러 정부와 기업도 수용했다. 오로지 계획을 세움으로써만 우선순위를 정할 수 있으며 여러 기능들을 조정할 수 있었다.

규모를 키우는 것과 계획을 세우는 것은 이제 지속적인 기술 발전을 보장하기 위한 필수적인 요소가 되었다.

"수요가 공급에 의해서 충족되거나 공급이 수요에 의해서 충족되는 시장과 다르게 자체 내에 어떤 메커니즘도 가지고 있지 않다는 것이 모든 계획의 특징이다. 계획은 오로지 인간이 의도적으로 수행해야만 하는 것이다."[4]

당시는 구속받지 않는 시장에 대한 공포와 인간의 일을 합리적으로 통제할 수 있다는 낙관성이 뒤섞여 있던 시기였다. 이미 1930년대에 참혹한 경험을 해봤기 때문이다.

현대적인 기업을 경영한다는 것이 무슨 뜻인지 학문적인 차원에서 본격적으로 탐구한 사람은 피터 드러커Peter Drucker였다. 드러커의 삶은 그야말로 국제적이다. 오스트리아에서 태어났고, 나치의 탄압을 피해서 영국을 거쳐 미국에 정착했다. 그때가 1937년이었다. 그가 1942년에 펴낸 《산업인의 미래》The Future of Industrial Man는 관리주의managerialism(조직을 성과 위주로 관리해야 하며, 대기업은 주주가 아닌 전문 경영자에 의해 지배되고 있다고 주장한다―옮긴이)에 치우쳤는데, 이 책을 제너럴 모터스가 눈여겨보고 그를 회사의 이른바 '정치적 감사 책임자'political audit로 초빙했다. 그에게는 알프레드 슬론을 포함해서 회사의 모든 사람에게 접근할 수 있는 권한이 주어졌다. 18개월 동안 그는 회의에 참석하고 직원들을 만나고 또 회사의 모든 작업을 분석했다. 드러커는 제너럴 모터스가 특이한 유형의 권력 구조라고, 즉 사령관을 필두로 한 대규모 군대 조직과도 같다고 보았다. 그러니까 최고경영자는 사령관처럼 이런저런 명령을 내리고 그 아래의 부하들은 일사불란하게 이 명령을 수행한다는 것이다. 드러커의 전체 저서 가운데 《기업의 개념》The Concept of the Corporation은 기업을 하나의 조직으로 파악하고 '경영진은 특수한 유형의 업무를 수행하며 특수한 책임을 지는 특수한 기관'으로 파악한 최초의 책이다.[5] 그는 나중에 '경영학을 하나의 학문으로 우뚝 설 수 있도록 터를 닦았다는 평가' 그리고 훨씬 더 중요하게는 '조직을 구체적인 실체가 있는 것으로 또 조직에 대한 연구를 하나의 학문 분야로 확립했다는 평가'에 자부심을 가졌다.[6]

1954년의 저서 《경영의 실제》The Practice of Management에서 드러커는 경영자라는 집단이 어떻게 해서 자본가를 제치고 '산업 사회의 가장 뚜렷하고도 선도적인 집단'이 되었는지 설명했다. 하지만 그럼에도 불구하고 '기본적인 제도에 관해서 알려진 것은 아주 조금밖에 없었다.' 당시에 그는 경영을 기업에만 한정했다(나중에 가면 경영의 대상이 되는 범위를 훨씬 넓게 확장한다). 즉 경영을 경제적인 성과를 기준으로 해서 평가한다는, 전문적인 차원의 '인풋'보다는 '아웃풋'을 기준으로 해서 평가한다는 뜻이었다.

그는 테일러의 과학적 관리를 회의적으로 바라보았다. 좋은 결과는 직감이나 예감을 통해서도 달성할 수 있다고 생각했기 때문이다. 게다가 그는 테일러가 기여한 공적으로 인정하면서도 계획과 실행을 분리한 것은 잘못되었다고 비판했다. 이것은 '무지한 농민을 조작할 수 있는 비장의 지식을 독점하는 엘리트 계층의 수상하고도 위험한 철학적 개념'을 반영한 것이라고 했다. 그러면서 테일러를 '소렐, 레닌, 파레토' 등과 같은 동일선상의 인물로 올려놓았다. 실행을 하기 전에 계획을 세우는 것은 현명한 일이지만 그렇다고 하더라도 어떤 사람은 지시를 내리고 어떤 사람은 지시받은 대로 일을 해야 한다는 식이 되어서는 안 된다고 했다.[7] 전략적인 차원에서 그는 경영자의 한계를 인식했다. '언제나 가능성이라는 바이스에 단단하게 물려 있음으로 해서' 환경을 '극복'할 수 없다는 한계였다. 그리고 경영의 직무를 '바람직한 어떤 기대 사항을 우선 가능하게 만들고 그 다음에 실제 현실에서 실현하는 것'이라고 규정했다. 그의 철학의 근본은 '의식적인 행동'을 가지고서 환경을 바꿀 방안을 찾는 것이었다. 기업을 경영한다는 것은 '목표를 설정하고 이 목표에 따라서 경영하는 것'이라고 했다. 이 점에서 그는 장기적인 전망이 무엇이든 간에 실제로 달성할 수 있으려면 그것을 가장 가깝고 신뢰할 수 있는 목표들로 전환시켜야 한다고 이해했다.[8] 그러므로 드러커의 철학은 (목적을 정하고 그 다음에 수단을 찾는다는 점에서) 합리주의적이었고, 조직의 구조와 기업의 환경이 모두 가지는 복잡한 특성들을 적절하게 고려했다. 애초부터 그는 기업이 자기 직원에게 충분한 주의를 기울이지 않을 때 뒤따를 수 있는 위험을 고민했다. 그래서 나중에 권한 위양權限委讓, empowerment이라는 표현을 자주 썼다. 하지만 그럼에도 불구하고, 경영에는 의사결정을 내리고 책임을 질 누군가가 필요하며 바로 이런 점에서 하향식이 되어야 한다는 인식은 한시도 놓치지 않았다.

위에서 언급한 드러커의 두 저서는 단번에 드러커를 당대 최초의 경영 이론가로 만들어주었다(드러커는 '현대 경영학의 아버지'로 일컬어진다—옮긴이). 그리고 포드 자동차나 제너럴 일렉트릭과 같은 선도적인 기업의 컨설턴트가 되었다. 그러나 제너럴 모터스는 《기업의 개념》 및 드러커 본인에게 냉담했다. 드러커가 대기업은 긍정적인 가치와 미덕을 가지고 있으며 소규모 기업은 비효율적일 수밖에 없다면서 제너럴 모터스의 탈중심화 구조를 높이 평가하고 다른 기업들이 본보기로 삼고 따라야 한다고 했던 점에 비추어보면 놀라운 일이었다. 드러커는 제너럴 모터스가 이런 반응을 보인 것은 고위 경영진은 심지어 (예를 들면 장기적인 차원의 투자보다는 단기적인 차원의 수익을 중시한다는 비판과 같은) 건설적인 비판조차도 싫어하기 때문이라고 결론을 내렸다. 그들은 성공을 보장해줬던 일련의 원칙들, 즉 자기들을 그 자리까지 올려다놓았으며 또 환경 변화에 대한 편의주의적이고 임시변통적인 대응 이상의 것으로 자리를 잡은 일련의 원칙들을 고집스럽게 붙들고 놓지 않았다.

"제너럴 모터스의 이사들은 자기들이 실천적인 사람들이라고 스스로 믿고 있긴 하지만 사실상 관념주의자들이고 독단주의자들이다. 이 사람들은 절조 없는 기회주의자를 바라보는 관념주의자의 경멸을 담아서 나를 바라본다."

제너럴 모터스의 관점과 드러커의 관점 사이에 존재하는 차이는 20세기 전반부 동안에 경영과 관련된 전반적인 사고를 형성했던 두 개의 커다란 논쟁점, 즉 반反독점 문제와 '노동자 문제'에 대한 차이이기도 했다.

대기업은 '공공의 이익에 영향을 미친다'는 드러커의 발상에 제너럴 모터스가 불편해 했던 것은 반독점이라는 쟁점 때문이었다. 드러커는 또한 반독점과 직접적으로 연결된 결정적인 전략 관련 쟁점에도 어쩌다 보니 휩쓸려 들어가 있었다. 반독점 법률을 추가로 위반해서 그 일로 소송을 당하지 않을 생각으로 시장 점유율을 50퍼센트 미만으로 유지하기로 한 슬론의 결정은 성장에 대한 동기를 말살시켰으며, 제너럴 모터스의 기업 정신을 무디게 만들었다는 일부 경영자들의 견해에 드러커도 동의했다. 제너럴 모터스는 과거 스탠더드 오일이 그랬던 것처럼 회사를 쪼개는 방안을 받아들일 수도 있었다. 제너럴 모터스 내에서도 가장 큰 사업부인 쉐보레를 중심으로 한 커다란 덩어리를 따로 떼어내서 새로운 회사를 만들어 독자적으로 살아나가도록 할 수 있었다. 그러나 슬론을 필두로 한 고위 경영진은 이 발상을 강력하게 반대했다.

노동 문제와 관련해서 드러커는 '비난과 험담'의 세월들을 포함해서 1937년의 연좌파업이 남긴 음산한 유산을 살피면서, 이런 고약한 경험이 경영자와 노동조합이 이해와 공감의 정신으로 손을 잡고 공동의 해법을 찾아나가는 것을 가로막았던 과정을 탐구했다. 경영자라는 범주에 속한 사람들 가운데서 너무도 많은 사람들이 노동자를 인간 이하의 존재로 바라보았고, 노동자들은 경영자를 악마로 보았다.[9] 드러커는 노동조합에 전혀 감명을 받지 않았다. 그러나 회사는 노동자에게 안정적인 지위와 기회를 제공함으로써 노동자를 포용해서 회사의 한 부분으로 통합했어야 하지만 그렇게 하지 않았다. 당시의 일반적인 작업 방식이었던 조립라인은 노동자가 가지고 있는 창의성을 최대한 끌어낼 수 없었다. 전시戰時 노동으로의 변환은 노동자들이 얼마나 책임성을 가지고 학습하며 방법을 개선하고 제품의 질을 높일 수 있는지 보여주었다. 그래서 드러커는 노동자를 '비용이 아니라 자원'으로 바라보아야 한다고 주장했다. 그는 '책임성 있는 노동자'라는 발상을 '관리적 습성'과 '자치적인 공장 커뮤니티'와 함께 장려했다. 찰스 윌슨Charles Wilson이 제너럴 모터스의 최고경영자가 되었을 때 그는 드러커의 이 발상에 관심을 가지고 현장에 적용하려고 했지만, 자동차 산업의 주요 노동조합이던 전미자동차노동조합은 경영자와 노동자의 구분을 모호하게 흐린다는 낯설지 않은 근거를 들어서 여기에 반대했다.

《기업의 개념》을 제너럴 모터스가 못마땅하게 여긴 결과 가운데 하나가 바로 알프레드 슬론이 '잘못된 기록을 바로잡겠다'는 의도로 자기가 직접 책을 쓰는 것이었다고 드러커는 밝힌다.[10] 그러나 《기업의 개념》이 나온 지 20년 뒤에 나온 슬론의 자서전 《제너럴 모터스와 함께한 나의 인생》My Years with General Motors의 실제 기원은 드러커가 생각한 것과 전혀 달랐다. 아닌 게 아니라, 드러커의 주장에 슬론과 공동저자이던 존 맥도널드가 격분해서 드러커의 잘못된 진술을 바로잡으려고 나서서 책이 출간되기까지의 쉽지 않았던 과정을 설명하고 나서기까지 했다.[11] 맥도널 드는 과거 트로츠키주의적인 관점에서 《포춘》에 기고를 했으며 게임 이론의 초기 저술가이기도 했다. 그는 '개인들과 기관들 그리고 다양한 유형의 집단들이 상호 독립적으로 (협력적으로 혹은 비협력적으로) 상호작용을 하고 또 통상적인 고전적 경제학과 의사결정 이론과는 동떨어진 방식으로 생각하는 전략적인 여러 상황들'에 전문적인 식견을 가지고 있었다. 그는 1950년대 초에 제너럴 모터스를 다루는 어떤 기사를 쓰면서 슬론과 함께 작업을 했었는데, 그때 두 사람은 책 한 권을 쓰기에 충분한 소재가 있다는 사실을 깨달았다.[12] 두 사람은 1950년대의 나머지 시간 동안 이 작업에 매달렸다. 그런데 원고 집필을 마치고 책을 출판하려던 시점에 제너럴 모터스 내의 법무팀이 가로막고 나섰다.[13] 미국 정부가 이 책에 인용된 문건을 증거로 삼아서 회사를 반독점 위반 행위로 문제 삼을 수 있다는 것이었다. 이후 5년이라는 세월과 맥도널드가 제기한 민사소송을 거친 뒤에야 비로소 책은 출판되었다. 그때가 1964년 1월이었고 대중은 커다란 갈채로 이 책을 반겼다.

이 두 사람이 원고를 쓸 때 보조로 연구조사 작업을 한 사람은 바로 알프레드 챈들러 2세Alfred D. Chandler, Jr.였다. 챈들러는 젊은 역사학자로 인맥 좋은 가문 출신이었고 특히 뒤퐁 가문과 가깝게 연결되어 있었다(그래서 그의 가운데 이름이 뒤퐁이다). 그는 스탠더드 앤 푸어Standard & Poor, S&P의 설립자인 헨리 푸어Henry Poor의 증손자이기도 했는데, 이 할아버지가 남긴 글들이 증손자의 박사 논문에 토대가 되었으며 이런 관계로 해서 증손자는 기업 조직에 관심을 가졌다. 자기 사상에 영향을 주었던 드러커가 그랬던 것처럼 챈들러 역시 기업이 스스로를 조직하는 방식에 적절한 관심을 기울여야 한다고 생각했다. '악덕 자본가'니 '산업적 정치인'이니 하는 부정적인 고정관념을 넘어서는 보다 원만하고 미묘한 묘사가 필요하다고 생각한 것이다. 슬론의 원고가 여전히 출판되지 못한 상태로 막혀 있던 1962년에 챈들러는 제너럴 모터스의 기업사를 자신의 책《전략과 구조》Strategy and Structure에 담아냈다. 전략이라는 용어는 드러커가 사용하던 단어가 아니었다. 드러커는《경영의 실제》에서 전략적인 의사결정과 전술적인 의사결정을 구분할 때 딱 한 번 이 말을 언급했을 정도였다. 게다가 비록 맥도널드가 전략의 열성적인 팬이었음에도 불구하고 이 단어는《제너럴 모터스와 함께한 나의 인생》에서도 등장하지 않았다.

챈들러가 전략이라는 단어를 사용한 것을 당시 비슷한 관점에서 조직을 바라보던 이디스 펜로즈Edith Penrose의 용례와 비교해볼 수 있다. 펜로즈는 1959년의 저서《기업 이론》The Theory of the Firm에서 '자원을 기반으로 한' 경영 전략 개념을 창안한 인물로 언급되지만[14] '성공적으로 덩치를 키운 기업가들이 (……) 다른 기업가들과 협상을 하고 이들을 성공적으로 따돌리는 데 필요한 전략이라는 측면에서 공격적이며 명석했다'는 식으로만 언급함으로써 전략이라는 단어를 전통적인 개념에서 확실하게 벗어나는 의미로는 사용하지 않았다. 그러므로 기업과 관련해서 전략이라는 개념을 확실하게 뿌리 내린 사람은 챈들러라고 할 수 있다. 그러나 그것은 그가 강조했던 특정한 종류의 전략이었다. 그는 이 개념을 1950년대 초에 로드아일랜드에 있는 미국해군대학US Naval War College에서 '국가 전략의 기초'를 강의하면서 처음 선택했었다.[15] 챈들러는 전략을 계획과 실행 차원에서 정의했다.

"전략은 어떤 기업이 가지고 있는 기본적이고 장기적인 목표를 선정하고, 이 목표를 달성하는 데 필요한 여러 가지 자원들을 배분하고 해야할 행동을 채택하는 것이다."[16]

이처럼 경영 전략은 애초부터 장기적이며 계획과 밀접하게 연관된 목표 지향적인 활동이었다. 이 접근법의 초점은 자연스럽게 챈들러의 조직 내부의 반응에서 시장 기회로 이동했으며, 다시 경영이라는 개념이 태동되던 초기 단계에서 전략이 이해되는 방식에 지속적으로 영향을 미쳤다. 즉 전략은 온갖 다양한 결과가 나타날 수 있는 경쟁적인 상황들이나 문제 해결과 연관되어 있지 않았다. 이런 전략의 초점은 전략이 구조로 이어지는 챈들러의 공식 즉 '기업 관리의 통로가 되는 조직의 설계'라는 표현으로 드러났다. 챈들러의 혁신은 다각화와 탈중심화라는 쟁점을 경영이 어떻게 다루는가 하는 점에서 전략을 바라보자는 것이었다. 그의 대주제는 드러커도 소리 높여 말했으며 슬론이 인정했던 다사업부 구조 multidivisional structure 였다.[17] 챈들러가 관여했던 맥킨지McKinsey를 포함한 경영 컨설팅 회사들은 이 모델을 따르라고 조언했다.

이른바 'M형'M-form이라 불리는 다사업부 구조의 강점은 전략을 전술적인 계획에서 분리한다는 데 있었다.

"이것은 전체 기업의 운명을 책임지는 이사들을 보다 일상적인 운영 활동에서 분리시키고, 장기적인 계획과 평가를 수행할 수 있도록 이들에게 시간과 정보를 제공하고 심지어 심리적인 몰입까지도 제공한다."[18]

기업의 지도부는 덜 중요한 쟁점들로 경영진의 머리를 복잡하게 만들지 않음으로써 즉 사소한 이유들로 부서장의 머리가 온전하게 돌아가지 못하도록 해서 전체 전략을 망가트리는 일이 없도록 함으로써, 정책을 만들어내고 성과를 평가하며 자원을 할당할 수 있었다.

그러나 이것이 이야기의 전모가 아니다. 로버트 프릴랜드Robert Freeland는 제너럴 모터스의 각 사업부가 중앙의 전략에 동의하도록 하고 이런 상태가 유지되도록 하는 것이 중요하다고 보았던 슬론의 접근법을 강조했다. 조잡한 위계 체계는 온갖 위험의 원천이었다. 만일 중간 관리자가 목표 설정 과정에서 배제되었다면 이 관리자는 목표 달성에 상대적으로 덜 헌신할 게 분명하다. 이런 식으로 계획이 실행과 분리된다는 것이었다. 계획과 실행의 분리는 제너럴 모터스의 최대주주로서 핵심적인 의사결정에 밀접하게 연관되어 있으며 자기 권한을 각 사업부의 책임자에게 이양하기를 꺼리는 뒤퐁 가문 사람들의 바람과 균형을 이루어야 했다. 슬론은 장기적인 전략과 자원 할당 문제와 관련해서 각 사업부의 책임자들을 격려하는 비공식적인 여러 방법을 찾아냄으로써 이런 긴장을 해소했다. 이 구조는 대공황이 닥치기 전까지 유효했다. 하지만 대공황이 닥치자 저가의 쉐보레 사업부를 제외한 모든 사업부가 적자를 기록하면서 이 구조는 효과가 없어졌다. 회사는 회사의 성과에 명백한 손해를 끼치지 않는 범위 안에서 사업부들을 청산하기로, 즉 사업부 단위의 자율성을 없애기로 결정했다. 이 경험에서 두 가지 교훈을 얻을 수 있었다. 하나는 구조와 전략 사이의 관계는 챈들러가 묘사한 것보다 더 복잡하다는 것이었고, 다른 하나는 회사 내부의 명령은 '협상을 비롯한 복잡한 사회 정치적 과정들'을 반영한다는 것이었다.[19]

챈들러는 반反독점 문제 및 노동 문제라는 논쟁적인 쟁점에 대해서는 어디에도 그다지 충분한 관심을 쏟지 않았다. 반독점 입법은 명백하게 제너럴 모터스를 염두에 둔 것이었다. 제너럴 모터스가 법무부를 자극할 수도 있는 도발을 원치 않은 것도 바로 이 때문이었다. 개별적인 회사가 매출액을 증대시킴으로써 특정한 영역의 생산을 지배하는 행태에 정부가 반대하고 간섭하는 경향 (이런 경향은 1950년의 셀러–키포버 법Celler-Kefauver Act 제정에 반영되었다) 때문에 시장을 주도하는 독점 기업은 신제품 라인을 개발하는 쪽으로 방향을 틀었다. 거대 복합 기업conglomerate이 번성한 것도 이것으로 설명할 수 있다.[20] 챈들러는 제너럴 모터스의 기록 보관소에 접근할 수 있었지만 '반독점 행위에 대해서 경영진이 가지고 있는 압도적인 공포 때문에 이 증거를 자기 논문에 사용할 수 없었다.'[21] 챈들러는 기업 행동(기업의 성향)을 보다 폭넓은 정치적 발전이라는 요소와 분리해서 살폈는데, 이것은 그가 노동 문제와 관련된 쟁점들이 담고 있는 의미를 높이 평가하지 않았던 이유이다. 그가 대상으로 삼은 세상은 '노동자의 지위가 온전하게 종속 변수인 산업 사회'였다.[22] 그랬기에 루이스 갈람보스 Louis Galambos 는 챈들러가 경영의 역사 분야를 개척했음을 인정하고 찬양하는 것과는 별도로 경영의 범위를 협소하게 만들면서 '권력의 문제들을 지나치게 까다로운 것으로' 만들었으며 '기업의 변화는 사회적인 마찰이나 대리인(경영자)의 문제와는 전혀 상관없이 일어난다'고 설정했다면서 불평했다.[23]

경영 전략이 붐을 이루기 이전에 이 분야에 초점을 맞추는 사람은 매우 적었다. 이론가들은 기업 내에 혹은 기업과 외부 환경 사이에 존재하는 권력의 문제들을 애써 회피했다. 대신에 전략가들은 (조직 구조의 꼴을 정하는 문제, 제품과 투자의 우선순위를 정하는 문제, 비용을 통제하는 문제, 외부 공급업체를 동원하는 문제 등과 같은) 고위 경영진 앞에 닥친 다른 많은 쟁점들에만 초점을 맞추었다. 그리고 이들이 초점을 맞춘 대상 기업도 확고한 위상을 차지하고 있고 군대와 정부를 포함한 모든 대규모 조직에는 자연히 있을 것 같은 종류의 위계를 갖춘 대기업이었다. 슬론 모델은 또한 강력한 리더십의 충격도 반영했다. 제너럴 일렉트릭을 성공의 대열에 올려놓으면서 이름을 떨친 잭 웰치 Jack Welch 는 나중에 이 방법론을 비판했다. 경영자들이 게을러지는 것을 허용하고 경영자들이 소비자가 아니라 관료제도에 등이 떠밀리도록 만들었다는 게 비판의 이유였다. 그는 슬론주의적인 회사를 가리켜서 '얼굴은 최고경영자를 향하고 있지만 엉덩이는 고객을 향하고 있는 회사'라고 묘사했다.[24]

† 전략 기획자

1964년에 드러커는 출판업자에게 완성된 원고를 보냈다. 경영자의 의사결정에 초점을 맞춘 원고였다. 드러커가 정한 책의 제목은 '경영 전략' Business Strategies이었다. 그런데 출판사에서는 이 제목이 경영 서적 독자들로부터 많은 관심을 받지 못할 것이라고 판단했다. '전략'이라는 단어는 군사적이거나 정치적인 용어지 경영 관련 용어가 아니라고 생각했기 때문이다. 그래서 출판사는 제목을 바꾸었고 책은 《성과 경영》 Management for Result이 되었다.[25] 하지만 이런 결정이 내려진 직후에 매튜 스튜어트 Matthew Stewart는 이고르 앤소프 Igor Ansoff가 《기업 전략》 Corporate Strategy이라는 책을 발간한 일과 전략 분야에 특수한 전문성을 가진 컨설팅 업체 보스턴 컨설팅 그룹 Boston Consulting Group이 출범한 두 가지 사건에 대한 세간의 폭발적인 관심을 설명하면서 '기업계에서 전략이 가장 뜨거운 단어가 되었다'고 보도했다.[26]

월터 키켈 3세 Walter Kiechel III는 1960년에 '기업 전략 혁명'을 새로운 출발점이라고 묘사했고, 이것이 나타나기 전에는 기업 전략이라는 것이 존재하지 않았다고 주장했다. 전략이라는 단어는 거의 사용되지 않았고, 기업의 운명을 결정하는 핵심적인 요소들, 특히 그가 '3C'라고 불렀던 비용 Cost, 고객 Customer, 경쟁자 Competitor를 하나로 묶는 체계적인 발상이 없었다고 했다. 그렇다고 하더라도 물론 기업은 계획을 가지고 있었다. 하지만 그것은 예전에 일어났던 것을 토대로 한 어떤 추정에 지나지 않았고, 기껏해야 직관적인 차원의 '돈 버는 방법'일 뿐이었다. 이것은 전략이라는 용어가 군대에서 사용되기 시작한 1800년 이전에는 군사 전략이라는 것이 존재하지 않았다는 주장에 비유할 수 있다.

경영 전략이 발전해온 특수한 형태 속에는 색다른 측면이 있다. 그러나 전략이 가지는 보다 전통적인 의미에서 보자면 록펠러와 슬론 같은 인물들에게는 전략이 결코 부족하지 않았다. 이른바 '산업계의 거물들'이 군사적인 비유를 편애했음을 전제로 할 때 많은 경영자가 어떤 '작전'을 준비하면서 군사적인 전략을 염두에 두지 않았다는 사실은 실제로 놀라운 일이었다. 게다가 키켈도 인정했듯이 새롭게 개발되는 여러 새로운 전략 형태들은 과거에 있었던 것을 기반으로 해서 구축되고 있었다. 키켈은 새로운 전략적 초점은 개별적인 노동자가 기록하는 성과의 효율성을 추구하는 대신 어떤 회사의 여러 가지 기능 및 과정들의 전체성에 맞추어졌음을 강조하면서 '보다 더 위대한 테일러주의'Greater Taylorism라는 용어를 사용했다.[27] 여기에 내재된 근원적인 주제는 기업의 업무를 합리주의적인 기반 위에서 조직하고자 하는 시도의 지속이었다.

과거에 어떤 변화가 일어났었는지는 1950년대와 1960년대를 관통해서 하버드 대학교에서 경제 정책 강의를 하면서 핵심적인 존재로 군림했던 한 인물을 살펴보면 알 수 있다. 바로 케네스 앤드루스Kenneth Andrews이다. 앤드루스는 소설가 마크 트웨인을 주제로 박사 학위를 받은 영문학자였다. 본인이 직접 쓴 글은 딱딱하기 짝이 없었지만 적어도 전략에 관한 한 명쾌한 견해를 가지고 있었다. 챈들러와 마찬가지로 앤드루스는 '기업의 장기적인 발전'에 관심을 가졌다.[28] 그것은 어떤 지도자가 내린 선택의 결과였으며 따라서 기업 환경 및 가치관과 조직 구조를 포함한 보다 넓은 사회에서 맞닥뜨리는 모든 쟁점들의 결과였다. 워낙 많은 변수를 고려해야 하므로 다른 모든 것을 희생하면서 어떤 하나의 목표를 오로지 한 마음으로 추구하기란 불가능하거나 혹은 매우 어리석은 짓일 수밖에 없다. 앤드루스는 그러므로 최고경영자는 만능선수가 되어야 하며, 모든 상황은 저마다 독특하며 다차원적이라는 사실을 인정해야 한다고 말했다. 모든 것을 보증하고 보장하는 확실한 공식이나 이론틀 같은 것은 있을 수 없다. 앤드루스와 그의 하버드 대학교 동료들이 그나마 가장 가깝게 다가간 이론틀이 있었는데, 그것은 매우 단순한 (그러나 지금도 여전히 사용되고 있는) 스왓_SWOT 분석법이었다. 이것은 환경에서의 기회_opportunity와 위협_threat이라는 차원에서 조직이 가지고 있는 강점_strength과 약점_weakness을 분석하는 접근론이다. 이 방법은 학생들에게 성공과 실패의 개별적인 기업 사례를 연구하게 하는 하버드 대학교의 사례 연구 방법론 강의에 딱 들어맞았다. 이 접근법은, 전략은 사안별로 특수해야 하며 일반적인 이론이 아니라 주어진 특정한 환경에서 특정한 기업에만 적용할 수 있는 것이라는 견해에 힘을 실어주었다.

스왓 분석법은 또한 기업 내부적으로 일관성이 있고 동원 가능한 자원이라는 측면에서 현실성이 있으며 주변 환경과도 조응하는 합리적인 행동이라는 기존의 전략 개념에도 잘 들어맞았다. 이 발상은 행동에 선행하는 일련의 사려 깊은 사고 과정을 설정하는데, 일단 어떤 전략이 형성되면 이 전략의 실행(챈들러의 표현으로는 구조)은 반드시 뒤따르게 된다고 보았다. 그런데 전략은 단일하고도 독특한 제품 생산과 관련된 것일 터이므로, 헨리 민츠버그_Henry Mintzberg는 일반적인 (즉 어디에서나 통하는 고정된) 전략을 주장하는 사람들에게 '디자인 학파'_the design school라는 딱지를 붙이고서 불변의 틀로 정해져 있는 전략이 일사불란하게 하부로 관철되도록 지휘하고 통제하겠다는 발상을 비판했다. 전략의 실행 과정이 계획 과정과 완전히 분리됨에 따라서 시행착오를 통한 학습의 기회가 그만큼 줄어든다는 것이었다.[29]

기업이 활동을 하는 환경이 점점 더 복잡해짐에 따라서 의사결정에서 합리성을 유지하려면 조직 안팎에서 일어나는 일들과 관련된 모든 정보를 고려해서 행동의 지침을 변환시키는 과정들이 필요했다. 이고르 앤소프는 《기업 전략》에서 바로 이것을 시도했다. 1965년에 출간된 이 경영학 교과서는 앤소프에게 '현대 전략적 사고의 아버지'라는 영광스러운 별칭을 안겨주었다.[30] 앤소프는 러시아에서 성장해서 미국으로 이주했으며 공학을 공부하고 (랜드 연구소에서 잠깐 근무한 뒤에) 방위사업체인 록히드 Lockheed에서 실천적인 경영 경험을 했다. 그는 다각화 작업의 일환으로 인수 대상 기업을 파악하는 일을 했으며, 그 뒤 1960년대 초에 카네기 멜론 대학교로 자리를 옮겼다. 그러므로 경영 전략에 대한 그의 견해는 시장에 적합한 제품군 구성에 초점을 맞춘 대기업의 내부자들에게서 비롯된 것이다. 낯설지 않은 주제이긴 하지만, 그는 가능한 한 가장 체계적이며 포괄적인 방법으로 관련된 모든 변수들을 아우름으로써 경영 전략을 직관적인 기술에서 하나의 과학으로 전환시키려고 노력했다.

앤소프는 매우 특이한 전략관을 내놓았다. 그는 전략을 정의하며 '불운한 우연의 일치'라는 표현을 강조하면서 '여러 가지 전략적인 의사결정들' 사이에 존재하는 분류상의 차이점을 찾으려고 했다.

"그 차이점은 '전략적인'이라는 표현이 '기업이 자기 주변 환경과 일치하는'이라는 뜻으로, 그리고 '전략과 관계된'이라는 뜻으로 사용되는 경우와 '전략적인 의사결정'이 '주변 환경에 대한 부분적인 무지 상태에서 이루어지는 어떤 의사결정을 위한 규칙'이라는 뜻으로 사용되는 경우 사이의 차이점이다."[31]

완벽한 지식을 가지고 있다 하더라도 의사결정을 내릴 수 없다. 비록 계획 모델planning model이 의사결정이 정확할 것이라고 예측·주장하고 또 모든 중대한 의사결정들이 환경과의 관계에 영향을 미칠 것이라고 주장하더라도 그렇다. 그러나 특정한 계획 속에서 실행되는 행동 즉 압박감을 주는 구체적인 문제를 해결하고자 하는 노력으로서 긴박감이나 위기감 같은 전투의 느낌이 묻어나는 어떤 행동과, 환경에 대해서 어떤 일반적인 지향을 하면서 현재의 도전 과제들 및 미래에 일어날 수 있는 여러 가능성들을 놓고 심사숙고하는 내용 사이에는 확실한 차이가 있다. 계획 모델은 결코 위기를 극복하고자 하는 것이 아니었다. 그것은 위기를 회피하고, 전체 환경에 주의를 기울임으로써 강력한 포지션을 유지하며, 자원이 최대한 효과적으로 배분되어 사용될 수 있도록 하는 것과 관련된 것이었다.

세부적인 사항에 엄청난 주의를 기울이며 체계적인 과정을 고집하는 이 총체적인 접근법은 앤소프의 공학 관련 경력을 반영한 것이었다. 이 접근법에 따른 프레젠테이션에는 목록, 글상자, 도형, 도표, 그래프, 일정표 등이 첨부되고 보통 '고르지 않은 얼룩'으로 표시되는 특정한 면, 네모상자 속에 기입된 조직 단위의 명칭, 그리고 원이나 타원 속에 표시된 갖가지 개념들이 등장했다.[32] 이렇게 해서 나온 결과는 키켈의 표현을 빌리자면 '지나치게 공을 들여서 온갖 장식을 한 잘못된 어떤 것'일 뿐이었다. 마지막 면에는 목표와 변수를 적어넣은 57개의 글상자가 있고, 수많은 화살표들은 그 모든 목표와 변수들이 올바른 순서에 따라서 참조되고 있음을 강조했다.[33] 그런데 이 과정이 워낙 복잡하고 정밀하다 보니 전략은 최고경영자의 손에서 벗어나서 전문화된 관료의 손으로 넘어갈

판이었다. 계획에 대한 어마어마하게 강력한 수요 때문에 갤브레이스는 권력이 테크노스트럭처로 이동한다고 보았던 것이다.

계획의 중요성 그리고 이 방면에서 소련이 미국을 비롯한 자본주의 국가들을 앞지른다는 인식은 관리주의managerialism(주주가 아닌 전문경영자가 기업을 지배하는 현상 혹은 철학—옮긴이)를 향한 열렬한 추종의 분위기를 강화시켰다. 국가에 복무하는 데 경영을 동원했던 가장 본보기적인 인물은 로버트 맥나마라Robert McNamara였다. 맥나마라는 자기 경력을 처음 시작하던 시절부터 기술이 어떻게 기업 영역에서 군사 영역으로, 다시 또 반대로 군사 영역에서 기업 영역으로 전환될 수 있을지 입증해왔었다. 맥나마라가 하버드 비즈니스 스쿨에서 회계를 가르칠 때 제2차 세계대전이 발발했다. 그는 다른 동료 교수들과 함께 육군항공단의 부름을 받고 통계통제청Office of Statistical Control에 배속되었다. 일명 '텍스'로 불리던 찰스 베이츠 손턴Charles Bates Thornton이 지휘하던 곳이었다. 이곳의 주 업무는 확실한 자료와 정밀한 계량적 분석을 하나로 묶어 육군항공단의 무질서한 회계 체계에 질서를 부여해서 개별적인 수치들을 분명하게 밝혀내고 여유 부품들이 격납고에 있는 비행기에 정확하게 연결되도록 하는 것이었다. 그들은 오퍼레이션 리서치를 수행해서 (예를 들면 투하 폭탄의 양과 연료 소비 및 항공기 능력과의 상관성 등) 어떻게 하면 자원들을 보다 더 효율적으로 사용할 수 있을지 밝혀내려고 했다. 이들의 분석은 비용을 절감했을 뿐만 아니라 전력 배치에도 영향을 미쳤다.[34]

전쟁이 끝난 뒤에 손턴은 자기 집단의 서비스를 포드 자동차에 제공했고, 이것이 완벽한 서비스가 된다는 사실을 확인했다. 헨리 포드는 자기 아들이자 자기가 지명한 후계자인 에젤이 1943년에 위암으로 쓰러지자 다시 복귀했었다. 그러나 그는 이미 병약했고 불안정했다. 그래서 곧

손자이던 헨리 포드 2세에게 경영권을 넘겼지만, 이 손자는 겨우 20대 후반밖에 되지 않았다. 젊은 헨리는 상당한 열정과 추진력으로 회사의 현대화 작업을 추진했다. 그런데 핵심적인 문제들 가운데 하나가 재무 분야에 규율이 전혀 없다는 점이었기에, 그는 손턴의 제안을 받아들였다. 이 팀이 회사에 미친 효과는 전체적으로 어마어마했다. 여러 제도들 및 회계 방식들을 얼마나 야무지게 따지고 들며 수많은 질문을 해댔는지, 이 팀의 구성원들은 (당시 매우 똑똑한 아이들을 출연시키던 인기 라디오 프로그램 제목이자 천재 아이들을 부르던 호칭이던) '퀴즈 키즈'_{Quiz Kids}로 불릴 정도였다. 그리고 이들의 방법론이 결실을 맺자 이 별명은 '휘즈 키즈'_{Whiz Kids}로 바뀌었다(《휘즈 키즈》는 18부작 인기 미국 드라마로, 특출한 재능을 가진 고등학생들이 주인공이었다). 이들은 의사결정에서의 합리주의를 우선으로 치며 직관이나 전통에 의존하는 것을 개탄했다. 그리고 자기들이 기업계에 몸담은 경험이 없거나 적다는 사실에 전혀 개의치 않았다. 그들에게 회사는 기업적 과정이라기보다는 현금 흐름표이고 조직도였다. 하지만 시간이 흐르면서 이런 접근법의 한계가 점점 분명하게 드러나기 시작했다. 그들은 자료의 품질에 지나치게 의존했으며, 예컨대 고객의 충성도처럼 쉽게 측정할 수 없는 것들을 무시하는 경향을 드러냈다. 즉각적인 수익이 없는 장기적인 투자의 효용을 신뢰하지 않았던 것이다. 하지만 이 접근법은 단기적으로는 인상적인 결과를 가져다주었다. 포드 자동차는 전쟁이 끝난 뒤 최초로 신차를 도입한 회사였다. 이렇게 휘즈 키즈는 포드 자동차를 회복의 길 위에 올려놓았다.

맥나마라는 이 집단의 리더로 떠올랐으며, 존 케네디가 대통령 선거에서 승리를 거두었던 1960년 11월 9일에 포드 자동차의 사장이 되었다. 그러나 두 달 뒤에 이 자리를 그만두고 케네디 행정부의 국방부 장관이 되었다. 우리는 앞에서 이미 맥나마라가 분석적 기반의 통제인 중앙집권화된 형식들을 도입함으로써 국방부에 얼마나 큰 영향력을 끼쳤는지 살펴보았다. 여기에서는 그의 방법론이 경영 이론의 발전에 어떻게 기여했는지 살펴보기로 하자.

아이젠하워 정부의 국방부 장관으로 맥나마라의 전임이었던 찰스 윌슨Charles Wilson 역시 기업계 출신 인물이었다. 윌슨은 슬론의 뒤를 이어서 제너럴 모터스의 최고경영자가 됐으며, 국방부를 이른바 'M형'M-form 이라 불리는 다사업부 구조를 기반으로 해서 운영했다. 즉 개별적인 업무들을 서로 분리되어 있는 사업부로 보고, 각각의 차관보들을 각각의 업무를 책임지고 있는 독립적인 부회장으로 본 것이다. 아이젠하워가 방위비 지출을 줄이겠다고 결심했을 때 윌슨의 재임 기간 동안 육군·해군·공군 사이의 경쟁은 치열했고, 윌슨은 이런 경쟁을 억제하려고 애썼다. 개별적인 업무들은 독립적으로 진행되었다. 이들 사이에 적대감은 컸고 조정은 거의 없었다. 그리고 이런 현상은 의회와 기업계에 포진해 있던 그들의 동료들에 의해서 한층 강화되었다.[35] 맥나마라의 접근법은 전혀 달라서, 챈들러나 드러커보다는 앤소프에 가까웠다. 그의 목적은 자기 직위를 강화함으로써 업무를 장악해서, 그의 휘즈 키즈들이 (대부분 랜드 연구소나 제도분석청Office of Systems Analysis을 통해서) 집중적으로 퍼붓는 질문 공세 속에서 각 군이 자기 예산과 사업을 합리화하기 위한 업무들을 파악하고 견제하는 것이었다. 이 공격적이고 분석적인 접근법은 미국 군사 사업들의 경영, 특히 베트남전의 작전 수행에 중요한 영향을 미쳤다. 맥나마라는 처음에 가장 현대적인 경영 기법을 구사하는 본보기로 찬양받았다. 그러나 1968년에 국방부를 떠날 때를 기준으로 놓고 보면 그의 접근법은 실제로 이해할 필요가 있는 것이 아니라 측정 가능한 것에만 초점이 맞춰짐으로 해서 본질적인 측면에서 상당히 벗어나 있었으며, 맥나마라 본인도 나중에 이런 비판을 인정했다.

정부에서와 마찬가지로 기업에서도 전체 부서들은 계획을 추진하기 위해서 설정되었으며, 각각의 부서들은 앞으로 밟아나가야 할 단계와 이 단계들의 적절한 순서를 지나칠 정도로 상세하게 계획했다. 그래서 주기별 계획이 기업의 일상을 지배하기에 이르렀다. 사람들은 자기들이 어떻게 행동할지 일러줄 공식적인 문건을 기다렸으며, 예산 및 사업을 모든 것이 계획대로 진행되지 않을 위험에 대한 경고와 함께 정리했다. 여기에 따른 결과를 정치적으로 바라보면, 사업 실행에 책임을 지는 사람들 즉 의미 없는 표적에 맞닥뜨릴 때 냉소적으로 변하는 경향이 있는 사람들을 소외시키면서까지 중앙을 강화하는 것이었다. 그래서 한 고위 간부는 이렇게 외쳤다.

"매트릭스가 전략을 선택했고, 매트릭스는 전략을 수행할 수 있다." [36]

그런데 그들이 의존하던 장기적인 예측들은 태생적으로 신뢰성이 없었으며, 조직 정보는 흔히 업데이트되지 않은 것이었다. 이 정보들은 아무렇게나 수집되어 적절하게 분류되지 않은 범주들로 묶였으며 이때 문화적인 요인들도 거의 고려되지 않았다. 심지어 앤소프조차도 자기가 처음 주창했던 구조들이 의사결정을 마비시키며 유연성을 훼손할지 모른다고 염려하게 되었다.

경제학자 프리드리히 하이에크 Friedrich Hayek 는 자신의 유명한 논문 가운데 하나에서 합리적인 경제 질서의 계획에서 중점이 되는 문제를 이렇게 정리하기도 했다. '우리가 활용해야 하는 환경에 대한 지식은 결코 집중되거나 통합된 어떤 형태로 존재하지 않고, 오로지 분리되어 있는 모든 개인들이 가지고 있는 불완전하고 때로는 모순적이기까지 한 지식이 군데군데 흩어져 있는 단편적인 것들로서만 존재한다'. 정보와 지식을 바탕으로 설정된 문제는 한 개인이 자원을 배분할 목적으로 설정하거나 그런 차원에서 해결할 수 있는 것이 아니다. 그것은 '사회 구성원들 가운데 어느 누군가에게 알려진 자원을 최대한으로 활용할 방법을 확보하는 차원에서 해결되어야 할 문제이다. 혹은 이것을 간단하게 말하면 사회 구성원 가운데 그 어떤 사람에게도 모든 내용이 총체적으로 주어지지 않은 지식을 활용하는 차원의 문제이다.'[37]

그로부터 25년이 지난 뒤에 미국의 정치학자 아론 윌다브스키Aaron Wildavsky는 국가적 차원 및 기업적 차원의 계획이 인기를 끌며 유행한 것에 대해서 논평을 했다. 이런 경향에 대해서 매우 회의적이던 윌다브스키는 계획이라는 과정에는 굳이 계획이 필요한 이유가 별로 없다고 강조했다. 어떤 차원에서 보자면 모든 의사결정은 미래의 상태를 개선하기 위한 시도로서 계획의 한 형태라고 했다. 그리고 계획의 성공 여부는 '현재 하는 행동이 미래에 낳을 결과를 통제하는 능력'에 달려 있다고 했다. 국가는 말할 것도 없고 대기업 하나를 놓고 보더라도 이것은 '이해관계나 목적이 다른 많은 사람들의 의사결정을 통제함으로써 미리 생각해 두었던 결과를 얻는 것'을 뜻한다고 했다. 인과론因果論(원인과 결과의 관계를 규명하는 이론—옮긴이)이라면 계획된 행동을 미래에 실현되길 바라는 결과와 이 이론에 따라서 행동할 능력과 연결시켜야 한다. 보다 많은 사람들과 보다 많은 행동 유형들이 관여할수록 이론에 대한 수요는 그만큼 더 커진다. 관여하는 모든 주체가 제각기 다르게 행동하도록 하는 방법을 더 많이 설명해야 하기 때문이다.[38]

1980년대가 되면 전략적인 차원의 계획(즉 전략적 기획)은 예전의 영광을 서서히 잃어갔다. 계획 부서의 덩치는 커지고 여기에 들어가는 비용도 많아졌으며 한 주기의 계획이 끝나자마자 곧바로 다음 주기의 계획이 시작되었다. 그리고 결과는 한층 더 복잡해졌다. 과거에 어려웠던 점이나 실패에 대한 증거는 제도에 흠결이 있다는 차원이 아니라 목표 수행 과정에서 독립적인 생각들이 지나치게 많다는 차원으로 평가되면서 한층 더 많은 처방과 예산, 목표가 필요한 것으로 제시되었다. 그런데 정교한 계획을 세우기로 유명했고 또 거기에 자부심을 가지고 있던 제너럴 일렉트릭이 전략적 기획을 철폐하기로 함으로써 이런 흐름에 강력한 제동이 걸렸다. 고립된 관료적인 제도에 대한 불만들이 줄을 잇고 있었기 때문이다. 불만의 내용은 전략적 기획은 시장의 본능이 아니라 의심스러운 자료에 의존한다거나 경로를 수정할 유연성을 가지고 있지 않기 때문에 정확하지도 않은 예측을 강조한다는 것이었다. 고위 경영진은 미리 설정된 대계획 이외의 대안을 가지고 있지 않기에 그 계획으로 나아가는 과정에 모든 것을 내맡길 수밖에 없다. 그런데 새로운 최고경영자 잭 웰치는 제너럴 일렉트릭이 당면한 문제를 다음과 같이 바라보았다.

"책들은 더 두꺼워졌고 내용은 더 정교해졌으며 하드커버 표지는 더 딱딱해졌고 그림들은 더 좋아졌다."[39]

웰치는 1981년 《포춘》에 실린 편지 한 통을 읽고 깊은 인상을 받았다고 한다. 그 편지는 '상상력이 완벽하게 결여된 접근법을 관리자들이 끊임없이 요구하는 행태'를 비판하는 내용이었다. 웰치는 이 편지의 내용을 인용해 클라우제비츠와 몰트케가 전투를 바라보았던 관점과 비교하면서 이렇게 말했다.

"그 전략가들의 경우에 전략은 장황한 행동 계획이 아니었다. 끊임없이 변하는 환경 속에서 어떤 중심적인 발상이 진화하는 것이었다. (……) 요리책의 레시피와 같은 방식의 접근법으로는 실제 현실에서 펼쳐지는 상황 혹은 어떤 독립적인 의지에 맞서서 이를 극복할 수 없다."

웰치는 적과 처음 조우하자마자 패배할 수밖에 없는 계획에 대해서 몰트케가 했던 격언을 인용해서, 왜 제너럴 일렉트릭은 엄격하고 복잡한 계획을 필요로 하지 않고 수시로 변화하는 환경에 적응시킬 수 있는 발상을 필요로 하는지 설명했다.[40]

1984년에《비즈니스 위크》Business Week는 제너럴 일렉트릭을 인용해서 '전략 기획자가 지배하던 세상'은 끝났다고 선언했다. 전략을 계획하는 전략 기획자는 명성에 비해서 성과는 변변찮고 오히려 실망만 잔뜩 안겨준다고 했다. 그리고 1994년에 헨리 민츠버그가 저서《전략 기획의 성쇠》The Rise and Fall of Strategic Planning에서 전략적 기획이라는 발상에 대한 최후의 일격을 가했다.[41] 1991년에 앤소프는 민츠버그가 발표한 글을 논평하면서, 민츠버그가 전략에 대한 모든 규범적인 내용을 '역사의 쓰레기더미'에 던져버렸다고 불평했다. 그리고 만일 자기가 민츠버그의 그 평결을 받아들여야 한다면 '전략 경영의 실천에 전혀 유용하지 않은 해법들에 바쳤던 40년 세월의 노력'이 모두 허망한 것임을 인정해야 한다는 뜻이라고 슬프게 덧붙였다.[42]

기업의 세계에서도 군대의 세계와 마찬가지로 중앙집권화된 통제, 권한 이양 그리고 합리적인 분석을 바탕으로 한 모델들에 대한 자신감 상실은 전략에 대한 대안적인 여러 접근법으로 이어졌다. 중앙집권화된 모델들은 이론적으로는 단점이 별로 없지만 실제 현실에 적용되면 전혀 그렇지 않았다. 이 모델들은 가장 바람직한 최고경영자라면 어떤 식으로 행동하고 결정을 해야 할지 규정했지만 그런 규정들은 최적의 의사결정이 언제든 내려질 수 있고 또 실행될 수 있다는 가정, 그것도 영웅적인 인물을 전제로 한 가정을 토대로 했다. 특히 그것은 초강대국이나 초국적인 거대기업과 같은 강자의 모델이었다. 그렇지만 환경을 관리하고 통제할 수 있는 가능성이 점점 줄어들면서 이 모델이 요구하는 성가신 과정들은 반응이 느리거나 역기능을 초래했다.

대안적인 접근법들을 따르자면 조직 내에서 혹은 조직들 사이에서 발생하는 갈등을 극복하는 방법을 보다 잘 이해해야 했다. 대체로 경제학은 경쟁에 필요한 전략들을 개발하는 수평축에 관한 질문들에 도움을 주었고, 사회학은 어떻게 하면 조직이 최대한의 역량을 발휘할 수 있도록 할 것인가 하는 수직축에 관한 질문들에 도움을 주었다. 계획 모델의 단점들이 점점 분명해짐에 따라서 새롭게 발전한 이 접근법들을 다루기 전에, 먼저 또 다른 유형의 접근법을 하나 살펴보아야 한다. 이 접근법은 군사 사상과의 연관성을 제시하기 때문에 특히 그럴 필요가 있다.

제31장

경영은 전쟁이다

Business as War

:

경영자는 자기가 관리자 계층에 속한다고 늘 상상해왔다.
이들은 전략을 안다는 바로 그 이유로 하사관들과 구분된다.

_존 미클스웨이트·애드리언 울드리지

:

군사 영역에서 그랬던 것처럼 1950년대와 1960년대의 경영 계획 모델들에 대한 반작용은 실제 현실에서 실행되는 전략의 본질이 무엇인지 재발견하려는 시도로 이어졌다. 베트남 전쟁의 경험과 소련의 빠른 성장이 미국의 방위 개혁가들을 자극해서 고전적인 군사 사상으로 되돌아가서 전쟁과 전투의 거친 실제 상황을 탐구하도록 한 것과 마찬가지로, 보다 모진 경쟁적 환경은 경영자들로 하여금 승리와 패배의 관점에서 보다 더 많이 생각하도록 자극해서 전투에 필요한 강인한 정신과 열정을 자기가 선택한 전략에 투입할 필요성을 절실하게 느끼게 만들었다. 최고경영자들은 자기 스스로를 교활함과 카리스마와 계산을 적절하게 구사해서 예하 부대를 전투에 투입시키는 야전사령관이라고 생각할 수도 있었다. 기업계에서 벌어지는 전쟁과 실제 전쟁의 유사성은 경영 관련 서적이 한결같이 다루는 주제였다. 작전, 공격, 기동 등의 용어도 경영의 세계에서 전혀 어색하지 않았다.

경영자가 기업 경영과 관련해서 배워야 하는 교훈은 알렉산드로스 대제나 나폴레옹과 같은 인물들이 전쟁터에서 세운 공훈에서 찾아낼 수 있다는 이야기가 늘 나왔다. 긍정과 부정의 평가가 뒤섞여 있는 인물까지 포함해서 군사 방면에서 명성을 떨친 인물들은 경영자가 리더십의 이런저런 특성을 본받을 수 있는 롤모델이 되었다. 이런 롤모델 대상은 알렉산드로스나 카이사르, 나폴레옹처럼 누가 봐도 훌륭한 모범이 될 수 있는 사람들뿐만이 아니었다. 앨버트 매단스키Albert Madansky는 훈족의 왕 아틸라Attila, 1876년 리틀빅혼에서 미국인 커스터 부대를 전멸시킨 전설적인 전투의 주인공인 인디언 추장 시팅 불Sitting Bull(앉아 있는 황소), 남북전쟁 당시 남군의 탁월한 장군이었던 로버트 리Robert E. Lee, 역시 남북전쟁 때 북군의 지도자였던 율리시스 그랜트Ulysses S. Grant 장군 그리고 제2차 세계대전 때의 미국 영웅 조지 패튼George Patton 장군 등의 전략적 지혜를 각각 묘사한 책들로 어떤 것들이 있는지 정리했다.[1] 예를 들어서 웨스 로버츠Wess Robert의 베스트셀러인 《훈족 아틸라의 리더십 비결》Leadership Secrets of Attila the Hun은 비록 아틸라를 롤모델로 제시하지는 않았지만 "어려운 과업들을 수행했으며 '겉으로 볼 때는' 도저히 가망이 없는 도전이었음에도 불구하고 기어코 완수하고야 말았다"는 이유로 그를 탁월한 리더십의 본보기로 제시했다. 이 책에서는 아틸라와 훈족이 '다른 민족보다 어쩐지 조금 더 도전적이고 긍정적인 이미지'를 가진 존재로 묘사되었다. 위대한 우두머리는 타협을 하기보다는 적응을 했으며, 역경을 이겨냈고, 실수에서 교훈을 배웠으며, 대답을 원하지 않는 질문은 아예 하지도 않았고, 오로지 이길 수 있는 전쟁만 했으며, 교착 상태보다는 승리를 선호했으며, 설령 질 때 지더라도 최선을 다했다. 그리고 또 등등등…… 충성심과 이 충성심을 이끌어내는 일의 중요성을 언급할 때는 불길한 그림자가 아주 조금 희미하게 비치기도 했다. 하지만 전체적으로 볼 때 훈족의 우두머리들은 계몽된 인물과 영감을 주는 리더로 묘사되었다. 이 리더들은 자기 부족의 복지를 책임져야 하는 의무를 진지하게 받아들이고 사람들에게 무엇을 해야 하는지 그리고 왜 그 일을 해야 하는지 설명했다.[2]

특정한 맥락을 통해서 사례를 선별하면 역사적인 사건들과 인물들을 동원해서 다양한 경영 이론을 입증할 수 있었다. 이런 책들에서 전략은 격언이 되고 비유가 되는데 이런 것들은 흔히 서로 모순되며 또 진부해지기 일쑤였다. 기껏해야 모범적인 행동의 함축적인 재설명에 지나지 않는 경우가 많았다. 사실 이런 것은 사회과학자들이 정교한 방법론을 동원해서 최대한 피하려고 하는 결과이다. 그런 사례들이 실제로 리더십을 바꾸거나 기업의 성과나 계획에 영향을 주는 경우는 거의 없었다.

예를 들어서 어떤 책의 뒷면에는 격언과 인용이 잔뜩 나열되어 있었다. 기업 경영자가 전쟁에서 배울 것은 '전쟁은 잔학 행위이며, 다른 세련된 말로는 표현할 수 없다'(미국 남북전쟁 당시의 북군 지휘관 윌리엄 셔먼 William Sherman 장군), '배에다 총을 쏘고 살아 있는 내장을 잘라라'(조지 패튼 장군), '전쟁은 원래 규칙과 법과 문명적인 행동이 일시적으로 중단되는 것을 뜻한다'(로버트 리 장군) 등과 같은 현실적인 지혜라고 했다. 이 저자는 '웃는 얼굴, 윈윈 win-win, 적을 사랑하라는 따위의 생각'은 모두 내팽개쳐야 한다고 주장했다. 경영은 '전쟁과 같아서 기본적으로 상류 사회가 경제 및 직업 차원의 판돈을 걸고 벌이는 제로섬 게임'이라고 그는 이야기했다.[3] 비슷한 맥락에서 더글러스 램지 Douglas Ramsey 는 현대의 경영을 '승리'라는 단 한 가지 목적을 놓고 전쟁을 벌이는 '야수의 전쟁터'라고 말했다. 램지의 의도는 전쟁의 핵심적인 몇 가지 원리들이 (예를 들면 목적을 선명하게 설정한다, 명령의 통일성을 유지한다, 힘의 경제를 활용한다, 힘을 집중한다 등과 같은 원리들이) 최고경영자라는 기업계의 장군이 구사할 경영 원리로 적절하다는 사실을 입증하는 것이었다. 그런데 그는 전략적인 의사결정을 내려야 하는 순간에 전쟁과 관련된 비유에 의존하는 경영자는 거의 없다는 사실을 지적하면서 만일 그런 비유에 의존했다면 보다 나은 결과를 얻었을 것이라는 추론을 제기했다.[4]

이 장르에 속하는 대부분의 책들이 미치는 영향력은 사실 제한적이었다. 이런 책들은 가까이 두고 읽어야 할 지침서라기보다는 그저 재미있는 읽을거리였다. 사업상의 경쟁자와 최후의 결전을 벌여야 하는 것처럼 보일 때가 있지만 사실 이 경쟁은 단 한 차례로 끝나는 것이 아니라, 많은 시장 참가자들이 참가한 가운데서 밀물과 썰물이 계속 반복되듯이 그렇게 지속적으로 반복되는 것이었다. 결정적인 승리의 순간이라는 것은 매우 드물었다. 사실 '마찰'friction(계획과 현실이 부딪힌다는 뜻—옮긴이)이라는 개념 혹은 엄청나게 놀라운 무능력이 노출되었던 사례가 보여준 군사적 경험의 요소들은 작전 계획이라는 것이 얼마나 터무니없이 빗나갈 수 있는지 경고했다. 정체하거나 쇠퇴하는 시장에서는 마지막으로 남는 기업에게 전리품이 돌아가므로, 이런 시장에서는 그야말로 사생결단의 마지막 승패를 결정할 싸움을 권장할 수도 있다. 그러나 경쟁이 상대적으로 덜 치열한 성장 시장에서는 참가 기업들이 서로 충돌도 하지만 협력을 공모할 기회도 많이 있다. 그러므로 이 경우에는 군사적인 비유를 너무 심각하게 받아들이면 오히려 적절하지 못한 행동 혹은 비윤리적인 행동을 하게 될 수도 있다. 싸움을 지나치게 좋아하고 패배에 따른 평판을 지나치게 두려워할 때 무리한 '가격 전쟁'이나 '기업 인수 전쟁'으로 치달을 수 있다. 모든 비유가 다 그렇듯이 전쟁은 실제와 혼동되지 않는 범위 안에서 경영의 특성을 온전하게 밝혀줄 수 있었다.[5]

그러나 몇몇 표준적인 군사 전략에 대한 표현은 타당하게 적용된다. 1960년대 초에 이미 보스턴 컨설팅 그룹[6]의 브루스 헨더슨Bruce Henderson 이 제2차 세계대전 당시에 영국의 전략가였던 리델 하트의 주장을 들어서 경쟁자의 약점에 자기가 가진 힘을 최대한 집중할 것을 강조했다. 헨더슨은 경쟁을 '비인격적이고 객관적이며 공평한' 것이 되어야 한다고 생각하는 순간, 경쟁에 질 수밖에 없다는 경쟁의 드라마를 알고 있었으며, 경쟁자들의 관심을 분산시켜서 그들을 헷갈리게 만드는 데 활용할 수 있는 속임수를 이야기했다. 전략은 '간접비 배부율overhead rate(서비스나 제품의 생산에 직접 들어가지 않은 비용, 즉 간접비를 원가에 배정하는 비율—옮긴이), 유통망, 시장 이미지 혹은 유연성' 등과 같은 문제들뿐만 아니라 경영 스타일의 차이를 이용하는 것이라고 했다. 그러면서 체계 자체가 안정을 필요로 할 때 경쟁자들이 적이 아니라 친구가 될 수 있는 방식을 강조했다. 헨더슨은 전략의 본질적인 원리는 '당신이 가장 많이 투자하고자 하는 제품이나 시장, 서비스에 경쟁자들이 투자하지 않도록 유도하는 것'이라고 정리했다.[7]

(마케팅 분야의 살아 있는 전설이라고 일컬어지는) 필립 코틀러Philip Kotler와 라비 싱Ravi Singh은 공동으로 저술한 1981년의 한 중요한 논문에서 이렇게 말했다. '시장 점유율을 높이기 위해서 경쟁자 중심의 전략을 개발하는 데 몰두하다 보면 경영자는 군사학 분야로 점점 더 깊숙하게 빠져든다.'[8] 앨 리스Al Ries와 잭 트라우트Jack Trout가 1986년에 펴낸 명저《마케팅 전쟁》 Marketing Warfare[9]은 클라우제비츠를 영감의 원천으로 활용했다. 비록 군사 전략가들 가운데서 심리학의 중요성을 의심하는 사람이 거의 없긴 하지만, 마케팅 전략은 영토가 아니라 소비자의 마음을 빼앗는 것을 목적으로 한다는 점에서 군사 전략과 확실히 다르다. 강력한 군대와 마찬가지

로 강력한 기업은 정상에 머무는 데 힘을 사용할 수 있어야 한다. 시장을 지배하는 기업은 상품의 가격을 보다 낮은 수준으로 유지하며 새로운 상품을 개발하는 데 들일 자원을 경쟁 기업들에 비해서 상대적으로 더 많이 가지고 있다. 그러므로 상대적으로 약한 군대와 마찬가지로 상대적으로 약한 소규모 기업은 야수의 폭력이 아닌 속임수를 무기로 채택해야 한다. 보다 나은 인력과 보다 나은 품질 혹은 보다 나은 생산성만으로는 충분하지 않다. 참호를 깊게 파고 저항하는 적을 압도하려면 훨씬 더 강력한 힘이 있어야 한다. 아무리 기습공격을 한다 하더라도 수적 열세를 극복할 가망은 없다고, 리스와 트라우트는 클라우제비츠의 이론을 들어서 주장했다.

리스와 트라우트는 마케팅 전쟁을 위한 전략으로 시장 점유율에 따라서 방어 전략, 공격 전략, 측면 전략 그리고 게릴라 전략이라는 네 가지 방법을 제시했다. 시장을 가장 많이 점유하고 있는 기업이라면 시장 지배에 관심을 가질 것이고, 시장을 가장 적게 점유한 기업이라면 생존에 초점을 맞출 것이다. 심각한 도전에 직면했을 때 1위 기업은 가장 적절하게 반응해야 한다. 이렇게 하지 않으면 점유율이 점차 떨어져서 시장 지배자로서의 위상이 위협받는다. 시장에서 2위의 점유율을 차지하는 기업은 1위 기업의 점유 부분을 빼앗기 위해서 공격적으로 나설 수 있지만, 이것도 1위 기업이 가지고 있는 결정적인 약점을 파고드는 제한적인 전선에서만 성과를 얻을 수 있다. 1위 기업의 약점은 신중하게 선택해야 한다. 예를 들어서 그 약점이 가격이라면, 충분한 자금을 쌓아두고 있을 때만 1위 기업과 가격 경쟁을 벌일 수 있다. 만일 이런 공세가 너무 위험하다면, 차별화된 제품으로 측면 공격을 감행할 수 있다. 이 경우에 감당해야 하는 위험은 낯선 영토에서 작전을 펼쳐야 한다는 점과 경쟁자들에게 충분한 신호를 보내지 못하게 된다는 점에 있다. 소규모 기업은 게 릴라 전략을 채택하는 것이 가장 바람직하다. 자기만의 시장을 개척해서 그 안에 머물면서 다른 기업과 심각하게 대결하는 것을 피하고, 환경이 바뀌어서 다른 영역으로 진출할 여건이 마련되기 전까지는 납작 엎드리는 전략이다. 리델 하트 식으로 적에게 간접적으로 접근해서, 클라우제비츠 식으로 적의 가장 약한 곳을 공격하는 것이 군사 이론에서 도입한 핵심적인 원리였다. 리스와 트라우트가 제시하는 핵심적인 조언은 정비가 잘 되어 있는 적을 정면으로 공격하지 말라는 것이었다.

1980년대에 경영 전략은 《손자병법》의 가르침을 좇아서 크게 한 번 이동했다.[10] 손자의 영향은 대중문화에서 두 가지로 입증되었다. 영화 《월 스트리트》 Wall Street 에서 탐욕의 화신인 기업 사냥꾼 고든 게코 Gordon Gekko 는 버드 폭스 Bud Fox 에게 다음과 같이 충고한다.

"나는 다트 던지기에 돈을 걸지 않아. 내 다트가 몇 점짜리 동그라미에 박힐지 모르잖아. 나는 확실한 것에만 돈을 걸지. 《손자병법》을 읽어 봐. 싸우기도 전에 이미 모든 전투에서 다 이기잖아."

폭스는 나중에 손자를 이용해서 게코를 누른다.

"만일 적이 너보다 우월하면 피해라. 적이 화를 내면 더욱 약이 오르도록 도발해라. 만일 대등하다면 싸우되, 그렇지 않다면 적을 분리시킨 다음에 다시 평가해라."

《월 스트리트》는 힘들지만 정직하게 살아가는 노동자의 미덕을 대표하는 노동조합원인 블루칼라 아버지와 '탐욕이 곧 선이다'를 좌우명으로 삼고 살아가는 냉정한 기업 사냥꾼 고든 게코 사이에서 고뇌하는 젊은 주식중개인 버드 폭스가 겪는 도덕적 갈등을 다룬 영화이다. 폭스는 게코가 주장하고 제시하는 방법을 좇아서 부자가 되지만, 결국 자기 아버지가 다니는 회사를 매입하려는 계획이 그 회사를 정상화시켜서 장기적인 기업 가치를 높이려는 게 아니라 회사를 분할매각함으로써 단기적인 이익을 극대화하려는 차원에서 전개된다는 사실을 깨닫는다. 이 영화가 나온 1987년에는 주식시장이 붕괴하는 사건이 일어났는데(1987년 10월 19일에 다우 지수가 하루 만에 22퍼센트 폭락하는 이른바 '검은 월요일' 사태가 발생했다―옮긴이) 이 영화는 그런 사건이 일어나도록 방치하거나 조장한 금융 폭력 및 도덕성 상실을 유발한 금융가의 의식 상태를 포착한 내용을 담은 것이다.

미국 드라마 《소프라노스》The Sopranos(소프라노의 패밀리)에 등장하는 또 다른 악당 토니 소프라노는 뉴저지 마피아 조직의 중간 보스인데, 정신과 의사 멜피로부터 빈정거리는 투의 충고를 듣는다.

"보다 나은 조폭 두목이 되고 싶으면 《손자병법》을 읽으세요."[11]

나중에 소프라노는 그녀에게 이렇게 말한다.

"그 책을 계속 읽었어요, 전에 얘기하셨던 그 책 말입니다. 손자가 쓴 《손자병법》요. 근데 알고 보니까 중국의 장군이던 사람이 2400년 전에 썼던 책이더군요. 이게 오늘날에도 적용이 되다니, 맙소사! 적의 강력한 힘을 피해라. 적이 스스로 자기를 드러내도록 만들어라."

소프라노는 《손자병법》을 읽은 뒤로 자기에게 경쟁 우위가 생긴다고 느꼈다. 자기가 알고 있는 대부분의 남자들이 마키아벨리의 《군주론》을 읽고 또 자기도 군주론을 읽었는데, 《군주론》은 그저 '좋구나' 하는 정도일 뿐이었지만 《손자병법》은 '전략을 다루고 있어서 훨씬 더 좋다'고 했다.[12] 이렇게 인기 드라마의 주인공이 《손자병법》을 인정하고 소개한 덕택에 이 책은 뉴저지에서 아마존 베스트셀러가 되었다.

경영 전략가들이 손자를 재발견한 것을 계기로 해서 손자의 통찰력을 보여주는 책들이 마구 쏟아져나왔다. 마크 맥닐리Mark McNeilly는《손자와 경영론》Sun Tzu and the Art of Business에서 '경쟁 관계를 자극하지 않고서 시장 점유율을 확보하는 방법, 경쟁 기업의 약점을 공격하는 방법 그리고 시장 정보력을 극대화해서 경쟁 우위를 확보하는 방법'을 설명했다.[13] 손자의 가치는 보다 넓게 확산되었다. 어떤 책은《손자병법》을 주의 깊게 연구하면 '결혼 서약을 지키고, 당신 부부가 누릴 자격이 있는 결혼 생활의 축복을 얻은 데 도움이 될 것'이라고 주장했다.[14]《손자병법》덕분에 전략가의 가치가 높아졌다. 이 책은 경영자로 하여금 작은 나폴레옹이 되라고 권고하는 대신 기지를 발휘해서 상대방의 의표를 찌르라고 권고했다. 이 책은 또한 '경영은 전투'라는 클라우제비츠적인 비유에 대한 의존도도 훨씬 낮았다.

손자와 리델 하트는 군사 전략가들에게 호소력을 발휘했던 바로 그 이유 덕분에 역시 경영 전략가들에게도 호소력을 발휘했다. 경영 전략가들에게는 정보와 상상력과 배짱이 필요했다. 허약한 상대를 가격 전쟁으로 밀어내기 위해서 이 상대보다 돈을 많이 쓰는 데는 굳이 기술이 따로 필요하지 않다. 독점을 규제하는 것들만 잘 처리하면 된다. 진정한 기술은 새로운 제품과 서비스 그리고 심지어 대부분의 경쟁자들이 놓쳤던 새로운 시장을 만들어내는 데 있었다. 손자는 일정 정도의 도덕적 복잡성을 제시했는데, 이런 사실은 내부 정보를 이용해서 부자가 된 악당 주식 중개인 그리고 강탈과 협박으로 돈을 번 조직폭력배라는 허구적인 인물들이 그에게 매력을 느끼는 것으로 예시되었다. 고전 시대의 사기꾼들과 마찬가지로 손자는 사기꾼들이 가지고 있는 교활함에 대한 찬양을 자극할 뿐만 아니라 보다 도덕적인 삶을 살아가는 사람들을 이기는 데 이런 교활함이 사용된다는 사실과 관련된 어떤 깊은 불편함도 함께 자극했다.

외부의 적을 속이고 의표를 찌르는 능력은 찬양을 받을 수 있지만, 이런 전술들을 집에서 부당한 이득을 얻기 위해서 사용하는 데는 적절치 않은 무언가가 분명히 있었다.

손자에게 매료되는 또 다른 이유는 손자가 아시아적인 사고의 실마리를 제공한다는 사실이었다. 태평양전쟁에서 그토록 결정적으로 패배하고 말았던 일본은 미국이 한때 알긴 했지만 곧바로 잊어버렸던 경영 방법론들을 채택함으로써 무자비한 경쟁력을 확보했다. 《손자병법》은 결정적인 철학적 전망을 제안했는데, 끈기를 가지고 정보에 의존하며 역동적으로 전개되는 상황을 적보다 더 잘 파악하고 자신의 역량과 의도를 숨기면서도 상대의 역량과 의도는 선명하게 파악하는 능력을 확보해서 우세를 차지하라는 것이었다. 이에 비해서 미국의 경영자들은 근시안적인 눈으로 재정과 단기적인 이익에 집착했고, 반면에 경쟁자들은 장기적으로 생각하며 제품에 초점을 맞추었다.

17세기의 일본 무사 미야모토 무사시宮本武蔵는 일본의 중요 인물이었다. 그는 죽을 때가 다가오자 제자들을 위해서 무도의 비법을 기록한 《오륜서》五輪書(고린쇼)를 써서 자기 철학을 담았다. 이 책에서 그는 여러 가지 전투를 다루었지만, 그의 주된 기술은 1 대 1 결투에 있었다. 그는 13세에 무술에 입문한 뒤로 꾸준하게 결투 기술을 연마해왔다. 결투에 대한 그의 접근법은 속임수를 어느 정도 수용했다. 예를 들어서 약속한 시간보다 늦게 약속 장소로 나가서 상대방의 정신을 흐트려놓기도 했고, 반대로 일찍 나가서 상대를 기습하기도 했다. 그러나 그가 힘과 기술을 겸비했다는 사실에 대해서는 의심할 여지가 없다. 그는 두 손에 칼을 하나씩 쥐고 싸울 수도 있었고 단검을 던질 수도 있었다. 평생 동안 60여 차례나 결투를 했지만 한 번도 지지 않았다. 그는 자기 철학이 모든 형태의 전투에 적용될 수 있다고 했지만, 특히 1 대 1의 대결에서 상대를 베어서 쓰러뜨린다는 단순한 목적이 설정된 결투는 독특한 전략적 관점을 제공했다.

전반적으로 볼 때 《오륜서》는 《손자병법》과 많은 점에서 일치하는데, 미야모토가 《손자병법》을 읽었을 것임은 분명하다.[15] 미야모토는 전략을 '전사戰士의 기예'라고 정의했으며 사령관에 의해서 실행된다고 했다. 그는 '오늘날 진정으로 전략의 길을 이해하는 전사는 없다'는 말로써 통찰이 얼마나 중요한지 설명했다. 그는 모든 것을 열심히 궁구함으로써 얻을 수 있는 직관적인 지혜를 개발하라고 했으며 ('가장 작은 것들을 알고 가장 큰 것들을 알며 또 가장 얕은 것들을 알고 가장 깊은 것들을 알아라'), 그 어떤 환경에서도 침착함을 잃지 말 것을 강조했다. 그리고 (늘 같은 방식으로 나가면 적이 나의 취약점을 쉽게 간파할 터이므로) 유연성과 전술의 변화를 힘주어 말했으며, 정면 대결은 될 수 있으면 피하라고 했다. 적이 정신을 집중하지 않을 때 기습하려면 높은 지대를 차지하고 있어야 하며, 적이 오른손잡이인지 왼손잡이인지 알아야 하고, 될 수 있으면 적을 불편한 지형에 놓이도록 밀어붙이라고 했다. 그는 타이밍이 중요하다고 지적했는데, 이는 속도에 변화를 주고 긴장을 늦추지 않는 상태를 계속 유지할 것을 뜻했다. 그는 선제공격을 선호했지만 적의 힘이 점점 세지고 있는지 아니면 약해지고 있는지 늘 점검했다.

누군가가 주장한 것처럼 이런 것들을 가지고 성공한 일본의 경영 전략을 모두 설명할 수 있을지는 확실하지 않다. 그러나 《오륜서》는 일반 독자가 아니라 특정한 무술을 연마하는 사람들을 위한 책이었으며, 그 무술의 독특한 정신적인 기초에 초점이 맞추어져 있었다. 어떤 권위자는 이 책은 '해독이 불가능할 정도로 간결하다'면서 이 책의 '난해함' 덕분에 '이 책의 내용은 여러 의미들을 발견해낼 수 있는 현대의 독자들 (특히 경영자들) 사이에서 로르샤흐 검사로 기능한다고 주장했다(로르샤흐 검사는 잉크 얼룩 같은 도형을 해석하게 해서 사람의 성격을 판단하는 심리 검사법이다—옮긴이).[16] 미야모토가 비록 일본에서 중요한 인물로 받아들여지긴 했지만 그런 정도에 비례해서 어떤 전략적 통찰의 원천이나 롤모델로 인식되었던 것 같지는 않다. 사무라이는 사무라이가 가지고 있는 겸손함, 내면적인 평화로움, 용기, 힘 그리고 무자비함 때문에 존경을 받았기 때문이다.

1970년대 후반에 보스턴 컨설팅 그룹에서 일본으로 파견한 조지 스토크 George Stalk 는 일본 전략의 상대적으로 부드러운 측면보다는 거칠고 강한 측면에 관심을 가졌다. 스토크는 자기 생각을 정리해서 1988년 《하버드 비즈니스 리뷰》 Harvard Business Review 에 글을 썼고, 나중에는 이것을 바탕으로 책을 썼다.[17] 그의 글은 경쟁 우위의 원천으로서 시간이 가지는 중요성에 초점을 맞추었다. 그는 자기 견해와 (그의 견해는 의사결정을 내릴 것 그리고 이 의사결정을 경쟁자들보다 빠르게 실행할 것을 강조했다) 존 보이드 John Boyd 의 견해 및 그의 우다 고리 OODA loop 개념 사이에 비슷한 점들이 있음을 알아차리고 의사결정의 주기 안으로 들어갈 것을 촉구했다.[18] 그의 이런 촉구는 미국 내에서 이루어졌던 군사 개혁 논의를 알고 있는 사람이라면 낯설지 않은 일련의 주장으로 이어졌다. 경쟁이 치열한 상황에서 전략적인 선택은 세 가지 선택권으로 제한된다고 그는 지적했다. 첫 번째 선택권이 경쟁자와 평화적인 공존을 추구하는 것인데 이것이 안정으로 이어질 가망은 별로 없다. 두 번째 선택권은 퇴각인데, 시장에서 빠져나오거나 합병이나 집중을 통한 노출을 제한하는 것이다. 그리고 세 번째 선택권이 공격인데, 이것이 성장을 보장해주는 유일한 길이다. 그러나 가격 인하나 설비 확장과 같은 직접적인 공격에는 높은 위험이 따른다. 그러므로 최상의 길은 경쟁자가 공격의 빠른 속도에 정신을 차리지 못하도록 만드는 혹은 반격의 엄두도 내지 못하게 만드는 기습 공격을 포함한 '간접적인 공격'이다. 스토크는 일본이 신제품을 개발하는 데서부터 이 신제품이 소비자의 손에 들어갈 때까지의 '계획 고리들'planning loops 을 빡빡하게 조임으로써 기습 공격에 성공했다고 묘사했다. 이렇게 함으로써 비용을 절감했을 뿐만 아니라 경쟁자들이 쉽게 추격하지 못하도록 만들었다는 것이다.[19]

경영을 전쟁으로 바라보는 저작들의 바탕에 흐르는 가장 중요하고도 진지한 질문은 군사 전략이 경영이라는 맥락 속에서 작동할 수 있을 정도로 경영과 전쟁이라는 두 가지 활동이 충분히 비슷한가 하는 것이었다. 여러 개의 기업이 시장 점유율을 놓고 치열하게 경쟁하며, 포식성이 강한 경쟁자들로부터 스스로를 지키려고 노력하고, 은밀한 모반을 막아내며, 또 약점을 보이는 기존의 시장 참가자를 공격하려고 나서는 일들이 일상적으로 벌어지는 몇몇 영역에서는 경영과 전쟁의 비슷한 점들이 드러난다. 대체적으로 이 분야의 저작물들에 등장하는 사례 연구에는 정면으로 맞닥뜨려서 경쟁을 펼치는 기업들(예를 들면 코카콜라와 펩시콜라의 대결이 가장 고전적인 사례이다)이 포함된다.

일단 어떤 기업들이 전투에서 적으로 규정되고 나면 군사 전략 차원의 여러 원리에 비추어서 이 기업들을 패퇴시킬 방법을 탐구한다. 1970년대와 1980년대 미국의 군사 전략가들은 손자와 리델 하트에 해당하는 것을 탐구하기 시작했으며, 상상력은 찾아볼 수 없고 비싼 비용이 들어가는 소모전과 기동전을 대비시켰다. 존 보이드에 의해 고무된 군사 전략가들은 적의 의사결정 주기 내부로 들어가서 적이 방향성을 상실하고 혼란에 빠지도록 할 방안을 모색했다. 그리고 어느 정도의 시차가 있긴 했지만 경영 전략가들 역시 군사 전략가들이 갔던 길을 그대로 따라갔다. 경영 전략가들 가운데 많은 사람들이 존 보이드의 저작을 잘 알고 있었다.

군사 전략은 오로지 언제나 기대한 대로 결정적인 전투가 되지는 않을 일회성 교전 속에서만 이따금씩 검증을 받았다. 이에 비해서 경영 전략은 거의 날마다 검증받았고, 어느 한 기업에만 독특하게 효과가 있는 경영 전략이 일단 성공을 거두고 나면 지속적인 이점을 창출할 수 있는 여러 기회가 뒤따를 수도 있었다. 군사 전략은 고정되어 있으며 변하지 않는 정체성을 가진 주체로서의 국가들만을 전제로 한다는 것도 사실이 아니었다. 비록 드물긴 하지만 국가도 병합을 통해서 사라지기도 하고 또 하나의 국가가 여러 개로 쪼개지기도 한다. 그런데 경영에서는 이런 일이 일상적이며, 어쩌면 가장 중요한 특징일 수도 있다. 기업은 파산할 수도 있고 인수합병될 수도 있으며 혹은 새로운 기업이 생길 수도 있고 마찬가지로 얼마든지 소멸될 수도 있다. 이런 특성이 내부 조직과 외부 환경 사이의 상호작용을 한층 복잡하게 만든다. 그러나 전략 관련 저작들은 이 상호작용에 놀라우리만치 적은 관심밖에 기울이지 않았다. 추측컨대, 사회과학의 여러 학문들은 도움이 되지 않았던 것 같다.

대체로 경제학은 기업과 시장 사이의 관계에 대한 질문들을 파고들었다. 그러나 경제학이 궁극적으로 조직의 구조로까지 진출했을 때 경제학은 사회 전체에 커다란 영향을 주긴 했지만 결국 그 노력은 재앙으로 끝나고 말았다(마르크스와 엥겔스가 개척한 정치경제학 및 이것이 초래한 파장을 말하는 것이다—옮긴이). 조직을 이해하는 데는 사회학이 훨씬 더 유용하지만 사회학은 조직이 주변 환경과 맺고 있는 관계를 분석하기 위한 도구들은 거의 제공하지 않았고 또 여기에 학문적인 차원의 관심도 별로 가지지 않았다. 이런 사실을 염두에 둔 채 우리는 일단 제32장에서 경제학이 인도하는 경로를 따라서 경영의 발전을 살펴보고, 그 다음 제33장에서 사회학이 인도하는 두 번째 영역으로 들어갈 것이다.

제32장

경제학의 융성

The Rise of Economics

⋮

경제학자와 정치철학자의 사상은
그 사상이 옳을 때와 그를 때 모두 사람들이 통상적으로 이해하는 것보다
더 강력한 힘을 발휘한다.
아닌 게 아니라 이들의 사상이 세상을 거의 대부분 지배한다.
자기가 그 어떤 지적인 영향력을 받지 않았다고 믿는
실천적인 사람이라고 할지라도
따지고 보면 대개 지금은
이미 죽고 없는 어떤 경제학자의 노예이다.
_존 메이너드 케인스

⋮

전략적인 경영에서 경제학이 거의 주도적인 위치를 차지하게 되었다. 이것은 경제학만이 독보적으로 경영이라는 이 지적 목적에 적합하기 때문이 아니라 경제학을 의사결정의 새로운 과학의 기초로 삼겠다는 의도적이고 인위적인 판단이 있었고 또 랜드 연구소나 포드 재단과 같은 기관들이 비즈니스 스쿨에 경제학 채택을 권장하는 등 이 새로운 과학을 적극적으로 촉진했기 때문이다. 플라톤 철학의 경우와 마찬가지로 영원한 진리를 제공하는 새로운 학과목은 (모두 다 그랬던 것은 아니지만) 엄정함이 부족해서 사라져버렸던 것을 깔보고 희화화함으로써 탄생했다.

이 장의 이야기를 맨 처음 풀어나가기에 가장 좋은 대상은 랜드 연구소이다. 우리는 랜드 연구소가 게임 이론의 본산이자 의사결정의 공식적인 과학이 개발될 수 있다는 믿음의 본산임을 제12장에서 이미 확인했다. 랜드 연구소의 이런 노력은 핵무기로 인해서 제기된 매우 특수한 쟁점들 때문에 신용을 얻었다. 그 결과 전략에 대한 생각뿐만 아니라 경제학에 대한 생각까지도 바뀌게 되었다. 경제학은 인간 활동의 모든 형태를 모델링하는 데 필요한 강력한 연산 능력 덕분에 활짝 열린 여러 가능성을 입증했기 때문이다. 필립 미로스키Philip Mirowski는 컴퓨터의 발전과 나란히 개발되었던 '사이보그 과학'을 소재로 해서 인간과 기계 사이의 기묘한 상호작용을 저술로 풀어냈다. 인간과 기계 사이의 상호작용은 (하나가 다른 하나를 닮아가기 시작하는 모델로서의) 자연과 사회 사이의 구분 및 실제 현실과 복제물 사이의 구분을 무너뜨렸다. 예를 들어서 제2차 세계대전 때의 원자 폭탄 프로젝트 기간 동안에 자료상의 불확실성 문제를 처리하기 위해서 채택된 몬테카를로 시뮬레이션Monte Carlo simulation(불확실한 상황 하에서의 의사결정을 목적으로 하는 확률적 방식의 모의 실험—옮긴이) 기법은 복잡계의 논리를 탐구함으로써 불확실성을 관통하는 어떤 질서 즉 혼돈 속에 존재하는 질서를 찾아내기 위한 실제 접근 가능한 실험의 범위를 활짝 열어젖혔다.[1]

랜드 연구소의 분석가들은 스스로를 전통적인 사고의 패턴을 보완하는 존재가 아니라 거부하는 존재로 규정했다. 전체를 구성하는 각 부분들 사이에서 일어나는 상호작용이 끊임없이 변화하는 가운데서 동역학 체계dynamic systems의 특성을 탐구하는 일이 가능해짐에 따라서, 어떤 원인에 따른 어떤 결과라는 단순한 형태의 인과관계 모델은 이제 설 자리가 없어졌다. 체계를 다루는 모델들은 다소 질서 정연하고 안정적인 모습으로 이미 전쟁 이전에 유행을 타기 시작했지만, 이제는 이 모델들이 전혀 새로운 의미를 띠었다. 심지어 자연과학계와 사회과학계를 통틀어서 정밀한 계산력이 요구되지 않는 분야에서조차도 연구자들은 접근 가능한 좁은 현실 부문에 대한 직접적인 관찰에만 의존하지 않고 (다른 방식으로는 도저히 접근할 수 없는) 훨씬 더 넓은 범위로 탐구 모델을 넓혀갔고 이런 추세는 점점 더 확대되었다. 체계 및 관계의 여러 유형들이 인간의 정신 그 자체만으로는 도저히 관리할 수 없는 전혀 새로운 방식으로 분석되기 시작한 것이다. 오퍼레이션 리서치의 1세대 교과서 가운데 하나가 지적하듯이 이런 유형의 작업에는 '새로운 주제에 대한 개인적인 감정이 배제된 호기심', '입증되지 않은 주장들'에 대한 거부감, 그리고 '(설령 거친 추정의 기반에 불과한 것이라 하더라도) 계량적인 기반을 바탕으로 한 의사결정'에 대한 기대가 요구되었다.

로버트 던컨 루스Robert Duncan Luce와 하워드 라이파Howard Raiffa는 이 분야에 새로운 활력을 불어넣은 1957년의 기념비적인 저서 《게임과 의사결정》Games and Decisions에서 다소 섣부르기는 했지만 '게임 이론이 사회학과 경제학의 수많은 어려운 문제들을 해결했다는, 혹은 적어도 게임 이론 덕분에 자신들이 추구하는 해법이 몇 년 안에 완성될 수 있게 되었다는 식의 순진한 시류적 정서'가 내리막길을 걷고 있다고 지적했다.[2] 루스와 라이파는 사회과학자들에게 게임 이론은 묘사적인 것이 아님을 깨달으라고 촉구했다. 게임 이론은 '규범적'일 뿐이라고 주장했다.

"게임 이론은 사람들이 어떻게 행동하는지 혹은 어떤 경우에서나 절대적으로 어떻게 행동해야 하는지 말해주지 않는다. 다만 사람들이 특정한 목적을 달성하길 바랄 때 어떻게 행동해야 하는지를 말할 뿐이다."[3]

그러나 두 사람의 권고는 무시되었고 게임 이론은 규범적인 도구가 아니라 묘사적인 도구로 채택되고 말았다.

이렇게 된 이유 가운데 하나는 수학자 존 내시John Nash의 이름을 딴 이른바 '내시 균형'Nash equilibrium의 발전 때문이었다(내시는 정신질환을 앓았고, 그의 분투는 《뷰티풀 마인드》A Beautiful Mind라는 책과 뒤이어 영화로 극화되었다).[4] 내시 균형은 비非제로섬 게임식 접근법이었다. 핵심은 균형점을 찾는 것이었다. 이 균형점은 물리학에서의 힘의 균형 상태에 해당한다. 게임 참가자들은 각자 자기가 가지고 있는 목표에 도달할 최적의 길을 모색하면서 일련의 전략을 채택하는데, 그 어떤 참가자도 자기가 선택한 전략을 추가로 수정할 필요성을 느끼지 못할 때 내시 균형이 형성된다.[5] 내시가 기여한 공적은 나중에 경제학계 내부에서 '20세기의 가장 뛰어난 여러 지적知的 발전들 가운데 하나'로 찬양을 받는다.[6] 그러나 내시 균형이 전략에서 가지는 가치는 제한적이었다. 한쪽에서는 균형점이 부족해서 혼돈으로 나아갔고, 다른 쪽에서는 균형점이 너무 많아서 불확실한 상황이 이어졌던 것이다.

그런데 이와 대조적으로 토머스 셸링Thomas Schelling은 국가와 조직 및 개인이 맞닥뜨리는 실제 현실의 쟁점들을 조명하는 데 추상적인 추론 형태들을 사용할 수 있는 가능성을 입증했다. 셸링은 전략을 협상의 보조적인 도구로 생각하라고 권고했으며, 놀라운 통찰력으로 핵 시대의 끔찍한 역설들을 탐구했다. 그러나 그는 기계적인 해법을 노골적으로 회피하고, 즉 순수한 일반 이론을 개발하고자 하는 시도를 일체 포기하고 다양한 학문들에 의존했다. 미로스키는 내시의 비협조적인 합리주의는 무언가 부족하다는 걸 깨달았고, 보다 유쾌하고 암시적인 셸링의 분석은 엄정함이 부족해서 어쩐지 화가 난다고 느꼈다.[7] 미로스키는 셸링의 중요성을 형식 이론(정식화된 이론—옮긴이)들이 행동과 기대를 모델링할 때의 한계를 인식하고 개념화한 사람이라는 정도로만 평가했는데, 셸링은 다음과 같이 정리했었다.

"순전히 형식적인 추론으로써 특정한 농담이 반드시 재미있다는 것을 증명할 수 없는 것과 마찬가지로, 경험적인 증거가 없다면 비非제로섬 게임에서 어떤 깨달음도 추론할 수 없다."[8]

그러나 셸링에게는 모방자보다 찬양자가 더 많았다. 경제학에서 내시는 주류의 한 부분이 되었다.

랜드 연구소에 투입된 엄청난 규모의 예산과 컴퓨터의 발전으로 사회과학은 새로운 발판을 마련했다. 그 효과는 특히 경제학에서 두드러지게 나타났다. 정통 경제학은 1930년대의 대공황 때 위기를 맞았었다. 이런 사정 때문에 통계적인 분석을 거쳐서 개선된 한층 커진 경험적인 엄정함에 대한 요구가 이어졌다. 많은 핵심 인물들은 전시 오퍼레이션 리서치에서 분석의 여러 기법들을 배웠다. 그래서 심지어 예컨대 시카고 학파와 (경제 관련 자료의 수집 및 통계 분석을 개선할 목적으로 1932년에 설립된 경제학 연구소인) 콜스위원회Cowles Commission처럼 강조점 및 접근법에서 중요한 차이점들이 있는 집단들 사이에서도 많은 공통점이 존재하는 상황이 전개되었다. 그들은 특히 레옹 발라Leon Walras와 파레토까지 거슬러 올라가는 신고전주의 전통에 뿌리를 대고 있었으며, 가장 안전한 가정假定은 개인적 합리성에 관한 것이라고 생각했다. 이와 관련해서 시카고 학파의 가장 저명한 경제학자 밀턴 프리드먼Milton Friedman은 다음과 같이 썼다.

"우리는 이런 의사결정에서, 개인은 마치 자기가 어떤 단일한 목적을 극대화하려고 노력하는 것처럼 행동한다고 가정한다."[9]

프리드먼은 사람들이 어떤 행동을 할 때 복잡한 통계적인 여러 원리를 따라서 진정으로 그렇게 합리적으로 행동하는지를 두고 벌어지는 논쟁은 의미도 없고 적절하지도 않다고 여겼다. 이론에 생산성을 부여해서 증거 앞에 검증받을 수 있는 어떤 제안을 이끌어내는 것은 어림값이라는 말이었다.

프리드먼과 그의 동료들은 방법론적으로 보자면 실용주의자들이었다. 비록 시장을 정부에게만 맡겨둘 때 가장 잘 돌아간다는 독단적인 믿음을 가지고 있긴 했지만 말이다. 이 점에 관한 한 그들은 경제학자 프리드리히 하이에크Friedrich Hayek의 영향을 받았다. 하이에크는 오스트리아에서 태어났는데 1938년에 영국 시민권을 얻고 런던 정경대학교에서 강의하다가 1950년에 시카고 대학교로 초빙되었다(그때는 경제학자로서 초빙받은 것은 아니었다). 제2차 세계대전이 여전히 진행되고 있던 1944년에 나온 가장 유명한 그의 저서 《노예의 길》The Road to Serfdom은 사회주의의 영향력과 전쟁의 경험이 결합된 상황에서 한창 힘을 얻어가던 정부 주도의 경제 계획으로 나아가려는 경향에 제동을 걸었다. 한편 존 폰 노이만John von Neumann의 영향을 받고 랜드 연구소의 후원을 받던 콜스 위원회는 새로운 방법론적 도전들을 시도할 후보로 떠올랐으며 강력한 모델들이 계몽된 정책을 지원할 수 있다는 믿음 쪽으로 한층 기울어져 있었다. 어떤 방향으로든 간에 게임 이론과 연관이 있는 가정과 방법들은 새로운 형태의 사회과학을 개발하고자 하는 보다 폭넓은 프로젝트의 한 부분이 되었다.

† 경제학에서 경영학으로

포드 재단은 큰 정부와 대기업 내부에서 어떻게 하면 경영이 효율성과 진보의 절대적인 도구가 될 수 있을지 탐구하는 진영의 맨 앞에 서 있었다. 1940년대 말에 포드 재단의 연구 초점은 디트로이트를 중심으로 한 포드 자동차 자체의 운영에 필요한 사항들을 탐구하는 데서 벗어나 보다 확장된 의제(어젠다)로 이동했다. 헨리 포드와 에젤 포드 부자父子의 사망이 계기가 되어서 엄청난 자금이 재단으로 유입되었다. 미래의 목표를 설정하기 위한 연구위원회를 이끌 인물로 선택된 사람은 호레이스 로완 게이서Horace Rowan Gaither였다. 게이서는 당시에 랜드 연구소의 의장이었고 나중에는 포드 재단의 대표가 된다. 그는 사회과학이 국가에 복무하는 데 동원될 수 있으며 또 마땅히 그렇게 해야 한다고 확신했다. 그러려면 사회학을 잘 알고 사회학의 응용이 얼마나 커다란 가능성을 가지고 있는지 온전하게 이해하는 경영자들이 필요하다고 믿었다. 그는 1958년에 스탠퍼드 비즈니스 스쿨에서 강연하면서 이렇게 말했다.

"소련의 도전은 우리가 미국 경영계에서 최고 수준의 지성을 찾아내고 활용할 것을, 그리고 국가적 차원의 유례가 없는 책임감을 경영에 부여할 것을 요구합니다."[10]

포드 재단에 보고된 1959년의 한 보고서에는 비즈니스 스쿨들의 설립 기준이 '당황스러울 정도로 낮다'는 사실, 그럼에도 불구하고 많은 학교들은 그 기준에조차 미달한다는 사실이 개탄스럽다고 쓰여 있다. 남부의 어떤 학교에서 '제빵의 여러 원리'라는 강좌가 복수의 선택권으로 제시되어 있다고 예를 들었다. 하지만 동시에 '경영학'이 학생들에게 의사결정의 방법론으로 전달됨으로 해서 이런 상황이 개선될 수 있을 것이라는 긍정적인 기대를 할 수도 있다고 했다. 학생들은 (하버드 대학교 커리큘럼의 기본적인 토대였던) 판단에 의존하는 방법을 배우는 대신에 계량적인 방법론들과 의사결정 이론의 세례를 받음으로써 보다 분석적인 능력을 개발할 수 있었다.

게이서의 영향으로 포드 자동차는 차세대 경영자들 및 이들을 가르칠 사람들의 지성과 전문성의 수준을 높임으로써 비즈니스 스쿨을 탁월한 인재들의 요람으로 만들 목적으로 상위 비즈니스 스쿨들에 막대한 자금을 지원했다. 그로부터 20년이 지나자 미국 비즈니스 스쿨의 수는 세 배로 늘어났고, 거기에 따라서 MBA 학위 소지자도 그만큼 늘어났다.

1980년이 되면 해마다 5만 7,000명의 MBA 학위 소지자가 600개의 비즈니스 스쿨에서 배출되었는데, 이것은 전체 석사 학위 취득자의 20퍼센트나 되는 수치였다. 또 경영학을 학문적인 차원에서 접근하는 잡지의 수도 1950년대 말에 20개 정도밖에 되지 않다가 20년 뒤에는 200개로 늘어났다.[11]

하버드 대학교가 주된 수혜자였으며, 호손 실험도 (비록 사회과학을 지적 에너지의 원천으로 의존하는 길을 인도한 것은 신설 카네기 공과대학교의 산업조직대학원이긴 했지만) 진지한 연구가 가져다주는 이득의 모범적인 본보기가 되었다. 카네기 대학교의 노력을 이끌었던 리 배치Lee Bach는 최상의 의사결정은 최상의 추론 과정을 통해서 도출해야 한다고 확신했다. 그는 현재 의사결정을 내리는 데 사용되고 있는 게 분명한 논리적인 모델들과 변수들을 선명하게 밝혀서 표면으로 이끌어내는 것까지를 포함하는 변화, 그리고 이 모델들의 논리를 지속적으로 개선하는 어떤 변화가 일어날 것임을 예측했다.[12] 그가 모집한 인재들 가운데 한 명이었던 정치인이자 과학자이며 또한 경제학자이던 허버트 사이먼Herbert Simon은 경영학 교육을 '실무 교육의 황무지'에서 '과학을 기반으로 한 전문성'으로 바꾸어야 한다고 역설했다. 1965년에 이르면 '계량적인 분석과 모델 구축이 점점 늘어나고' 있으며, 경제학과 심리학 그리고 통계학 관련 출판물들도 점점 더 늘어난다는 포드 자동차의 보고가 있다.

경영학의 애초의 개념은 하버드에서 강의되는 사례 연구 방법을 경제학과 통합해서 사례 연구를 한층 예리하게 수행하는 한편 경제 이론을 실물과 결합시켜서 한결 부드럽고 매끄럽게 만드는 것이었다. 묘사보다는 연구 조사에 그리고 실천보다는 이론 쪽으로 무게 중심을 옮기는 것이었다. 포드 자동차는 비즈니스 스쿨이 학문적 우월성을 강화할 수 있도록 강하게 밀어붙였는데 (나중에 포드 자동차는 이런 점을 '전술적 오류'로 인정한다) 그 결과 다른 과목들을 수용하는 데 거의 관심을 보이지 않게 되었다. 그리고 심지어 실물 경제에 대한 응용에 신경도 쓰지 않았던 경제학자들이 하버드 대학교를 지배하기에 이르렀다. 그러나 1960년대 초반에 이들은 신선한 공기처럼 보였다. 실용적인 것을 강조하고 이론적인 것을 회피하고자 했던 방침은 이론 부재 상태로 이어졌고, 이런 상태는 모든 것을 상식에 맡기는 결과를 낳았다. 이 결핍을 치유하는 일을 놓고 보자면 경제학은 다른 말랑말랑한 사회과학들보다 확실하게 우위를 차지했다. 경제학은 핵심적인 원리에 집중하고 시장 참가자들이 합리적이라고 설정함으로써 (사실 경영자들은 스스로를 합리적이라고 상상하길 좋아했다) 경영의 복잡한 쟁점들을 단순화시켰다. 이런 가정들의 명료함은 그 가정들이 예리하다는 사실과 검증 가능하다는 사실을 반영할 터였다. 경영에서 수행해야 할 과제는 자기 조직이 가지고 있는 잠재적인 힘을 최대한 발휘하게 하는 것이었다. 바로 이것이 모든 개인 및 조직의 목표가 되어야 한다고 생각하는 이론을 좇는 것은 당연했다.

이런 변화는 하버드 비즈니스 스쿨에 반영되었다. 경영 전략을 '일련의 고정된 형식이 아니라 당시의 고상한 전통에 따라서 경영자의 가치관을 반영하는 회사의 과제와 회사의 차별적인 능력 차원에서 다루었던' 그리고 인기도 그다지 없었던 경영 정책 강좌는 '경쟁과 전략'이라는 강좌로 대체되었다. 신설된 이 강좌에서는 사회의 가치관과 경영자에 관한 자료는 배제되었다.[13]

† '경쟁'이라는 과제

의사결정에 관한 경제학 이론들에 대한 관심은 순전히 공급 측면의 강화에서 비롯된 것만은 아니다. 경영 환경의 변화에 따른 수요의 변화 역시 그런 현상에 기여했다. 계획(기획)이라는 과정을 강조했던 것은 거대한 자금과 정치적인 영향력을 가지고서 다양한 범위의 제품들을 제공하며 꾸준하게 성장하는 제한된 소수의 대기업이 가지고 있던 관심이 반영된 것이었다. 이 거대한 괴물들에게 내부 조직은 중요한 쟁점이었다. 그 이유는 이들의 규모와 이들이 가지고 있는 힘 그리고 반反독점 법률의 구속에 있었다. 하지만 이들에게 경쟁은 그다지 중요하지 않았다. 심지어 챈들러의《전략과 구조》나 드러커의《경영의 실제》모두 색인 항목에 '경쟁'이라는 단어는 들어 있지 않았다.

새로운 시장 혹은 죽어가는 시장에 있는, 규모가 상대적으로 작고 구조가 훨씬 단순한 회사들에게는 도전 과제들이 언제나 완전히 달랐다. 그리고 심지어 대기업이 고민해야 하는 경쟁과 관련한 새로운 과제들이 개발되기 시작했다. 작은 기업들뿐만 아니라 큰 기업들도 외국 기업들과의 점점 더 늘어나는 경쟁을 피할 수 없게 되었다. 특히 새로운 소비자 기술 및 낮은 가격으로 무장한, 물밀듯이 밀려오던 일본 기업들과 경쟁해야만 했다. 이렇게 해서 기본적인 구조의 변화가 진행되었다. 제조업에서 서비스업으로의 중심축 이동, 새로운 유형의 제품뿐만 아니라 새로운 형태의 기업을 창출하는 새로운 기술들, 점점 더 어렵고 은밀한 비법으로 진화하는 금융 도구들…… 그리고 심각한 후폭풍을 몰고 왔던 일시적인 변수들도 있었다. 1974년의 오일 쇼크 및 그 뒤에 이어진 정체와 스태그네이션과 인플레이션의 반복 등이다.

경쟁이라는 과제를 처음 선택한 것은 비즈니스 스쿨들이 아니라 컨설턴트들이었다. 이들은 직업적 필요성에 따라서 기업 환경에서의 변화가 가져다주는 스트레스와 압박감으로 눈을 돌렸다. 브루스 헨더슨이 1964년에 설립한 보스턴 컨설팅 그룹은 전략을, 어떤 기업을 경쟁자들과 (특히 원가 구조 측면에서) 직접적으로 비교하는 것과 관련된 문제로 바라보았다. 비즈니스 스쿨들은 여전히 특수하고 독특한 상황의 분석을 장려하고 있었지만 헨더슨은 컨설턴트가 새로운 고객들이 놓여 있는 환경을 고려할 때 의존하고 안내받을 수 있는 강력한 이론을 원했다. 헨더슨의 접근법은 귀납적이기보다는 연역적이었다. 목적은 어떤 회사와 이 회사가 선택한 시장들 사이에 존재하는 '의미 있는 계량적 관계'를 찾아내는 것이었다.[14]

경영 전략 분야의 많은 거물들이 그렇듯이 헨더슨의 전공 분야는 공학이었다. 그랬기에 그는 어떤 시스템이든 균형을 찾아간다는 발상에 이끌렸다. 경쟁자들은 기존의 균형을 깨고 자기에게 보다 유리한 조건으로 새로운 균형을 만들려고 하는데, 바로 이것이 전략의 목적이라고 그는 생각했다. '여러 조직이 공존하는 복잡한 관계 속에서 공조共助의 방식으로 실행될' 어떤 사고방식을 개발하는 것이 그가 생각한 과제였다.

헨더슨의 접근법은 앤소프의 복잡성과는 뚜렷하게 대비된다. 그는 미시경제적 방법론을 적용해서 (본인이 이름을 붙인) 이른바 '지나칠 정도로 강력한 간소화'powerful oversimplification를 개발했고, 보스턴 컨설팅 그룹은 이것을 기업에 팔았다.[15] 헨더슨의 명성을 높여준 지나친 간소화는 '경험 곡선'experience curve(기업의 비용 변화를 나타내는 곡선으로 학습 곡선이라고도 한다―옮긴이)이었다. 이것의 핵심적인 발상은 항공 산업에 대한 초기 연구 저작들을 바탕으로 한 것인데, 제품이나 서비스의 누적 생산량이 늘어날수록 원가는 낮아지고 수익은 높아진다는 것이었다. 어떤 기업이 이 곡선의 한 지점에 위치할 때 이 지점은 그 기업이 처한 경쟁 관계의 현재 상태를 일러준다. 여기에서 전제가 되는 가정은 동일한 제품을 생산하는 기업들에게 가격의 다양한 차이는 주로 시장 점유율과 관련이 있다는 것이다. 그러므로 점유율 증가에 따른 효과를 계산할 수 있게 된다. 기업은 생산과 관련된 보다 나은 경험에 따라서 원가가 체계적이고 예측 가능하게 낮아질 것임을 기대할 수 있다. 이 방법론으로 기업들은 자신의 총 비용을 계산하고 규모의 경제를 깨달을 수 있었지만 다른 한편으로 이것은 심각한 오류를 부를 수도 있었다. 보다 많은 제품을 생산할 것을 기대하면서 가격을 한껏 낮추는 이른바 '바닥을 향한 경쟁'이 이루어지지만 실제로는 그렇게 많은 제품을 생산할 수 없게 되고 추가로 투자할 영역이 거의 남지 않을 수도 있다. 포드 자동차의 T 모델 경험이 입증하듯이 아무리 가격을 최소한으로 하는 제품을 만들 수 있다 하더라도 보다 나은 다른 제품에 덜미가 잡히는 일은 얼마든지 일어날 수 있기 때문이다.

보스턴 컨설팅 그룹이 '지나칠 정도로 강력한 간소화'와 관련해서 제시한 또 하나의 도구가 성장$_{growth}$-점유율$_{share}$ 매트릭스(혹은 보스턴 컨설팅 그룹$_{BCG}$ 매트릭스)였다. 가로축을 시장 점유율로 설정하고 세로축을 시장 성장률로 설정한 매트릭스이다. 각각의 기업은 이 매트릭스가 설정한 공간의 어느 한 지점에 위치하는데, 성장률과 점유율이 모두 높은 시장 위치인 '스타'$_{star}$가 가장 좋고 성장률과 점유율이 모두 낮은 시장 위치인 '개'$_{dog}$가 가장 나쁘다. 그리고 점유율은 높지만 성장률이 낮은 시장은 '현금 젖소'$_{cash\ cow}$이고 점유율은 낮지만 성장률이 높은 시장은 '물음표'$_{question\ mark}$이다. 이 네 개의 이미지는 강력했고 논리는 매력적이었다. 젖소는 돌보아야 하고, 별은 떠받쳐줘야 하는 반면에, 개는 퇴출 후보이다. 일단 이런 식의 분류가 이루어지고 나면 오로지 물음표만이 진지한 생각을 필요로 한다. 그런데 이 이미지들은 오해를 불러일으킬 소지를 가지고 있었다. 이와 관련해서 존 시거 John Seeger 라는 비평가는 '개는 말을 잘 들을 수 있고, 젖소가 생산적이려면 이따금씩 황소를 필요로 할 수도 있으며, 별은 이미 자기 자신을 불태워버렸을 수도 있다'라고 지적했다. 그러면서 시거는 경영 모델들이 '분석과 상식'을 대체하도록 방치할 때 일어날 수 있는 위험을 경고했다. 어떤 이론이 아무리 우아하고 단순하다고 하더라도 그 이론의 '실제 사용 효과가 멀쩡할 것이라는 보증'은 할 수 없다는 것이었다.[16]

1980년이 되어서야 경영 전략 분야의 중요한 돌파구가 비즈니스 스쿨에서 나타났다. 공학을 공부했으며 스포츠를 좋아하던 마이클 포터 Michael Porter 가 하버드의 MBA 과정에 입학해서 총체적이며 다차원적인 '경영 정책' 철학을 배웠다. 그리고 매우 특이하게도 경영경제학(미국에서 경영학은 관리론의 대상을 공·사기업은 물론 행정·교육·군대·교회·노동조합 등 갖가지 조직으로 확장시키려 하는 데 비하여, 독일에서는 처음부터 민간 기업만을 대상으로 삼았던 것이 특징이다. 경제학적 성격이 강한 이런 갈래의 경영학을 경영경제학이라고 부른다―옮긴이) 박사 과정에 등록했다. 포터가 수강한 강좌들 가운데 하나는 산업조직론(특정한 시장과 산업을 둘러싼 기업 간의 경쟁 관계로 야기되는 문제들을 해결하기 위한 정책적 조치를 연구 과제로 삼는 이론―옮긴이)이었다. 이것은 불완전한 경쟁 상황을 연구했기 때문에 경영 전략에 가장 많이 기여를 하는 경제학 분야였다. 경제 이론이 주로 배태되었던 불완전한 경쟁 상황에서 구매자와 판매자가 내릴 수 있는 선택들은 특정한 가격을 중심으로 해서 잠재적인 균형을 창출했다. 기본적인 정의에 따르면 완벽한 경쟁 관계 아래에서는 개별적인 기업이 특수하고도 성공적인 전략을 통해서 남들보다 유리한 결과를 얻어낼 여지가 근원적으로 존재하지 않는다. 가장 불완전한 경쟁 관계는 단일한 공급자가 가격을 결정하는 완벽한 독점 상황이라고 할 수 있다. 여기에서도 역시 전략이 들어설 여지는 거의 없다. 그런데 과점 상황에서는 여러 가지 선택이 있을 수 있다. 과점 기업들 각각은 경쟁자들의 행보에 영향을 받을 수 있기 때문에 전략적이어야 한다. 이 상황을 지배하는 일반적인 규칙은 없다. 그렇기 때문에 사이먼은 과점은 '경제 이론이 짊어져야 할 영원히 근절할 수 없는 불명예'라고 표현했다.[17]

경제학자들에게 제기된 질문은 어째서 어떤 시장은 완벽한 경쟁이라는 표준적인 모델에서 벗어나 있는가 하는 것이었다. 수익은 기업을 활성화시키기에 충분한 수준 이상이어야 한다는 말이 틀린 말은 아니지만, 어째서 특정 산업에서는 수익이 남다르게 높을까? 그것은 경쟁의 압박이 부족하기 때문이었다. 이는 바로 시장 바깥에 있던 기업이 시장에 새로 진입하는 것을 막는 이른바 '진입 장벽'이 낳은 결과였다. 산업조직론에 대한 경제적인 접근은 이 장벽을 낮춰서 시장을 보다 경쟁적으로 만들 방법을 모색하는 것이었다. 포터는 비즈니스 스쿨에서 공부한 내용을 배경으로 삼아 그 이론을 완전히 뒤엎을 기회를 포착했다. 이것은 전략을 공부하는 사람이라면 당연히 취할 수 있는 자세였는데, 기업의 관점을 (전체를 조망하는 위치에 두지 않고) 해당 산업 내부로 가져가는 것이었다. 체계 자체가 어떻게 하면 보다 경쟁적일 수 있을까 하는 질문을 던진 게 아니라, 어떻게 하면 전체 체계 내의 한 단위가 전략적 우위를 확보해서 비경쟁적인 요소를 활용하고 또 나아가 이런 요소들을 증폭시킬 수 있을까 하는 질문을 던진 것이다.

포터는 전략을 '기업을 그 기업을 둘러싼 환경과 연관짓는다'는 차원에서 전략을 규정하는 앤소프의 견해를 따르면서도 기업들이 자신이 놓인 경쟁적인 상황을 면밀하게 살피는 데 도움을 줄 개념틀 하나를 고안했다. 초점은 여전히 대기업을 위한 심의 과정에 지침을 제공하기 위한 것이었지만, 그는 앤드루스보다는 야망이 컸고 앤소프보다는 집중적이었으며 헨더슨보다는 덜 정형적이었다.[18] 포터는 두 가지 쟁점을 확인했다. 이 가운데 첫 번째가 (상위 네 개 기업이 차지하는 시장 점유율을 뜻하는) 판매자 집중도seller concentration와 진입 장벽이었다. 그리고 여기에서 어떤 산업을 분석하기 위한 '다섯 가지 세력 모형'five forces framework이 나왔다. 다섯 가지 세력은 경쟁자, 공급자, 구매자, 진입자 그리고 대체재이다. 이 각각에 다시 수많은 변수들이 연결된다. 그의 논리는 정연하고 또 정밀하게, 경쟁력이 있는 지위를 유지하고 개선할 방법에 대한 특수한 전술들 및 기본적인 원리들을 제공했다. 포터의 분석이 지나치게 정적이라고 주장한 비판자들을 향해서 포터는 그 다섯 가지 세력은 늘 변하므로 정확하게 주시할 필요가 있다고 대꾸했다.

포터에게 전략은 전적으로 위치 선정positioning(포지셔닝)의 문제였다. 전략들을 모아놓은 차림표는 단순했으며, 기존의 경쟁자들과 새로운 시장 진입자들에 맞서서 지켜낼 수 있는 자기 위치를 찾아내는 것을 목적으로 한 전략 선택은 경쟁 환경의 특성에 따라서 결정되었다. 포터는 세 가지 기본적인 전략을 제시했다. 원가를 낮춤으로써 시장 주도자로 계속 남는 것, 다른 경쟁자들이 감히 엄두를 낼 수 없을 정도로 전혀 다른 제품을 개발하는 것(차별화), 그리고 경쟁자들이 거의 신경을 쓰지 않을 시장의 특정 부분을 찾아내거나 창출하는 것(시장 전문화)이었다. 포터는 이 세 가지 가운데서 하나를 선택한 다음 철저하게 고수하라고 강조했다. 어중간한 위치에서 샌드위치가 되어 있다가는 남는 게 없으므로 결코 그런 상태에 놓여서는 안 된다고 강조했다. 최상의 위치는 극단적인 수익이 보장되는 위치이므로, 좋은 자리를 차지하게 되면 그보다 더 나은 자리로 나아가는 데 투자할 자원도 보다 많이 확보할 수 있다고 했다. 스왓 SWOT 분석법으로 보자면, 강점과 약점보다는 기회와 위협에 비중을 두는 것이다. 그러므로 내부 조직과 실제 전략의 수행에 대해서는 거의 관심을 가지지 않았다.

포터의 방법론은 연역적이라는 이유로 비판을 받을 수도 있었다. 그는 제품 차별화나 진입 장벽 구축 등을 추구하는 기업들이 사용했던 수많은 전술 사례들을 가지고 있었다. 그러나 이런 것들은 그의 이론에서 추출된 제안의 사례들이었다. 포괄적인 전략들 그리고 시장 위치에 집중함으로써 (운영의 효율성이라는 측면에 대비해서) 얻을 수 있는 보다 큰 가치에 대한 그의 중심적인 주장들 가운데 몇몇은 실제 현실의 증거와 어긋나는 것처럼 보였다. 모든 구조주의 이론가들이 그렇듯이 포터 역시 구조가 '기업이 잠재적으로 채택할 가능성이 있는 전략들뿐만 아니라 게임의 경쟁 규칙들을 결정하는 데 강력한 영향력'을 행사한다고 믿었다.[19] 그러나 실제로 시장 체계는 포터의 이론이 염두에 두는 것보다 훨씬 더 유동적이고 여유가 많으며 진정으로 상상력이 풍부한 전략에 의해서 얼마든지 바뀔 수 있었다.

포터가 제시한 접근법에 한 가지 뚜렷한 특징이 있는데, 이것은 그 접근법의 정치적인 함의에 담겨 있다. 포터는 이 점을 분명하게 다루지 않았지만 민츠버그 Mintzberg 는 '만일 수익이 정말로 시장 지배력에 좌우된다면, 수익을 창출할 방법은 경제적인 방법들 말고도 확실하게 존재한다'고 지적했다.[20] 경쟁적인 지위와 정부 지원 사이의 관계 설정과 관련해서 포터가 가장 가깝게 언급한 내용은 정부는 '면허 발급 제한이나 원재료에 대한 접근권 제한 등과 같은 통제 도구들을 사용해서 외부 기업의 시장 진입을 제한하거나 심지어 아예 막아버릴 수도 있다'는 발언이었다. 이런 일들이 이루어질 수 있는 핵심적인 공간은 반反독점 법률의 영향을 받는 곳이다.

포터는 이와 관련된 쟁점을 잘 알고서 반독점 규제에 묶여 있는 기업들은 소규모 시장 점유율을 차지하려고 달려드는 경쟁자들에게는 따로 대응할 수 없다고 느끼거나 대기업들이 소규모 경쟁자들을 괴롭힐 목적으로 반독점 민사소송을 이용할 수 있다고 말했다. 그는 《경쟁 우위》 Competitive Advantage에서 이 주제를 파고들어 이런 소송들이 경쟁자들에게 어떻게 금융 압박을 가하는지 강조했다.[21] 여기에서 그는 또한 판매점들과 독점 계약을 맺어서 경쟁자들의 판로를 막는다든가 원료 공급업체를 독점한다든가 심지어 다른 기존 업체들과 담합하는 방식으로 진입 장벽을 평소보다 높이는 방법에 대해서도 이야기했다.[22] 많은 활동들이 반독점법에 의해서 금지되고 있으며 또 소송 대상이 된다고도 했다. 포터는 자기도 반독점법을 지지한다고 주장하지만,[23] 경제 환경에 따라서 언제든 적용할 수 있어야 한다는 엄정함의 측면에서 보자면 이런 법률들에서도 불확실성은 엄연히 존재한다고 (즉 법망을 빠져나갈 구석은 있다고) 했다. 이런 불확실성은 전략가들이 감당해야 하는 주요한 문제였다. 어떤 때는 허용이 될 것처럼 보이던 행동이 어떤 때는 허용되지 않기 때문이다.

1980년대 중반에 포터는 내셔널풋볼리그NFL가 미국풋볼리그USFL와 분쟁을 겪을 때 내셔널풋볼리그에 자문을 했다. 그는 이 분쟁을 '게릴라전'이라고 규정하고, 방송 관계자들을 설득해서 미국풋볼리그와 계약을 해지하도록 한다거나 내셔널풋볼리그에 소속된 최악의 선수들을 미국풋볼리그로 보내고 미국풋볼리그의 최고 선수들을 빼온다거나 가장 영향력 있는 미국풋볼리그 구단주들과 손을 잡고 약체인 미국풋볼리그 구단들을 무너뜨린다거나 하는 공격적인 전략들을 제시했다. 이런 일들은 미국풋볼리그가 내셔널풋볼리그의 경쟁 제한 행위로부터 입은 피해에 따른 보상을 주장하는 과정에서 나왔다. 결국 비록 미국풋볼리그가 보잘것없는 피해 보상밖에 받지 못하긴 했지만, 그래도 어쨌거나 내셔널풋볼리그가 법률을 위반했다는 데 양측이 합의했다. 포터가 내셔널풋볼리그를 도왔다는 사실이 법률적으로 쟁점이 되느냐 되지 않느냐 하는 문제는 그가 내셔널풋볼리그에 실제로 조언을 한 것과 아무런 상관이 없었다. 내셔널풋볼리그는 법정에서 자기들은 포터의 그 제안들을 무시했다고 항변했기 때문이다.[24]

　이와 비슷한 문제는 배리 네일버프Barry Nalebuff와 애덤 브랜든버거Adam Brandenburger의 저서 《코피티션》Co-Opetition에서도 나타났다. 《코피티션》은 일반 독자를 위한 비즈니스 게임 이론의 새로운 통찰을 담은 책으로, 이 책의 제목은 게임 이론이 집중적으로 탐구하는 두 가지 주제인 경쟁competition과 협력cooperation을 합쳐서 만든 신조어이다.[25] 비록 이 신조어가 완전히 새로운 것이 아니기는 했지만 말이다.[26] 두 사람은 기업계에서 파이를 키우는 일에는 협력을 하면서도 이 파이를 나누는 방식을 두고는 경쟁을 한다는 것이 전혀 이상한 일이 아니라는 점에서 출발했다. 저자들은 고객, 소비자, 협력업체 그리고 경쟁업체들과의 관계뿐만 아니라 서로 보완해주는 업체들(예를 들어 컴퓨터 업계에서 하드웨어 업체와 소프트웨어 업체처럼 자연스럽게 협력을 하며 서로 의존하는 업체들)과의 관계가 얼마나 복잡한지 설명했다. 그들은 게임의 규칙을 바꾼다거나 혹은 게임 내의 어떤 위치에 대한 인식을 바꾸는 전술을 사용함으로써 얻을 수 있는 이점들을 논의했다. 두 사람이 게임 이론의 영향을 받았다는 사실은 자명했다. 그러나《코피티션》은 이론적인 차원의 작업이 거의 아니었다. 그 분야의 다른 실천적인 작업과 마찬가지로, 저자들은 몇 가지 기본적인 요소들을 가지고서 다양한 경우의 사례로 재가공해서 독자들에게 비슷한 유형의 문제들에 접근하는 방법들에 대한 통찰을 제공했다.

협력의 잠재력을 보다 노골적으로 인식한다는 것은 (사실 이것은 모든 분야의 전략 구사에서 자연스럽게 진행되는 일이다) 경쟁을 제한하는 것이므로, 여기에는 반反독점 법률을 위반할 위험성이 늘 크게 존재한다. 네일버프와 브랜든버거는 그래서 닌텐도가 컴퓨터 게임 시장에서 경쟁 우위를 차지하는 데 성공해서 고객들에게 보다 많은 요금을 부과할 수 있게 된 것을 (그 일로 나중에 닌텐도는 미국 연방거래위원회로부터 제소를 당한다) 높이 평가했다. 닌텐도의 사례를 분석하는 저자들의 논지는 자연스럽게 소비자가 아닌 기업의 편을 드는 것으로 이어졌다. 여기에 대해서 매튜 스튜어트 Matthew Stewart는 '시장을 왜곡하고 소비자를 속이는 일을 훌륭하게 잘 했다고 기업을 칭찬하고 있다'며 신랄하게 논평하면서 반독점과 관련된 문제를 제기했다. 스튜어트는 네일버프와 브랜든버거가 '담배 연기가 자욱한 뒷방에 들어가지 않고서도 카르텔을 형성하는 방법, 담당 공무원들에게 뇌물을 먹이는 수고를 굳이 하지 않고서도 독점을 조직하는 방법 그리고 엄청난 제품을 생산하지 않고서도 엄청난 수익을 거두는 방법'을 다루는 전략적 접근법을 개발한다고 비난했다. 그러면서 스튜어트는, 네일버프와 브랜든버거가 비록 신용카드로 결제하는 구매자에게 할인 혜택을 주는 제너럴 모터스의 신용카드 전략을 칭찬하고 있지만 실제로는 번거로운 신용카드 결제 방식을 채택하지 않은 도요타가 더 나은 자동차를 만들면서 제너럴 모터스의 시장을 잠식하고 있다고 지적했다.[27]

미국의 석유 사업가로 스탠더드 오일을 설립하여 미국 내 정유 사업을 지배했던 석유왕 존 록펠러는 포터의 책 《경쟁 우위》의 찾아보기 항목에 이름을 올리지 못했다. 록펠러는 포터의 언어와 개념들이 낯설다는 사실을 깨달았을 수 있다. 그러나 스탠더드 오일이 시장에서 차지하는 위치를 규정하려고 온갖 노력을 다 했을 것이고, 이 과정에서 포터의 책이 펼치는 주장의 폭넓은 논지를 충분히 이해했을 것이다. 20세기 후반의 경영 전략가들은 19세기의 거대 독점체들 그리고 이에 맞섰던 진보적인 운동의 여러 시도들이 빚어냈던 환경 아래에서 활동했다. 시장을 길들이고자 했던 시도의 논리는 적어도 경쟁자들의 삶을 힘들게 만드는 것이었다. 초기 경영 전략가들은 이 문제를 아예 무시했다. 왜냐하면 그들은 안정적인 시장 위치를 차지하고 있거나 혹은 법률적으로 허용된 성장 한계에 근접해 있었던 기업을 다루었기 때문이다. 그런데 두 번째 파도의 경영 전략가 집단은 그렇지 않았다. 포터로 대표되는 이 전략가들은 경쟁을 억제하고 우회하려고 했다. 그런데 세 번째 파도의 경영 전략가 집단은 경쟁을 열정적으로 끌어안았다.

제33장

붉은 여왕과 푸른 바다

Red Queens and Blue Oceans

:

제자리에 계속 머물 수 있으려면
엄청 빠르게 그리고 부지런하게 달려야만 한다.
어딘가 다른 곳으로 가고 싶다면
그보다 최소한 두 배는 더 빨리 달려야 한다.
_〈거울 나라의 앨리스〉의 붉은 여왕

:

치열한 경쟁의 압박 아래에서 경영자의 역할은 점점 더 돋보였고, 내로라하는 주요 기업에서 경영자가 받는 보상의 규모는 점점 더 커졌다. 하지만 이에 비례해서 경영자가 해고될 위험도 그만큼 더 커졌다. 경영자의 성과는 한층 까다로운 잣대로 평가되었다. 그러다 보니 투자자에게 강한 인상을 심어줄 수 있는 단기수익률에 점점 더 집착하면서 단기수익률을 높이는 것을 보다 더 중요한 목표로 삼게 되었다. 장기적인 안목의 투자는 외면하고 수익성 없는 사업부를 팔아치우거나 단기적인 수익을 위해서 그 어떤 비효율적인 것이라도 얼마든지 받아들이고 또 추진하는 행태가 경영자들 사이에서는 일반적인 모습으로 자리 잡았다.

경영자의 역할이라는 과제는 거래 비용의 경제학(각종 거래 행위에 수반되는 비용을 줄이려는 경제학으로 안정적인 가격과 조건으로 원료와 노동력을 구하는 것이 주관심사다—옮긴이)에서 비롯된 대리 이론 agency theory(조직경제학을 기초로 한 조직 이론으로, 기업 조직을 직원과 소유자가 계약에 의해 하나로 묶인 결합체로 바라보고 조직 현상을 연구하는 이론—옮긴이)이 제기한 문제이다. 거래 비용의 경제학은 뚜렷하게 구분되는 목적과 관심을 가진 집단들 사이의 협력이라는 쟁점을 직접적으로 탐구한다. 특히 주인인 어떤 집단이 자신이 해야 할 일을 다른 사람 즉 대리인에게 맡기는 상황을 탐구한다. 주인은 대리인이 무엇을 하려고 하는지 그리고 위험을 바라보는 대리인의 관점이 건전한지 아닌지 알지 못하므로 낭패를 당할 수 있다. 이 쟁점은 소유자와 경영자가 맺는 관계의 핵심으로 나아갔다. 관리주의(경영자주의)가 번성한 것도 대리인이 핵심 인물이라는 견해가 반영된 것이었다. 사업과 정치에서 명목상의 주인인 주주와 유권자는 고정되어 있으며 전문적인 식견을 가지고 있는 경영자와 정치인에 비해서 일시적이고 아마추어적이다. 소유와 경영의 분리라는 진보적인 조치는 1930년대에 이미 아돌프 벌Adolf Berle과 가디너 민즈Gardiner Means의 기념비적인 저서 《현대 기업과 사유재산》The Modern Corporation and Private Property에서 천명되었다. 그런데 지금 제기된 문제는 주인이 과연 대리인에 대한 통제권을 주장할 수 있는가, 있다면 어떻게 할 수 있는가 하는 문제였다.[1] 만일 대리인이 주인의 통제를 받길 원하지 않는다면, 이들은 주도권을 쥐고서 자기가 가지고 있는 가치를 주주에게 입증하거나 혹은 경영자뿐만 아니라 소유자가 됨으로써 이 구속에서 해방될 수 있는 길을 찾아야만 했다.

† 대리 이론

시카고 대학교에서 학위를 받은 경제학자 마이클 젠센Michael Jensen은 1970년에 밀턴 프리드먼Milton Friedman이 자유 시장 경제를 공공연하게 지지하는 내용의 글을 읽고 감명을 받았다. 《뉴욕 타임스》에 실린 프리드먼의 이 글은 소비자 운동가인 랠프 네이더Ralph Nader를 표적으로 삼고 있었다. 당시에 네이더는 '공중의 이익'을 대변하는 대표 세 사람을 제너럴 모터스의 이사회 이사로 참가시켜야 한다는 운동을 펼치고 있었다. 프리드먼은 기업이 유일하게 지고 있는 책임은 '속임수와 사기가 배제된 공개적이고 자유로운 경쟁 속에서' 수익을 창출하는 것이라고 주장했다. 그의 주장은 지난 20년 동안 진행되어왔던 관리주의에 직접적인 도전장을 던졌다. 대기업의 리더들은 국가의 대리인으로 행동해서도 안 되고 경쟁으로부터 기업을 보호할 생각을 해서도 안 된다는 내용이었다. 프리드먼의 글에 자극을 받은 젠센과 그의 동료 윌리엄 맥클링William Meckling은 프리드먼의 단순하고 소박한 발언을 경제 이론으로 발전시키기로 결심했다. 그런데 두 사람이 함께 공동작업을 할 게 별로 없었다. 그래서 훌쩍 뛰어넘어, 금융에 적용되어 논쟁적인 가설이 되어 있던 것, 즉 시장은 충분히 효율적이라서 개인들 특히 자산운용가보다도 가치를 더 잘 증식시킨다는 가설을 붙잡고 이것을 경영에 적용시켰다. 이렇게 해서 저스틴 폭스Justin Fox의 표현을 빌리자면 '합리적인 시장이라는 발상은 이론적인 차원의 경제학에서 경험적인 재무 부문으로까지 나아갔다'.

"바로 그 지점에서 합리적인 시장이라는 발상은 미묘함을 잃고 격렬함을 얻었다. (……) 그리고 이제 오랜 세월 동안 학자와 경영자와 주주를 괴롭혀왔던 이해관계의 갈등을 해결할, 주식시장의 총체적인 판단을 사용할 방법을 모색해냈다."[2]

젠센과 맥클링의 분석은 완벽한 노동시장을 상정함으로써 즉 노동자가 회사에 기여한 것 이상의 비용이 노동자에게 지출되지 않고, 노동자는 필요할 경우 언제든 추가 비용을 부담하지 않고서 일자리를 옮길

수 있는 상황을 상정함으로써, 가장 중요한 위험은 주주들이 초래하는 위험이라고 결론을 내렸다.[3]

1983년에 이르러서는, 경제학자들이 점점 더 깊은 관심을 보임에 따라서 젠센은 장차 앞으로 수십 년에 걸쳐서 '조직에 대한 우리의 지식에서 (……) 혁명이 일어날 것'이라고 천명해도 되겠다고 느꼈다. 조직과학은 아직 유아기 수준에서 벗어나지 못했지만 어떤 강력한 이론을 위한 기반은 마련되었다. 이 기반에는 '모든 거래가 아무런 비용 없이 완벽하게 체결되는 환경에서 (……) 기업을 가치나 수익을 극대화하는 방식으로 행동하는 블랙박스(기능은 알지만 구체적인 작동 원리는 알 수 없는 복잡한 장치 혹은 기관이라는 뜻—옮긴이)'로 바라보는 경제학자들의 견해와 결별하는 것도 포함되어 있었다. 대신 젠센은 기업은 업적 평가, 보상 그리고 결정권에 초점을 맞춘 제도의 관점에서 이해할 수 있다고 주장했다. 공급자와 고객 사이의 관계를 포함한 조직 내의 관계를 하나의 계약으로 이해할 수 있다고 했다. 이 관계들이 모두 하나로 합쳐져서, 다양한 목표들을 가진 대리인들로 구성되어 있는 복잡한 체계라는 것이었다. 그리고 이 체계는 자체적인 균형에 도달할 것이라고 했다.

"이런 점에서 조직의 행동은 시장 행동의 균형과 비슷하다."

젠센은 이 통찰을 모든 유형의 조직에 적용할 수 있다고 주장했다. 이 통찰로 해서 협력적인 행동은 '다양한 이해관계를 가진 이기적인 개인들 사이에 맺어진 어떤 계약'으로 인식된다는 것이었다.[4]

이 접근법이 설정하는 규범적인 속뜻으로 보자면, 기업의 소유주가 자기가 고용한 경영자들이 점점 더 산만해진다고 걱정하는 것은 당연했다. 모니터링과 인센티브를 통해서 소유주와 경영자의 관심을 일치시키려면 우선 관리주의의 여러 주장들에 문제를 제기해야 한다. 소유주는 규제가 철폐된 열린 시장을 선호한다. 왜냐하면 이런 시장들에서는 주주에게 제대로 돈을 벌어다주지 못한 경영자들을 언제든 해고할 수 있기 때문이다. 적대적인 인수에 담겨 있는 경멸적인 속뜻과 다르게 이런 것들이 오히려 시장의 효율성을 높여줄 수 있다는 게 젠센과 그의 동료들이 내놓은 주장이었다. 경영자들은 많은 '주주들'이 하는 느긋한 그리고 유행을 따르는 이야기를 좇아서 탈선해서는 안 된다. 오로지 수익 극대화를 향한 '주주들의' 요구에 초점을 맞춰야 한다. 경영자들이 인수·합병에 불평을 할 수 있을지언정 그래도 그런 활동들은 어디까지나 가치를 증식시키고, 자산을 재할당하며 또 기업을 잘못된 경영으로부터 보호하는 길이었다. 그러므로 '기업의 경영권을 매매하는 시장이 언제나 대부분 효율성을 높이고 주주의 재산을 늘려준다는 사실은 이미 과학적 증거로 입증되었다'고 했다.[5] 젠센은 기업을 여러 개의 자산이 하나로 뭉쳐져 있는 덩어리, 시장의 요구에 따라서 언제든지 새로운 형태로 재배열될 수 있는 덩어리로 바라보았다. 시장은 모든 것을 알고 있으며, 이에 비해서 경영자는 근시안적인 태도를 보이기 쉽다. 이런 맥락에서 1993년에 《포춘》은 'CEO의 시대는 끝났다. 주주 만세!'라고 선언했다.[6]

이 견해가 수용됨에 따라서 전략과 경영에 대한 필요성은 줄어들었다. 자유 시장 결정론이 수용되자 경영자를 경영 이외의 다른 요소들을 대상으로 설정하는 것과 동일한 방식으로 설정할 수 있게 되었다. 경영자는 또 하나의 '대체 가능한' 요소, 더 나쁘게는 '시장 규율에 따라서는' 언제든지 대체할 수 있는 배우가 되었다.[7] 경영자의 의무는 조직 내부뿐만 아니라 조직 외부 즉 주주의 이익에 초점을 맞추는 것이 되었다. 주주들은 일시적으로만 해당 기업의 주식을 가지고 있으며 하나의 집단으로서 일관된 통일성을 가지고 있지 않을 뿐만 아니라 장기적인 관점 대신 단기적인 관점을 가지고 있음에도 불구하고 혹은 시장에서 요구하는 조치들을 이행하려면 효율적인 조직이 형성되고 이 조직에 끊임없이 자양분이 제공되어야 함에도 불구하고, 경영자가 주주의 이익에 초점을 맞추는 것은 어쩔 수 없는 일이었다. 이로써 경영자의 지위 및 직업적 내용에 관한 의미가 크게 달라졌다. 이 이론은 어떤 기업 조직에서건 역사나 문화는 특별한 의미가 없으며, 서로에게 낯선 사람들이 기업의 활동을 채운다고 규정한다. 이런 이론 아래에서 훈련을 받은 경영자들은 회사에 충성심을 가지지 않을 것이며 반대급부의 어떤 것을 기대하지도 않을 것이다. 이들이 하는 일은 시장을 해석하고 인센티브에 대응하는 것이었다. 이로써 경영자가 책임성과 판단을 행사할 여지는 거의 없게 되었다.

† 경영자, 위험한 직업

기업 운영과 관련해서 이런 논리가 가지고 있는 잠재적인 결과에 대한 우려와 경고들이 1980년대 초에 처음으로 나왔다. 그 막연한 불안을 1980년에 하버드 비즈니스 스쿨에 재직하고 있던 로버트 헤이즈Robert Hayes와 윌리엄 애버내시William Abernathy가 제기했다. 헤이즈와 애버내시는 미국의 경영자들은 '자기에게 주어진 전략적 책임을 내팽개쳤다'면서 불만을 나타냈다. 경영자들이 장기적인 혁신을 꾀하지 않고, 생산보다는 마케팅과 재무 분야에 초점을 맞춰서 단기적인 수익을 창출하는 데만 관심을 기울이는 사실을 지적한 것이다. 두 사람은 특히 선도적이던 하버드 비즈니스 스쿨 회지를 통해서 경영이 '경험을 바탕으로 한 통찰로써 전략적 결정의 미묘함과 복잡함을 파고들기보다는 분석적인 차원에서 냉정하게 거리를 두는 것'에 점점 더 많이 의존하는 데 문제가 있다고 주장했다. 그런데 기업계와 학술계 모두에서 전문경영자에 대한 잘못된 천박한 개념이 만연해 있다고 두 사람은 지적했다. 일반적으로 전문경영자로 여겨지던 사람은 '사이비 전문가'일 뿐이며, 이들은 어떤 특정 산업이나 기술에 아무런 전문성도 가지고 있지 않으며 단지 '낯선 회사의 최고경영자 자리에 불쑥 들어가 앉아서 오로지 재무관리, 포트폴리오 개념 그리고 시장 주도 전략 등을 통해서 그 회사를 잘 운영할 수 있을 것'이라는 근거 없는 신뢰를 받고 있다고 주장했다. 전문경영자에 대한 이런 관념은 거의 종교가 되었으며, 이 기업 종교의 핵심적인 교의는 '해당 산업에 대한 경험이나 구체적인 기술적 전문성은 그다지 중요하지 않다'였다고 했다. 이 종교는 그런 경험과 전문성이 부족한 사람들의 아픈 양심을 어루만져주었을 뿐만 아니라 기술과 관련된 문제들 및 이와 관련된 결정을 '금융이나 마케팅 분야에 대한 결정의 부속물'로 취급해서 단순한 계량적 형태로 나타낼 수 있다는 식의 발상을 퍼트렸다.[8]

그리고 1980년대 말에 미국의 경제학자 프랭클린 피셔_{Franklin Fisher}가 마침내 다음과 같은 발언을 하고 나서며 주류의 관점에 반기를 들었다.

"젊고 똑똑한 이론가들은 모든 문제를 게임 이론 다루듯이 생각하는 경향이 있다. 심지어 다른 방식으로 접근할 때 한층 더 쉽게 풀릴 수 있는 문제들조차도 게임 이론으로 접근한다."[9]

피셔는 심지어 게임 이론이 가장 정확하게 적용되는 과점 이론 oligopoly theory도 본질적인 차이는 없다고 주장했다. 예전과 마찬가지로 게임 이론을 좇아서 '많은 결과들이 가능하다'는 가설은 여전히 유효했다. '게임 이론이 설정된 맥락이 중요했으며 과점주의자들이 무슨 변수들을 사용하는지 그리고 이 변수들이 서로에 대해서 어떻게 추측하는지에 따라서 결과는 매번 달라졌다.' 시장 구조가 행동과 성과에 미치는 영향은 맥락을 고려해서 생각해야 한다고 피셔는 주장했다. 게임 이론이 이 맥락들을 모델링할 수는 있었지만, 그것이 쉽고 편리한 언어로 나타날 것 같지는 않았다. 여기에 대한 대응으로 칼 샤피로 Carl Shapiro 는 게임 이론은 성과로 보여줄 수 있는 게 많다고 주장했다. 그러나 그가 제기한 전망은 셸링의 전망과 너무도 비슷한 것이었고 통일성을 갖춘 어떤 이론이라기보다는 일련의 상황들, 특정한 경우에는 각각 무엇을 찾을 것인가 하는 문제에 대한 생각들, 그러나 최상의 전략을 이끌어내려면 여전히 세부적인 정보에 의존해야 하는 생각들을 주장한 것이었다. 샤피로는 또한 '단순한 기업 전략 모델의 개발에 게임 이론을 사용할 때의 이점이 점점 줄어든다'는 의심을 했다.[10] 모델에 묘사된 미묘하고 복잡한 추론을 ('그 모델들이 가정하는 것보다 훨씬 덜 분석적이며 또 훨씬 덜 포괄적인') 실제 의사결정권자가 그대로 따라하는 경우는 거의 없었다.[11] 경제학자 가스 살로너 Garth Saloner 는 이런 도전을 인정했다. 실제 경영 관련 상황에서 보다 나은 행동 처방을 내릴 목적으로 그 모델들을 동원해서 상황을 조명할 때는 특히 더 그랬다. 살로너는 다음과 같이 주장했다.

"미시경제학 스타일의 모델링이 전략적인 경영에서 차지하는 역할, 특히 게임 이론적인 모델링에서 차지하는 적절한 역할은 글자 그대로라기보다는 어딘지 비유적이다."[12]

그것은 정기적으로 인식되는 어떤 차이가 아니었다. 우아하고 멋진 해법을 마련하는 것은 좋은 일이긴 했지만, 실제 실행하는 사람들이 문제들을 인식하지 않고 또 그 문제들이 자기들도 이해하지 못하는 방식으로 표현된다면 그런 해법들은 거의 아무런 가치가 없다는 것이었다.

비록 기업이 특정한 목적에 맞도록 조직을 설계하는 데 혹은 적어도 겉으로 보기에 합리적으로 보이는 설계가 도대체 왜 제대로 기능하지 못하는 결과를 빚어내는지 설명하는 데 도움이 될 수 있는 학문적인 이론들은 쉽게 접할 수 있기는 하지만, 기업계나 정부에서 여기에 많은 관심을 기울이는 사람이나 조직은 없었다. 다양성은 점점 확대됨에도 불구하고 연구에 사용되는 틀은 바꾸기 어려웠다. 잡지, 특히 학회지들은 기존의 이론과 방법론을 더 중요하게 여겼다. 스스로 합리적이라고 생각하는 경제학자들이 양적 연구를 퍼트렸는데, 질적 연구보다 명백하게 더 어려운 이 양적 연구가 학계에서는 지배적인 방식으로 자리를 잡았다(양적 연구는 특정 대상을 구조화된 객관적이고 가시적인 수량화 과정을 활용해서 밝히는 방식이고, 양적 연구가 너무 기계적이라는 비판을 하며 나선 질적 연구는 특정 현상의 본질이나 속성을 이해할 목적으로 적은 수의 표본을 대상으로 질적인 평가를 하는 방식이다―옮긴이). 현대의 소프트웨어 덕분에 대규모 연산이 가능해졌기 때문에 대규모의 데이터베이스 심리心理 역시 가능해졌다. 연구자들에게는 질적 연구 작업은 회피하라는 조언이 제시되었다.[13] 효과는 연구 작업에서뿐만 아니라 표준적인 모델들이 제시하는 행동의 기준에서도 목격될 수 있다고 했다. 예컨대 2005년에 인도 출신의 경영 구루 수만트라 고샬Sumantra Ghoshal은 다음과 같이 말했다.

대리 이론에 거래 비용 경제학을 결합하고 표준 버전의 게임 이론 및 협상 분석을 덧붙여라. 이렇게 해서 떠오르는 경영자의 모습은 현재의 실천 과정에서 매우 익숙하다. 그 모습이 바로 사정없이 세게 몰아붙이고, 엄격하게 하향식이며, 지휘 통제에 초점을 맞추고, 주주 가치에 집착하며, 반드시 이기고야 마는 기업계의 지도자이다.[14]

1990년대에 이윤 폭, 시장 점유율 그리고 주가 등으로 측정할 수 있는 성공을 보장하는 이 새로운 종족의 경영자를 위해서 여러 경영 이론들이 개발되었다. 새로운 경영자들은 안정적이고 꾸준하며 본질적으로 회색인 관료, 대기업 속에서 자기 위치가 무엇인지 아는 관료로서의 경영자라는 발상에 한층 더 강력하게 문제 제기를 했다. 그런데 이 경영자들은 보다 규모가 큰 경제 단위 안에서 자기 위상을 새롭게 발견했다. 이들은 '덕행이 고결하고 영웅적이며 높은 위상의 경영 개념'을 제시했다.[15] 1990년대에 신테일러주의(신공공관리론이라고도 하며, 작은 정부와 시장 확대를 강조한다. 신자유주의에 이론적 기초를 두면서 다른 경영 이론에서 발전된 기법들을 실천 수단으로 활용하려는 정부 혁신 이론이다—옮긴이)의 핵심 인물로 기업 혁신의 대가이던 제임스 챔피James Champy는 '경영자라는 직업은 위험한 직업군의 반열에 올라섰다'고 했다.[16] 경영자가 위험한 직업이 되었다는 것은 경영자가 보다 크고 많은 것을 요구받게 되었다는 뜻이다. 그러니까 경영자는 이제 절대적인 실패뿐만 아니라 상대적인 실패도 두려워할 수밖에 없었다. 젠센이 찬양했던 세상에서 주주들은 보다 빠르게, 보다 많은 수익 실현을 요구했고 기업 사냥꾼들은 눈을 부릅뜨고 먹잇감을 찾았다. 살아남고 또 성공하려면 고객과 소비자에 주의를 기울여야 할 뿐만 아니라, 잔인하고 가혹한 조치를 언제든 실행할 수 있도록 준비를 갖추고서 기업 내의 비효율적인 조직을 쳐내고 경쟁자들을 무자비하게 압도해서 몰아내야 했다. 또 정부 정책의 변화, 특히 규제 철폐를 이끌어낼 목적으로 (규제 철폐 뒤에는 흔히 새로운 시장이 나타난다) 로비 활동을 대대적으로 벌여야 했다.

재무 분야를 바라보는 태도도 바뀌었다. 1970년대의 오일쇼크와 인플레이션은 과도한 부채를 꺼리는 전통적인 태도와 결합해서 자기자본

수익률의 기간을 확대시켰다. 1970년대 말까지 자본을 모으는 새롭고 창의적인 여러 가지 방법 등이 개발되었다. 기업은 채권을 발행해서 빠르게 성장할 수 있었다. 보다 높은 위험을 감수할 준비가 되어 있는 투자자들은 보다 높은 수익을 기대할 수 있었다. 자본이 넉넉해짐에 따라서 많은 기업이 새로운 제품이나 공정을 개발하기보다는 인수와 합병이라는 방법을 통해서 성장했다. 기업의 태도는 점점 더 공격적으로 바뀌어서, 과거에 눈에 띄지 않아서 놓쳤거나 현재의 소유주들이 수익을 창출할 수 없는 기업의 여러 자산들에서 추가로 가치를 뽑아내는 데 집중했다. 논리적으로 볼 때 그 다음 단계는 기업의 고위 간부진이 업적을 세운 당사자는 경영진인데 (자기들이 보기에 엉뚱하게도) 다른 사람들이 보다 많은 수익을 챙겨가는 소유권 모델ownership model에 문제를 제기하는 것이었다. 이렇게 해서 경영자가 회사를 사버리는 이른바 경영자 매수management buyout(MBO)가 활발하게 진행되었고, 경영자는 마침내 이사회로부터 해방되어 경영에 보다 큰 힘을 발휘하게 되었고, 아울러 보다 큰 이익을 챙기게 되었다. 기업계에서 일어난 이런 거친 흐름들 때문에 거래 가격은 점점 더 높아졌고 또 그만큼 수익은 떨어졌다. 부채는 여전히 동원되었고, 부채가 지나치게 많을 경우에는 파산이 뒤따랐다.

기업은 이제 시장 가치로 평가받게 되었다. 기업의 시장 가치는 본질적인 품질과 그 기업이 생산하는 제품과 서비스의 장기적인 전망을 반영하는 것이었다. 그러나 자산을 평가하는 일은 쉬운 작업이 아니었으며, 경영자를 포함해서 주식 보유자들은 자기 회사의 현재 가치를 부풀려서 말하기 일쑤였다. 오랜 기간에 걸친 끈기와 저배당이 있고 나서야 비로소 제대로 된 보상이 이루어질 수 있는 기업의 장기적인 발전과 비교할 때 기업의 현재 가치는 기업의 성공과 실패를 구체적으로 판단할 수 있는 척도가 되었다. 그러나 시장 가치 산정은 노골적인 사기뿐만 아니라 감정 및 과대광고에도 흔들린다. 에너지 기업이던 엔론은 노골적인 기업 사기의 현장으로 활용되었다. 이런 위험은 금융 도구가 워낙 복잡하고 정교하기 때문에 혹은 신기술이 등장할 수 있는 가능성이 존재하기 때문에 본질적이고 실체적인 모습을 파악하기 어려운 분야의 기업에서 상대적으로 높게 나타났다. 기업 내부에서 기업의 가격이 올라가지 못하도록 붙잡는 활동들 및 조직 단위들이 우선적인 표적이 되었다. 이렇게 해서 무자비한 비용 절감이 진행되었다.

† 경영과정 재설계

전후 수십 년에 걸쳐서 일본이 거둔 성공은 집중적이고 끈기 있고 일관성이 있으며 합의를 중시하는 문화 혹은 운용의 효율성, 혹은 이 둘의 결합이 거둔 눈부신 승리라고 말할 수 있었다. 어쨌거나 이 과정을 견인한 기업은 '도요타'라는 자동차 업체였다. 제2차 세계대전 동안에 군사용 차량을 생산했던 도요타는 전쟁이 끝난 뒤 상용차 시장으로 진입하려고 노력했다. 그러나 자본과 기술력 부족 그리고 과격한 노동 운동 진영에서 툭 하면 일으키는 파업이 문제였다. 한국전쟁이 발발하지 않아서 미군으로부터 군사용 자동차 주문을 받지 못했다면 아마도 도요타는 일찌감치 파산을 맞았을 것이다. 그런데 도요타는 이른바 '도요타 생산 방식'Toyota Production System, TPS을 개발해서 생산 현장에 적용했다. 회사는 직원에게 종신 고용을 약속하고 직원은 여기에 대한 대가로 회사에 충성과 헌신을 다하는 일본의 독특한 고용 문화에 따른 불안한 노동 문제를 해결하고자 하는 데서 처음 도요타 생산 방식이 시작되었다. 이어서 낭비를 줄이기 위한 제도가 가미되었다. 생산성을 개선하기 위한 아이디어들이 '품질 관리 분임조'$_{\text{quality circle}}$라는 직원 소모임을 통해서 제안되었다. 당시 일본은 모든 것이 여전히 공급 부족인 상태였던 터라서, 도요타 직원들로서는 1950년에 미시간에 있던 포드 공장을 방문하면서 미국식 생산 방식이 터무니없이 낭비가 심하다는 사실에 깜짝 놀랄 수밖에 없었다. 도요타는 부품 및 완성품의 재고를 줄이고 유휴 장비와 인력의 규모를 최소화하는 것을 목표로 삼았다. 재고가 많다는 것은 낭비가 발생한다는 뜻이었다. 또한 조직 전체가 비효율적이라는 뜻이기도 했다. 그래서 도요타는 모든 공정이 '적시에'$_{\text{just in time}}$ 진행되도록 했다(즉 필요한 것을 필요한 때 필요한 만큼 생산·판매하는 무재고 생산 방식을 채택하고 지향한 것이다). 일본 내에서 다른 기업들이 도요타의 여러 방법론을 모방하고 더욱 발전시켰다. 오토바이 산업, 조선 산업, 카메라 산업, 전자제품 산업 등을 포함한 여러 산업에서 차례대로 일본 업체들은 서구 업체들이 차지하던 시장을 야금야금 빼앗기 시작했다. 이 과정에서 정부의 정책, 패전에 따라서 아무 것도 없는 상태에서 새로 시작해야 했던 사정 그리고 낮은 환율이 모두 도움이 되었다.

일본의 슈퍼경영자(높은 전문성과 헌신성을 겸비한 경영자를 일컫는 표현―옮긴이)들과 비교할 때 미국의 경영자들은 나약하기 짝이 없게 보였다. 1970년대 내내 미국의 강력한 기업들은 급성장하는 일본 기업들에게 콧대가 납작해졌다. 이 일본 기업들은 민첩하게 미국 기업들의 시장 점유율을 빼앗았을 뿐만 아니라 한층 혁신적인 기업 문화로도 미국 기업들을 압도했다. 비록 일본 기업의 성장 동력이 1980년대 말의 호황과 오만 이후에 갑작스럽게 멈추긴 했지만, 서구 기업들은 운영상의 효율을 확보하기 위해서 일본 기업을 필사적으로 모방했다. 이런 일련의 움직임은 우선 전사적 품질경영total quality management, TQM이라는 구호로 나타났고 그 다음은 경영과정 재설계business process reengineering, BPR라는 개념이 등장했다. 이 둘 가운데 경영과정 재설계가 충격 면에서나 의미 면에서 보다 큰 효과를 발휘했다. 경영과정 재설계의 기본적인 취지는 원가 절감과 제품 개선을 동시에 이루어냄으로써 기업의 경쟁력을 강화하기 위해서 특별하게 마련한 일련의 기술들을 도입하자는 것이었다. 이 문제의식은 기존의 체계를 보다 효율적으로 가동하기 위해 단호한 노력을 기울이자는 차원이 아니라 조직의 기본적인 공정 자체를 근본적으로 다시 한 번 더 생각해보자는 것이었다. 이렇게 하기 위한 구체적인 방법으로 정보기술IT이 제시되었다. 정보기술로써 조직의 위계 폭을 한층 낮추고 여러 가지 관계망들을 구축했다. 조직이 무엇을 달성하고자 하는지 면밀하게 살필 때, 궁극적으로 시선은 기업의 목표가 과연 적절하게 설정되어 있는가 그리고 기업의 조직이 과연 그 목표를 달성하기에 적합하도록 설정되어 있는가 하는 질문들로 나아갔다. 경영과정 재설계라는 발상이 얼마나 매력적으로 비쳤던지 앨 고어Al Gore는 1990년대에 부통령으로 재직하는 동안에 정부 조직을 대상으로 경영과정 재설계를 실행하려고 시도했을 정도이다.

경영과정 재설계에 내재하는 기본적인 가정은 (대리 이론의 경우와 마찬가지로) 조직은 기계 부품과 마찬가지로 일련의 부속들로 분해되어서 개인적으로나 상호관계 차원에서 능력과 효율성을 평가받을 수 있다는 것이었다. 최소 단위로 분해를 해서 평가를 한 다음에 보다 개선된 형태로 (즉 어떤 단위들은 완전히 제거되고 어떤 단위들은 새롭게 추가되는 식으로) 재조립할 때 조직은 새롭게 태어나서 한층 더 효율적으로 작동할 것이라는 발상이었다. 조직을 이런 관점에서 검토할 때 점진적인 개선이라는 개념은 들어설 자리가 없었다. 아무 것도 없는 상태에서 시작할 수 있어야 했고 또 조직 전체를 완전히 새로 생각할 수 있어야 했다.

재설계는 아무 것도 쓰여 있지 않은 백지 상태에서 새로 시작하는 것이다. 지금까지 관습적으로 옳다고 생각했던 온갖 가정들을 버리는 것이다. 과거와는 전혀 다른 공정 구조에 새롭게 접근하는 방법을 만들어내는 것이다.[17]

조직의 뿌리 깊은 역사를 얼마든지 무시할 수 있으며 또 오래된 기업 문화 역시 새로운 것으로 대체할 수 있다는 것이었다. 그런데 노동자들이 이 과정에 특별히 저항할 이유는 없었다. 아니 오히려 이 과정에 열광할 수도 있었다.[18]

어떤 점에서 보자면 경영과정 재설계는 전략적으로 비쳤다. 그것은 본질적으로 기업의 재평가를 요구했기 때문이다. 그러나 경영과정 재설계의 주요 동력은 경쟁 위험(새로운 시장 진입 등 경쟁에 따르는 위험—옮긴이)과 가능성에 대한 평가가 아니었다. 심지어 발전을 가로막는 조직 내부의 장벽에 대한 평가도 아니었다. 주요 동력은 바로 효율성을 바탕으로 하는 새로운 기술들이 가져다줄 잠재적인 충격이었다. 이런 점에서 경영과정 재설계는 '군사 분야의 혁명'과 비슷했다. 역사적으로 새로운 시기를 열어나간다는 주장이 비슷했고, 경쟁적인 도전보다는 확보할 수 있는 온갖 방법론들로 변화를 이끌어낼 수 있다는 기대가 비슷했으며 기술이 앞장서서 길을 열어젖히면 나머지 것들이 모두 그 뒤를 따를 것이라는 가정이 비슷했다. 그리고 기존의 전략을 고수하면서 추가로 필요한 공정들이 무엇인지 알아내려고 시도하기보다는 경쟁 기업들도 동일한 재설계의 경로를 수용할 것임을 전제로 받아들인 상태에서 재설계에 내재된 가정을 당연한 것으로 받아들이는 경향도 비슷했다.

경영과정 재설계와 가장 관련이 깊은 인물들 가운데 한 사람인 마이클 해머Michael Hammer는 이 발상을 《하버드 비즈니스 리뷰》에서 설명하면서 변신 개념을 제시했다.

"실리콘과 소프트웨어에서 낡은 공정들을 계속 끌어안고 가기보다는 이런 것들을 몽땅 버리고 완전히 새롭게 시작해야 한다. 우리가 기업의 극적인 개선이라는 목표를 달성하기 위해서는 기업의 공정을 근본적으로 새롭게 설계할 수 있는 현대적인 정보기술의 힘을 동원해야 한다."[19]

해머는 재설계 분야를 전문적으로 다루던 IT 컨설팅업체 CSC 인덱스의 회장이던 제임스 챔피와 의기투합했다.[20] 두 사람이 함께 쓴 1993년의 저서 《리엔지니어링 기업 혁명》Reengineering the Corporation은 거의 200만 권이나 팔렸다. 재설계라는 개념의 빠른 성장도 놀라웠다. 1992년 이전만 하더라도 재설계라는 말을 경영 관련 출판물에서 거의 찾아볼 수 없었지만, 그 뒤로는 오히려 그 말을 언급하지 않는 출판물을 찾아보기 어려울 정도였다.[21] 1994년에 실시한 한 연구 조사는 《포춘》 선정 500대 기업의 78퍼센트와 미국 기업 2,200개 표본 가운데 60퍼센트가 어떤 형태로든 재설계라는 혁신을 실행하고 있음을 밝혀냈다.[22] 경영과정 재설계 운동 초기 단계에서는 성공률이 높았다. 재설계 분야 컨설팅 매출은 1995년 기준으로 약 25억 달러였다. CSC 인덱스만 하더라도 1988년에 3,000만 달러이던 이 분야 매출을 1993년에는 1억 5,000만 달러로 끌어올렸는데, 당시 해머는 비싼 몸값을 받고 세미나와 강연회를 바쁘게 돌아다녔다. 《포춘》이 해머를 '재설계 분야의 세례 요한'이라고 불렀을 정도였다.

"본인이 직접 기적을 행하지는 않지만, 강연과 저술로써 열변을 토하는 전도사로서 그는 컨설턴트들과 기업들이 기적을 행할 방법을 준비하고 제시한다."[23]

경영과정 재설계라는 개념이 성공을 거둔 데는 이론적인 이유와 실천적인 이유가 동시에 작용했다. 혼란과 불확실성의 시대에 챔피와 해머는 사람들이 품을 수 있는, 자기 혹은 자기의 기업이 시대 흐름에 뒤처질지 모른다는 두려움을 이용할 줄 알았다. 이런 점은 《리엔지니어링 기업혁명》 표지에 적힌 피터 드러커의 발문 '재설계는 새롭다. 재설계는 반드시 수행해야 한다'에서도 확인할 수 있다. 해머는 특히 상황이 아무리 어렵고 힘들다고 하더라도 대안으로 마련한 방안이 사정을 훨씬 더 나쁘게 몰고 갈 수도 있다는 메시지를 강력하게 밀어붙였다.

"선택은 생존이다. 가능성은 50퍼센트에서 100퍼센트 사이로 매우 높다."

고위 경영진이라면 정신을 바짝 차려야 한다고 했다.

"기존의 직제를 완전히 바꾸지 않은 상태에서 깃발을 휘날리며 전쟁터를 향해 행군하는 기업은 아무리 보상 정책을 바꾸고 새로운 태도와 가치관을 주입하려고 노력해도 결국에는 늪에 빠지고 만다."

이런 상태에서 비롯되는 불안이 경영자와 기업의 등을 떠밀어 앞으로 나아가도록 할 수도 있었다.

"탐욕과 공포라는 두 가지 기본적인 감정을 이용해야 한다. 현재의 공정이 안고 있는 심각한 결함들을 생생하게 입증해서 그 사람들이 겁을 먹도록 만들어야 한다. 결함이 있는 이런 공정들이 기업에 얼마나 심각한 상처를 주고 있는지 상세하게 설명해야 한다."[24]

경영과정 재설계는 처음에는 일련의 기법들로 시작되었다. 그러다가 곧 조직 변신의 토대로 격상되었다. 그래서 해머는 다음과 같은 과감한 주장을 하기도 했다.

"산업혁명이 농민을 도시의 공장으로 이끌어내고 노동자와 경영자라는 새로운 사회 계급을 만들어내었듯이 재설계 혁명Reengineering Revolution 역시 사람들이 자기 자신과 자기가 하는 일 그리고 사회 속에서 자기가 차지하고 있는 위치 등을 생각하는 방식 자체를 심오하게 재배열할 것이다."[25]

그런데 챔피는 이 혁명 관련 주제를 안고 한 걸음 더 깊이 들어갔다.

"우리는 지금 제2차 경영 혁명 과정 속에 있다. 이것은 제1차 경영 혁명과는 전혀 다른 과정이다. 과거의 혁명이 권력의 이양과 관련된 것이었다면, 현재의 혁명은 자유에 대한 접근과 관련된 것이다. 천천히 혹은 매우 갑작스럽게, 전 세계의 기업 경영자들은 오늘날의 자유 기업들이 진정으로 자유롭다는 사실을 깨닫고 있다."[26]

챔피는 '근본적인 변화들'의 미덕을 이야기하면서 경영자들에게 '당신과 동일한 산업 부문에 속하는 다른 경영자들이 불가능하다고 여기는 것'을 실행할 방법을 배우는 '은밀한 만족'에 대해서 설명했다. 그리고 이 경영자들은 단지 '번창'만 하는 게 아니라 '산업 자체를 완전히 새롭게 재규정할 것이라고 덧붙였다.[27]

CSC 인덱스의 전신인 인덱스 그룹Index Group의 연구 조사 책임자였던 토머스 데이븐포트Thomas Davenport는 애초의 경영과정 재설계 개념의 발전과 긴밀하게 관련되어 있었다. 데이븐포트는 나중에 '수수한 아이디어 하나'가 '재설계 산업 단지'를 창출하면서 '괴물'이 되는 과정을 묘사했다. 재설계 산업 단지는 그야말로 '강력한 이익 집단 셋 즉 대기업의 최고경영자와 일류 경영 컨설턴트 그리고 일류 정보기술 처리자로 구성된 철의 삼각 지대'였다. 이로써 경영과정 재설계는 이론에서뿐만 아니라 실제 현실에서도 성공적임이 입증되었다. 그 결과 이 특수한 프로젝트들은 '재설계 성공 스토리들로 재포장되었다.' 경영자들은 경영과정 재설계의 딱지를 붙이기만 하면 어떤 프로젝트든 간에 승인받을 수 있음을 깨달았고, 컨설턴트들은 예전의 온갖 어려운 전문용어들을 버리고 오로지 재설계 전문가로서 할 수 있는 내용으로만 컨설팅을 재포장해서 고객들에게 제공했다.

지속적인 개선, 시스템 분석, 산업공학, 사이클 타임 축소……이 모든 것이 재설계의 새로운 버전들을 가능하게 해주는 대상이 되었다. 다들 미친 듯이 경영과정 재설계에 집중했다. 주요 컨설팅 업체들은 한 달에 100만 달러의 수수료를 챙길 수 있었고, 전략가들과 운영 전문가들 그리고 시스템 개발자들을 여러 해 동안 계속 끌어안고서 영업을 이어나갔다.

기업들 사이에서 구조 조정과 인원 감축의 바람이 불어닥칠 때 이 과정에도 역시 '재설계'라는 이름이 붙여졌다. 실질적인 관계가 무엇이었든지 간에 인원 감축은 '재설계에 전략적인 근거와 재정적인 합리화 구실을 제공했다.' 한편 컴퓨터 산업 역시 경영과정 재설계와 작지 않은 이해관계를 가지고 있었는데, 이 산업은 하드웨어와 소프트웨어 그리고 여러 통신 관련 제품에 대규모 지출을 권장했기 때문이다.

하지만 크게 부풀어 오른 거품이 꺼지기까지는 그다지 많은 시간이 걸리지 않았다. 경영과정 재설계와 관련해서 너무도 많은 주장들이 제기되었고, 너무도 많은 돈이 지출되었으며 또 (재설계라고 하면 주로 직원의 대량 해고가 연상되었기 때문에) 너무도 많은 저항이 더 커지고 있었다. 그리고 데이븐포트의 지적에 따르면 이 모든 것들에는 너무도 많은 '과대광고'가 동반되어 있었다. '재설계 혁명'은 잠재적으로 가치가 있는 혁신과 실험을 수행했다. 그러나 과장된 약속을 하고 기대를 잔뜩 부풀렸지만 이런 것들은 결국 '일시적인 유행과 실패'로 이어지고 말았다. '변화의 프로그램들을 열렬하게 선전할 시간은 결과가 안전하게 확보되고 난 뒤의 일'이었다. 가장 심각한 문제는 그 유행이 사람들(즉, 노동자들)을 마치 쉽게 재설계될 수 있는 교환 가능한 작은 부품인 것처럼 대하고 다루었다는 점이다. '부상자는 챙기되 낙오자는 쏘아버려라'와 같은 전문가의 지침들은 동기 부여에 전혀 도움이 되지 않았고, 엄청난 연봉을 (그리고 또 연봉보다 훨씬 더 많은 청구서를) 받는 젊은 컨설턴트들은 오랜 세월의 노동으로 숙련된 직원들을 경멸의 눈으로 바라보고 또 다루었다. 이것이 역사적인 변화의 어떤 계기였을 수도 있고 아니었을 수도 있지만, 어쨌거나 직원들은 자기들을 실업자로 만들어버릴 수도 있는 기업의 미래를 위해서 폭넓은 전망을 가지고 열정을 다할 이유가 없었고 그저 자기 자리를 보전할 생각만 했다. 사실 그건 너무도 당연한 대응이고 결과였다.

1994년까지 CSC 인덱스의 재설계 관련 보고서는 참가 기업들의 절반은 공포와 불안을 보고한다고 지적했는데, 사실 이것은 전혀 놀라운 일이 아니었다. 왜냐하면 그 기업들의 4분의 3이 평균 20퍼센트의 직원을 해고하려고 했기 때문이다. 재설계 과정을 마친 기업들 가운데 '67퍼센트가 그저 그런 결과를 내는 데 그쳤거나 실패라는 결과를 냈다.' 베스트셀러 경영서들에 성공 사례로 인용된 기업들의 운명이 흔히 그렇듯이, 경영과정 재설계의 승리자로 갈채를 받았던 기업들은 나중에 한층 더 심각한 문제에 빠졌거나 아예 이 개념을 포기한 것으로 드러났다. 경영과정 재설계의 전도사 역할을 하던 컨설팅업체인 CSC 인덱스도 위험에 빠졌다.

CSC 인덱스의 컨설턴트이던 마이클 트레이시Michael Treacy와 프레드 위어즈마Fred Wiersema가 해당 분야의 차세대 베스트셀러가 될 것으로 기대하고 썼던 책 《초일류 기업의 시장 지배 전략》The Discipline of Market Leaders을 《비즈니스 위크》가 열심히 띄워주려고 노력했음에도 불구하고, 그것은 CSC 인덱스의 신뢰 회복에 그다지 큰 도움이 되지 않았다. 애초의 목적은 이 책을 《뉴욕 타임스》 선정 베스트셀러 목록에 올리는 것이었다. 그런데 CSC 인덱스 직원들이 무려 25만 달러나 들여서 이 책 1만 권을 사재기했으며 회사가 직접 구매에 나선 양은 이보다 더 많다는 혐의를 당국으로부터 받았다. 물론 CSC 인덱스 관계자들은 이런 사실을 부인했다. CSC 인덱스와 컨설턴트들이 이렇게 투자를 한 데는 물론 나름대로 계산과 이유가 있었다. 그들은 다음 차례의 '큰 것 한 방'과 관련된 것을 통해서 본전을 뽑고도 충분히 남는다고 생각했던 것이다. 아닌 게 아니라 트레이시는 한 해에 약 80회의 강연을 했는데, 그 책이 출판된 뒤에는 회당 강연료가 2만 5,000달러에서 3만 달러로 뛰었다. 그런데 그 책이 대필작가들이 쓴 것이라는 보도가 나왔고, 이런 진술들로 해서 CSC 인덱스에 역풍이 불었다. 《뉴욕 타임스》는 베스트셀러 목록을 새로 정리했으며 CSC 인덱스와의 계약을 해지했다. 그리고 다음해, 《재설계 경영》Re-Engineering Management으로 역시 사재기 의혹을 받았던 챔피가 회사를 떠났다. 이런 과정을 거치면서 한때 컨설턴트를 600명씩이나 거느렸던 CSC 인덱스는 1999년에 청산 절차를 밟았다. CSC 인덱스의 성장과 몰락은 가장 최근의 유행보다 끊임없이 한 걸음 더 앞서가려고 했던 기업들이 공통적으로 보여준 모습이었다.[28]

† '블루오션'으로의 이동

이미 성공한 기업들이 채택한 방법들을 그대로 모방하면 과연 성공할 수 있을까? 그런데 성공한 기업들이 사용한 기법은 이미 세상에 잘 알려져 있다는 바로 그 이유 때문에 모방자가 거두는 결과는 개척자가 누린 결과에 못 미칠 가능성이 높다. 군대가 잘못된 작전술을 채택할 때와 마찬가지로, 기업이 흠결이 있는 전략을 채택할 때 전략 그 자체가 이끌어낼 수 있는 것은 거의 없다. 이것은 마이클 포터가 적어도 전략을 자기가 이해하는 방식으로 이해할 때 (즉 전략을 독특한 경쟁적 지위에 이르는 수단이라는 의미로 이해할 때) 일본 기업들이 과연 전략이라는 것을 가지고 있다고 볼 수 있을지 진심으로 의문을 품은 이유였다. 포터는 1970년대와 1980년대에 일본 기업이 이룩한 약진은 우월한 전략의 결과가 아니라 우월한 운영의 결과라고 주장했다. 일본 기업들은 보다 낮은 비용과 보다 높은 품질을 결합했으며, 또 서로가 서로를 모방했다. 그러나 이 접근법은 기존의 공장에서 보다 높은 생산성을 이끌어내기가 점점 더 힘들어짐에 따라서 한계수익도 점점 줄어들 수밖에 없으며, 운영의 효율성을 개선한 다른 기업들에게 따라잡히고 만다고 그는 지적했다. 원가 절감과 제품 개선은 쉽게 모방할 수 있으며, 따라서 상대적인 경쟁적 지위는 변하지 않은 채로 그대로 유지되었다. 사실 '초超경쟁'hypercompetition은 (고객을 제외하고) 모두의 사정을 나쁘게 만들었다. 포터가 보기에 어떤 기업이 지속 가능한 지위를 유지하려면 이 기업을 이 기업이 처한 경쟁적인 환경과 특별한 연관을 가지도록 해야만 했다. 더 나은 결과를 내려면 장기적으로 지속될 수 있는 어떤 차별성이 필요했다.[29]

모든 기업이 동일한 강점을 바탕으로 개선을 시도하는 상황에서 경쟁 우위를 유지하려는 기업이 맞닥뜨리는 문제들을 이른바 '붉은 여왕 효과'red queen effect(어떤 대상이 변화를 하더라도 주변 환경이나 경쟁 대상이 더 빠르게 변화함에 따라 상대적으로 뒤처지게 되는 효과—옮긴이)라고 부른다. 이이름은 루이스 캐럴Lewis Carrol의 소설 《거울 나라의 앨리스》Alice Through the Looking Glass에 나오는 표현을 딴 것인데, 애초에 이것은 진화생물학자들이 포식자와 먹잇감 사이의 무기 경쟁 즉 종들 사이의 제로섬 게임이자 그 누구도 영원한 승자가 될 수 없는 게임을 묘사하기 위해서 사용했던 가설의 이름이었다.[30] 그런데 경영이라는 맥락에서는 여러 모로 비슷한 기업들 사이에서 일어나는 경쟁을 의미하게 되었다. 예를 들어서 초기에는 표준적인 공정을 바탕으로 해서 시간을 절약하는 기업이 수익을 두드러지게 많이 창출할 수 있다. 그러나 곧 다른 기업들도 이 선두 기업을 따라잡고, 그 결과 선두 기업이 누리던 수익 격차는 점점 줄어든다. 소모전 형태의 전쟁에서도 마찬가지이다. 교전 중인 양쪽이 순전히 작전의 효과에만 집중하는 전략을 구사할 때 양쪽은 서로를 지속적으로 파괴하고, 이 파괴는 (대개 한쪽이 다른 쪽을 집어삼킴으로써) 경쟁이 중단될 때까지 계속 이어진다.[31]

만일 경쟁의 주된 무대가 점점 더 많은 경쟁자들로 바글바글 끓을 때, 그래서 똑같이 지친 경쟁자들이 서로에게 치명타를 먹이려고 필사적으로 노력할 때, 즉 걸을 수 있는 부상자들을 해산시킬 수밖에 없고 널브러진 수많은 시체에 발이 걸려 넘어질 때, 덜 붐비고 경쟁이 덜 치열하며 수익률이 훨씬 더 높은 영역을 찾는 것이 해결책이다. 이렇게 보자면 기업 혹은 경영의 역사는 전체 부문들 그리고 그 부문들 안에 있는 기업들의 융성과 몰락의 역사이다. 그러니까 기업들이 경쟁하는 세상은 불안정성을 특징으로 하는 경쟁의 장이다. 예를 들어서 1957년에 S&P 500에 포함되었던 기업들 가운데서 30년이 지난 뒤에도 여전히 그 목록에 남아 있는 기업은 겨우 74개 기업밖에 되지 않았다. 경영 전략에 관한 수많은 저작물들은 치열한 경쟁에서 살아남은 이 기업들을 대상으로 연구를 진행한 결과였다. 그러나 실제로 가장 중요한 혁신은 대개 새로운 제품을 가지고 새롭게 성장한 기업들에서 찾아볼 수 있다. 김위찬w. Chan Kim과 르네 마보안Renee Mauborgne이 지적했듯이 '영원히 탁월한 산업이 없는 것과 마찬가지로 영원히 탁월한 기업은 없다.' 이런 이유로 해서 김위찬과 마보안은 '경쟁이 없는 새로운 시장 공간'을 창출할 수 있는 블루오션blue ocean(푸른 바다)을 찾아서 활동의 장을 옮기지 않고서 '레드오션red ocean(붉은 바다)'에서 끝없이 경쟁을 하는 기업들에게서는 아무런 희망도 찾을 수 없다고 지적했다. 블루오션을 찾아서 활동의 장을 옮기는 데 실패한 기업들은 과거에 존재했던 수많은 기업들이 걸어갔던 길을 그대로 걸어가서 소멸하거나 혹은 합병되고 만다고 했다. 두 사람은 비록 블루오션은 오로지 새로운 기업들만 발견한다고 주장하지는 않았지만, '전략적인 이동'은 회사 차원이 아니라 분석의 한 단위 차원에서 이루어져야 한다고 주장했다.

김위찬과 마보안은 경영을 군사 전략과 비교했다. 군대는 '제한되어 있으며 언제나 존재하는 특정 영역의 영토'를 놓고 벌어지는 싸움에 초점을 맞추지만 산업의 경우는 다르다. '시장이라는 우주'는 결코 일정하지 않다. 그런데 두 사람은 이 비유를 조금 혼동해서, 레드오션을 인정한다는 것은 '제한된 영토와 성공하기 위해 적을 꺾어야만 하는 필요성이라는 (……) 전쟁의 핵심적인 제한 요소들'을 인정하는 한편 '경쟁이 없는 새로운 시장 공간'을 창출함으로써 누릴 수 있는 특별한 강점을 활용하는 데 실패하는 것이라고 주장했다.[32] 만일 그들의 이론이 순전히 전투에 관한 것으로서의 군사 전략이라는 발상에 의존했다면 출발이 좋지 않았다. 우리는 지금까지 이 책에서 가장 유리한 조건이 아닌 경우에 전투를 피하고자 했던 소망이 수많은 군사 전략을 낳았음을 지적해왔다. 경영이라는 영역에서도 비슷한 충동이 작동한다. 상상력이 없는 채로 그저 열심히만 일하는 사람은 가장 단순한 공식에 집착함으로써 대담하며 미래의 전망을 가지고 있는 사람이 경쟁 우위를 누릴 수 있도록 기회를 제공한다. 비록 김위찬과 마보안이 레드오션이 때로는 피할 수 없으며 또 설령 블루오션이 궁극적으로는 레드오션으로 변한다는 점을 인정하긴 했지만, 그럼에도 두 사람은 레드오션 전략은 본질적으로 매력적이지 않다는 사실은 분명하게 밝혔다. 바로 이 지점에서 두 사람의 전략 방향은 야수적인 전투 논리를 회피하며 보다 나은 정보력을 동원해서 살육을 피하면서도 정치적인 목적을 달성하려고 했던 전통적인 군사 전략과 정확하게 일치했다. 그래서 선택 역시 군사 전략의 경우와 마찬가지로 양자택일 방식이었다. 직접적이냐 아니면 간접적이냐, 섬멸전이냐 아니면 소모전이냐, 마찰이냐 기동이냐, 레드오션이냐 아니면 블루오션이냐 등과 같은 둘 가운데 하나를 선택해야 했다.

정통적인 경로를 따라야 한다는 사실이 부정된 적은 거의 없었다. 그러나 이 방식으로는 진정으로 창의적일 수 없다는 분명한 인식이 늘 존재했다. 군사 전략에 관한 저작들이 그렇게나 많았던 것과 마찬가지로 (신중한 계획 세우기나 노동자에게 권한을 부여하기, 수평적으로 사고하기, 대담하게 재설계하기 혹은 혁신적인 설계를 도입하기 등의 어떤 방식을 통하든 간에) 자기 자신 및 자기가 속한 산업을 바꾸었던 기업들이 거둔 여러 성공 사례들이 최상의 길로 제시되었다. 실패는 통설에 맞는 정통적인 것만 고집하거나 자기만족에 빠져서 유유자적하거나 혹은 뚜렷한 목적의식도 없이 하나의 위기에서 또 다른 위기로 이동한 기업들에게 돌아가는 몫이었다.

김위찬과 마보안은 자신들의 저서 부록에서, 지금은 구조주의적 structuralist 전략과 재구축주의적 reconstructionist 전략으로 묘사되는 레드오션 전략과 블루오션 전략을 보다 더 분석적인 차원에서 구분했다. 구조주의적 접근법은 포터가 가장 유명한 주창자인 산업 조직 이론에서 파생되었다. 이것은 '환경 결정론적'이었는데, 시장의 구조를 주어진 어떤 것 그러므로 이미 알려져 있는 소비자 기반을 쟁취하기 위한 전략적 경쟁을 필연적으로 요구하는 어떤 것으로 상정했기 때문이다. 그러므로 이 시장에서 성공한다는 것은 순전히 공급의 측면과 관련된 것이었다. 즉, 어떻게든 간에 경쟁자들보다 우위에 서려면 차별화를 하거나 비용을 절감해야만 했다. 자원을 풍부하게 보유한 기업이 궁극적으로는 승리하겠지만, 어쨌거나 경쟁은 본질적으로 한쪽이 시장을 보다 더 많이 차지하면 다른쪽은 그만큼 시장을 잃을 수밖에 없다는 논리, 즉 마찰과 소모전의 논리를 따른다. 요컨대 이 이론은 외생적 한계를 설정한다. 이에 비해서 구축주의적 접근법은 개별 참가자들의 아이디어와 행동이 경제와 산업의 지형을 바꿀 수 있다는 주장을 하는 내생적 성장 이론(기술 진보가 외생적으로 결정된다는 신고전학파 성장 모델에서 벗어나 경제 내에서 내생적으로 발생하는 기술 진보를 통하여 장기적인 경제 성장이 이루어지는 과정을 설명한다—옮긴이)에서 파생되었다. 이 전략은 혁신적인 성향을 가지고 있으며 미래의 기회를 놓쳐버릴 수 있는 위험에 민감한 조직에 적합하다. 이 접근법은 혁신적인 기법들을 사용해서 새로운 시장을 창출하는 등의 수요 측면에 집중한다. 구축주의적 전략을 따르는 기업들은 기존의 시장 범주에 얽매이려 들지 않는다. 이런 시장 범주들은 '오로지 경영자들의 마음속에서만'

존재하며 따라서 상상력을 발동하기만 하면 얼마든지 새로운 시장을 찾아낼 수 있다고 믿는다. 새로운 시장 공간은 의도적인 노력을 통해서 창출될 수 있다고 믿는다. 부(富)는 경쟁자에게서 빼앗아오지 않고도 얼마든지 새롭게 창출할 수 있다는 것이다.[33]

김위찬과 마보안은 나중에 쓴 논문에서 이 구분을 한층 더 발전시켜서, 고객이 가치를 느낄 수 있는 제품이어야 한다는 의미의 가치 제안 value proposition과 돈을 벌 수 있는 사업 모델이어야 한다는 수익 제안 profit proposition 그리고 회사 임직원이나 상품의 영향을 받는 국민이 모두 윈윈 win-win 할 수 있어야 한다는 사람 제안 people proposition을 동시에 갖춰야 진정한 블루오션 전략이고 또 그런 제품이라고 규정했다. 여기에서 두 사람은 전략을 '어떤 조직이 작동하는 산업적·경제적 환경을 활용하거나 혹은 이 환경을 재구축하기 위해서 이 세 가지 제안을 발전시키고 정렬하는 것'이라고 규정했다. 만일 이 세 가지 제안이 유기적으로 조정되어 있지 않으면 (예를 들면 가치 제안은 크지만 수익을 낼 수 없고 또 사람들을 참여시킬 수 없다면) 결과는 실패로 끝날 수밖에 없다고 했다. 이 제안들을 개발할 수 있는 주체는 전체적인 관점을 유지할 수 있는 조직 상층부의 고위 경영진밖에 없다. 이런 발상을 기반으로 해서 두 사람은 '전략이 구조의 틀을 형성할 수 있다'고 주장했다. 이렇게 해서 바야흐로, 전략이 내부 조직에 미치는 영향을 대상으로 정식화 작업을 했던 챈들러적인 관점에서 벗어나 외부 환경을 바꾸는 데 전략을 사용하려는 새로운 탐색을 모색하는 변화가 일어난 것이다.[34]

이것은 다시 우리를 환경에 대한 관계로서의 전략과 불완전한 정보를 가지고 내리는 의사결정으로서의 전략이라는 앤소프의 전략 구분으로 데리고 간다. 경영 전략의 폭넓은 취지는 추상 수준이 가장 높은 표제 아래에서 묶인다. 이어서, 군사 관련 저작물들을 지배하는 보다 행동적인 두 번째의 전략 형태가 그 아래에 위치하는데, 이것은 설정된 목표를 달성하는 차원의 문제이다. 포터는 환경이 기업의 여러 전략적 선택권을 형성하고 또 제한한다고 주장했다. 반면에 김위찬과 마보안은 이런 제한을 상상력과 혁신으로 얼마든지 초월할 수 있다고 주장했다. 포터는 차별화나 가격을 통해서 경쟁의 승패가 갈린다고 주장했다. 반면에 김위찬과 마보안은 경쟁이 존재하지 않는 공간에서 상품을 개발하는 것이 훨씬 더 낫고 또 그러려면 그게 가능한 사업 모델을 개발하고 그것이 잘 작동할 수 있도록 해줄 인력을 확보해야 한다고 주장했다.

환경을 향한 전반적인 지향이라는 이 전략관은 조직 내의 다른 모든 노력들을 평가할 수 있는 틀을 제시했다. 이런 종류의 전략은 장기적인 것이어야 했으며 궁극적인 목적에 맞춰서 기대하는 일련의 사건들을 포함해서 계획과 관련된 요소들을 구비했다. 그러나 이 전략을 한층 더 느슨하게 설정해서 우선순위나 가용 자원들 그리고 선호하는 수단들을 어느 정도 고려한 상태에서 많은 목표들을 설정하며 또 환경이 바뀔 가능성에 대해서 상당한 정도의 유연성을 유지할 수도 있다. 어떤 식의 접근법이 효과가 있을 것인지는 환경의 성격에 따라서 달라진다. 환경이 보다 안정적이면 자유로운 활동의 폭은 그만큼 더 좁아지고 내적 적응 이외의 전략의 범위도 그만큼 더 좁아진다. 심지어 재구축주의적인 전략도 여전히 현재 시장에서 진행되고 있는 것을 높이 평가하는 잠재적인 경쟁자들의 대응에 그리고 새로운 제품의 수요에 영향을 미칠 수 있는 다른 시장 참가자들의 대응에 영향을 받을 수 있었다.

그런데 이런 이론들에서는 클라우제비츠가 정치와 폭력과 기회의 역동적인 상호작용을 묘사한 것과 같은 매력적인 정식화가 부족했다. 심지어 경영자들은 시장이라는 전쟁터에서 언제나 자신만의 전운戰雲 버전을 경험하길 바라지만 그들의 경영 이론들에서는 클라우제비츠의 마찰에 견줄 개념조차 없었다. 경영 전략 분야에서 온갖 저자들이 자신만의 독특한 '제품'을 특별히 효과적인 전략이라고 선전하는 목소리들이 점점 높아지는 상황에서 그런 문제들에 깊이 파고들 만한 동기 요소는 거의 없었다. 제시되는 온갖 특효 처방들을 환경에 맞춰서 올바르게 해석하는 것 그리고 그렇게 하겠다는 의지만이 성공을 보장했다. 그러므로 충분히 검토된 최상의 계획을 좌절시킬 수 있는 예측 불가능한 요인들(예를 들면 제품 설계 과정에서의 계산 실수, 잘못 판단한 광고, 갑작스러운 환율 변동 혹은 끔찍한 재해)을 경시하는 경향이 나타났다. 정치에서처럼 경영에서도, 신뢰할 수 있는 시장이 증발했다거나 개발 과정이 진행되지 못했다거나 혹은 어쩔 수 없이 부채를 짊어지게 됨에 따라 지금 당장 발등에 떨어진 생존 문제를 필사적으로 해결하기 위해서 장기적인 차원의 열망을 잠시 옆으로 미루어놓아야 하는 순간들은 언제든 나타나게 마련이다. 이런 순간에는 우선순위를 명확하게 정리할 필요가 있으며, 가능한 한 모든 곳에 도움을 청해야 하고, 조직에 대해서도 예외적인 요구를 해야 한다. 그런데 다른 유형의 사건들은 중간 궤도 수정이나 전체 접근법 속에서 한 가지 요소의 재평가만을 필요로 할 수도 있었다. 다가오는 어떤 사건(예를 들면 투자설명회나 신제품 출시 혹은 소비자와의 만남)에 관한 지식은 지금까지 무시되었던 쟁점들을 제기할 수도 있었고 또 여태까지 포착되지 않았던 환경 변화의 여러 측면들을 조명할 수도 있었다.

고전주의 경제학의 균형 모델이 경영 전략에 미친 영향은 여전히 강력했다. 그러나 비선형non-linearity, 혼돈, 복잡적응계complex adaptive system 등의 대안적인 개념들은 비록 군사 전략가들이 뽑은 것들이긴 해도 눈에 잘 띄지 않았다. 《부의 기원》The Origin of Wealth의 저자 에릭 바인하커Eric Beinhocker
가 쓴 글이 이 과제를 지적했다. 기업으로서는 흐름이 끊임없이 이어지
고 독립적으로 행동하는 많은 대리인들에 의해서 형성되고 또 재형성되
는 열린 체계가 균형을 지향하는 닫힌 체계보다 더 바람직하고 유리하다.
예를 들어서 복잡적응계의 한 가지 특징인 '단속된 균형'punctuated equilibrium
은 오랜 기간 동안 변화가 없이 평온하다가 어느 순간 빠르고 폭발적인
변화가 일어나는 것을 뜻한다. 전략과 기술을 안정적인 시기에 조정해
놓은 사람들이 이런 순간을 만나면 갑작스럽게 노후화된다. 그런데 이
폭풍의 시기를 거치면서도 살아남는 사람들은 장차 어떤 적응이 요구될
지 예전에 전혀 알지 못했다 하더라도 적어도 적응이 필요하게 될 것임
을 미리 예상하고 준비한 사람들이다. 그러므로 전략은 '집중된 공격 방
안, 즉 언제 어디서 어떻게 경쟁자와 경쟁할 것이라는 명확한 계획'을 바
탕으로 할 수는 없고, 대신 미래에 전개될 수 있는 다양한 환경에 잘 적
응해서 행동할 수 있도록 하는 준비를 바탕으로 할 수 있다. 단위 조직의
수가 상대적으로 적은 소규모 조직은 보다 많은 단위 조직을 가지고 있
으며 새로운 상황에 대응할 레퍼토리를 보다 풍부하게 가지고 있는 조직
만큼 적응을 잘 할 수는 없다. 그러나 특정한 기준점을 지나면 대응 시간
이 짧아짐에 따라서 적응 능력도 떨어진다. 바로 여기에서, 환경의 변화
에 완벽하게 저항하는 것과 지나치게 민감하게 반응하는 것 사이에서 즉
균형과 혼돈 사이에서 새로운 균형점이 형성된다.[35]

　　전략이라는 것을 고정된 어떤 제품이라고 생각할 수는 없다. 전략은
모든 의사결정에 대한 만고불변의 지침이 될 수 없다. 전략은 중요한 의
사결정 순간들을 내포하며 끊임없이 이어지는 활동성이다. 그런 중요한
순간들은 결코 그 자체로 영원히 완벽하게 완성되지 않는다. 다음 결정

을 내릴 때까지 그런 지점까지 이동할 수 있는 있는 토대를 제공할 뿐이다. 이런 관점에서 보자면 전략은 어떤 상태에서 다른 (희망컨대 더 좋은) 상태로 나아가기 위한 토대이다. 경제 모델들은 이 역동성을 묘사할 여러 가지 방법을 찾을 수 있을지는 몰라도 과제를 어떻게 극복할 것인가 하는 문제를 해결할 지침을 제공하는 데는 도움이 되지 않았다.

제 34 장

사회학적 과제

The Sociological Challenge

전쟁 역사와 유교 관련 비유에 대해서 많이 배웠습니다.
그러나 우리가 공부한 것 중에서 유일하게 실천적인 것은
모든 기업은 전공이 제각기 다른 사람들을 모아서 한 팀으로 구성한 다음
그 팀을 시골 호텔에 보내서 느긋하게 여유를 가지고서
미래에 대해서 생각할 기회를 마련해줘야 한다는 것이었습니다.
**_경영 전략 세미나에 참석한 어떤 참가자,
존 미클스웨이트와 애드리언 울드리지가 인용**

앞서 제32장과 제33장에서는 경제학이 인도하는 경로를
따라 경영학을 살펴보았다. 지금부터는 사회학이 인도하는
경로를 따라 경영학을 살펴보기로 한다. 이런 관점에서 경
영학은 처음부터 인간은 사회적인 존재로, 조직은 사회적
인 관계들이 얽히고설킨 덩어리로 바라본다. 비록 경영학
의 사회학적 경로는 경제학적 경로와 분리된 과정을 밟아
가지만, 관리주의에 도전한다는 점과 유행을 추종하는 경
향이 있다는 점에서 경제학적 경로와 겹치기도 한다. 사회
학적 경로는 두 가지 점에서 1960년대 반문화 운동의 영향
을 받았다. 하나는 관료주의적 엄격함과 위계에 대한 혐오
였다. 이 혐오 때문에 합리화와 관료주의화의 여러 과정들
에서 문제가 제기되었고, 보다 새롭고 보다 풍성한 조직화
의 새로운 형태를 고안할 필요가 제기되었다. 다른 하나는
포스트모더니즘의 영향이었다. 이 영향을 받아서 합리주
의적 관료주의의 현대적인 형태를 비판하는 논의가 나왔을
뿐만 아니라, 세상 속에서 인간이 하는 일을 완전히 새로운

방식으로 바라보자는 주장이 제기되었던 것이다.

1950년대의 비판적인 반反관리주의 저작물들은 (조지 오웰George Orwell
의《1984년》이 제시하는 세상과 거의 다를 바가 없는) 획일적이고 디스토피아
적인 미래 전망을 제시했다. 여기에서 대기업의 엘리트들은 아무런 특징
도 없이 단조로운 (또 순종적인) 이미지로 형성되어 있는 화이트칼라 노동
자 군대를 다스리는 계층으로 묘사되었다. 하지만 1960년대와 1970년
대 내내 인구통계학적 추세와 생활방식의 선택 경향은 획일성에 반대하
는 쪽으로 작용했다. 정보통신 기술을 바탕으로 한 새로운 기업들은 흔
히 빡빡한 위계를 강조하기보다는 긴장이 느슨하게 풀어진 작업 관행과
자유로운 생각을 찬양하는 듯이 보였다. 게다가 조직에 대한 이해, 개별
적인 단위들 사이에서, 또 그 단위들 내부에서 개발된 복잡한 사회 구성
체(물질적 생산력의 일정한 발전 단계에 상응하는 사회의 경제 구조 및 그것을 토
대로 하는 상부 구조를 총괄하는 개념—옮긴이)에 대한 이해 그리고 각각의
개인이 (자기가 속해 있고 또 기여할 것으로 설정되어 있는) 조직의 필요성뿐
만 아니라 개인적인 차원의 필요성을 충족시킬 여러 관행을 개발하도록
유인하는 동기(인센티브)들에 대한 이해가 인류학적인 차원에서 보다 풍
부해졌다.

인간관계 학파가 이 작업에 필요한 토대를 제공했었다. 그런데 제2
차 세계대전이 끝난 뒤에 조직에 대한 연구는 한층 더 풍성해졌다. 조직
을 관리 혹은 경영 차원의 목표를 달성하기 위한 수단이 아니라 그 자체
로 의미를 가지는 사회 체계로서 바라보기 시작했다. 그러면서 이 통찰
력이 어떻게 하면 보다 더 큰 효율성으로 이어질 수 있을 것인가 하는 질
문들뿐만 아니라 (이 질문들은 엘튼 메이요Elton Mayo와 체스터 바너드Chester Barnard
의 중심적인 관심거리였다) 어떻게 하면 노동자에게 보다 충실한 삶을 보장

할 수 있도록 조직을 배열할 수 있을 것인가 하는 질문들로 이어졌다. 이런 관점은 개인의 질병을 개인이 속한 사회적 환경의 여러 조건들로 설명하고자 하는 경향과도 맞아떨어졌다. 조화와 연대와 지원을 권장하는 사회 구조는 사회의 전반적인 복지 수준을 높여준다. 이런 점을 입증하는 사례로는 영국의 사회심리학자 제임스 브라운James Brown의 책을 들 수 있다. 브라운은 군 복무와 직장 생활을 경험한 뒤에 사람이 겪는 정신적인 질병은 생물학적인 차원의 문제라기보다는 사회적인 차원의 문제인 경우가 더 많다는 결론을 내렸다. 브라운은 조직을 기술적 효율성이나 경제적 효율성만큼이나 사회적 효율성을 가지고서도 판단해야 한다고 주장했다.[1]

미국의 심리학자이자 경영학자인 더글러스 맥그리거Douglas McGregor의 《기업의 인간적 측면》The Human side of Enterprise은 '당신은 사람을 다루는 가장 효과적인 방법이 무엇이라고 생각하는가?'라는 질문으로 시작한다.[2] 맥그리거는 'X 이론'과 'Y 이론'이라는 두 개의 대립되는 이론을 제시했다. X 이론은 공장의 생산 현장에서 개발되었다. 이는 사람들은 기본적으로 일을 싫어하며 자기가 주도적으로 일을 하기보다는 다른 사람의 지시를 받는 것을 더 선호하므로 이런 사람들을 통제하려면 반드시 당근과 채찍을 동원해야 한다는 가설이었다. 반면에 Y 이론은 개인은 누구나 자기 충족을 바라며 자기에게 주어진 의무를 다하고자 하고 기회가 주어진다면 조직을 위해서 보다 더 헌신한다는 가설이었다. 맥그리거는 이런 발상을 MIT에 있을 때 했으며, 안티오크 대학 학장으로 있을 때 이를 실제 현실에 적용해볼 기회를 포착했다. 그는 자기 이론을 지지하는 집단을 확보하긴 했지만, 학생들과 교수진을 다루는 게 여간 어렵지 않음을 경험을 통해서 잘 알고 있었기에 활동적인 리더십이 필요하다고 느꼈다.

나중에 그는 다음과 같이 술회했다.

"나는 믿었다. 어떤 리더가 자기가 속한 조직에서 일종의 조언자가 될 수 있으며 또 성공적으로 그 역할을 할 수 있음을 믿었다. 나는 내 자신이 '우두머리'가 되는 걸 피할 수 있을 것이라고 생각했다. (……) 어려운 결정들을 내려야 하는 즐겁지 않은 의무를 피하고 싶었고 그렇게 되길 바랐다. (……) 마침내 나는, 리더는 자기 조직에서 일어나는 일에 대한 책임을 피할 수 없는 것과 마찬가지로 권위를 행사하는 것을 결코 피할 수 없음을 깨닫기 시작했다."[3]

하지만 맥그리거는 경영에 대한 보다 인도적인 접근법을 거부하지 않았고 권위주의를 받아들이지 않았다. 비평가들은 맥그리거의 X 이론과 Y 이론이라는 이분법이 지나치게 강렬하게 반대되며 또 실제 현실에서는 환경과 조건에 따라서 달라질 수 있을 것이라고 우려했지만 맥그리거는 위협이 아닌 동의를, 독재가 아닌 민주주의를, 그리고 수동적이 아닌 능동적인 것을 일관되게 옹호했다.

경계가 그어져서 한계가 있을 수밖에 없는 합리성이라는 허버트 사이먼Herbert Simon의 발상은 경영자가 실제로 경영 활동을 하는 방식을 현실적으로 평가하자는 제안이었다.[4] 또 다른 조직심리학자인 칼 와익Karl Weick은 저서 《조직 구성에 관한 사회심리학》The Social Psychology of Organizing을 통해 조정 작업이 이루어지지 않았으며 겉으로 보기에 혼돈스럽기 짝이 없는 체계라 하더라도 예상치 못했던 상황에 맞닥뜨릴 때 얼마든지 (그리고 선형적인 여러 가정들을 전제로 해서 대비를 한 체계보다 더 훌륭하게) 적응할 수 있음을 입증함으로써 기존의 표준적인 모델에 문제를 제기하고 나섰다. 와익은 다양한 학문적 배경에 의존했으며 '느슨한 연결'loose-coupling(조직의 개별적인 부분들 사이의 거리감 혹은 반응성 부족이 적응성의 한 형태를 창조한다), '설정'enactment(구조들과 사건들이 개별적인 행동들에 의해서 존재하게 되는 과정), '이치에 맞도록 만들기'sensemaking(센스메이킹, 사람들이 경험에 의미를 부여하는 과정) 등의 용어를 만들어냈다. 개인들이 본질적으로 불확실하고 예측할 수 없는 환경('다의성'equivocality)에서 활동을 해야 하므로 센스메이킹은 반드시 필요하다고 했다. 개인들이 사물을 이해할 수 있는 길은 매우 다양하며, 각각의 개인이 하는 작업은 조직 내에서 소통이 취할 수 있는 다양한 형태들에 초점을 맞추는데 특히 외부의 충격에 직면해서는 더욱 그렇다고 했다. 그러나 와익의 이론들은 너무 복잡했고 또 자기 이론을 쉽게 읽고 이해할 수 있는 저작물을 따로 내지 않았다. 예를 들어서 그는 조직을 정의하면서 '조건부로 연관되어 있는 과정들 속의 서로 맞물린 행동이라는 수단에 의해서 기존에 설정된 환경 속에 존재하는 다의성의 분해'라고 했다.[5]

† 경영 혁명가들

경영은 조직의 보다 부드러운 면에 초점을 맞춰야 한다는 발상은 컨설팅 회사인 맥킨지McKinsey 소속의 컨설턴트 톰 피터스Tom Peters와 로버트 워터먼Robert Waterman이 개발하고 주장했다. 맥킨지가 1970년대 말에 헨더슨의 보스턴 컨설팅 그룹에 대한 시장의 호응을 따라잡아야 하는 과정에서 느꼈던 압박감이 출발점이 되었다. 스탠퍼드 대학교에서 조직 이론으로 박사 학위를 막 따고 복귀했던 피터스는 '조직적 유효성'과 '실행 차원의 쟁점들'을 본격적으로 다루는 프로젝트를 맡아서 진행하라는 업무 지시를 받았다. 당시에 맥킨지는 주로 챈들러의 전략 및 구조 개념을 가지고 일하고 있었다. 스탠퍼드 대학교에서 피터스는 합리적인 전략 형성과 의사결정의 단순한 모델에 반기를 들었던 사이먼과 와익의 저작에 영향을 받았었다. 이런 피터스에게 이미 와익의 영향을 상당히 받고 있던 (피터스의 표현을 빌리자면 '푹 빠져 있던') 워터먼이 합류했고, 두 사람은 맥킨지가 가지고 있던 조직에 대한 발상을 다시 짜고 싶었다. 어느 주말에 두 사람 외에 하버드 비즈니스 스쿨의 토니 아토스Tony Athos와 맥킨지 소속의 또 다른 컨설턴트이며 일본 기업의 성공 이유를 연구하던 리처드 파스케일Richard Pascale이 한자리에 모였고, 이 자리에서 이른바 '7S 접근법'7-S framework으로 일컬어지는 것이 나왔다. 아토스는 어떤 모델이든 두운頭韻을 갖춰야 한다고 주장했고, 그의 이 주장은 나중에 옳은 것으로 판명이 났다. 그런데 암기하기 쉬워야 한다는 요건도 필요했고, 이 경우에는 전략이 구조를 추동한다는 발상과 다르게 일곱 가지 요소들 가운데 어떤 것이 특정한 시기에 중요한 영향력을 행사할 것인지에 대해서 어떤 선험적 가정도 설정될 수 없음을 입증하는 것이어야 했다. 일곱 가지 요소는 구조 Structure, 전략Strategy, 시스템Systems(체계), 스타일Style, 기술Skills, 직원Staff, 그리고 어딘가 좀 어색해 보이는 '상위 목표'Superordinate goals였다.

이 모델은 1980년의 한 글을 통해서 발표되었는데, 이 글에서 저자들은 이렇게 주장했다.

"이 접근법은 가장 강력하고 또 복잡한 방식으로 우리가 상호작용들에 집중해서 딱 맞아떨어질 수 있도록 해준다. 어떤 기관에 재지시를 내리는 데 필요한 실질적인 에너지는 모델에 포함된 모든 변수들이 정렬될 때 비로소 나온다."[6]

아토스와 파스케일은 특히 일본 기업을 분석하는 데 이 모델을 사용했다. 두 사람은 일본 기업은 미국식 경영에서 빠져 있던 혹은 미국식 경영이 그동안 잊고 있던 공동의 목적과 문화에 대한 인식을 개발함으로써 경영의 보다 부드러운 측면에서 좋은 성적을 냈다고 주장했다.[7] 1975년에 초판이 나왔지만 맥킨지의 도쿄 지부장이었던 오마에 겐이치大前 研一가 번역한 책에는 일본 기업의 전략이 대규모의 분석 전문 부서, 즉 합리적이고 구조적인 단계를 온전하게 갖춘 부서에서 나오는 게 아니라 보다 모호하고 직관적이며 시장을 온전하게 파악하는 핵심적인 한 명의 인물(이 사람의 생각은 조직 문화라는 측면에서 이해할 수 있다)에 의존해서 나오는 이유가 설명되어 있다.[8]

이 모델을 사용하는 가장 중요한 책은 피터스와 워터먼이 함께 저술한 《초우량 기업의 조건》In search of excellence이었다.[9] 이 책은 무엇이 초우량 기업을 만드는가 하는 직설적인 질문에 대한 해답으로 제시되었다. 정교한 방법론으로 보이는 것을 가지고 후보들을 추릴 수 있다. 이 책은 상당한 성공을 거두었던 것으로 보이던 62개의 기업을 여섯 가지의 성과 기준을 잣대로 해서 평가했다. 그런데 그 가운데서 43개의 기업이 진정으로 성공한 기업으로 꼽혔는데, 이들은 여섯 개 항목 가운데 네 개 항목에서 20년 연속으로 50퍼센트를 상회하는 기록을 남겼다. 그리고 이 결과를 가지고 다시 최고경영자를 대상으로 심층 면접을 했다. 이런 과정을 거쳐서 초우량 기업의 여덟 가지 조건이 추출되었다. 그것은 실행을 중요시한다, 고객에게 밀착한다, 자율과 기업가 정신을 가진다, 사람을 통해 생산성을 높인다, 가치에 근거해서 실천한다, 핵심 사업(즉, 가장 잘 아는 사업)에 집중한다, 조직 덩치가 작은 단순한 본사를 지향한다, 중앙집권화와 탈중심화를 동시에 지향한다(즉, 강력한 중앙 통제를 유지하되 개인의 자율성을 최대한 보장한다)'였다.[10]

책이 나오고 20년이 지난 뒤에 피터스는 그 책을 쓰기 위해서 했던 연구 조사가 비체계적이었음을 인정했지만, 그럼에도 불구하고 그 책의 메시지는 여전히 유효하다고 확신했다.[11]

"그 책은 한 시대가 끝나고 또 다른 시대가 시작됨을 알리는 변곡점이었다."

표적은 일본식 경영 모델이 아니라 미국식 경영 모델이었다. 피터스는 당시에 그리고 그 이후에 가지고 있던 관심의 동기에 대해, '진정으로, 깊이, 온몸으로 열정적으로 화가 나고 실망했다'는 말로 표현했다. 그의 표적에는 피터 드러커도 포함되어 있었다. 왜냐하면 드러커는 '위계와 지휘 통제, 하향식 경영 활동', 그리고 조직 내의 모든 사람이 조직 내에서 자기 위치를 파악할 것을 권장했기 때문이다. 사람들로 하여금 '평형상태에서 벗어나도록' 만들었던 국방부의 시스템(체계)에 정신없이 취해 있던 로버트 맥나마라도 역시 그의 표적에 포함되었다. 그의 세 번째 표적은 본인이 컨설턴트로서 함께 일을 해본 적이 있는 제록스^{Xerox Corporation}였다. 피터스는 제록스에서 '관료제도, 결코 달성되지 않았던 위대한 전략, 사람보다 재무적인 수치에 집착하는 노예적인 관심, MBA를 숭배하는 태도' 등 현대적인 기업과 관련된 모든 것이 다 잘못되었음을 적나라하게 목도했다. 그래서 그는 《초우량 기업의 조건》이 테일러주의를 바탕으로 하고 드러커가 강화했으며 맥나마라가 완성했던 '경영의 교과서'를 정면으로 반박한다고 보았다. 피터스는 특히 재무와 관련된 온갖 통계 수치에 초점을 맞추는 정신 상태에 특히 반대했다.

"수치를 중심으로 하는 합리적인 접근법은 이미 충분히 위험할 정도로 잘못된 것이다. 그것 때문에 이미 우리는 길을 잘못 들지 않았는가?"[12]

워터먼은 전적으로 상반되지는 않지만 그래도 약간은 다른 설명을 제시했다. 1999년에 공동저자 자격으로 발표한 글에서 그는 조직과 관련된 연구의 핵심 주제들을 실천적인 차원으로 전환하는 데서 그 책이 수행했던 역할을 설명하면서 그 책을 와익의 버전이나 다름없다고 한 것이다.[13] 그 글은 단순해지지 않으면서도 단순화하는 것이 가능한가 하는 점을 파고들었다. 설령 어떤 상황이 복잡한 이론들을 요구한다고 할지라도 경영자는 그 이론들이 흥미롭다고 여기지 않을 것이며, 따라서 좋은 이론도 실천에 영향을 주지 않을 것이라고 했다. 또 이 글은 조심성 없게도 《초우량 기업의 조건》이 '그 책의 거의 모든 내용이 조직 내의 행동에 관해서 이야기하고 또 인용된 전문가들의 미덕이 잘못된 것을 바로잡아준 덕분에' 베스트셀러가 되었다고 말했다. 하지만 사실 조직, 제한된 합리성, 내러티브 그리고 의제 설정 등을 학습해야 한다는 발상은 언급된 핵심 이론가들에서 모두 찾아볼 수 있는 것이었다. 그러나 핵심적인 메시지들의 묘사는 학술적인 발견만큼이나 중요한 가치를 지녔다. 그 메시지들은 예를 들어 '사람들이 감정을 가지는 것은 좋은 일이다', '너무 고지식하게 굴지 마라', '세상이 단정하고 말끔하게 보이지 않는다 하더라도 그것은 너의 잘못이 아니다', '합리적인 의사결정 모델을 채택하는 사람은 네가 세상의 무질서를 네 책임으로 느끼길 바라겠지만, 단 한순간도 그 사람들의 그 어리석은 생각이 통한다고 생각하도록 만들지 마라'와 같은 것들이었다.

그런데 이것이 학술적인 이론을 실천적인 차원으로 전환하는 것이었거나 혹은 아니었거나 간에 그 책을 처음 구상하던 과정이 설명되면서 그 책의 매력을 보장하려고 기울였던 저자들의 노력들이 생생하게 드러났다. 책이 출간되기 전에 이 책의 내용은 경영자들 앞에서 약 200번이나 소개되었다.

"이 과정 동안에 만일 사례들이 이야기 형태로 추가된다면 독자의 관

심을 강하게 끌어당길 것이고 기억도 더 오래 갈 것임이 분명하게 드러
났다.”

청중들은 숫자나 도표 그리고 ‘중간 수준의 추상화’를 끔찍하게 싫어
했다. 청중들의 반응 역시 애초의 스물두 가지 조건은 너무 많다는 것이
었다. 그래서 여덟 가지로 압축되었다. 스물두 가지라는 애초의 조건은
‘사람에게 관심을 기울이기만 하면 생각보다 복잡하지 않을 것이라는 기
본적인 전제가 무색할 정도로 너무 혼란스러웠다.’

《초우량 기업의 조건》의 긍정적인 메시지(‘미국에는 초우량 기업들이 있
다’)와 성공을 위한 처방(‘직원 및 고객과 긴밀한 관계를 유지하면서 일을 하되
이런저런 위원회나 보고서의 늪에 빠지지 않도록 하라’)은 대성공이었다. 이 책
은 경영서로서는 최초로 전국적인 베스트셀러가 되었고, 최종적으로 총
600만 부가 팔렸다. 피터스와 워터먼은 맥킨지에 오래 머물지 않았다.
피터스는 뉴욕 본사가 샌프란시스코 지사를 무시하는 태도에 분개해서
그 책이 출간되기 전에 맥킨지를 떠났고, 얼마 뒤에 청중의 영감을 자극
하는 (그러나 강연료가 무척 비싼) 강연 요청이 그에게 쇄도했다. 강연을 할
때나 글을 쓸 때 모두 그의 스타일은 과장되었고 극적이었다. 메시지와
끓어넘치는 소통이 그가 전하고자 하는 방법론보다 더 중요했다. 애초
의 자료 원천이 무엇이었던 간에 《초우량 기업의 조건》은 원자료보다는
흥미로운 일화와 2차 자료에 더 많이 의존했다.[14] 그런데 이 책은 기업이
지속적으로 성장하거나 혹은 심지어 망하지 않고 살아남을 수 있는 믿을
만한 조건을 확인하는 데는 실패하고 말았다. 책에서 소개한 초우량 기
업들 가운데 많은 수가 고전했고, 책이 나오고 얼마 지나지 않아서 초우
량 기업으로 꼽았던 기업들 가운데 3분의 1은 재정적으로 어려운 상태로
바뀌었던 것이다.[15]

피터스와 워터먼은 숫자, 관료제도, 통제, 도표화된 계획 대신 이보다 훨씬 부드럽지만 일이 실제로 어떻게 수행되는지 또 무엇이 완수되었는지 설명해줄 수 있는 사람, 고객, 관계를 주장했다. 경영은 따뜻한 가슴과 아름다움 그리고 예술을 다루어야 한다고 했다. '육체에서 분리되어 있고 피가 흐르지 않는 기업'이 아니라 '이상을 향한 사심 없는 추구'가 경영의 대상이 되어야 한다고 했다. 대부분의 혁명가들과 마찬가지로 창의적인 혁명가와 파괴적인 혁명가는 종이 한 장 차이라고 했다. 피터스는 노골적으로 반문화적인 제목을 붙인 책《해방 경영》Liberation Management에서 '찢어버려라. 저 위계질서를 찢고 쪼개고 뜯고 훼손하고 파괴하라'고 썼다.[16] 2003년에 그는 또 '정의에 따르면 멋진 생각은 오늘날 우두머리로 자처하는 성스러운 권위를 향해서 직접적으로 정면 공격을 감행하는 것이다'라고 썼다.[17] 피터스는 의심할 여지도 없이 Y 이론적인 인간이었다. 그가 펴낸 많은 책의 일관된 주제는 작업의 긍정적인 주제를 강조하는 것 그리고 이 진리를 가슴에 품고 실천하는 기업은 직원을 음울한 위계의 덫에 가두고 영혼이 없는 틀을 가지고 평가함으로써 직원의 창의성을 억누르는 기업보다 더 좋은 성과를 낸다는 내용이었다. 이 주제 외에는 그다지 많은 일관성을 찾아보기 어렵다. 예컨대 그는 1987년에《경영 혁명》Thriving on Chaos을 펴내면서는 '초우량 기업은 없다'고 말했다.

조직 구조를 보다 평평하게 하고 단위 부서에 보다 많은 자율성을 보장해야 하며 또 품질과 서비스 그리고 혁신에 관심을 기울여야 한다고 지적한 사람은 피터스 말고도 많이 있었다. 심지어 그는 자기가 그다지 큰 영향력을 행사했다고 주장하지도 않았다. 2003년에 낸 책《미래를 경영하라》Re-imagine!에서는 자기가 '지옥의 화염보다 더 뜨거운 열기가 날 정도로 무진장 화가 났다'는 말로 시작했다.

"지난 25년 혹은 30년 동안이나 줄곧 이러저러하게 하면 기업이 망한다고 목이 쉴 정도로 고함을 지르고 비명을 질러댔지만 (……) 아무 소용이 없었다."

특이하게도 이 책은 혁신 조직으로 군대를 예로 들면서 시작했다(당시 미군은 막 이라크로 들어가려고 할 때였으며 아직은 실질적인 어려움을 겪지 않은 상태였다). 그는 이미 존 보이드에 대한 관심을 보였었는데, 그 책에서는 '보다 큰 야전 유연성과 보다 강화된 정보 강도'의 결합, 즉 탈중심화와 정보망 형성의 결합 그리고 전략에서의 간접성 추구와 함께 군사 부문에서의 혁명을 포용했다. 그는 군대로 하여금 전혀 다른 규칙으로 대응하는 적을 상대로 '비대칭전'의 한 축을 담당하기보다는 있는 힘껏 싸울 수 있도록 허용해주는 작전 환경에 대한 추가적인 필요성은 따로 지적하지 않았다.(비대칭전asymmetric war에 대해서는 1권 459쪽 참조—옮긴이)

피터스는 본사가 아닌 지사에 있었기에 똑똑했지만 무시를 당할 수밖에 없었다. 회사 내에서 영향력을 행사할 수 있거나 명백하게 잘못된 그 모든 것들을 바로잡기에는 경영권의 사다리에서 너무도 먼 아래쪽에 놓여 있었기 때문이다. 그랬기에 자기가 할 수 있는 것이 너무도 적다는 사실에 좌절을 느꼈을 것이고, 또 이런 심정을 밖으로 표현했을 수도 있다.《이코노미스트》Economist의 보도에 따르면, 그가 거둔 성공의 많은 부분은 수많은 강연과 세미나에서 보다 인간적이며 또 '멋진' 기업가 정신이 필요하다는 사실을 '19세기의 감기약 외판원이 가졌을 것 같은 (……) 사명감이 넘치는 복음 전도사의 넘치는 열정'으로 상세하게 설명했다는 데 있었다.[18] 또 다른 사람들은 경영 이론을 '그토록 개인적이며 그토록 정신적이며 그토록 비현실적인' 어떤 것으로 전환시켰다는 사실을 놀라움과 경외심으로 전했다.[19] 종교와 다름이 없는 이 주제는 피터스를 비롯한 선도적인 경영 사상가들이 (어둠 속에서 빛이 있는 곳으로 안내하는 스승이라는 뜻이며 산스크리트어 어원인) '구루'guru로 불리는 이유가 되었다. 이 범주에 묶이는 최초의 인물인 드러커는 "'허풍선이 협잡꾼'charlatan이라는 단어가 기사 제목으로 쓰기에는 너무 길어서 '구루'라는 단어가 대신 사용되었을 것"이라고 심드렁하게 말했을 정도로 이 표현을 싫어했다.[20]

게리 하멜Gary Hamel도 피터스와 비슷하게 활동했으며 또 높은 강연료를 받는 강연을 하면서 피터스와 비슷한 존재감을 과시했다. 하멜은 비즈니스 스쿨에서 강의했고 경영 전략 컨설턴트로 일했으며, 비록 최고의 구루는 아니었다 하더라도 일류 수준의 구루라는 평가를 받았다. 그가 초점을 맞춘 분야는 적어도 처음에는 노골적으로 전략이었다. 그의 출발점은 탈규제의 결과에 따른 경영 환경의 변화와 보호무역주의 압력의 하락 그리고 정보기술이 몰고 온 충격이었다. 이런 것들이 여러 시장을 활짝 열었으며 그 바람에 기업들로서는 자기가 경쟁 우위에 있는 것이 무엇인지 분명하게 잘 알아야 했고, 그뿐만 아니라 새로운 유형의 시장 기회 및 기존의 양상과는 전혀 다른 유형의 기업간 거래 관계를 간파할 수 있을 정도로 충분히 기민해야 했다. 그래야 생존할 수 있었다. 낡은 모델에 집착하고 거기에서 벗어나지 못하는 기업은 소멸의 길을 향해 걸어갈 수밖에 없었다. 그러나 새로운 변화의 파도에 올라탄 기업은 기회를 잡았다.

하멜은 미시간 대학교 교수이자 박사 과정의 지도교수이던 프라할라드C. K. Prahalad와 함께 일련의 글을 쓰면서 처음 주목을 받았다. 두 사람은 과거에 있었던 전략적 개념들을 공격하면서 컨설팅 업체나 비즈니스 스쿨이 전망했던 여러 가지 사항들을 비웃었다. 또 미국 기업들이 일본 기업들이 성공한 근본적인 이유인 '확고한 결의, 정력 혹은 창의성'을 바라보지 않고 겉모습만 보면서 일본 기업들을 이기겠다면서 엉뚱한 곳에서 힘을 쏟는다고 주장했다. 그러면서《손자병법》을 인용했다.

"모든 사람이 자기가 이길 수 있는 전술들을 알아볼 수는 있다. 하지만 위대한 승리를 가져다줄 전략을 알아보는 사람은 아무도 없다."

일단 어떤 전략적 의도가 설정되고 나면 여기에서 방향과 전개 방식과 최종적인 운명이 도출된다고 했다.[21] 장차 어떻게 될 것임을 전제로 예상하는 것이 아니라 지금 당장의 보다 노골적인 모습을 뜻하는 '핵심역량'core competence이라는 발상은 조직에서 '총체적인 학습'으로 묘사되었다. 이것은 어떤 한 가지를 잘하는 것이 아니라 다양한 기술들을 조정하고 일련의 기술들을 통합하는 문제에 관한 것이었다.[22] 하멜과 프라할라드는 1994년에 쓴 글에서 실제 경영 현실에서 불연속성이 너무도 크고 또 일반적이다 보니 지난 20년 동안 (예를 들어 포터 등에 의해) 개발된 다양한 전략적 개념들이 더는 유효하지 않게 되었다고 주장했다. 그 전략적 개념들은 변화와 거리가 먼 안정적인 산업 구조를 상정했으며, 각각의 사업 단위에 초점을 맞췄고, 경영 분석에 의존했으며, 전략 분석을 전략 실행과 분리시켰다. 그리고 이 모든 것을 조직과 관련된 문제로 제시했다. 그러나 하멜과 프라할라드는 산업 구조에서 이미 중대한 변화가 진행되고 있음을 전제로 한 접근법을 주장했으며, 경제가 정치 및 공공정책과 상호작용한다는 사실을 인정했고, 또 이런 맥락 속에서 실행 전략들을 애초의 계획 속에 포함시켰다.[23]

그리고 하멜은 2년 뒤에 혁명적으로 변신했다. 비록《하버드 비즈니스 리뷰》가 매개가 되긴 했지만 하멜은 마틴 루터 킹, 넬슨 만델라, 간디 그리고 심지어 사회운동가 솔 앨린스키까지 불러냈다. 기업은 이제 점진주의의 한계에 봉착했다고 그는 주장했다. 모든 것이 갈 데까지 갔다고 했다. 아무리 애를 써봐야 시장 점유율은 조금밖에 더 늘일 수가 없고, 비용 절감도 조금밖에 더 할 수 없으며, 고객 대응 속도도 아무리 빠르게 하려고 노력해도 조금밖에 더 빨라지지 않고, 또 상품의 품질 개선도 한계에 다다랐다고 했다.[24] 이런 상황에서 하멜은 자기 강연을 듣는 사람들이 그런 약간의 개선에 만족하지 않을 것이라고 생각했다. 그리고 자기 강연을 듣는 사람들은 규칙 제정자 즉 산업적 정통성의 창조자이자 보호자인 대기업이 아닐 것이라고 생각했다. 또 이 사람들은 기존의 규칙을 단순히 지키기만 하면서 점점 더 힘겨워지는 상황을 어쩔 수 없이 이어가는 데 만족하지 않을 것이라고 생각했다. 하멜은 그런 사람들은 차라리 규칙 파괴자 즉 '반항자, 과격주의자, 산업의 혁명가'가 되는 것이 더 낫다고 주장했다. 이 사람들은 '전통 및 전례 존중'으로 족쇄가 채워지지도 않았기 때문에 기존의 산업 질서를 얼마든지 뒤엎을 수 있었다. '세계화'globalization라는 이름 아래 진행되는 다양한 흐름들은 혁명의 시기가 무르익었다는 뜻으로 해석할 수 있었다. 그래서 그는 기존의 시장 지위에 집착하는 경영자들에게 혁명의 물결에 뒤처지는 것이 얼마나 무서운 일인지 역설했다. 이런 전망 속에서 전략이 수행할 유일한 역할은 혁명을 창조하는 것이었다.

"전략은 혁명이다. 그 밖의 모든 것은 전술이다."

혁명가가 되려면 우선 경영을 완전히 새롭게 생각할 필요가 있었다. 이 점에서 하멜은 전략을 고정불변의 틀로 규정하고 전략이 일사불란하게 하부로 관철되도록 지휘하고 통제하겠다는 발상의 무용성을 주장한 민츠버그의 견해에 동의했다. 이럴 경우 새롭고 검증되지 않은 공간에서 나타나는 기회들을 놓쳐버리기 쉽다는 것이었다. 새로운 발견의 가능성을 가로막는 엘리트주의에 물든 계획 입안자들은 '조직이 가지고 있는 창의적인 잠재력 가운데 아주 작은 부분만' 담당하면 된다고 했다. 한편, 변화가 상부에서 과제로 부과된 '불쾌한 어떤 것 그리고 두려움의 대상이되는 어떤 것의 동의어'가 됨에 따라서 고위 경영진은 조직의 낮은 차원에서 진행되는 일에 관여하지 않고 조직의 낮은 차원에서 적극적인 대응을 해주길 권장했다. 이런 방식으로 전략 수립은 민주주의적이어야 했다. 이 지점에서 하멜은 앨린스키를 인용했는데, 앨린스키는 엘리트주의적인 계획을 반反민주적이라고 비판하면서 '다수 대중이 스스로 자기가 나아갈 길을 찾아서 자기들이 안고 있는 문제들을 해결하도록 해주는 능력과 지성에 대한 믿음 부족을 입증하는 기념비적인 증거'라고 규정했다.[25]

하멜은 낡은 전략 모델은 경영 모델로서는 이미 시대에 뒤떨어졌으며 새로운 어떤 것이 필요하다는 자신의 핵심적인 주제에서 벗어나지 않았다. 그의 2000년 저서 《꿀벌과 게릴라》Leading the Revolution(혁명을 선도하다)[26]는 이미 낯설지 않은 주제이긴 하지만 경영 구루에게서 기대할 수 있는 동기 부여 및 영감을 제공하는 어떤 것을 파고들어서, 이제 한계를 돌파할 정도의 개선을 이룰 수 있는 유일한 영역은 상상력에 있다고 주장했다. 그래서 그는 이 책은 '보다 더 잘 하는 것'에 관한 책이 아니며 또한 '어설프게 땜질만 하려는 사람들'을 위한 책이 아니라고 강조했다.

"이 책은 우리가 알고 있는 것처럼 경영을 재발명하고자 하는 냉정한 시도이다. 자본주의와 조직 생활 그리고 일의 의미에 대해서 우리가 가지고 있는 근본적인 여러 가정들을 새롭게 생각하자는 시도이다."

그런데 불행하게도 하멜이 선택한 기업은 장차 부패한 기업으로 세계적으로 물의를 일으킬 엔론 Enron이었다. 엔론은 1990년대에 송유관 회사에서 에너지 회사로 변신한 다음에 전문성과 완력을 동원해서 승승장구하고 있었다. 하멜은 엔론이 '영속적인 개혁을 수행해나갈 역량을 제도화했으며 (……) 이 기업의 직원 수천 명은 스스로를 잠재적인 혁명가로 바라본다'면서 찬사를 아끼지 않았다. 그리고 엔론자문위원회 의장이 되었다. 엔론의 경영진은 예컨대 '대중에게 권력power(에너지)을!' 따위의 인기에 영합하는 온갖 수사를 내걸었으며, 직원들에게 권한을 위임했다고 주장했고, 직원들을 모두 혁명가 동지라고 묘사했다.[27] 엔론은 자유시장에 대한 추구를 1960년대의 시민권 운동에 비유하는 등 하멜이 제기한 문제의식을 채택하고, 기업의 활동에 대한 모든 전통적인 관념들에 도전했다. 엔론은 다른 기업이 가지고 있지 않은 통합성과 기민함을 무기로 삼아서 예외적일 정도로 엄청난 수익을 실현하는 방법을 찾아낸 기업으로 칭송받았다. 그러나 엔론은 이 회사의 회계 감사를 맡았던 회계법인 아서 앤더슨Arthur Andersen과 함께 2001년 말에 무너졌다. 엔론의 주요 수입원이 기업 사기임이 밝혀졌던 것이다. 엔론은 무슨 일이 어떻게 진행되는지 아무도 알아차릴 수 없을 정도로 복잡한 거래를 매개로 해서 사기 행각을 벌였던 것이다. 게다가 또 엔론은 에너지 시장의 규제 철폐를 위해서 정치적인 차원에서도 노력을 기울였는데, 누구든 자신의 이런 주장에 의심을 품는 외부 분석가들이 있으면 언제든 이데올로기적으로 문제가 있다는 식의 딱지를 붙일 준비를 완벽하게 갖추고 있었다. 하멜은 엔론을 다룬 자기 책의 재판본을 낼 때는 엔론 부분을 삭제했다. 또 그는 엔론의 경영진이 속임수를 동원해서 부채와 악화되는 경영 상태의 위험성을 숨기려는 정교한 시도에 속은 사람이 자기뿐만이 아니라고 주장했다.[28]

하멜은 2003년에 낸 책에서는 무려 한 세기 전에 '현대적인' 경영의 규칙을 발명했던 '이론가들과 실천가들'에 의해서 기업들이 운영되고 있다고 불평했다. 당대의 경영자들이 여전히 프레더릭 테일러와 막스 베버

의 사상에 사로잡혀 있다는 것이었다(관료제도에 대한 막스 베버의 양면적
인 태도를 하멜이 인식하지 못했던 게 분명하다). 낡은 경영 모델은 유연성과
창의성을 필요로 하는 세계에서 제 기능을 발휘하지 못한다고 했다. 그
는 '통제, 정확성, 안정성, 규율, 신뢰성'[29] 등의 관료주의적 가치들에 '멍
청하게도' 초점을 맞추는 대신에 혁신, 적응, 열정 그리고 이데올로기를
추구했다. 그는 합리주의에 반대했던 전통적인 낭만적 반작용을 돌아보
면서 조직은 '규범, 가치관, 동료들이 제기하는 아프지 않은 촉구'에 의존
하는, 금전적인 보상보다 정서적인 보상을 제공하는 커뮤니티를 보다 더
닮아야 한다고 강조했다.[30] 마틴 루터 킹의 가장 유명한 연설이 그에게는
커다란 자극이었는데, 그는 자신의 꿈을 다음과 같이 묘사했다.

"변화의 드라마에서는 전환의 고통스러운 트라우마가 동반되지 않는
다. (······) 혁신이라는 전류가 모든 활동을 관통해서 흐른다. (······) 이 과
정에서 반역자들이 언제나 반동주의자들을 이긴다."

하멜이 조심스럽게 경계하면서 결코 하지 않은 게 하나 있었는데,
그것은 경영의 미래를 예측하는 일이었다. 그는 자신의 목적이 '당신이
경영의 미래를 발명하도록 돕는 것'이라고 주장했다. 그는 나중에 펴낸
책에서 경영의 규범과 가치에 관한 질문들을 직접적으로 다루었는데, 이
책에는 내재되어 있던 그의 불만이 생생하게 드러나 있다.

"수익과 경쟁 우위 그리고 효율성이라는 실용주의적인 덕목들은 전
혀 잘못된 게 아니다. 다만 고귀함이 부족할 뿐이다."

조직은 높은 목적의식을 필요로 하고 개인은 '장엄하고 숭고한 것'에
대한 충성심 그리고 개인을 초월하는 어떤 대의를 필요로 한다고 했다.[31]
그는 비록 전략에 대한 글을 썼지만 폭넓은 사회 이론 쪽으로 이미 방향
을 튼 상태였다. 그가 하는 분석은 X 이론과 Y 이론을 거의 모방하는 식

으로 바뀌어서 커뮤니티 대 관료주의적 위계, 반역자 대 반동주의자, 혁신과 변화 대 안정과 질서, 정서적 보상 대 금전적 보상 등의 이분법을 밀고 나갔다.

하멜의 논리와 주장에 내재되어 있는 전제들은 고전적인 급진적 사상의 차원에서 보다 쉽게 바꾸어 말할 수 있다. 즉 낡은 위계질서를 뒤집고 족쇄를 끊어 생산적인 에너지와 상상력을 해방시켜 모든 개인과 기업이 자신의 잠재력을 실현할 수 있도록 하자는 것이었다. 하지만 이것은 언제나 이상한 혁명이었다. 프롤레타리아 혁명이 아니라 부르주아 혁명인 것만은 분명했다. 그것은 단 한 번도 실질적인 운동으로 전개되지 않았으므로 공식적인 기관 차원의 강령적 표현은 부족했다. 하멜의 혁명은 낭만주의와 관료제도에 대항하는 반反문화의 저항, 상상력과 열정에 대한 갈망, 자연스럽고 자발적인 것이 가장 낫다는 가정 아래 감정과 경험에 모든 것을 맡기자는 간절한 바람을 반영한 것이었다. 그러나 반문화가 그랬던 것과 마찬가지로 그것은 잘못된 전망이었다. 기업 조직이 가지고 있는 민주주의적 가능성을 너무 과장했다. 뿐만 아니라 그는 참여민주주의는 반동이나 근시안적 정책으로 이어지지 않고 (기업 경영 차원에서 말을 하자면, 총명한 전략 컨설턴트의 조언을 받아서) 가장 진보적인 방향으로 이어질 것이라는 추정도 함께 했다.

일은 얼마든지 재미있고 또 흥미로울 수 있다고 했다. 온갖 도전과 혁신을 이루는 일을 뜻이 통하고 늘 힘이 되는 동료들과 함께 할 때 왜 그렇지 않겠는가? 일은 또한 꼭 필요하지만 지루하기 짝이 없는 과제들을 포함할 수도 있었다. 예산과 마감시한이 빡빡하게 설정되어 있고, 고객은 화를 내며 부품을 제공하는 협력업체는 뺀질거리고, 동료는 성질만 돋우며, 사장은 근시안적인 관점으로 들들 볶아댈 때 왜 그렇지 않겠는가? 노동력의 가치를 깨닫는 것과 전체 노동력 가운데 너무도 많은 부분이 개발되지 않은 상태로 남아 있음을 아쉬워하는 것은 별개의 일이었다. 열정과 상상력으로 고무된 직원들이 권력 구조를 뒤엎어서 기업 문화를 바꾸고 조직의 제도와 틀을 다시 짜는 것은 전혀 다른 별개의 일이었다. 상식적인 차원에서 보자면 직원들이 회사의 의사결정 초기 단계에 참여하는 게 옳고 또 어떤 의사결정을 전면적으로 조사하려면 핵심적인 공정들을 실질적으로 담당하는 사람들의 전문성에 기대는 게 옳다. 그러나 회사 전체에서 진행되는 활동들을 전체적으로 조망해서 의사결정을 하고 자원을 배분하며 책임을 지는 일은 오로지 조직의 맨꼭대기에서만 가능하다.

기업이 높은 가치를 부여하는 목적들이 흔히 냉소적으로 수용되는 이유도 바로 여기에 있다. 가끔 한 번씩 있는 혁신적 변화는 흥미진진할 수 있지만, 이런 게 너무 자주 있으면 피곤할 수밖에 없다. 그러므로 어느 정도 평온하고 안정적인 것이 환영을 받게 마련이다. 구조와 규율 그리고 책임성은 혁신이 변화를 만들고 또 이 변화가 뿌리를 내리도록 하는 데 필요하다. 많은 직원들은 고위 경영진이 전략을 만들어내야 한다고 생각하며 또한 동시에 경영진이 새로운 어떤 개념이나 발상을 내놓고 자기들을 들들 볶는 걸 원하지 않는다. 직원들에게는 구루들이 내놓는 온갖 화려한 용어들과 컨설턴트들의 과장된 주장들에 대한 대책이 필요하다. 바로 이런 대책이 학대당하는 엔지니어들, 공상에 빠져 있는 마케팅 담당자들, 멍청한 상사들 그리고 탐욕스러운 컨설턴트들이 이끌어나가는 스콧 애덤스_{Scott Adams}의 전복적인 카툰 《딜버트》_{Dilbert}에 반영되어 나타났다. 이 카툰에서 애덤스는 컨설턴트를 어떻게 묘사했을까?

"컨설턴트는 궁극적으로 당신이 지금 하고 있지 않은 일을 하라고 추천한다. 예를 들면 이런 것들이다. 탈중심화되어 있는 모든 것을 중심화해라. 수직적인 방식으로 구축되어 있는 것을 수평적으로 만들어라. 집중되어 있는 것을 다각화해라. 회사의 '핵심 자산'이 아닌 모든 것을 제거해라."

《딜버트》의 세상에서 기업은 '직원들이 자기가 알지 못하는 것을 알 수 있도록 하기 위해서' 전략을 필요로 했다. 《딜버트》의 주인공 딜버트는 자기가 전략을 어떤 식으로 만들어내는지에 대해 다음과 같이 설명했다.

"나는 낙관적인 전망을 제시하는 자료를 수집했습니다. 그런 다음에 이것을 나쁜 비유의 문맥에 집어넣고 엄청난 편견으로 양념을 쳤습니다. (……) 그리고 여기에 본능과 약간의 확증편향(자기 신념과 일치하는 정보는 받아들이고 그렇지 않은 정보는 무시하는 심리적 경향—옮긴이)을 첨가합니다."

딜버트의 회사가 좋은 제품을 만들겠다는 전략을 포기하고 '합병, 기업 분할, 별 성과가 없는 제휴와 조직의 무작위 재편이라는 필사적인 전략'을 채택할 것이라고 발표하자 회사의 주가는 세 자리 수 단위로 뛰어올랐다.[32]

제35장

의도된 전략과 응급 전략

Deliberate or Emergent

:

어떤 질병에 많은 치료법이 처방된다면
그 질병에는 치료법이 없다고 확신해도 된다.
_안톤 체호프, 《벚꽃 동산》

:

고위 경영진이 과연 경영 전략 차원의 지시를 내릴 수 있을까 하는 질문은 신중하게 의도된 전략을 택할 것인가 아니면 긴급한 응급 전략을 택할 것인가 하는 파급력이 보다 큰 이분법적 질문으로 전환될 수 있었다. 이른바 전략의 디자인 모델을 비판하며 (디자인 모델을 주장한 사람들은 '디자인 학파'라고 불렸다) 가장 오래 지속된 문제 제기적 과제의 원인을 제공했던 헨리 민츠버그Henry Mintzberg는 조직은 변화하는 환경에 대해서 지속적이고도 현명하게 학습하고 이 학습 내용을 가지고 변화에 대응해야 한다고 강조했다. 민츠버그는 제임스 워터스James Waters와 공동으로 저술했던 독창적인 한 논문에서 전략을 실행을 위해 다른 사람들에게 제공되는 단일한 어떤 제품으로 바라보지 말고 '일련의 의사결정 과정에서 실현되는 하나의 패턴'으로 이해해야 한다고 강조했다. 이런 인식을 바탕으로 해서 두 사람은 '계획된' 전략과 '실현된' 전략을 구분했다. 실현된 전략이 계획된 것이었다면 이 전략은 '의도된'deliberate 전략이고, 이에 비해서 의도가 없는 가운데 혹은 의도와 상관없이 실현된 전략은 '응급'emergent 전략이라는 것이었다.

의도된 전략은 정확성을 꾀하는 조직 속에 유포되어 있던 의도에 의존했다. 그러므로 조직이 바라던 것과 실현된 것에 대해서는 어떤 의심도 있을 수 없다. 시장이나 정치 혹은 기술 등과 같은 외부적인 힘에 의한 간섭이 있을 수 없다. 하지만 이처럼 외부의 영향으로부터 완벽하게 차단된 환경은 (혹은 적어도 문제를 얼마든지 예상할 수 있고 또 통제할 수 있는 환경은) '무리한 주문'일 수밖에 없었다. 이에 비해서 완벽한 응급 전략은 의도가 없는 상황에서도 행동의 일관성을 과시할 수 있다. 의도가 완전히 배제된 상황을 상상하기 어렵긴 하지만, 이런 상황에서 의사결정자가 구조적인 제한과 절박한 필요성에 직면해서 스스로를 구제할 어떤 방안도 없을 때 환경이 의사결정의 어떤 패턴을 강요한다는 생각을 해볼 수 있다는 말이다. 조직에서 이루어지는 수많은 작은 의사결정들은 조직을 전혀 예상하지 못했던 상황으로 끌고 갈 수 있다. 물론 이럴 때마다 경영진은 깜짝 놀랄 수밖에 없다. 아닌 게 아니라 중앙이 애초의 계획을 바탕으로 해서 실시하는 지시와 통제를 전제로 하는 전략(즉 민츠버그가 터무니없이 어리석다고 생각했던 전략)과 과정을 통해서 끊임없이 학습하고 적응해나가는 전략 사이에는 확연한 차이가 있었다.[1]

불확실성 속에서도 조직은 애초의 계획을 고수할 수 있다는 발상은 충분히 비판을 받을 수 있었다. 어떤 점에서 보자면 전략은 필연적으로 긴급한 땜질식이 될 수밖에 없다. 어떤 계획을 세울 때는 그런 계획이 나올 수밖에 없게 된 역사가 있게 마련이다. 그리고 심지어 충분히 잘 계획을 세웠으며 또 적절하게 작동할 것이라 믿었던 전략이라 하더라도 특정한 목표가 이미 달성되었다는 이유만으로 재검토되기도 한다. 그러므로 민츠버그가 했던 주장의 핵심은 어떤 조직과 이 조직의 리더십이 계속해서 학습을 해나가야 하는 필요성이었다. 고대 그리스의 메티스_{mētis}와 마찬가지로 어떤 환경이 '이해할 수 없을 정도로 너무도 불안정하거나 복잡할 때 혹은 무시할 수 없을 정도로 너무도 위압적일 때' 이 학습과 유연성 그리고 반응성은 특히 중요하다. 일정한 수준의 실험이 필요할 수도 있고, 그 상황에 맞는 현실적인 전략을 개발하는 데 최상의 정보를 가지고 있으며 또 그 상황에 가장 가깝게 있는 사람들에게 지휘 통제의 권한을 일정 수준 넘길 수도 있다. 이것은 경영자가 자신의 의도를 지시하거나 방향성을 제시할 때 발휘할 수밖에 없는 중요성을 부정하는 것이 아니다.

민츠버그가 조심스럽게 내린 결론은 '전략 형성은 두 다리로 걸어가는데 하나의 다리는 의도적인 것이고 하나의 다리는 응급적인 것이다'였다. 하지만 그의 가슴은 분명 응급 전략 쪽으로 기울어 있었다. 아마도 이 전략이 조직에 보다 많은 것을 요구하며 보다 확실한 조직 검증자였기 때문일 것이다. 조직의 모든 구성원이 가지고 있는 경험과 통찰에서 편익을 얻을 수 있는 조직이라면 당연히 최고경영자 한 사람에만 의존하는 조직에 비해서 상태가 좋다고 할 수 있다. 2008년 금융위기 이후에 민츠버그는 '사람들이 기업 내에 존재하는 공동체(커뮤니티)의 가치 즉 자기 자신보다 큰 어떤 것에 소속감을 느끼고 이것을 돌보고자 하는 마음을 저평가하는' 결과를 개탄했다. 인간은 '자기라는 한 개인보다 규모가 큰 사회적 체계 없이는 효과적으로 기능하지 못하는' 사회적 동물이며, 공동체들은 '보다 큰 선을 위해서 개개인을 결합시켜주는 사회적 접착제'라고 했다. 칭송 받는 기업들은 이 공동체 의식을 창출한다고 강조하고, 애니메이션 제작업체인 픽사_{Pixar}의 대표가 자기 회사가 성공한 이유를 직원들 사이에 형성된 공동체에 돌렸던 사실을 지적했다.

"재능이 넘치는 사람들이 서로에게 충실하고 또 함께 진행하는 작업에 충실하며 모든 사람이 자기가 특별한 어떤 것의 한 부분이라고 느끼며, 이 사람들의 열정과 성취 덕분에 회사 내의 공동체는 대학교를 졸업했거나 다른 회사에서 일하는 유능한 사람들을 회사로 강력하게 끌어들이는 자석과 같은 역할을 한다."[2]

영웅적이고 개인 중심적인 유명한 리더십 대신에 '각 개인이 다른 사람들을 자극하고 권장해서 결국 모든 사람들이 주도성을 발휘할 수 있는' 대안적인 리더십이 필요했다. 이런 리더십이 가능하려면 '개인주의적인 행동과 단기적인 조치들을 버리고 지속 가능성을 목표로 한 신뢰와 약속과 자발적인 협력을 고취하는 조치들을 도입해야' 했다.[3]

† 학습하는 조직

'학습하는 조직'을 주장한 사람은 민츠버그만이 아니었다. 조직이 학습을 해야 하는 이유로 맨 먼저 꼽을 수 있는 것은 조직의 효율성이었다. 지식 습득에 열심이고 변화를 기꺼이 수용하며 외부 세계로 열려 있는 조직은 그만큼 더 능률적이다. 또 하나의 이유는 조직의 삶이 사회적이고 총체적인 경험을 고양시키는 것이어야 한다는 점이다. '한 무리의 사람들이 함께 일을 하면서 자기들이 진정으로 소중하게 여기는 결과를 창출하기 위해서 총체적인 능력을 끌어올리는 것'이 바로 조직의 삶이 될 수 있다고 했다.[4] 기업에 속한 각 개인이 학습을 할 때, 학습하는 조직이 되고자 하는 열망을 가진 그 기업은 '직원들에게 학습하는 방법을 가르쳐줘야 하고 또 학습 목표를 달성한 사람에게는 보상을 해주어야 한다.'[5] 이 두 가지 이유 혹은 목적은 인간관계 학파가 품었던 야망을 반영했다. 만일 직장에서 하는 업무가 (예컨대 개인적인 충족의 원천이 되어) 긍정적인 경험이 된다면 조직의 업무는 조직뿐만 아니라 개인에게도 도움이 되는데, 이 과정에서 인본주의의 인간성과 관료주의의 효율성이 행복하게 결합한다. 이것은 톰 피터스와 게리 하멜이 했던 표현에서도 반영되었다. 영국의 경영 컨설턴트이자 이 접근법을 열렬하게 주창했던 찰스 핸디Charles Handy는 학습하는 조직을 '호기심이 많고 용서할 줄 알며 신뢰가 깊고 동반자 의식이 있는' 조직이라고 묘사했다.[6]

그런데 이런 발상을 극단으로까지 밀고 나간 책이 있다. 로버트 치아Robert C. H. Chia와 로빈 홀트Robin Holt의 《설계 없는 전략》Strategy without Design이었다. 특정한 목표를 설정하고 이 목적을 달성하기 위해서 합리적이고 계획적으로 전략을 세우는 것은 너무도 순진하며, 결국 행동들이 '눈에 보이지 않는 역사적이고 문화적인 힘들'을 어떻게 반영하는지 파악하지 못하며, 나아가 전체를 이해한다는 것은 애초에 불가능한 일이며 기업을 마치 장기판의 말처럼 움직이려고 시도하는 (사실 이런 모습은 위대한 전략가의 이미지로 자주 등장한다) 것이 어리석은 짓임을 전혀 알지 못한다고 했다. 실제로는 '논리적인 전모가 온전하게 드러나기에는 우연하게 일어나는 일들이 너무 많고, 대안적인 제한의 가짓수가 너무 많으며, 체계(계통) 상의 영향이 너무 많고, 또 사람들을 너무도 지치게 만든다.'[7] 홀트와 치아와는 대조적으로 리델 하트는 '간접적인 행동의 놀라운 효율성'을 지적했다. 그는 '특정한 목적에서 빗나가 있거나 사소하다고 판단되는 행동은 흔히 직접적이고 초점이 맞추어진 행동보다도 더 극적인 효과 그리고 지속적인 효과를 발휘할 수 있다'고 했다.[8] 그런데 이 대안적인 전략은 난해하지 않을 뿐 아니라 권력, 거래, 위압 혹은 연합 형성과 관계없이 논의되었다. 그 결과는 거대한 조직을 아무도 의도하지 않았음에도 불구하고 여전히 설정되어 있는 목적을 향해서 똑바로 나아가도록 만드는, 거의 인지할 수 없는 일상생활의 몸짓을 동반한 톨스토이의 포스트모던 버전이었다. 성공을 거두게 된 요인은 '사전에 미리 의도적으로 계획되어서 이미 존재하던 전략'이 아니라 '자기 앞에 제기된 곤경들에 건설적으로 대응하고자 하는 다수의 개인들이 주도적으로 수행한 총체적인 행동의 결과가 축적된 것'으로 돌려졌다. 현명한 전략가는 통제의 유혹을 뿌리치고 조직의 흐름을 타고 함께 나아가라는 조언을 들었다. 치아와 홀트는 이것을 '전략적 붙임성'strategic blandness이라고 불렀다.

"전략적 붙임성은 어떤 반대도 불러들이지 않으며 어떤 지배권도 주장하지 않는 도깨비불 같은 인내를 포함하는데, 오로지 아직 실현되지 않은 풍성한 가능성 속에서만 존재한다. (……) 목적은 예전의 뜨거웠던 열정과 절박하던 몰입에서 비켜나 있도록 해야 하며, 대신 심취와 절제 그리고 무관심을 두루 돌아다니면서 노니는 호기심을 고취시켜야 한다."[9]

이것은 '이치에 맞도록 만들기'sensemaking(센스메이킹)인데, 많은 것을 이루어지길 바라는 바람직한 어떤 목표로 남겼다. 그것은 또한 대부분의 사람들이 대부분의 시간 동안 조직적인 삶에서 상대적으로 보다 산만한 실체와 거리를 두는 것이기도 했다.

✝ 지배로서의 경영

권력 이론이 빠져 있는 전략 이론들은 필연적으로 엉뚱한 길로 나아갔다.

조직을 다룰 때 조직의 학습하는 특성 그리고 서로를 지지해주는 공동체로서의 특성에만 초점을 맞출 경우 권력이라는 쟁점에 소홀해질 수 있다. 아닌 게 아니라 조직 내의 정치학은 파괴적이고 부정적인 효과 때문에 개탄의 대상이 되기도 했다. 승진하기 위해서 혹은 자기가 특별히 애정을 가지는 사업을 추진하기 위해서 각 개인들이 나름대로 자기에게 주어진 권력을 휘두를 때 나쁜 감정이나 부정적인 효과가 발생할 수 있다. 이경우 조직의 사기가 떨어질 뿐만 아니라 조직의 전반적인 효율성이 방해를 받는다. 권력은 자기 주변의 다른 사람들을 다스릴 기회와 지위의 원천으로서 확실히 그 자체로 목적이 될 수 있다. 권력이 없이는 조직을 특정한 목표로 향해 나아가게 하기 어려우며 가치 있는 어떤 것들을 달성하기 어렵다는 것도 사실이다. 권력을 장악함으로써 나쁜 결정이 지나칠 정도로 정밀하게 실행될 수 있지만, 이런 권력이 없이는 잠재적으로 올바른 결정을 실행할 수 없다. 조직 내의 권력 구조는 (국가의 경우 한층 더 심한데) 개성과 문화에, 개인적인 차원의 계약뿐만 아니라 사회적인 차원의 계약에, 특정한 조직 단위의 명성에, 그리고 예산이 마련되고 지출이 감시되는 방식에 의존한다. 권력과 관련된 여러 쟁점들을 다루는 것은 그 자체로 전략 문제는 아니지만 전략의 피할 수 없는 한 부분이었다. 그것은 어떻게 하면 의사결정이 최상으로 형성되고 또 실행될지 따지는 것을 의미했다.

주로 권력에 초점을 맞추어서 조직론을 연구하는 드문 이론가 가운데 한 명인 제프리 페퍼Jeffrey Pfeffer는 1992년에 낸 책에서 권력의 원천과 권력 행사에 대해서 조언하면서 회의에 참석할 필요가 있는 주요 인물들을 이해할 것, 핵심적인 위원회들에서 자리를 확보할 것, 예산 및 인사 분야에서 일정한 역할을 수행할 것, 지지자와 동맹자를 규합할 것 그리고 쟁점의 틀을 자기에게 가장 유리한 방식으로 짜는 방법을 익히는 것 등이 중요하다고 강조했다.[10] 페퍼가 2010년에 펴낸 책은 리더십 관련 저작물을 신중하게 소화하기 등을 포함해서 조직 내에서 권력을 획득하는 방법에 관한 지침을 제시했는데 '내면의 나침반 따르기, 믿음성 있게 처신하기, 내면 감정을 드러내기, 소박하게 굴면서 자기 자신을 너무 드러내지 않기, 독불장군 식으로 마구 밀어붙이거나 다른 사람을 학대하지 않기 등에 대한 처방전'을 망라했다. 이렇게 해서 그는 사람들이 바라는 세상이 어떤 것이며 그것이 실제 현실과는 어떻게 다른지 설명했다.[11]

경영에 대한 보다 낙관적인 견해에 대한 비판은 이런 견해들이 권력에 대해서 순진하고 소박한 생각을 한다는 점을 지적했다. 헬렌 암스트롱 Helen Armstrong은 '학습하는 조직'을 조직의 구성원들을 보다 쉽게 착취하기 위해서 살살 구스르는 '마키아벨리적인 구실'에 지나지 않는다고 했다.

"일자리가 불안해지고 시간제·계약제 일자리가 늘어나며 아웃소싱과 기업의 군살 빼기를 보고 경영진으로부터 권한을 이양받는다고 생각하거나 느낄 노동자는 거의 없다."[12]

심지어 조직 내에서 어떤 가치나 의미가 공유되는 증거가 있다고 하더라도, 그런 것들은 거의 대부분 고위 경영진의 관점이 반영된 가치나 의미일 것이라고 했다. 그러면서, 해롭지 않은 유순한 문화라고 생각할 수 있는 것이 주도권 다툼이라는 전혀 다른 양상으로 나타날 수 있다고 했다. 권력과 이데올로기의 문제는 피할 수 없다는 것이었다.[13]

이런 견해가, 포스트모더니즘의 영향을 받았으며 기업 전략을 자연스러운 표적으로 삼은 비판적인 이론의 한 부분을 형성했다. 왜냐하면 그 견해는 스스로를, 미리 설정한 효과를 합리적인 방식으로 획득하기 위해서 이런저런 주장들을 조작하는 매우 현대적인 계획으로 제시했기 때문이다. 이런 관점에서 보자면 전략은 기존의 권력 구조를 지지하기 위해서 드러내는 것보다 숨기는 것이 더 많은 사고방식의 한 가지 사례라고 할 수 있다. 각각의 개인들과 이들이 말하거나 행동한 것은 그 개인들이 속한 사회적 맥락 바깥에서는 이해될 수 없는 것이고, 그 사회적 맥락이라는 것은 다시 그들이 말하고 행동한 것에 의해서 형성된다. 데이비드 나이츠_{David Knights}와 글렌 모건_{Glenn Morgan}은 푸코의 영향을 받았다. 그들은 영국의 비즈니스 스쿨에서 일어난 포스트모던한 반역을 반영한 1991년의 논문에서, 전략 개념을 변화하는 환경 속에서 복잡한 경영 관련 문제들을 관리하기 위한 일련의 합리적인 기법으로 바라보는 발상에 반기를 들었다. 그들은 '전략을 형성하고 평가하며 또 수행함으로써 경영자와 직원을 모두 자기의 목적의식과 현실 인식을 분명하게 할 수 있도록 만들어주는 일련의 담화 및 실천으로서의 기업 전략에 집중해야 한다'고 제안했다.[14]

여기에서 전략은 경영의 여러 문제에 대한 일반적인 접근이 아니라 특정한 기업 이데올로기였다. 그래서 나이츠와 모건은 다음과 같은 의문을 제기했다.

"만일 전략이 그렇게 중요하다면 어째서 기업은 전략이라는 개념을 '의식적으로' 가지지 않고서도 그렇게나 오랜 기간 동안 생존할 수 있었을까?"

다소 기묘하지만 푸코가 전략을 광범위하게 언급했던 점을 염두에 두고서 두 사람은 챈들러와 같은 초기 경영 이론가들이 '마치 이론가들이 전략의 규율에 명시적으로 동의하기 이전에 이미 전략이 존재했던 것처럼 전략적인 의도를 기업계의 탓으로 돌렸다'고 비판했다. 외관상으로 보자면 잘못을 저지른 쪽은 강단의 이론가들이었다. 즉, 이들이 입법자로 행세하면서 실제로 어떤 행동을 하는 사람들이 '자기가 하는 행동을 이해하는 방식'과 전혀 다른 방식으로 그 행동의 의미를 이해하면서 그 내용을 그 사람들에게 이야기한 게 잘못이었다는 말이다. 이것은 전략 혹은 외부에서 바라보는 사람이 전략적이라고 여길 수 있는 어떤 활동에 대해서 내부의 사람들이 이야기할 때 이 사람들이 그 말로써 실제로 의미하고자 하는 것이 담고 있는 흥미로운 질문을 이론가들이 무시하는 행태였다. 나이츠와 모건은 기업이 자기가 하고 있는 것, 그리고 그렇게 하는 이유를 조직 내외부의 청중에게 설명해야 한다는 바로 그 이유 때문에 비로소 전략은 중요해진다고 주장했다. 그것은 어떤 행동 경로를 선택할 것인지 결정하는 문제일 뿐만 아니라 기업 내의 경영진에게 합법성을 부여하는 문제이기도 하다고 했다.

"기업 전략이라는 담화는 특정한 영역에 대한 지식이라는 측면과 조직 내에 존재하는 '실질적인 문제들'이 무엇인지, 그리고 이 문제들에 대한 '실질적인 해법들'의 매개변수들이 무엇인지 규정하는 권력이라는 측면으로 구성된다."

기업 전략이라는 담화는 바로 어떤 사람에게는 권한을 부여하고 어떤 사람에게는 권한을 부여하지 않는 '권력의 기술'이었고, 또 '그것이 해결하겠다고 주장하는 문제들'의 원천이었다. 그것은 대안적인 다른 담화들, 예를 들어 보다 직감적이고 혹은 덜 위계적인 접근법들, 또는 하향식 공고에 의해서 촉발된 무관심과 냉소주의를 반영하는 담화들의 도전을 받을 수도 있었다. 전략적인 경영이라는 담화가 그렇게 튼튼하게 자리를 잡은 것은 대단한 '승리'였다. 전략이라는 담화는 경영자의 특전을 유지하고 드높였으며 경영자의 안정적인 입지를 보장했다. 그리고 경영자의 권력 행사를 합법화했고, 그 담화에 기여할 수 있는 사람들이 누구인지

가려냈으며, 성공과 실패를 논리적으로 설명했다.

　나이츠 및 모건과 마찬가지로 영국의 경영 이론 분야에서 비판적인 논지를 견지하던 스튜어트 클렉Stewart Clegg, 크리스 카터Chris Carter 그리고 마틴 콘버거Martin Kornberger 역시 이 주제를 한층 발전시켰다. 이들은 이런 유형의 전략은 데카르트 식으로 표현하자면 똑똑한 사람들이 멍청하고 순종적인 사람들을 이끌려고 시도하는 것으로, 니체 식으로 표현하자면 '권력을 향한 의지' 즉 미래를 통제하고 예측하며 지배하려고 시도하는 것으로 비칠 수 있다고 지적했다.[15] 특히나 이것이 기업의 전략적 계획이라는 형태로 표명될 때는 더욱 그렇다고 했다. 하지만 이런 노력은 실패할 수밖에 없는 운명이며 전략적 계획이라는 것은 흔히 경영의 세계에서 나타나는 신기루일 뿐이라고 했다. 그 계획은 조직이 감당할 수 있는 역량을 훨씬 초월하는 것이며, 목표라는 것도 마치 미래를 정확하게 예측할 수 있을 것이라는 착각을 전제로 한 것이기 때문이라고 했다. 계획과 실행, 수단과 목적, 경영과 조직화, 질서와 무질서 사이에는 간극이 존재하기 때문에 아무리 노력하더라도 실패할 수밖에 없다고 했다. 전략적인 계획은 이 간극을 관리하려 하기보다는 오히려 이 간극들을 활발하게 발생시키고 또 유지시켰다는 것이다.

　"전략적인 계획의 실천은 전략적 계획이 제안하는 질서를 끊임없이 훼손하고 뒤집어엎는 분열의 체계를 만들어낸다. (……) 내부는 질서정연하고 아늑한 영역이며 통제가 가능하다. 이러한 내부가 무질서하며 조직의 생존을 끊임없이 위협하는 외부와 대립한 채 맞닥뜨린다는 환상을 만들어낸다. 전략적 계획은 이 간극을 넓히고 강화한다. 그리고 '분열'의 복잡성과 잠재력을 무시한다."

　그런데 이런 비판은 사실 맥없는 것이었다. 어쩌면 이미 그 이전 수십 년 동안 경영자들은 질서정연하고 통제 가능한 내부 세계를 믿었으며 초超합리적인 여러 가정들을 바탕으로, 위계 체계를 통해서 하향식으로 전달된, 그리고 거의 테일러주의적인 방침에 입각해서 행동을 규정하는 매우 상세한 계획으로 표명된 이데올로기, 위안을 주며 또한 야심에 찬 이데올로기를 가지고서 이런 믿음을 고수해왔을 것이다. 실제로 기업들이 질서정연하고 통제 가능한 내부 세계에 대한 믿음을 가지고 운영된다는 생각이 완전히 터무니없지는 않다. 그런 믿음에 입각한 경영 방식은 여전히 사라지지 않은 채 예컨대 균형성과평가제도balanced scorecard(기업의 비전과 전략을 조직 내외부의 핵심적인 성과 지표KPI로 재구성해서 전체 조직이 목표 달성에 집중하도록 하는 제도—옮긴이)라는 보다 부드러운 형태로 계속 남았다. 그러나 실제 경영 현장에서는 불안정성과 불확실성에 대한 인식이 훨씬 크다는 사실을 암시했다. 경영 전략은 다양한 접근법들을 아우르는 훨씬 더 변덕스러운 우산이 되었다. 어떤 경영자들은 이런 범주로 묶일 수 있지만, 또 어떤 경영자들은 표적을 고정시킨 상세한 계획과 이것을 향한 시도들이 남기는 왜곡 효과를 잘 알고서, 이를 극복하고자 직원을 의사결정 과정으로 끌어들이려고 노력한다.

† 경영 전략의 유행들

헨리 민츠버그가 공저자로 참가한 2002년 저서 《전략 사파리》Strategy Safari는 전략에 대한 서로 다른 접근법 10가지를 제시했다. 그런데 전략에 관해서는 서로 일치하지 않는 부분이 너무 많고 또 '까다로운 나머지 학자들은 논리적으로 통일성이 있는 어떤 정의조차 내릴 수 없어서 절망했다.'[16] 그래서 어떤 사람은 전략을 '패러다임 형성 이전 상태'에 놓여 있는 것이라고 묘사했다.[17] 그런데 또 어떤 사람은 단일한 패러다임이 아니라 전략의 복수성을 전제로 한다는 사실이 전략을 논의할 때 혼란이 생기는 원천이라고 보았다. '전략'은 새로운 시도라면 무엇에나 가져다붙이는 단어가 되었다.

> 전략은 사용하는 사람마다 제각기 자기가 원하는 내용을 담는 만능의 용어가 되었다. 경영 관련 잡지들은 현재 전략에 고정적으로 지면을 할애한다. 이 지면에서 소개하는 내용은 보통 고객 서비스, 합작 투자, 브랜드 사업 혹은 전자 상거래 등과 같이 뚜렷하게 구분이 되는 쟁점들을 기업들이 어떻게 다루는가 하는 것이다. 여기에서 각 기업의 경영자들은 돌아가면서 자기 회사의 '서비스 전략', '합작 투자 전략', '브랜드 전략' 혹은 바로 그 시점에 머리에 담아두고 있는 이런저런 전략을 이야기한다.[18]

이와 관련해서 존 케이 John Kay 는 전략이라는 용어를 회의적으로 바라보면서 다음과 같이 썼다.

"어쩌면 오늘날 전략이라는 단어가 가장 보편적으로 사용되는 용례는 비싸다는 말과 동의어로 사용될 때가 아닐까 싶다."[19]

전략의 융성은 지금까지 수직적이기도 했고 또한 수평적이기도 했다. 즉 전략이라는 이름 아래 종속적인 활동이 다양하게 많았다는 점에서 수직적이었고, 환경과 관련해서 절차적이고 실체적인 처방들이 다양하게 많았다는 점에서 수평적이었다. 1980년대와 1990년대에는 굉장한 아이디어들이 눈이 핑핑 돌아갈 정도로 연이어 나왔으며, 피터스나 하멜과 같은 구루들도 나타났고, 경영과정 재설계BPR라는 개념도 활짝 꽃을 피웠다가 스러져갔다. 그 결과 경영과 관련된 일시적인 유행들이 붐을 이루는 과정에서 연구 조사의 새로운 영역이 개발되었다. 유행하는 것의 숫자도 많고 종류도 다양했으며, 또 이런 유행을 부추기는 온갖 광고들이 화려하고도 시끄럽게 떠들어댔다. 그런데 이런 유행의 수명은 무척이나 짧았다. 이런 상황에서, 도대체 왜 어떤 유행이 한 번 일어날 때마다 그 유행에 열광적으로 매달릴까 하는 궁금증이 일었다.[20] 경영 소비자(유행하는 경영 '상품'을 해당 컨설턴트로부터 구매하는 소비자라는 뜻이다―옮긴이)는 지배적인 단 하나의 경영 패러다임을 상대하는 게 아니었다. 서로 모순되는 다수의 패러다임을 상대해야 했으며, 이들 각각의 전략이 가지는 독특한 기법들을 이해하려면 책을 사거나 세미나에 참석하거나 혹은 가장 좋은 방법으로 컨설팅 업체와 계약을 체결해야 했다. 그런데 전략과 관련된 온갖 발상들은 잇달아 나타나서 서로 잘났다고 다투었다. 그냥 봐서는 평범하기 짝이 없는 것이나 선뜻 받아들이기 어려운 제안을 담은 온갖 통찰들이 미심쩍은 일반화를 제시하며 서로 진정한 전략이라고 주장하면서 손을 내밀었다.

이런 현상에 대한 설명을 여러 사람들이 내놓았다. 구루들이 경영자가 불확실한 세상을 온전하게 이해하도록 돕고 또 어느 정도의 예측 가능성을 제공했다고도 했다. 구루들은 경영자들이 하고자 마음먹은 것에 대해서 기업 외적인 차원의 적법성을 부여했다. 심지어 구루들을 회의적으로 바라보는 사람들조차도 자기가 중요한 어떤 것을 놓치는 것은 아닌지 혹은 중요한 발전 과정을 무시하는 것으로 외부에 인식되는 것은 아닌지 우려했다. 경영과 관련해서 온갖 유행이 잇달아 일어난다는 것은 완벽한 정답은 없다는 반증일 수도 있었지만 실제로 어떤 발전이 진행되고 있을 수도 있었다. 보다 높은 차원의 경영이 손만 내밀면 잡을 수 있는 수준으로 완성되어 있을 가능성은 언제든지 존재했다. 만일 그렇다면 성실한 경영자라면 반드시 이런 움직임에 관심을 기울여야 했다.[21] 시중에 출시되는 모든 제품이 다 불량품일 수는 없을 테니까 말이다.[22] 드러커가 처음 목표 관리management by objectives, MBO(조직의 상하 구성원들의 참여해서 목표를 명확하게 설정하고, 그에 따라 생산 활동을 수행하도록 한 뒤, 결과를 평가함으로써 관리의 효율화를 꾀하는 경영 기법—옮긴이)라는 개념을 제시한 이후로 수많은 기법들이 줄지어 제시되었다. 이들 가운데는 일시적인 유행이라고 인식될 수 있는 것들도 있었지만, 그런 것들 가운데서도 스왓 분석법이나 BCG 매트릭스 그리고 품질 관리 분임조quality circles처럼 현재 매우 유용한 기법으로 인정받는 것들도 있었다. 심지어 경영과정 재설계의 경우에는 지나치게 과격하게 흘러서 한꺼번에 너무 많은 것을 요구하며 편익을 과장했다. 1980년대 이후에는 우량 기업이 되겠다고 주장하지 않거나 하부 단위의 자율성을 촉진하지 않는 기업이 드물 정도였다. 고위 경영진이 이런 문제들을 정기적으로 요구했다는 점은 이런 경향의 한 가지 유산으로 남았다.

오래 지속될 가능성이 가장 높은 혁신은 고위 경영진이 조직에 영향력을 행사하도록 도왔던 혁신들이었다. 1992년에 《하버드 비즈니스 리뷰》에 실린 로버트 카플란Robert Kaplan과 데이비드 노턴David Norton의 논문을 통해서 발표된 균형 성과 평가제도의 사례를 살펴보자. 카플란과 노턴은 금융 수익은 기업의 성과를 파악하기에 적절한 지표가 아니라고 주장했다. 훨씬 더 포괄적이고 현실적인 관점이 필요하다고 했다. 두 사람은 통계를 '일련의 인과관계 가설들'로 이해하고, 핵심적인 효과들을 측정함으로써 전략이 적절하게 실행되고 있는지 입증할 수 있을 것이라고 제시했다. 재정, 고객관, 내부 조직 그리고 혁신 수행 능력을 아우르는 목표와 적절한 수단을 개발해야 한다고 했다. 균형 성과 평가제도는 '사람들은 그 목표에 도달하는 데 필요한 것이면 어떤 행동을 할 수도 있고 어떤 태도도 취할 수 있다'는 사실을 전제로 설정했다. 이 제도의 장점은 이해하기 쉽고 직원들이 쉽게 참가하며 또 경영에 필요한 정보를 개선한다는 데 있었다. 그러나 핵심 성과 지표$_{KPI}$는 중요한 것을 반드시 반영하는 것이 아니라 측정할 수 있는 것만을 반영하며, 이것 자체가 목적이 된다. 그래서 직원은 어떤 것이 조직에 전혀 이득이 되지 않는다 하더라도 설정된 목표를 완수한다. 오로지 지표를 관찰하는 것에만 의존하는 경영자는 해석하기 어려운 자료에 파묻혀서 서로 다른 측정치들 사이의 복잡한 상호작용을 이해하지 못하고 또 조직이 원활하게 돌아가지 못한다는 중요한 징후들을 파악하지 못한다.[23] 스티븐 번게이$_{Stephen Bungay}$는 무엇을 해야 할 필요가 있고 또 그 이유가 무엇인지 선명하게 인식하지 않을 때 '도표의 수치 그 자체에 집착하게 됨은 불을 보듯 뻔하다'고 지적했다. 비록 평가제도 자체는 소통의 방법이 될 수 있지만 어쨌거나 기본적으로는 여전히 통제의 한 방편이라는 말이었다.[24]

50년이 넘는 기간에 걸쳐서 나타났던 열여섯 가지의 경영 관련 유행을 분석한 논문은 그 유행들은 시간이 흐름에 따라서 '다양한 기반을 갖추긴 했지만 단명했으며 고위 경영진이 실행하기에는 한층 더 어려워졌다'고 주장했다.[25] 어떤 특정한 경영 기법이 채택되었을 때 이 기법이 조직의 성과에 미치는 영향은 거의 포착할 수 없다고 했다. 그럼에도 불구하고 그 기법의 채택은 기업의 명성에 그리고 심지어 경영진의 연봉에는 확실히 영향을 미쳤다. 이 논문은 '기업은 반드시 기술적으로 최상이거나 효율 면에서 최고인 기법을 채택하는 것이 아니고 널리 인정받고 검증된 기법을 채택함으로써 외부적인 차원의 정당성을 추구한다는, 예전에 나왔던 여러 주장들'을 확인하고 강화했다.[26] 또 다른 논문은 경영자들이 한창 유행하는 듯 보이는 새로운 아이디어들을 '시대정신'을 담고 있는 것으로 본다고 주장했다.[27] 전략이라는 단어의 개념적 발전을 분석한 2011년의 어떤 논문은 1962년부터 2008년에 걸쳐서 나왔던 91개의 정의를 수집했다. 논문 저자들은 이 단어가 어떤 방식 혹은 어떤 맥락으로 사용되는지 분석한 끝에, '계획'이라는 단어의 빈도가 갑자기 줄어들고 '환경'이라는 단어의 빈도가 늘어났다가 다시 꾸준하게 줄어들며 또 '경쟁'이라는 단어의 빈도가 지속적으로 증가한다는 사실을 확인했다. '성취하다'라는 동사의 빈도는 일정하게 변함이 없었지만 '공식화하다'라는 단어는 '관련이 있다'라는 단어에 추월당했다는 사실도 확인했다.[28]

경영과 관련해서 나타나는 유행의 역할에 대한 이런 관심은 전략을 하나의 제품으로, 즉 인풋의 형태로서 조직에 방향을 제시하거나 아웃풋의 형태로서 외부 환경과의 관계를 지시할 수 있는 어떤 것으로 인식할 수 없으며, 연속적인 실천으로서 즉 많은 사람들이 조직 안에서 일상적으로 수행하는 작업으로 인식해야 한다는 깨달음을 반영한 것이다. 전략은 기업의 자산이 아니라 사람들이 행하는 어떤 대상이라는 말이었다. 그래서 '실천으로서의 전략'이라는 발상도 나왔다. 이런 인식은 고용에 대한 수요와 점점 발전하는 (개인들에게 창조적일 수도 있고 파괴적일 수도 있으며 또한 둘 다일 수도 있는) 사회적 형식 및 조직이 수행해야 하는 것으로 설정된, 보다 폭넓은 목적으로' 서로 묶여 있는 개인들이 가지고 있는 전혀 다른 종류의 경험과 열망에, 칼 와익과 같은 조직심리학자나 조직사회학자들이 관심을 가지고서 꾸준하게 쌓아 올린 연구 성과의 자연스러운 결과였다. 이런 인식은 관찰 연구를 위한 지침을 가지고서 제도라는

거시적 차원을 개인이라는 미시적 차원과 하나로 묶을 수 있었다.[29]

실천으로서의 전략에 초점을 맞춘 경우에 나타나는 한 가지 불행한 결과는 '전략을 수행하다'라는 뜻의 'strategizing'이라는 동사의 사용을 장려한다는 것이었다. 또 이렇게 하는 것이 '기업의 생존 및 경쟁 우위, 전략적인 결과들과 지시들 차원에서 당연할 정도로' 유비쿼터스적이라는 발상도 장려했다. 그러므로 그것은 모든 차원에서 다수의 참가자들을 포함시켰다.[30] 경영자와 컨설턴트를 포함해서 전략을 수행하는 사람들은 자기 조직과 관련된 기존의 전략적 '실천들'에 의존해서 (전략이라고 불리는 어떤 것을 창출하기 위해서 다른 사람들과 함께 엮일 때) 이것들을 구체적인 전략적 '관습'으로 전환시켰으며, 그 다음에는 거꾸로 이것이 조직적 차원의 실천을 새로운 모습으로 발전시켰다.[31] 이렇게 해서 전략은 의도적인 하향식 과정이며 동시에 경영자의 권한이라는 발상이 잘못된 것이라는 문제 제기가 형성되었다. 실행에 관한 문제들이 제기되자마자 미시적 차원의 의사결정이 거시적 차원의 성과에 영향을 미칠 수 있음이 명확해졌다. 이것은 전략 계획 모델strategic planning model에 대한 낯익은 비판의 핵심이었다. 그러나 그것은 상향적으로 효과적으로 관리되는 조직과 동일하지 않았다. 고위 경영진이 내리는 의사결정이 좋든 나쁘든 간에 어느 정도는 자기들이 조직적 실천의 특성이라고 믿는 것에 의해서 영향을 받는다는 사실은, 그들이 사용할 수 있는 자원이 크고 또 그들의 영향력이 미칠 수 있는 범위가 넓은 덕분에 통상적으로는 상향식 과정의 의사결정에 비해서 여전히 훨씬 더 중요했다. 실천으로서의 전략은 조직에 대한 이해와 연관될 때 중요했는데, 권력으로서의 조직 역시 마찬가지였다.

✝ 다시 내러티브로

'이치에 맞도록 만들기'sensemaking(센스메이킹)로서의 전략은 어떨까? 변치 않는 한 가지 주제가 있다면, 그것은 가장 중요한 요점을 전달하는 데 좋은 이야기가 큰 도움이 된다는 것이다. 이런 사실은 테일러의 철강 노동자 작업량 실험 이야기나 메이요의 호손 실험 혹은 바너드가 뉴저지에서 실업자들을 설득한 이야기를 보더라도 명백하다. 이 사례들은 사례 연구 방법론에 전적으로 의존하기 시작한 뒤의 것들로서, 경영상의 과제들을 이해하기에 가장 좋은 방법은 특정하게 설정된 환경과 관련된 이야기를 하는 것이라는 견해를 강조한다. 조직과 관련된 저작물의 많은 부분에서 이야기는 조직의 소통 및 성과의 필수적인 원천으로 높은 가치를 인정받았는데, 이 방법론은 합리적인 접근을 하는 방법론과 뚜렷하게 대조되었다.[32] 이 방법론은 과거를 설명할 뿐만 아니라 미래의 행동 경로를 사람들에게 설득할 수 있는 수단으로서 이야기가 가지고 있는 중요성을 확인시켜주는 심리학적인 연구를 바탕으로 했다. 기업을 이제 더는 군사적인 방식으로 운영할 수 없었고 또 직원을 단순한 지시의 대상이 아니라 설득의 대상으로 바라봐야 했기에 경영자들은 어쩔 수 없이 이야기를 동원해서 메시지를 전달할 수밖에 없게 되었다. 제이 콩거Jay Conger는 1998년에 발표한 논문에서 다음과 같이 단언했다.

"경영자가 일방적으로 명령하고 통제하던 시대는 지나갔다. (……) 왜냐하면 이제 기업은 동료라는 형태의 복합기능 팀들에 의해서 주로 운영되고 있으며, 베이비부머 세대와 이들의 아들 세대(권위에 대한 무조건적인 복종을 용인하지 않는 세대인 이른바 Y 세대)가 기업의 직원 층을 구성하고 있기 때문이다."[33]

칼럼리스트인 루시 켈러웨이Lucy Kellaway도 이야기가 가지는 힘을 강조하면서 '이야기는 기업 소통 산업을 가장 최근에 강타한 유행'이라고 말했다.

"각 분야의 전문가들은 아무리 어린 아이에게라도 쉽게 해줄 수 있는 쉬운 이야기에 눈을 번쩍 뜬다. 이야기는 건조한 온갖 실제 사실들 및 제안들보다도 쉽게 들을 수 있고 또 훨씬 쉽게 기억할 수 있기 때문이다."[34]

이야기는 추상적인 내용을 피하고 내용을 복잡하지 않게 전달하며 핵심적인 요소들을 간접적으로 만든다. 그럼으로써 우연하게 맞닥뜨린 기회들이나 불만을 품은 직원 혹은 훌륭한 결과를 낼 수도 있는 것을 망쳐버리고 말 사소한 어떤 것을 놓치지 않도록 바짝 긴장하는 것이 얼마나 중요한지 강조할 수 있다. 이야기는 와익이 이른바 '센스메이킹'을 설명하는 과정에서 '어떤 작은 영역에서 획득한 선명함이 상대적으로 조금 더 무질서한 인접한 영역으로 확장될 수 있도록 하는 것'으로서 주목받았다.[35] 피터스와 워터먼도 수많은 브리핑과 강연을 하면서 기업계 사람들에게 자기들이 가지고 있는 생각을 그래프나 그림이 아닌 이야기로 전달할 때 훨씬 더 효과가 있음을 깨달았다. 두 사람은 자기들이 생각하는 초우량 기업은 '부유한 심리치료사가 경험한 재미있는 이야기나 신화 그리고 동화 등 (……) 온갖 이야기를 수집하고 전하는 것을 전혀 부끄러워하지 않는다'고 했다. 많은 경영 전략 서적들도 본질적으로는 여러 이야기를 모아놓은 것이라고 할 수 있었다. 물론 이 경우에 각각의 이야기들은 어떤 메시지를 전달하고자 동원된 것이었다.

이야기는 어떤 형태 혹은 어떤 크기라도 상관없었다. 목적의식적인 것뿐만 아니라 꾸밈이나 구성을 따로 가미하지 않은 있는 그대로의 것이라도 좋고, 전문적인 기술에 관한 것이라도 좋으며, 최고경영자의 우스꽝스러운 몸짓에 관한 것이라도 좋고, 정교하게 다듬은 것이라도 좋았다. 또 거친 날것이라도 좋고, 여러 차례 반복해서 들려주기 위해 구성된 것이라도 좋으며, 일회용으로 마련된 것이라도 좋고, 소수의 전문가들에게 들려주기 위한 깊이 있고 예리한 것이라도 좋으며, 모든 사람들이 듣고 이해할 수 있는 일반적인 것이라도 좋았다. 내러티브는 짧은 시간 동안 진행되는 회의, 고객을 상대로 한 프레젠테이션, 경영 계획서 그리고 심지어 공식적인 분석 보고서에서도 등장했다. 예를 들어 스왓 분석에서 '기회'는 주인공이 무대에 등장해야 할 이유였고 '위협'은 무찔러야 할 악당이었다. 강점을 강화하고 약점을 보완할 때 주인공은 드디어 영웅이 된다.

이렇게 해서 경영학 분야 강단에서도 이른바 '내러티브 전환'narrative turn의 영향을 받아서 이야기의 중요성을 깨달았다. 이야기와 스토리텔링은 경영자가 전략을 형성하고 실행할 때 효과적인 리더십 발휘를 위한 필수적인 요소일 뿐만 아니라 하위 직급의 투덜거림에서부터 중간 직급의 격려 연설 그리고 상위 직급의 미래 전망에 이르기까지 조직 내 모든 소통의 핵심이라고 인정 받았다. 온갖 '스토리'가 이야기되었다. 최고 경영자가 얼마나 합리적인지 혹은 얼마나 직원들과 담을 쌓고 사는지, 조직이 과거에 얼마나 대단했는지 혹은 얼마나 끈질긴 문화를 가졌는지, 어떻게 해서 우연한 통찰이 흥미로운 신제품 탄생으로 연결됐는지 혹은 계산을 잘못 한 바람에 신제품 개발 프로젝트가 어떻게 엉망진창이 되고 말았는지…… 이야기를 연구함으로써 이 이야기를 뒷받침하는 믿음들과 가정들뿐만 아니라 기업 문화의 발전과 강화를 탐구할 수 있었다. 어떤 기업이든 조직을 형성하는 이야기들이 있는데, 이런 것들을 지속적으로 조정함으로써 이 기업은 바뀔 수 있고 또 심지어 붕괴할 수도 있었다. 조직에 속한 개인들이 자기 경험을 토대로 해서 최고경영자의 경험을 제한하거나 혹은 거기에 저항하는 자기 이야기를 하고, 또 최고경영자는 기업의 핵심적인 기본 가정들을 재설정할 수도 있는 특정한 실마리들을 선택하기 때문이다.[36]

이렇게 해서 내러티브 분야가 전쟁터로 바뀌었다. 앞서 3부에서 정치 분야의 전략을 다루면서 정치 정당이 자기에게 가장 유리하고 또 상대 정당에게는 가장 불리하도록 정치적인 행동과 실천을 하는 것을 살펴보았는데, 이런 모습은 기업과 경영의 세계에서도 똑같이 나타났다. 기업의 구린 관행을 폭로하는 기사가 연재되면서 무소불위의 독점적인 권력을 휘두르던 스탠더드 오일의 주장들이 훼손되었고 또 록펠러가 스탠더드 오일을 지배하는 비밀들이 속속 드러났다. 최근에 스토리텔링 분야에서 최고의 기업 가운데 하나로 꼽히는 월트 디즈니 스튜디오 Walt Disney Studios가 자기 역사에 대한 이야기를 만들어내는 데 정교한 솜씨를 발휘했다는 사실은 전혀 놀라운 게 아니었다. 월트 디즈니의 이야기는 '인위적으로 구성되었으며 정교하게 편집되고 또 전설적인 인물들이 등장하는' 것으로 탈바꿈했다. 디즈니는 미키마우스와 같은 캐릭터들과 창의적인 애니메이션 기법들로 찬사를 받았다. 그러나 이 과정에서 디즈니가 당연히 받아야 하는 또 다른 평가는 지워졌다. 경영자 디즈니의 창의성은 과대평가되었고 그의 권위주의는 과소평가되었다. 월트 디즈니 스튜디오는 독창성과는 거리가 멀게 테일러주의적인 방침에 따라서 그리고 가부장적으로 조직되었지만 직원들은 한가족으로 일컬어졌다. 하지만 1940년대에 회사가 노동조합 쟁의에 휩싸이면서 이 이미지는 시련을 받게 되었다.[37] 이런 내용이 디즈니라는 회사가 만들어내는 이야기들에 담긴 기본적인 역설을 활짝 드러냈다. 이 이야기들은 엄청난 설득력을 가지고서 가장 자연스러운 소통 수단의 형태가 될 수 있었다. 그러나 이렇게 될 수 있으려면, 어떤 도전 과제를 수행하기 어렵게 만드는 한편 소통 수단을 가장 잘 통제할 수 있는 것들을 적합하고도 충분하게 설명하는 것을 포기해야만 했다. 아무리 해방을 이야기하는 최고의 이야기라고 하더라도 표적을 많이 빗나가거나 혹은 지나치게 모호해서 애초에 의도했던 메시지가 실종될 수 있다. 숙달된 이야기꾼이라면 세속적인 시시함 속에서도 반짝거리는 메시지의 영감을 이끌어낼 수 있다. 그러나 만일 그 실체가 지루하다는 게 드러나면 그 영감은 곧 사라져버릴 수 있다.

　　보다 많은 강단의 경영 전략가들이 자기 이야기를 예로 들어서 설명하기 시작했다. 그런데 이들은 전혀 다른 결과가 나왔던 비슷한 사례들이 있었는지 혹은 동일한 사람들이 검증된 전략적 실천을 조금 다른 환경에서 실행할 때도 언제나 동일한 결과를 얻었는지 따위의 질문은 생략한 채, 자기 주장을 뒷받침하기에 가장 적합한 사례들만을 선택했다. 때로 그 이야기들은 조심스럽게 선택된 것이었을 뿐만 아니라 스토리텔링 구조도 매우 인위적으로 조직된 것이었다. 우리는 테일러와 메이요 그리고 바너드의 이야기들이 어떻게 멋지게 윤색되었는지 앞에서 이미 살펴보았다. 와익이 즐겨 했던 이야기가 하나 있다. 제2차 세계대전 때 한 소대가 스위스에서 작전을 펼치다가 엄청나게 추운 날씨 속에 적진 속에서 길을 잃고 고립되었다. 사람들은 다들 그 부대가 추운 날씨 속에서 죽을 것이라고만 생각했지만, 이 부대는 결국 귀환에 성공했고 소대장은 그간의 경위를 보고했다. 소대원 한 명이 우연히 가지고 있던 지도 한 장에 의지해서 소대원들은 무사히 본부로 돌아올 수 있었다고 했다. 그런데 그 지도를 자세히 보니 알프스 산맥의 지도가 아니라 프랑스와 스페인의 국경을 이루는 피레네 산맥의 지도였다.[38] 그런데 어쨌거나 소대원들은 지도 한 장이 있었기에 당황하지 않고 행동을 취할 수 있었던 것이다. 결론은 '길을 잃었을 때는 어떤 지도든 간에 지도만 있으면 된다!'였다.[39] 그러나 행운도 뒤따라야 했다. 알프스 산맥에서 빠져나오는 길은 다행히 그다지 많지 않았던 것이다. 그런데 불행하게도 와익이 했던 이 이야기가 사실인지 아닌지 확인할 길이 없었다. 와익은 이 이야기를 체코 시인 미로슬라프 홀루브_Miroslav Holub_를 통해서 들었다고 했다.[40]

민츠버그가 즐겨 썼던 이야기 하나도 살펴보자. 이 이야기는 맥킨지 소속의 컨설턴트로 일본 기업의 성공 이유를 연구하던 리처드 파스케일에게서 들은 이야기라고 했다. 1958년부터 1974년까지 미국의 오토바이 시장은 두 배로 커졌지만 이 시장에서 영국 오토바이의 점유율은 11퍼센트에서 1퍼센트로 줄어들었다. 일본 오토바이가 새롭게 성장한 시장 규모의 87퍼센트를 차지했는데, 혼다 혼자서만 43퍼센트를 차지했다. 혼다가 1959년에 미국 시장에 성공적으로 진입한 것을 설명하는 기존의 이론은 혼다의 가격과 물량에 초점을 맞추었지만, 파스케일은 이런 분석이 잘못된 것이라고 지적하고 나섰다. 기존의 설명에서는 '계산 착오와 뜻밖의 발견 그리고 조직 차원의 학습'이라는 요소를 강조하는 훨씬 더 흥미로운 이야기가 빠져 있다는 것이었다. 혼다가 처음 마케팅 팀을 미국에 파견할 때는 중형 오토바이 시장을 노리겠다는 의도였다. 그런데 힘들게 딜러들을 찾아다녔지만 다들 이런저런 지엽적인 문제들을 지적하며 고개를 저었다. 그런에 이 딜러들이 혼다의 마케팅 팀 사람들이 타고 다니던 소형 오토바이인 50cc급 슈퍼커브_SuperCub_에 관심을 가졌고, 결국 혼다의 마케팅 팀은 이 모델을 팔게 되었다. 파스케일은 이 이야기가 담고 있는 교훈은 실제로 일어난 일은 애초부터 의도된 것이라고 설정하는 지나치게 논리적이고 합리적인 설명은 시장에서 어떤 기업이 성공을 거두었던 가장 중요한 이유를 놓치는 결과로 이어질 수 있다는 것이라고 지적했다. 장기적인 관점의 확고한 전략보다는 조직이 경험을 통해서 학습하고 예상하지 않았던 기회를 만났을 때 기민하게 대응하는 능력이 중요하다는 것이었다.[41] 민츠버그는 이 교훈을 열렬하게 받아들여서 응급 전략의 중요성을 강조할 때마다 이 이야기를 했다. 그는 이 이야기를 이용해서 경영자는 늘 실수를 하지만 시장이 경영자에게 잘못된 길을 가고 있다고 일러줄 때는 확실하게 그 실패에서 어떤 교훈을 얻어야 함을 강조했던 것이다.[42] 그는 파스케일의 글이 경영 관련 저작물 가운데서 가장 큰 영향력을 발휘했다고 평가했다. 다른 경영 관련 저술가들은 이 '교훈'을 한층 발전시켜서 낮은 직급의 직원들이 기업의 전략을 어떻게 바꿀 수 있는가 하는 이야기로 개발했다. 그렇게 해서 혼다 마케팅 팀과 관련된 단 하나의 사례 연구에서 학습하는 조직과 관련된 일련의 일반적인 제안들이 무더기로 쏟아져 나왔다.

혼다 이야기가 활용된 것은 이것이 유일한 용례가 아니었다. 이 이야기는 1948년에 창립한 혼다가 1964년에 이르러 세계 최대의 오토바이 제조업체이자 효력 있는 자동차 제조업체로 우뚝 섰다는, 일본 기업들이 거둔 위대한 성공 이야기들 가운데 하나였다. 이 이야기는 미국 기업들이 새겨야 할 교훈의 원천으로서 경영 전략가들을 매혹시켰다. 그러나 앤드류 메이어Andrew Mair는 대개 불완전하게만 이해되는 단 하나의 일화가 전체를 대표한다고 받아들인 후 어떤 결론을 내릴 때의 위험을 경고했다. 예를 들어서 혼다는 50cc급 슈퍼커브를 미국 시장에 팔려는 의도를 줄곧 가지고 있었고, 이 모델은 마케팅 팀이 미국에 가면서 가지고 갔던 오토바이들 가운데 4분의 1이나 되었다. 하지만 혼다는 대형 모델들의 가치를 우선 입증해야만 소형 모델의 성공적인 시장 진출이 가능하다고 생각했었다(오토바이 경주를 강조한 이유도 바로 여기에 있었다). 그런데 혼다의 실수는 미국 시장이 사실상 일본 시장과 비슷하게 가고 있음을 깨닫지 못한 데 있었다. 어쨌든 간에 1960년대 말에 소형 오토바이 매출은 급감했고, 혼다는 늘 미국에서 성공을 거두는 데 관건이라고 생각했던 보다 큰 규모의 오토바이 모델에 의존할 수밖에 없었다. 사실상 혼다의 전략은 이미 일본에서 성공했던 경험을 뒤따르는 것이었다. 그것은 결코 앞뒤 헤아리지 않고 무턱대고 한 게 아니었다.[43]

이 지점까지 혼다가 했던 경험은 기업이 강건한 조직의 힘으로 가차없이 밀어붙이는 경영이 중요함을 입증하는 것이었다. 전후 일본의 오토바이 시장은 엄청나게 컸다. 왜냐하면 대중 운송 기반이 턱없이 부족했고 석유 공급이 제한되었기 때문이다. 다른 산업 부문과 다르게 오토바이 산업에서는 규제가 거의 없었고, 그 결과 다윈의 최적자생존의 법칙이 적나라하게 진행되었다. 1950년대의 10년 동안 대략 200개나 되는 오토바이 생산업체들이 이른바 '오토바이 전쟁'을 벌였다. 이때는 '사업을 한다는 것은 온갖 종류의 수지 맞는 기회들과 견딜 수 없는 실패들이 거칠게 출렁거리는 격랑을 헤쳐나가는 것'이었다.[44] 그리고 마침내 그 전쟁이 끝났을 때 살아남은 업체는 야마하, 스즈키, 가와사키 그리고 혼다뿐이었다. 이 가운데서 1948년에 설립된 혼다가 가장 앞서 있었다. 혼다의 성공 요인은 여러 가지였다. 혼다의 신화는 천재적인 엔지니어이자 창업주인 혼다 소이치로本田宗一郎와 재무 분야의 귀재로 경영 전권을 맡았던 후지사와 다케오藤澤武夫가 일구어냈다. 두 사람은 전쟁 기간 동안에는 대량 생산 기법을 경험했고 도요타 생산 모델 및 공급망의 중요성을 일치 감치 잘 알고 있었다. 세심한 재무 관리 및 (특히 중요한 요소로서) 판매망 구축에 힘을 기울였던 혼다의 내적 조직은 매우 강력했다.

1950년대 후반에 혼다는 예전에 국내 시장을 주도하던 업체인 도하츠를 따라잡았다(도하츠는 얼마 뒤에 파산했다). 혼다가 당시에 자동차 분야로 진출하면서 야마하가 시장 점유율을 따라잡았는데, 야마하는 경쟁자가 정신을 딴 데 팔고 있다고 믿고 시장 지배자가 될 목적으로 공장 증설을 결정했다. 그러자 혼다는 이른바 'H—Y 전쟁'으로 불리던 격렬한 싸움을 이끌면서 강력한 방어전을 펼쳤다. 혼다의 대응은 난해할 만큼 미묘하지도 않았고 또 간접적이지도 않았다. 보스턴 컨설팅 그룹에서 일본으로 파견되었던 컨설턴트이자 일본의 경쟁력을 분석하는 논문에서 이 두 업체의 충돌을 중심적으로 다루었던 조지 스토크George Stalk에 따르면, 혼다는 이 전쟁에서 대략 '우리는 야마하를 깨부수고 박살내고 도륙할 것이다!'라는 뜻으로 번역되는 구호를 내세웠다. 혼다는 가격을 내리고 광고비 지출을 늘렸으며, 수많은 신제품을 출시해서 최신 모델의 오토바이를 가지는 것이 유행의 필수 조건으로 인식되도록 만들었다. 야마하의 오토바이는 '낡고 시대에 뒤떨어졌으며 매력적이지 않은' 것처럼 보이게 되었고, 당연히 야마하 오토바이 수요는 줄어들었으며 딜러의 창고에는 재고품이 점점 더 많이 쌓이기 시작했다. 결국 야마하는 두 손을 들고 말았다. 혼다는 상당한 대가를 치르고 승리를 얻었지만 야마하 외의 다른 경쟁자들은 아예 경쟁할 엄두도 내지 못하게 만들었다. 그런데 스토크가 가장 인상 깊게 바라보았던 것은 혼다가 경쟁자를 따돌리기 위해서 생산 주기를 한층 빠르게 단축시켰다는 점이었고, 바로 이 점을 그는 미국 기업이 배워야 할 가장 중요한 교훈이라고 지적했다. 비록 이것이 인상적인 전략이었음은 말할 것도 없이 분명했지만, 여기에만 전적으로 초점을 맞출 경우 혼다의 전략이 가격 인하를 비롯한 여러 판매 촉진책들을 동원한 무지막지한 소모전이었다는 사실이 정당한 평가를 받지 못할 수도 있었다.

게리 하멜과 프라할라드 역시 1994년에 혼다의 사례를 이용해서 핵심 역량 활용하기, 경험 곡선(기업의 비용 변화를 나타내는 곡선으로 학습 곡선이라고도 한다. 단위 제품당 실질 비용은 누적 경험량[누적 생산량 또는 누적 판매량]이 증가함에 따라 일정한 비율로 저하된다―옮긴이) 모방하기, 내연 기관을 통달함으로써 (이렇게 함으로써 혼다는 잔디 깎는 기계에서부터 트랙터 그리고 배에 다는 엔진에 이르는 수많은 관련 제품들의 시장으로 성공적으로 진출할 수 있었다) 최대의 수익을 이끌어내는 데서 창의성과 야망을 입증하기, 그리고 고수익을 보장하는 스포츠카 시장에서 혼다 NSX 모델로 페라리와 포르쉐에 도전하기 등의 전범을 추출했다. 그들은 소비자의 니즈needs를 그 니즈를 맹종하지 않으면서 이해했다. 그러나 메이어가 지적하듯이 혼다 NSX는 무척 많은 돈이 들어간 실패작이었다. 이것은 단지 환율에 의한 경쟁력 잠식이라는 불운 탓만은 아니었고 시장의 선택에 따른 것이었다. 스포츠카에 대한 관심은 혼다가 가지고 있던 핵심 역량이 반영된 것이라기보다는 혼다의 문화가 반영된 것이었다. 그리고 또 그 관심은 혼다가 1990년대에 성장하던 미국의 여가용 차량 및 미니밴 시장을 놓쳤다는 뜻이기도 했다.

다른 영역들에서 보자면, 기술적인 돌파구를 만들어내겠다는 단호한 태도는 추세를 따라가는 자동차가 필요할 때 그런 자동차를 내지 않았다는 뜻이기도 했다. 보다 일반적으로 말하면, 혼다의 엔진 기술로 만들어낸 유일하게 진지한 다각화는 오토바이에서 자동차로의 다각화였다. 다른 제품들은 전체 포트폴리오 속에서 사소한 비중만 차지했다. 사실 혼다가 1980년대 중반부터 1990년대 중반까지 가지고 있었던 전략은 '협소한 자기인식과 기술적인 차원의 옹고집'을 드러냈고, 또한 그 전략에서는 소비자에 대한 민감한 대응도 부족했다.

메이어는 이런 이야기들과 관련해서 방법론 차원의 수많은 기본적인 문제들을 제기했다. 이 문제들은 대개 온갖 군데에서 끌어온 조사 자료를 바탕으로 했으며 특정한 기간에만 초점을 맞춘 것이었다. 혼다가 위대한 성공을 거두었다는 평가가 일관되긴 했지만, 혼다 역시 중요한 실수들을 수도 없이 많이 저질렀으며 때로는 재정이 바닥을 보이는 아슬아슬한 위기에 몰리기도 했다. 그런데 실패는 결코 사람들이 흥미롭게 여기지 않았다. 사례를 통해서 교훈을 얻고자 하는 경영 이론가들은 왜 도요타가 일본의 자동차 시장을 지배하는 과정을 그 어떤 업체도 저지하지 못했는가 혹은 왜 혼다와 비슷한 전략을 따른 기업들이 그다지 좋은 성과를 거두지 못했는가 하는 질문을 제기하지 않았다. 결국 혼다식 접근법 가운데서 예를 들어 운영이나 딜러 관리처럼 상대적으로 덜 매혹적이긴 하지만 결정적으로 중요한 측면들에 대해서는 (군사 전략가들이 병참에는 그다지 큰 관심을 가지지 않았던 것과 마찬가지로) 경영 이론가들이 충분할 정도로 많은 관심을 기울이지 않았다. 모든 분야에서 언제나 그렇듯이 지루하기만 한 행정적인 관리보다는 천재성의 불꽃이 튀는 곳에만 관심을 기울였던 것이다. 메이어는 분석가들의 '자기들이 보고자 하는 것만' 바라보는 태도와 '일방적인 환원주의'를 비판했다.[45] 그는 또 의도적인 것과 응급적인 것, 역량과 능력 등과 같이 이것 아니면 저것이라는 식의 양극화 경향을 지적했다. 자료는 이론에 맞게 정렬되어 있었지만 편리하지 않은 소재들은 무시되거나 삭제되었다.

† 기본으로 돌아가다

군사 전략은 기본적인 원칙을 적절하게 적용만 하면 설령 승전이 확실하게 보장될 수는 없다고 하더라도 적어도 승전의 가능성이 높아질 수 있다고 믿었던 시기에 도입되었다. 그래서 군사력 적용이 (예컨대 조미니가 나폴레옹이 초기에 눈부신 승리를 거둘 당시에 마음속으로 상상했던 것보다) 미묘하게 복잡하고 까다로울 때는 군사 전략이 고전할 수밖에 없었다. 특히 한 번의 승패 결정으로 모든 것을 끝낸다는 개념의 결정적인 전투라는 규범에서 벗어나야 한다는 사실이 입증되었을 때는 더욱 그랬다. 그런데 경영 전략 역시, 국가에서뿐만 아니라 미국의 거대 복합 기업을 포함한 기업들에서도 장기적인 계획의 가능성에 대한 전반적인 믿음이 확산되어 있던 20세기 중반에 나타난 과거 군사 전략의 경우와 비슷한 낙관주의적인 산물이었다. 경영 전략 역시 계획 모델의 한계가 점점 명확해짐에 따라서 고전을 했는데, 군사 전략의 경우와 다르게 경영자들은 통일적인 일관성을 제공하는, 전반적으로 검증되고 합의된 어떤 틀을 가지고 있지 않았다. 그 결과 경영 전략은 숱하게 많은 경로를 좇으면서 일시적인 유행과 열정의 제물이 되면서 길을 잃어버리고 말았다. 그래서 규범적인 과장된 어구들이 등장하는 경향이 나타났다. 이런 맥락에서 필 로젠츠바이크Phil Rosenzweig는 조심스럽게 접근한 논문에서 기업의 성공 스토리를 퍼트리는 사람들이 독자들을 잘못된 방향으로 이끌며 기업을 성공의 길로 확실하게 올려놓을 수 있는 믿을 만한 규칙이 있다는 잘못된 믿음을 확산하는 경향이 있음을 비판적으로 지적했다. 로젠츠바이크는 흔히 나타나는 상관성과 인과관계 사이의 혼란, 어떤 사례에서는 실패의 원인으로 지목되는 요인임에도 불구하고 다른 사례에서 성공했다고 해서 이 요인을 성공의 열쇠라고 설명하는 일반화의 오류 그리고 경쟁에 지나치게 많은 관심을 기울이는 태도 등을 포함해서 여러 가지 잘못된 발상들의 사례를 제시했다. 그가 파악한 기본적인 혼란은 이른바 '후광효과'halo effect였다. 문화, 리더십, 가치관 그리고 책임성과 같은 요인들이 사실은 어떤 강력한 성공에서 비롯된 결과임에도 불구하고 이런 것들이 그 성공을 낳은 요인이라고 평가한다는 것이었다.[46]

수많은 유행들이 명멸하는 것을 지켜보면서 유행처럼 나타나는 경영 전략을 회의적으로 바라보았던 사람들이 경영자들에게 기본으로 돌아가라고 촉구했다. 예를 들어서 존 케이는 경영 전략이라는 것은 각 기업이 가지고 있는 독특하고 특수한 역량을 바탕으로 할 수밖에 없으므로 일반적인 원칙과 특성으로 설명할 수 없다고 경고했다.(본문 625쪽 참조—옮긴이) 그러므로 아무리 권위주의적인 조직이라고 할지라도 쉽게 실현할 수 없는 어마어마한 대규모 계획과 설계를 마련하는 것이 목적이 되어서는 안 된다고 했다. 기업은 그런 계획을 세울 지식과 또 그 계획을 실행할 힘이 기본적으로 부족하기 때문이라는 것이다. '모든 것을 통제할 수 있다는 환상' 그리고 우월과 전망과 의지에서 성공이 도출될 것이라는 믿음을 버리고 현재 확보하고 있는 자원을 기반으로 해서 1950년대에 이디스 펜로즈Edith Penrose의 저서 《기업 이론》이 제시한 접근법을 구사해야 한다고 촉구했다. 펜로즈가 제시한 과제는 기업의 내적 역량과 외적 환경 사이에 존재하는 최적의 균형점을 찾는 것이었다. 그리고 장차 가지게 될 것이라고 기대하는 역량이 아니라 현재 가지고 있는 독특한 역량을 이해하는 것은 말할 것도 없고 해당 기업이 시장에서 실질적으로 그리고 잠재적으로 차지하고 있는 위치를 이해하는 것에서부터 출발해야 한다고 했다.[47]

포지셔닝(어떤 제품이 소비자의 마음에 인식되고 있는 모습 혹은 가장 유리한 시장 위치에 다가가려는 노력—옮긴이) 관련 문건들이 바람직한 (5년 뒤의) 종착점들을 묘사할 수도 있겠지만, 출발점은 어디까지나 현재의 상황이라는 맥락에서 벗어나서는 안 된다. 자기가 가지고 있는 우월한 역량에 의존하지 않고 경쟁자들보다 더 나은 전략들을 일시적으로 선호할 수는 있겠지만, 어차피 해결해야 할 문제들이 무엇이냐에 따라서 많은 것들이 결정될 수밖에 없다. 그래서 영국의 컨설턴트 스티븐 번게이 Stephen Bungay는 추가 정보를 끊임없이 요구하며 개인이 주도적으로 자발성을 발휘할 기회를 축소하는 중앙통제식 접근법을 피해야 한다고 촉구했다. 번게이는 '지금 당장 당신이 예측할 수 있는 범위를 넘어서서 계획을 세우려 하지' 말고 지금 문제가 되는 것에 집중하라고, 또 사람들에게 환경에 자기가 하는 행동을 적응시키도록 장려하면서 아주 단순한 메시지를 가진 전략, 의도로서의 전략을 세우라고 충고했다.[48] 프록터앤갬블 P&G을 책임졌던 앨런 래플리 Alan Laffley는 자신의 성공적인 경험을 바탕으로 해서 자기 컨설턴트였던 로저 마틴 Roger Martin과 함께 저술했던 책에서, 전략을 '시장에서 이기기 위한 특별한 선택을 하는 것'으로 정의 내렸다. 끝내 성공을 거두고 마는 전략 뒤에 놓여 있는 질문들은 이기고자 하는 열망, 출발점, 이기는 방법, 갖추어야 할 경영의 틀과 역량 등에 대한 것이었다. 래플리의 책은 이런 문제들을 P&G에서는 어떻게 처리했는지 설명하면서 '전략상의 여러 가지 함정'에 빠지지 않아야 할 이유에 대해서 몇 가지 사항을 추천했다. 실수의 기본적인 원천은 우선순위를 정하지 못하는 것, 즉 '모든 것을 다 하기' 혹은 나폴레옹이 다수의 경쟁자들을 상대로 해서 다수의 전선에서 전투를 벌이다 결국 최종적인 패전을 했던 워털루 전투에서의 실수와 동일한 실수를 반복하는 것이라고 했다. 래플리와 마틴은 다른 실수들을 가장 이상한 경쟁자부터 먼저 공격한다는 의미의 돈키호테, 가장 최근의 유행을 좇는다는 의미의 '이 달의 프로그램' 그리고 마지막으로 '결코 이루어지지 않을 꿈들' 등으로 설명했다.[49]

이와 비슷하게 리처드 루멜트Richard Rumelt는 도전의 성격을 규정하거나 설명하는 어떤 진단에서 출발하는 전략, 즉 현재 상황의 가장 중요한 측면들을 포착함으로써 (경영자를 압도할 수도 있는) 현실의 복잡한 내용을 단순하게 만드는 것에서 시작하는 전략이 좋은 전략이라고 규정했다. 이렇게 할 때 과제를 해결하는 데 필요한 정책 입안이 한결 쉬워지며, 정책 입안을 수행하기 위한 일련의 일관성 있는 행동들을 처리하는 일도 한결 쉬워진다고 했다. 루멜트는 문제는 조직 외적인 것일 수도 있지만 내적인 것일 수도 있음을 깨달았다. 조직 안팎에서 모두 판에 박은 듯이 돌아가는 것들과 관료주의적인 이해관계가 있음을 깨달았다. 그리고 때로는 최상의 경로가 하늘을 향해 손을 뻗는 게 아니라 손에 잡힐 정도로 충분히 가까운 것으로 목적을 설정하는 것임도 깨달았다.

전략을 논하는 많은 저자들은 상황이 유동적일수록 경영자는 먼 곳을 바라보아야 한다고 주장한다. 하지만 이런 주장은 비논리적이다. 상황이 유동적일수록 예측은 어려울 수밖에 없다. 그러므로 상황이 불확실하고 유동적일수록 전략적 목표를 가까운 미래로 한정해서 설정해야 한다.[50]

루멜트는 또한 나쁜 전략이 초래할 수 있는 여러 가지 위험들, 특히 본인의 표현으로 '플러프'fluff(옷에 생긴 보풀) 혹은 '가장무도회의 가면을 쓴 사람처럼 도무지 정체를 알 수 없는 전략적인 개념 혹은 주장'이라고 묘사했던 위험을 경고했다. 아울러 극복해야 할 과제를 제대로 정의하지 못하거나, 목표를 전략으로 혼동하거나, 어떤 바람을 성취할 수단을 가지고 있지 않은 채로 그 바람을 목표로 설정하거나, 실용성을 생각하지도 않은 채 목적을 설정하는 등의 오류도 함께 예고하며 경고했다.[51] 그는 고위 경영진이라면 불가능한 목표를 설정하지 말아야 하며 (비록 실제로는 어떤 시점이든 간에 몇 가지 과제를 동시에 관리하는 것이 불가능함에도 불구하고) 의지와 욕구만 있으면 어떤 것이라도 이룰 수 있다는 식으로 설명하지 말아야 한다고 경고했다. 또 결코 양립할 수 없는 복수의 전망이 있을 때 이것들 가운데서 하나를 확실하게 선택하지 않고 일치하는 부분을 찾아서 그 전망들을 하나로 합치려 하지 말아야 한다고 했고, 자연스럽고 개인적인 언어 대신에 전문용어들을 남발하면서 영감을 고취하려 하지 말아야 한다고 했다. 그러면서 루멜트는 다음과 같이 주장했다.

"나쁜 전략이 넘쳐나는 이유는 나쁜 전략은 분석과 논리와 선택 등과 유리된 채 따로 도는데, 경영자들은 이런 까다로운 과정들 및 이 과정들에서 맞닥뜨릴 수 있는 어려움들을 회피하면서도 얼마든지 좋은 전략을 낼 수 있다는 희망에 사로잡혀 있기 때문이다."[52]

경영 전략은 군사 전략과 마찬가지로 헛된 영웅적인 신화 때문에 망칠 수 있다. 경영 전략은 성공과 실패가 갈리는 데 중요한 영향력을 행사할 수 있는 변수라는, 비현실적으로 매우 높은 지위를 획득했다. 최고의 전략을 갖춘 최고의 전략가들은 정기적으로 칭송 받았고 또 모방의 대상이 되었다. 이들은 자기 조직을 안정적이고 꾸준하게 성장하는 길로 올려놓았다는 '산업계의 거물'이라는 칭호를 받았고, 모든 비효율성에 공격적으로 대처하면서 마지막 한 푼까지도 주주 가치를 더 실현하는 금융계의 천재라는 소리를 들었으며, 시장에서 가장 유리한 위치를 지키고 있는 막강한 경쟁력의 소유자로 인식되고, 헌신적인 직원들의 창의적인 잠재력을 인식하는 혁명가로 대접받으며, 진정으로 독특한 제품이나 서비스를 가지고서 시장을 완전히 바꾸어놓는 혁신 설계자라는 말을 들었다. 경영 이론가들과 구루들은 각자 자기가 선호는 영웅들을 선전하고 장려했다. 그런데 이런 범주 가운데 그 어디에도 속하지 않는 경영자들이 필연적으로 있게 마련이다. 어떤 상황에서 잘 통하던 전략이 다른 상황에는 전혀 통하지 않을 수 있음을 알아야 한다. 개인이나 기업 가운데서는 어느 순간 정말 잘 나가다가도 다음 순간에 수직으로 추락하는 일이 비일비재했다. 연이어 나타나는 전략 유행들을 소리 높여 떠드는 과장된 광고들은 기업이 거둔 성공을 설명하면서 사리에 밝은 경영자의 중요성을 과장해서 말하면서 환경과 우연성의 중요성은 경시했다.

전략 이론
Theories of Strategy

제 36 장

합리적 선택의 한계

The Limits of Rational Choice

이론적으로는 이론과 실천 사이에 아무런 차이가 없다.
그러나 실제로는 분명히 차이가 있다.
_요기 베라 (앨버트 아인슈타인을 인용해서)

제5부에서는 당대 사회과학의 학문적 통찰을 바탕으로 한 전략 이론의 가능성을 살펴본다. 앞서 우리는 겉으로는 명백하게 공정한 듯 보이는 지적 활동이 사실은 사회를 움직이는 보다 폭넓은 차원의 여러 힘들이 만들어낸 (편파적인 의도를 가진) 결과물임을 확인했다. 이 과정에 들어간 노력이 의사결정의 새로운 과학을 개발하기 위해서 랜드 연구소가 했던 것일 수도 있고, 이런 과학들을 채용하도록 비즈니스 스쿨들을 자극한 여러 재단의 보조금들에 따른 것일 수도 있으며 (보다 사회학적으로 경도된 조직 이론가들은 이 보조금들에 거부감을 느끼고 저항했다) 혹은 담화와 권력 사이의 관계에 대한 1960년대의 급진적인 사상이 가져다준 충격에 따른 것일 수도 있지만, 어쨌거나 지적 활동이 혁신적 사고의 결과임은 분명하게 확인했다.

그런데 특별히 큰 영향력을 발휘한 이론이 있었다. 각각의 개인이 내리는 모든 선택이 제각기 다 합리적이라는 전제 아래에서 선택이라는 주제를 다루었던 이론이다. 바로 합리적 선택 이론rational choice theory이다. 이 이론의 신봉자들은 자기들이 야말로 (보다 정확하게 말하면, 거의 자기들만이) 그 이론을 제시한 공을 인정받아서 '사회과학'의 표창장을 받아야 마땅하다고 확신했다. 그리고 이들은 사회과학을 그 어떤 제안 혹은 주장이라 하더라도 어떤 강력한 이론에서 도출될 수 있을 뿐만 아니라 경험적으로 정당성도 인정받을 수 있는 학문 영역이라고 파악했다. 비록 합리적 선택 이론이 애초에 약속하고 기대했던 것에 비하면 보잘것없는 결과밖에 내지 못하는 상황이 줄기차게 지속되었고 이 이론을 뒷받침하던 가정들이 인지심리학이 제기한 본질적인 비판에 매우 취약하다는 사실이 밝혀지긴 했지만, 이 이론은 효과적이고 또 고도로 전략적인 방식으로 촉진되었다. 이 이론의 지지자들은 단기간에 정치학 분야에 단단하게 뿌리를 내렸다. 놀라운 일이었다. 합리적 선택 이론이 인간의 합리성과 관련해서 결코 옹호할 수 없는 견해를 토대로 한다는 인식이 널리 퍼져 있었음에도 불구하고, 이 이론의 지지자들은 전혀 개의하지 않았다. 합리성에 대한 전제가 좋은 이론이 형성되는 데 도움이 된다는 주장이 뭐가 문제냐며 고집을 꺾지 않았던 것이다.

† 로체스터 학파

토머스 쿤이 지적했듯이 학계에서 새로운 사상을 표방한 학파가 오로지 이성에만 의존해서 탄생하는 경우는 매우 드물다. 어떤 학파가 형성되려면 보조금 지급이나 논문 발표용 지면 제공 혹은 강의 및 연구 기회 제공 등과 같은 학문적 권력의 여러 자원들도 동시에 필요하다. 경제학만 하더라도 제2차 세계대전 이후에 막대한 투자가 이루어졌고 그 덕분에 컴퓨터가 열어젖힌 정교한 계량적 방법론들을 사용할 기회를 매우 풍족하게 누릴 수 있었기 때문에 빠르게 발전했으며 자기가 사회과학의 중심적인 학문이라고 주장하기에 이르렀다. 그런데 경제학이라는 제국주의적 영토의 경계선은 명확하지 않았다. 이와 관련해서 (신자유주의 경제학의 거두인) 게리 베커Gary Becker도 다음과 같이 말했다.

"경제학적인 접근법은 인간의 모든 행동, 모든 유형의 의사결정 그리고 모든 계층의 개인에게 적용할 수 있는 어떤 틀을 제공한다."[1]

포드 재단이 1950년대 후반에 비즈니스 스쿨에 투자를 하기 시작했는데, 그전에 이 재단은 이미 이른바 행동과학이라고 불리던 학문에 상당한 투자를 하고 있었다. 그런데 이 투자가에 의해서 행동과학 분야가 창조된 게 아니었다. 이 분야는 1920년대 그리고 시카고 대학교의 찰스 메리암Charles Merriam과 해럴드 라스웰Harold Lasswell의 저작들까지 거슬러 올라간다. 게다가 인구통계학, 선거 결과, 여론조사 자료 등과 같은 대규모 자료의 분석에 대한 관심은 이미 점점 커지고 있던 상황이었다. 포드 재단과 그 뒤를 이은 여러 재단들은 여러 대학교에 막대한 지원금을 제공해서 행동연구센터를 설립하도록 했다. 때로는 대학교가 원하지 않는데 지원금을 제공했으며 심지어 몇몇 대학교는 지원금을 제공하면서 연구센터 설립을 촉구하는 재단들이 자기에게 무엇을 원하는지도 몰랐다. 1951년부터 1957년 사이에 제공된 이 지원금 규모는 무려 2,400만 달러나 되었다. 특히 랜드 연구소의 영향력이 컸는데, 당시에 호레이스 로완 게이서Horace Rowan Gaither가 랜드 연구소의 책임자였고 (나중에는 포드 재단의 대표가 된다) 한스 스파이어Hans Speier는 랜드 연구소의 사회과학 담당 책임자였다. 그러므로 랜드 연구소의 목표는 당연히 학자들이 예전의 사회정치적 이론의 형태에서 탈피해 측정 가능한 여러 현상들에 관심을 가지도록 촉진하는 것일 수밖에 없었다. 이 새로운 접근법에는 긍정적이고 경험적이며 가치 중립적인 특성을 강조하겠다는 목적으로 '행동주의'behavioralism라는 이름이 붙었다. 그래서 이 접근법은 당시에 팽배하던 반공反共 분위기에 어울리지 않게 사회과학이 '사회주의적 과학' 혹은 사회적 개혁을 지나치게 외면하는 게 아니냐는 우려도 낳았다.[2] 이 접근법 뒤에 놓인 개인주의적인 관점의 여러 가정들은 시장과 민주주의에 관련된 이론들에 딱 들어맞았고, 마르크스주의적인 계급 투쟁 관련 발상들을 반박하고 나섰다. 이 접근법 덕분에 자유주의적 개인주의는 합리적이고 집산주의는 합리적이지 않다는 견해가 힘을 얻었다.[3] 하지만 이 이론의 핵심적인 매력은 이념적인 차원이 아니라 세련되고 정밀하며 진정으로 혁신적이라는 데 있었다. 이 접근법에 매료된 몇몇 학자들은 심지어 이 접근법이 마르크스주의와 얼마든지 양립할 수 있음을 증명하려고 나서기까지 했다. 그런데 불행하게도 이 접근법은 독단에 빠지고 말았으며, 야심찬 모델을 구축하겠다는 시도 정도로만 받아들여졌다.

이 이론이 규범적規範的, prescriptive인지 아니면 기술적記述的, descriptive인지는 모호했다(두 개념의 차이를 설명하자면, 예컨대 어떤 진리를 주장할 경우에는 '규범적'이지만 어떤 사실을 주장할 경우에는 '기술적'이다─옮긴이). 이 이론이 행위자들이 어떻게 행동하는지 혹은 어떻게 행동해야 마땅한지 설명했는가? 만약 규범적이라면 행위자들은 그 조언을 따르는 규범적인 의사결정을 할 필요가 있다. 그것이 합리적인 선택이다.

"합리적인 선택을 찾아낸다는 것은 행위자가 특정한 맥락 및 환경에서 어떻게 하는 것이 온당한지 찾아내는 것이다. 만약 일이 바람직하게 풀리지 않는다면 이론이 잘못된 것이 아니라 행위자가 잘못 판단을 한 것이다."[4]

그러므로 만약 행위자가 합리적인 조언을 따르지 않는 쪽을 선택한다면, 이들은 비합리적으로 행동할 능력을 가지고 있는 셈이 된다. 만약이런 경우가 일반적이라면 그 이론은 (규범적인 영역에서는 말할 것도 없고)특정한 기술적인 영역에 제한될 수밖에 없다. 그런데 반대로 이 이론이충분히 기술적이라면, 규범적인 처방은 분명하면서도 또한 동시에 적절하지 않을 것이다. 주어진 문제에 대한 해법이 사전에 이미 명백하다면행위자들이 굳이 전략을 놓고 골머리를 앓을 이유는 없다는 말이다.[5]

이 이론의 출발점은 개인이 자신의 편익을 극대화하기 위한 자신만의 선택을 하는 단계이다. 이 편익은 비록 매우 기본적이며 그 양을 경제적 보상이나 권력 획득이라는 차원에서 측정할 수 있다고 생각하는 경향이 있음에도 불구하고 주관적으로 정의될 수 있다. 그 다음 단계에서는행위자가 자기 나름의 선호를 가지고서 자기 위치에 대해서 자기 및 다른 행위자들이 가지고 있는 특정한 지식의 양을 상정한 채로 (사회적으로)구조화된 어떤 게임을 한다. 그 다음에 이어지는 결정적인 단계는 균형점을 찾아내는 단계이다. 게임에 참가하는 모든 행위자들이 각자 자신의편익을 극대화하는 전략을 채택했을 때 모든 행위자들이 더는 위치를 바꾸고 싶은 마음이 생기지 않는 바로 그 지점이 균형점이 될 것이다. 이론상으로 보자면 그 지점은 전략 게임에서 가장 논리적인 결과를 나타내며또한 미래의 실증 작업empirical work과 관련된 조건을 설정할 것이다.

랜드 연구소에서 합리적 선택 이론을 개발하는 데 핵심적인 역할을한 인물은 케네스 애로Kenneth Arrow였다. 그는 다수결의 민주적인 제도가언제나 다수의 바람에 따르는 결과를 도출하지는 않는 이유를 설명하는이른바 '불가능성의 정리'impossibility theorem를 개발했다. 애로의 제자 앤서니다운스 Anthony Downs는 저서 《민주주의 경제학 이론》Economic Theory of Democracy
에서 사회를 구성하는 각 개인이 자기 이익을 극대화함으로써 공공의 이
익을 위협한다는 발상을 제기했다. 그런데 이 모든 것을 정치학에서의
패러다임 이동으로 바꾸어놓은 사람이 윌리엄 라이커William Riker였다. 라
이커는 1940년대 후반에 하버드 대학교를 졸업한 뒤로 상대적으로 주류
인 쪽의 흐름을 좇아왔다. 그러나 그는 정치학을 보다 높은 새로운 차
원으로 올려줄 수단을 찾고 있었다. 그리고 이 수단을 게임 이론에서 발
견했다.

라이커는 1950년대 중반에 처음으로 게임 이론을 접하면서 도덕
을 초월하는 합리성이라는 발상에 매료되었다. 그는 당시에 지배적이던
이론을 규범적인 정치 이론의 패러다임이라고 생각하고 여기에 반발했
다. 정치가 실제로 어떻게 수행되는지 분석하는 게 아니라 정치가 어떻
게 수행되어야 할 것인지 당연한 규범으로 정리를 하고 있었기 때문이
다. 하지만 그는 동시에 권력의 실체에 마키아벨리적으로 초점을 맞추
는 식의 태도도 훌쩍 뛰어넘고 싶었다. 이른바 '타협하지 않는 합리주의'
uncompromising rationalism 개념을 탑재한 게임 이론에 흥분하고 매료된 것도 바
로 그 때문이었다. 직설적이고 솔직한 목표를 달성하려고 노력하는 지각
있는 사람이 무엇을 하겠다고 선택할지 묻는 것은 기존 정치학의 연장선
상에 놓여 있었다. 기존의 전통은 20세기 전반부 동안에 생물학과 심리
학 그리고 형이상학 이론들의 영향 아래에서 실종되고 말았다고 그는 판
단했다.

"게임 이론은 본능, 생각 없이 진행되는 버릇, 무의식적인 자멸적 충
동 혹은 형이상학적이고 외생적인 의지 등이 수행할 수 있는 역할은 아
무 것도 없다고 설정한다."

게임 이론이 가지고 있는 두 번째 매력은 자유로운 선택을 강조한다는 데 있었다. 바로 이 지점에서 라이커는 마르크스주의와 관련 있는 역사적 결정론(역사법칙주의)에 대응했다. 게임 이론은 사람들이 각자 자신이 선호하는 것이 무엇인지 파악할 때 그리고 (역시 자기와 비슷하게 계산하고 선택하는 다른 사람들과 맞선 상황에서) 대안적인 전략을 선택할 때 그 전략이 얼마나 만족스러울지 생각한다고 설정했다. 그러므로 이런 고민의 결과는 당연히 '세상을 위한 어떤 외생적인 계획' 혹은 '인간 본연의 비합리성'이 아니라 인간의 자유로운 선택에 의존했다. 여기에는 물론 긴장이 분명 존재했으며 이런 점은 라이커도 인정했다. 규범적規範的인 이론으로서 이것은 훌륭했다. 어디까지나 사람들이 보다 나은 선택을 할 수 있도록 돕고자 하는 것이기 때문이었다. 그러나 기술적記述的인 이론으로서 선택이 다양할 수 있다는 특성은 온갖 종류의 문제들을 야기했다. 합리적 선택에 대한 규범적인 가정들이 가지는 가치는 행동의 규칙성을 파악하는 데 도움이 되고 나아가 일반화가 가능하도록 해야 한다는 점이었다. 그러나 진정으로 자유로운 선택은 일반화를 무시하는 무작위적인 것이어야 했다. 또 엉뚱한 행동도 용인해야 했다.[6] 라이커는 게임 이론이 일반화의 가능성을 자유로운 선택과 결합해야 하는 딜레마에서 벗어날 방안을 제공한다고 보았다. 한편으로는 동일한 환경에서 동일한 목표를 가진 사람은 모두 동일하게 대안을 합리적으로 선택할 것이라고 상정할 수 있으므로 규칙성이 담보될 수 있다. 하지만 그렇다고 해서 특히 불확실성이라는 특성이 뚜렷하게 존재하는 여러 상황에서 선택의 역할이 지워지지는 않는다. 결국 라이커가 가장 매료되었던 요소는 선택이라는 변수였다. 그래서 라이커는 죽음을 맞이할 무렵에는 과학이 거의 도움이 되지 않는 영역들 속으로 이동해가고 있었다(라이커는 1993년에 사망했다—옮긴이). 하지만 그 무렵 그는 정치가 과학이 될 수 있음을 증명하는데 전념하는 학파를 이미 완성한 상태였으며 하나의 기술技術, art로서의 정치학 그 자체에는 완전히 흥미를 잃어버렸다.

1959년에 라이커는 팔로알토에 있는 행동과학고등연구센터Center for Advanced Study in the Behavioral Sciences에 지원했다. 본인의 표현을 빌리자면 '형식적이고 긍정적인 정치 이론' 분야에서 일을 하고 싶다는 목적이었다. 여기에서 '형식적'formal이라는 것은 '언어 상징이 아닌 기하학 이론의 표현'을 추구한다는 뜻이었고, '긍정적'positive이라는 것은 '규범적이기보다는 기술적인 제안의 표현'을 추구한다는 뜻이었다. '경제학에서 가치에 관한 신고전주의적 이론과 비슷한 이론을 정치학에서 모색'했던 것이다. 특히 그는 정치 이론을 구축하는 데 '수학적인 게임 이론'이 모종의 역할을 할 수 있는 잠재적인 가능성이 있다고 언급했다.[7] 연구센터에서의 그의 연구 결과는《정치 연합의 이론》The Theory of Political Coalitions으로 모아졌는데, 이 책은 그가 세상에 천명한 일종의 선언문과도 같은 것이었다. 그러나 그의 사상이 전파된 결정적인 계기는 그가 로체스터 대학교의 정치학과 학과장으로 임명되면서부터였다. 당시에 로체스터 대학교는 정밀한 계량 분석을 토대로 한 사회과학의 여러 갈래에 이미 많은 힘을 쏟고 있던 때였고, 특히 정치학과에는 많은 기부금이 쌓여 있었다. 그는 거기에서 통계분석을 할 수 있는 학생들과 자기가 설정한 전망에 동조하는 동료 교수들을 규합했으며 이런 그의 리더십 아래 로체스터 대학교의 학문적 위상은 높아졌다. 그의 영향을 받은 많은 졸업생들이 인접한 다른 사회과학 분야로 진출해서 '합리적 행위자 이론'rational actor theory(합리적 선택 이론과 동일한 개념이다—옮긴이)이라는 용어를 확산시켰다. 라이커의 수제자 두 사람은 '라이커의 학생들은 자기들이 정치학을 완전히 바꾸어놓을 운동의 한 부분임을 분명하게 인식하고서 스스로를 철저하게 준비시켰던 일, 학생들이 가족처럼 똘똘 뭉쳐서 끈끈한 동료애를 유지했던 일 그리고 이들이 인상적인 학문적 성과를 거두었던 일'을 기록했다. 이 학생들은 '지치지도 않고 연구에 매진했으며 합리적 선택이라는 이론적 패러다임의 지평을 확장시켰고 (……) 정치학의 다른 여러 형태를 이것으로 대체하려고 노력했다.'

1982년에 라이커는 미국정치학회의 회장이 되었다. 그리고 '합리적 선택이라는 패러다임'이 학계 전체를 지배하는 것을 지켜보았다. 이것 이외의 다른 이론은 모두 꼬리를 감추고 사라졌다.[8] 그는 이제 이 이론이 과학적인 차원의 기준을 충족하는 유일한 '정치 이론'이므로 굳이 '긍정적' 혹은 '형식적'이라는 수식어를 따로 붙이지 않아도 된다고 주장했다.[9] 1990년대가 되면 수학이 정치학 프로그램의 필수적인 요소로 자리 잡았다. 《미국 정치학 회보》American Political Science Review에 실린 글 가운데서 합리적 선택을 주제로 한 글이 차지하는 비중은 무려 약 40퍼센트나 되었다. 그런데 이 패러다임의 영향력이 점점 커진 데는 사고의 명쾌함뿐만 아니라 강압적인 분위기도 작용했다는 불만 섞인 비판도 나왔다. 하지만 이런 불만과 비판은 진지하게 수용되지 않고 기각되었다. 비판을 하는 사람들이 방법론을 제대로 구사할 정도로 충분히 훈련되어 있지 않아서 무슨 일이 어디에서 어떻게 진행되는지 알지 못했기 때문이다. 게다가 합리적 선택을 강조하는 학파에 속하는 학자들은 누군가를 추천하거나 임명할 때 설령 이류 학자라 하더라도 자기 집단에 속한 사람들을 우선적으로 챙긴다는 비판을 들을 정도로 자기들끼리 똘똘 뭉쳤다.[10]

그들의 이론은 어떤 경제학 모델을 단순히 도입한 것만은 아니었다. 하나의 규범으로서의 경제학은 (협소한 의미의) 이기심이라는 가정을 전제로 해서 발전했으며, 따라서 동일한 제한 사항에 직면하고 동일한 선호를 가진 개인들은 매번 동일한 선택을 하는 것으로 받아들여졌다. 목적과, 목적을 달성하는 데 사용되는 자원은 모두 금전적인 차원으로 표현할 수 있었으며 수많은 유사한 거래들을 일상의 경제 활동에서 관찰할 수 있었다. 표본의 크기가 클수록 변칙적인 행위의 중요성은 낮아지고 관찰할 수 있는 패턴 및 관계의 규칙성은 한층 더 분명해졌다. 라이커는 시카고 학파의 강건한 시장경제학 연구에서 강한 인상을 받았다. 이런 사실은 애초에 그가 로체스터 대학교에서 짰던 커리큘럼에도 반영되어 있었다. 하지만 그는 주류 경제학자들보다 앞서서 게임 이론을 받아들였으며, (기계적인 합리성을 행위자 때문이라고 돌리는) 경제학과 (합리성을 의식적이고 의도적인 것이라고 파악하는, 그리고 이런 합리성이 흔히 다른 행위자들에게 직접적으로 반대하는 형식으로 나타나는) 정치학을 구분하려고 늘 조심했다. 이것이 게임 이론의 토대였는데, 이것을 활용함에 있어서 라이커의 맨체스터 학파는 앞에서 선도하기보다는 뒤에서 추종했다.

이론가들이 점점 더 큰 야망을 가졌고, 이들은 표본의 크기가 크고 변수가 적은 영역에서 표본의 크기가 작고 변수가 많은 영역들로 파고들었다. 이 영역들 가운데는 국제 관계도 포함되었다. 선택권의 가짓수가 제한적이지 않을 때는 접근하기가 까다로웠다. 선명한 이해관계와 적정한 전략 둘 다를 찾아내는 일이 어려웠기 때문이다. 예컨대 선거처럼 발견 사실들을 높은 신뢰도 속에서 표현할 수 있는 영역들에서조차도 내재적인 조건들의 매우 미묘한 편차 때문에 그 발견 사실들을 도무지 신뢰할 수 없는 상황도 가능했다. 환경이 안정적일수록 이 환경 속의 행동은 보다 높은 규칙성을 보였고, 반대로 환경이 불확실할수록 행위자들이 합리적인 방안을 찾기가 더 어려웠다. 그래서 라이커는 피터 오데슉Peter

Ordeshook과 함께 쓴 정치학 교과서에서 다음과 같이 썼다.

"대안적인 선택의 범위가 무한하고 각각의 대안을 선택했을 때의 결과가 불확실할 때 대부분의 선택에는 오류가 뒤따르게 마련이다."[11]

특정한 유형들의 해법을 파악할 수만 있다면 특정한 유형들의 문제를 해결할 수 있다고 했다. 최대한 변수가 적은 모델을 가졌으며 선택의 범위가 작은 것일수록 더욱 그랬다. 경험적 실증 차원에서 어떤 시도가 이루어지려면 측정이 가능한 형태로 나타나며 서로 비교할 수 있는 사례들을 충분히 많이 포함하는 자료가 전제되어야 한다. 그런데 새로운 발견 사실들이 모델을 통해서 추론한 내용을 확인해준다 하더라도, 아무리 수학적으로 화려한 장식에 의해 치장되었다 하더라도 이것이 어떤 증거로 인식되기는 힘들다. 모델과 쉽게 맞아떨어지지 않는 변수들 혹은 즉각적으로 측정될 수 없는 변수들이 작용했을 수도 있기 때문이다. 심지어 애초에 설정했던 목표가 달성된 경우라고 하더라도 이것이 우연의 결과 혹은 외생적인 변수가 개입한 결과가 아니라 애초에 선택했던 행동의 결과라고 100퍼센트 확신할 수는 없다.

자연과학에서는 법칙이 수립될 수 있다. 원자나 분자는 자유의지를 가지고 있지 않으므로 원인과 결과를 얼마든지 예측할 수 있다. 하지만 자발적인 의지를 가진 행위자를 다룰 때는 사정이 달라져서 예측이 불가능해진다. 통상적으로 하나의 반응을 생성하는 위협이나 권유가 때로는 전혀 다른 것을 생성하기도 한다. 그런데 이런 결과는 경제학에서 흔히 그렇듯이 수없이 많고 비슷한 작은 거래들에 영향을 미치는 게 목적일 때는 문제가 되지 않는다. 정치학 관련 연구 조사는 무엇보다도 형식적인 엄정함과 수학적인 간결함이라는 기준을 충족시켜야 한다는 주장 때문에 질문의 품질이나 답변의 가치가 우선권을 부여받을 수는 없었다.

그래서 한 비평가는 이렇게 말했다.

"엄정함은 보존법칙(물리 현상에서 상태가 변화함에도 불구하고 물리량은 변하지 않고 보존된다는 법칙—옮긴이)을 따르는데, 수학적 차원의 엄정함이 강화될수록 보다 중요한 다른 여러 가지 차원들에서는 엄정함이 줄어든다."[12]

게임 이론가들은 이런 한계들을 붙잡고 파고들면서 결국 양자택일의 갈림길에 섰다. 게임 이론의 엄격한 제한에서 벗어날 것인가 아니면 이 문제를 최고 수준의 전문가들만이 음미하거나 따를 수 있는 복잡계의 수준으로 가져갈 것인가?

도널드 그린Donald Green과 이안 샤피로Ian Shapiro는 정치학에서의 합리적 행위자 이론에 대한 가장 심각한 도전들 가운데 하나를 제기하면서 그동안 수많은 정치학자들이 들인 엄청난 노력에도 불구하고 정치에 대해서 알려진 것은 '이루 말할 수 없을 정도로 보잘것없다'고 말했다.[13] 두 사람은 합리적 선택 이론에 대한 한 가지 표준적인 문제를 집중적으로 다뤘다. 투표 과정에 투여되는 시간은 투표를 하는 어떤 사람이 최종적인 결과에 영향을 미치고자 희망하는 충격에 반대되도록 설정되어 있으므로, 누구든 투표 행위를 하는 것은 합리적이지 않다고 주장하는 이론이었다. 그러나 사람들은 투표를 했다. 그것도 많은 사람들이 투표를 했다. 그렇다면 이런 발견 사실은 그 이론의 핵심적인 교의教義에 어떻게 아무런 문제도 제기하지 않은 채 융화될 수 있을까? 이 질문에 대해서 두 사람은 '정신적 만족'에 따른 결과를 설명하는 한 가지 이론을 비웃었다. 그 정신적 만족이 이기적인 관심일 수도 있지만, 다른 것도 많은데 어째서 굳이 이기적 관심일까? 이 정신적 만족의 원천은 무엇일까? 이것은 민주주의가 투표에 의존한다는 대의나 믿음 혹은 입후보자들의 덕성에 대한 관심일까? 하지만 그 이론은 만족할 만한 대답을 내놓지 않았다. 흥미로운 발견이 이루어졌지만 이 발견에 대한 설명은 이론 바깥에서 찾아야 했다. 스티븐 월트Stephen Walt는 합리적인 행위자 모델을 국제 관계 이론에 적용한 내용을 검토한 뒤에 '점점 커지는 기술적 복잡성'에 발맞추어서 '통찰력이 그만큼 늘어나는' 경우는 없었다고 결론을 내렸다. 그 복잡성은 핵심적인 가정들을 파묻어버렸으며 그 이론들을 평가하기 어렵게 만들었다고 했다.[14]

이런 문제 제기에 대한 토머스 쿤적인 대답 하나는 '어떤 이론이라도 실제 사실과 일치하지 않는다고 해서 기각될 수는 없다. (……) 보다 나은 이론에 의해서 보완될 뿐이다'였다.[15] 그러나 이런 발언과 태도는 (흔히 그렇듯이) 의심스럽기 짝이 없는 모델들을 통해서 유추한 이론상의 가정들에 지나지 않는 것들이 가지는 의미를 과대포장하는 것이었다. 아무리 수학적 논의가 가능하다고 하더라도 그 이론들을 자연과학의 여러 학문들의 경우와 동일한 차원에 놓을 수는 없었다.

† 연합 형성

새로운 접근법을 발표한 라이커의 책은 연합 형성을 주제로 삼았다. 참가자들 사이에 이루어지는 소통의 성격, 소통이 게임 속에 녹아들거나 혹은 게임의 경계선 바깥에서 작동할 수 있는지 여부는 게임 이론이 당면한 가장 어려운 문제들 가운데 하나였다. 자율적이고 합리적이기는 하지만 사회적인 유대와 문화적 연관성이 결여되어 있는 개인이라는 가정이 곧 참가자들 사이에는 서로 공감할 가능성이 전혀 없다는 전제 조건이 된다면, 이 경우에 협력은 자연적인 성향보다는 순전히 상황 논리에 따라서 결정될 터였다. 존 폰 노이만John Von Neumann과 오스카 모르겐슈테른Oskar Morgenstern은 두 사람 이상의 참가자가 게임을 벌이는 상황일 때 연합이 결정되는 방식에 관해서 조언을 했었다. 세 사람 이상이 참가하는 게임에서는 단순화한 어떤 가정들을 설정하기란 한층 더 어렵다. 이 경우에 이해관계의 갈등은 한층 더 우회적으로 작동한다. 세 사람이 참가하는 게임일 경우 두 사람이 연합을 결성하면 나머지 한 사람을 쉽게 이긴다. 이런 연합이 결성될 때 두 사람이 하는 게임에서 미니맥스minimax 해법(추정되는 최대한의 손실을 최소한으로 하는 기법—옮긴이)을 동원하는 경우처럼 계산은 단순하다. 이때의 과제는 허약한 두 사람이 제일 강한 한 사람을 상대로 편을 먹고 대적하거나(균형balancing) 혹은 강한 한 사람을 동맹자로 만드는(편승 bandwagoning) 방법 가운데서 어느 쪽이 합리적인지 찾아내는 일이다. 많은 대안적인 연합이 안정적이듯이 최적의 전략을 도출하기 위해서 가능한 모든 연합의 형태를 검토할 필요가 있다.

윌리엄 갬슨William Gamson은 라이커가 자기 책을 출판하기 직전에 연합의 형식 이론을 개발하려고 시도했다. 갬슨은 연합이라는 문제는 두 사람이 벌이는 게임으로 축소해서 살펴보아야 한다는 점에 일단 동의했다. 그는 연합을 '목표가 제각기 다른 개인들 혹은 집단들 사이에서 이루어지는 일시적인 수단으로서의 동맹'이라고 정의했다. 이들은 대개 권력 power 획득을 위해서 손을 잡는데, 갬슨은 권력을 미래에 이루어질 결정들을 통제할 수 있는 능력이라는 뜻으로 사용했다. 연합을 결성한 참가자들이 함께 합친 자원은 개별 참가자나 다른 연합 결성체의 자원에 비해서 크기 때문에 그런 능력을 행사할 수 있다고 했다. 그런데 연합을 결성한 개별 참가자들의 목표 가운데 몇몇은 서로 상충되기도 하지만, 그럼에도 불구하고 이 참가자들은 일치하는 공동의 목표에 집중할 수 있다. 그러나 누가 누구와 손을 잡을 것인지 예측하는 문제에 대해서 (이 예측을 하려면 주어진 어떤 결정에 필요한 가장 적절한 자원들이 무엇인지 먼저 이해해야 한다) 갬슨은 게임 이론이 너무 많은 해법을 내놓는다는 사실을 깨달았다. 그가 세운 일반적인 가설은 연합 결성 참가자들은 자기들이 각자 연합에 제공하고 또 성공에 기여한 자원에 따라서 성공에 따른 결과의 보상을 적정하게 나눠가질 것이라고 기대한다는 것이었다. 그런데 이 보상 분배는 호혜성 그리고 어떤 결정점에 도달할 때까지의 단계적인 연합 결성 과정에 의존한다고 주장했다.[16]

라이커는 갬슨의 이런 인식에서 한 걸음 더 나아가 입법 기관에서의 연합 결성 연구를 바탕으로 해서 강력한 주장 하나를 개발했다. 승리를 완전하게 보장받는 연합의 규모는 승리를 보장받을 수 있을 딱 그 정도로만 클 뿐이고 그보다 더 크지는 않다는 의미에서 '최소한'이며, 아울러 참가자들이 가지고 있는 정보가 완전하지 못하면 못할수록 승리를 보장하는 연합의 규모는 더 커진다는 주장이었다. 그는 이 '될 수 있으면 작은 규모를 지향하는 모델'sparse model이 비록 이데올로기나 전통을 의도적으로 배제함에도 불구하고 매우 잘 작동한다는 사실을 발견했다.[17] 하지만 그는 또한 1960년대 말에 '연합 이론을 입증하는 데보다 이 이론을 정교하게 다듬는 데 훨씬 많은 더 노력이 들어갔다'고 결론을 내렸다.[18] 잠재적인 변수가 너무 많고 또 잠재적인 결과들이 너무 많은 현실 앞에서 다시 한 번 더 게임 이론의 한계가 명백해진 것이다.

라이커는 연합을 다룬 자기 책에서 다음과 같이 주장했다.

"합리적인 정치인이 바라는 것은 이기는 것이며, 이런 승리욕은 권력욕에 비해서 훨씬 더 구체적인 동기로 작용한다고 나는 믿는다."

이것은 제로섬zero-sum의 쟁점을 제기했다. 제로섬 인식은 대부분의 정치인에게 오로지 협소한 의미에서만 진실일 수 있으며, 또한 연합 결성에 대한 태도는 아무리 좋아야 마지못해서 하는 것임을 의미했다. 이런 인식 아래에서 라이커는 권력에 대한 언급 없이도 합리성을 정의할 수 있었는데, 그는 합리적인 정치인에게 명확하게 한정된 특성을 부여했다.

"이기길 바라는 사람은 다른 사람들로 하여금 상황이 다를 경우에는 결코 하지 않을 어떤 일을 하도록 만들 수 있기를 바란다. 그는 모든 상황을 자기에게 유리하게 활용하고자 한다. 또한 그는 주어진 상황에서 성공하기를 바란다."[19]

그의 이런 태도는 평범한 유권자들이 이따금씩 드러내는 정치적인 행동에 대한 개인적인 관심보다는 정치 엘리트들 가운데서도 핵심적인 참가자들에 대해서 라이커가 개인적으로 가지고 있었던 관심을 반영한 것이었다(민주주의에 대한 그의 관심은 전자에 대해서 오로지 제한적인 의미만 부여했다). 게임 이론은 소수의 참가자들만 참가하는 과점寡占 상태를 바라보는 경제학에서 가장 잘 맞아떨어졌던 것과 마찬가지로 정치학에서도 역시 참가자가 소수일 때 가장 잘 맞아떨어졌다.

이 이론이 보다 폭넓은 상황 속에서 어떻게 적용될 수 있을지 입증하려는 중요한 시도를 한 사람이 바로 경제학자 맨큐 올슨Mancur Olson이다. 올슨은 이기적인 합리성의 논리가 협력이라는 상황에서 함의하는 여러 의미에 매료되었다. 마르크스가 공동의 관심을 하나의 정치적인 힘으로 전환시키는 수단으로써 계급 의식을 바라보았던 것과 똑같이 그는 구성원들의 관심이 다양하고 규모가 큰 어떤 집단이 하나의 정치적인 힘으로서 행동하는 것이 어렵다는 사실을 지적했다. 이것은 각각의 개별 참가자가 공동의 이익(즉, 소수만이 누리는 혜택이 아니고 구성원 전체가 총체적으로 누리는 혜택)에 어떤 기여를 함으로써 얻을 수 있는 한계 편익은 통상적으로 한계 비용보다 낮으며, 따라서 자기들이 기여한 몫에 대한 정당한 보상을 받는 경우가 드물다는 사실을 잘 알기 때문이었다. 그러므로 사회 전체의 총체적인 목적들을 달성하기 위해서 엄청나게 많은 사람들이 다른 사람과 협력하는 행위는 분명 비합리적이었다.

"예컨대 위압적인 강제력과 같이 각각의 개인이 공동의 이익을 추구하도록 강제하는 특별한 장치가 있지 않는 한 합리적이며 이기적인 개인들은 집단 공동의 이익을 성취하려고 하지 않는다."

각 개인은 합리적인 이기심 때문에 다른 사람들이 성취한 것에서 편익을 얻으려고 하면서도 자기는 그 일에 기여하지 않으려 했다.[20]

이른바 '무임 승차자'(프리라이더)라는 이 문제는, 예를 들어서 어떤 군사 동맹에 속해 있으면서도 이 동맹이 제공하는 안보의 편익은 누리면서도 자기가 가진 자원을 이 동맹에 거의 내놓지 않으려는 국가에도 해당된다. 올슨은 1960년대에 랜드 연구소의 컨설턴트로 일하면서 이런 주장을 강력하게 제기했다. 나토의 덩치 작은 회원국들이 자기들은 '총체적인 공동 이익에 추가로 어떤 자원을 제공할 동기를 거의 혹은 전혀 가지고 있지 않다'는 사실과 또 그 바람에 나토의 방위비 부담이 여러 국가들에 불균형적으로 부과된다는 사실을 이미 잘 알고 있음을 그는 입증했다.[21] 설령 공동의 이익이 걸려 있다고 하더라도 자기가 행동을 하든 하지 않든 상관없이 혹은 자기가 비용의 일부를 부담하든 안 하든 상관없이 그 이익이 실현될 것 같으면 군이 행동을 하거나 비용을 부담할 이유는 전혀 없다. 하지만 이와 대조적으로, 개별 참가자의 행동에 따라서 결과가 확연하게 달라지고 또 인풋의 비용보다 아웃풋의 편익이 높다면 그 공동의 이익을 추구하는 쪽으로 행동하는 것이 합리적이다. 그러므로 몇 몇 측면에서 올슨은 엘리트 이론을 제시한 셈이다. 왜냐하면 그는 자원을 가진 소수의 집단들이 어떻게 영향력을 유지하고 행사하는지 설명했기 때문이다. 집단에 소속된 참가자는 대부분 제각기 다른 이해관계를 가지고 있지만 이들이 뿔뿔이 흩어질 때는 이들이 가지고 있던 영향력도 함께 사라진다.

올슨의 이런 설명 가운데 일부분은 사회적인 비용과 편익을 고려한 것이었다. 굳이 투표를 하거나 노동조합에 가입하는 번거로운 행동을 하지 않은 개인이라 하더라도 이런 행동은 다른 사람들의 눈에 잘 띄지 않는다. 그러나 활발하게 움직이는 소규모 집단에서의 이런 행동은 다른 참가자의 눈에 금방 띄고 만다. 이런 사실을 토대로 해서 올슨은 자동차 제조업체들이 자동차 가격 인상을 억제하는 정부 조치에 공동으로 대응해서 로비를 벌이지만 이들에 비해서 수적으로 훨씬 더 많은 자동차 소비자들은 자동차 가격을 내리기 위한 공동의 대처를 자동차업체들과 대등하게 하지 못하는 현상을 예로 들었다. 공동의 이익은 모든 사람에게 영향을 미치지만 이것을 위해서 로비를 가장 잘 할 수 있는 참가자들의 이익에 보다 더 많이 기여한다는 것이다.

사회적 압력이라는 개념이 일단 수용되고 나자 누구에게 이익이 돌아갈 것인가 하는 질문이 한층 더 문제시되었다. 명예나 평판과 관련된 문제들은 사회적으로 실증되어야 한다. 이런 것들은 사회적인 맥락 바깥에서는 아무런 의미가 없다. 그러나 이 말은 또한 동시에 이 문제들은 사회적인 맥락에 따라서 얼마든지 달라질 수 있다는 뜻이기도 하다. 돈 혹은 권력과 관련된 개별적인 이해관계가 소수의 참가자들 사이에서 추구되는 과정을 대상으로 하는 이론은 간결하고도 명쾌할 수 있지만, 실제 현실의 모습과는 맞지 않는다. 온갖 유형의 제각기 다른 이해관계 그 자체는 이론에 해를 끼치지 않지만 (이론은 어디까지나 그 이해관계들을 솜씨 좋게 효과적으로 다루기만 하면 된다) 실제 현실에서 벌어지는 이해관계의 대립과 협력이 전개되는 양상은 결코 간결할 수도 없고 명쾌할 수도 없다.

† 협력의 발전

게임 이론이라고 해서 가장 이기적인 행동 이외의 것에 대해서는 언제나 대처하지 못하는 게 아니었다. 게임 이론을 하나의 전략적인 도구로 바라보며 대중적으로 설명한 저자들은 최초의 버전(1991년)과 두 번째 버전(2008년) 사이의 차이점을 '전략적 상황에서 협력이 수행하는 중요한 부분을 온전하게 이해하느냐 혹은 이해하지 못하느냐' 하는 것이라고 지적했다.[22] 사회적 행동의 발전을 게임 이론적인 차원에서 이해하는 한 가지 방식은 반복되는 게임을 통하는 것인데, 로버트 악셀로드Robert Axelrod 의 《협력의 진화》The Evolution of Cooperation가 이 방식을 가장 강력하게 주장했다. 이 책이 탄생하게 된 배경이 매우 재미있다. 우선 이 책은 아나톨 래퍼포트Anatol Rapoport로 거슬러 올라가는데, 래퍼포트는 게임 이론과 반反군국주의에 대해서 관심이 컸으며 이 둘을 하나로 결합시켰다. 그러다 노이만과 함께 수리생물학을 주제로 토론하다가 노이만이 소련을 선제공격하는 방안을 지지한다는 사실을 알았고, 이것이 래퍼포트의 삶에서 중요한 전기로 작용했다. 1964년에 래퍼포트는 셸링 등과 같은 전략가들이 게임 이론을 잘못 사용하고 있다는 반론을 제기했다.[23] 그는 미시간 대학교에 있는 동안에 (나중에 베트남전에 반대하면서 토론토로 이주했다) 합리적인 협력 이론들에 대한 이론 차원의 '해법들'의 타당성을 탐구하기 위한 수단으로서 실험적인 게임들을 활발하게 진행했다. 미시간 대학교에서 이 작업을 꾸준하게 진행하던 집단에 바로 로버트 악셀로드가 있었다. 악셀로드 역시 반전 운동 경력을 가지고 있던 인물이었다.

악셀로드는 컴퓨터를 이용해서 소프트웨어 프로그램들이 토너먼트 게임을 실행하는 방식으로 게임 이론을 실험할 수 있을 것이라고 판단했다. 그래서 '죄수의 딜레마' 게임에서 가장 좋은 성적을 낼 수 있는 컴퓨터 프로그램을 전문가들을 대상으로 해서 널리 공모했다. 죄수의 딜레마 게임을 200회까지 반복하고 이 과정에서 협력적인 결과를 제시할 수 있는 방식의 신호를 상대방에게 보내거나 그런 방법을 학습하는 프로그램이 가능한지, 가능하다면 그 프로그램은 어떤 것인지 확인하려는 실험이었다. 그런데 우승을 차지한 프로그램은 래퍼포트가 제시한 매우 단순한 프로그램이었다(사실 이런 결과는 놀라운 게 아니었다). 이 프로그램의 원리는 상대방이 마지막으로 한 행동을 그대로 반복하는 '팃포탯'tit-for-tat이었다. 즉 상대방이 도발을 하면 역시 도발로써 응징하고 상대방이 협력하면 역시 협력으로 보답하는 대응 방식이었다. 이 프로그램의 첫 번째 명령은 '협력'이었다. 그리고 결국 1 대 1의 이 게임에서 협력이 자연스럽게 기본 전략으로 자리 잡았다. 협력 행동이 '멋지고 자극적이며 용서할 줄 아는 규칙을 갖출 때 번성할 수 있다'는 것이 이 실험에서 확인할 수 있는 메시지였다.[24] 이 실험 결과는 냉전에서도 협력이라는 전략이 유망한 선택이 될 수 있음을 주장했다. 게다가 인간의 선행이 도덕을 초월하는 합리성을 이길 수 있는 방식에 대한 이런저런 주장에 의존하지 않아도 되었으니 한결 유리한 강점을 가지고 있었다. 이 프로그램에서는 애초에 기본적인 가정을 설정하는 것 이외에 모든 과정을 컴퓨터가 수행했고 인간은 일절 개입하지 않았다. 이 이론은 기본적으로 이기주의적인 가정에서 출발했지만, 악셀로드는 협력이 합리적일 수 있음을 입증했다.

그런데 이것이 전략가들에게 어떤 가치가 있었을까? 협력이 명백하게 나쁠 때(예컨대 기업의 독과점 행위)를 제외하고는 바람직하다는 게 기본적인 가정이었다. 악셀로드의 《협력의 진화》는 이타주의와 호혜성이라는 덕목을 찬양했다. 악셀로드는 협력을 구축하기 위한 네 가지 규칙을 이끌어냈다. 첫째, 시샘하지 마라. 상대적인 이익보다는 절대적인 이익에 만족해라. 그러니 네가 잘하고 있을 때 다른 사람이 더 잘하는 걸 보고 초조해하거나 걱정하지 마라. 둘째, 먼저 배반하지 마라. 왜냐하면 게임 참가자 사이에 협력의 논리를 마련할 필요가 있기 때문이다. 셋째, 상대방이 배반할 경우에는 둘 사이의 관계에 신뢰감을 조성하기 위해서 반드시 동일한 방식으로 응징해라. 마지막으로 넷째, 상대방이 당신이 다음에 할 행동을 예상할 수 없을 정도로 지나치게 복잡하게 혹은 똑똑하게 행동하지 마라. 악셀로드는 또한 장기적인 전망이 중요하다는 점도 지적했다. 만일 당신이 누군가와 장기적으로 지속되는 관계를 맺고 있다면, 설령 이따금씩 협력 관계가 흔들린다고 할지라도 협력을 지속하는 것이 옳다고 했다. 그러나 단기적인 관계에서는 굳이 이렇게 할 동기가 상대적으로 줄어든다고 했다. 배신을 하더라도 잃을 것이 그다지 많지 않을 것이기 때문이다.

악셀로드의 분석은 전략이 주로 관심을 가지던 갈등이라는 문제에, 특히 전반적인 적대성 혹은 경쟁이라는 배경 속에서 이루어지는 협력과 관련된 영역이 의미 있게 존재하는 갈등 문제에 맞아떨어졌다. 그러나 팃포탯 접근법의 구체적인 형태는 심지어 죄수의 딜레마와 비슷한 상황에서조차도 되풀이되기 어려웠다. 두 당사자 사이의 균형점이라는 것은 드물었고, 따라서 협력이든 아니면 배신이든 간에 어떤 실행이 주는 충격은 매번 동일할 수 없었다. 협력은 (동일한 가치를 지닌 것을 교환하는 것과 마찬가지로) 서로 다른 유형의 편익을 교환하는 행동에 의존한다. 협력이 진행될 수 있는 방법이 여러 가지 존재하는 이유도 바로 여기에 있다. 예를 들어서 죄수의 딜레마 게임이 계속해서 반복되는 방식이 아니라 물물교환 방식을 통해서 협력이 진행될 수도 있다. 그런데 악셀로드의 토너먼트 실험은 중요한 한 가지 사실을 다시 한 번 확인하고 강화했다. 전략은 장기적으로 시간을 두고 판단해야 한다는 점이었다. 단 한 차례의 실행 결과를 놓고 판단할 게 아니라 여러 차례 반복된 결과를 놓고 판단해야 한다는 것이다. 지나치게 복잡하게 혹은 똑똑하게 행동하는 것이 현명한 전략이 될 수 없는 이유도 바로 여기에 있다. 악셀로드가 판을 벌인 토너먼트 대회에서 '상대방의 다음 행동을 추론하기 위한 복잡한 여러 방법론들'을 구사한 참가자(소프트웨어 프로그램)들의 성적은 오히려 좋지 않았다. 자기가 한 행동이 상대방에게 준 충격을 고려하지 않고서는 상대방이 한 행동을 해석하거나 또 다음에 할 행동을 예측하기란 어려웠다. 정교하고 복잡한 신호로 설정되었던 것이 오히려 무작위적인 메시지로 상대방에게 전달되었던 것이다.

데니스 청Dennis Chong은 반복적인 게임들을 사용해서 시민권 운동을 관찰하면서 올슨이 제기한 쟁점 즉 '공공의 이익을 위해서 실행된 총체적인 행동'이라고 올슨이 직접 이름을 붙인 것 속에서 일어나는 합리적인 참여의 문제를 다루었다. 그리고 이 과정에서 어떤 개인이 초기에는 내키지 않아 했지만 나중에는 다른 사람들의 저항의 짐을 온전히 떠안을 때 개인적인 위험을 무릅쓸 것을 진지하게 고민하는 모습을 확인했다. 이런 형태의 총체적인 행동에는 구체적인 인센티브가 전혀 없었다. 그러나 '사회적이고 심리적인' 편익들은 분명히 존재했다. '협력을 하지 않은 선택을 할 때 명성을 손상당하거나 공동체에서 추방되는 등의 결과가 필연적으로 나타난다면 집단의 구성원들이 사회 총체적인 차원의 행동에 협력하는 것은 장기적인 관심사'가 된다는 것을 확인했던 것이다.

청은 또 전략을 (게임 이론에 적합한 것으로 보이는) 1회성 조우 차원에서 바라볼 때 발생하는 어려움을 지적했다. 장기적인 차원에서 생각하는 능력은 '어떤 사람이 집단 속의 다른 사람들을 상대로 반복적으로 경험하게 될 교환 및 부닥침'을 고려 대상으로 삼을 것을 전제로 한다. 그런데 사회의 총체적인 운동이 직면한 어려움이 드러났다. 청이 제시한 모델은 지도자들이 어디에서 나오는지 설명할 수 없었던 것이다. 지도자들은 '자율적으로' 행동했으며, 이들은 자기가 성공할 것인지 혹은 과연 충분히 많은 사람들이 자기를 뒤따를 것인지 등에 관해서는 전혀 생각도 하지 않고 달려들었다. 그런데 구체적인 결과가 나오기 전에 어떤 지도자가 최초의 추종자들과 함께 운동을 일단 시작하고 나면 그때부터 사회적인 전염이 진행되었고, 그 결과로 운동의 동력이 개발되었다. 이런 점을 놓고 볼 때 '강력한 조직과 효과적인 리더십'이 당국으로부터의 '상징적이고도 실질적인 양보'와 결합한다는 결과가 도출되었다. 게다가 '궁극적으로 사회의 총체적인 운동으로 이어지게 될 일련의 사건들을 유발하는 객관적인 여러 사회적 요인들의 결합'을 포착할 수 있도록 주의를 기울이는 것이 현명한 태도라는 결과도 도출되었다.[25]

그런데 문제는 합리적인 선택에서 사용되는 방법들이 흥미롭고 의미 있는 통찰로 이어질 수 없다는 게 아니었다. 오히려 재미있는 질문들이 너무 많이 생긴다는 게 문제였다. 예컨대 이익의 극대화나 권력의 극대화와 같은 취향 혹은 선호는 대부분의 행위자나 대부분의 환경에서 잘 작동하므로 이런 속성들이 사전에 미리 제시되지 않을 경우 오로지 행위자 본인만이 자기가 달성하려고 하는 것이 무엇인지 그리고 자기가 가진 선택권과 다른 사람들이 보일 수 있는 반응에 대해서 스스로 어떤 예상과 기대를 하는지 설명할 수 있다. 게임의 다른 참가자는 그 모든 것을 전혀 알지도 못하는데 말이다. 즉 이 이론이 제대로 먹힐 수 있으려면 사전에 다른 참가자에게 이 이론을 많이 얘기해두어야 한다는 말이다. 이와 관련해서 로버트 저비스Robert Jervis는 다음과 같이 썼다.

"참가자들이 가지고 있는 가치관, 취향, 믿음 그리고 자신에 대한 정의 등은 모두 그 모델에 대해서 외생적이며, 분석이 시작되기 전에 제공되어야 한다."[26]

효용과 관련된 변수들을 외부에서 주어진 어떤 것으로만 단순히 받아들일 게 아니라 그것들이 어디에서 왔으며 또 맥락에 따라서 어떻게 변할 수 있는지 이해하는 것이 중요했다. 그래서 허버트 사이먼Herbert Simon도 다음과 같이 썼다.

"우리는 사람들이 대안적인 선택들에 대해서 어떻게 추론하는지뿐만 아니라 그 대안들이 맨 처음 어디에서 비롯되었는지도 알아야 한다. 그런데 지금까지는 대안들이 발생하는 과정들을 연구 조사 대상에서 제외하는 경향이 있었다."[27]

이 주장은 윌리엄 라이커의 지적 발자취를 들어서 쉽게 설명할 수 있다. 사람에게는 돈이나 명예처럼 단순히 이기적인 관심이 동기 부여의 요인이 아니고 보다 정서적이고 보다 윤리적인 요인이 동기 부여로 작용한다는 사실은 라이커의 접근법에서 매우 중요한 특성이다. 효용은 주관적일 수 있다는, 그래서 이 효용이 해당 게임을 하기 직전 상태의 취향을 강화할 수도 있다는 말이다.[28] 그는 또한 게임의 구조가 다를 때 엄청난 차이가 발생한다는 사실도 강조했다. 만일 현재 문제되고 있는 쟁점이 어떤 특정한 방향으로 틀이 짜여 있다면, 동일한 게임의 참가자들에게 다른 대안의 가능성이 열려 있다는 뜻이다.

라이커는 1983년에 했던 미국정치학협회 회장 퇴임사에서 분석의 세 단계를 정리했다. 첫 번째 단계는 '제도, 문화, 이데올로기 그리고 이전에 일어났던 사건들' 즉 맥락이 가한 여러 가지 제한 사항들을 파악하는 것이다. '그 제한적인 환경에서 효용을 극대화하는 데서 비롯되는 부분적인 균형'을 포착하는 것이 두 번째 단계로 합리적 선택 모델에 해당되며, 마지막으로 세 번째 단계는 '참가자들이 자기에게 주어진 가능성을 개선하기 위해서 행하는 창의적인 조정을 설명하는 것'이라고 했다. 그런데 불행하게도 이 세 번째 단계에 대해서는 학자들이 지금까지 많은 노력을 기울이지 않았다고 그는 지적했다. 이 세 번째 단계에 그는 '헤레스세틱스'heresthetics(정치 전략의 기술)라는 이름을 붙였다. 헤레스세틱스라는 단어의 어원은 선택 혹은 선출을 뜻하는 그리스어이다. 그는 상대적인 무지無知의 영역들로서 '대안들이 정치적 갈등 속에서 수정되는 방식' 그리고 '대안들의 기본적인 특성이 되는 유세의 수사修辭적 내용'을 언급했다.[29] 이런 도구들은 무척 중요했는데 정치인들이 환경을 조직하고 다른 사람들로 하여금 자신의 의제(어젠다)에 호응하도록 요구하는 방식과 직접 연결되기 때문이었다. 정치인들은 변하지 않는 논리를 갖춘 환경을 창출함으로써 성공의 길을 달릴 수 있으며, 또 그들은 이런 장치들을 통해야 비로소 다른 사람들을 연합이나 동맹의 형태로 자기와 결합하도록 설득할 수 있기 때문이다. 그런데 바로 이런 점 때문에 라이커가 예전에 깃발을 꽂았던 지점은 전혀 다른 영역으로 변질되었다. 그래서 사이먼은 다음과 같이 탄식했다.

"차라리 라이커가 자기가 전파하고자 하는 주장을 숨길 생각으로 '헤레스세틱스'라는 말을 만들어내지 않았더라면 좋았을 텐데……" [30]

헤레스세틱스는 정치인이 정치적으로 자기에게 유리한 상황이 전개되도록 세상을 바라보는 관점을 구축하는 것과 관련된 용어이다. 라이커는 수많은 헤레스세틱스 전략을 확인했다. 의제 설정, (최악의 결과를 피하기 위해서 차악의 결과를 지지하는 등의) 전략적 투표, 투표 거래(상대방으로부터 동일한 가치의 대가를 바라며 법안 통과나 내정자 임명에 대해서 찬성이나 반대의 투표를 하는 담합 행위—옮긴이), 의사결정 과정의 순서 변경, 특정 상황에 대한 정의의 수정 등이 그런 전략들이다. 처음에 라이커는 비록 이 전략들 가운데서 얼마나 많은 것들이 설득력 있는 기술技術들 없이도 작동할 수 있을지 알기 어려웠지만, 이런 조작들이 수사(레토릭)에서 분리된 별개의 것이라고 보았다. 그는 사후에 발간된 미완성 저서에서 수사(레토릭)에 훨씬 더 많이 초점을 맞추었다. 그의 제자들은 그가 '설득과 조직적 활동(캠페인) 뒤에 있는 과학'으로 전략의 학문 분야를 되돌리려 했다고 주장했지만[31] 그는 자기가 과학이 낭패를 당하는 영역 안으로 들어가고 있음을 인정했다. 이런 인식은 헤레스세틱스를 다룬 그의 책 《조작의 기술》The Art of Manipulation이라는 제목에서도 분명하게 드러난다. 그는 이것은 과학이 아니라는 말을 분명하게 했다.

"성공을 보장하는 전략을 만들어내는 데 기계적으로 적용할 수 있는 과학적 법칙 따위는 존재하지 않는다."[32]

라이커는 사후에 출간된 그 책에서 '수사와 설득에 대해서 우리가 가지고 있는 지식은 지극히 적다'는 우려를 드러냈다.[33] 그는 통계적인 분석이 자기 주장들을 예리하게 다듬어줄 것이라는 믿음을 포기하지 않았음이 분명하다. 또 의제 설정, 프레임 설정하기 그리고 설득 등과 같은 쟁점들을 직접적으로 다루는 작업은 지나치게 '순수한' 작업이며 또 충분할 정도로 정밀하지 않다는 이유로 단호하게 회피했다. 그러나 그럼에도 불구하고 전략을 연구하는 수많은 사람들이 정치 게임에서 어떤 참가자들은 다른 참가자들에 비해서 상대적으로 더 똑똑하고 더 설득력을 갖추게 되는 이유에 매료되었는데, 라이커 역시 바로 이 지점에서 마지막으로 전략 이론가로서의 족적을 찍었다.

| 제37장 |

합리적 선택을 넘어서

Beyond Rational Choice

이성은 열정의 노예이며 또한 오로지 그래야만 한다.
이성은 열정에 복무하고 복종하는 것 이외에
다른 어떤 것을 흉내 낼 수 없다.
_데이비드 흄, 《인간 본성론》(1740년)

합리성에 대한 추정 근거는 형식 이론에서 가장 논쟁적인 주제였다. 개인의 목표는 우아할 수도 있지만 추잡할 수도 있다. 목표가 가장 잘 성취될 수 있을 것 같은 방식으로 개인이 행동할 때 그 개인은 합리적이라는 것이 합리성에 대한 추정 근거였다. 이것은 18세기의 철학자 데이비드 흄David Hume이 정리한 요지이다. 흄은 이성이 자기 스스로의 동기를 제공할 수 없다는 사실만큼이나 이성이 중요하다는 사실을 철저하게 확신했다. 또 이성은 인간이 가질 수 있는 욕망의 드넓은 영역에서 비롯된다고 보았다.

"야망, 변덕, 자기애, 허영, 우정, 관대함, 공익 정신 등은 다양한 비율로 뒤섞이며, 사회를 통해서 확산된다."[1]

앤서니 다운스Anthony Downs의 표현을 빌리자면 이성적인 (합리적인) 인간은 '자기가 가진 지식을 최대한 활용해서 단위 산출 가치당 최소 자원을 투입하는 방식으로 목표에 접근한다.' 이렇게 하려면 또한 개인은 자기의 '전체적 개성' whole personality(개인 인성의 도덕적 총합을 뜻한다—옮긴이)이 아니라 자기 개성의 어떤 한 가지 측면에 초점을 맞출 필요가 있다고 했다. 개인이 가지고 있는 목적의 풍부한 다양성을 고려할 필요가 없다는 것이었다. 즉 개인이 하는 모든 행동들과 개인의 동기에 내포된 복잡성 즉 개인 삶의 모든 부분이 자기의 정서적인 필요성과 밀접하게 연관되는 방식을 굳이 고려할 필요가 없다고 했다.[2] 마찬가지 맥락에서 라이커는 자기는 모든 행동이 합리적이라고 주장하는 것이 아니라, 일부의 어떤 행동만 합리적이며 '아마도 전체 행동 가운데서 양적으로 매우 작을 수도 있는 이 행동이 경제적·정치적 기관 및 제도의 구축과 운영에 결정적'이라고 주장할 뿐이라고 했다.[3] 게다가 행위자들이 어떤 행위를 하는 설정들 역시 (이 설정은 예를 들어서 국회의원 선거일 수도 있고, 국회 법안 소위원회일 수도 있으며, 혁명위원회일 수도 있다) 논의되고 있는 쟁점들이 새로운 기관이나 제도를 만들려는 것이 아닌 한 일방적으로 주어진 조건으로 받아들였다. 그런데 과제는 총체적인 정치적 결과는 개인들이 '가능한 일련의 결과들에 대한 선호도의 순위를 일관되게 매기고, 위험과 불확실성을 고려하며 또 자기가 기대하는 보상을 최대화하기 위해서 행동한다'는 것으로 설명할 수 있음을 입증하는 것이었다. 이것은 너무도 쉽게 동어반복의 함정에 빠질 수 있다. 왜냐하면 선호도와 우선성을 구별할 수 있는 유일한 길은 실제 상황에서 이루어진 선택들을 살펴보는 것뿐이기 때문이다.

개인이 하는 의도적이며 이기적인 선택은 인간 행동을 이해하는 최상의 토대라는 식의 추정이 안고 있는 핵심 문제는 이런 점을 실제 현실과 일치시키기가 시종일관 매우 어렵다는 점이었다. 명백한 사례를 들기 위해서 연구자들은 죄수의 딜레마를 이 딜레마가 처음 묘사되었던 방식[4] 그대로 반복해서 시행했다. 조사관은 두 죄수가 각자 자기에게 선고될 형량이 줄어들 것을 기대하며 경쟁적으로 상대방의 유죄를 입증할 정보를 제공하도록 설정함으로써 과연 원하는 정보를 얻어낼 수 있을까? 그런데 실제 결과를 놓고 보자면 강도 사건의 경우에 공범이 있는 때와 그렇지 않은 때 사이에 탄원, 유죄 판결, 감금 등의 비율이 다르지 않았다. 이런 결과가 나온 것은 배신당한 쪽이 배신한 쪽에 초법적 제재를 가할지도 모른다는 두려움이 작용했기 때문이라고 추정되었다. 공범자들은 심문 과정에서는 격리되어 있지만 그 뒤에 언젠가는 다시 만날 수 있을 것이기 때문이다.[5] 그러나 합리적인 선택을 지지하는 사람들은 이런 관찰이 의미하는 내용을 다르게 바라보았다. 합리적인 선택이라는 개념이 실제 현실을 정확하게 반영하는 것이 아니라 다만 하나의 가설로서 이론 개발에 기여할 뿐이라는 게 그들의 주장이었다.

　1990년대에는 합리성을 주제로 한 논쟁이 교착 상태에 빠졌다. 적어도 그렇게 보였다. 논쟁의 양 당사자들로서는 자기들이 내놓을 수 있는 모든 주장을 다 내놓았기 때문이었다. 그러나 새로운 연구 조사에 의해서 이 논쟁은 새로운 모습으로 다시 시작되었고, 심리학과 신경과학에서 새롭게 발견된 통찰이 경제학으로 유입되었다. 합리적 선택 이론에 대한 표준적인 비판 내용은, 사람은 이론적으로 생각하는 것처럼 그렇게 합리적이지만은 않다는 것이었다. 사람은 쉽게 변덕을 부리고, 무지하며, 둔감하고, 내면적 모순에 휩싸여 있으며, 무능하고, 판단을 할 때마다 실수를 저지르며, 과잉 반응을 하고, 넓고 멀리 바라보지 못하는 등의 특성을 가지고 있다는 것이었다. 이런 비판에 대한 한 가지 대응은 합리성의 기준을 터무니없이 정확하게 설정할 필요는 없다는 것이었다. 사람들은 일반적으로 볼 때 합리적이고 분별이 있으며 정보에 민감하고 개방적인 마음을 가지고 있으며 자기가 하는 행동이 어떤 결과를 빚어낼지 충분히

생각한다는 정도로만 생각한다면 합리적 선택 이론은 아무런 문제가 없다는 말이었다.[6]

그러나 형식 이론으로서 합리성은 경계가 설정된 효용, 질서정연한 선호選好, 일관성 그리고 바람직한 결과를 얻기 위한 특별한 행동들과 관련된 확률에 대한 통계적 인식 등의 차원에서 평가되었다. 이런 종류의 초합리성hyper-rationality(혹은 '과도한 이성'—옮긴이)은 추상적 모델링의 세상에서 요구되었다. 모델을 만드는 사람들은 인간이 그렇게 극단적으로 합리적인 경우는 매우 드물다는 사실을 알았지만, 그래도 모델들은 여러 가정들을 단순화할 필요가 있었다. 그 방법론은 귀납적이기보다는 연역적이었다. 즉 관찰된 행동 패턴에 집중하기보다는 경험적 타당성을 부여받을 수 있는 가설들을 개발하는 데 초점을 맞췄다. 그래서 만약 관찰한 사실이 예측한 내용에서 벗어난다면 보다 정교한 모델을 개발하거나 왜 그런 놀라운 결과가 어떤 특별한 사례에서 발생했는지 이유를 구체적으로 설명하는 등의 연구 과제를 새로 설정하면 됐다. 예측했던 결과가 직관으로 쉽게 이해하는 내용과 다를 수 있지만 직관으로 예상했던 것보다 더 정확할 수 있다는 게 합리적 선택 이론 신봉자들의 주장이었다.

진정으로 합리적인 행동이 요구하는 것이 무엇인지 밝혀낸 사람들 중 한 사람이 1986년에 그 작업을 해낸 존 엘스터Jon Elster였다. 엘스터는 행동은 믿음을 고려할 때 '최적의 것'이어야 한다고, 즉 욕망을 충족하기 위한 최상의 길이어야 한다고 했다. 믿음 그 자체는 증거를 고려할 때 최상의 수준으로 형성되어야 하며 수집된 증거의 양은 애초의 욕망을 고려할 때 최상의 것이 되어야 한다고 했다. 엘스터는 행동은 믿음과 욕망이 둘 다 내면적인 갈등에서 완전히 자유로울 수 있도록 '일관적인 것'이어야 한다고 했다. 행위자는 자기가 판단하기에 행동을 하지 않는 것의 이유가 될 수도 있는 다른 욕망들에 비해서 덜 중요한 욕망을 바탕으로 해서는 행동을 하지 말아야 한다고 했다. 그리고 마지막으로 '인과적인 것'의 검증을 제시했다. 행동은 욕망과 믿음에 의해서 합리화되어야 할 뿐만 아니라 이 둘에 의해서 촉발되어야 한다는 것이다. 이것은 믿음과 증거 사이의 관계에서도 마찬가지로 적용되어야 한다고 했다.[7]

정말로 단순한 상황을 제외할 때 합리적인 행동의 이런 까다로운 기준을 충족하려면 우선 특별한 연구를 통해서만 획득할 수 있는 통계적 방법론 및 해석 역량을 습득할 필요가 있었다. 실제로 복잡한 자료에 접했을 때 사람들은 대부분 초보적인 실수를 하게 마련이다.[8] 심지어 이런 접근법의 논리적인 요구사항들을 충족할 능력을 가진 사람들조차도 거기에 포함되는 상당한 수준의 투자를 받아들일 준비가 되어 있지 않은 경우가 대부분이다. 어떤 결정들은 결정을 올바르게 내리는 데 필요한 시간과 노력을 들일 가치가 없기 때문이다. 심지어 어떤 경우에는 그런 결정에 필요한 심사숙고의 시간을 마련할 수조차 없다. 어떤 결정을 내리기 위해서 관련된 모든 정보를 모으고 또 이 정보를 세심하게 평가할 경우에는 그 결정보다 훨씬 중요하며 따라서 훨씬 많은 편익을 얻어낼 수 있는 다른 올바른 결정을 내리는 데 소요될 자원들이 불필요하게 소비되기 때문이다.

만일 합리적인 선택을 위해서 개인들에게 가능한 모든 정보를 수집하고 평가하며 또 수학적인 정확성을 동원해서 모든 가능성을 분석하고 따져야 한다면 합리적인 선택은 결코 실제 인간의 행동을 포착하지 못한다. 앞에서도 보았듯이 합리적 선택 이론을 자극했던 과학적 엄정함의 충동은 행위자들이 자신의 선호와 핵심적 믿음들을 분류해서 우선순위를 정한 다음에야 비로소 의미가 있었다. 행위자들은 자기가 한 계산이 각각의 가중치와 믿음들을 가진 어떤 방정식이나 행렬로 전환된 다음에야 본격적인 행동에 들어갈 수 있었다. 그래야 자신만의 드라마를 펼쳐낼 준비를 갖추게 되고 그런 다음에야 비로소 어떤 행동을 할 수 있다는 말이다. 형식 이론가들은 (예를 들어서 인간 두뇌를 이해하는 분야에서 빠른 발전이 일어났다는 사실에 의존함으로써) 인간 행동의 보다 정확한 묘사를 찾아나서야 마땅하다는 이런저런 주장에 아무런 감동도 받지 않았다. 한 경제학자는 이런 묘사는 자기 주제와 아무런 관련이 없다고 꾸준히 설명했다. 이것을 가지고 '경제 모델들을 반박하는 것'은 불가능하다고 했는데, 그 이유는 그 모델들은 '뇌의 심리학에 대해서 어떤 가정도 하지 않으며 어떤 결론도 내리지 않기' 때문이라고 했다. 합리성은 가정이 아니라 개인을 행위 단위로 바라보는 어떤 결정을 반영하는 방법론적인 태도라는 것이었다.[9]

만약 합리적 선택 이론이 용어와 관련해서 공격을 받을 경우, 여기에 대한 대안적인 방법론적 태도는 이 이론이 인지된 현실의 실체에 보다 가까울 뿐만 아니라 보다 나은 이론들을 생산할 것임을 입증하는 것이었다. 허버트 사이먼이 1950년대 초에 이런 공격을 처음 시작했다. 사이먼은 정치학을 공부했으며 제도와 기관이 어떻게 작동하는지 잘 알고 있었다. 그는 콜스 경제학 연구위원회Cowles Commission for Research in Economics(시카고 대학교 안에 설립된 비영리 단체로 나중에 계량경제학의 요람이 된다—옮긴이)를 통해서 경제학 분야로 들어선 뒤에 랜드 연구소에서 이른바 인습 파괴주의자가 되었다. 그는 인공지능 및 컴퓨터가 인간의 능력을 모방하며 나아가 인간의 능력을 초월할 가능성에 매료되었고, 또 이 분야의 매력을 개발하고 확산시켰다. 이 과정을 통해서 그는 인간 의식의 본성에 대해서 깊이 탐구하게 되었다. 그는 신뢰할 수 있는 행동 이론은 합리적이지 않은 여러 요소들을 인정해야 하며 그런 것들을 그저 서투른 비정상으로 치부해서는 안 된다고 결론 내렸다. 카네기 대학교 산업행정대학원에 몸을 담고 있는 동안에 그는 경제학과의 동료 교수들이 '인간 개개인을 직접적이고 체계적으로 관찰하는 작업을 하찮게 여기면서 경제학자가 안락의자에 앉아서 사색한 내용을 중심으로 한 우연적인 경험주의를 높이 친다'면서 불평했다. 카네기 대학교에서 그는 신고전주의 경제학자들을 상대로 전쟁을 벌였고, 이 전쟁에서 졌다. 그들은 수적인 측면에서 또 제도와 기관 속에서 발휘하는 영향력 측면에서 사이먼을 압도했는데, 이들은 사이먼이 말하는 '제한된 합리성'bounded rationality이라는 개념에 전혀 관심이 없었다.[10] 결국 사이먼은 경제학을 포기하고 심리학과 컴퓨터학으로 들어갔다. 그리고 제한된 합리성이라는 개념은 사람들이 완벽한 정보 및 계산 능력을 갖추지 않은 상태에서 실제로 어떤 의사결정을 내리는 모습을 매력적으로 묘사한다는 인정을 받았다. 이 개념은 행위자가 인간이기 때문에 당연히 저지를 수 있는 오류를 수용하면서도 아주 적은 양의 합리성으로도 여전히 예측 가능성이 유지될 수 있음을 전제했다. 사이먼은 최적의 것을 얻는 데 요구되는 과도한 노력 때문에 사람들이 어떻게 차선의 결과를 받아들일 수 있는지 입증했다. 사람들은 최상의 해법을 찾기 위해서 모든 자원을 쏟아부어 있는 힘껏 노력하기보다는 충분히 만족할 수 있는 해법을 찾을 때까지만 노력한다는 것이었다. 이런 과정을 그는 '만족화'satisficing라고 불렀다(요컨대 사이먼은 최적화가 아니라 만족화에 초점을 맞추었던 것이다).[11] 그러니까 사람들은 원치 않는 대립과 갈등을 피하기 위해서는 비록 성가실지라도 사회적인 규범을 지킨다고 했다. 경험적인 작업이 강력하고 일관된 행동 패턴들을 보일 때 이런 현상은 개인이 이기적인 목적을 합리적으로 추구하는 과정을 반영하는 것이라고 할 수 있지만 반대로 이런 행동 패턴들은 사람들이 따르는 관습이 얼마나 강력한 영향력을 발휘하는지 반영하는 것이라고 볼 수도 있다는 것이었다.

이스라엘 출신의 심리학자로 행동경제학의 토대를 놓은 두 심리학자 대니얼 카너먼Daniel Kahneman과 아모스 트버스키Amos Tversky는 사이먼의 저작을 바탕으로 심리학에서 발견한 통찰을 한층 더 강력하게 경제학으로 밀고 들어갔다. 두 사람은 신뢰를 확보할 생각으로 자기들의 방법론이 얼마나 중요한지 입증하기 위해서 충분히 많은 수학을 동원했다. 그들은 사람은 복잡한 상황을 피하기 위해서 지름길을 사용한다는 점, 즉 '(최상은 아니고) 그저 충분하게 좋은' 과정들에 의존하고 또 '어림짐작의 법칙'에 입각해서 온갖 정보를 피상적으로만 해석한다는 점을 입증했다. 이와 관련해서 카너먼은 다음과 같이 썼다.

"사람들은 제한된 수의 경험적인 원리heuristic principle(발견적 원리)에 의존하는데 이 원리들은 가능성을 평가하고 가치를 예측하는 작업의 복잡성 수준을 한층 낮춰서 판단과 관련된 과정을 보다 단순하게 만들어준다."[12]

《이코노미스트》는 이런 행동경제학 관련 연구가 실제 의사결정과 관련해서 의미하는 내용을 다음과 같이 요약했다.

사람들은 실패를 두려워하며, 증거와 명백하게 배치되는 믿음을 고수하는 인지부조화에 빠지는 경향이 있다. 그 이유는 일반적으로 사람들이 그 잘못된 믿음을 너무도 오랫동안 가지고 있었기 때문이다. 사람들은 자기가 진실이라고 믿는 믿음에 의지해서 자기들이 (주관적인 믿음만이 아니라) 외부의 지원도 동시에 받고 있다고 주장할 수 있기를 바라며, 또 어떤 위험을 무릅쓴다고 하더라도 현재의 상태보다 나은 어떤 것을 취하거나 그런 공간으로 나아가기보다는 현상을 유지하려는 경향이 있다. 여러 개의 쟁점들을 개별적인 것들로 각각 분리해서, 어떤 쟁점과 관련된 의사결정을 할 때 이 의사결정이 다른 쟁점들과 관련해서는 어떤 의미를 지니는지 거의 생각하지 않는다. 사람들은 아무 것도 존재하지 않는 자료 속에서 어떤 패턴들이 존재하는 것으로 보고, 사건들을 낯익은 어떤 유형의 사례로 바라본다. 그리고 독특한 특성을 가진 어떤 특별한 사건으로 인정하려 들지 않으며, 새롭고 참신한 사실들만 돋보기를 들이대고 바라보려 하지 큰 그림을 보려고 하지 않는다. 어떤 일이 일어날 가능성이나 확률을 일상적으로 거의 늘 잘못 계산하는데 (……) 전혀 일어날 것 같지 않은 결과의 가능성을 실제보다 부풀려서 생각하고 또 그렇게 믿는다. 그러므로 일어날 가능성이 아무리 낮은 일들이라고 해도 여전히 그럴 가능성이 있음에도 불구하고 이런 가능성을 아예 깡그리 무시한다. 사람들은 또한 이런저런 의사결정들을 커다란 전체 그림 속의 한 부분으로 바라보지 않고 제각기 따로 존재하는 것으로 바라본다.[13]

트버스키나 카너먼이 보기에 '프레이밍 효과'framing effects라는 게 특히 중요하다고 했다. 이 효과는 두 사람 이전에 이미 미국의 사회학자 어빙 고프먼Erving Goffman이 먼저 확인하고서 언론 및 미디어가 여론 형성에 어떻게 기여하는지 설명하는 데 이 개념을 사용했다. 프레임frame(틀)이라는 개념은 특정한 특성들을 상대적으로 두드러져 보이게 바꿈으로써 이런저런 선택들이 어떻게 다르게 비치는지 설명하는 데 도움이 되었다. 트버스키와 카너먼은 각 개인이 모든 중요한 측면들에 동일한 가중치를 부여해서 바라보는 프레임을 유지하는 게 아니라 어떤 한 가지 측면에만 초점을 맞춘 채로 (대개 이 한 가지 측면은 무작위로 선정된 것이다) 행동의 여러 대안적인 과정들을 비교한다고 주장했다.[14] 그리고 행동경제학의 또 하나 중요한 발견은 사람들이 가지고 있는 손실 회피 경향이다. 사람들은 어떤 물건을 얻었을 때의 기쁨보다 그 물건을 잃었을 때의 고통을 더 크게 느낀다(예컨대, 동전을 던져서 앞면이 나오면 1,000원을 받고 뒷면이 나오면 800원을 줘야 하는 게임을 제안받을 때, 확률적으로 분명 유리한 데도 사람들은 이 게임을 선뜻 하려 들지 않는다—옮긴이). 행동경제학의 통찰을 주류 경제학에 편입시킨 최초의 이론가 중 하나인 리처드 탈러Richard Thaler는 '보유 효과'(소유 효과endowment effect)라는 개념을 창안했다. 보유 효과란 어떤 사물을 가지는 순간 그 사물에 대한 애착 때문에 그 사물의 가치를 더 높게 평가하는 현상이다.[15]

† 합리적 선택 모델에 대한 비판

합리적 선택 모델에 대한 또 하나의 비판은 게임 이론에서 비롯된 주장들을 검증하는 몇 가지 실험에서 나왔다. 이 실험은 굳이 맥락에 의존하지 않아도 되는 자연과학 분야의 실험과는 달랐다. 인간의 인식과 행동에 보편적인 진리들이 투영되고 있다는 주장들은 인증을 필요로 했다. 실험 결과가 의미하는 내용은 오로지 그 실험들 가운데 다수가 진행되었던 이른바 'WEIRD 사회'(서구 사회이며 제대로 된 교육이 이루어지고 선진국이며 부유한 민주주의 사회, 이 모든 조건을 아우르는 사회를 일컫는 표현이다)에서만 유효할 수 있었다. 하지만 그럼에도 불구하고, WEIRD 사회가 전

세계 개체군을 대표하는 부분집합이라고는 할 수 없을지라도 중요한 부분집합임에는 분명했다.[16]

가장 유명한 실험 가운데 하나가 이른바 '최후 통첩 게임' 실험이었다. 이 게임은 협상과 관련된 행동을 탐구하기 위해서 1960년대 초에 행해진 실험에서 처음 사용되었다. 그런데 실험 진행자가 애초에 기대했던 것과는 전혀 다르게 이 게임은 각각의 개인은 최선의 선택이 아닌 차선의 선택을 한다는 사실을 보여주었다. 실험 진행자는 피실험자 두 사람 가운데 한 사람(제안자)에게 일정 금액의 돈을 준 다음 이 돈 가운데 일부를 나머지 다른 실험자(응답자)에게 나누어주라고 지시한다. 분배 제안을 받은 응답자는 그 제안을 받아들일 수도 있고 거부할 수도 있다. 그런데 만일 응답자가 그 제안을 받아들이면 두 사람 다 그 돈을 가질 수 있지만 만일 거부하면 두 사람 다 한 푼도 가질 수 없다는 조건이 달려 있다. 합리적인 이기심이라는 개념을 바탕으로 한 내시$_{Nash}$ 균형점 이론에 따르면 제안자는 될 수 있으면 적은 금액을 제안하고 응답자는 이 제안을 받아들이는 게 맞다. 그런데 실제 실험에서는 그렇지 않았다. 공정함이라는 개념이 개입했던 것이다. 분배 제안 금액이 전체 금액의 3분의 1 미만일 때 응답자는 대개 제안을 거부했으며, 또 제안자는 대부분 상대방이 공정한 분배를 기대한다는 사실을 염두에 두고서 절반에 가까운 금액을 제안했다.[17] 이런 예상치 못한 결과를 접한 연구자들은 처음에 실험 설정이 잘못된 게 아닐까 의심했다. 예를 들어서 피실험자들에게 생각할 시간을 충분하게 주지 않아서 그런 결과가 나왔을지도 모른다고 생각했다. 그러나 시간을 충분히 주고 또 금액을 상당한 수준으로 높게 설정한 실험에서도 마찬가지 결과가 나왔다. 이 게임의 변형인 '독재자 게임'이라는 실험에서는 응답자는 무조건 제안자의 제안을 받아들이도록 설정했다. 그러자 예상대로 제안자는 적은 금액을 제안했다(독재자 게임에서 제안자가 제안한 금액은 최후 통첩 게임에서 제안자가 제안한 금액의 대략 절반 수준이었다).[18] 그러나 이 경우에 제안자가 제안한 액수는 전체 돈의 약 20퍼센트로 결코 적은 금액이 아니었다.

이런 예상치 못한 결과가 나온 핵심적인 요인이 계산 능력 부족이 아니라 사회적 상호작용의 특성임이 명백하게 드러났다. 최후 통첩 게임에서 응답자는 제안 금액이 컴퓨터나 회전판을 돌려서 결정되었다는 말을 들었을 때는 제안된 금액이 아무리 적더라도 그 제안을 받아들였다. 완벽한 익명성이 보장된 가운데서 피실험자 사이의 상호작용이 덜 직접적일 때는 제안자가 상대적으로 적은 금액을 제안했다.[19] 그리고 나중에는 민족성에 따라서 약간의 편차가 존재한다는 사실도 추가로 드러났다. 즉 제안자가 응답자에게 제시하는 금액은 공정함에 대한 문화적인 차원의 인식을 반영했던 것이다. 몇몇 문화권에서는 제안자가 절반이 넘는 금액을 제안했고, 또 어떤 문화권에서는 응답자가 어떤 금액이 제안되든 간에 거부하는 모습을 보였다. 거래가 가족 사이에서 이루어질 때도 달랐다. 특히 독재자 게임에서 이런 차이는 두드러졌다. 어린아이들을 상대로 이 게임들을 해보면 이타적인 정신이 어린 시절에 학습되는 것임을 확인할 수 있었다.[20] 자폐증과 같은 신경 질환을 앓는 아이들은 예외였지만, 아이들은 대부분 나이를 먹으면서 고전적인 경제 이론이 예측했던 이기적인 의사결정을 외면했다. 안젤라 스탠턴Angela Stanton이 신랄하게 지적했듯이, 합리적 의사결정의 규범적인 모델은 어린이 및 정서 장애자의 의사결정 능력을 표준으로 삼은 셈이었다.[21]

이 연구는 사회적 상호작용 속에서 평판이 얼마나 중요한 역할을 하는지 확인시켜주었다.[22] 자기에 대한 다른 사람의 믿음에 영향을 주려는 관심은 (예를 들어서 두 사람 사이에 정기적인 교환이 예정되어 있을 때처럼) 두 사람 사이에 신뢰에 대한 어떤 필요성이 있을 때 명백하게 존재했다. 공정함과 평판에 대한 이런 인식은 비록 본능적이고 충동적인 것처럼 보이긴 하지만 사실상 거의 합리적이었다. 한 개인이 자기의 사회적인 연결망을 공고하게 하려면 우선 사람들 사이에서 좋은 평판을 유지하는 게 중요했지만, 그럼에도 불구하고 집단을 끈끈하게 결합시키는 사회적 규범은 충분히 지탱할 가치가 있었다. 제안자가 충분하게 이타적이지 않을 경우에는 인색한 제안자가 마땅히 응징을 받아야 한다는 생각에 응답자가 제안자의 제안을 거부하는 경향을 보였는데, 이런 사실을 입증하는 실험적인 증거는 이것 말고도 더 있었다.[23] 또 다른 실험에서는 한 무리의 투자자 집단을 설정했다. 각각의 투자자가 투자를 할 때 비록 이들은 모두 조금씩 손해를 보긴 했지만 나머지 다른 사람들이 모두 이득을 보도록 설정했다. 이 경우에 각각이 보는 손해는 아무런 문제가 되지 않는다. 왜냐하면 자기가 투자를 할 때 손해를 보더라도 다른 사람들이 투자를 할 때 보는 이득으로 그 손해를 충분히 보상받고도 남기 때문이다. 협소한 이기심에 사로잡힌 사람들은 무임 승차자가 될 수도 있었다. 즉 다른 사람들이 하는 투자에서 이득을 보면서도 자기는 전혀 투자를 하지 않음으로써 손실을 회피할 수 있다. 이들은 다른 사람들을 희생시켜서 자신의 이득을 취한다. 이런 행동은 곧 전체 집단에서 협력이 붕괴되는 현상을 유발한다. 이런 행동이 나타나지 않도록 하려면 집단 내 다른 사람들이 제재하고 나설 필요가 있었다. 설령 이런 제재를 하려면 각 개인이 모두 어느 정도의 비용을 치러야 한다고 하더라도 말이다. 제재가 존재하는 집단과 존재하지 않는 집단이 있고, 이 두 집단 가운데서 어느 집단에 들어갈지 선택해야 할 때 각 개인은 처음에는 흔히 무임 승차자에 대한 제재가 있는 집단에는 들어가길 꺼린다. 그러나 나중에는 협력이 확실하게 가능하도록 하는 것이 중요하다는 사실을 깨닫고 결국 그 집단으로 옮겨간다.

또 무임 승차자 혹은 최후 통첩 게임의 공정하지 않은 제안자에게는 비난의 낙인이 찍힌다. 또 다른 실험에서는 게임을 시작하기에 앞서서 규칙대로 게임을 할 것으로 기대하는 개인들에게 장차 무임 승차자의 선택을 할 참가자들이 누구인지 미리 알려주었다. 이 경우에 신뢰성이 부족한 사람이라고 한 번 인식되고 나면 이들에 대한 호감도는 대체적으로 떨어졌다. 게임이 진행되고 있을 때 이런 선입견은 행동에 영향을 미쳤다. 신뢰가 없는 사람이라고 낙인 찍힌 사람들을 상대로 해서는 위험을 무릅쓰겠다는 마음이 두드러지게 줄어들었다. 심지어 그 사람들이 다른 사람들과 똑같이 행동을 하는 경우에도 그랬다. 게다가 게임을 하는 동안에는 자기가 들은 부정적인 평가를 확인하려는 시도는 거의 하지 않았다. 무임 승차자 혹은 협력자로 묘사된 게임 참가자들이 고통을 당하는 모습을 보여주는 실험에서는 그렇지 않은 실험에 비해서 협력자와 무임 승차자를 대하는 공감과 동정심의 정도가 현격하게 줄어들었다.[24]

합리적 행위자 모델을 신봉했던 사람들에게서 나온 반응 가운데 하나는 이런 실험들의 결과가 비록 흥미롭긴 하지만 적절하지는 않다는 것이었다. 그 실험들은 흔히 대학생들이 피실험자로 참가하는 소집단들을 대상으로 했다. 그러므로 이런 유형의 상황들이 보다 잘 이해되고 또 행동도 이론이 설명하는 것처럼 보다 합리적으로 나타나는 경향을 보일 수 있었다. 아닌 게 아니라 이 게임들이 경제학이나 경영학 분야의 교수나 학생을 피실험자로 해서 진행될 때 실험 참가자들이 훨씬 더 많이 이기적으로 바뀌어서 훨씬 더 많이 무임 승차자가 되고, 공공의 선에 기여하는 수준은 일반적인 집단의 절반밖에 되지 않았으며, 죄수의 딜레마 게임에서 파국의 주인공들이 될 가능성이 더 높았다. 이 실험은 경제학자들이 더 많이 타락할 수 있으며 또 자선을 적게 베푼다는 사실을 보여주는 연구에 적합했다.[25] 그래서 한 연구자는 다음과 같이 주장하기도 했다.

"한 학생이 미시경제학의 강좌를 수강했는데 그 결과 이기심에 대해서 이 학생이 내리는 정의뿐만 아니라 이기적인 행동의 적절성에 대해서 이 학생이 가지는 인식 자체가 바뀌었다."[26]

금융 시장의 거래자들을 연구한 여러 저작에서 경험이 적은 사람들은 탈러의 '보유 효과'에 영향을 받을 수도 있지만 경험이 많은 사람들은 그렇지 않다는 사실이 밝혀졌다.[27] 이런 사실은 경제학자들에게 반가운 점이 아닐 수도 있지만 이기적인 행동은 또한 매우 자연스러운 것일 수 있음을 보여주었다. 그러나 이 주장을 형식 이론가들에게 되돌려줄 수도 있었다. 그 주장은 이기적이며 타산적인 행동의 가능성을 확실하게 보여주지만 동시에 어느 정도의 사회화를 요구한다. 만일 사회화가 자연스럽게 발생하는 것임을 보여줄 수 없다면 그리고 만일 사회화가 오로지 학습을 통해서만 가능한 것이라면, 사회적 연결망이 행동거지에 대한 지침의 원천으로 매우 중요하다는 사실이 입증된 셈이었다.

개인이 시장에서 소비자로 행동할 때 혹은 이기적으로 행동하도록 자극하는 그 밖의 다른 환경에 놓일 때, 이 개인의 행동은 이기적인 행동을 예측하는 모델들에서 기대하는 것과 비슷할 수 있다. 이와 관련된 실험들은 특정한 유형의 선택에, 즉 '돈이 오가는 도박판에서의 선택처럼 명백하게 규정되는 확률과 결과'가 있는 유형의 선택에 대한 선입견을 반영하는 실제 합리성의 수준을 탐구하고자 한 것이었다.[28] 연구자들이 실험을 통해서 합리적 행위자 모델을 입증하려고 하다가 사회적인 압박의 중요성과 협력에 부여되어 있는 가치를 인정하게 된 것은 거의 우연에 따른 결과였다. 일상생활의 복잡한 사회적 연결망 속에서 진정으로 이기적인 행동을 하는 것은 근본적인 의미에서 비합리적인 선택을 하는 셈이었다.

행동심리학의 통찰을 반영하기 위해서 형식 이론들을 재정리하려는 시도들이 행동경제학이라는 이름으로 이루어졌다. 그러나 여기에서는 제한된 수준의 진전밖에 이루어지지 않았다. 새로운 연구 조사를 통해서 이루어진 가장 중요한 통찰은 과거의 모델들이 설정했던 것보다 더 복잡한 개체로서의 개인을 연구하는 것보다 사회적 맥락에서 이 개인을 연구하는 것이 훨씬 중요하다는 사실이었다.

합리성에 대한 매우 특별한 관점에서만 협력을 비합리적인 것으로 바라보았다. 이 관점에서는 규범을 유지하며 협력적인 관계를 지탱하려면 어느 정도 희생을 감수하더라도 비협력적인 무임 승차자를 응징하는 게 옳다는 이유를 이해하지 못했다. 만일 행위의 모든 단계에서 상대방을 의심해야만 한다면 많은 사회적 및 경제적 거래는 불가능하게 되지 않겠는가 하는 것이 이 관점의 논리였다. 신뢰의 본질은 상대방이 자기에게 해를 끼치고자 하는 의도를 가지고 있지만 궁극적으로는 그런 행위를 하지 않는 것이 유리하다는 사실을 깨달을 것임을 인식하고서 자기가 손해를 볼 가능성을 기꺼이 받아들이는 것이었다. 밝혀진 증거로 보자면 대체적으로 사람들은 다른 사람을 의심하기보다는 믿으려 한다는 게 분명했다. 헌신적인 희생을 존경해야 한다는 규범적 압박이 엄청난 위압감으로 존재하며, 신뢰가 없다는 평판이 결국에 가서는 엄청난 장애물이 될 수 있음도 분명했다. 만일 자기가 상대하는 사람들이 믿을 만하고 또 이 사람들이 자기를 믿어준다면 복잡한 계약 및 이 계약의 이행과 관련된 번거로운 일들에 소모되는 시간과 노력이 절감되므로 인생은 한 층 더 쉬워질 수 있다. 다른 사람을 신뢰한다고 해서 반드시 정직을 전제로 하는 것은 아니다. 계산으로 철저하게 균형을 유지할 수 있다. 경우에 따라서는 설령 의심할 만한 징후들이 도처에 널려 있다 하더라도 상대방을 믿지 않으면 더 나쁜 결과가 초래될 가능성이 높기 때문에 상대방을 무조건 믿는 것 말고는 다른 선택의 여지가 없을 수도 있다. 또 어떤 경우에는 관련 정보가 거의 없는 까닭에 상대방을 무조건 믿어야만 할 때도 있다. 거래 상대방에게 속았을 때 통렬한 아쉬움이 따르고 상대방을 비난할 수밖에 없는 것도 바로 이 때문이다. 누군가를 속인다는 것은 정직의 가면 뒤에 교활한 악의를 숨기고서 그 사람이 자기에 대해서 가지고 있는 신뢰를 이용한다는 뜻이다. 상대방을 신뢰한다는 것은 상대방이 내보이는 의도의 증거를 수용한다는 것이고, 상대방을 속인다는 것은 이런 증거를 상대방에게 가짜로 제시한다는 것이다.[29]

신뢰가 얼마나 중요한지 사람들은 자기가 속고 있다는 단서들이 잇달아 나올 때조차도 그런 사실을 외면하곤 한다. 사기꾼은 철저하게 조사하고 파고드는 사람들에게는 약하다. 그러므로 사기꾼은 자기 이야기를 곧이곧대로 잘 받아주는 사람들, 예컨대 사랑을 열망하는 여자나 탐욕에 젖어 일확천금을 노리는 한탕주의자를 주로 희생물로 삼는다. 연구 결과에 따르면 사람들은 대체적으로 '사기꾼을 잘 가려내지 못하고, 그럼에도 불구하고 자신의 감식력을 과신한다.'[30] '인지 태만'cognitive laziness은 사람이나 상황을 잘못 파악하고 맥락을 올바르게 포착하지 못하고 반대되는 주장이나 증거를 무시하고 상대방의 신뢰성에 대해서 애초에 내렸던 판단에 집착하는 지름길로 이어진다.[31]

† '정신화'의 의미

사람들의 제각기 다른 특성을 인식하고 이런 특성에 기대서 사람들을 구분하는 능력은 모든 사회적 상호작용에 필수적이다. 사람들이 특정한 상황에 어떻게 대응할지 예측하기란 어렵지만, 특정한 개인이 그 상황에서 어떤 반응을 보일지 예측하기란 어느 정도 가능하다. 우리는 이런 개인의 행동을 예측할 수 있으며, 심지어 그의 행동을 조작할 수도 있다.

다른 사람들의 정신이 어떻게 작동하는지를 다루는 이론은 현재 한창 개발 중인데 사람의 정신이 작동하는 과정은 이른바 '정신화'mentalization 라는 용어로 표현되어왔다. 사람들의 마음이 제각기 다르다는 게 이 개념의 핵심이다. 사람들의 행동을 관찰함으로써 사람들은 제각기 뚜렷하게 구분되는 정신적 및 정서적 상태를 가지고 있음이 명백하게 밝혀졌다. 다른 사람의 감정을 느낄 수 있는 상태인 공감共感은 '감정이입'Einfuhlung 에서 비롯된 것인데, 감정이입이란 미술품 혹은 다른 사람에게 자신의 감정을 불어넣거나 대상의 느낌을 직접 받아들이는 과정을 뜻한다. 공감은 동정심 이전에 나타나는 것으로 동정심과는 다르다. 사람은 공감을 가짐으로써 다른 사람의 고통을 느낄 수 있다. 공감을 가짐으로써 다른 사람이 받는 고통에 동정심을 느낄 수 있다. 이것은 다른 사람의 정서적인 상태를 간접적으로 공유하는 것이기도 하지만 신중하고 분석·평가적인 어떤 것 즉 역할 게임의 한 형태이기도 하다.

정신화에서는 뚜렷하게 구분되는 세 가지 종류의 활동이 작동하는데, 이 세 가지 활동은 유기적으로 결합해서 작동한다. 첫 번째로 꼽을 수 있는 활동은 개인 자신의 정신 상태와 그의 인지와 감정으로 표현되는 (그 인지와 감정을 최초로 촉발한 자극의 진정한 특성이 아니라) 다른 사람들의 정신 상태이다. 그 인지와 감정은 세상의 실제 상태라기보다는 세상의 상태에 대해서 본인이 가지는 어떤 믿음들이다. 다른 사람들의 정신 상태를 자극할 때 사람들은 대개 그 사람들의 과거 행동이라고 알려진 것 그리고 현재의 상황과 일맥상통하는 보다 폭넓은 세상의 과거 측면들의 영향을 받는다. 두 번째로 꼽을 수 있는 일련의 활동은 관찰된 행동과 관련된 정보를 생산한다. 이 정보는 과거에서 호출된 정보와 결합해서 정신 상태에 대한 추론 및 다음 단계의 행동을 예측할 수 있도록 해준다. 그리고 세 번째의 활동은 언어 및 이야기(내러티브)로써 활성화된다. 심리학자인 유타 프리스_{Uta Frith}와 그녀의 남편이자 사회학자인 사이먼 프리스_{Simon Frith}는 이 세 번째 활동이 '현재 처리되고 있는 소재에 대한 보다 폭넓은 의미론적이고 정서적인 맥락'을 생산하기 위해서는 과거 경험에 의존할 수밖에 없다고 결론을 내렸다.[32]

보다 폭넓은 이 맥락은 이른바 '대본'_{script}이라는 개념으로 해석될 수 있었다. 이 개념은 로버트 아벨슨_{Robert Abelson}에게서 처음 나왔는데, 그는 1950년대에 사람들의 태도와 행동을 형성하는 여러 요인들에 관심을 가지고 이 분야의 연구를 파고들었다. 1958년에 허버트 사이먼이 참여한 랜드 연구소의 한 워크숍의 주제는 인간 인식의 컴퓨터 시뮬레이션이었는데, 이 내용이 아벨슨의 작업을 자극했다. 그 워크숍에서부터 '차가운' 인지와 '뜨거운' 인지가 뚜렷하게 구분되었다. 차가운 인지는 새로운 정보가 나타나도 별 문제 없이 전체 문제 해결 과정 속으로 녹아들어가는 경우이고, 뜨거운 인지는 새로운 정보가 기존의 믿음에 문제를 제기하며 도전하는 경우이다. 아벨슨은 합리적인 사고를 지향하는 인지가 제기한 도전들에 당황했고, 1972년에는 이른바 '이론적 낙담'에 괴로워하기도 했다.

"정보가 태도에 어떤 영향을 미치는지에 대해서 그리고 태도가 행동에 어떤 영향을 미치는지에 대해서 나는 진지하게 의문을 제기했다."

그런데 바로 이 무렵에 아벨슨은 '대본'이라는 개념을 떠올렸다. 그가 맨 처음 한 생각은 "대본이라는 것이 실행이라는 측면에서 (심리학 이론에서의) 역할이나 (컴퓨터 프로그래밍에서의) 계획에 비해서 보다 임시적이고, 보다 유동적이며, 보다 충동적이다. 그리고 형성 과정을 놓고 보자면 감정적이고 '이데올로기적인' 영향력들에 잠재적으로 더 많이 노출된다는 점을 제외한다면" 대본이 심리학 이론에서의 '역할'에, 그리고 컴퓨터 프로그래밍에서의 '계획'에 비유될 수 있지 않을까 하는 것이었다.[33] 이렇게 해서 그는 로저 섕크_{Roger Schank}와 공동으로 작업을 하게 되었다. 두 사람은 대본이라는 발상을 강력하게 정형화된 행위를 포함하는 사회적인 상황들을 자주 되풀이하도록 설정하는 인공지능에서의 해결 과제 차원에서 개발했다. 예컨대 특정한 어떤 상황이 발생할 때 사람들은 그 상황과 관련된 대본에 이미 설정되어 있는 이런저런 계획을 자동적으로 찾는다는 것이다.[34] 이렇게 해서 대본이라는 개념은 개인이 참가자로서든 관찰자로서든 간에 특정한 환경에서 합리적으로 기대할 수 있는 일련의 일관성 있는 사건들을 포괄하게 되었다.[35]

대본이라는 개념은 특정한 시점에 특정하게 설정된 환경에서 발생하는 특정한 목표들 및 활동들과 관련이 있었다. 흔한 사례로 음식점에 가는 경우를 들 수 있다. 이때 대본은 종업원이 메뉴판을 내오면 메뉴판을 꼼꼼하게 읽고 음식을 주문하고 종업원이 가져온 와인의 맛을 보는 등 통상적으로 예상되는 일련의 사건들이 전개될 것으로 기대하는 데 도움을 준다. 다른 사람들의 행동을 의식할 필요가 있는 상황에서 적절한 대본은 다음 단계에 일어날 수 있는 일들에 대한 기대 즉 해석의 틀을 제공한다. 그런데 상황에 정확하게 맞아떨어지는 대본은 드물기 때문에 또 다른 정신화 과정이 이어져서 새로운 상황의 독특한 특성에 맞도록 대본이 적응하도록 만든다. 전략에서 대본이 수행하는 잠재적인 역할에 대해서는 다음 장에서 다시 자세하게 살펴보겠다.

사람마다 정신화의 능력은 제각기 다르다. 보다 협력적인 사람은 보다 높은 수준의 감성 지능을 가지고 있으며 보다 폭넓은 사회적 연결망으로 정신화를 보다 더 잘 수행한다. 이런 특성 역시 마키아벨리적인 성향을 가진 사람들의 속성이라고 생각할 수 있는데, 이런 사람들은 다른 사람을 속이고 조종하려는 경향을 가지고 있기 때문이다. 또한 이런 특성은 다른 사람의 마음 및 약점을 읽어내는 능력에 따라서 달라진다고 볼 수 있다. 이런 특성을 가진 사람들은 공감이나 뜨거운 인지가 부족할 수도 있지만, 차가운 인지 즉 다른 사람들이 알고 믿는 것에 대한 통찰 수준은 높게 나타난다. 그러나 '마키아벨리적'이라고 묘사되는 (이 표현은 보상과 처벌에 주로 영향을 받는 차갑고 이기적인 인격적 특성을 다루기 위해 심리학 연구에서 사용하는 것이다) 사람들을 대상으로 한 연구 결과를 놓고 보면 이들은 차가운 인지와 뜨거운 인지 두 측면에서 모두 부족하다. 이런 사실은 이런 개인들이 제한된 정신화 능력밖에 가지고 있지 않고 이들에게 죄의식이나 양심의 가책을 일깨우는 것이라고는 거의 없기 때문에 다른 사람들보다 쉽게 남을 이용하고 조종한다는 뜻이라는 주장으로 이어졌다.[36] 즉 너무도 자연스럽게 다른 사람들을 조종하기 때문에 겉으로만 보자면 이것 말고 다른 방식으로는 다른 사람들을 아예 대할 수 없는 것처럼 보이는 사람들도 충분히 있을 수 있다는 말이었다.

이런 학술적 발견들은 경제 이론에서 추앙받는 합리적 행위자는 경향적으로 볼 때 정신병적이고 사회적인 상호작용에 서투르다는 관점을 지지하는 근거가 되었다. 경제학자 필립 미로스키Philip Mirowski가 지적하듯이, 이기적인 합리성을 주장하면서 '인간 합리성의 핵심적인 순간을 이론적으로 정리한다'고 목소리를 높이던 이론가들 가운데 얼마나 많은 사람들이 (이 가운데 내시도 포함되지만, 내시는 숱하게 많은 사례들 가운데 한 사람일 뿐이었다) 다른 사람들과 자연스럽게 공감하며 살지 못하고 우울증에 빠져서 심지어 자살까지 감행하는 등의 정신적인 문제를 겪었는지 모른다.[37]

하지만 이런 문제는 두 개의 또 다른 이유와 관련이 있었다. 첫째, 이것은 속임수나 감동적인 본능적 행동으로서의 마케아벨리즘과 같은 특징들 그리고 의도적인 추론 과정에서 비롯되는 속임수를 포함하는 전략들 사이에 존재하는 중요한 구분을 강조했다. 둘째, 이것은 속임수나 교활함으로 사람들을 대하는 이런저런 태도들을 상기시키는데 이런 태도들은 외부의 적을 향할 때는 박수를 받지만 집단 내부로 향할 때는 비난의 대상이 될 수밖에 없다. 이런 점은 전혀 다른 종류의 문제를 제기했다. 정신화는 상호작용이 정기적으로 이루어지며 문화와 배경이 공유되는 내부 집단에서 상대적으로 직설적이고 또 별다른 어려움이 없이 신뢰를 받아야 하기 때문이었다. 외부 집단에 대해 별로 아는 게 없고, 여러 가지 의심을 품을 수밖에 없는 낯선 사람들에 대해서는 정신화가 한층 더 어렵다. 어딘지 모르게 거리감이 느껴지고 매력적이지 않으며 또 좋지 않은 인상으로 인지되는 사람들에게 공감하기란 쉽지 않다. 이에 비해서 내부 집단에 속한 동료들의 생각은 쉽게 파악할 수 있으며, 따라서 이들 집단 내에서는 협력이 용이해진다. 설령 어려움이 있다 하더라도 직접적인 소통을 통해서 어려움을 해결할 수 있다. 그러나 특히 갈등의 시기에 다른 사람의 마음을 헤아리는 일이 정말 중요한 경우는 내부 집단이 아니라 외부 집단에 속한 사람들을 대할 때이다. 상황의 전모를 파악하려면 선입견과 편견을 다스려야 하는데 그게 어려울 뿐만 아니라 차이점의 영역들을 선명하게 밝히기 위한 소통의 기회도 상대적으로 적기 때문이다.

✝ 시스템 1과 시스템 2

이 모든 것에서 의사결정의 복잡한 그림이 나타났다. 그 그림은 시시때때로 사회적인 차원에서 영향을 받았으며, 또한 다음의 여러 가지 것들이 가지는 중요성을 강조했다. 친밀함, 낯설고 위협적으로 보이는 것을 이해하는 데 필요한 노력, 대개 매우 협소하고 또 단기적인 관점에 입각한 채로 과거 경험이라는 맥락 속에서 문제가 되는 쟁점들의 논의 틀을 규정하려는 경향, 그리고 현재 진행되고 있는 사항을 파악하기 위한 편의적인 지름길 사용 등…… 그런데 이 가운데 그 어떤 것도 모든 선택권의 체계적인 평가 즉 올바른 해답으로 나아가는 알고리즘 과정을 즉각적으로 따르는 것과는 쉽게 맞아떨어지지 않았다. 장기적인 목표를 가슴에 선명하게 새긴 채 최상의 증거를 채택하는 것과는 거리가 멀었다. 그러나 동시에, 직관과 짐작에 의존하는 판단이 정기적으로 비웃음의 세례를 뒤집어씀에도 불구하고, 외견상 직관적인 결정은 흔히 적절하다고 할 수 있는 수준 이상이었고, 게다가 때로는 집중적으로 정교한 노력을 기울여서 내린 결정보다 더 낫기도 했다.[38] 이런 접근법은 심지어 학계에서 학자들이 여러 이론 가운데 하나를 선택하는 데서조차도 유용했다. 그래서 스티븐 월트Stephen Walt 는 형식 이론들이 요구하는 복잡한 수학을 익히는 데 소비된 시간은 '외국어를 배우거나 외교 쟁점의 세세한 사항들을 통달하거나 새로운 이론 체계에 푹 젖어들거나 혹은 정확한 역사 자료를 쌓아올리는 일'에 (비실용적으로) 소비된 시간이 아니라고 했다.[39]

신경촬영술이 동원된 여러 가지 실험적인 게임들이 제각기 다른 형태의 인지 및 의사결정들이 활성화시킨 뇌의 여러 영역을 선명하게 밝혀냄에 따라서 상향식의 본능적인 과정들과 하향식의 의도적인 과정들 사이에 존재하는 긴장의 원천이 어디인지 알 수 있게 되었다. 초기 진화의 여러 단계와 관련이 있는 뇌의 몇몇 부분 즉 뇌간brain stem(대뇌와 척수를 연결하는 부위—옮긴이)과 편도amygdale(뇌 안쪽에 있으며 공포심을 비롯한 여러 감정에 간여하며 일종의 경보 장치 역할을 한다—옮긴이)는 여러 가지 감정으로써 규정되는 선택들과 관련이 있으며 본능 및 정신적 차원의 지름길을 대변한다. 도파민 신경세포는 외부 환경에서 비롯된 자극 속의 패턴들을 자동적으로 파악한 다음, 경험과 학습을 통해 저장되어 있던 정보를 이용해 이 패턴들에 대응할 수 있도록 행위자를 지원한다. 이 패턴들은 안와전두피질orbitofrontal cortex에 의해서 의식적인 생각으로 연결된다. 인간의 지능이 다른 생명체들에 비해서 상대적으로 우월한 경쟁력을 가질 수 있었던 것도 진화 과정에서 대뇌 피질이 확대되었기 때문이다. 바로 이 대뇌 피질에서 (좋은 평판을 유지하려 한다거나 돈을 벌려 한다거나 하는 등의) 명백한 목표들이 행사하는 영향을 간파할 수 있다. 다른 사람들과 다른 사람들이 할지도 모를 어떤 것을 이해하려고 할 때 내측전전두엽피질medial prefrontal cortex이 활성화된다. 그런데 이것은 컴퓨터 게임 등을 할 때는 활성화되지 않는데, 컴퓨터를 대상으로 할 때는 컴퓨터의 의도가 무엇인지 파악하거나 평가할 필요가 없기 때문이다. 그러나 개념적으로 보다 원시적인 뇌와 비교할 때 전전두엽피질은 연산 능력에 제한이 있는 것 같은데, 왜냐하면 한꺼번에 일곱 개는 거의 처리하지 못하기 때문이다.

조나 레러Jonah Lehre는 이 연구가 의미하는 내용을 다음과 같이 요약한 바 있다.

의사결정 혹은 판단과 관련된 전통적인 지식은 완전히 잘못된 것이다. 의식적인 뇌에 가장 적합한 것은 쉬운 문제, 즉 일상생활에서 맞닥뜨리는 연산 문제와 같은 것들이다. 이런 단순한 판단은 전 전두엽피질을 압도하지 않는다. 사실 그런 문제들은 너무도 단순한 나머지 종종 감정에 따라서 실수가 나타나기도 한다. 감정은 여러 개의 가격을 비교하거나 포커패의 승률을 계산하는 법을 모르기 때문이다(그런 상황에서 사람들이 감정에 의존할 때, 동일한 금액이라 하더라도 이득보다는 손실을 더 크게 평가한다거나 단순한 계산상의 실수를 함으로써 저지르지 않아도 되는 실수를 저지른다). 이에 비해서 복잡한 문제들은 인간 정신의 슈퍼컴퓨터라고 할 수 있는 감정 두뇌의 처리 능력을 요구한다. 하지만 그렇다고 해서 이런 사실이 사람이 그저 눈을 한 번 깜박거리는 것만으로도 무엇을 해야 할지 모두 다 알아낸다는 것을 뜻하지는 않는다. 사실 무의식도 정보를 처리하는 데는 어느 정도의 시간을 필요로 한다. 이런 사실은 어려운 판단을 내릴 수 있는 보다 나은 방법이 있음을 뜻할 뿐이다.[40]

아닌 게 아니라 의사결정의 실제 과정들을 살펴보면 의사결정의 형식적인 모델과 거의 관계가 없다. 감정은 이성과 분리되지 않은 어떤 것이며 이성이 길을 잃도록 유도하는 경향이 있다. 그러므로 감정과 선입관이 배제된 (예컨대 플라톤의 철인왕哲人王이 펼쳤던 것과 같은) 지적 규율만이 오로지 합리적인 통제를 보증할 수 있다(플라톤은 《국가론》에서 철학자들이 국가를 통치해야 한다는 신념을 피력했다—옮긴이). 대신에 감정은 모든 사고 과정들과 밀접한 관계가 있는 것으로 비친다.[41] 뇌를 신경촬영하는 기술이 개발된 덕분에 어떤 결론이 인간의 의식에 도달하기 전에 여러 상황들 및 선택권들을 평가하는 것과 관련된 뇌 부위가 매우 높은 수준으로 활성화된다는 사실이 확인되었다. 이런 사실은 인간이 어떤 진지한 생각이 뇌에서 진행되고 있음을 실제로 인식하기 이전에 무의식적 차원에서 수많은 연산과 분석이 이미 진행되고 있음을 뜻한다. 무의식의 상태에서는 행동경제학자들이 탐구한 다양한 자기 발견법과 편견 혹은 프로이트와 심리분석가들을 매료시킨 억압된 감정들을 발견할 수 있다. 어떤 판단이 일어나는 영역도 바로 여기이다. 그리고 진술들이 긍정적이거나 부정적인 함의를 획득하게 되는 영역도 역시 바로 여기이다.

인간은 자기가 옳다고 여기는 것을 행한다. 그러나 그렇다고 해서 인간의 행동이 무식했다거나 비합리적이었다는 뜻은 아니다. 상황이 특이할 때만 인간은 다음에 무슨 행동을 해야 할지 곰곰이 생각한다. 이럴 때 사고 과정은 보다 의식적이고 신중하게 바뀌게 된다. 이렇게 해서 나온 결론은 분명 상대적으로 더 합리적이었을 것이다. 혹은 적어도 더 많이 합리화될 수 있었을 것이다. 만일 본능적인 느낌이 신뢰를 받는다면, 그 다음에는 자기들이 옳은 이유를 설명해주는 주장을 찾는 과정이 자연스럽게 이어질 것이다. 자기가 옳다고 느꼈던 느낌이 비판에 시달리도록 무작정 내버려두지는 않을 것이다. 그러므로 뚜렷하게 구별되는 두 개의 과정을 확인할 수 있는데, 이 두 개의 과정 모두 정보를 처리하고 판단을 형성할 수 있는 역량을 가지고 있다. 이 둘이 결합했을 때의 효과에 '추론의 이중적인 처리 모델'dual-process model of reasoning이라는 명칭이 붙었다. 이들의 명칭은 '시스템 1'system 1과 '시스템 2'system 2이다.[42] 그런데 이렇게 둘을 명확하게 가르는 것 자체가 지나친 구분일 수도 있다. 왜냐하면 이 둘은 서로 상호작용을 하면서 서로를 자신의 원천으로 삼기 때문이다. 하지만 인지심리학에서 어느 정도의 공통된 토대를 마련하고 있는 전략적 추론의 이 두 가지 형태를 또렷하게 구분해서 파악하는 일은 충분히 가치가 있다.

직관적인 시스템 1 과정들은 주로 무의식적이고 암묵적이다. 이 과정들은 의식 이전 단계에서 필요할 때 빠르고 자동적으로 작동해서 엄청나게 복잡한 인지 과제들을 처리하며, 제반 상황들 및 선택권들을 평가한다. 시스템 1은 단지 하나의 과정만이 아니라 단순한 정보 검색의 여러 형태들에서부터 복잡한 정신적 표상들에 이르는 (아마도 제각기 다른 진화론적 근원을 가지고 있는) 수많은 과정들을 아우른다.[43] 이 과정들에는 모두 뇌의 비범한 연산 능력과 저장 능력이 포함되어 있으며, 과거의 학습과 경험에 의존하고, 환경에서 드러나는 단서들과 신호들을 포착하고 해석하며, 적절하고 효과적인 행동을 제시하고, 또 행위 주체가 행동을 할 때마다 일일이 심사숙고해야 할 필요 없이 환경에 적절하게 대처할 수 있도록 해준다. 바로 이 과정을 통해서 사회가 어떻게 돌아가고 개인들이 어떻게 기여하는지 그리고 사회와 다양한 상황에 대해서 무엇이 내면화되었는지 파악할 수 있게 해준다. 뿐만 아니라 이 과정은 의도적인 과정을 거칠 때에 비해서 모든 것이 더 빠르고 더 집중적으로 진행된다. 이렇게 해서 나오는 것이 어떤 행동을 위한 대본을 갖춘 (그리고 좋고 싫음의 강렬한 선택이 동반된) 감정이다. 이때의 행동은 뭐라고 딱 부러지게 말할 수는 없지만 감정이 제시한 이 행동이 어디에서 어떤 근거로 비롯되었는지 굳이 따지거나 이해하지 않은 채 그냥 그 행동을 실행해도 되는 것이다. 시스템 1에서 나온 것이 언제나 이성을 거스르는 것도 아니고, 시스템 2와 연관이 있는 보다 거추장스럽고 제한적인 과정들을 통해서 수행될 수 있는 계산이나 평가보다 훨씬 나은 계산과 평가일 수도 있다. 몇몇 측면에서 게임 이론과 관련이 있는 모델링은 시스템 2의 사고가 가지는 잠재력과 한계를 모두 포착한다. 만일 사람들이 일반적으로 생각하는 방식인 시스템 1이 아예 없다면 (즉 시스템 1의 즉각적인 대응이 없다면) 사람들은 어떤 문제에 대한 해법을 제시하는 결론에 도달하기가 무척 어려울 것이다.

그러나 직관적인 시스템 1의 사고는 시스템 2의 과정들로부터 보완될 필요가 있다. 시스템 2의 과정들은 의식적이고 명시적이며 분석적이고 의도적이며 보다 지적이고 또 본질적으로 순차적이다. 요컨대 전략적 추론에서 기대할 수 있는 바로 그런 덕목들이다. 그런데 불행하게도 시스템 2 과정들은 시스템 1 과정들에 비해서 느리고 지나치게 복잡한 처리를 하느라 행위자를 고생시킬 수 있다. 자아통제력을 발휘하는 일은 '벅차고 불쾌할' 수 있으며, 더 나아가 행위자가 어떤 행위에 대한 동기를 상실하는 상황으로까지 이어질 수 있다.[44] 시스템 2의 여러 특성에는 독특하게 인간적인 속성들이 포함된다. 비록 시스템 2의 과정도 처음에는 침팬지에서부터 출발했을 수도 있지만 언어 능력과 즉각적인 맥락 없이도 그리고 직접적인 경험을 초월해서 가설적인 상황을 처리할 수 있는 능력과 관련된 진화론적인 최근의 발달 내용을 반영한다. 하지만 시스템 1에서 시스템 2로 중심이 이동했다고 해서 감정이 이제 더는 판단의 한 부분을 수행하지 않는다는 뜻은 아니다. 예를 들어 최후 통첩 게임에서 응답자가 제안자의 제안을 수용할 것인지 아니면 거부할 것인지 결정할 때도 응답자가 그 제안에 대해서 느끼는 긍정적이거나 부정적인 감정이 응답자의 판단에 영향을 미친다. 어떤 게임자가 상대방이 공정하지 않게 행동했음을 인지했을 때 이 사람의 마음속에서 격렬한 대응에 촉구하는 강력한 감정이 일어나는 것도 마찬가지 이유에서다.[45]

시스템 1에서 비롯된 결정들이 잘된 결정인지 아닌지의 여부는 내면화된 정보의 적절성 및 품질에 따라 좌우된다. 다른 영역들에서와 마찬가지로 본능은 흔히 신뢰할 수 있는 지침이 되기도 하지만, 어떤 사실을 믿고자 하는 욕망은 때로 최상의 선택을 유린하기도 한다(이것이 인지부조화 현상의 특징이다—옮긴이). 본능적인 선택은 해당 선택의 잠재적인 효과성을 제한할 수도 있는 여러 가지 특성을 가지고 있다. 첫째, 본능적인 선택은 지름길을 사용하는데 새로운 상황에 맞닥뜨릴 때는 예전의 경험이나 지식에 의존해야 하므로 그 상황을 자기 경험과 지식 속의 낯익은 어떤 상황으로 치환한다. 이런 일은 (사소한 것이 달려 있는 판단에서뿐만 아니라) 심지어 엄청나게 중요한 것들이 연관된 경우에도 일어난다.[46] 둘째, 비록 많은 것을 잃을 수도 있고 얻을 수도 있는 판단과 결정에 보다 많은 노력이 투여되긴 하지만 이런 노력이 사실은 애초부터 직관적으로 옳다고 판단했던 어떤 선택을 지지하기 위한 증거를 찾기 위한 것일 수 있다.[47] 셋째, 생각은 흔히 단기적인 것이며 즉각적인 문제 제기에 의해서 형성된다. 이와 관련해서 대니얼 카너먼도 '오로지 장기적인 것에만 기울이는 관심은 시효 때문에 결국 나중에는 쓸모가 없을 수 있다. 생활의 구체적인 내용은 장기적이지 않기 때문이다'라고 했다. 갈등이 진행되는 동안에 '손실을 고통스러워하고 실수를 후회하는 것'에 대한 반응이 있을 수 있다.[48] 이런 점에서 볼 때 맨 처음 떠오른 생각들이 보다 더 중요하게 여겨질 수밖에 없다. 이런 생각들은 초기 구상(프레임 짜기 framing)의 정확성 검증을 거쳤으며 쟁점들의 틀이 미래에 어떻게 짜일 것인지를 드러내기 때문이다. 뒤에 이어지는 제38장에서는 전략을 멀리 떨어져 있는 어떤 목표가 아니라 당면 상황에서의 출발점으로 생각하는 것이 얼마나 중요한지 살펴보겠다.

학습과 훈련을 통해서 많은 것이 달라질 수 있다. 이런 사실은 경쟁을 기본 원리로 하는 게임을 하거나 격렬한 전투를 치르거나 혹은 심사숙고할 시간적인 여유도 없이 판단하고 결정을 내려야 하는 스트레스가 극심한 상황에서 무엇을 해야 할지 생각해야만 하는 사람들의 경우에 명백하게 드러났다. 그런데 직관적인 결정은 강력한 편견, 부족한 사전 지식, 협소한 관점 그리고 짧은 시간 속에서 이루어질 수밖에 없다. 그리고 심사숙고를 한다고 해서 반드시 더 나은 결정이 이루어질 것이라는 보장도 없다. 특히 추가되는 시간이 직관적으로 내린 애초의 결정을 합리화하는 데 할애되는 경우는 더욱 더 그렇다. 그러나 심사숙고는 편견을 바로잡고 추상적인 개념을 구체화하며 접근 방법의 구조적인 틀을 다시 구성하고 또 시계time horizon(목적 달성에 이용할 수 있는 시간 주기—옮긴이)를 확장하는 데 도움이 된다. 환경이 통상적이지 않고 독특한 경우에, 정보가 부족한 경우에, 기대한 것보다도 통상적이지 않은 요소나 일들이 많이 나타나는 경우에 혹은 편견의 위험을 본인이 의식하는 경우에, 보다 많은 의식적 추론이 이루어진다는 사실은 연구조사와 실험을 통해서 드러났다. 공감 능력이 부족한 사람은 협력도 덜 하고 신뢰를 필요로 하는 게임에서 배신도 더 많이 한다. 사람들에게 평소와 하던 방식과 다르게 행동하라고 요구하면 (예를 들어서 평소에 협력을 잘하는 사람에게 배신을 하라고 하고, 평소에 배신을 잘하는 사람에게 협력을 하라고 하면) 이 사람들은 자기 행동에 대해서 추가로 통제력을 발휘해야 하므로 전전두엽피질이 추가적으로 활성화된다.[49] 의도적인 시스템 2 사고는 늘 통제적이지는 않지만 통제의 잠재적인 원천이기도 한 직관적인 시스템 1 사고와 상호작용을 한다.

어떤 사람이 옳다고 생각하는 믿음이 잘못된 것이라고 강력하게 문제를 제기하는 증거가 제시될 때 이 사람에게는 긴장이 조성된다. 어떤 특정한 주장에 돈이든 명예든 간에 상당한 것을 걸고 있는 전문가라면 그런 증거나 반대되는 주장을 하는 사람들이 잘못되었음을 입증하기 위해서 상당한 지적 노력을 기울이게 마련이다. 1980년대에 필립 테틀록 Philip Tetlock은 전문가 집단을 대상으로 연구 조사를 진행했다. 그 결과 전문가라는 사람들이 한 예측이 사실은 무작위로 동전을 던져서 하는 예측보다 별반 나을 게 없고 심지어 가장 유명하고 믿을 만한 전문가라는 평판을 받는 사람들조차도 동전 던지기의 예측보다 못한 예측을 했다는 게 밝혀졌다. 테틀록은 자기 예측이 어떻게 맞아떨어지고 있는지 혹은 빗나가고 있는지 지켜보면서 자기의 애초 주장에 반대되는 증거들이 나오면 이 증거들에 의거해서 애초의 예측을 수정한 사람들이야말로 최고의 전문가라고 지적했다.[50]

시스템 1과 시스템 2의 두 과정은 전략 생산에 중심적인 투쟁에 딱 들어맞는 비유가 되었다. 간단하게 표현하자면, 흔히 말하던 전략은 시스템 1에서 비롯되는 (흔히 감정적이라고 얘기하는) 비논리적 추론 형태를 통제할 수 있는 한결 우수한 시스템 2의 사고였다. 그런데 알고 보니 문제는 그렇게 단순하지 않았다. 많은 점에서 시스템 1이 시스템 2보다 더 강력하며, 단호한 노력이 전제되지 않는 한 시스템 2를 압도하기 때문이었다. 어떤 전략이 의식적인 상태에서 제시되어 올바른 것처럼 보인다 할지라도 이 전략은 시스템 1을 따르는 것이 될 수도 있다. 사실 의식적인 노력은 그 선택을 해야만 하는 이유를 찾는 데, 즉 그 선택을 합리화하는 데 투입될 수도 있기 때문이다. 그러므로 전략을 시스템 1 사고와 드잡이를 하는 시스템 2 과정이라고 바라보는 것도 한 가지 방식이다. 즉 그렇게 해서 감정과 편견과 고정관념을 교정하려고 애쓰며 현재 상황에서 특이하고 통상적이지 않은 것을 인식하고 이치에 맞고 효과적인 전진 방법을 구성해낸다는 말이다.

여러 가지 실험을 통해서 발견한 핵심적인 사항은 개인은 천성적으로 전략적이지 않다는 점이다. 개인이 경쟁하고 다투는 게임에 참가해서 규칙과 기준 그리고 게임에 이겼을 때의 보상 내용 등을 듣고 그 모든 사항을 잘 이해했을 때, 이 개인은 전략적으로 행동한 셈이다. 예컨대 먼젓번에 재미를 보고 성공한 방식이라는 이유만으로 특정한 기존 행동 패턴을 고집한다면 현재의 상대가 나의 행보를 미리 예측할 정도로 똑똑할 경우, 이 방법이 실패로 돌아가고 말 것임을 사람들은 잘 안다. 또 상대방이 할 미래의 행동들이 과거에 상대했던 사람들이 했던 행동들과 동일하지 않을 것이라는 사실도 안다. 상대방이 할 수도 있는 선택을 전제로 해서 내가 어떤 선택을 하는 것 그리고 이렇게 하는 과정에서 상대방의 선택은 내가 선택할 것에 대한 예측을 바탕으로 한다는 것, 바로 이것이 전략적 추론의 핵심이다.[51]

그러나 전략의 필요성이 설명되지 않은 채 암묵적으로만 남아 있을 때 개인은 흔히 단서들이나 기회들을 놓쳐버리고 만다. 개인은 또한 전략 게임을 한다고 해서 늘 열정을 다하고 경쟁심을 최대한 발동시키지는 않는다. 전략은 흔히 일관성이 없고 서투르며 정교하지 않다. 불확실한 선호 혹은 변덕을 반영하기도 하고 잘못된 자극에 반응하기도 하며 적과 동지를 혼동하기도 하고 또 잘못된 변수들에 초점을 맞추기도 한다. 게임 참가자들은 흔히 상대방의 마음을 헤아리려고 노력해야 한다는 말을 듣는데, 일상적으로 판에 박힌 듯이 날마다 동일하게 일어나는 수많은 사건들이 진정으로 '전략적'이라고 생각해서는 안 된다고 다음 장에서 주장하는 이유도 바로 여기에 있다.

데이비드 샐리David Sally는 경험적인 게임에서 학습할 수 있는 것을 게임 이론으로 예측할 수 있는 것과 비교했다. 샐리는 2003년에 '지난 20년 동안 실험 작업이 폭발적으로 늘어난 현상'을 보더라도 인간은 '추론과 합리성 그리고 정신화 등의 영역에서 확실하게 유리한 조건을 갖추고 있음에도 불구하고, 게임 참가자의 자질로 보자면 일관성이 가장 모자라서 제대로 정신을 차리지 못한 채 어리둥절해 하기만 한다'고 지적했다.

"사람들은 게임의 구조나 사회적인 설정과 관련된 요소들이 조금만 바뀌어도 그때마다 협력적이기도 하고, 이타적이기도 하며, 경쟁적이기도 하고, 이기적이기도 하며, 관대하기도 하고, 공평하기도 하며, 심술궂기도 하고, 자기 마음을 잘 터놓기도 하며, 심드렁하기도 하고, 살갑기도 하며, 상대방의 마음을 읽기도 하고, 마음의 눈이 멀기도 한다."[52]

사건에 대한 수많은 반응은 진지하게 다른 대안을 분석해보지도 않은 채 직관적으로 이루어진다. 그리고 이런 반응은 신속하고도 그럴듯한 판단을 내놓는다. 개인은 천성적인 전략가는 아니라는 말이다. 전략가가 되려면 의식적인 노력이 필요하다.

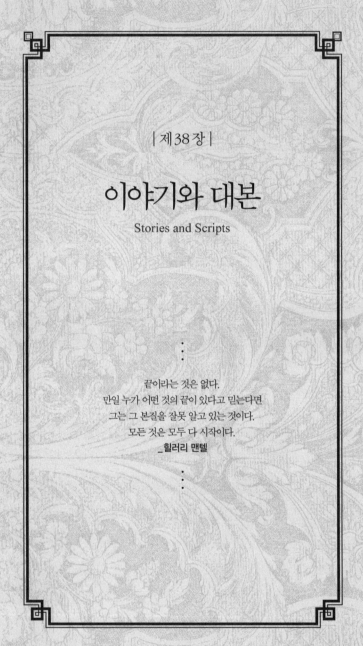

| 제38장 |

이야기와 대본

Stories and Scripts

:

끝이라는 것은 없다.
만일 누가 어떤 것의 끝이 있다고 믿는다면
그는 그 본질을 잘못 알고 있는 것이다.
모든 것은 모두 다 시작이다.
_힐러리 맨텔

:

앞서 제1장에서 우리는 침팬지와 원시 사회를 살펴본 뒤에 전략적인 행동의 몇 가지 기본적인 특징을 확인했다. 갈등을 부르는 사회적 구조에서 비롯된 그런 행동은 장차 적이나 동료가 될 구성원들의 뚜렷하게 구분되는 속성을 인식하고, 사회 구성원들의 행동에 영향을 미칠 방법을 찾기 위해서 충분히 많은 공감을 과시하며, 잔인한 무력뿐만 아니라 속임수와 연합을 통해서 목적했던 성공을 거둘 수 있었다. 이런 특징들은 우리가 이론과 실제 현실이라는 양 측면에서 전략을 살펴보는 동안 줄곧 전면에 등장했다. 우리는 또한 전략에 대한 수많은 정의를 접했다. 이 가운데 많은 것들은 (비록 그 모든 변수를 모두 포착하는 정의는 하나도 없었지만) 완벽하게 유용하다. 어떤 것들은 특정 영역에만 맞도록 특화되었는데 이런 모습은 교전이나 지도 그리고 병력 배치 등과 관련된 군사 영역에서 특히 두드러지게 나타났다. 그리고 또 어떤 것들은 목적과 방법(수단) 사이의 상호 작용, 장기적인 목표의 행동 경로의 결합, 편의주의적인 여러 체계와 지배의 여러 형태, 저항하는 의지와 상호 의존적인 의사결정의 변증법, 환경과의 관계, 발전된 문제 해결 방식 그리고 불확실성의 극복 수단 등과 관련된 것이었다. 서문에서 나는 '전략은 힘(권력)을 창조하는 기술'이라고 나 나름대로의 짧은 정의를 제시했다. 이렇게 정의를 내릴 경우에는 전략이 주는 충격을 기존의 권력 균형을 참조해서 예상했던 결과와 전략을 적용한 뒤에 나타나는 실제 결과 사이의 차이로서 측정할 수 있다는 유리한 점이 있다. 또 이 정의에 따를 경우에는 약자들이 일반적으로 가장 도전적인 전략을 추구하는 이유도 설명할 수 있다. 그러나 이 정의는 행위자에게 지침을 제공하지는 않는다. 실천적인 지침을 제공하기 위해서 이 장에서는 전략을 선도적인 인물의 관점에서 작성했으며 미래 시제로 제시되는 권력에 대한 어떤 이야기(내러티브)로 파악할 때 어떤 이점이 있는지 탐구하고자 한다.

자기가 채택한 전략이 더할 나위 없이 훌륭한 것으로 만들려는 사람들은 전문적인 매뉴얼에서부터 자습서나 전문적인 컨설팅 기관 그리고 학술 잡지에 이르는 다양한 원천에서 제시하는 갖가지 형태의 조언에 의존할 수 있다. 어떤 처방들은 무작정 강력한 권고만 하는 데 비해서, 어떤 처방들은 분석적이다. 진부함을 벗어던지려고 애 쓰는 것이 있는가 하면 수학적인 지식이나 포스트모더니즘적인 암호를 해독할 능력이 없는 사람에게는 도무지 알아들을 수 없는 용어로 도배되어 있는 것도 있다. 패러다임 이동을 주장하는 것도 있고 영감과 관련된 능력을 배양하라거나 세부적인 사항에 면밀한 관심을 기울이라고 촉구하는 것도 있다. 이런 다양하고 심지어 서로 모순되는 수많은 조언을 접할 때 전략이라는 것이 좋은 것임은 의심할 나위가 없지만 올바른 전략을 채택한다는 것이 어렵다는 결론은 피할 수 없다. 전략의 세계는 실망과 좌절로 가득 차 있다. 또 수단(방법)은 도무지 제대로 작동하지도 않고 목표 달성 지점까지 다다르는 길도 요원하다.

이 책에서 다룬 다양한 갈래의 문헌들은 모두 올바른 방법만 전제된다면 아무리 어려운 과제라도 달성할 수 있다는 확고한 믿음을 가지고 시작한다. 나폴레옹 군대가 파죽지세로 유럽을 평정하는 것을 본 조미니와 클라우제비츠는 야심만만한 장군들에게 (장기적인 소모전이 아닌) 결정적인 전투에서 이겨서 국가의 운명을 결정 지으라고 설명했다. 프랑스 혁명의 기억 속에서 사회정치적으로 불안한 상황을 목도한 최초의 직업적인 혁명가들은 새로운 형태의 사회질서를 낳을 수 있는 결정적인 폭동을 상상하지 않을 수 없었다. 그리고 그로부터 한 세기가 지난 뒤에 챈들러와 드러커 그리고 슬론은 미국의 대기업들에게 (이들은 난공불락의 요새를 자랑했으며 더할 나위 없이 유리한 시장 조건들을 마음껏 즐겼다) 이 행복한 상태를 앞으로도 계속 유지할 수 있는 장기적인 계획과 조직 구조로 전략이라는 개념을 바라보라고 촉구했다.

이 세 가지 경우 모두 경험적인 결과는 자신감과 확신의 토대를 잠식했다. 전투의 승리가 반드시 전쟁의 승리로 이어지지는 않았다. 지배 계급은 정치경제적인 권리에 대한 대중적인 요구에 대처하면서도 혁명적인 압력을 우회시키는 여러 방안을 찾아냈다. 평온하기만 한 지위를 누리던 미국 기업은 국제 경쟁이라는 암초를 만나 좌초했다(특히 일본 기업이 커다란 암초의 원인 제공을 했지만, 이 암초는 일본 기업만 제공한 것도 아니었다). 하지만 이런 반동들이 있다고 해서 애초의 틀 자체를 포기하는 일은 일어나지 않았다. 군사 전략가들은 소모전이나 대중적인 저항 그리고 게릴라전에 좌절하면서도 여전히 계속해서 결정적인 승리로 나아갈 길을 찾고자 했다. 또 혁명가들은 서구 민주주의 국가들이 불만 표현을 합법화하고 다양한 혁신의 길을 뚫어냈음에도 불구하고, 또 이런 상황들이 기존의 전략 유형과는 전혀 다르며 일반적으로 보다 생산적인 정치 전략 유형들을 촉진했음에도 불구하고 대중을 동원해서 정부를 무너뜨릴 방안을 찾았다. 그런데 초기의 여러 전략 모델에서 드러났던 흠들이 너무도 뚜렷하고 명백했기 때문에 대안이 될 수 있는 모델을 광적으로 탐색하는 시도가 나타난 분야는 경영 분야뿐이었다. 그런데 이 잠재적인 대안들에는 온갖 혼란스럽고 때로 서로 모순되기도 하는 주장들까지도 포함되었다.

전략과 관련해서 드러났던 문제들은 애초의 전략 기원이 계몽적인 차원이었으므로 당연한 결과였다. 나중에 베버가 관료제도의 번성 속에서 결코 막을 수 없는 명백한 세속적인 경향으로 규정했던 진보적 합리주의는 전략의 세상에서 감정과 낭만을 몰아냄으로써 직관에 따른 실수의 원천과 불확실성을 제거하려고 나섰다. 이 경우에 전략은 풍성하게 축적한 지식을 토대로 한 하나의 인간사였다. 그러나 전략에 필요한 적절한 지식은 축적하기도 어려웠고 또 전략을 실천하는 사람들에게 충분할 정도로 정확한 지식을 제공하기가 쉽지 않았다. 전략을 실천해야 하는 사람들로서는 서로 우선순위를 주장하는 일련의 주장들과 불확실성에 직면했으며, 또 실제 현실에서는 '어떻게든 그럭저럭 헤쳐나가는 것' 외에 달리 선택의 여지가 거의 없었기 때문이다.[1] 합리주의라는 가정은 이론화 작업뿐만 아니라 이것이 어떻게 수용되고 또 여기에 따라서 어떻게 행동이 진행될 것인가 하는 점에 대한 기대에 영향을 미치면서 결국 적절하지 않은 것으로 판명되었다.

전략은 잘 통제된 환경에서는 설계되지도 않았고 실행되지도 않았다. 계획된 연속적인 행보가 길어지면 길어질수록 특정한 방식으로 행동해야 하는 사람의 수는 더 많아졌으며 또 일이 잘못될 가능성은 더 높아졌다. 계획된 일련의 연속적인 사건들에서의 최초 행보가 의도했던 효과를 발휘하지 못할 경우 일은 곧 뒤틀어질 수 있었다. 상황은 보다 더 복잡해지며 행위자들은 보다 더 많아지고 또 서로 대립했다. 인과 관계의 사슬은 약해졌고, 마침내 끊어졌다. 전략을 뻔뻔하고 고지식한 어떤 것으로 바라보는 발상을 거부했던 톨스토이까지 멀리 거슬러 올라갈 것도 없이 결과가 성공일지 혹은 실패일지의 여부는 광범한 영역의 제도들, 과정들, 독특한 개성의 소유자들 그리고 일반적으로 외부 영향을 거의 받지 않는 지각知覺들 등에 영향을 미치려고 노력하는 시도에 따라 좌우되었다. 역사가 고든 우드Gordon Wood는 역사는 온갖 교훈들로 가득 차 있다는 믿음을 경계하라고 경고하면서 단 하나의 커다란 교훈만이 존재할 뿐이라고 주장했다.

"여태까지 그 어떤 것도 관리자가 의도하거나 기대한 대로 된 적이 없다. (……) 역사는 사람들이 자신의 운명을 원하는 대로 조정할 수 있다는 믿음을 의심스러운 눈으로 바라보아야 한다고 가르친다."[2]

전략은 상황을 통제하는 수단이 아니라 아무도 온전하게 통제하지 못하는 상황을 극복하는 방식이라는 것이다.

† 전략의 한계

그런 인식이 전략에 조금이라도 영향을 미쳤을까? 아이젠하워 대통령은 자신의 군사 경험에 비추어서 '계획은 아무런 가치가 없지만, 계획하는 행위는 모든 것이다'라고 했다.[3] 전략에 대해서도 똑같은 말을 할 수 있다. 사전에 미리 깊이 생각해두지 않을 경우에는 예상치 못한 상황을 극복하거나 변화하는 상황에서 해결의 실마리를 찾아내거나 설정된 가정들에 문제를 제기하거나 특색 없는 행동이 함축하는 뜻이 무엇인지 알아내기란 한층 더 힘들 수밖에 없다는 말이다. 만일 전략이 궁극적인 목표로 나아가는 믿을 만한 경로를 제시하는 고정된 계획이라면 이 전략은 실망스러울 뿐만 아니라 역효과를 초래해서 보다 유연하고 보다 상상력이 풍부한 상대방에게 유리하게 작용할 환경만 조성할 가능성이 크다. 하지만 유연성과 상상력을 추가한다면 발전해나가는 어떤 상황에 보조를 맞추고서 위험과 기회를 정기적으로 재평가하게 될 가능성은 그만큼 더 높아진다.

전략에 생산적으로 접근하려면 우선 전략의 한계를 인식해야 한다. 이것은 전략으로 얻을 수 있는 편익뿐만 아니라 전략의 영역에도 적용되는 원칙이다. 전략이 어디까지 가능한지 규정하는 경계선이 필요하다. 전략이 워낙 인간 활동의 다양한 영역에서 통용되고 또 모든 미래지향적인 의사결정이 전략이라는 발상을 필요로 하게 됨에 따라서 이제 전략은 (계획 등과 비교할 때) 진정으로 차별적인 특성이 부족하게 되었다. 즉 무의미함의 늪에 빠져버릴 위험이 매우 높다는 말이다. 그런데 한 가지 명백한 경계선은 무생물의 대상이나 단순한 과업을 포함하는 여러 상황에서는 전략을 주장하는 것이 의미가 없다는 점이다. 갈등의 여러 요소들이 현재적으로 작동할 때만 전략이 의미를 가진다. 이런 갈등이 잠복만하고 있는 상황에 대해서 진정한 의미의 전략적 접근법이 적용되는 경우는 거의 없다. 사람은 다른 사람들이 자기를 배반하고 이용할 것이라고 믿기보다는 자기를 신뢰할 것이라 기대하며 다른 사람들을 신뢰한다. 익숙한 환경에서 '내부자 집단'에 대해서 동등한 이득을 보장해주지 않으면서 노골적으로 전략적인 행동을 할 때는 필연적으로 저항과 분노가 발생한다. 사람들은 자기 삶의 환경에 대해서 강요받은 잘못된 생각 혹은 기존의 질서와 제도에 도전하기를 꺼리는 습관적인 태도 때문에 권력 관계를 잘못 알고 있을 수 있으며 이런 상태를 깨닫지 못하거나 신경 쓰지 않을 수 있다. 중요한 것은 갈등의 인식이다(사실 그래서 전략이라는 문제가 전면에 대두된다). 어떤 사건이나 사회적 태도, 행동 패턴의 변화는 여태까지 당연한 것으로 받아들여지던 것에 대한 문제 제기일 수 있다. 낯익은 상황들이 참신한 시각으로 비춰지고, 예전에 '내부자 집단'의 한 부분이었던 사람들에게 '외부자 집단'에 붙어먹은 배신자일지도 모른다는 의심이 쏟아진다.

갈등 상황이 전개되고 여기에 전략이라는 발상이 들어갈 때 갈등을 애써 무시하고 경시하려는 바람 때문에 갈등이 쟁점에서 빠져버릴 수 있다. 이런 일은 심지어 전략이라는 제목을 붙인 공식적인 문건의 경우에도 적용되는데 이런 문건들은 주로 장기적으로 생각하는 역량을 과시하기 위해서 마련되기 때문이다. 이런 문건들에서 전략은 관계 당국의 미래 전망으로 포장되어 정부나 기업의 이미 승인받은 견해를 반영한다. 휴 스트라찬Hew Strachan은 전략이 방법과 목적의 연결점이라는 애초의 역할이 희생된 채로 이런 식으로 남용되는 행태에 불만을 터트렸다. 전략의 범위를 정부 차원에서 추진하는 노력으로 확장함으로써 전략이란 단어에서 오로지 '평범한 것'만 남고 나머지 다른 의미들은 '강탈되었다'는 것이다.[4] 많은 '전략' 문건들은 의도적으로 본질적인 주제를 회피하고, 초점이 흐려진 채로 산만하며, 비슷하지 않거나 느슨하게만 연관이 있는 지나치게 많은 쟁점들을 다루고, 많은 사람들을 만족시키려다가 결국 아무도 만족시키지 못하며, 관료주의적 타협들을 반영한다는 것은 분명한 사실이다. 흔히 이런 문건들은 특수한 문제들을 처리하는 방식들이 아니라 깊이 탐구해야 할 수도 있는 쟁점들을 다룬다. 그 결과 이런 문건의 생애는 반쪽짜리가 되어 짧아질 수밖에 없다. 이런 문건들은 전략적인 어떤 내용을 담을 수 있을 정도로 환경에 대해서 폭넓은 지향(예컨대 경영 전략 차원에서 말하자면 이른바 '포지셔닝'이다—옮긴이)으로 일컬어지는 것을 다룬다. 그러나 폭넓게 안정적이고 만족한 환경 즉 목표가 상대적으로 쉽게 인식되는 환경에서는 예리하거나 대담한 시도가 거의 필요치 않다. 오로지 환경이 불안정한 순간들에만, 즉 잠재되어 있던 갈등이 실제 현실로 드러나서 실질적인 어떤 선택을 해야 할 때만 진정으로 전략을 닮은 어떤 것이 필요해진다.

그러므로 전략이 전혀 아닌 어떤 것을 전략으로 바꾸어놓는 것은 불안정 상태가 실제로 존재하거나 임박했다는 깨달음, 즉 갈등을 인식하게 만드는 변화의 한 맥락이다. 그러므로 전략은 기존의 정세 상태에서 출발하며 이 정세가 좋은 쪽으로든 나쁜 쪽으로든 간에 달라질 수 있음을 인식하는 경우에서만 오로지 의미를 가진다. 이런 견해는 전략은 사전에 미리 설정된 목표를 달성하는 것과 관련이 있어야 한다고 가정하는 견해들과 완전히 다르다. 이 견해는 무시무시한 위기를 극복하거나 기존의 좋지 않은 상황이 악화되지 않도록 예방하는 데 보다 많은 관심을 기울인다. 즉 첫 번째 관심은 생존이 된다. 실용적인 차원의 전략이 결정적이고 항구적인 매듭짓기로 나아가는 것이라기보다는 '다음 단계'로 나아가는 것으로 소박하게 인식되는 이유도 바로 여기에 있다. 다음 단계란 현재 단계에서 노력해서 현실적으로 장차 도달할 수 있는 공간이다. 이 단계가 현재 단계보다 반드시 좋아야 할 필요는 없지만 아무 전략도 없는 상태에서 도달할 수 있는 것보다는 나아야 한다. 그리고 그 공간은 그 다음 단계로 나아갈 준비를 할 수 있는 충분히 안정적인 기지여야 한다. 그렇다고 해서 소망하는 최종 단계에 대한 아무런 견해 없이 어떤 일을 추진하고 관리하는 것이 쉽다는 뜻은 아니다. 지금 하고 있는 여정이 최종적으로 어디로 이어지는지 어느 정도 인식하고 있지 않은 상태에서는 대안적인 여러 결과들을 평가하는 것도 어려울 수밖에 없다. 체스 세계 챔피언처럼 재능이 있는 전략가라면 다음 행보에 내재되어 있는 미래의 가능성을 꿰뚫어볼 것이며, 또 연속적으로 이어질 단계들을 염두에 두고 생각할 것이다. 그러므로 몇 수 혹은 몇 단계를 미리 앞질러 생각하는 능력은 전략가에게 소중한 덕목이다. 그러나 출발점은 여전히 미래의 약속이 아니라 현재의 과제여야 한다. 어떤 단계에서 다음 단계로 한 차례씩 이동할 때마다 방법과 목적 사이의 결합 관계를 재평가해야 한다. 어떤 방법을 폐기하고 새로운 방법을 채택할 수 있으며, 또한 어떤 목적은 설령 예상치 않은 기회가 주어진다 할지라도 도저히 달성할 수 없는 것으로 평가할 수 있다. 심지어 궁극적인 목적이라고 생각했던 것을 달성했을지라도 전략은 멈추지 않는다. 전투, 폭동, 선거, 결승전 경기 혹은 기업 인수와 같은 클라이맥스 사건에서 승리를 거두었다고 하더라도 이것은 보다 만족스러운 새로운 단계로 이동한 것을 뜻하지 투쟁의 종결을 뜻하는 게 아니다. 이미 지나간 것은 장차 닥쳐올 일련의 사건들과 관련된 조건을 형성할 뿐이다. 승리를 거머쥐기 위해서 노력을 기울인 바람에 자원이 고갈되었을 수도 있다. 패배로 끝난 반란으로 지배계급을 향한 분노가 한층 더 깊어질 수 있다. 선거 때 과열되었던 공방에 따른 감정적인 앙금은 나중에 두 후보가 연대를 할 때 걸림돌이 될 수 있다. 또한 인수합병이 적대적으로 이루어졌을 때 그 적대성은 두 기업을 하나의 기업으로 녹여내 시너지 효과를 발휘하게 하는 데 태생적인 장애물이 될 수 있다.

　제반 상황들이 여러 개의 단계를 거치면서 어떻게 전개될 것인지 예측하기가 그토록 어려운 이유 가운데 하나는 많은 관계들을 깊이 살펴보아야 하기 때문이다. 전략은 흔히 순전히 적 혹은 경쟁자를 대상으로 하는 것처럼 말하고 또 묘사한다. 그러나 이건 사실이 아니다. 우선 동료와 부하가 전략에 동의하고, 이 전략을 어떻게 실천할 것인지 동의해야 한다. 내부적인 동의를 얻는 데는 흔히 매우 전략적인 수완이 필요하며, 또한 이 과정은 가장 우선적인 단계이다. 내부의 동의를 얻지 못하면 당장 조직은 쪼개지고 그만큼 허약해지기 때문이다. 그러나 제각기 다른 이해관계 및 관점을 하나로 모을 때 타협의 산물이 나타날 수밖에 없음을 알아야 한다. 즉, 막강한 역량을 갖춘 적을 상대해야 하는데 최선이 아닌 차선으로 맞설 수밖에 없다는 뜻이다. (지금 당장은 손을 잡지 않을 테지만 나중에 손을 잡을 수도 있는 관망자들까지 포함해서) 협력을 구해야 하는 집단의 범위가 크면 클수록 합의에 도달하기는 그만큼 더 어려워진다. 잠재적인 동맹자들 사이에는 일정 정도의 긴장이 있겠지만 협상의 토대가 되는 공동의 이해관계 영역들도 있다. 서로 경쟁하는 관계의 국가들이라면 전면전은 될 수 있으면 피하려 한다. 경쟁 관계의 정당들 역시 일정 수준의 예의는 지킨다. 그리고 기업들도 출혈을 하면서까지 치러야 하는 가격 전쟁에 선뜻 나서지 않는다. 협력과 갈등 사이의 이런 상호작용이 모든 전략의 핵심이다. 어떤 분쟁도 없는 화기애애한 상태의 완벽한 동의와 한쪽이 다른 쪽을 온전하게 지배하는 완벽한 통제를 양 극단으로 하는 스펙트럼이 존재한다. 협력의 수준이 완벽한 동의나 완벽한 통제의 양극단으로 나타나는 경우는 드물며, 거의 대부분의 협력은 환경이 바뀜에 따라서 새로운 이해관계가 발생해서 관계가 불안정해진다. 그러므로 실제 현실에서 협력 수준의 선택은 회유나 강제의 정도에 따라서 전체 스펙트럼 가운데 어느 한 지점에서 이루어진다. 자기보다 강력한 상대를 극복하는 최상의 방법은 흔히 연합을 결성하거나 상대의 연합을 깨부수는 것인데, 그러므로 전략은 타협과 협상을 포함하게 마련이다. 그래서 티머시 크로퍼드Timothy Crawford는 다음과 같이 썼다.

"상대적으로 우월한 권력, 즉 상대력relative power을 추구하는 것은 더하기와 빼기 과정일 수도 있지만 곱하기와 나누기 과정이기도 하다."

집단을 중립적으로 유지하고 적 진영으로부터 멀찍이 떼어놓기 위해서는 여러 가지 어려운 형태의 적응이 필요하다.[5] 이 모든 것이 전략은 어째서 과학science이 아니라 기술art인지 설명해준다. 전략은 상황이 불확실하고 불안정하고 그래서 미래를 도무지 예측할 수 없을 때 비로소 작동하기 시작한다.

† 시스템 1 전략과 시스템 2 전략

인지심리학이 발전했다는 것은 인간이 불확실한 환경을 극복하는 방법에 대해서 우리가 예전에 비해서 훨씬 많은 것을 알고 있다는 뜻이다. 인지심리학의 발전은 전략적 사고가 의식적 차원으로 발전하기 이전에 이미 무의식적 차원에서 시작할 수 있고 또 실제로도 자주 그렇다는 견해를 자극하고 촉진한다. 전략적 사고는 이른바 '시스템 1 사고'를 반영해서 명백하게 직관적인 판단에서부터 시작될 수 있다. 시스템 1 전략들은 덜 전략적인 정보가 놓치게 마련인 여러 상황 및 가능성을 읽어내는 능력에 의존한다. 이런 형태의 전략적 추론은 고전 시대 이후로 줄곧 높은 평가를 받았다. 임기응변의 재주가 넘치던 오디세우스의 사례에서처럼 '메티스'가 불확실성을 극복하고 교활한 말로써 내부자 집단을 일사불란하게 이끌며 외부자 집단을 혼란스럽게 만들었던 것만 보더라도 그런 사실은 분명하다. 나폴레옹은 '혜안'coup d'oeil을 놓고서 '전쟁의 지형이 제공하는 여러 가능성들을 한 번 흘낏 보는 것만으로도 파악할 수 있는 재능'이라고 설명했다. 클라우제비츠도 위대한 장군이 가장 적절한 공격의 순간과 장소를 선택할 수 있는 것은 군사적 천재성의 핵심 즉 '고도로 발달한 정신적 태도' 때문이라고 믿었다. 존 수미다Jon Sumida는 천재에 대한 클라우제비츠의 개념을 '합리적인 지능과 온전하게 합리적이지 않은 지능 그리고 정서적인 역량이 한데 결합해서 직관을 형성하는 능력'을 포함하는 것이라고 묘사했다. 이 능력이야말로 '적절하지 않은 정보, 엄청난 복잡성, 높은 수준의 우발성 그리고 실패 이후에 뒤따르는 통렬한 결과 등과 같은 어려운 환경에 직면할' 유일하게 판단의 토대가 된다고 했다.[6] 나폴레옹은 이 능력은 타고나는 재능이라고 했지만 클라우제비츠는 경험과 교육을 통해서 이 능력을 얼마든지 개발할 수 있다고 했다.

철학자 이사야 벌린Isaiah Berlin은 말년에 발표한 논문에서 본능과 안목을 얘기하면서 정치에서의 좋은 판단은 과학적이며 '의심할 여지가 없는 지식'을 기반으로 한다는 견해에 반대하며 다음과 같이 결론 내렸다.

"정치적 행동의 영역에서 법은 진실로 멀고 또 적다. 여기에서는 수완skill이 최고다."[7]

그리고 이때의 핵심적인 수완은 어떤 상황을 다른 상황들과 다르게 독특하게 만드는 것을 파악하는 능력이라고 했다. 정치적으로 위대한 인물들은 '특정한 운동, 특정한 개인, 독특한 정세, 독특한 분위기, 경제적이고 정치적이며 개인적인 변수들의 특정한 결합 형태' 등을 읽어낼 줄

안다고 했다. 비인격적인 힘, 전체를 아우를 줄 아는 특별한 감각 그리고 어떤 행동에 따른 '오싹한 느낌'을 기대하는 능력, 이런 것들과 인간 사이의 상호작용을 파악하는 데는 특별한 종류의 판단이 우선적으로 전제되어야 한다고 했다. 그러면서 이것은 '반↓본능적'이라고 주장했다. 벌린은 메티스와 매우 비슷하면서도 동시에 시스템 1 사고의 핵심을 포착하는 정치적인 지능의 한 형태를 다음과 같이 묘사했다.

> 그것은 끊임없이 변화하고 색깔이 바뀌고 눈에 잘 띄지도 않은 채 쉽게 사라지며 또 끊임없이 겹쳐지는 자료들, 나비 박제를 만들 때처럼 포착해서 핀으로 고정시키고 이름표를 붙이는 일이 불가능할 정도로 너무도 많고 빠르고 뒤죽박죽으로 뒤섞여 있는 방대한 자료들을 통합할 수 있는 능력이다. 여기에서 통합한다는 표현은 자료(직접 지각_direct perception_뿐만 아니라 과학적인 지식으로도 파악할 수 있는 자료)를 단일한 패턴 속에 존재하는 요소들로서, 각각의 요소가 의미하는 내용을 온전하게 포함해서 바라본다는 것이다. 또한 그 자료를 과거와 미래의 여러 가능성들의 징후로 바라본다는 것이며 그 자료를 실용적인 차원에서 (즉, 그 자료에 대해서 자기나 다른 사람들이 할 수 있거나 하려고 하는 것이 무엇인지, 그리고 이 자료가 자기나 다른 사람들에게 할 수 있거나 하려고 하는 것이 무엇인지 파악하는 차원에서) 바라본다는 것이기도 하다.

그런데 이 능력은 형식적인 방법론들에 초점을 맞추거나 직관을 몰아내고 분석을 강조할 때 실종될 수 있다고 했다. 그래서 브루스 큐클릭_Bruce Kuklick_은 제2차 세계대전 이후 미국의 안보 정책에 기여한 사람들에 대해서 다음과 같이 썼다.

"내가 살펴본 전략가들 가운데 많은 사람들은 '기본적인 정치 감각'이 (더 나은 표현을 찾지 못해서 이렇게밖에 말할 수 없어 안타깝다) 부족하다는 점에서 본질적으로 정치에 관심이 없었다. 이들은 오로지 본능과 경험과 기민한 감각만이 가르쳐줄 수 있는 것을 강의실에서나 깊은 성찰과 분석을 통해서 배우려 들었다, 헛되게도."[8]

정치적인 판단에 흔히 따라붙는 자질은 다른 사람을 설득해서 자기가 원하는 특정한 길을 따라가도록 만들 수 있는 능력이다. 아닌 게 아니라 나폴레옹이 아닌 사람들, 즉 뭐라고 지시를 내리기만 하면 사람들이 군말 없이 무조건 따를 것이라는 기대는 감히 꿈도 꾸지 못하는 사람들에게는 빈틈없는 판단이라는 것도 이 판단을 절박하게 따라야 하는 사람들에게 그 의미를 표현할 능력이 동반되지 않을 때는 아무런 쓸모가 없다. 바로 이 지점에서 전략은 직관에서 심사숙고로, 다시 말해서 특정한 어떤 경로가 옳다는 사실을 아는 것에서 왜 반드시 그럴 수밖에 없는지 설명하는 주장을 발견하는 것으로 이동한다. 이렇게 해서 시스템 1 사고가 감당할 수 없을 만큼 복잡하고 독특한 상황들을 감당하기 위해서 시스템 2 사고가 필요해진다. 그런 상황 및 환경에서는 대안이 될 수 있는 여러 주장들을 놓고 비교해서 믿을 만한 행동 경로를 찾아내야 한다. 그래서 대부분의 경우 전략은 시스템 2의 영역에 놓이지만, 이것은 본질적으로 시스템 1의 판단을 설득력 있는 주장으로 전환시킨다는 점에서 그럴 뿐이다.

이 책에서 나는 지나치게 많다 싶을 정도로 자주 언어와 소통에 관한 여러 질문들을 제기했는데 이런 것 없이는 전략이 아무런 의미가 없기 때문이다. 전략은 다른 사람들이 알아듣고 따를 수 있도록 말로 표현되어야 할 필요가 있다. 그래야 다른 사람들의 행동에 영향을 미침으로써 작동하기 때문이다. 그러므로 전략의 기본적인 관심사는 설득이다. 다른 사람들이 자기와 협력하도록 종용하는 것일 수도 있고 혹은 만일 그렇게 하지 않을 경우에 빚어질 비극적인 결과를 다른 사람들에게 설명하는 것일 수도 있다. 페리클레스는 민주 제도에서 자기 주장의 정당성을 입증하는 능력을 가지고 있음을 인정받았고, 마키아벨리는 군주들에게 매력적인 주장을 개발하라고 촉구했으며, 처칠의 연설은 영국 국민에게 전쟁의 목적을 선명하게 각인시켰다. 야수적인 폭력이나 경제적인 유인책도 나름대로의 역할을 수행하지만, 이런 것들이 주는 충격도 응징을 피하고 보상을 받으려면 무엇을 해야 하는지 선명하게 제시하지 않는 상태에서는 방향을 잃고 흩어지고 만다. 이런 맥락에서 한나 아렌트는 다음과 같이 썼다.

"권력은 오로지 말과 행동이 함께할 경우에만, 다시 말해서 말이 공허하지 않고 행동이 야만적이지 않을 때, 말이 의도를 숨기는 쪽으로 사용되지 않고 행동이 관계를 강화하며 현실에서 새로운 장을 열어나가는 쪽으로 사용되지 관계를 파괴하는 쪽으로 사용되지 않을 때 실현된다."[9]

가장 큰 권력은 아무런 예고도 없이 효과를 발휘하는 것이다. 이런 권력은 기존의 구조가 안정적이며 이론의 여지가 없어 보일 때 즉 매우 자연스러운 결과이며 전반적으로 나쁘지 않은 것처럼 보일 때, 심지어 불이익을 당하게 될 사람들의 눈에조차 그렇게 비칠 때 비로소 가능해진다.[10] 기본적으로 분파적인 이해관계를 전체의 이익에 부합하는 것으로 만들고 그래서 이 이해관계를 충족하는 것을 당연한 것으로 만들며 여기에 대해서 어떤 이론異論도 나타나지 않도록 만드는 지배계급의 능력은 급진주의자들에게는 늘 좌절의 원천이었다. 제한을 받을 수밖에 없는 대중의 혁명적 열정은 (공식, 신화, 이데올로기, 패러다임 그리고 최종적으로 내러티브 등의 딱지가 붙은) 장엄한 이야기들로 설명되어왔는데, 이 이야기들은 사람들이 객관적인 실체를 온전하게 파악할 수 없기 때문에 설명에 의존해야 하며 또 그런 설명에 영향을 미치기에 가장 좋은 위치에 있는 사람들이 거대한 권력을 얻을 수밖에 없다는 논리를 전제로 했다. 급진주의자들은 기존 체제를 임의로 축조된 조건부가 아니라 자연스럽고 영속적인 것으로 아무런 문제 제기 없이 받아들여야 한다는 주장에 반발하면서, 대안적인 건강한 의식 형태들을 촉진하는 전략을 개발하려고 노력했다. 어떻게 하면 사람들이 가지고 있는 태도에 영향력을 가장 잘 행사할 수 있을까 하는 이 문제는 기존의 질서를 뒤엎으려는 노력과 시도에 한정되지 않고 전략의 모든 측면에서도 해당되는 적절한 원리로 받아들여졌다. 당파적인 정치가들은 자기 나름의 의제(어젠다)와 프레임을 설정하고서 경쟁 관계의 정치가들에게는 피해를 안겨주면서도 자기와 자기편 정치가들을 한층 돋보이게 만드는 이야기들을 제시했다. 이 '내러티브 전환'narrative turn('인간은 생각해서 이야기하는 것이 아니라, 이야기하려고 생각한다'는 것─옮긴이)은 또한 군사 영역과 경영 영역에서 확고하게 자리를 잡았다. 이런 사실은 대對게릴라전에서, 당국의 규제를 깨려고 덤벼드는 로비스트에게서, 그리고 직원들에게 조직의 급격한 변화가 이득이 될 것이라고 설득하려는 경영자에게서 사람들의 '마음과 정신'을 민감하게 고려할 필요성이 대두된 현상에 반영되어 나타났다. 이야기는 전략의 도구가 되었을 뿐만 아니라 전략에 형태를 부여한다. 인지 이론 그리고 태도와 행동을 조직하는 데서 설명적인 구성물 및 대본이 수행하는 역할의 도움을 받고 한층 강화된 내러티브는 이제 군사와 정치 그리고 경영 분야의 전략 문건이 다루는 주제들의 맨 앞자리로 나섰다. 이제는 전략적 사고에 대한 최근의 추세를 따라잡으려면 이야기라는 개념을 인정할 필요가 있다.

† 전략적 내러티브

사회학자인 찰스 틸리Charles Tilly 는 에세이 《이야기와 관련된 문제》The Trouble with Stories에서 교회나 국가와 같은 총체적인 단위 그리고 심지어 계급이나 종교와 같은 추상적인 개념들과 나란히 개인에 대한 이야기 차원에서 설명을 찾으려는 인간의 끈질긴 성향을 고찰했다. 틸리가 서술한 내용은 이렇다. 그 이야기들은 정교하고 의식적이며 흔히 최종 목표를 달성하는 데 성공한 행동에 관한 것이다. 이 이야기들은 사회과학자들을 비롯한 청중을 너무도 쉽게 만족시켰다. 그런데 이 과정에서 필요할 것으로 보이는 것이라고는 어느 정도 수준의 그럴듯함(개연성), 시간과 환경의 제약에 대한 인식 그리고 문화적인 기대와의 한 판 싸움뿐이었다. 그러나 틸리는 이야기가 제시하는 설명의 힘은 제한적일 수밖에 없다고 경고했다. 가장 의미 있는 인과관계는 '직접적이고 의도된 개인 행동의 결과라기보다는 간접적이거나 점진적이거나 상호작용을 하거나 의도하지 않은 것이거나 총체적이거나 혹은 인간이 배제된 환경에 의해 조정된 것'이라고 했다. 이야기에 대한 요구가 강화됨에 따라서 실제 의사결정이 훨씬 덜 계산적이고 덜 의도적으로, 즉 들쭉날쭉 즉흥적으로 이루어짐에도 불구하고, 잘 정의되어 있는 여러 대안들 가운데서 의도적인 선택을 하는 행위자 차원의 분석이 촉진되었다. 사회과학자들은 더 나은 무언가를 찾아야 한다는 의무감을 가지고 있었다. 그러나 틸리는 낙관적이지 않았다.

뇌는 사회적 과정들에 대한 정보를 표준적인 이야기 차원에서 저장하고 회복하며 조작하고, 따라서 복잡한 사건들을 '스스로 동기를 부여하는 자율적 객체들 사이의 상호작용' 차원에서 설명하도록 권고한다고 지적했다. 만일 사실이 그렇다면 틸리는 인간뿐만 아니라 작동중인 비인격적이며 총체적인 힘들을 정당하게 평가하고 시간, 장소, 행위자 그리고 행위자의 시야 밖에서 벌어지는 행동 등과 적절한 연결을 시도하면서 적어도 보다 나은 이야기를 희망한 것이다. 이보다 더 나은 경우라면 이야기들에 맥락을 제공하고 이야기들이 어떻게 생성되는지 살피면서 이야기에 대한 이야기를 하는 것이다.[11]

경영 역사가들은 예컨대 까다로운 의사결정은 순전히 합리적인 선택의 문제라고 주장하는 슬론의 《제너럴 모터스와 함께한 나의 인생》과 같은 책들의 내러티브 가치를 액면 그대로 받아들이면 안 된다고 경고하고 나섰다. 이런 내러티브들이 경영자의 역할을 과장하든 그렇지 않든 간에 다른 결정들이 전혀 다른 결과를 빚어낼 가능성을 낮춰 평가하면서 선택이 필연적일 수밖에 없다는 인상을 남긴다.[12] 대니얼 래프 Daniel Raff 는 역사적인 사건들을 '이미 한 차례 진행되었던 일이 아니라 깊이 파헤쳐야 할 일련의 과제들'로 바라보고 과거에 했던 선택들을 재창조해야 한다고 주장했다. 이것은 과거에 가능했던 여러 대안들 및 과거에 행위자들이 이 대안들을 인식했던 내용과 방식을 새롭게 인식하자는 뜻이었다.[13] 카너먼 역시 비록 좋은 이야기들은 '사람들의 행동과 의도를 단순하고도 일관성 있게 설명'하지만 이런 태도는 '행동을 일반적인 성향과 개성적 특징이 구현된 것으로, 즉 쉽게 결과와 짝을 지을 수 있는 원인으로 해석하도록 하는' 경향을 부추긴다고 지적했다. 그러면서 한 가지 사례로 카너먼은 기업이 거둔 성공 사례를 분석한 내용들을 인용했다. 이런 이야기들로 가득 차 있는 수많은 경영 관련 서적들은 '리더십 스타일과 경영 실천 사항들이 가져다준 충격을 일관되게 과장한다.' 그는 성공을 거두는 데 행운이 매우 중요한 변수라고 말한다. 이런 편견의 결과 우리는 '과거를 설명하고 미래를 예측할 때 수완이 기여한 우연적인 역할에 초점을 맞추고 행운이 기여한 역할은 무시한다.'

"그래서 우리는 통제의 환상(외부 환경을 자신이 원하는 방향으로 이끌어 갈 수 있다고 믿는 심리적 현상─옮긴이)에 사로잡히는 경향이 있다."

카너먼은 한 걸음 더 나아가 역설을 제시했다.

"대상에 대해서 거의 알지 못할 때, 맞춰야 할 퍼즐 조각들이 적으면 적을수록 오히려 일관된 이야기를 만들어내기는 더 쉽다."

이런 점이 알려진 게 거의 없는 변수들을 더욱 무시하게 만들며, 아울러 지나친 자신감을 고취시킨다.[14]

흠결이 있는 과거의 이 이야기들이 미래에 대한 우리의 예측을 결정한다. 이 점에서 카너먼은 나심 탈레브Nassim Taleb의 저작에 관심을 기울였다. 탈레브는 전혀 예상하지 않았던 무작위적인 사건들이 가지는 중요성을 강조했다(이런 사건들을 그는 '블랙스완'black swan[검은 백조]이라고 부른다). 그동안에는 이런 사건들에 적절한 대비를 하지 못했다. 왜냐하면 그런 사건들은 과거의 전례와 경험에 비추어볼 때 발생 가능성이 너무도 낮았기 때문이다. 그러나 탈레브는 자기 방법론 속에 모순이 존재한다는 것을 인정했다. 자신이 비록 내러티브 오류의 여러 형태를 지적하지만 다른 한편으로는 그 역시 '사람들이 이야기에 대해서 쉽게 잘 속아 넘어가는 점 그리고 사람들이 내러티브를 위험하게 압축하는 것을 선호하는 점'을 조명하는 데 이야기를 사용하기 때문이다. 이것은 비유와 이야기가 '관념보다 훨씬 더 강력하고 또 기억하기도 쉬우며 읽기에도 재미있기' 때문이다. 그래서 탈레브는 '어떤 이야기를 대체하기 위해서는 또 다른 이야기가 필요하다'라고 했다.[15]

강력한 메시지를 담고 있는 낯익은 이야기들이 사실은 조금만 면밀하게 살펴보면 조작되었거나 전혀 다른 교훈을 제시하는 전혀 다른 내용으로 해석할 수 있음은 앞에서도 확인했었다. 다윗과 골리앗 이야기는 오늘날 약자가 강자와 싸울 때 얻을 수 있는 것을 주제로 하는 이야기로 이해되고 있지만, 사실 애초에 이 이야기는 신에 대한 믿음이 매우 중요하다는 것을 주제로 하는 이야기였다. 그리스 신화의 오디세우스는 빈틈없고 교묘한 지능을 찬양하는 인물로 시작되었지만 로마 신화의 율리시즈로 바뀌면 속임수와 배신의 화신이 된다. 플라톤은 자기 앞에 나섰던 사람들을 진실보다 돈을 더 밝히는 인물로 묘사하면서 철학의 순수한 규율을 주장함으로써 소피스트들을 젖혔다. 밀턴은 마키아벨리적인 사탄을 창조함으로써 (그 덕분에 사탄이 신보다 한층 매력적으로 비춰졌다) 천지창조의 의미를 찾으려고 했다. 클라우제비츠는 나폴레옹이 감행했던 비운의 러시아 진격을 흠결이 있는 전략이라고 바라본 데 비해서 톨스토이는 이것을 전략이라는 것은 존재하지 않는다는 증거로 삼았다. 리델 하트는 온갖 전투 이야기들을 모은 다음에 이것을 자기 주관대로 약간 변형시켜서 자신이 주장한 간접적인 접근법을 입증하려고 했다. 존 보이드와 그의 신봉자들은 (독일이 1940년에 유럽에서 구사해서 성공을 거둔 실제 사례를 바탕으로 한) 전격전 개념을 받아들인 다음, 동부전선에서의 실패를 무시함으로써 이 전격전에서 맥락을 제거하고 이것을 미래 전쟁의 한 가지 모델로 전환시켰다. 마르크스는 프랑스 혁명이 끈질기게 영향력을 발휘하는 것을 불평했지만 본인 역시 거기에서 완전히 벗어나지 못했다. 자본주의의 발달과 관련해서 그가 했던 예측들이 잘못되었음이 드러났음에도 불구하고 마르크스의 추종자들은 마르크스의 예측은 여전히 과학적인 역사이며 반드시 입증되어 명예를 회복할 것이라고 주장했다. 경영 전략의 전통적인 가르침은 사례별 역사라는 이야기들을 기반으로 했다. 프레더릭 테일러에서부터 톰 피터스까지 이어지는 경영 구루들은 자기 주장의 본질적인 요점을 선명하게 보여줄 수 있는 좋은 이야기를 동원하면 그 주장을 사람들에게 명쾌하게 이해시킬 수 있다고 보았다. 어떤 구체적인 사건에 입각해서 일반적인 원리를 이끌어내고자 하는 인간적인 유혹은 (이런 유혹은 혼다에 관한 여러 일화들로 입증된다) 이야기를 하는 사람이 허용할 수 있는 것보다 훨씬 더 불확실하고 과장된 결론으로 이어졌다.

"연구 조사 결과를 놓고 보면 올바른 이야기들을 아는 것이 이 이야기들을 어떻게 그리고 얼마나 잘 이야기할 수 있을지 (무엇을 제외할 것인지, 무엇을 채워넣을 것인지, 언제 수정할 것인지, 언제 문제를 제시할 것인지, 누구에게 이야기를 해야 하는지 혹은 하지 말아야 하는지) 아는 것에 비해서 얻을 수 있는 권력이 적다."[16] 사람들 사이의 일상적인 상호작용 속에서 이야기를 통한 설득은 중요한 기술이 될 수 있다. 특히 비슷한 배경과 관심을 가진 사람들 사이에서는 더욱 그렇다. 회의적이거나 의심을 품고 있으며 관심사가 제각각인 사람들을 대상으로 할 때는 이야기를 통한 설득의 가치가 떨어질 수 있다. 또 원하는 효과를 얻고자 의도적으로 조작해서 하는 이야기는 부자연스럽고 억지스럽게 비칠 위험이 있다. 이런 이야기들로는 과거 선전에 뒤따랐던 모든 문제들이 일어날 수 있다. 선전propaganda은 다른 사람들의 생각과 행동에 영향력을 행사하고자 하는 온갖 뻔뻔스러운 일들 때문에 신뢰를 잃고 말았다.

사실 '전략적 내러티브'에 쏟아지는 오늘날의 열풍은 한때 부끄러운 줄도 모르고 선전이라고 당당하게 불렸던 것의 뿌리에 대해서 사람들이 더 많이 알게 될 경우, 집단의 총체적인 함의를 얻는 데까지 나아가지 못하고 사그라질 것이다. 이런 내러티브들은 앞에서 제한 사항으로 묘사한 모든 것 안에서 작동할 수밖에 없다. 불확실성 혹은 불명확함이 충분히 전제될 때 동일한 전략적 이야기는 어떤 집단을 하나로 단단하게 묶어주거나 혹은 어떤 정치적 사업을 추진시킬 수 있겠지만 선명함이 요구되는 순간이 찾아오거나 경험적인 타당성이 제기되거나 혹은 모순적인 메시지가 부각되는 순간, 그 이야기는 허물어지고 만다.

이른바 '내러티브 전쟁'의 경우에 중요한 것은 일관성 있는 이야기의 질뿐만이 아니다. 이야기 뒤에 있는 자원들 즉 어떤 조직이 자기 자신의 신화를 선전하고 또 자기와 반대되는 주장을 검열하거나 반박하는 역량 속에서 반영된 자원들 역시 중요하다. 내러티브는 본질적으로 '파괴적이지도 않고 패권적이지도 않다.' 내러티브는 당국과 이 당국의 적들에 의해서 그저 효과적으로 (혹은 효과적이지 않게) 이야기될 뿐이다. 내러티브는 정확한 전략적 도구가 아니다. 왜냐하면 내러티브는 일정한 영역의 메시지들을 전달할 수 있는데 그 모든 메시지가 제대로 받아들여지는 것도 아니고, 또 비유나 역설과 같은 몇몇 내러티브 장치들은 혼란을 유발할 수 있기 때문이다. 이야기의 의미는 모호할 수 있으며, 이야기의 몇몇 해석들이 이야기꾼의 의도와 다를 수 있다. 청중은 이야기꾼이 특별히 관심을 두지 않았던 사소한 것들에 초점을 맞출 수 있고, 자기 경험을 그 이야기에 투영할 수도 있다. 낯익은 이야기는 설령 하나의 메시지를 담고 있는 것처럼 보일지라도, 이 메시지에 반대되는 의미나 주장을 선정하려는 집단이 그 메시지가 왜곡되어서 전달되도록 장난을 치는 바람에 이야기꾼이 의도했던 단일한 메시지가 훼손될 수도 있다.[17] 여기에서 우리는 프랜시스 콘퍼드Francis Cornford가 내렸던 선전에 대한 고전적인 정의를 상기할 필요가 있다.

"선전은 거짓말 기술의 하나이며, 적은 전혀 속이지 못하면서도 자칫 아군을 속일 수도 있다."[18]

✝ 대본

내러티브의 이런 모호한 측면들은 전략적 도구로서 내러티브가 가지는 한계를 설명한다. 그렇다면 내러티브에 보다 많은 가치를 부여하는 데 도움이 될 수 있는 사고방식이 있을까? 여기에서 일단 우리는 청중 집단의 규모가 작고 구성원들이 공통의 문화 혹은 목적으로 해서 이미 많은 것을 공유하는 경우라면 내러티브의 의미와 해석과 관련된 문제들을 통제하기가 한결 쉬워질 것이라고 가정할 수 있다. 새로운 상황을 지향하는 원천으로서의 내면화된 대본이라는 개념은 앞서 제37장에서 언급했었다. 이 개념은 심리학 및 인공지능 분야에서 줄곧 영향력을 행사해왔지만, 전략 분야에서는 그렇지 않았다. 엄격하게 말하자면 이 개념은 적절한 행동에 대한 기준과 기대를 설정하는 전형적인 상황들과 관련이 있다. 대본은 (예를 들어서 특정한 성격 유형에 어떤 사람이 포함된다고 결정하는 경우에서처럼) 허약한 것일 수도 있고 또 (예를 들어 연속해서 일어나는 일련의 전체 사건들을 예측하는 경우에서처럼) 강력한 것일 수도 있다. 원래 개념에서 보자면 대본은 저장되어 있는 지식에 의존하며 거의 자동적인 반응으로 이어진다. 그리고 이 반응은 전적으로 부적절한 것으로 판명될 수도 있다. 그러나 대본은 의도적인 정교한 행동의 출발점이 될 수도 있고,

심지어 어떤 집단이 현재 한창 진행되는 상황을 함께 관심을 가지고 지켜볼 때 그 집단에 내면화될 수도 있다. 그러므로 대본에 대한 그동안의 연구는 개인들이 조직 차원의 통상적인 일들(예컨대 평가 등) 혹은 개인들이 과거에 경험하지 못했음직한 사건들(예컨대 공공건물에서 발생한 화재)에 어떻게 반응하는지를 대상으로 삼았다. 이 작업은 대본이 가질 수 있는 영향력을 입증했으며 또 특정한 대본을 붙잡고 있는 사람들에게 그것을 포기하라고 설득하는 것이 얼마나 어려운지 입증했다. 대본은 새로운 상황에 대응하는 하나의 자연스러운 방법일 수도 있다. 그러나 대본은 또한 심각하게 잘못된 길로 안내할 수도 있다. 그러므로 만일 사람들이 비정상적으로 행동할 필요가 있다면, 이 사람들은 우선 자기들이 비정상적인 상황에 놓여 있음을 깨달을 필요가 있다.[19]

대본이 우리의 목적에 부합하는 유리한 점은 두 가지이다. 첫째, 대본이라는 개념은 개인이 어떻게 새로운 상황들로 진입하고 그 상황에 의미를 부여하며 또 어떻게 행동할 것인가 하는 문제를 깊이 있게 탐구할 방법을 제시한다. 둘째, 이 개념은 성과와 내러티브로 연결되는 자연스러운 연결점을 가지고 있다. 아닌 게 아니라 아벨슨은 대본이 일련의 장면들scene, 즉 경험에서만큼이나 (소설을 포함한) 독서에서 유래되었을 가능성이 높은 서로 연관된 묘사들도 형성되어 있는 장면들로 구성되어 있는 것으로 파악하고 대본을 살폈다.[20]

이런 발상을 보다 폭넓은 맥락에서 구사한 사례는 경제사가 애브너 오퍼Avner Offer가 제1차 세계대전의 기원을 설명한 데서 찾아볼 수 있다. 여기에서 오퍼는 동기 부여로서의 '명예'가 가지는 중요성을 묘사하면서 이 명예가 과연 목숨보다 중요한 것인지 물었다. 오퍼가 보기에 당시에 독일의 최고사령부가 승리를 확신했던 것 같지는 않았다. 전쟁을 일으키기 위해서 달리 생각할 수 있었던 방법이 없긴 했지만 그래도 어쨌거나 그들은 자기들이 계획한 공세가 도박이나 마찬가지임을 잘 알고 있었다. 1914년 베를린에서 열린 몇 차례의 전쟁 관련 회의에서 토로된 한결같은 의견은 독일은 결코 망설일 수 없다는 내용이었다. 지난 번 위기 때 망설이며 전쟁을 포기했었지만 이번에 다시 또 그런 모습을 보인다면 독일의 명예는 땅에 떨어질 것이라는 논지였다. 그럴 경우 명예스럽지 못한 쇠퇴의 길만이 독일 앞에 놓이게 될 것임은 뻔했다. 게다가 전쟁 결과는 불확실했지만 선한 의도는 저절로 드러나게 마련이라고 믿었다.

즉 전쟁에 나서겠다는 독일의 결정은 (그리고 이 결정이 촉발한 마찬가지로 호전적인 결정들은) '도구 차원의 행동이라기보다 표현 차원의 행동'이었다고 오퍼는 주장했다. 이 점에서 전쟁은 일련의 연속된 모욕의 결과이자 그 누구도 무시할 수 없었던 '일련의 명예로운 행동들'의 결과였다. 오퍼는 독일이 개전과, 전체 국가를 대상으로 한 전쟁 동원령을 결정하는 데 명예에 강조점을 두었다고 설명했다. 명예라는 대본은 '공공연한 것'은 아니었지만, '부주의한 태도'를 승인하고 '신중한 검토를 무시하며 일단 결정을 따르라는 강력한 사회적 압박'을 생성할 정도로 커다란 영향력을 가지고 있었다는 것이다. 이 대본은 한층 더 암묵적인 결투 대본의 파생물이라고 오퍼는 주장했다. 이런저런 일로 명예가 도전이나 의심을 받을 때 여기에 대한 치료책은 폭력이라고 했다.

"국가들 사이에서 정중한 외교적 언사와 태도를 앞세운 폭력이 횡행했다."

만일 '배상' 요구가 거부당할 경우에는 '평판과 지위와 명예의 손실'이 뒤따랐고 이것은 다시 필연적으로 '굴욕과 수치'로 이어졌다. 이 대본은 강력한 힘을 발휘하는 것으로 입증되었다.

"그것은 의사결정이 소통될 수 있는 내러티브 즉 희생에 대한 일종의 합리화, 다시 말해서 모든 사람이 이해하고 받아들일 수 있는 희생에 대한 합리화를 제공했다."

이런 식으로 해서 사회 상층부 소수가 느낀 감정으로 시작한 것이 사회 전체로 퍼져나갈 수 있다고 했다. 이 대본은 얼마나 강력한지 여기에 사로잡힌 사람들은 '용기와 위험 감수의 다른 방식들을 바탕으로 한 대본들, 즉 시의적절한 양보, 회유, 협력 그리고 신뢰 등을 바탕으로 한 다른 대본들'은 거들떠보지도 않는다고 했다.[21]

이런 점에서 시스템 1 차원의 전략적 대본은 여러 상황들에 의미를 부여하고 적절한 반응들을 제시할 온갖 시도를 위한 내면화된 토대라고 볼 수 있다. 이 대본들은 암묵적이거나 당연한 것으로 받아들여질 수도 있다. 예컨대 전쟁의 논리는 궁극적으로 적의 항복을 받아내는 것으로 이어지는 섬멸전이라는 가정이 그렇고, 해군력은 제해권에 관한 것이라는 가정이 그렇고, 대﹩ 게릴라전의 최고 방식은 주민들의 마음을 얻어내는 것이라는 가정이 그렇고, 유화책은 언제나 허약하다는 인상을 주게 된다는 가정이 그렇고, 또 군비 경쟁은 전쟁으로 비화하게 마련이라는 가정이 그렇다. 이 대본들은 애초에 가지고 있었던 생각 혹은 상황의 특이한 점들에 대한 고려 등을 대체하는 것으로도 기여할 수 있는 정형화된 것들이다. 이 대본들은 올바른 것으로 입증될 수도 있지만 잘못된 것으로 판명될 수도 있다. 갈등의 열기가 덜 뜨거운 수준에서라면 대본들은 군사 작전에서의 정확한 순서나 대중 운동을 탄압하는 국가 폭력의 효과와 관련된 것이다. 혹은 공동체 조직을 형성하거나 대통령 선거 후보를 확정하거나 조직의 변화를 관리하거나 신상품 출시의 최적 시기와 장소를 찾아내거나 혹은 적대적 인수합병을 향한 첫 걸음을 떼거나 하는 문제와 관련된 것일 수도 있다.

이런 대본들에서 핵심은, 특별한 도전이 제기되지 않을 경우에는 이 대본들이 예측 가능한 행동으로 귀결되며 애초에 설정되어 있던 반응의 맥락에서 크게 벗어나지 않는다는 점이다. 이 책의 앞에서도 주장했듯이 무언가 낯설고 생소한 일들이 벌어질 때 전략이 필요하고 또 작동한다. 시스템 1 대본이 자연스러운 출발점이 될 수도 있지만 이 대본은 어째서 통상적인 대본이 이번에는 먹히지 않는지 고민하는 시스템 2의 평가를 통해서 개선될 수 있다. 이런 점에서 볼 때 기존의 대본을 채택할 경우에는 전략적 실패를 맞이할 위험이 따른다고 할 수 있다.

시스템 2 대본들은 시스템 1 대본들에 비해서 '전략적'이라는 수식어를 가질 자격을 더 많이 갖추고 있다. 드라마 작가들에게 매력적인 내러티브란 평범한 사람들이 던지는 불완전한 불평불만을 단순히 그럴듯하게 펼쳐 보이는 게 아니라 보다 세련되고 정확하게 파고드는 것이다. 내면화된 무의식적인 일련의 대본들이 아니라 의식적인 소통 행위들로 비춰지는 것이다. 이 대본들은 굳이 각각의 배우들이 돌아가면서 말을 하는 각본의 형태를 취할 필요는 없지만 주요 인물들 사이에서 진행될 것이라고 예상되는 상호작용을 가리키는 차분한 특성은 가지고 있어야 한다. 과거에 뿌리를 두고 있거나 잘 알려진 사건들을 바탕으로 할 수도 있지만, 현재를 출발점으로 삼아서 미래로 나아가야 한다. 이 전략들은 미래에 관한 이야기로서 가상의 허구에서 시작하지만 실제 현실을 지향하는 열망을 가지고 있다.

심리학자 제롬 브루너Jerome Bruner가 내러티브에 관해서 논의한 내용 역시 전략적 대본이 가지고 있는 가능성과 한계를 조명했는데, 그는 다음의 조건들이 전략적 대본에 우선적으로 필요하다고 주장했다. 첫째,

비록 현실의 실체를 정확하게 표현하지 않을지라도 전략적 대본은 실제 현실로 보여야 한다는 (즉 실제 현실인 것 같아야 한다는) 기준을 충족시켜야 한다. 둘째, 현실에서 일어난 사건들 그리고 장차 일어날 것이라 예상되었던 것들에 대한 특정한 해석에 청중이 귀를 기울이도록 만들어야 한다. 전략적 대본은 경험적인 검증이나 논리적 연결성의 단계는 포함하지 않으며 스스로 자신의 과제를 생성한다. 여기에서 '내러티브 필요성'이 부각되는데, 이것이 '논리 필요성'을 대신한다. 전략적 대본은 긴장감과 암시 그리고 회상 등의 도구를 사용할 수 있으며 형식 분석에 비해서 모호함과 불확실함의 여지가 더 많이 허용된다. 셋째, 비록 전략적 대본은 일반적인 이론의 형식적인 증거가 될 수는 없지만 어떤 원리를 입증하거나 기준을 지탱하거나 혹은 미래를 향한 지침을 제공하는 데 사용될 수 있다. 하지만 이런 것들은 내러티브에서 자연스럽게 나타나야지 반드시 결론을 통해서 명시적인 어떤 표현으로 드러나야 하는 것은 아니다. 흔히 좋은 이야기는 마지막에 가서야 비로소 결말을 알 수 있다. 청중을 어떤 특정한 지점까지 이끌고 가는 도구는 '내러티브적 과제'narrative imperative 이다. 브루너에 따르면 '혁신적인 이야기꾼은 뻔한 내용과 결말을 뛰어넘는다'고 한다. 청중의 관심을 사로잡으려면 이야기는 반드시 '너무도 명백한 교과서적인 대본'이 생성하는 기대를 깨야 하며 그러려면 통상적이지 않으며 전혀 예상하지 않았던 요소를 가지고 있어야 한다.[22]

비극적인 이야기의 목적은 단지 어떤 사건들을 예측하는 것이 아니라 그 이야기가 이미 제시되어 있는 자기 경로를 따라가는 것과 마찬가지 방식으로 행동하도록 사람들을 설득해서 확신하게 하는 것이다. 만일 이 설득이 실패하면 그 이야기에 내포되어 있는 예측도 빗나갈 수밖에 없다. 다른 이유들과 마찬가지로 전략적 대본 역시 청중의 문화, 경험,

신념, 열망 등을 철저하게 파고들어야 한다(이것이 '내러티브 개연성'의 개념이다). 또한 진짜처럼 그럴 듯해야 하며 내적 일관성도 갖추어야 한다. 아울러 대상으로 설정한 청중의 역사적·문화적 이해와 공명해야 한다(이것은 '내러티브 충실성'의 개념이다).[23] 전략적 내러티브의 중심적인 과제들은 내러티브가 현실과 동떨어질 수 있는 가능성에 있다. 이런 경우에는 조기에 내용을 조정해야 하며, 정체성도 다르고 요구사항도 다른 청중들이 뒤섞여 있는 상태를 우선적으로 해결해야 한다.[24] 겉으로 보기에 양립할 수 없을 것 같은 요구사항들을 수사적인 속임수를 통해서 화해시키거나 또 그런 상반된 요구에 낙관적인 가정을 결합하는 것도 가능하지만 이런 장치들은 금방 탄로날 수 있다. 전략적 대본에서는 솔직함이 필요하다.

이야기에 의존할 때 인간 행위자의 중요성(즉 내러티브 시작의 한 부분이 결코 될 수 없는 비인격적인 힘이나 우연적인 사건 혹은 타이밍이나 우발성의 문제가 아니라 이야기 속의 중심적인 인물들이 수행하는 의도적인 행위에서 비로소 효과가 비롯된다는 가정)이 과장될 수 있다는 틸리와 카너먼의 비판은 어떻게 보아야 할까? 이 질문의 답은 그런 변수들을 무시하는 것이 나쁜 역사가 될 수 있을지는 몰라도 그렇다고 해서 반드시 나쁜 전략이 되지는 않는다는 것이다. 우리가 현재의 모습을 이해하고자 할 때 상황이 지금처럼 돌아가는 것이 순전히 강력한 행위자들이 그렇게 되도록 바라기 때문이라고 생각하는 것은 현명하지 못한 발상이다. 그러나 미래를 전망할 때는 사정이 달라진다. 바람직한 좋은 결과를 이끌어줄 것이라고 기대하는 인간 행위자에 의존하는 방법을 찾는 것 말고는 다른 길이 거의 없다. 통제의 환상에 빠지지 않는 것도 좋지만 결국 우리가 할 수 있는 것은 우리가 장차 일어날 사건들에 영향력을 행사할 수 있는 것처럼 행동하는 것뿐이다. 이렇게 하지 않는다면 남는 것은 운명주의에 굴복하는 것뿐이다.

게다가 예상치 않았던 우연한 일이라고 하더라도 이미 처음부터 대비를 해두었다면 얼마든지 관리할 수 있다. 순서에 따라서 제대로 적용하기만 하면 바라던 결과를 반드시 내는 일련의 단계들을 통해서 가용수단들을 소망하는 목적에 배치하는 전략적인 계획이 있다면 이 계획은 인과 관계를 미리 알고 있음으로 해서 미래 세상을 충분히 예측한다고 주장한다. 이 책이 내리는 결론들 가운데 중요한 한 가지가 바로 이런 계획이 낯선 실제 현실 상황들에 맞서서 훌륭하게 자기 길을 헤쳐나가서 성공한다는 점이다. 대본은 일련의 사건들이 나타날 것이라고 예측한다는 점에서 계획과 같을 수 있다. 그러나 이 대본이 시스템 1에서 시스템 2로 (다시 말해서 무의식적인 가정에서 의도적인 구성으로) 이동함에 따라서 이 대본은 우연적인 사건들이 나타날 가능성을 끌어안으며 또 확장된 시간대 위에서 수많은 참가자들이 상호작용할 것임을 기대하게 된다. 이렇게 되려면 미완의 상태여야 한다. 즉흥적인 임기응변이 발휘되어야 할 부분으로 많은 영역을 남겨둬야 한다. 어느 정도의 확신을 가지고 기대할 수 있는 것은 단 하나의 행동밖에 없으며 이것이 모든 중심적인 참가자(이 참가자를 위해서 그 전략이 마련되었다)의 첫 번째 행보이다. 그런데 실제 현실에서 구성이 의도한 대로 펼쳐질 것인지 여부는 출발점이 되었던 여러 가정들의 예리함뿐만 아니라 다른 참가자들이 과연 대본이 예측한 대로 움직일 것인지 여부에 따라서 달라진다.

† 전략적 대본과 극적 대본

일단 전략을 내러티브라고 생각하면 전략이 드라마와 밀접한 관계가 있음은 명백해진다. 데이비드 배리David Barry와 마이클 엘메스Michael Elmes는 전략을 '조직 속에서 이야기되는 가장 두드러지고 영향력 있으며 값비싼 이야기들 가운데 하나'라고 바라본다. 이 이야기는 '연극, 역사 소설, 미래 SF, 자서전' 등의 여러 요소를 포함하고 있으며 다양한 등장인물들을 위한 '여러 부분들'을 갖추고 있다.

"예측에 대한 강조라는 이야기의 전통적인 요소로 해서 이 이야기는 미래지향적인 전망을 가진 통찰력 있는 소설이 된다."[25]

만일 이게 사실이라면 작가가 대본의 얼개를 짜고 대본을 구체적으로 써내려갈 때 사용하는 여러 방법들을 전략가들이 참조할 수 있다는 말이 된다.

저명한 시나리오 작가인 로버트 맥키Robert McKee의 저서에서 영화 스토리텔링 기술과 관련된 유용한 도움말을 얻을 수 있다.[26] 시나리오의 출발점은 전략 수립의 출발점과 정확하게 일치한다. 이야기는 전략과 마찬가지로 갈등과 함께 전개된다. 그런데 대본이 '아무런 의미도 없고 터무니없이 폭력적이기만 한 갈등이 넘쳐나거나 혹은 의미 있고 정직하게 표출된 갈등이 제시되지 않을 때' 시나리오는 필연적으로 실패하고 만다고 맥키는 경고한다. 겉으로 보기에 아무리 화기애애한 조직이라고 하더라도 내부에서는 늘 이러저러한 갈등이 존재한다는 사실을 알아야 한다는 말이다. 사이가 나쁜 개성들 혹은 자아들의 충돌에서 비롯되는 갈등의 여러 형태들을 논외로 친다 하더라도 모든 구성원이 언제나 만족할 수 있을 만큼 충분한 공간이나 시간 혹은 자원이라는 것은 있을 수 없다(성공을 추구하는 정치인 역시 이런 사실을 이해할 필요가 있다). 갈등이 반드시 폭력이나 파괴로 이어지지도 않는다. 갈등은 주인공 내면에 존재할 수도 있는데 이런 점은 선택이라는 전략가의 필요성에 반영된다. 흥미롭고 매력적인 도전들은 선과 악 사이에 있지 않고 양립할 수 없는 여러 개의 선이나 두 개의 악 사이에 존재하는 것들이라고 맥키는 바라본다. 그러나 선택이라는 과제는 자기가 바라는 결과를 얻기 위해서 자기가 무엇을 할 수 있는지 파악하는 것이다. 그러므로 어느 한 가지를 달성하기 위한 노림은 전혀 다른 또 다른 노림으로 이어지지 않는다. 바로 이런 것이 시나리오에서 구성이 수행하는 역할이다. 바로 이런 구성이라는 개념 덕분에 '10여 개의 곁가지 가능성들'에 직면한다 하더라도 올바른 길을 선택할 수 있다. 구성은 자신의 내적인 확률 법칙을 포함한다. 주인공 앞에 놓인 선택들은 이야기(시나리오)에서 묘사하는 세상에서 자연스럽게 도출되도록 해야 한다. 구성은 작가가 수행하는 '사건들의 선택과 이 사건들의 적절한 시간적 배치에 대한 설계'이다. 전략가 역시 맥키가 '제1의 구성'archplot이라고 부르는 것을 엄격하게 지키고 따라야 한다.

"제1의 구성 안에서 동기 부여된 행동들이 어떤 효과를 발휘하고, 이 효과는 다시 다른 효과들의 원인이 되며, 이런 방식으로 일련의 반응 속에 내재된 갈등의 다양한 수준들이 서로 엮여서 클라이맥스로 치달으면서 현실에 존재하는 상호연결성과 인과성을 표현한다."

드라마에서 구성은 이야기의 뼈대를 제공하는데, 이 뼈대는 각각의 일화들을 전체적으로 하나의 그물망으로 묶으면서 특정한 사건들에 의미를 부여한다. 아리스토텔레스는 《시학》Poetics에서 구성을 내적 통일성을 갖추어야 하는 '사건들의 배열'이라고 표현했다. 이야기는 적절하지 않은 내용은 담아서는 안 되며 진실성을 일관되게 유지해야 한다고 했다.

이렇게 하려면 핵심 인물들이 자기 성격(캐릭터)을 일관되게 유지하도록 해야 한다. 아리스토텔레스는 이야기 속에서 전개되는 원인과 결과가 인위적인 외부적 개입의 결과로서가 아니라 이야기 전체의 맥락 속에서 설명될 수 있어야 한다고 말했다. '시의 기능'은, '가능성의 원리 혹은 필요성의 원리에 입각해서' 앞으로 일어날 가능성이 있는 것을 보여주기 위해서 과거에 일어난 것이 아니라 미래에 일어날 수 있는 것을 다루는 것이라고 했다.[27]

그러므로 훌륭한 구성의 여러 특징은 드라마와 전략에서 동일하다. 갈등, 설득력 있는 인물의 성격과 있음직한 상호작용, 우연한 일이 주는 충격에 대한 민감한 반응, 어떤 계획도 앞서서 예견하거나 수용할 수 없는 일련의 변수들 등이 그런 특징이다. 드라마에서나 전략에서 모두 허구와 실제 현실을 가르는 경계선은 모호할 수 있다. 작가는 지금까지 일들이 어떻게 일어났을지 보여줌으로써 실제 사건들을 재구축하려고 시도하지만, 전략가는 현재의 실체를 전제로 하지만 이 현실이 장차 어떻게 바뀔 수 있을지 상상해야 한다. 그런데 이 둘 가운데 어떤 경우에도 애초에 의도했던 청중에도 전달되지 못하는 것이라면 아무리 멋지고 매력적인 내러티브라도 가치가 없다. 지나치게 영리하거나 복잡하거나 실험적이거나 충격적인 이야기는 청중에게 제대로 전달되지 못하거나 청중이 당혹해 하는 반작용을 부르거나 혹은 잘못된 메시지를 전달한다. 드라마의 경우와 마찬가지로 전략에서의 서투른 구성은 있음직하지 않은 인물들, 본질에서 지나치게 벗어난 행위들, 초점이 빗나간 지나치게 많은 관점들, 지나치게 빠르거나 지나치게 느리게 진행되는 사건들, 혼란스러운 연결점들 혹은 터무니없는 비약들 등에서 비롯될 수 있다.

그러나 드라마 작가와 전략가 사이에는 중요한 차이점들이 있다. 여기에 대해서는 예를 들어서 설명할 수 있을 것 같다. 1921년 미국의 내무부 장관이던 앨버트 폴Albert Fall은 티팟 돔 지역의 석유 국유지 운영권을 뇌물을 받고 특정 업자들에게 넘겼다. 응찰의 기회를 박탈당한 업자들이 불만을 터트렸고, 그 바람에 이런 사실이 언론에 흘러들어갔다(그런데 한 신문사는 이런 사실을 폭로한 게 아니라 자기가 가진 정보를 공갈협박의 수단으로 삼았다). 폴은 어떤 질문에도 입을 굳게 다물고 아무런 대답을 하지 않았고, 정부도 사태가 확대되는 것을 막으려고 애썼다. 하지만 결국 상원 조사위원회 청문회는 그 운영권 임대 조치는 '사기와 부패를 암시하는 환경 아래에서 이루어졌다'고 결론을 내렸다. 지루하고도 끈질긴 조사 끝에 밝혀진 사실이었으며, 제도적인 절차들을 예리하게 파악하는 노력이 있었기에 가능한 일이었다.[28] 반反부패 투쟁의 선봉에 섰던 인물이 몬태나 주 상원의원 버턴 휠러Burton Wheeler였다. 노동자 권익을 위해서 또 부패와 맞서서 싸운 일로 명성을 얻었던 휠러는 법무부의 또 다른 부패 사건을 조사하는 국회 차원의 특별 검사 활동을 했던 인물이었다. 휠러에게는 정부의 석유 개발권을 보장해주는 대가로 뇌물을 받았다는 누명이 씌워지기도 했지만, 휠러에게 부패와 부정의 누명을 씌우려던 이런 시도는 실패로 돌아갔다.[29]

휠러는 프랭크 카프라Frank Capra 감독의 영화《스미스 씨 워싱턴에 가다》Mr. Smith Goes to Washington의 주인공인 제퍼슨 스미스의 모델이 되었다. 영화에서 소년단 지도자인 스미스는 정치 문외한으로 고지식한 이상주의자이다. 그런데 주를 대표하던 상원의원 한 명이 임기 중에 숨을 거두자 정재계의 거물 실력자인 제임스 테일러가 그를 새로운 상원의원으로 지명해서 워싱턴으로 보낸다. 이유는 단 하나, 자기 마음대로 쉽게 조종할 수 있을 것이라고 기대했기 때문이었다. 그런데 그 주의 또 다른 상원의

원이던 조셉 페인은 스미스 아버지와 친한 친구 사이였고 한때는 스미스처럼 이상주의자였지만 언제부터인가 권력에 의해 부패한 정치인이 되어 있었다. 스미스는 여비서 사운더스의 도움을 받아서 소년단 캠프를 자기 주에 만들겠다는 법안을 만들었다. 그런데 이 법안의 캠프 예정지가 바로 페인과 테일러가 추진 중이던 댐 공사 예정지였다. 부패로 얼룩진 이 사업이 실패로 돌아갈 것을 염려한 테일러는 페인을 앞세워서 스미스가 어린이를 내세워서 자기 잇속을 챙기려 한다고 악선전을 한다. 스미스는 충격과 실망으로 모든 것을 포기하려 했지만, 매사에 회의적이던 사운더스가 태도를 바꾸어서 스미스를 설득해서 끝까지 투쟁하도록 격려한다. 페인이 스미스를 부패한 정치인으로 만들어 상원에서 쫓아내는 절차의 하나로 투표를 하자고 요구하고, 이에 맞서서 스미스는 테일러의 부패한 음모가 자기 주의 주민들에게 알려지길 기대하면서 필리버스터 _{filibuster}(의회 등에서 합법적인 방법으로 의사 진행을 방해하는 일—옮긴이)를 요청하고 단상에서 미국 헌법을 읽기 시작한다. 비록 스미스가 그렇게 버티긴 하지만 테일러는 강압적인 전술을 써서 그 메시지가 주민들에게 전달되지 않도록 할 수 있다. 그리고 페인은 스미스에게 최후의 일격을 준비한다. 스미스의 탄핵을 요구하는 수백 통의 편지와 전보를 상원에 가지고 오는 것이었다. 스미스는 지쳐 쓰러지기 직전이었지만 계속 싸울 것이라고 다짐한다.

"설령 이 회의장이 온갖 거짓말로 가득 찬다 할지라도 그리고 테일러의 모든 부대가 이 회의장으로 쳐들어온다 하더라도, 누군가는 내 말을 들어줄 것입니다."

스물세 시간 동안의 필리버스터 투쟁으로 지친 스미스가 이 말을 마지막으로 기절하는 모습을 본 페인은 충격을 받는다. 그리고 스미스의 편에 서서 자기야말로 상원에서 쫓겨나가야 할 부패한 정치인이라고 외치며 모든 것을 털어놓는다. 이렇게 해서 스미스는 영웅이 된다.

이 영화는 정당의 체계와 무력한 언론을 조종해서 민주주의적 책임성을 짓밟는 기업 독점과 평범한 사람의 고귀한 열망을 나란히 두고 대조시킨다. 이 영화는 마키아벨리적인 온갖 정치적 술책, 기만 그리고 협잡을 혐오하는 한편, 직설적이고 원칙적이고 용감한 사람들에게 찬사를 보낸다. 또 선량한 사람이 대의정치 안에 숨어 있는 사악함을 어떻게 물리칠 수 있는지 보여준다. 비록 이 영화의 감독 카프라는 공화주의자였지만 대본을 쓴 사람은 공산주의자이던 시드니 버크먼Sidney Buchman이었다. 카프라는 버크먼이 수행한 역할을 변변찮은 것으로 낮추는 것이 좋겠다고 판단했으며, 이 영화가 그저 권선징악의 단순한 도덕적인 이야기를 다룰 뿐이라는 점에 만족하는 척했다. 그런데 버크먼은 자기 대본이 독재적인 정치에 도전장을 던지는 것이라고 믿었으며 "누군가 민주주의 제도 아래에서 아무리 사소한 일이라도 무릎 꿇고 항복하는 것에 저항하는 것이 필요하다고 믿을 때 반드시 필요한 '불침번의 정신'"을 강조했다.[30]

미국 영화 제작 규정을 엄격하게 관리하던 영화제작관리국Production Code Administration[31]의 검열관이던 조셉 브린Joseph Breen은 상원을 '의도적으로 왜곡된 것은 아니지만 특정한 집단의 이익을 위해서 일하는 로비스트들에게 완전히 장악된' 조직으로 묘사하는 영화 내용에 처음에는 적대적이었다. 그러나 정치적인 검열을 한다는 인상을 줄 필요는 없다고 판단한 브린은, 이 영화가 대부분의 상원의원들을 '국가의 이익을 위해서 장시간 쉬지 않고 일하는 훌륭하고 정직한 시민'으로 묘사하기만 한다면 얼마든지 '대단한 이야기'가 될 수 있다면서 검열에서 이 영화를 통과시켰다.[32] 그럼에도 불구하고 첫 상영 때는 (휠러를 포함한) 상원의원들과 기자들이 분노했다. 내무부 관료들은 미국의 법제도가 조롱거리로 비칠까봐 두려워했다. 하지만 국내외의 대중은 카프라 감독의 탁월한 이야기 전개에 매료되어서 이 영화가 미국식 민주주의를 이상적으로 표현한 것이라는 감독의 주장을 곧이곧대로 받아들였다.[33] 로널드 레이건_{Ronald Reagan} 대통령조차도 이 영화 속에 나오는, 잃어버린 대의를 위해 싸우는 내용의 대사를 인용했을 정도이다.[34]

카프라의 의도대로 스미스는 이상주의적이며 전략적인 인물로 비춰졌다. 그의 전략적인 조언은 스미스의 비서이던 사운더스에게서 처음에는 장난스럽게, 나중에는 사랑스럽게 나왔다. 핵심적인 어떤 장면에서 사운더스는 스미스가 링컨 기념관에서 혼자 '바위에 새겨진 멋진 말들'과 자기가 맞닥뜨린 거짓말들 사이의 커다란 불일치에 괴로워하는 모습을 바라본다. 그리고 스미스에게 포기하지 말라고 한다. '세상의 모든 선한 것'은 '신념을 가진 바보들'에게서 비롯된다고 말한다. 원래 시나리오의 표현을 빌리자면 '단 한 발의 총알만 가지고서 나섰던, 하지만 진실을 자기편으로 둔 다윗이라 불리는 하찮은 인물'에게 호소한다.[35] 그러다가 최종 버전에서 그녀는 전략을 가지고 접근한다. '수심 12미터의 물에 뛰어든다 하더라도 당신은 해낼 수 있으리라 생각해요'라는 전략이다. 이 전략은 신속한 승리를 거두기 위해서 밀어붙이는 강자에 맞서서 살아남아야 하는 약자에게 먹힌다. 의회의 규칙과 규정을 달달 외우고 있던 페인은 스미스가 들고 나온 필리버스터 작전에 깜짝 놀란다. 스미스는 발언권을 다른 의원에게 양보하지 않아도 된다는 사실만은 알고 있으며, 그래서 발언권을 양보하라는 페인의 말에 꿈쩍도 하지 않는다. 그런데 사운더스가 세웠던 계획의 두 번째 부분은 실패로 돌아간다. 그럴 수밖에 없었던 게, 예컨대 스미스가 자기 주의 주민들에게 테일러의 부패 체계와 음모를 끝장내자고 말할 때 테일러는 다음과 같이 말한다.

"그 친구의 말은 씨알도 먹히지 않을 걸? 나는 다섯 시간 안에 여론을 바꾸어놓을 수 있거든. 이건 내가 평생 해온 일이니까 말이야."

테일러는 심지어 소년단 아이들이 신문을 직접 만들어서 돌리는 용감한 노력까지 찍어누를 능력을 가지고 있다. 그러나 실질적으로 전세가 뒤집어진 까닭은 테일러 측의 연합이 상대적으로 허약하다는 점에 있었다. 페인이 예전에 가지고 있었지만 어느 사이엔가 잃어버리고 만 이상주의를 상기는 순간 테일러와 페인 사이의 연합이 깨지고 만 것이다. 이에 비해서 스미스는 부의장의 도움을 받는데, 부의장은 필리버스터를 할 수 있도록 기회를 주고 또 스미스가 지쳐서 기진맥진할 때 따뜻한 미소와 격려를 아끼지 않는다.[36] 그러므로 어떤 전략의 특징들은 설령 언제나 명백하지는 않다 하더라도 모두 현재적이다. 이런 특징들은 모두 구성에 어떤 신뢰성을 제공해야 하며 스미스가 자신이 거둘 성공의 틀을 어느 정도는 스스로 마련할 수 있음을 보여줘야 한다. 이 영화의 드라마가 더욱 강점을 발휘할 수 있었던 점은 사건이 압축적으로 전개되다가 (예컨대 티팟 돔 추문의 끈질긴 조사 과정과 같은) 지루한 과정이 별로 없이 마지막 순간에 갑작스럽고도 결정적인 반전이 일어나면서 만족할 만한 결과로 이어진다는 데 있다.

작가는 구성을 통제하며 모든 집단에 속한 모든 인물들의 행동을 조종하고 온갖 우연적인 요소를 도입해서 미리 정해져 있는 결론으로 이야기를 몰고 나간다. 작가는 예정된 경로에서 벗어나는 요소들의 수를 줄이고 느슨하게 끝나지 않도록 하기 위해서 미리 경계선을 설정한다. 모든 주요 등장인물들은 작가의 통제를 따라서 일사불란하게 움직인다. 작가는 이 인물들이 어떻게 만나며 무슨 내용으로 소통할지 그리고 이들이 사이에 어떤 오해가 결정적인 순간에 일어나서 일을 점점 더 복잡하게 만들며 우연한 사건이 이 오해를 증폭하고 상황을 더욱 꼬이게 만들지 결정한다. 작가는 언제 놀라운 반전이 일어나야 할지, 언제 놀라운 폭로가 있어서 등장인물이 완전히 새로운 모습으로 보이도록 할지, 언제 어떻게 명백하게 완벽한 계획이 우연한 사건으로 망쳐질지, 언제 어떻게 주인공이 간발의 차이로 끔찍한 운명에서 탈출하도록 도움을 줄 매우 특별한 기회가 찾아올지 잘 알고 있다. 작가는 덜 중요한 인물들을 등장시키면서도 이들이 그 뒤에는 두 번 다시 등장할 필요가 없다는 사실을 완벽하게 암시할 수도 있다. 눈 밝은 사람이라면 다음에 어떤 일들이 일어날 것임을 암시하는 단서들이 곳곳에 배치되어 있음을 알아볼 수 있다. 마지막 순간까지 긴장감을 유지함으로써 대단원을 향해서 관객을 숨 가쁘게 몰아갈 수도 있다. 관객은 이치에 맞는 적절한 결론을 기대하는데, 이 결론은 여러 갈래로 진행된 이야기를 하나로 매듭 지으며 모든 궁금증을 풀어주고 그때까지 끌고 온 긴장을 해소한다. 권선징악의 도덕적인 교훈을 제시할 수도 있고, 실망과 부조리를 확인시키면서 도덕적으로 명확하지 않은 내용을 의도적으로 제시할 수도 있다.

전략가는 전혀 다른 과제들에 직면한다. 가장 중요한 점은 이기거나 지는 문제가 실제 상황이라는 것이다. 작가는 '악당'이 이기도록 해서 인간 조건의 현실을 고발하도록 할 수 있지만 전략가는 이렇게 될 경우에 엄청난 결과가 실제 현실에서 일어날 것임을 잘 안다. 작가는 자기가 풀어내는 이야기가 자기가 의도한 대로 전개될 것임을 분명히 알지만 전략가는 그렇지 않다. 전략가가 여러 가지 선택권들 가운데 하나를 선택하지만 다른 길을 갈 경우에는 과연 어떤 결과가 빚어질 것인지에 대해서는 작가에 비해서 상대적으로 잘 알지 못할 수밖에 없다. 작가는 이런 선택들을 이용해서 핵심적인 인물들의 본모습을 드러낼 수 있지만 전략가는 여러 가지 형태의 극심한 압박을 받으면서 어떤 선택을 할 것인지 고민할 때는 우선적으로 인물에 대해서 어떤 가정을 세운 뒤에 시작해야 한다. 전략가는 사람들이 통상적으로 하는 표준적인 기대를 회피해야 한다. 갑작스럽고 긴장감 넘치는 클라이맥스에서 그 동안 있었던 모든 요소, 즉 관련된 모든 것이 동시에 나타날 가능성은 거의 없다. 드라마에서 적으로서 가장 충실한 역할을 하는 존재는 대개 괴물 같고 악의가 철철 넘치며 또 이기적이다. 실제 현실의 적을 이런 식으로 비하하고 나쁘게 묘사하고 싶은 마음은 자연스럽게 들지만, 그렇다고 해서 진짜로 그렇게 하면 안 된다. 위험하기 때문이다. 예를 들어서 그렇게 하지 않을 경우 충분히 해소될 수 있는 갈등이 흑과 백의 전면적인 대결로 치달을 수 있다는 말이다. 적을 희화화하는 것은 동맹자를 실제보다 강하게 묘사하는 것과 함께 적에게 기습을 당할 위험을 높여준다. 전략은 다른 사람들이 자기의 능력을 초월해서 혹은 자기가 선언했던 관심사와 취향을 거슬러서 행동할 것임을 기대하고 또 전제하는데 바로 이런 점에서 전략은 도박이나 마찬가지라는 점을 분명히 알아야 한다. 드라마 속의 인물들은 각자 자기에게 주어질 역할 즉 장차 자기를 좌절에 빠트리거나 기습공격의 함정에 떨어지게 만드는 역할만 하면 되지만 현실의 전략 속 인물들은 자기 행동을 규정하는 대본을 자기 스스로 써내려가야 한다. 전략가가 극복해야 하는 과제는 (다시 말해서, 전략의 본질은) 무력을 동원하거나 혹은 설득해서 자신에게 적대적이거나 동조적이지 않은 사람들이 자신의 현재 의도나 생각과 다르게 행동하도록 만드는 것이다. 그런데 결론이 예상한 것보다 더 엉망이고 덜 만족스러울 수도 있다는 위험은 언제나 존재한다. 심지어 적절한 결론이 아예 없을 수도 있다. 구성이 그냥 흐지부지되어 아무 것도 없을 수 있다. 애초의 이야기 축은 온 데 간 데 없이 사라지고 전혀 다른 이야기가 대신 들어설 수 있다.

　작가나 전략가 모두 자기 관객을 생각해야 하지만, 관객이 복수층으로 존재한다는 문제는 전략가에게 한층 까다로운 과제로 제기된다. 만일 전략가가 짠 구성을 따라야 하는 사람들이 헛갈려서 갈피를 잡지 못한다면 이 사람들은 자기에게 주어진 역할을 해낼 수 없을 것이다. 동시에 자기가 잘못된 길 혹은 고의로 모호하게 만들어놓은 신호를 따라 가는 줄을 까맣게 모른 채로 그렇게 가는 사람들도 있을 수 있다. 작가는 관객에게 요구하는 사항의 수를 줄일 수 있다. 즉 예정보다 늘어난 시간대에 걸쳐서 세세한 것들에 일일이 면밀하게 관심을 기울이는 등의 방식으로 결과가 질질 늘어나는 걸 보여줄 필요가 없다. 작가는 또한 긴장감 넘치는 클라이맥스라는 선택권을 가지고 있어서, 이것을 사용할 수도 있고 사용하지 않을 수도 있다. 클라이맥스를 통과한 지점에서 대단원의 막을 내릴 수 있으며, 바로 이 지점에서 결정적이며 다시는 돌이킬 수 없는 변화가 동반될 수도 있다. 전략가도 이런 일이 일어나기를 바라는 마음을 가질 수 있다. 신속한 결말을 내고 싶어 하거나 시간이 자기편이 되어주어서 시간이 흐름에 따라서 적이 저절로 무릎을 꿇게 되기를 바라거나 혹은 잠재적인 동맹자들을 협상을 통해서 자기편으로 끌어들이고 싶어 한다. 신속하고도 결정적인 결과를 이끌어내고자 하는 조급한 마음은 흔히 실패의 원인이 된다. 전략가는 작가와 다르게 간발의 차이로 절망의 구덩이에 빠지지 않거나 놀랍도록 예리한 눈을 가진다거나 누군가의 갑작스러운 폭로가 상황을 반전시켜준다거나 혹은 비범하게 냉정한 지성이 놀라운 해법을 찾아낸다거나 하는 따위의 설정에 의존할 수 없다. 다른 참가자들이 대본이 묘사하는 과정을 따라갈 수밖에 없도록 만들 일련의 행보를 찾는 게 전략가에게 주어진 과제이다. 협상장에서 처음 제시하는 제안, 전투 현장에서 전개하는 속임수 그리고 위기의 순간에 오히려 허세를 부리는 것 등은 모두 상대방이 특정한 대응을 해줄 것을 전제로 한다. 그런데 만일 상황이 의도대로 전개되지 않는다면 일찍부터 즉흥적인 대응을 시작할 수밖에 없다.

전략가는 명백한 클라이맥스가 있는 경우라고 하더라도 (예컨대 전투나 선거 등이 그런 클라이맥스가 된다) 이야기 축은 여전히 열린 결말을 유지함으로써 (맥키는 이것을 '미니플롯'miniplot이라고 부른다) 많은 쟁점들의 해결을 나중으로 미룬다. 심지어 바라던 지점에 도달했다고 하더라도 그게 끝이 아니다. 적이 항복했거나 선거에서 이겼거나 목표로 삼았던 기업을 인수했거나 혹은 혁명의 기회를 잡았다고 하더라도 그것은 단지 경영해야 할 점령국이 있고, 구성해야 할 새로운 정부가 있고, 세워야 할 완전히 새로운 혁명 질서가 있고, 기업 인수에 따른 후속 조치가 있음을 의미할 뿐이다. 이 경우에 작가는 그 뒤에 있을 일을 관객의 상상에 맡길 수도 있고 아니면 상당한 시간이 지난 뒤에 새로운 인물들을 추가해서 후속편을 쓸 수 있다. 하지만 전략가에게는 이런 사치를 부릴 여유가 없다. 그런 전이 과정은 눈앞에 닥친 임박한 일이고, 또 이 과정은 애초에 설정했던 목표 지점에 도달하는 방식에 따라서 얼마든지 달라질 수 있다. 이런 점에서 전략이라는 것은 궁극적인 목적을 달성하는 것이라기보다는 어떤 단계에서 다음 단계로 넘어가는 것임을 새삼스럽게 확인할 수 있다. 전략을 3막 혹은 4막으로 구성된 연극이라고 생각하기보다는 끊임없이 새로운 인물들이 추가되면서 장기적인 편성 속에서 내용 전개가 사방팔방으로 뻗어나가는 연속극이라고 생각하는 게 옳다. 이 연속극의 매 회는 그 자체로 완결성을 가지지만, 동시에 다음 회에 이어질 내용에 필요한 설정까지 함께 포함한다. 정해진 결말이 있는 연극과 달리 연속극에서는 심지어 주요 등장인물들이 바뀌고 배경 환경이 바뀐다 하더라도 굳이 어떤 결말을 이끌어낼 필요가 없다.

작가는 우연을 이용해서 상황을 전개시킬 수 있다. 주인공이 적절한 시기에 어려운 선택에 맞닥뜨리도록 만들기만 하면 된다. 그런데 전략가는 그렇지 않다. 전략가는 전혀 예상하지 않았던 일들이 일어나서 자기가 세운 전략의 설정 논리를 완전히 흔들어놓을 것임을 잘 안다. 하지만 그 일이 언제 어디에서 그리고 어떻게 일어날지 알 수 없다는 것이 문제다. 확실한 것과 불확실한 것 혹은 가능한 것과 불가능한 것 사이의 경계선은 계속 유지되기 어렵고, 겉으로 봐서는 전혀 상관없을 것 같은 쟁점들이 어느 한 순간 손도 대지 못할 정도로 상황을 어렵게 만들어버린다. 그러므로 전략가가 짜는 구성에는 특정한 자유로운 행동을 붙박이로 설정해야 한다. 최종적인 선택을 일찍 해야 할수록 특정한 경로에 대한 몰입도는 더 커지고 또 다른 참가자들의 행동이나 우연적인 사건들 때문에 주인공이 전략에서 설정한 경로에서 이탈할 때 이를 바로잡는 일은 더 어려워진다. 작가는 고전 연극에서 헝클어진 갈등 관계를 도저히 풀 수 없을 때 신이 개입하는 방식으로 이 문제를 해결할 수 있지만, 전략가는 이 '데우스 엑스 마키나'(고대 그리스극에 자주 사용하는 것으로 초자연적인 힘을 사용해 사건을 해결하고 결말로 이끌어가는 수법—옮긴이) 장치에 의존할 수 없다. 작가는 우연을 이용해서 결말을 바꿀 수 있다고 맥키도 인정을 하지만 아무리 그래도 이것은 '작가가 저지를 수 있는 가장 큰 죄'이다. 왜냐하면 우연은 구성의 가치를 부정하고 중심적인 인물들이 자기가 한 행동에 대한 책임을 회피할 길을 터주기 때문이다. 아리스토텔레스 역시 연극이 툭하면 데우스 엑스 마키나를 동원하는 행태를 탄식했다.

고대 그리스에서 구성과 관련해서 가장 중요한 구분은 비극과 희극을 나누는 것이었다. 이것은 '행복'과 '슬픔' 혹은 '재미있다'와 '슬프다'의 구분이 아니라 갈등을 해결하는 방식의 차이에 따른 구분이었다.[37] 갈등이 대립하는 인물들 사이에 발생하지 않고 개인들이 갈등의 한 축을 구성하고 또 다른 한 축을 사회가 구성할 수 있다. 희극에서는 만족스러운 해결책으로 끝나고 주인공들은 긍정적으로 미래를 바라보는데, 비극에서는 결말에서 설령 사회 전체가 새로운 평형을 회복한다고 하더라도 (특히 불운한 자신의 운명에 대한 책임을 스스로 져야만 하는 주인공의 경우에) 부정적인 미래 전망으로 끝난다. 사회와 주인공 사이에 새롭고 긍정적인 관계가 설정되는 경우가 희극이고, 현재의 상태를 보다 낫게 바꾸고자 하는 주인공의 시도가 실패로 돌아갈 경우가 비극이다. 작가는 자기가 희극을 쓰는지 비극을 쓰는지 처음부터 알고 있다. 그러나 전략가는 희극을 준비하지만 이것이 비극으로 바뀔 위험을 늘 감당해야 한다.

| 감사의 말 |

이 책을 집필하기로 처음 계약을 한 때는 1994년이었다. 처음 이 프로젝트를 제안한 사람은 팀 바턴Tim Barton이었는데, 그의 비범한 끈기에 감사할 따름이다. 나는 그동안 다른 일들로 바빴고, 또 몇 번이나 이 책의 원고 집필을 시작했다가 중단하곤 했다. 그런데 일단 작업이 시작되고 나자 바턴은 데이비드 맥브라이드David McBride라는 유능한 편집자를 소개시켜주었다. 아니나 다를까 맥브라이드는 지금까지 뭐라고 더 말을 할 수 없을 정도로 충실하게 나를 도왔다. 이 책이 세상에 나올 수 있었던 것은 캐미 리첼리Cammy Richelli를 비롯한 옥스퍼드 대학교 출판부에서 이 책을 맡은 팀원들 덕분이다.

그러나 이 프로젝트는 제임스 가우James Gow의 격려와 내가 가지고 있던 발상을 개발시켜준 몇 차례의 세미나 기회가 없었더라면 다시 시작되지 못했을 것이다. 가우는 브래드 로빈슨Brad Robinson과 함께 내가 억지로 영국학술연합협의회Research Councils UK의 '세계 불확실성' 프로그램에 참가하도록 했고 또 내가 훌륭한 결과를 낼 수 있도록 도왔다. 영국의 경제사회연구위원회ECRC와 예술인성연구위원회AHRC 합동 특별연구원 제도 덕분에 나는 연구 및 집필의 공간을 마련할 수 있었다. 그 제도 덕분에 특히 훌륭한 동료들을 많이 만났는데, 이런 점에서 보자면 나는 행운아다. 전략 사상을 다룬 제프 마이클스Jeff Michaels의 저작에서 많은 도움을 받았으며, 또한 마이클스는 내 원고를 읽고 예리한 비평을 해주었다. 또 나는 벤 윌킨슨Ben Wilkinson의 논문을 지도한다고 했지만 사실은 윌킨슨이 나를 지도한 것이나 마찬가지였다. 특히 고전에 관해서 더더욱 그랬다.

킹스칼리지 런던의 전쟁연구학부는 30년이 넘는 세월 동안 나를 꾸준하게 자극하고 격려했는데, 이런 점에서 보자면 나에게는 고향이나 다름없다. 또한 동료 교수들이나 학생들과 대화를 나눌 때마다 이 책 곳곳에 동원된 유용한 정보를 얻었다. 그리고 그 긴 기간 동안 차례대로 학장을 역임하신 분들인 브라이언 홀든 리드Brian Holden Reid, 크리스토퍼 댄데커Christopher Dandeker 그리고 머빈 프로스트Mervyn Frost로부터 많은 도움을 받았고 고마울 따름이다. 다른 동료 교수들도 이 책의 원고에 대해서 도움말을 아끼지 않았다. 특히 테오 파렐Theo Farrell, 얀 빌렘 호니그Jan Willem Honig 그리고 존 스톤John Stone이 그런 사람들이다. 특히 스톤은 나에게 정기적으로 흥미로운 참조 원천이 되어주었다.

나는 또한 전쟁연구학부 바깥에 있는 연구자들로부터도 많은 도움을 받았다. 특히 비어트리스 호이저Beatrice Heuser와 밥 저비스Bob Jervis를 언급하고 싶은데, 전략을 전공한 이 두 학생은 의무의 영역을 훨씬 넘어서까지 상세하고 정확한 주석을 달아주었다. 또한 롭 에이슨Rob Ayson, 딕 베츠Dick Betts, 스튜어트 크로프트Stuart Croft, 피트 피버Pete Feaver, 아자르 가트Azar Gat, 칼 레비Carl Levy, 앨버트 윌Albert Weale 그리고 닉 휠러Nick Wheeler 등도 유용한 논평을 해줘서 참 고맙다.

마지막으로 아들 샘_{Sam}은 이 책의 구성과 제목에 관해서 함께 이야기를 해주었고 며느리 린다_{Linda}와는 반_反문화에 대해서 토론을 했다. 또한 수많은 사람들과 이 책에서 제기하는 여러 쟁점들을 놓고 토론을 했으며 이들 가운데 많은 수는 이 책에 등장한다. 그러나 두 사람은 특별히 이름을 밝혀 고마운 마음을 전하고 싶다. 한 사람은 나의 스승이자 멘토인 마이클 하워드_{Michael Howard} 경인데, 나를 이 길로 인도했으며 지금도 여전히 영감을 불어넣어주시는 분이다. 그리고 콜린 그레이_{Colin Gray}가 있다. 그레이는 학문의 길을 나란히 걸어가는 동료이며 우리는 많은 주제들을 함께 공유했다. 비록 우리 두 사람의 견해가 종종 엇갈리기도 하지만 그레이와 함께한 경험은 늘 나에게 훌륭한 지침이었다.

나는 책을 한 권씩 완성할 때마다 늘 아내 유디트_{Judith}에게 인내해주어서 고맙다는 말을 한다. 이번에도 아내는 온통 집필에만 매달려서 다른 것은 모두 잊어버리고 마는 나의 고질적인 못된 습관을 인내해주었다. 결혼 40주년이 다가오는데, 책 한 권쯤은 아내에게 헌정해야 할 때가 아닌가 하는 생각이 문득 든다.

《전략의 역사》는 야심찬 저자가 끈기와 열정과 해박함으로 엮어낸 어마어마하게 방대한 지적 탐구의 결과물이다.

이 책을 출간한 영국의 옥스퍼드 대학교 출판부의 편집자 리뷰로는 이 책이 전략의 역사 및 개념 전체를 포괄하는 유일한 책이라고 한다. 이런 시도를 하는 것 자체가 만용이라 여겨졌고, 그런 이유로 해서 지금껏 그 누구도 이런 방대한 작업을 하겠다고 나선 사람이 없었을 것이라고 했다.

옮긴이로서는 저자가 온갖 시행착오를 거쳐서 어렵고 힘들게 닦아 놓은 길을 그저 따라가기만 하는 것, 즉 이미 나와 있는 텍스트를 이해하고 우리말로 옮기는 것만으로도 무척 힘들었다. 단순히 번역 차원을 넘는 역량과 공부가 전제되어야 했기 때문이다. 번역가에게 필요한 능력은 단순한 번역 능력만이 아니라는 점에서 보자면 굳이 이 책이라고 해서 다른 책과 다르다고 할 수는 없지만 그래도 이 책은, 그 방대한 지적 탐구 과정을 되짚어가기에 여러 가지 면에서 부족한 옮긴이에게는 벅차기 그지없었다.

처음 침팬지 집단 내에서 전략이 구현되는 되는 내용으로 시작할 때만 해도 그러려니 했다. 기독교 성경의 내용에서 전략이 구사되는 내용을 설명할 때는 흥미진진했다. 그러다가 그리스 신화로 나아가고, 밀턴의 《실락원》이 본격적으로 해부될 때 비로소 내가 이 책을 번역하겠다고 달려든 게 내 부족한 능력을 고려하지 않은 경솔한 선택이었을지도 모른다는 생각을 했다. 번역을 업으로 가지고 있는 사람이라면 늘 하게 되는 그런 막강한 불안함 그리고 그 불안함을 완전히 지우기에는 확실히 부족했던 도전 의식이 마음속에 한데 뒤섞인 채로 나는 여름을 맞았고 저자가 안내하는 대로 역사, 문학, 뇌과학, 심리학, 군사학, 정치학, 경영학, 사회학 등 온갖 학문의 광대한 세계를 거치고 종점에 이르고 보니 어느새 차가운 계절이 코앞에 다가와 있었다.

역사는 바라보는 눈에 따라 달라진다. 인류의 역사, 적어도 문명을 가진 인류의 역사를 예컨대 지배 계급과 피지배 계급 사이 투쟁의 역사로 볼 수도 있고, 인간 사상의 진화 · 발전의 역사로 볼 수도 있다. 전자의 경우라면 지배 계급 혹은 피지배 계급이 상대방을 이기고 극복하는 과정이 묘사 대상이고 각각의 계급이 주인공이 될 수 있다. 후자라면 사상 자체가 전체 이야기의 주인공이다.

인간이 문명을 가진 이후에 있었던 모든 전략의 역사를 다루는 이 책 《전략의 역사》의 주인공은 전략이다.

애초에 이 전략이라는 주인공에게는 전략이라는 이름도 붙어 있지 않았다. 그게 전략인 줄도 몰랐다. 오늘날 사용하는 전략$_{strategy}$이라는 용어가 (서구 문화권에서) 처음 등장한 것도 18세기나 되어서였다. 전략이 자기 이름을 찾아나가는 과정 자체가 전략의 진화 · 발전 과정이었고, 또 이 전략이라는 단어가 가리키는 의미 역시 그 뒤로도 계속 바뀌었다. 예를 들면 '군대의 사령관이 보다 대규모인 부대의 이동과 작전 수행을 계획하고 지시하는 기술'로 한정되어 사용되다가, 그 뒤로 군사 영역뿐만 아니라 무역, 정치, 신학 등의 다양한 영역으로도 확대되었다. 또한 전략이라는 개념을 바라보는 시선도 끝을 매듭 짓는 관점에서 모든 것을 연속적인 과정으로 바라보는 관점으로 바뀌었다. 동일한 개념이라 하더라도 관점이 달라질 때 맥락이 달라짐은 당연하고, 전략과 관련된 이런 개념 변천은 지금도 이어지고 있다.

> '전략'에 대해 합의된 정의는 없다. (……) 오늘날의 통상적인 정의로 규정하자면 전략은 목적과 방법 및 수단 사이에 일정한 균형을 유지하는 것, 객관적인 실체와 목표를 정확하게 파악하는 것, 그리고 이 목표를 달성하는 데 필요한 자원과 수단을 파악하는 것이다.
>
> (1권 '서문' 중에서)

물론 저자는 인류 지성사 속에서 변천 과정을 밟아온 전략을 한 걸음 뒤로 물러서서 '그야말로 객관적으로' 단순히 소개만 하지는 않는다. 사실 어떤 개념을 정리하는 것, 그리고 이런 정리의 틀을 짜는 것에는 이미 자신의 관점이 들어가 있기 때문이다. 저자는 전략적 대본strategic scripts 이라는 개념을, 전략과 관련된 사상이 지금까지 숱한 변천 과정을 거치면서 최종적으로 도달한 지점의 핵심어로 제시하고 있는데 이 방대한 전략 탐구는 바로 이 전략적 대본이라는 핵심어로 수렴한다.

그런데 이 과정이 참말로 '징하다.' 하지만 저자가 감행한 이 대단한 지적 탐구에 동참해서 마지막까지 함께하고 나면 적어도 정치와 혁명 그리고 경영의 역사를 새로운 눈으로 보게 될 것이다. 역사를 새롭게 바라볼 또 하나의 안경을 가질 테니까 말이다. 어쨌거나 확실한 것은, 입에 올리는 것만으로도 말하는 사람의 무게를 느끼게 해주는 단어인 전략을 주인공으로 내세운 이 심오한 책은 어마어마하게 두껍기까지 하니 전시용으로도 매우 훌륭하겠지만, 부디 이 책이 지적 탐구용으로 쓰이길 기대한다. 모든 옮긴이가 자기가 번역한 책에 가지는 애정을 다해서 기대하듯이 그렇게……

이경식

| 제18장 | 마르크스, 노동자 계급을 위한 전략

1. Mike Rapport, *1848: Year of Revolution*(London: Little, Brown & Co. 2008), 17-18.

2. Sigmund Neumann and Mark von Hagen, "Engels and Marx on Revolution, War, and the Army in Society," Paret 편, *Makers of Modern Strategy*, 262-280(chap. 6, n. 2 참조); Bernard Semmell, *Marxism and the Science of War*(New York: Oxford University Press, 1981), 266.

3. 이 부분의 내용은 Part I, Feuerbach. "Opposition of the Materialist and Idealist Outlook," *The German Ideology*에 있다. 다음 웹페이지에서도 볼 수 있다. http://www.marxists.org/archive/marx/works/1845/german-ideology/ch01a.htm.

4. Azar Gat, "Clausewitz and the Marxists: Yet Another Look," *Journal of Contemporary History* 27, no. 2(April 1992): 363-382.

5. Rapport, *1848: Year of Revolution*, 108.

6. Alan Gilbert, *Marx's Politics: Communists and Citizens*(New York: Rutgers University Press, 1981), 134-135.

7. Engels, "Revolution in Paris," February 27, 1848, 다음 웹페이지에서 볼 수 있다. http://www. marxists.org/archive/marx/works/1848/02/27.htm.

8. News from Paris, June 23, 1848. 다음 웹페이지에서 볼 수 있다. http://www. marxists.org/archive/marx/works/1848/06/27.htm.

9. Gilbert, *Marx's Politics*, 140-142, 148-149.

10. Rapport, *1848: Year of Revolution*, 212.

11. Engels, "Marx and the Neue Rheinische Zeitung," March 13, 1884, 다음 웹페이지에서 볼 수 있다. http://www.marxists.org/archive/marx/works/1884/03/13.htm.

12. Rapport, *1848: Year of Revolution*, 217.

13. Karl Marx, *Class Struggles in France, 1848-1850, Part II*, 다음 웹페이지에서 볼 수 있다. http://www.marxists.org/archive/marx/works/1850/class-struggles-france/ch02.htm.

14. Engels to Marx, December 3, 1851, 다음 웹페이지에서 볼 수 있다. http://www.marxists.org/archive/marx/works/1851/letters/51_12_03.htm#cite.

15. John Maguire, *Marx's Theory of Politics*(Cambridge, UK: Cambridge University Press, 1978), 31.

16. 위와 동일, 197-198.

17. *Manifesto of the Communist Party*, February 1848, 75, 다음 웹페이지에서 볼 수 있다. http://www. marxists.org/archive/marx/works/1848/communist-manifesto/.

18. Engels, "The Campaign for the German Imperial Constitution," 1850, 다음 웹페이지에서 볼 수 있다. http://www.marxists.org/archive/marx/works/1850/germanimperial/ intro.htm.

19. David McLellan, *Karl Marx: His Life and Thought*(New York: Harper & Row, 1973), 217.

20. Frederick Engels, "Conditions and Prospects of a War of the Holy Alliance Against France in 1852," April 1851, 다음 웹페이지에서 볼 수 있다. http://www.marxists.org/archive/marx/works/1851/04/holy-alliance.htm.

21. Gerald Runkle, "Karl Marx and the American Civil War," *Comparative Studies in Society and History* 6, no. 2(January 1964): 117-141.

22. Engels to Joseph Weydemeyer, June 19, 1851, 다음 웹페이지에서 볼 수 있다. http://www.marxists.org/archive/marx/works/1851/letters/51_06_19.htm.

23. Engels to Joseph Weydemeyer, April 12, 1853, 다음 웹페이지에서 볼 수 있다. http://www.marxists.org/archive/marx/works/1853/letters/53_04_12.htm.

24. Sigmund Neumann and Mark von Hagen, "Engels and Marx on Revolution, War, and the Army in Society," Paret 편, *Makers of Modern Strategy*; Semmell, *Marxism and the Science of War*, 266.

25. 바덴에서 엥겔스는 그의 곁에서 싸웠다. 엥겔스가 직접 군대의 전투에 참가한 이야기는 다음에서 찾아볼 수 있다. Tristram Hunt, *The Frock-Coated Communist: The Revolutionary Life of Friedrich Engels*(London: Allan Lane, 2009), 174-181.

26. Gilbert, *Marx's Politics*, 192.

27. Christine Lattek, *Revolutionary Refugees: German Socialism in Britain, 1840-1860*(London: Routledge, 2006).

28. Marx to Engels, September 23, 1851, 다음 웹페이지에서 볼 수 있다. http://www.marxists.org/archive/marx/works/1851/letters/51_09_23.htm.

29. Engels to Marx, September 26, 1851, 다음 웹페이지에서 볼 수 있다. http://www.marxists.org/archive/marx/works/1851/letters/51_09_26.htm.

30. 이것은 처음 마르크스의 이름으로 《뉴욕트리뷴》(New York Tribune)에 발표되었다가, 그의 이름으로 낸 책 《독일에서의 혁명과 반혁명》(Revolution and Counter-Revolution in Germany)에 함께 실렸다. 인용은 90쪽에서. 다음 웹페이지에서 볼 수 있다. http://www.marxists.org/archive/marx/works/1852/germany/index.htm.

| 제19장 | 헤르첸과 바쿠닌

1. 헤르첸이 서구에서 무시되어왔다는 이사야 벌린의 영향력 있는 단정은 1968년의 《뉴욕 리뷰 오브 북스》(New York Review of Books)에 나왔으며, 다음 헤르첸 일기의 서문에도 나왔다. *My Past & Thoughts*(Berkeley: University of California Press, 1973). 오랫동안 가장 풍부한 전기로 인정받았던 것은 E. H. Carr의 *Romantic Exiles*(Cambridge, UK: Penguin, 1949)이다. 이 책에서 스토파드는 여러 군데에서 인용을 했다. 아울러 Edward Acton, *Alexander Herzen and the Role of the Intellectual Revolutionary*(Cambridge, UK: Cambridge University Press, 1979) 참조.

2. Tom Stoppard, "The Forgotten Revolutionary," *The Observer*, June 2, 2002.

3. Tom Stoppard, *The Coast of Utopia, Part II, Shipwreck*(London: Faber & Faber, 2002), 18.

4. Anna Vanninskaya, "Tom Stoppard, the Coast of Utopia, and the Strange Death of the Liberal Intelligentsia," *Modern Intellectual History* 4, no. 2(2007): 353-365.

5. Tom Stoppard, *The Coast of Utopia, Part III, Salvage*(London: Faber & Faber, 2002), 74-75.

6. Acton, *Alexander Herzen and the Role of the Intellectual Revolutionary*, 159 재인용.

7. 위와 동일, 171, 176; Herzen, *My Past & Thoughts*, 1309-1310.

8. Stoppard, *Salvage*, 7-8.

9. Engels, "The Program of the Blanquist Fugitives from the Paris Commune," June 26, 1874, 다음 웹페이지에서 볼 수 있다. http://www.marxists.org/archive/marx/works/1874/06/26.htm.

10. Henry Eaton, "Marx and the Russians," *Journal of the History of Ideas 41*, no. 1 (January/ March 1980): 89-112.

11. Mark Leier, *Bakunin: A Biography* (New York: St. Martin's Press, 2006), 119 재인용.

12. Herzen, *My Past & Thoughts*, 573.

13. 위와 동일, 571.

14. Aileen Kelly, *Mikhail Bakunin: A Study in the Psychology and Politics of Utopianism* (Oxford: Clarendon Press, 1982). 비평에 대해서는 Robert M. Cutler, "Bakunin and the Psychobiographers: The Anarchist as Mythical and Historical Object," KLIO (St. Petersburg), [이 내용의 영문판 개요를 러시아어로 번역했다] in press [in Russian translation] 참조, 다음 웹페이지에서 볼 수 있다. http://www. robertcutler.org/bakunin/ar09klio.htm.

15. Peter Marshall, *Demanding the Impossible: A History of Anarchism* (London: Harper Perennial, 2008), 269 재인용.

16. Paul Thomas, *Karl Marx and the Anarchists* (London: Routledge, 1990), 261-262.

17. Marshall, *Demanding the Impossible*, 244-245, 258-259.

18. Proudhon, K. Steven Vincent, *Pierre-Joseph Proudhon and the Rise of French Republican Socialism* (Oxford: Oxford University Press, 1984), 148에서 인용.

19. Thomas, *Marx and the Anarchists*, 250.

20. Alvin W. Gouldner, "Marx's Last Battle: Bakunin and the First International," *Theory and Society* 11, no. 6 (November 1982): 861. 앨빈 굴드너 (Alvin W. Gouldner) 기념 특별호.

21. Hunt, *The Frock-Coated Communist*, 259 (chap. 18, n. 25 참조)에서 재인용.

22. Leier, *Bakunin: A Biography*, 191; Paul McClaughlin, *Bakunin: The Philosophical Basis of his Anarchism* (New York: Algora Publishing, 2002).

23. Mikhail A. Bakunin, *Statism and Anarchy* (Cambridge, UK: Cambridge University Press, 1990), 159.

24. Saul Newman, *From Bakunin to Lacan: Anti-authoritarianism and the Dislocation of Power* (Lanham, MD: Lexington Books, 2001), 37.

25. Leier, *Bakunin: A Biography*, 194-195.

26. 위와 동일, 184, 210, 241-242.

27. 프루동의 《전쟁과 평화》는 극단적으로 뒤죽박죽이며, 톨스토이가 《전쟁과 평화》 집필의 문학적인 영감을 얻은 작가는 빅토르 위고였다. 위고의 《레미제라블》은 역사적

인 사건들을 소설의 소재로 쓸 때 어떻게 하는 것이 좋은지 훌륭한 예시가 되었다.

28. Leier, *Bakunin: A Biography*, 196.

29. Carr, *The Romantic Exiles*.

30. 다음 웹페이지에서 볼 수 있다. www.marxists.org/subject/anarchism/nechayev/catechism.htm.

31. Marshall, *Demanding the Impossible*, 346에서 인용.

32. Carl Levy, "Errico Malatesta and Charismatic Leadership," Jan Willem Stutje 편, *Charismatic Leadership and Social Movements*(New York: Berghan Books, 2012), 89-90. 레비는 말라테스타가 1919년 12월부터 1920년 10월까지 이탈리아의 시골 지역을 순회함으로써 도시 노동자를 조직할 기회를 그만큼 놓쳐버렸다는 뜻이 된다고 지적한다.

33. 위와 동일, 94.

34. Joseph Conrad, *Under Western Eyes*(London: Everyman's Library, 1991).

35. Joseph Conrad, *The Secret Agent*(London: Penguin, 2007).

36. Stanley G. Payne, *The Spanish Civil War, the Soviet Union and Communism*(New Haven, CT: Yale University Press, 2004).

37. Levy, "Errico Malatesta," 94.

| 제20장 | 수정주의자와 전위

1. Engels, *Introduction to Karl Marx's the class struggles in france 1848 to 1850,* March 6, 1895, 다음 웹페이지에서 볼 수 있다. http://www.marxists.org/archive/marx/works/1895/03/06.htm.

2. Engels to Kautsky, April 1, 1895, 다음 웹페이지에서 볼 수 있다. http://www.marxists.org/archive/marx/works/1895/letters/95_04_01.htm.

3. Engels, Reply to the Honorable Giovanni Bovio, *Critica Sociale* No. 4, February 16, 1892, 다음 웹페이지에서 볼 수 있다. http://www.marxists.org/archive/marx/works/1892/02/critica-sociale.htm.

4. Marx, *Critique of the Gotha Programme*, May 1875, 다음 웹페이지에서 볼 수 있다. https://www.marxists.org/archive/marx/works/1875/gotha/index.htm. McLellan, *Karl Marx*, Chapter 20, n. 19, 437 참조.

5. Leszek Kolakowski, *Main Currents of Marxism: The Founders, the Golden Age, the Breakdown*(New York: Norton, 2005), 391.

6. Stephen Eric Bronner, "Karl Kautsky and the Twilight of Orthodoxy," *Political Theory* 10, no. 4(November 1982): 580-605.

7. Elzbieta Ettinger, *Rosa Luxemburg: A Life*(Boston, MA: Beacon Press, 1986), xii, 87.

8. Rosa Luxemburg, *Reform or Revolution*(London: Bookmarks Publications, 1989).

9. Rosa Luxembourg, *The Mass Strike, the Political Party, and the Trade Unions*, 1906, 다음 웹페이지에서 볼 수 있다. http://www.marxists.org/archive/luxemburg/1906/massstrike/index.htm.

10. Engels, "The Bakuninists at Work: An Account of the Spanish Revolt in the Summer of 1873," September/October 1873, 다음 웹페이지에서 볼 수 있다. http://www.marxists.org/archive/marx/works/1873/bakunin/index.htm.

11. Rosa Luxemburg, *The Mass Strike*.

12. Leon Trotsky, *My Life: The Rise and Fall of a Dictator*(London: T. Butterworth, 1930).

13. Karl Kautsky, "The Mass Strike," 1910, Stephen D'Arcy, "Strategy, Meta-strategy and Anti-capitalist Activism: Rethinking Leninism by Re-reading Lenin," *Socialist Studies: The Journal of the Society for Socialist Studies* 5, no. 2(2009): 64-89에서 재인용.

14. Lenin, "The Historical Meaning of the Inner-Party Struggle," 1910, 다음 웹페이지에서 볼 수 있다. http://www.marxists.org/archive/lenin/works/1910/hmipsir/index.htm.

15. Vladimir Lenin, *What Is to Be Done?*, 35, 다음 웹페이지에서 볼 수 있다. http://www.marxists.org/archive/lenin/works/1901/witbd/index.htm.

16. Nadezhda Krupskaya, *Memories of Lenin*(London: Lawrence, 1930), 1: 102-103, citing *One Step Forward, Two Steps Back*.

17. Beryl Williams, *Lenin*(Harlow, Essex: Pearson Education, 2000), 46.

18. Hew Strachan, *The First World War, Volume One: To Arms*(Oxford: Oxford University Press, 2003), 113.

19. Robert Service, *Comrades: A World History of Communism*(London: Macmillan, 2007), 1427, 1448.

| 제21장 | 관료주의자와 민주주의자 그리고 엘리트주의자

1. 동시에 마우스는 뒤르켐이 자기 학생들이 마르크스주의에 관심을 가지고 있는데 이

관심 때문에 학생들이 자유주의에서 벗어나지 않을까 염려했고, '급진주의자들의 얄팍한 철학'을 신뢰하지 않았으며, '당 규율에 온전하게 복종하기를 꺼리는' 모습도 함께 기록했다. 이런 내용은 뒤르켐의 다음 책에 쓴 마르셀 마우스의 서문에 나온다. Emile Durkheim, *Socialism*(New York: Collier Books, 1958).

2. David Beetham, "Mosca, Pareto, and Weber: A Historical Comparison," Wolfgang Mommsen and Jurgen Osterhammel 편, *Max Weber and His Contemporaries*(London: Allen & Unwin, 1987), 140-141.

3. Joachim Radkau, *Max Weber: A Biography*(Cambridge, UK: Polity Press, 2009) 참조.

4. Max Weber, *The Theory of Social and Economic Organization*, Henderson and Parsons 역(New York: The Free Press, 1947), 337.

5. Peter Lassman, "The Rule of Man over Man: Politics, Power and Legitimacy," Stephen Turner 편, *The Cambridge Companion to Weber*(Cambridge, UK: Cambridge University Press, 2000), 84-88.

6. Sheldon Wolin, "Legitimation, Method, and the Politics of Theory," *Political Theory* 9, no. 3(August 1981): 405.

7. Radkau, *Max Weber*, 487.

8. 위와 동일, 488.

9. Nicholas Gane, *Max Weber and Postmodern Theory: Rationalisation versus Re-enchantment*(London: Palgrave Macmillan, 2002), 60.

10. Max Weber, "Science as a Vocation," 다음 웹페이지에서 볼 수 있다. http://mail. www.anthropos-lab.net/wp/wp-content/uploads/2011/12/Weber-Science-as-a-Vocation.pdf.

11. Radkau, *Max Weber*, 463.

12. Wolfgang Mommsen, *Max Weber and German Politics*, 1890-1920, Michael Steinberg 역(Chicago: University of Chicago Press, 1984), 310.

13. 위와 동일, 296.

14. Max Weber, "Politics as Vocation," 다음 웹페이지에서 볼 수 있다. http://anthropos-lab.net/wp/wp-content/uploads/2011/12/Weber-Politics-as-a-Vocation.pdf.

15. Reinhard Bendix and Guenther Roth, *Scholarship and Partisanship: Essays on Max Weber*(Berkeley: University of California Press, 1971), 28-29.

16. Isaiah Berlin, "Tolstoy and Enlightenment," Harold Bloom 편, *Leo Tolstoy*(New

York: Chelsea Books, 2003), 30-31.

17. *Philosophers of Peace and War*, Chapter 8, n. 6, 129 참조.

18. Rosamund Bartlett, *Tolstoy: A Russian Life*(London: Profile Books, 2010), 309.

19. Leo Tolstoy, *The Kingdom of God and Peace Essays*(The World's Classics), 347-348. Gallie, *Philosophers of Peace*, 122에서 재인용.

20. 이 에세이는 다음 책의 서문에 나온다. Lyof N. Tolstoi, *What to Do? Thoughts Evoked by the Census of Moscow*, Isabel F. Hapgood 역(New York: Thomas Y. Cromwell, 1887).

21. 위와 동일, 1.

22. 위와 동일, 4-5, 10.

23. 위와 동일, 77-78.

24. Mikhail A. Bakunin, *Bakunin on Anarchy*(New York: Knopf, 1972).

25. Jane Addams, *Twenty Years at Hull House*(New York: Macmillan, 1910).

26. 위와 동일, 56.

27. Jan C. Behrends, "Visions of Civility: Lev Tolstoy and Jane Addams on the Urban Condition in Fin de Siecle Moscow and Chicago," *European Review of History: Revue Europeenne d'Histoire* 18, no. 3(June 2011): 335-357.

28. Martin, *The Chicago School of Sociology: Institutionalization, Diversity and the Rise of Sociological Research*(Chicago: University of Chicago Press, 1984), 13-14.

29. Lincoln Steffens, *The Shame of the Cities*(New York: Peter Smith, 1948, 초판 인쇄 1904), 234.

30. Lawrence A. Schaff, *Max Weber in America*(Princeton, NJ: Princeton University Press, 2011), 41-43.

31. 위와 동일, 45. 샤프는 폭력 묘사는 과장되었을 것이라고 주장한다.

32. 위와 동일, 43-44.

33. James Weber Linn, *Jane Addams: A Biography*(Chicago: University of Illinois Press, 2000), 196.

34. Addams, *Twenty Years at Hull House*, 171-172. 애덤스의 접근법은 다음에 정리되어 있다. Jane Addams, "A Function of the Social Settlement" Louis Menand 편, *Pragmatism: A Reader*(New York: Vintage Books, 1997), 273-286.

35. 위와 동일, 98-99.

36. 《리어왕》은 톨스토이가 가장 좋아하던 셰익스피어 희곡이었다. 이 희곡의 마지막

부분에서 리어왕 캐릭터는 '영국 문학에서 신성한 바보에 가장 근접한다. 신성한 바보는 성스러움의 러시아적인 특이한 형태이며, 톨스토이는 다른 종교적 문화권에서는 찾아볼 수 없는 이런 캐릭터를 지향했다.' Bartlett, *Tolstoy*, 332.

37. Jane Addams, "A Modern Lear." 1896년 연설문은 1912년에야 출판되었다. 다음 웹페이지에서 볼 수 있다. http://womenshistory.about.com/cs/addamsjane/a/mod_lear_10003b.htm.

38. Jean Bethke Elshtain, *Jane Addams and the Dream of American Democracy*(New York: Basic Books, 2002), 202, 218-219.

39. 헐 하우스 복지관이 수행한 연구 조사의 품질로 미루어보건대, 시카고 대학교에 여성 차별주의자인 남성 사회학자들이 없었다면 애덤스와 그녀의 동료들은 미국 사회학의 역사 속에서 중요한 인물들로 적절한 평가를 받았을 것이다. 메리(Mary)가 조 디건(Jo Deegan)에게 보낸 편지, *Jane Addams and the Men of the Chicago School*(New Brunswick: Transaction Books, 1988).

40. Don Martindale, "American Sociology Before World War II," *Annual Review of Sociology* 2(1976): 121, Anthony J. Cortese, "The Rise, Hegemony, and Decline of the Chicago School of Sociology, 1892-1945," *The Social Science Journal*, July 1995, 235, Fred H. Matthews, *Quest for an American Sociology: Robert E. Park and the Chicago School*(Montreal: McGill Queens University Press, 1977), 10, Martin Bulmer, *The Chicago School of Sociology*.

41. Small, Lawrence J. Engel, "Saul D. Alinsky and the Chicago School," *The Journal of Speculative Philosophy* 16, no. 1(2002): 50-66에서 재인용. 손쉽게 사례 연구를 할 대상이 인근 지역에 널려 있다는 점 외에도 시카고 대학교는 존 록펠러의 통 큰 기부의 혜택을 받았으며 자유로운 지적 분위기가 넘쳤고 아이비리그 대학교들과 관련된 엘리트주의가 상대적으로 덜 팽배했다는 강점을 누렸다.

42. Albion Small, "Scholarship and Social Agitation," *American Journal of Sociology* 1(1895-1896): 581-582, 605.

43. Robert Westbrook, "The Making of a Democratic Philosopher: The Intellectual Development of John Dewey," Molly Cochran 편, The Cambridge Companion to Dewey(Cambridge, UK: Cambridge University Press, 2010), 13-33.

44. 특히 중요한 것들을 소개하면 다음과 같다. *Democracy and Education*(New York: Macmillan, 1916), *Human Nature and Conduct*(New York: Henry Holt, 1922), *Experience and Nature*(New York: Norton, 1929) *The Quest for Certainty*(New York:

Minton, 1929), *Logic: The Theory of Inquiry*(New York: Henry Holt, 1938).

45. Small, "Scholarship and Social Agitation," 362, 237.

46. Andrew Feffer, *The Chicago Pragmatists and American Progressivism*(Ithaca, NY: Cornell University Press, 1993), 168.

47. 위와 동일, 237.

48. William James, "Pragmatism," Louis Menand 편, *Pragmatism*, 98.

49. Louis Menand, *The Metaphysical Club*(London: HarperCollins, 2001), 353-354.

50. 위와 동일, 350.

51. Dewey came "perilously close to reconciling desire with deed." John Patrick Duggan, *The Promise of Pragmatism: Modernism and the Crisis of Knowledge and Authority*(Chicago: University of Chicago Press, 1994), 48.

52. Dewey, *Human Nature and Conflict*, 230.

53. Menand, *The Metaphysical Club*, 374.

54. Robert K. Merton, "The Unanticipated Consequences of Purposive Social Action," *American Sociological Review* 1, no. 6(December 1936): 894-904.

| 제22장 | 형식주의자와 신화 그리고 선전

1. H. Stuart Hughes, *Consciousness and Society: The Reorientation of European Social Thought*(Cambridge, MA: Harvard University Press, 1958).

2. Robert Michels, *Political Parties: A Sociological Study of the Oligarchical Tendencies of Modern Democracy*(New York: The Free Press, 1962), 46. 초판 인쇄 1900.

3. Wolfgang Mommsen, "Robert Michels and Max Weber: Moral Conviction versus the Politics of Responsibility," in Wolfgang and Jurgen Osterhammel, 126.

4. Michels, *Political Parties*, 338.

5. Gaetano Mosca, *The Ruling Class*(New York: McGraw Hill, 1939), 50. 초판 인쇄 1900.

6. 위와 동일, 451.

7. David Beetham, "Mosca, Pareto, and Weber: A Historical Comparison," Wolf-gang Mommsen and Jurgen Osterhammel 편, *Max Weber and His Contemporaries* (London: Allen & Unwin, 1987), 139-158.

8. Vilfredo Pareto, *The Mind and Society*, Arthur Livingston 편, 4 volumes(New York: Harcourt Brace, 1935).

9. Geraint Parry, *Political Elites*(London: George Allen & Unwin, 1969).

10. Gustave Le Bon, *The Crowd: A Study of the Popular Mind*(New York: The Macmillan Co., 1896), 13, 다음 웹페이지에서 볼 수 있다. http://etext.virginia.edu/toc/modeng/public/BonCrow.html.

11. Hughes, *Consciousness and Society*, 161.

12. Irving Louis Horowitz, *Radicalism and the Revolt Against Reason: The Social Theories of George Sorel*(Abingdon: Routledge & Kegan Paul, 2009). 하지만 호로위츠는 소렐이 '공식적인 조직이나 단체에 가담하지 않았고 (······) 논거를 사실에서 가설로, 또 자유로운 상상으로 마구 내달리면서 바꾸었으며 (······) 극단적인 스타일의 소유자'였다는 점을 분명하게 지적한다(p. 9).

13. Jeremy Jennings 편, *Sorel: Reflections on Violence*(Cambridge, UK: Cambridge University Press, 1999), viii. 초판 인쇄 1906, Le Mouvement Sociale.

14. Antonio Gramsci, *The Modern Prince & Other Writings*(New York: International Publishers, 1957), 143.

15. Thomas R. Bates, "Gramsci and the Theory of Hegemony," *Journal of the History of Ideas* 36, no. 2(April–June 1975): 352.

16. Joseph Femia, "Hegemony and Consciousness in the Thought of Antonio Gramsci," *Political Studies* 23, no. 1(1975): 37.

17. 위와 동일, 33.

18. Gramsci, *The Modern Prince*, 137.

19. Walter L. Adamson, *Hegemony and Revolution: A Study of Antonio Gramsci's Political and Cultural Thought*(Berkeley: University of California Press, 1980), 223, 209.

20. 위와 동일, 223.

21. T. K. Jackson Lears, "The Concept of Cultural Hegemony: Problems and Possibilities," *The American Historical Review* 90, no. 1(June 1985): 578.

22. Adolf Hitler, *Mein Kampf*, vol. I, ch. X. 초판 인쇄 1925.

23. James Burnham, *The Managerial Revolution*(London: Putnam, 1941). 아울러 Kevin J. Smant, *How Great the Triumph: James Burnham, Anti-Communism, and the Conservative Movement*(New York: University Press of America, 1991) 참조.

24. Bruno Rizzi, *The Bureaucratization of the World*, Adam Westoby 역(New York: The Free Press, 1985).

25. 위와 동일, 223-225, 269.

26. 예를 들어 다음을 참조, C. Wright Mills, "A Marx for the Managers," Irving Horowitz 편, *Power, Politics and People: The Collected Essays of C. Wright Mills*(New York: Oxford University Press, 1963), 53-71. 조지 오웰은 독일이 전쟁에서 이길 것이라고 버넘이 이전에 했던 추정을 지적하면서 많은 우려를 드러냈다. 하지만 그럼에도 불구하고 그는 버넘의 지정학적 분석을 사용해서 세 개의 전략적 중심지로 나누어진 세상을 예측했다. 이 각각의 전략적 중심지는 서로 비슷하지만 끊임없이 경쟁한다. 이런 설정은 그의 소설 《1984년》의 토대가 되었다. 언제나 그렇듯이 오웰의 분석은 독자에게 매혹적이다. 오웰이 쓴 다음 기사 참조, "James Burnham and the Managerial Revolution," *New English Weekly*, May 1946, 다음 웹페이지에서 볼 수 있다. http://www.k-1.com/Orwell/site/work/essays/burnham.html.

27. 이 책은 1972년에야 비로소 영어로 완역되었다. 물론 이 책의 내용이 그의 다른 저작에 반영이 되긴 했었다.

28. Stuart Ewen, *PR! A Social History of Spin*(New York: Basic Books, 1996), 69.

29. 위와 동일, 68.

30. Robert Park, *the Mass and the Public, and Other Essays*(Chicago: University of Chicago Press, 1972), 80. 초판 인쇄 1904.

31. Ewen, *PR!*, 48에서 재인용.

32. Ronald Steel, *Walter Lippmann and the American Century*(New Brunswick, NJ: Transaction Publishers, 1999).

33. W. I. Thomas and Dorothy Swaine Thomas, *The Child in America: Behavior Problems and Programs*(New York: Knopf, 1928). 토머스의 아포리즘을 하나의 법칙으로 만들어낸 로버트 머튼은 그것을 '미국인 사회학자가 여태 발표했던 문장 가운데서 어쩌면 유일할지도 모르는 가장 조리에 맞는 문장'이라고 묘사했다. "Social Knowledge and Public Policy," *Sociological Ambivalence*(New York: Free Press, 1976), 174. 아울러 Robert Merton, "The Thomas Theorem and the Matthew Effect," *Social Forces* 74, no. 2(December 1995): 379-424 참조.

34. Walter Lippmann, *Public Opinion*(New York: Harcourt Brace & Co, 1922), 59, 다음 웹페이지에서 볼 수 있다. http://xroads.virginia.edu/-Hyper2/CDFinal/Lippman/cover.html.

35. Michael Schudson, "The 'Lippmann-Dewey Debate' and the Invention of Walter Lippmann as an Anti-Democrat 1986-1996," *International Journal of Communication* 2(2008): 140.

36. Harold D. Lasswell, "The Theory of Political Propaganda," *The American Political Science Review* 21, no. 3(August 1927): 627–631.

37. Sigmund Freud, *Group Psychology and the Analysis of the Ego*(London: The Hogarth Press, 1949). 초판 인쇄 1922, 다음 웹페이지에서 볼 수 있다. http://archive.org/stream/grouppsychologya00freu/grouppsychologya00freu_djvu.txt.

38. Wilfred Trotter, *Instincts of the Herd in Peace and War*(New York: Macmillan, 1916), Harvey C. Greisman, "Herd Instinct and the Foundations of Biosociology," *Journal of the History of the Behavioral Sciences* 15(1979): 357–369.

39. Edward Bernays, *Crystallizing Public Opinion*(New York: Liveright, 1923), 35.

40. Edward Bernays, *Propaganda*(New York: H. Liveright, 1936), 71.

41. Edward L. Bernays, "The Engineering of Consent," *The Annals of the American Academy of Political and Social Science* 250(1947): 113.

42. 이것이 실제로 여성의 흡연 습관에 영향을 미쳤는지 여부를 두고 벌어졌던 논쟁이 남아 있다. Larry Tye, *The Father of Spin: Edward L. Bernays and the Birth of Public Relations*(New York: Holt, 1998), 27–35 참조.

43. "Are We Victims of Propaganda? A Debate. Everett Dean Martin and Edward L. Bernays," *Forum Magazine*, March 1929.

| 제23장 | 비폭력의 힘

1. Laura E. Nym Mayhall, *The Militant Suffrage Movement: Citizenship and Resistance in Britain, 1860-1930*(Oxford: Oxford University Press, 2003), 45, 79, 107, 115.

2. Donna M. Kowal, "One Cause, Two Paths: Militant vs. Adjustive Strategies in the British and American Women's Suffrage Movements," *Communication Quarterly* 48, no. 3(2000): 240–255.

3. Henry David Thoreau, *Civil Disobedience*, 초판본(1849년)의 제목은 '*Resistance to Civil Government*'(시민 정부에 대한 저항)이었다. 다음 웹페이지에서 볼 수 있다. http://thoreau.eserver.org/civil.html.

4. 1942년에 쓴 《미국인 친구들에게 보내는 편지》에서 간디는 이렇게 썼다. "당신들은 나에게 소로를 교사로 일러주었습니다. 소로는 '시민 불복종의 의무'를 다룬 에세이를 통해서 내가 남아프리카공화국에서 행하던 일에 대한 과학적 확신을 주었습니다." 소로가 간디에게 영향을 주었다는 구체적인 증거를 알고 싶다면 George Hendrick, "The Influence of Thoreau's 'Civil Disobedience' on Gandhi's

Satyagraha," *The New England Quarterly* 29, no. 4(December 1956): 462-471 참조.

5. Leo Tolstoy, *A Letter to a Hindu*, M. K. Gandhi 서문(1909), 다음 웹페이지에서 볼 수 있다. http://www.online-literature.com/tolstoy/2733.

6. 이 단락은 다음에 근거. Judith M. Brown, "Gandhi and Civil Resistance in India, 1917.47: Key Issues," Adam Roberts and Timothy Garton Ash 편, *Civil Resistance & Power Politics: The Experience of Non-Violent Action from Gandhi to the Present*(Oxford: Oxford University Press, 2009), 43-57.

7. Sean Scalmer, *Gandhi in the West: The Mahatma and the Rise of Radical Protest*(Cambridge, UK: Cambridge University Press, 2011), 54, 57.

8. "To the American Negro: A Message from Mahatma Gandhi," *The Crisis*, July 1929, 225.

9. Vijay Prashad, "Black Gandhi," *Social Scientist* 37, no. 1/2(January/February 2009): 4-7, 45.

10. Leonard A. Gordon, "Mahatma Gandhi's Dialogues with Americans," *Economic and Political Weekly* 37, no. 4(January-February 2002): 337-352.

11. Joseph Kip Kosek, "Richard Gregg, Mohandas Gandhi, and the Strategy of Nonviolence," *The Journal of American History* 91, no. 4(March 2005): 1318-1348. 그렉은 비폭력에 관해서 많은 책을 저술했다. 그 가운데 가장 영향력이 컸던 책은 다음 책이다. *The Power of Non-Violence*(London: James Clarke & Co., 1960). 초판 인쇄 1934.

12. Reinhold Neibuhr, Moral Man and Immoral Society(New York: Scribner, 1934).

13. James Farmer, *Lay Bare the Arms: An Autobiography of the Civil Rights Movement*(New York: Arbor House, 1985), 106-107에서 기술.

14. 머스티가 마르크스주의에서 기독교 평화주의로 전향한 점에 대해서는 다음 책의 제9장을 참조. Ira Chernus, *American Nonviolence: The History of an Idea*(New York: Orbis, 2004). 그렉과 니부어 두 사람 모두 인종화해회의 회원이었다. 비록 니부어는 지적 편력 끝에 결국 그 단체를 떠나긴 했지만 말이다.

15. August Meierand and Elliott Rudwick, *CORE: A Study in the Civil Rights Movement, 1942-1968*(New York: Oxford University Press, 1973), 102-103.

16. 위와 동일, 111.

17. Krishnalal Shridharani, *War Without Violence: A Study of Gandhi's Method and Its Accomplishments*(New York: Harcourt Brace & Co., 1939). James Farmer, *Lay Bare*

the Heart: An Autobiography of the Civil Rights Movement(New York: Arbor Books, 1985), 93-95, 112-113 참조.

18. Paula F. Pfeffer, A. Philip Randolph. *Pioneer of the Civil Rights Movement*(Baton Rouge: Louisiana State University Press, 1990).

19. Jervis Anderson, *Bayard Rustin: Troubles I've Seen*(NewYork: HarperCollins, 1997), 17.

20. Adam Fairclough, "The Preachers and the People: The Origins and Early Years of the Southern Christian Leadership Conference, 1955-1959," *The Journal of Southern History* 52, no. 3(August 1986), 403-440.

21. 데이비드 개로우(David Garrow)는 한 신문사에 보낸 편지에서 운동의 역사를 서술하면서 간디를 동정심이 넘치는 백인 여자에 비유했다. David Garrow, *Bearing the Cross: Martin Luther King Jr. and the Southern Christian Leadership Conference, 1955-1968*(New York: W. Morrow, 1986), 28.

22. 위와 동일, 43. Bo Wirmark, "Nonviolent Methods and the American Civil Rights Movement 1955.1965," *Journal of Peace Research* 11, no. 2(1974): 115-132, Akinyele Umoja, "1964: The Beginning of the End of Nonviolence in the Mississippi Freedom Movement," *Radical History Review 85*(Winter 2003): 201-226.

23. Scalmer, *Gandhi in the Wes*t, 180.

24. 킹이 언급한 책들은 다음과 같다. M. K. Gandhi, *An Autobiography; or, The Story of My Experiments with Truth*, Mahadev Desai 역(Ahmedabad: Navajivan Publishing House, 1927), Louis Fischer, *The Life of Mahatma Gandhi*(London: Jonathan Cape, 1951), Henry David Thoreau, "Civil Disobedience," 1849, Walter Rauschenbusch, *Christianity and the Social Crisis*(New York: Macmillan Press, 1908), Richard B. Gregg, *The Power of Non-Violence Ira Chernus, American Nonviolence: The History of an Idea*(Maryknoll, NY: Orbis Books, 2004), 169-171. James P. Hanigan, *Martin Luther King, Jr. and the Foundations of Nonviolence*(Lanham, MD: University Press of America, 1984), 1-18 참조.

25. Taylor Branch, *Parting the Waters. America in the King Years, 1954-63*(New York: Touchstone, 1988), 55.

26. Martin Luther King, "Our Struggle," *Liberation*, April 1956, 다음 웹페이지에서 볼 수 있다. http://mlk-kpp01.stanford.edu/primarydocuments/Vol3/Apr-1956_

OurStruggle.pdf.

27. Branch, *Parting the Waters*, 195.

28. Garrow, *Bearing the Cross: Martin Luther King Jr. and the Southern Christian Leadership Conference, 1955-1968*, 111. 한 가지 사례를 소개하면 다음과 같다. 그렉은 비폭력적인 저항을 하는 사람에 대해서 다음과 같이 썼었다. '상대방을 향해서 그는 물리적으로 공격적이지 않지만 그의 정신과 감정은 활성화되어서 상대방에게 자기가 잘못되었음을 설득하는 문제를 끊임없이 붙잡고 씨름한다.' 그런데 킹은 다음과 같이 썼다. '비폭력적인 저항을 하는 사람은 상대방에게 물리적으로 공격적이지 않다는 점에서 수동적이긴 하지만, 그의 정신과 감정은 언제나 활성화되어서 그 상대방으로 하여금 자기가 잘못되었음을 깨닫게 할 방법을 끊임없이 모색한다.' Martin Luther King, Jr., "Pilgrimage to Nonviolence," *Stride Toward Freedom: The Montgomery Story*(New York: Harper & Bros., 1958), 102; Gregg, *The Power of Non-Violence*, 93.

29. Daniel Levine, *Bayard Rustin and the Civil Rights Movement*(New Brunswick: Rutgers University Press, 2000), 95.

30. Anderson, *Bayard Rustin*, 192에서 재인용.

31. Aldon Morris, "Black Southern Student Sit-in Movement: An Analysis of Internal Organization," *American Sociological Review* 46, no. 6(December 1981): 744-767.

32. 베이커와 킹 사이의 관계에 대한 균형 잡힌 평가를 위해서는 Barbara Ransby, *Ella Baker and the Black Freedom Movement: A Radical Democratic Vision*(Chapel Hill: University of North Carolina Press, 2003), 189-192 참조.

33. Alan Fairclough, "The Preachers and the People," 424.

34. Morris, "Black Southern Student Sit-In Movement," 755.

35. Doug McAdam, "Tactical Innovation and the Pace of Insurgency," *American Sociological Review* 48, no. 6(December 1983): 748.

36. Bayard Rustin, *Strategies for Freedom: The Changing Patterns of Black Protest*(New York: Columbia University Press, 1976), 24.

37. Aldon D. Morris, "Birmingham Confrontation Reconsidered: An Analysis of the Dynamics and Tactics of Mobilization," *American Sociological Review* 58, no. 5(October 1993): 621-636.

38. Letter from Birmingham Jail, April 16, 1963, 다음 웹페이지에서 볼 수 있다. http://mlk-kpp01.stanford.edu/index.php/resources/article/annotated_letter_from_

birmingham/

39. Rustin, *Strategies for Freedom*, 45.

40. Branch, Parting the Waters, 775에서 인용.

41. Martin Luther King, Jr., *Why We Can't Wait*(New York: New American Library, 1963), 104-105; Douglas McAdam, *Political Process and the Development of Black Insurgency 1930-1970*(Chicago: University of Chicago Press, 1983), David J. Garrow, *Protest at Selma: Martin Luther King, Jr. and the Voting Rights Act of 1965*(New Haven, CT: Yale University Press, 1978), Branch, *Parting the Waters; Thomas Brooks, Walls Come Tumbling Down: A History of the Civil Rights Movement*(Englewood Cliffs: Prentice-Hall, 1974).

| 제24장 | 실존적 전략

1. Tom Hayden, *Reunion: A Memoir*(New York: Collier, 1989), 87. SDS의 역사에 대해서는 Kirkpatrick Sale, *The Rise and Development of the Students for a Democratic Society*(New York: Vintage Books, 1973) 참조.

2. Todd Gitlin, *The Sixties: Years of Hope, Days of Rage*(New York: Bantam Books, 1993), 286.

3. William H. Whyte, *The Organization Man*(Pennsylvania: University of Pennsylvania Press, 2002). 초판 인쇄 1956.

4. David Riesman, *The Lonely Crowd*(New York: Anchor Books, 1950).

5. Erich Fromm, *The Fear of Freedom*(London: Routledge, 1942).

6. Theodore Roszak, *The Making of a Counter-Culture*(London: Faber & Faber, 1970), 10-11.

7. Jean-Paul Sartre, *Being and Nothingness: An Essay in Phenomenological Ontology*(New York: Citadel Press, 2001), 초판 인쇄 1943, *Existentialism and Humanism*(London: Methuen, 2007), 초판 인쇄 1946 참조.

8. Albert Camus, *The Plague*(New York: Vintage Books, 1961). 초판 인쇄 1949.

9. 밀즈의 모호성에 대해서는 다음에서 분명하게 드러난다. Irving Horowitz, *C. Wright Mills: An American Utopian*(New York: The Free Press, 1983). 이 내용은 다음에서 자세하게 다루어진다. John H. Summers, "The Epigone's Embrace: Irving Louis Horowitz on C. Wright Mills," *Minnesota Review* 68(Spring 2007): 107-124.

10. C. Wright Mills, *Sociology and Pragmatism*(New York: Oxford University Press,

1969), 423. 사후 출판됨.

11. 그는 *Listen Yankee*(New York: Ballantine, 1960)에서 가상의 어떤 쿠바 혁명가의 말을 통해서 쿠바 혁명을 변호했다.

12. Robert Dahl, *Who Governs: Democracy and Power in an American City*(New Haven, CT: Yale University Press, 1962).

13. David Baldwin, "Power Analysis and World Politics: New Trends versus Old Tendencies," *World Politics* 31, no. 2(January 1979): 161-194. 다음의 내용에서 참고한 것이다. Klaus Knorr, *The Power of Nations: The Political Economy of International Relations*(New York: Basic Books, 1975).

14. Robert Dahl, "The Concept of Power," Behavioral Science 2(1957): 201-215.

15. Peter Bachrach and Morton S. Baratz, "Two Faces of Power," *The American Political Science Review* 56, no. 4(December 1962): 947-952. 아울러 Peter Bachrach and Morton S. Baratz, "Decisions and Non-Decisions: An Analytical Framework," *The American Political Science Review* 57, no. 3(September 1963): 632-642 참조.

16. C. Wright Mills, *The Power Elite*(Oxford: Oxford University Press, 1956).

17. Theodore Roszak, *The Making of Counter-Culture*, 25.

18. C. Wright Mills, *The Sociological Imagination*(New York: Oxford University Press, 1959).

19. Tom Hayden and Dick Flacks, "The Port Huron Statement at 40," *The Nation*, July 18, 2002. 이 선언문은 등사물 형태로 2만 부가 복사되어 한 부에 35센트씩 받고 팔렸다. 여기에서 '반란'이란 단어에 주목하기 바란다.

20. Hayden, *Reunion: A Memoir*, 80. 밀즈가 준 영향에 대해서는 John Summers, "The Epigone's Embrace: Part II, C. Wright Mills and the New Left," *Left History* 13.2(Fall/Winter 2008) 참조.

21. 포트휴런 선언문은 다음 웹페이지에서 볼 수 있다. http://coursesa.matrix.msu.edu/~hst306/documents/huron.html.

22. Hayden, *Reunion: A Memoir*, 75.

23. 포트휴런 선언문.

24. Richard Flacks, "Some Problems, Issues, Proposals," July 1965, Paul Jacobs and Saul Landau, *The New Radicals*(New York: Vintage Books, 1966), 167-169에서 재인쇄.

25. Tom Hayden and Carl Wittman, "Summer Report, Newark Community Union,

1964," Massimio Teodori, *The New Left: A Documentary History*(London: Jonathan Cape, 1970), 133.

26. Tom Hayden, "The Politics of the Movement," *Dissent*, Jan/Feb 1966, 208.

27. Tom Hayden, "Up from Irrelevance," *Studies on the Left*, Spring 1965.

28. Francesca Polletta, "Freedom Is an Endless Meeting": *Democracy in American Social Movements*(Chicago: University of Chicago Press, 2002).

29. Lawrence J. Engel, "Saul D. Alinsky and the Chicago School," *The Journal of Speculative Philosophy* 16, no. 1(2002).

30. Robert Park, "The City: Suggestions for the Investigation of Human Behavior in the City Environment," *The American Journal of Sociology* 20, no. 5(March 1915): 577-612.

31. Engel, "Saul D. Alinsky and the Chicago School," 54-57. 앨린스키가 수강한 버지스의 강좌 가운데 하나는 '현대 사회의 병리적 조건과 과정'이었다. 이 강좌는 '알코올 중독, 매춘, 빈곤, 부랑, 청소년 범죄 및 성인 범죄' 등을 내용으로 다루었는데 이런 문제들은 '시찰 여행, 조사 과제 할당, 병원 치료' 등을 통해서 대처할 수 있다고 했다.

32. 그는 알 카포네 조직의 2인자인 프랭크 니티(Frank Nitti)를 알게 되었고 그를 통해서 그 조직이 '술집, 매음굴, 경마 관련 사업에서부터 그 즈음에 막 진출하려던 합법적인 사업에 이르기까지' 사업을 어떤 방식으로 운영하는지 알았다. 앨린스키는 그 조직이 지역의 정치인과 경찰을 주물렀다는 사실을 염두에 둘 경우, 자기가 수집한 정보를 가지고서 그 조직에 불리하게 작용할 일을 도모해서 성공할 가능성은 거의 없었다고 주장했다. 나중에 그는 '그 조직을 저지할 수 있는 유일한 주체는 벅스 모건(Bugs Moran)이나 로저 토히(Roger Touhy)와 같은 다른 범죄 조직들이었다'라고 했다. 앨린스키는 '그 갱들로부터 권력을 어떻게 사용하는지에 대해서 엄청나게 많은 것'을 배웠으며 또 이것은 '나중에 내가 조직 작업을 할 때 많은 도움이 되었다.'고 주장했다. "Empowering People, Not Elites," Saul Alinsky와의 인터뷰, *Playboy Magazine*, March 1972.

33. Engel, "Saul D. Alinsky and the Chicago School," 60.

34. "Empowering People, Not Elites," Saul Alinsky와의 인터뷰.

35. Saul D. Alinsky, "Community Analysis and Organization," *The American Journal of Sociology* 46, no. 6(May 1941): 797-808.

36. Sanford D. Horwitt, "Let Them Call Me Rebel": *Saul Alinsky, His Life and*

Legacy(New York: Alfred A. Knopf, 1989), 39.

37. Saul D. Alinsky, *John Lewis: An Unauthorized Biography*(New York: Vintage Books, 1970), 104, 219.

38. Saul D. Alinsky, *Reveille for Radicals*(Chicago: University of Chicago Press, 1946), 22.

39. Horwitt, "Let Them Call Me Rebel," 174.

40. Charles Silberman, *Crisis in Black and White*(New York: Random House, 1964), 335.

41. 그는 비망록에 '이 원칙은 잘 통하지 않았다'라고 적었다. Horwitt, "Let Them Call Me Rebel," 530 참조.

42. Nicholas von Hoffman, *Radical: A Portrait of Saul Alinsky*(New York: Nation Books, 2010), 75, 36.

43. 이 두 경쟁 단체는 1955년에 통합했다.

44. El Malcriado, no. 14, July 9, 1965, Marshall Ganz, *Why David Sometimes Wins: Leadership, Organization and Strategy in the California Farm Worker Movement*(New York: Oxford University Press, 2009), 93에서 재인용.

45. Randy Shaw, *Beyond the Fields: Cesar Chavez, the UFW, and the Struggle for Justice in the 21st Century*(Berkeley and Los Angeles: University of California Press, 2009), 87–91.

46. Von Hoffman, *Radical*, 163.

47. Ganz, *Why David Sometimes Wins*.

48. Miriam Pawel, *The Union of Their Dreams: Power, Hope, and Struggle in Cesar Chavez's Farm Worker Movement*(New York: Bloomsbury Press, 2009).

49. Von Hoffman, *Radical*, 51,52.

50. Horwitt, "Let Them Call Me Rebel," 524–526.

51. "Empowering People, Not Elites," Saul Alinsky와의 인터뷰.

52. Von Hoffman, *Radical*, 69.

53. David J. Garrow, *Bearing the Cross: Martin Luther King Jr. and the Southern Christian Leadership Conference*(New York: Quill, 1999), 455.

| 제25장 | 블랙파워와 백인의 분노

1. 말콤 엑스는 그 어떤 전략적 선언도 하지 않았다. 그의 핵심 주제와 개념은 아서 해

일리(Arthur Haley)와 함께 쓴 다음 자서전에서 찾아볼 수 있다. *The Autobiography of Malcolm X*(New York: Ballantine Books, 1992).

2. David Macey, *Frantz Fanon: A Biography*(New York: Picador Press, 2000).

3. Frantz Fanon, *The Wretched of the Earth*(London: Macgibbon and Kee, 1965), 28, Jean-Paul Sartre, *Anti-Semite and Jew*(New York: Schocken Books, 1995), 152, 초판 인쇄 1948. Sebastian Kaempf, "Violence and Victory: Guerrilla Warfare, 'Authentic Self-Affirmation' and the Overthrow of the Colonial State," *Third World Quarterly* 30, no. 1(2009): 129-146 참조.

4. Preface to Fanon, *Wretched of the Earth*, 18.

5. Hannah Arendt, "Reflections on Violence," *The New York Review of Books*, February 27, 1969. 이런 놀라움은 다음에서 자세하게 나온다. *Crises of the Republic*(New York: Harcourt, 1972).

6. Paul Jacobs and Saul Landau, *The New Radicals: A Report with Documents*(New York: Random House, 1966), 25.

7. Taylor Branch, *At Canaan's Edge: America in the King Years 1965-68*(New York: Simon & Schuster, 2006), 486.

8. SNCC, "The Basis of Black Power," *New York Times*, August 5, 1966.

9. Stokely Carmichael and Charles V. Hamilton, *Black Power: The Politics of Liberation in America*(New York: Vintage Books, 1967), 12-13, 58, 66-67.

10. Garrow, *Bearing the Cross*, 488(chap. 23, n. 21 참조).

11. Martin Luther King, Jr., *Chaos or Community*(London: Hodder & Stoughton, 1968), 56.

12. Bobby Seale, *Seize the Time: The Story of the Black Panther Party and Huey P. Newton*(New York: Random House, 1970), 79-81.

13. Stokely Carmichael, "A Declaration of War, February 1968," Teodori 편, *The New Left*, 258.

14. John D'Emilio, *Lost Prophet: The Life and Times of Bayard Rustin*(New York: The Free Press, 2003), 450-451.

15. Bayard Rustin, "From Protest to Politics," *Commentary*(February 1965).

16. Staughton Lynd, "Coalition Politics or Nonviolent Revolution?" *Liberation*, June/July 1965, 197-198.

17. Carmichael and Hamilton, *Black Power*, 72.

18. 위와 동일, 92-93.

19. 폴 포터(Paul Potter)가 1965년 4월 17일에 한 연설에서. 다음 웹페이지에서 볼 수 있다. http://www.sdsrebels.com/potter.htm.

20. Jeffrey Drury, "Paul Potter, 'The Incredible War,'" *Voices of Democracy* 4(2009): 23-40. 아울러 Sean McCann and Michael Szalay, "Introduction: Paul Potter and the Cultural Turn," *The Yale Journal of Criticism* 18, no. 2(Fall 2005): 209-220.

21. Gitlin, *The Sixties*, 265-267(chap. 24, n. 2 참조).

22. Mark Rudd, *Underground, My Life with SDS and the Weathermen*(New York: Harper Collins, 2009), 65-66.

23. Herbert Marcuse, *One-Dimensional Man*(London: Sphere Books, 1964), "Repressive Tolerance" Robert Paul Wolff, Barrington Moore, Jr., Herbert Marcuse 편, *A Critique of Pure Tolerance*(Boston: Beacon Press, 1969), 95-137, *An Essay on Liberation*(London: Penguin, 1969).

24. Che Guevara, "Message to the Tricontinental," 초판 인쇄: Havana, April 16, 1967, 다음 웹페이지에서 볼 수 있다. http://www.marxists.org/archive/guevara/1967/04/16.htm.

25. Boot, *Invisible Armies*, 438(chap. 14, n. 22 참조). 스노에 관해서는 341 참조.

26. Matt D. Childs, "An Historical Critique of the Emergence and Evolution of Ernesto Che Guevara's Foco Theory," *Journal of Latin American Studies* 27, no. 3(October 1995): 593-624.

27. Che Guevara, *Guerrilla Warfare*(London: Penguin, 1967). 아울러 Che Guevara, *The Bolivian Diaries*(London: Penguin, 1968) 참조.

28. Childs, "An Historical Critique," 617.

29. Paul Dosal, *Commandante Che: Guerrilla Soldier, Commander, and Strategist, 1956-1967*(University Park: Pennsylvania University Press, 2003), 313.

30. Regis Debray, *Revolution in the Revolution*(London: Pelican, 1967).

31. 위와 동일, 51. Jon Lee Anderson, *Che Guevara: A Revolutionary Life*(New York: Bantam Books, 1997)는 체 게바라가 이 책을 보다 긍정적으로 평가한다고 주장한다. 드브레는 나중에 카스트로와 체 게바라가 그다지 존경할 만한 인물이 아니라고 결론을 내렸다.

32. 이것은 애초에 다음 기관지에 수록되어 회람되었다. *Tricontinental Bimonthly* (January-February 1970). 다음 웹페이지에서 볼 수 있다. http://www.marxists.

org/archive/marighellacarlos/1969/06/minimanual-urban-guerrilla/index.htm. 마리겔라와 그가 끼친 영향에 대해서는 다음을 참조. John W. Williams, "Carlos Marighella: The Father of Urban Guerrilla Warfare," *Terrorism* 12, no. 1(1989): 1-20.

33. 이 일화는 다음 책에 수록되어 있다. Branch, *At Canaan's Edge*, 662-664. Henry Raymont, "Violence as a Weapon of Dissent Is Debated at Forum in 'Village,'" *New York Times*, December 17, 1967. 이 포럼의 내용은 다음에서 확인할 수 있다. Alexander Klein 편, *Dissent, Power, and Confrontation*(New York: McGraw Hill, 1971).

34. Arendt, *Reflections on Violence*.

35. Eldridge Cleaver, *Soul on Fire*(New York: Dell, 1968), 108. Childs, "An Historical Critique," 198에서 재인용.

36. 헤이든은 자유주의적인 협조주의를 마뜩치 않게 여기긴 했지만, 케네디와는 계속 친분과 대화를 유지했으며 케네디가 죽었을 때는 그의 관 옆에서 소리 내어 울었다고 한다.

37. Tom Hayden, "Two, Three, Many Columbias," *Ramparts*, June 15, 1968, 346.

38. Rudd, Underground, 132.

39. 위와 동일, 144.

40. Daniel Bell, "Columbia and the New Left," *National Affairs* 13(1968): 100.

41. Letter of December 3, 1966. Bill Morgan 편, *The Letters of Allen Ginsberg*(Philadelphia: Da Capo Press, 2008), 324.

42. Ginsberg와의 인터뷰, August 11, 1996, 다음 웹페이지에서 볼 수 있다. http://www.english.illinois.edu/maps/poets/g_l/ginsberg/interviews.htm.

43. Amy Hungerford, "Postmodern Supernaturalism: Ginsberg and the Search for a Supernatural Language," *The Yale Journal of Criticism* 18, no. 2(2005): 269-298.

44. 이피의 기원에 대해서는 다음을 참조, David Farber, *Chicago '68*(Chicago: University of Chicago Press, 1988). 이 이름은 '히피'와 딱 들어맞으며 또 행동한 외침으로 들리는 장점을 가지고 있었다. 그리고 농담 반 진담 반의 신뢰를 주기 위해서 이 이름을 청년국제당(Youth International Party)의 머리글자로 사용했다.

45. Gitlin, *The Sixties*, 289.

46. Farber, *Chicago '68*, 20-21.

47. Harry Oldmeadow, "To a Buddhist Beat: Allen Ginsberg on Politics, Poetics and

Spirituality," *Beyond the Divide* 2, no. 1(Winter 1999): 6.

48. 위와 동일, 27. 1970년대 중반까지 그는 전통적인 관점에서 돌아보았다. '1960년 대 말에 있었던 우리의 모든 활동이 베트남 전쟁을 연장시켰을지도 모른다.' 좌익이 선거에서 험프리를 지지하지 않는 바람에 닉슨이 당선되었기 때문이라는 것이었다. 그런데 사실 그는 험프리에게 표를 던졌었다. Peter Barry Chowka, "Interview with Allen Ginsberg," *New Age Journal*, April 1976, 다음 웹페이지에서 볼 수 있다. http://www.english.illinois.edu/maps/poets/g_l/ginsberg/interviews.htm.

49. 시위가 모두 끝난 뒤에 헤이든은 신좌파의 악명 높은 일곱 명의 지도자들과 함께 (이 가운데는 흑표당의 보비 실도 포함되어 있었다) 상해를 선동했다는 혐의로 체포되었다. 그리고 이들에 대한 재판은 곧바로 한바탕 코미디가 되었다.

50. Scalmer, *Gandhi in the West*, 218(chap. 23, n. 7 참조).

51. Michael Kazin, *American Dreamers: How the Left Changed a Nation*(New York: Vintage Books, 2011), 213.

52. Betty Friedan, *The Feminist Mystique*(New York: Dell, 1963).

53. Casey Hayden and Mary King, "Feminism and the Civil Rights Movement," 1965, 다음 웹페이지에서 볼 수 있다. http://www.wwnorton.com/college/history/archive/resources/documents/ch34_02.htm. Casey Hayden에 대해서는 Davis W. Houck and David E. Dixon 편, *Women and the Civil Rights Movement, 1954-1965*(Jackson: University Press of Mississippi, 2009), 135-137 참조.

54. Jo Freeman, "The Origins of the Women's Liberation Movement," *American Journal of Sociology* 78, no. 4(1973): 792-811, Ruth Rosen, *The World Split Open: How the Modern Women's Movement Changed America*(New York: Penguin, 2000).

55. Carol Hanish, "The Personal Is Political," Shulamith Firestone and Anne Koedt 편, *Notes from the Second Year: Women's Liberation*, 1970, 다음 웹페이지에서 볼 수 있다. http://web.archive.org/web/20080515014413/http://scholar.alexanderstreet.com/pages/viewpage.action?pageId=2259.

56. Ruth Rosen, *The World Split Open*.

57. Robert O. Self, *All in the Family: The Realignment of American Democracy since the 1960s*(New York: Hill and Wang, 2012), Chapter 3.

58. Gene Sharp, *The Politics of Nonviolent Action*, 3 vols.(Manchester, NH: Extending Horizons Books, Porter Sargent Publishers, 1973).

59. 198개의 전술이 《비폭력 행동의 정치학》(The Politics of Nonviolent Action) 2권에

수록되어 있다. 이 목록은 다음 웹페이지에서 볼 수 있다. http://www.aeinstein.org/organizations103a.html.

60. Sheryl Gay Stolberg, "Shy U.S. Intellectual Created Playbook Used in a Revolution," *New York Times*, February 16, 2011.

61. Todd Gitlin, *Letters to a Young Activist* (New York: Basic Books, 2003), 84, 53.

| 제26장 | 프레임, 패러다임, 담화 그리고 내러티브

1. Karl Popper, *The Open Society and Its Enemies* (London: Routledge, 1947).

2. Peter L. Berger and Thomas Luckmann, *The Social Construction of Reality: A Treatise in the Sociology of Knowledge* (Garden City, NY: Anchor Books, 1966).

3. Erving Goffman, *Frame Analysis* (New York: Harper & Row, 1974), 10-11, 2-3. William James, *Principles of Psychology*, vol. 2 (New York: Cosimo, 2007). 해당 장은 처음 잡지 《마인드》(Mind)에 실렸다. 제임스의 책은 선택적 관심, 친밀한 연관 그리고 무(無)모순성(non-contradiction)의 중요성을 고찰했는데 이 고찰의 기준은 그런 것들이 어떤 것으로 알려져 있는가, 어떻게 해서 다양한 하부 세계들(이 세계들은 고프먼의 표현을 빌리면 '자기만의 스타일을 좇아서 실질적인')이 있을 수 있는가 등을 기준으로 했다.

4. 이 협력의 한 가지 부작용은 머튼이('당대의 탁월한 사회학자'이던) 라이트 밀즈를 조사 작업에 합류시킨 것이었다. 그러나 밀즈는 통계적인 분석 작업에 매달렸고, 결국 라자스펠드는 밀즈를 해고했다. 밀즈가 '추상적 경험주의'라는 딱지가 붙여져서 《사회학적 상상력》(The Sociological Imagination)에 등장하는 이유도 여기에 있다. 추상적 경험주의는 여러 가지 세부 사항들을 낳지만 '그것들의 수가 아무리 많다 하더라도 신념을 가질 만한 어떤 것을 굳이 가져야 할 필요성을 납득시키지 못한다'고 했다. 밀즈를 향한 이런 악의적인 공격 때문에 밀즈는 사실상 주류 사회학자들로부터 제명당했다. John H. Summers, "Perpetual Revelations: C. Wright Mills and Paul Lazarsfeld," *The Annals of the American Academy of Political and Social Science* 608, no. 25 (November 2006): 25-40.

5. Paul F. Lazarsfeld and Robert K. Merton, "Mass Communication, Popular Taste, and Organized Social Action," L. Bryson 편, *The Communication of Ideas* (New York: Harper, 1948), 95-188.

6. M. E. McCombs and D. L. Shaw, "The Agenda-setting Function of Mass Media," *Public Opinion Quarterly* 36 (1972): 176-187, Dietram A. Scheufele and David

Tewksbury, "Framing, Agenda Setting, and Priming: The Evolution of the Media Effects Models," *Journal of Communication* 57(2007): 9-20.

7. McCabe, "Agenda-setting Research: A Bibliographic Essay," *Political Communication Review* 1(1976): 3, E. M. Rogers and J. W. Dearing, "Agendasetting Research: Where Has It Been? Where Is It Going?" J. A. Anderson 편, *Communication Yearbook* 11(Newbury Park, CA: Sage, 1988), 555-594.

8. Todd Gitlin, *The Whole World Is Watching: Mass Media in the Making and Unmaking of the New Left*(Berkeley and Los Angeles, CA: University of California Press, 2003), xvi.

9. 위와 동일, 6.

10. J. K. Galbraith, *The Affluent Society*(London: Pelican, 1962), 16-27.

11. Sal Restivo, "The Myth of the Kuhnian Revolution," Randall Collins 편, *Sociological Theory*(San Francisco: Jossey-Bass, 1983), 293-305.

12. Aristides Baltas, Kostas Gavroglu, and Vassiliki Kindi, "A Discussion with Thomas S. Kuhn," James Conant and John Haugeland 편, *The Road Since Structure*(Chicago: University of Chicago Press, 2000), 308.

13. Thomas Kuhn, *The Structure of Scientific Revolutions*, 제2판(Chicago: University of Chicago Press, 1970), 5, 16-17. 쉽게 접근할 수 있는 지적인 일대기로는 다음이 있다. Alexander Bird, "Thomas S. Kuhn(18 July 1922.17 June 1996)," *Social Studies of Science* 27, no. 3(1997): 483-502. 아울러 Alexander Bird, *Thomas Kuhn*(Chesham, UK: Acumen and Princeton, NJ: Princeton University Press, 2000) 참조.

14. Kuhn, *Scientific Revolutions*, 77.

15. E. Garfield, "A Different Sort of Great Books List: The 50 Twentieth-century Works Most Cited in the Arts & Humanities Citation Index, 1976-1983," *Current Contents* 16(April 20, 1987): 3-7.

16. Sheldon Wolin, "Paradigms and Political Theory," Preston King and B. C. Parekh 편, Politics and Experience(Cambridge, UK: Cambridge University Press, 1968), 134-135.

17. 과학과 문화 갱신 센터 및 쐐기 프로젝트에 대해서는 다음 웹페이지에서 볼 수 있다. http://www.antievolution.org/features/wedge.pdf.

18. 지적 설계론과 진화인식센터(Evolution Awareness Center)에 대해서는 웹페이지 http://www.ideacenter.org/contentmgr/showdetails.php/id/1160에서 볼 수 있다. 그런데 한층 복잡하게도, 쿤을 비판하는 사람들 가운데 일부는 진화론에 대해

서도 비판적이었다. 특히 유명한 사람은 스티븐 풀러(Steven Fuller)였는데, 그는 다음 책의 저자이다. *Thomas Kuhn: A Philosophical History for Our Times*(Chicago: University of Chicago Press, 2000) Dissent Over Descent: Intelligent Design's Challenge to Darwinism(London: Icon Books, 2008). 아울러 Jerry Fodor with Massimo Piattelli-Palmarini, *What Darwin Got Wrong*(New York: Farrar, Straus, and Giroux, 2010).

19. 고등학교 생물 교사들을 대상으로 한 조사에 따르면 미국의 고등학교 생물 교사 여덟 명 가운데 한 명 꼴로 창조론이나 지적 설계론을 교실에서 긍정적으로 제시했으며, 또 비슷한 숫자가 유보적인 태도를 취했다. http://www.foxnews.com/story/0,2933,357181,00.html. 그렇게나 많은 생물 교사들이 당대의 지배적인 패러다임 바깥에 서 있다는 사실은 무척 놀랍기도 하지만, 중요한 사실은 그럼에도 불구하고 고등학교 생물 교사들 가운데서는 창조론 혹은 지적 설계론을 지지하는 사람들보다 기존의 패러다임을 지키는 사람이 훨씬 더 많다는 점이다. 2008년에 실시된 한 여론 조사에서는 미국인 가운데 44퍼센트는 신이 인간의 발전을 인도했다고 믿으며, 오로지 14퍼센트만이 신이 이 과정에 어떤 역할도 하지 않는다고 생각하는 것으로 밝혀졌다. Gallup, Evolution, Creationism, Intelligent Design, http://www.gallup.com/poll/21814/evolutioncreationism-intelligent-design.aspx polling for id(2008).

20. 이 다양한 견해에 대한 유용한 안내 및 진화론을 둘러싼 다양한 반론은 TalkOrigins Archive(www.talkorigins.org)에서 확인할 수 있다.

21. Michel Foucault, *Power/Knowledge: Selected Interviews and Other Writings, 1972-1977*, Gordon 편(Brighton: Harvester Press, 1980), 197.

22. Michel Foucault, *The Order of Things: An Archeology of the Human Science*(London: Tavistock Publications, 1970).

23. Michel Foucault, *Discipline and Punish: The Birth of the Prison*(London: Penguin, 1991).

24. Michel Foucault, "The Subject and Power," *Critical Inquiry* 8, no. 4(Summer 1982): 777-795.

25. Julian Reid, "Life Struggles: War, Discipline, and Biopolitics in the Thought of Michel Foucault," *Social Text* 86, 24:1, Spring 2006.

26. Michel Foucault, *Society Must Be Defended*, David Macey 역(London: Allen Lane, 2003), 49-53, 179.

27. Michel Foucault, *Language, Counter-Memory, Practice: Selected Essays and Interviews*(Oxford: Blackwell, 1977), 27.

28. Foucault, *Power/Knowledge*, 145.

29. 머퀴어(J. G. Merquior)의 비평서 《푸코》(Foucault)(London: Fontana Press, 1985)에서 푸코는 탁월한 문학적 재능을 '학문적 규율의 터무니없는 결여'와 결합시키는 철학적 마력을 가진 프랑스 전통에 사로잡혀 있는 프랑스인으로 묘사된다.

30. Robert Scholes and Robert Kellogg, *The Nature of Narrative*(London: Oxford University Press, 1968).

31. Roland Barthes and Lionel Duisit, "An Introduction to the Structural Analysis of Narrative," *New Literary History* 6, no. 2(Winter 1975): 237-272. 이 글은 맨 처음 'Introduction àl'analyse structurale des récits'로 발표되었다(Communications 8, 1966). 이 잡지는 1966년에 내러티브의 구조주의적 연구를 특별 주제로 설정했다.

32. Editor's Note, *Critical Inquiry*, Autumn 1980. 이것은 다음 책으로 출간되었다. W. T. J. Mitchell, *On Narrative*(Chicago: University of Chicago Press, 1981).

33. Francesca Polletta, Pang Ching, Bobby Chen, Beth Gharrity Gardner, and Alice Motes, "The Sociology of Storytelling," *Annual Review of Sociology* 37(2011): 109-130.

34. Mark Turner, *The Literary Mind*(New York; Oxford: Oxford University Press, 1998), 14-20.

35. William Colvin, "The Emergence of Intelligence," *Scientific American* 9, no. 4(November 1998): 44-51.

36. Molly Patterson and Kristen Renwick Monroe, "Narrative in Political Science," *Annual Review of Political Science* 1(June 1998): 320.

37. Jane O'Reilly, "The Housewife's Moment of Truth," *Ms.*, Spring 1972, 54. Cited by Francesca Polletta, *It Was Like a Fever: Storytelling in Protest and Politics*(Chicago: University of Chicago Press, 2006), 48-50.

38. John Arquilla and David Ronfeldt 편, *Networks and Netwars: The Future of Terror, Crime and Militancy*(Santa Monica, CA: RAND, 2001).

39. 예를 들어 Jay Rosen, "Press Think Basics: The Master Narrative in Journalism," September 8, 2003 참조, 다음 웹페이지에서 볼 수 있다. http://journalism.nyu.edu/pubzone/weblogs/pressthink/2003/09/08/basics_master.html.

1. William Safire, "On Language: Narrative," *New York Times*, December 5, 2004. 동일한 이유로 앨 고어는 2000년 대통령 선거 과정에 있었던 토론에서 '흰소리'를 했다는 이유로 비판받았다. 프란체스카 폴레타(Francesca Polletta)가 지적했듯이, 문제는 앨 고어에게 '설득력 있는 스토리텔링'의 재능이 부족했으며 앨 고어라는 지적인 공부벌레는 사람들의 정서에 호소하는 능력이 부족했다. Francesca Polletta, *It Was Like a Fever: Storytelling in Protest and Politics*(chap. 26, n. 37 참조).

2. Frank Lutz, *Words that Work: It's Not What You Say, It's What People Hear*(New York: Hyperion, 1997), 149-157.

3. http://www.informationclearinghouse.info/article4443.htm.

4. George Lakoff, *Don't Think of an Elephant!: Know Your Values and Frame the Debate*(White River Junction, VT: Chelsea Green Publishing Company, 2004).

5. George Lakoff, *Whose Freedom? The Battle Over America's Most Important Idea*(New York: Farrar, Straus & Giroux, 2006).

6. Drew Westen, *The Political Brain*(New York: Public Affairs, 2007), 99-100, 138, 147, 346.

7. Steven Pinker, "Block That Metaphor!," *The New Republic*, October 9, 2006.

8. Lutz, *Words that Work*, 3. 정치적인 의사소통을 효과적으로 하는 다른 많은 사람들과 마찬가지로 그는 '정치와 영어'라는 주제를 다룬 오웰의 저 유명한 1946년 에세이로 거슬러 올라갔는데 이 에세이는 소박한 영어, 간결함, 과장되고 의미 없는 외국어 사용하지 않기, 그리고 전문용어를 강조했다. 다음 웹페이지 참조. http://www.orwell.ru/library/essays/politics/english/e_polit/.

9. Donald R. Kinder, "Communication and Politics in the Age of Information," in David O. Sears, Leonie Huddy, and Robert Jervis 편, *Oxford Handbook of Political Psychology*(Oxford: Oxford University Press, 2003), 372, 374-375.

10. Norman Mailer, *Miami and the Siege of Chicago: An Informal History of the Republican and Democratic Conventions of 1968*(New York: World Publishing Company, 1968), 51.

11. Jill Lepore, "The Lie Factory: How Politics Became a Business," *The New Yorker*, September 24, 2012.

12. Joseph Napolitan, *The Election Game and How to Win It*(New York: Doubleday, 1972); Larry Sabato, *The Rise of Political Consultants: New Ways of Winning*

Elections(New York: Basic Books, 1981).

13. Dennis Johnson, *No Place for Amateurs: How Political Consultants Are Reshaping American Democracy*(New York: Routledge, 2011), xiii.

14. James Thurber, "Introduction to the Study of Campaign Consultants," James Thurber 편, *Campaign Warriors: The Role of Political Consultants in Elections*(Washington, DC: Brookings Institution, 2000), 2.

15. Dan Nimmo, *The Political Persuaders: The Techniques of Modern Election Campaigns*(New York: Prentice Hall, 1970), 41.

16. James Perry, *The New Politics: The Expanding Technology of Political Manipulation*(London: Weidenfeld and Nicolson, 1968).

17. 이 광고의 기원 및 충격은 다음 책에 상세하게 논의되어 있다. Robert Mann, *Daisy Petals and Mushroom Clouds: LBJ, Barry Goldwater, and the Ad That Changed American Politics*(Baton Rouge: Louisiana State University Press, 2011).

18. Joe McGinniss, *Selling of the President*(London: Penguin, 1970), 76; Kerwin Swint, *Dark Genius: The Influential Career of Legendary Political Operative and Fox News Founder Roger Ailes*(New York: Union Square Press, 2008).

19. Richard Whalen, *Catch the Falling Flag*(New York: Houghton Mifflin, 1972), 135.

20. James Boyd, "Nixon's Southern Strategy: It's All in the Charts," *New York Times*, May 17, 1970.

21. 필립은 결국 자기가 주장했던 보수적인 정치에 반대하게 되었으며 '실수를 저지르고 만 공화당 다수파'에 대해서 글을 썼다. 그리고는 좌익으로 돌아섰다. 예를 들어 Kevin Phillips, *American Theocracy: The Peril and Politics of Radical Religion, Oil, and Borrowed Money in the 21st Century*(New York: Viking, 2006).

22. Nelson Polsby, "An Emerging Republican Majority?" *National Affairs*, Fall 1969.

23. Richard M. Scammon and Ben J. Wattenberg, *The Real Majority*(New York: Coward McCann, 1970).

24. Lou Cannon, *President Reagan: The Role of a Lifetime*(New York: PublicAffairs, 2000), 21; Ewen, *PR! A Social History of Spin*(chap. 2, n. 28 참조), 396.

25. Perry, *The New Politics*, 16, 21-31. 그는 스펜서와 로버츠를 고용했는데, 이 두 사람은 1966년에 배리 골드워터에 반대하던 넬슨 록펠러를 위해서 일했었다. 그리고 그는 나중에 자기가 앞으로는 '전문 경영인'을 고용하겠다고 말했다.

26. William Rusher, *Making of the New Majority Party*(Lanham, MD: Sheed and Ward,

1975). 러셔는 새로운 보수주의 정당을 옹호했다. 그러나 그의 주장은 공화당 내의 반대파에게 유리하게 작용했다.

27. Kiron K. Skinner, Serhiy Kudelia, Bruce Bueno de Mesquita, and Condoleezza Rice, *The Strategy of Campaigning: Lessons from Ronald Reagan and Boris Yeltsin*(Ann Arbor: University of Michigan Press, 2007), 132-133.

28. David Domke and Kevin Coe, *The God Strategy: How Religion Became a Political Weapon in America*(Oxford: Oxford University Press, 2008), 16-17, 101.

29. John Brady, *Bad Boy: The Life and Politics of Lee Atwater*(New York: Addison-Wesley, 1996), 34-35, 70.

30. Richard Fly, "The Guerrilla Fighter in Bush's War Room," *Business Week*, June 6, 1988.

31. 앳워터 사망 당시에는 *The Years of Lyndon Johnson: The Path to Power*(New York: Alfred Knopf, 1982)의 1권만 출간되었다. 하지만 이 책은 지금 4권까지 나왔다. 정치 전략가들 가운데서 카로를 찬양하는 사람은 앳워터 말고도 많이 있었다.

32. John Pitney, Jr., *The Art of Political Warfare*(Norman: University of Oklahoma Press, 2000), 12-15.

33. Mary Matalin, James Carville, and Peter Knobler, *All's Fair: Love, War and Running for President*(New York: Random House, 1995), 54.

34. Brady, *Bad Boy*, 56.

35. Matalin, Carville, and Knobler, *All's Fair*, 48.

36. Brady, *Bad Boy*, 117-118.

37. 위와 동일, 136.

38. Sidney Blumenthal, *Pledging Allegiance: The Last Campaign of the Cold War*(New York: Harper Collins, 1990), 307-308.

39. Eric Benson, "Dukakis's Regret," *New York Times*, June 17, 2012.

40. Domke and Coe, *The God Strategy*, 29.

41. Sidney Blumenthal, *The Permanent Campaign: Inside the World of Elite Political Operatives*(New York: Beacon Press, 1980).

42. Matalin, Carville, and Knobler, *All's Fair*, 186, 263, 242, 208, 225.

43. 이 내용의 출전은 기원전 64년에 퀸투스 툴리우스 키케로(Quintus Tullius Cicero)가 집정관에 출마하면서 형제이던 마르쿠스(Marcus)에게 보낸 편지이다. "Campaign Tips from Cicero: The Art of Politics from the Tiber to the Potomac,"

James Carville 주석, *Foreign Affairs*, May/June 2012.

44. James Carville and Paul Begala, *Buck Up, Suck Up...... And Come Back When You Foul Up*(New York: Simon & Schuster, 2002), 50.

45. 위와 동일, 108, 65.

46. 네거티브 선거를 방어하는 방법에 대해서는 Frank Rich, "Nuke 'Em," *New York Times*, June 17, 2012를 참조.

47. Kim Leslie Fridkin and Patrick J. Kenney, "Do Negative Messages Work?: The Impact of Negativity on Citizens' Evaluations of Candidates," *American Politics Research* 32(2004): 570.

48. 1992년 선거에서 복잡한 변수로 작용한 것이 바로 무소속 후보로 나선 로스 페로 (Ross Perot)였다. 그가 펼친 유세는 혼란스럽긴 했지만, 그는 거의 20퍼센트 가까운 득표율을 올렸다. 페로는 부시와 클린턴 두 후보의 표를 모두 잠식한 것처럼 보였지만 사실 부시에게 더 큰 타격을 주었다.

49. Domke and Coe, *The God Strategy*, 117.

50. 이 강연의 제목은 '팻 로버트슨은 말한다. 페미니스트는 자식을 죽이길 원하고 마녀가 되려 한다'였다. 위와 동일, 133.

51. James McLeod, "The Sociodrama of Presidential Politics: Rhetoric, Ritual, and Power in the Era of Teledemocracy," *American Anthropologist*, New Series 10, no. 2(June 1999): 359-373. 퀘일은 1992년에 한 초등학교를 방문해서 한 학생이 쓴 감자의 스펠링 'potato'를 'potatoe'로 잘못 고쳐주었다가 망신을 당한 사건으로도 감점이 되었다.

52. David Paul Kuhn, "Obama Models Campaign on Reagan Revolt," *Politico*, July 24, 2007.

53. David Plouffe, *The Audacity to Win: The Inside Story and Lessons of Barack Obama's Historic Victory*(New York: Viking, 2009), 236-238, 378-379. 이 선거 운동에 대한 전반적인 설명에 대해서는 다음을 참조. John Heilemann and Mark Halperin, *Game Change*(New York: Harper Collins, 2010).

54. John B. Judis and Ruy Teixeira, *The Emerging Democratic Majority*(New York: Lisa Drew, 2002).

55. Peter Slevin, "For Clinton and Obama, a Common Ideological Touchstone," *Washington Post*, March 25, 2007.

56. 그녀는 다음을 인용한다. "Plato on the Barricades," *The Economist*, May 13-19,

1967, 14. '오로지 싸움만 있을 뿐이다-앨린스키 모델의 분석'이라는 제목이 붙은 이 논문은 2008년에 주로 우익 블로거들에게 회람되었다. 다음 웹페이지 참조 http://www.gopublius.com/HCT/HillaryClintonThesis.pdf.

| 제28장 | 경영자 계급의 성장

1. Paul Uselding, "Management Thought and Education in America: A Centenary Appraisal," Jeremy Atack 편, *Business and Economic History*, Second Series 10(Urbana: University of Illinois, 1981), 16.

2. Matthew Stewart, *The Management Myth: Why the Experts Keep Getting It Wrong*(New York: W. W. Norton, 2009), 41. 아울러 Jill Lepore, "Not So Fast: Scientific Management Started as a Way to Work. How Did It Become a Way of Life?" *The New Yorker*, October 12, 2009 참조.

3. Frederick W Taylor, *Principles of Scientific Management*(Digireads.com: 2008), 14. 초판 인쇄 1911.

4. Charles D. Wrege and Amadeo G. Perroni, "Taylor's Pig-Tale: A Historical Analysis of Frederick W. Taylor's Pig-Iron Experiments," *Academy of Management Journal* 17, no. 1(1974): 26.

5. Jill R. Hough and Margaret A. White, "Using Stories to Create Change: The Object Lesson of Frederick Taylor's 'Pig-Tale,'" *Journal of Management* 27(2001): 585–601.

6. Robert Kanigel, *The One Best Way: Frederick Winslow Taylor and the Enigma of Efficiency*(New York: Viking Penguin, 1999), Daniel Nelson, "Scientific Management, Systematic Management, and Labor, 1880.1915," *The Business History Review* 48, no. 4(Winter 1974): 479–500. 다음 책의 테일러 관련 장을 참조. A. Tillett, T. Kempner, and G. Wills 편, *Management Thinkers*(London: Penguin, 1970).

7. Judith A. Merkle, *Management and Ideology: The Legacy of the International Scientific Movement*(Berkeley: University of California Press, 1980), 44–45.

8. Peter Drucker, *The Concept of the Corporation*, 제3판.(New York: Transaction Books, 1993), 242.

9. Oscar Kraines, "Brandeis' Philosophy of Scientific Management," *The Western Political Quarterly* 13, no. 1(March 1960): 201.

10. Kanigel, The One Best Way, 505.

11. V. I. Lenin, "The Immediate Tasks of the Soviet Government," *Pravda*, April 28, 1918. 다음 웹페이지에서 볼 수 있다. http://www.marxists.org/archive/lenin/works/1918/mar/x03.htm.

12. Merkle, *Management and Ideology*, 132. 아울러 Daniel A. Wren and Arthur G. Bedeian, "The Taylorization of Lenin: Rhetoric or Reality?" *International Journal of Social Economics* 31, no. 3(2004): 287-299 참조.

13. Mary Parker Follett, *The New State*(New York: Longmans, 1918), Ellen S. O'Connor, "Integrating Follett: History, Philosophy and Management," *Journal of Management History* 6, no. 4(2000): 181 재인용.

14. Peter Miller and Ted O'Leary, "Hierarchies and American Ideals, 1900. 1940," *Academy of Management Review* 14, no. 2(April 1989): 250-265.

15. Pauline Graham 편, *Mary Parker Follett: Prophet of Management*(Washington, DC: Beard Books, 2003).

16. Mary Parker Follett, *The New State: Group Organization-The Solution of Popular Government*(New York: Longmans Green, 1918), 3.

17. Irving L. Janis, *Groupthink: Psychological Studies of Policy Decisions and Fiascos*(Andover, UK: Cengage Learning, 1982)

18. 이것은 다음에서 뽑았다. Ellen S. O'Connor, "The Politics of Management Thought: A Case Study of the Harvard Business School and the Human Relations School," *Academy of Management Review* 24, no. 1(1999): 125-128.

19. O'Connor, "The Politics of Management Thought," 124-125.

20. Elton Mayo, *The Human Problems of an Industrial Civilization*(New York: MacMillan, 1933), Roethlisberger and Dickson, *Management and the Worker*(Cambridge, MA: Harvard University Press, 1939), Richard Gillespie, *Manufacturing Knowledge: A History of the Hawthorne Eexperiments*(Cambridge, UK: Cambridge University Press, 1991), R. H. Franke and J. D. Kaul, "The Hawthorne Experiments: First Statistical Interpretation," *American Sociological Review* 43(1978): 623-643, Stephen R. G. Jones, "Was There a Hawthorne Effect?" *The American Journal of Sociology* 98, no. 3(November 1992): 451-468.

21. 메이요의 삶에 대해서는 Richard C. S. Trahair, *Elton Mayo: The Humanist Temper*(New York: Transaction Publishers, 1984) 참조. 이 책의 강력한 서문이 특히

흥미로운데, 이 서문을 쓴 아브라함 잘레즈닉(Abraham Zaleznik)은 메이요가 하버드 대학교를 떠날 때 이 학교의 인간관계 팀에 합류했다.

22. Barbara Heyl, "The Harvard 'Pareto Circle,'" *Journal of the History of the Behavioral Sciences* 4(1968): 316-334; Robert T. Keller, "The Harvard 'Pareto Circle' and the Historical Development of Organization Theory," *Journal of Management* 10(1984): 193.

23. Chester Irving Barnard, *The Functions of the Executive*(Cambridge, MA: Harvard University Press, 1938), 294-295.

24. Peter Miller and Ted O'Leary, "Hierarchies and American Ideals, 1900. 1940," *Academy of Management Review* 14, no. 2(April 1989): 250-265, William G. Scott, "Barnard on the Nature of Elitist Responsibility," *Public Administration Review* 42, no. 3(May.June 1982): 197-201.

25. Scott, "Barnard on the Nature of Elitist Responsibility," 279.

26. Barnard, *The Functions of the Executive*, 71.

27. James Hoopes, "Managing a Riot: Chester Barnard and Social Unrest," *Management Decision* 40(2002): 10.

| 제29장 | 경영이 하는 일

1. 나는 주로 Ron Chernow, *Titan: The Life of JohnD. Rockefeller, Sr.*(New York: Little, Brown & Co., 1998), Daniel Yergin, *The Prize: The Epic Quest for Oil, Money & Power*(New York: The Free Press, 1992)에 의거했다.

2. Chernow, *Titan*, 148-150.

3. Allan Nevins, *John D. Rockefeller: The Heroic Age of American Enterprise*, 2 vols.(New York: Charles Scribner's Sons, 1940).

4. 위와 동일, 433.

5. Richard Hofstadter, *The Age of Reform*(New York: Vintage, 1955), 216-217.

6. 그녀가 쓴 기사들을 모아서 만든 책은 지금도 발행된다. Ida Tarbell, *The History of the Standard Oil Company*(New York: Buccaneer Books, 1987), Steven Weinberg, *Taking on the Trust: The Epic Battle of Ida Tarbell and John D. Rockefeller*(New York: W. W. Norton, 2008).

7. Yergin, *The Prize*, 93.

8. 위와 동일, 26.

9. Chernow, *Titan*, 230.

10. Steve Watts, *The People's Tycoon: Henry Ford and the American Century*(New York: Vintage Books, 2006), 16, Henry Ford, *My Life and Work*(New York: Classic Books, 2009; 초판 인쇄 1922).

11. Watts, *The People's Tycoon*, 190 재인용.

12. Richard Tedlow, "The Struggle for Dominance in the Automobile Market: The Early Years of Ford and General Motors," *Business and Economic History* Second Series, 17(1988): 49-62.

13. Watts, *The People's Tycoon*, 456, 480.

14. David Farber, *Alfred P. Sloan and the Triumph of General Motors*(Chicago: University of Chicago Press, 2002), 41.

15. Alfred Sloan, *My Years with General Motors*(New York: Crown Publishing, 1990), 47, 52, 53-54.

16. Farber, *Alfred P. Sloan*, 50.

17. Sloan, *My Years with General Motors*, 71.

18. 위와 동일, 76. 아울러 John MacDonald, *The Game of Business*(New York: Doubleday: 1975), Chapter 3 참조.

19. Sloan, *My Years with General Motors*, 186-187.

20. 위와 동일, 195-196.

21. Sidney Fine, "The General Motors Sit-Down Strike: A Re-examination," *The American Historical Review* 70, no. 3, April 1965, 691-713.

22. Adolf Berle and Gardiner Means, *The Modern Corporation and Private Property*(New York: Harcourt, Brace and World, 1967), 46, 313.

| 제30장 | **경영 전략**

1. 솔로는 이혼한 아내인 테스 슬레진저(Tess Slesinger)가 쓴 소설 《언퍼제스드》(The Unpossessed)와 저자 사후에 출간된 제임스 파렐의 소설 《샘 홀먼》(Sam Holman) (이 소설은 1930년대의 정치적인 여정을 통해서 지적인 명민함이 평범함으로 바뀌 어버리는 상황을 주제로 하고 있다)이라는 고무적인 두 소설을 명확하게 구분했다. 그리고 맥도널드는 홀먼(솔로)의 가장 친한 친구였으며, 또한 회의주의와 양심의 원천이었다.

2. Amitabh Pal, John Kenneth Galbraith와의 인터뷰, *The Progressive*, October 2000,

다음 웹페이지에서 볼 수 있다. http://www.progressive.org/mag_amitpalgalbraith.

3. Alfred Chandler, *The Visible Hand*(Harvard, MA: Belknap Press, 1977), 1

4. Galbraith, *The New Industrial State*, 제2판(Princeton, NJ: Princeton University Press, 2007), 59, 42.

5. Drucker, *The Concept of the Corporation*, Chapter 28, n. 8 참조.

6. 위와 동일, Introduction.

7. Peter Drucker, *The Practice of Management*(Amsterdam: Elsevier, 1954), 3, 245-247.

8. 위와 동일, 11.

9. 위와 동일, 177. 그의 자서전에 수록되어 있는 관찰 내용을 참조, Peter Drucker, *Adventures of a Bystander*(New York: Transaction Publishers, 1994).

10. 이 설명은 그 책의 1983년판 부록에 나오며, 슬론의 《제너럴모터스와 함께한 나의 인생》의 1990년판에 그가 쓴 서문에도 반복해서 나타난다. 그리고 그의 자서전에서 도 보인다.

11. Christopher D. McKenna, "Writing the Ghost-Writer Back In: Alfred Sloan, Alfred Chandler, John McDonald and the Intellectual Origins of Corporate Strategy," *Management & Organizational History* 1, no. 2(May 2006): 107-126.

12. Jon McDonald and Dan Seligman, *A Ghost's Memoir: The Making of Alfred P. Sloan's My Years with General Motors*(Boston: MIT Press, 2003), 16.

13. 변호사들은 포드와 대결을 벌이려던 초기 계획과 관련된 언급이 적절하지 않다고 염려했다. 애초의 계획에서 제너럴모터스가 독점을 추종하지 않는다고 언급했는데 이런 표현이 독점이 제너럴모터스에게 하나의 선택일 수도 있었음을 인정하는 것으 로 법정에서 해석될 수 있기 때문이었다.

14. Edith Penrose, *The Theory of the Growth of the Firm*(New York: Oxford University Press, 1959). 1995년에 그녀는 챈들러의 분석 구조가 자기의 분석 구조와 일치한 다고 했다. 존 케이는 펜로즈의 토대를 놓은 역할을 했음을 강조한다. John Kay, *Foundations of Corporate Success: How Business Strategies Add Value*(Oxford: Oxford University Press, 1993), 335.

15. Alfed Chandler, "Introduction," *Strategy and Structure*(Cambridge, MA: MIT Press, 1990)의 1990년판, v. 챈들러가 그 주제에 관해서 처음 저작물을 발표했던 1956년 에 그는 지금 그가 전략이라고 부르던 것을 장기적인 정책이라고 표현했다.

16. Chandler, "Introduction," *Strategy and Structure*, 13.

17. 챈들러는 동일한 주제의 다른 사례들, 예를 들어 뒤퐁과 관련된 사례들을 보았다.

Alfred D. Chandler and Stephen Salsbury, *Pierre S. du Pont and the Making of the Modern Corporation*(New York: Harper & Row, 1971).

18. Chandler, *Strategy and Structure*, 309. Robert F. Freeland, "The Myth of the M-Form? Governance, Consent, and Organizational Change," *The American Journal of Sociology* 102(1996): 483-526, Robert F. Freeland, "When Organizational Messiness Works," *Harvard Business Review* 80(May 2002): 24-25.

19. Freeland, "The Myth of the M-Form," 516.

20. Neil Fligstein, "The Spread of the Multidivisional Form Among Large Firms, 1919.1979," *American Sociological Review* 50(1985): 380.

21. McKenna, "Writing the Ghost-Writer Back In." IBM이나 AT&T와 같은 챈들러가 연구했던 다른 대기업들은 챈들러가 반독점 법률이 기업 구조에 대한 충격을 논문으로 쓰고자 했다면 아마도 펄쩍 뛰었을 것이다.

22. Edward D. Berkowitz and Kim McQuaid, *Creating the Welfare State: The Political Economy of Twentieth Century Reform*(Lawrence, KS: Praeger, 1992), 233-234. Richard R. John, "Elaborations, Revisions, Dissents: Alfred D. Chandler, Jr.'s, 'The Visible Hand' after Twenty Years"에서 재인용, *The Business History Review* 71, no. 2(Summer 1997): 190. Sanford M. Jacoby, *Employing Bureaucracy: Managers, Unions, and the Transformation of Work in American Industry, 1900-1945*(New York: Columbia University Press, 1985), 8. John, "Elaborations, Revisions, Dissents," 190.

23. Louis Galambos, "What Makes Us Think We Can Put Business Back into American History?" *Business and Economic History* 21(1992): 1-11.

24. John Micklethwait and Adrian Wooldridge, *The Witch Doctors: Making Sense of the Management Gurus*(New York: Random House, 1968), 106.

25. 《창조하는 경영자》의 1986년판 서문 참조.

26. Stewart, *The Management Myth*, Chapter 28, n. 2, 153 참조.

27. Walter Kiechel III, *The Lords of Strategy: The Secret Intellectual History of the New Corporate World*(Boston: The Harvard Business Press, 2010), xi-xii, 4.

28. Kenneth Andrews, *The Concept of Corporate Strategy*(Homewood, IL: R. D. Irwin, 1971), 29.

29. Henry Mitzberg, Bruce Ahlstrand, and Joseph Lampel, *Strategy Safari: The Complete Guide Through the Wilds of Strategic Management*(New York: The Free Press, 1998). 아울러 the companion volume of readings, *Strategy Bites Back: It Is*

Far More, and Less, Than You Ever Imagined(New York: Prentice Hall, 2005) 참조.

30. "The Guru: Igor Ansoff," *The Economist*, July 18, 2008; Igor Ansoff, *Corporate Strategy: An Analytic Approach to Business Policy for Growth and Expansion*(New York: McGraw-Hill, 1965).

31. Igor Ansoff, *Corporate Strategy*(London: McGraw-Hill, 1965), 120.

32. Stewart, *The Management Myth*, 157-158.

33. Kiechel, *The Lords of Strategy*, 26-27.

34. John A. Byrne, *The Whiz Kids: Ten Founding Fathers of American Business. And the Legacy They Left Us*(New York: Doubleday, 1993).

35. Samuel Huntington, *The Common Defense: Strategic Programs in National Politics*(New York: Columbia University Press, 1961).

36. Mintzberg et al., *Strategy Safari*, 65.

37. Friedrich Hayek, "The Use of Knowledge in Society," *American Economic Review* 35, no. 4(1945): 519-530.

38. Aaron Wildavsky, "Does Planning Work?" *The National Interest*, Summer 1971, No. 24, 101. 아울러 그의 "If Planning Is Everything Maybe It's Nothing," *Policy Sciences* 4(1973): 127-153 참조.

39. Cited in Mitzberg et al., *Strategy Safari*, 65.

40. Jack Welch, with John Byrne, *Jack: Straight from the Gut*(New York: Grand Central Publishing, 2003), 448. 이 편지는 케빈 페퍼드가 쓴 것이며 *Fortune Magazine*, November 30, 1981, p. 17에 나온다. 아울러 Thomas O'Boyle, *At Any Cost: Jack Welch, General Electric, and the Pursuit of Profit*(New York: Vintage, 1999)의 Chapter 3 참조.

41. Henry Mintzberg, *The Rise and Fall of Strategic Planning*(London: Prentice-Hall, 1994).

42. Igor Ansoff, "Critique of Henry Mintzberg's 'The Design School: Reconsidering the Basic Premises of Strategic Management,'" *Strategic Management Journal* 12, no. 6(September 1991): 449-461.

| 제31장 | 경영은 전쟁이다

1. Albert Madansky, "Is War a Business Paradigm? A Literature Review," *The Journal of Private Equity* 8(Summer 2005): 7-12.

2. Wess Roberts, *Leadership Secrets of Attila the Hun*(New York: Grand Central Publishing, 1989).

3. Dennis Laurie, *From Battlefield to Boardroom: Winning Management Strategies in Today's Global Business*(New York: Palgrave, 2001), 235.

4. Douglas Ramsey, *Corporate Warriors*(New York: Houghton Mifflin, 1987).

5. Aric Rindfleisch, "Marketing as Warfare: Reassessing a Dominant Metaphor. Questioning Military Metaphors' Centrality in Marketing Parlance," *Business Horizons*, September.October, 1996. 비록 손자의 최종적인 보증이 있긴 하지만, 회의적인 모습에 대해서는 다음을 참조. John Kay, "Managers from Mars," *Financial Times*, August 4, 1999.

6. 보스턴 컨설팅 그룹(BCG)에 대해서는 본문 547쪽 참조.

7. Bruce Henderson, *Henderson on Corporate Strategy*(New York: HarperCollins, 1979), 9-10, 27.

8. Philip Kotler and Ravi Singh, "Marketing Warfare in the 1980s," *Journal of Business Strategy*(Winter 1981): 30-41. 첫 번째 구절은 다음에서 비롯된 것이라고 한다. Alfred R. Oxenfeldt and William L. Moore, "Customer or Competitor: Which Guideline for Marketing?" *Management Review*(August 1978): 43-38.

9. Al Ries and Jack Trout, *Marketing Warfare*(New York: Plume, 1986), Robert Duro and Bjorn Sandstrom, *The Basic Principles of Marketing Warfare*(Chichester, UK: John Wiley & Sons, Inc., 1987), Gerald A. Michaelson, *Winning the Marketing War*(Lanham, MD: Abt Books, 1987).

10. 《손자병법》을 비롯한 중국 대가들의 저술 외에 예를 들어 다음을 참조, Foo Check Teck and Peter Hugh Grinyer, *Organizing Strategy: Sun Tzu Business Warcraft*(Butterworth: Heinemann Asia, 1994), Donald Krause, *The Art of War for Executives*(New York: Berkley Publishing Group, 1995), Gary Gagliardi, *The Art of War Plus The Art of Sales*(Shoreline, WA: Clearbridge Publishing, 1999), Gerald A Michaelson, *Sun Tzu: The Art of War for Managers: 50 Strategic Rules*(Avon, MA: Adams Media Corporation, 2001).

11. Episodes: "Big Girls Don't Cry"; "He Is Risen." http://www.hbo.com/the-sopranos/episodes/index.html. 참조.

12. Richard Greene and Peter Vernezze 편, *The Sopranos and Philosophy: I Kill Therefore I Am*(Chicago: Open Court, 2004). 《소프라노스》의 한 에피소드에서 소프라노의

부하 폴리 구알티에리는 "손터주(Sun-Tuh-Zoo)는 훌륭한 리더는 관대하고 명성에 연연하지 않는다고 말하더라"라고 말했다. 그러면서 '손터주'는 중국의 마키아벨리라고 덧붙였다. 그런데 그때 동료이던 실비오 단테가 구알티에리의 잘못을 지적했다. "'손터주가 아니라 자! 손자! 뭘 좀 똑바로 알고나 말해!" 그리고 그 다음 화에서 구알티에리는 한 차례 감옥에 갔다 온 뒤에 재기하려고 애를 쓰는데 이웃 동네의 숙모집으로 자동차를 몰고 가면서 손자의 테이프를 듣는다. 그런데 테이프에서 기습의 중요성을 언급하던 바로 그 순간에 구알티에리는 우연하게도 최근에 구알티에리의 친구가 관할권을 빼앗긴 구역을 지나가고 있었고, 또 바로 그때 조폭 두 명이 그곳에서 나무를 손질하고 있는 모습을 본다. 구알티에리가 구사한 전술은 그 조폭들이 사용했던 것들과 비슷하다. 잔인한 폭력을 바탕으로 한 협박이다. 구알티에리는 조폭들에게 구역을 내놓고 꺼지라고 하지만 그들은 거부한다. 그러자 구알티에리는 삽으로 한 명의 머리를 내리친다. 그 바람에 이 조폭은 나무 위에 있던 조폭과 연결되어 있던 줄을 놓쳐버리고, 나무 위에 있던 조폭은 땅에 떨어진다. 확실히 손자의 가르침과는 거리가 멀다.《소프라노스》시즌 5)

13. Marc R. McNeilly, *Sun Tzu and the Art of Business*(New York: Oxford University Press, 2000).

14. Khoo Kheng-Ho, *Applying Sun Tzu's Art of War in Managing Your Marriage* (Malaysia: Pelanduk, 2002).

15. William Scott Wilson, *The Lone Samurai: The Life of Miyamoto Musashi*(New York: Kodansha International, 2004), 220, Miyamoto Musashi, *The Book of Five Rings: A Classic Text on the Japanese Way of the Sword*, Thomas Cleary 역(Boston: Shambhala Publications, 2005).

16. Thomas A. Green 편, *Martial Arts of the World: An Encyclopedia*(Santa Barbara, CA: ABC-CLIO, 2001).

17. George Stalk, Jr., "Time-The Next Source of Competitive Advantage," *Harvard Business Review* 1(August 1988): 41-51, George Stalk and Tom Hout, *Competing Against Time: How Time-Based Competition Is Reshaping Global Markets*(New York: The Free Press, 1990).

18. 이 둘은 다음에서도 합쳐져 있다. Chet Richards, *Certain to Win: The Strategy of John Boyd as Applied to Business*(Philadelphia: Xlibris, 2004).

19. 나중에 나온 또 다른 책은 경쟁자들을 지략으로 넘어서는 게 아니라 '대규모의 압도적인 힘'을 무자비하게 휘두른다든가 그들의 '수익 보호 구역'을 가만 두지 않겠

다고 위협한다든가 혹은 말로 잘 구슬러서 물러나게 만든다든가 하는 방식으로 경
쟁자들을 아예 부숴버리는 것에 대해서 이야기했다. 이 책은 온건한 경영자를 위
한 책이 아니었다. 그는 나중에 자기 사상의 '보편적인 주제'는 '경쟁자들이 자기 앞
에 일어난 일을 보고 놀라서 입을 다물지 못하도록 할 정도로 확실하게 강점을 최대
한 활용하는 문제'라고 밝혔다. George Stalk and Rob Lachenauer Hardball, *Are You
Playing to Play or Playing to Win?*(Cambridge, MA: Harvard Business School Press,
2004); Jennifer Reingold, "The 10 Lives of George Stalk," Fast Company.com,
December 19, 2007, http://www.fastcompany.com/magazine/91/open_stalk.html.

| 제32장 | 경제학의 융성

1. Mirowski, *Machine Dreams*, 12-17(chap. 12, n. 11 참조). '사이보그'라는 용어는 인
   공적이고 기술적인 장치를 부착한 인간을 의미하는 것으로 1960년대 들어서서 처
   음 사용되기 시작했다.

2. Duncan Luce and Howard Raiffa, *Games and Decisions: Introduction and Critical
   Survey*(New York: John Wiley & Sons, 1957), 10.

3. 위와 동일, 18.

4. Sylvia Nasar, *A Beautiful Mind*(New York: Simon & Schuster, 1988).

5. John F. Nash, Jr., *Essays on Game Theory*, K. Binmore 서문(Cheltenham, UK:
   Edward Elgar, 1996).

6. Roger B. Myerson, "Nash Equilibrium and the History of Economic Theory,"
   Journal of Economic Literature 37(1999): 1067.

7. Mirowski, *Machine Dreams*, 369.

8. Richard Zeckhauser, "Distinguished Fellow: Reflections on Thomas Schelling," *The
   Journal of Economic Perspectives* 3, no. 2(Spring 1989): 159.

9. Milton Friedman, *Price Theory: A Provisional Text*, 개정판(Chicago: Aldine, 1966),
   37.(Mirowski 재인용)

10. Rakesh Khurana, *From Higher Aims to Higher Hands: The Social Transformation
    of American Business Schools and the Unfulfilled Promise of Management as a
    Profession*(Princeton, NJ: Princeton University Press, 2007), 239-240에서 재인용.

11. 위와 동일, 292, 307.

12. 위와 동일한 곳에서 재인용, 272.

13. 위와 동일, 253-254, 268-269, 275, 331.

14. Pankat Ghemawat, "Competition and Business Strategy in Historical Perspective," *The Business History Review* 76, no. 1(Spring 2002): 37-74, 44-45.

15. Seymour Tilles와의 인터뷰, October 24, 1996.

16. John A. Seeger, "Reversing the Images of BCG's Growth/Share Matrix," *Strategic Management Journal* 5(1984): 93-97.

17. Herbert A. Simon. "From Substantive to Procedural Rationality," Spiro J. Latsis 편, *Method and Appraisal in Economics*(Cambridge, UK: Cambridge University Press, 1976), 140.

18. Michael Porter, *Competitive Strategy Techniques for Analyzing Industries and Competitors*(New York: The Free Press, 1980).

19. Porter, *Competitive Strategy*, 3.

20. Mintzberg et al., *Strategy Safari*, 113(chap. 30, n. 29 참조).

21. Porter, *Competitive Strategy*, 53, 86.

22. Porter, *Competitive Advantage*.

23. Michael Porter, Nicholas Argyres, and Anita M. McGahan, "An Interview with Michael Porter," *The Academy of Management Executive(1993-2005)* 16, no. 2(May 2002): 43,52.

24. Vance H. Fried and Benjamin M. Oviatt, "Michael Porter's Missing Chapter: The Risk of Antitrust Violations," *Academy of Management Executive* 3, no. 1(1989): 49-56.

25. Adam J. Brandenburger and Barry J. Nalebuff, *Co-Opetition*(New York: Doubleday, 1996).

26. 이 내용은 다음 위키피디아 항목에서 자세하게 설명하고 있다. http://en.wikipedia.org/wiki/Coopetition.

27. Stewart, *The Management Myth*, 214-215.

| 제33장 | 붉은 여왕과 푸른 바다

1. Kathleen Eisenhardt, "Agency Theory: An Assessment and Review," *Academy of Management Review* 14, no. 1(1989): 57-74.

2. Justin Fox, *The Myth of the Rational Market: A History of Risk, Reward, and Delusion on Wall Street*(New York: Harper, 2009), 159-162.

3. Michael C. Jensen and William H. Meckling, "Theory of the Firm: Managerial

Behavior, Agency Costs and Ownership Structure," *Journal of Financial Economics* 3(1976): 302-360.

4. Michael C. Jensen, "Organization Theory and Methodology," *The Accounting Review* 58, no. 2(April 1983): 319-339.

5. Jensen, "Takeovers: Folklore and Science," *Harvard Business Review*(November-December 1984), 109-121.

6. Cited by Fox, *The Myth of the Rational Market*, 274.

7. Paul M. Hirsch, Ray Friedman, and Mitchell P. Koza, "Collaboration or Paradigm Shift?: Caveat Emptor and the Risk of Romance with Economic Models for Strategy and Policy Research," *Organization Science* 1, no. 1(1990): 87-97.

8. Robert Hayes and William J. Abernathy, "Managing Our Way to Economic Decline," *Harvard Business Review*(July 1980), 67-77.

9. Franklin Fisher, "Games Economists Play: A Noncooperative View," *RAND Journal of Economics* 20, no. 1(Spring 1989): 113.

10. Carl Shapiro, "The Theory of Business Strategy," *RAND Journal of Economics* 20, no. 1(Spring 1989): 125-137.

11. Richard P. Rumelt, Dan Schendel, and David J. Teece, "Strategic Management and Economics," *Strategic Management Journal* 12(Winter 1991): 5-29.

12. Garth Saloner, "Modeling, Game Theory, and Strategic Management," *Strategic Management Journal* 12(Winter 1991): 119-136. 아울러 Colin F. Camerer, "Does Strategy Research Need Game Theory?" *Strategic Management Journal* 12(Winter 1991): 137-152 참조.

13. Richard L. Daft and Arie Y. Lewin, "Can Organization Studies Begin to Break Out of the Normal Science Straitjacket? An Editorial Essay," *Organization Science* 1, no. 1(1990): 1-9, Richard A. Bettis, "Strategic Management and the Straightjacket: An Editorial Essay," *Organization Science* 2, no. 3(August 1991): 315-319.

14. Sumantra Ghoshal, "Bad Management Theories Are Destroying Good Management Practices," *Academy of Management Learning and Education* 4, no. 1(2005): 85.

15. Timothy Clark and Graeme Salaman, "Telling Tales: Management Gurus' Narratives and the Construction of Managerial Identity," *Journal of Management Studies* 3, no. 2(1998): 157. 아울러 T. Clark and G. Salaman, "The Management

Guru as Organizational Witchdoctor," *Organization* 3, no. 1(1996): 85-107 참조.

16. James Champy, *Reengineering Management: The Mandate for New Leadership* (London: HarperBusiness, 1995), 7.

17. Michael Hammer and James Champy, *Reengineering the Corporation: A Manifesto for Business Revolution*(London: HarperBusiness, 1993), 49.

18. Peter Case, "Remember Re-Engineering? The Rhetorical Appeal of a Managerial Salvation Device," *Journal of Management Studies* 35, no. 4(July 1991): 419-441.

19. Michael Hammer, "Reengineering Work: Don't Automate, Obliterate," *Harvard Business Review*, July/August 1990, 104.

20. Thomas Davenport and James Short, "The New Industrial Engineering: Information Technology and Business Process Redesign," *Sloan Management Review*, Summer 1990, Keith Grint, "Reengineering History: Social Resonances and Business Process Reengineering," *Organization* 1, no. 1(1994): 179-201, Keith Grint and P. Case, "The Violent Rhetoric of Re-Engineering: Management Consultancy on the Offensive," *Journal of Management Studies* 6, no. 5(1998): 557-577.

21. Bradley G. Jackson, "Re-Engineering the Sense of Self: The Manager and the Management Guru," *Journal of Management Studies* 33, no. 5(September 1996): 571-590.

22. Hammer and Champy, *Reengineering the Corporation: A Manifesto for Business Revolution.* 아울러 John Micklethwait and Adrian Wooldridge, *The Witch Doctors: Making Sense of the Management Gurus* 참조.

23. Iain L. Mangham, "Managing as a Performing Art," *British Journal of Management* 1(1990): 105-115.

24. Michael Hammer and Steven Stanton, *The Reengineering Revolution: The Handbook*(London: HarperCollins, 1995), 30, 52.

25. Michael Hammer, *Beyond Reengineering: How the Process-Centered Organization Is Changing Our Work and Our Lives*(London: HarperCollins, 1996), 321.

26. Champy, *Reengineering Management*, 204.

27. 위와 동일, 122.

28. Willy Stern, "Did Dirty Tricks Create a Best-Seller?" *Business Week*, August 7, 1995 ; Micklethwait and Wooldridge, *The Witch Doctors*, 23-25, Kiechel, *The*

Lords of Strategy, 24(chap. 30, n. 27 참조). Timothy Clark and David Greatbatch, "Management Fashion as Image-Spectacle: The Production of Best-Selling Management Books," *Management Communication Quarterly* 17, no. 3(February 2004): 396-424.

29. Michael Porter, "What Is Strategy?" *Harvard Business Review*, November. December 1996, 60-78.

30. Leigh Van Valen, "A New Evolutionary Law," *Evolutionary Theory* I(1973): 20.

31. Ghemawat, "Competition and Business Strategy in Historical Perspective," 64.

32. Chan W. Kim and Renee Mauborgne, *Blue Ocean Strategy: How to Create Uncontested Market Space*(Boston: Harvard Business School Press, 2005), 6-7.

33. 위와 동일, 209-221.

34. Chan W. Kim and Renee Mauborgne, "How Strategy Shapes Structure," *Harvard Business Review*(September 2009), 73-80.

35. Eric D. Beinhocker, "Strategy at the Edge of Chaos," *McKinsey Quarterly*(Winter 1997), 25-39.

| 제34장 | 사회학적 과제

1. James A. C. Brown, *The Social Psychology of Industry*(London: Penguin Books, 1954).

2. Douglas McGregor, *The Human Side of Enterprise*(New York: McGraw-Hill, 1960). 아울러 Gary Heil, Warren Bennis, and Deborah C. Stephens, *Douglas McGregor Revisited: Managing the Human Side of the Enterprise*(New York: Wiley, 2000) 참조.

3. David Jacobs, "Book Review Essay: Douglas McGregor? The Human Side of Enterprise in Peril," *Academy of Management Review* 29, no. 2(2004): 293-311 재인용.

4. 이 내용은 본문 684쪽 이하에서 자세하게 다룬다.

5. Karl Weick, *The Social Psychology of Organizing*(New York: McGraw Hill, 1979), 91.

6. Tom Peters, Bob Waterman, and Julian Phillips, "Structure Is Not Organization," *Business Horizons*, June 1980. 피터스의 설명은 Tom Peters, "A Brief History of the 7-S('McKinsey 7-S') Model," January 2011에 나온다. 다음 웹페이지에서 볼 수 있다. http://www.tompeters.com/dispatches/012016.php.

7. Richard T. Pascale and Anthony Athos, *The Art of Japanese Management: Applications for American Executives*(New York: Simon & Schuster, 1981).

8. Kenichi Ohmae, The Mind of the Strategist: The Art of Japanese Business(New

York: McGraw-Hill, 1982).

9. 애초에 생각했던 제목은 '초우량 기업의 비밀'이었지만, 맥킨지는 고객의 비밀을 누설한다는 인상을 줄지도 모른다고 염려해서 제목을 바꾸었다.

10. Tom Peters and Robert Waterman, *In Search of Excellence: Lessons from America's Best Run Companies*(New York: HarperCollins, 1982).

11. Tom Peters, "Tom Peters's True Confessions," *Fast Company*.com, November 30, 2001, http://www.fastcompany.com/magazine/53/peters.html. Tom Peters에 대해서는 Stuart Crainer, *The Tom Peters Phenomenon: Corporate Man to Corporate Skink*(Oxford: Capstone, 1997) 참조.

12. Peters and Waterman, *In Search of Excellence*, 29.

13. D. Colville, Robert H. Waterman, and Karl E. Weick, "Organization and the Search for Excellence: Making Sense of the Times in Theory and Practice," *Organization* 6, no. 1(February 1999): 129-148.

14. Daniel Carroll, "A Disappointing Search for Excellence," *Harvard Business Review*, November.December 1983, 78-88.

15. "Oops. Who's Excellent Now?" *Business Week*, November 5, 1984. 그런데《초우량 기업의 조건》은 '초우량 기업들 가운데 대부분은 영원히 잘나가지는 않을 것'이라고 했다(109 - 110). 그리고 실제로 많은 기업이 상당한 인내를 보여주었다.

16. Tom Peters, *Liberation Management: Necessary Disorganization for the Nanosecond Nineties*(New York: A. A. Knopf, 1992).

17. Tom Peters, *Re-Imagine! Business Excellence in a Disruptive Age*(New York: DK Publishing, 2003), 203.

18. "Guru: Tom Peters," *The Economist*, March 5, 2009. Tom Peters with N. Austin, *A Passion for Excellence: The Leadership Difference*(London: Collins, 1985), *Thriving on Chaos: Handbook for a Management Revolution*(New York: Alfred A. Knopf, 1987).

19. Stewart, *The Management Myth*, 234.

20. "Peter Drucker, the Man Who Changed the World," *Business Review Weekly*, September 15, 1997, 49.

21. C. K. Prahalad and G. Hamel, "Strategic Intent," *Harvard Business Review*(May-June 1989), 63-76.

22. C. K. Prahalad and G. Hamel, "The Core Competence of the Corporation," *Harvard Business Review*(May-June 1990), 79-91.

23. C. K. Prahalad and G. Hamel, "Strategy as a Field of Study: Why Search for a New Paradigm?" *Strategic Management Journal* 15, issue supplement S2(Summer 1994): 5-16.

24. Gary Hamel, "Strategy as Revolution," *Harvard Business Review*(July-August 1996), 69.

25. 위와 동일한 곳에서 재인용, 78.

26. Gary Hamel, *Leading the Revolution: How to Thrive in Turbulent Times by Making Innovation a Way of Life*(Cambridge, MA: Harvard Business School Press, 2000).

27. 민츠버그는 하멜이 엔론의 회장 케네스 레이와 했던 다소 당혹스러운 인터뷰를 공저《전략의 복수》(*Strategy Bites Back*)에 기꺼이 포함시켰다.

28. 엔론이 미래 기업의 모델이라고 바라보았던 저자는 하멜 외에도 있었다.《파이낸셜 타임스》2001년 12월 4일자는 다음과 같은 기사를 게재했다. "다양한 구루들이 낸 책들은 엔론을 훌륭한 경영의 본보기로 꼽았다. **혁명을 선도한다**(LEADING THE REVOLUTION)고 했고(개리 하멜, 2000년), **창조적인 파괴**(CREATIVE DESTRUCTION)를 실천한다고 했고(리처드 포스터와 사라 카플란, 2001년), **단순한 규칙들로서 전략을 삼았다**(STRATEGY AS SIMPLE RULES)고 했고(케이시 아이젠하르트와 도널드 설, 2001년), **재능 쟁탈 전쟁**(WAR FOR TALENT)에서 이겼다고 했고(에드 마이클스, 1998년), **차세대 경제로 나아가는 길**(ROAD TO THE NEXT ECONOMY)을 탐험한다고 했다(제임스 크리틴, 2002년에 출간 예정이었지만 취소되었는데 아마 지금 고쳐쓰고 있을 것이다).(굵은 글자는 책 제목이다 — 옮긴이)

29. Gary Hamel, *The Future of Management*(Cambridge, MA: Harvard Business School Press, 2007), 14.

30. 위와 동일, 62.

31. Gary Hamel, *What Matters Now: How to Win in a World of Relentless Change, Ferocious Competition, and Unstoppable Innovation*(San Francisco: Jossey-Bass, 2012).

32. Scott Adams, *The Dilbert Principle*(New York: HarperCollins, 1996), 153, 296. 전략을 묘사하는 딜버트의 카툰은 다음에서 볼 수 있다. http://www.dilbert.com/strips/.

| 제35장 | 의도된 전략과 응급 전략

1. Henry Mintzberg and James A. Waters, "Of Strategies, Deliberate and Emergent,"

Strategic Management Journal 6, no. 3(July.September 1985): 257-272.

2. Ed Catmull, "How Pixar Fosters Collective Creativity," *Harvard Business Review*, September 2008.

3. Henry Mintzberg, "Rebuilding Companies as Communities," *Harvard Business Review*, July-August 2009, 140-143.

4. Peter Senge, *The Fifth Discipline: The Art and Practice of the Learning Organization*(New York: Doubleday, 1990).

5. Daniel Quinn Mills and Bruce Friesen, "The Learning Organization," *European Management Journal* 10, no. 2(June 1992): 146-156.

6. Charles Handy, "Managing the Dream," S. Chawla and J. Renesch 편, *Learning Organizations*(Portland, OR: Productivity Press, 1995), 46, Michaela Driver, "The Learning Organization: Foucauldian Gloom or Utopian Sunshine?" *Human Relations* 55(2002): 33-53 재인용.

7. Robert C. H. Chia and Robin Holt, *Strategy Without Design: The Silent Efficacy of Indirect Action*(Cambridge: Cambridge University Press, 2009), 203.

8. (간접적인 접근법의 주창자인) 리델 하트와 (역설의 전략의 주창자인) 루트와크에게 자문을 구했고 두 사람은 정면으로 치고 들어가는 직접적인 접근법에 확실하게 반대를 하긴 했지만, 두 사람 다 목적이 없는 활동으로써는 군사적인 성공을 거둘 수 있다고는 말하지 않았다. 어떤 부대에 속한 개개인들이 각자 우여곡절을 겪으며 곤경을 극복한다 하더라도, 큰 범위의 어떤 지시나 지침이 없었더라면 이들은 적에게 항복을 하거나 본대에서 영영 벗어나고 말 것이다. 전쟁에서 간접적인 전략은 상상력을 풍부한 리더십 그리고 위험 부담이 매우 큰 어떤 작전을 실행하기 전에 적의 눈에 세상이 어떻게 비치는지 파악하는 능력을 전제 조건으로 요구했다.

9. Chia and Holt, *Strategy Without Design*, xi.

10. Jeffrey Pfeffer, *Managing with Power: Politics and Influence in Organizations*(Boston: Harvard Business School Press, 1992). 그가 내린 권력의 정의는 '행동에 영향을 미치고 사건들이 진행되는 경로를 바꾸며 반대와 저항을 넘어서고 또 사람들이 하지 않으려 했을 어떤 일들을 하게 하는 잠재적인 능력'이다. 30.

11. Jeffrey Pfeffer, *Power: Why Some People Have It.and Others Don't*(New York: HarperCollins, 2010), 11. 조직정치학에 관한 가장 재미있을 게 확실한 최고의 입문서는 F. M. Cornford, *Microcosmographia Academica: Being a Guide for the Young Academic Politician*(London: Bowes & Bowes, 1908)이다.

12. Helen Armstrong, "The Learning Organization: Changed Means to an Unchanged End," *Organization* 7, no. 2(2000): 355-361.

13. John Coopey, "The Learning Organization, Power, Politics and Ideology," *Management Learning* 26, no. 2(1995): 193-214.

14. David Knights and Glenn Morgan, "Corporate Strategy, Organizations, and Subjectivity: A Critique," *Organization Studies* 12, no. 2(1991): 251.

15. Stewart Clegg, Chris Carter, and Martin Kornberger, "Get Up, I Feel Like Being a Strategy Machine," *European Management Review* 1, no. 1(2004): 21-28.

16. Stephen Cummings and David Wilson 편, *Images of Strategy*(Oxford: Blackwell, 2003), 3. 이 책은 다음과 같이 제안한다. '좋은 전략은 명시적이든 아니든 간에 기업을 올바른 방향으로 나아가도록 하며 또한 동시에 기업에 활력을 불어넣는 것이다.' 2.

17. Peter Franklin, "Thinking of Strategy in a Postmodern Way: Towards an Agreed Paradigm," Parts 1 and 2, *Strategic Change* 7(September.October 1998), 313-332 and(December 1998), 437-448.

18. Donald Hambrick and James Frederickson, "Are You Sure You Have a Strategy?" *Academy of Management Executive* 15, no. 4(November 2001): 49.

19. John Kay, *The Hare & The Tortoise: An Informal Guide to Business Strategy*(London: The Erasmus Press, 2006), 31.

20. "Instant Coffee as Management Theory," *Economist* 25(January 1997): 57.

21. Eric Abrahamson, "Management Fashion," *Academy of Management Review* 21, no. 1(1996): 254-285.

22. Jane Whitney Gibson and Dana V. Tesone, "Management Fads: Emergence, Evolution, and Implications for Managers," *The Academy of Management Executive* 15, no. 4(2001): 122-133.

23. 《딜버트》도 이것을 한 차례 소재로 다룬 적이 있다. 임원 한 사람이 다시 찾는 고객의 수가 성공의 척도가 될 수 있다는 말을 듣고는 사실상 모든 고객이 최초 구매가 이루어지고 석 달 안에 다시 재구매를 한다고 자랑스럽게 말했다. 무료교환보증을 빼면 어떠냐는 질문에 이 임원은 이렇게 대답했다. '아, 그렇게 따지면 별로 성공했다고 말할 수는 없겠네요.' Adams, The Dilbert Principle, 158.

24. R. S. Kaplan and D. P. Norton, "The Balanced Scorecard: Measures that Drive Performance," *Harvard Business Review* 70(Jan.Feb 1992): 71-79, and "Putting the

Balanced Scorecard to Work," *Harvard Business Review* 71(Sep. Oct 1993): 134-147. Stephen Bungay, *The Art of Action: How Leaders Close the Gaps Between Plans, Actions and Results*(London: Nicholas Brealey, 2011), 207-214.

25. Paula Phillips Carson, Patricia A. Lanier, Kerry David Carson, and Brandi N. Guidry, "Clearing a Path Through the Management Fashion Jungle: Some Preliminary Trailblazing," *The Academy of Management Journal* 43, no. 6(December 2000): 1143-1158.

26. Barry M. Staw and Lisa D. Epstein, "What Bandwagons Bring: Effects of Popular Management Techniques on Corporate Performance, Reputation, and CEO Pay," *Administrative Science Quarterly* 45, no. 3(September 2000): 523-556.

27. Keith Grint, "Reengineering History," 193(chap. 33, n. 20 참조).

28. Guillermo Armando Ronda-Pupo and Luis Angel Guerras-Martin, "Dynamics of the Evolution of the Strategy Concept 1992-2008: A Co-Word Analysis," *Strategic Management Journa* l 33(2011): 162-188. 이들의 합의된 전략 정의는 다음과 같다. '어떤 기업이 자원의 합리적인 사용을 통해서 목표를 달성하고 그리고/혹은 성과를 높이기 위해서는 기업을 둘러싼 환경과의 관련성 속에서 필요한 행동들을 취할 수 밖에 없는데, 이때 이 기업이 자기가 처한 환경과 맺는 관계의 역학.' 이 정의는 지금도 인기를 끌고 있다.

29. Damon Golskorkhi, Linda Rouleau, David Seidl, Erro Vaara 편, "Introduction: What Is Strategy as Practice?" *Cambridge Handbook of Strategy as Practice*(Cambridge, UK: Cambridge University Press, 2010), 13.

30. Paula Jarzabkowski, Julia Balogun, and David See, "Strategizing: The Challenge of a Practice Perspective," *Human Relations* 60, no. 5(2007): 5-27. 공정하게 말하면 'strategizing'이라는 단어는 적어도 1970년대부터 사용되었다.

31. Richard Whittington, "Completing the Practice Turn in Strategy Research," *Organization Studies* 27, no. 5(May 2006): 613-634.(특히 두운[頭韻]의 매력에 주목할 것)

32. Ian I. Mitroff and Ralph H. Kilmann, "Stories Managers Tell: A New Tool for Organizational Problem Solving," *Management Review* 64, no. 7(July 1975): 18-28, Gordon Shaw, Robert Brown, and Philip Bromiley, "Strategic Stories: How 3M Is Rewriting Business Planning," *Harvard Business Review*(May June 1998), 41-48.

33. Jay A. Conger, "The Necessary Art of Persuasion," *Harvard Business Review*(May.

June 1998), 85-95.

34. Lucy Kellaway, *Sense and Nonsense in the Office*(London: Financial Times: Prentice Hall, 2000), 19.

35. Karl E. Weick, *Sensemaking in Organizations*(Thousand Oaks, CA: Sage, 1995), 129.

36. Valerie-Ines de la Ville and Eleonore Mounand, "A Narrative Approach to Strategy as Practice: Strategy Making from Texts and Narratives," Golskorkhi, Rouleau, Seidl, and Vaara 편, *Cambridge Handbook of Strategy as Practice*, 13.

37. David M. Boje, "Stories of the Storytelling Organization: A Postmodern Analysis of Disney as 'Tamara-Land,'" *Academy of Management Journal* 38, no. 4(August 1995): 997-1035.

38. Karl E. Weick, Making Sense of the Organization(Oxford: Blackwell, 2001), 344-345. 이 이야기는 1982년부터 와익의 저작물에서 여러 차례 반복해서 등장한다.

39. Mintzberg et al., *Strategy Safari*, 160(chap. 30, n. 29 참조).

40. 이 일은 표절 시비로까지 이어졌다. Thomas Basboll and Henrik Graham, "Substitutes for Strategy Research: Notes on the Source of Karl Weick's Anecdote of the Young Lieutenant and the Map of the Pyrenees," *Ephemera: Theory & Politics in Organization* 6, no. 2(2006): 194-204.

41. Richard T. Pascale, "Perspectives on Strategy: The Real Story Behind Honda's Success," *California Management Review* 26(1984): 47-72.《캘리포니아 매니지먼트리뷰》38, no. 4(1996년)는 이 이야기가 함축하는 내용을 토론할 원탁을 마련했는데, 여기에는 다음 글들이 포함되었다. 마이클 굴드(BCG 보고서의 원 저술가), "Learning, Planning, and Strategy: Extra Time"; 리처드 파스케일, "Reflections on Honda"; 리처드 루멜트, "The Many Faces of Honda"그리고 헨리 민츠버그, "Introduction" and "Reply to Michael Goold." 파스케일은 보스턴 컨설팅 그룹(BCG)이 영국의 오토바이 산업의 급작스런 추락의 원인을 밝혀달라는 영국 정부의 의뢰를 받고 제출한 보고서 내용에 문제를 제기했다. BCG는 보고서에서 영국의 오토바이 산업에 팽배한 '단기 수익성에 관한 관심'을 비난하는 한편, 일본이 거대한 국내 소형 오토바이 시장을 어떻게 만들어냈는지 설명했다. 그러면서 일본의 오토바이 산업은 비용 절감에 노력을 기울여 왔으며 이런 일본 산업이 해외로 진출하고자 할 때 영국의 대형 오토바이로서는 속수무책으로 당할 수밖에 없다고 했다. 혼다는 놀라울 정도로 규모의 경제를 달성했다고 지적했다. 예컨대 영국 공장에서

는 노동자 한 명이 1년에 14대의 오토바이를 생산하지만 일본 노동자는 약 200대를 생산했다. Boston Consulting Group, *Strategy Alternatives for the British Motorcycle Industry*, 2 vols. (London: Her Majesty's Stationery Office, 1975).

42. Henry Mintzberg, "Crafting Strategy," *Harvard Business Review* (July–August 1987), 70.

43. Andrew Mair, "Learning from Japan: Interpretations of Honda Motors by Strategic Management Theorists," *Nissan Occasional Paper Series* No. 29, 1999, 다음 웹페이지에서 볼 수 있다. http://www.nissan.ox.ac.uk/__data/assets/pdf_file/0013/11812/NOPS29.pdf. 이것의 축약 버전이 다음에 나온다. Andrew Mair, "Learning from Honda," *Journal of Management Studies* 36, no. 1 (January 1999): 25-44.

44. Jeffrey Alexander, *Japan's Motorcycle Wars: An Industry History* (Vancouver: UBC Press, 2008).

45. Mair, "Learning from Japan," 29-30. 이 토론에 대한 리뷰는 다음에 실려 있다. Christopher D. McKenna, "Mementos: Looking Backwards at the Honda Motorcycle Case, 2003.1973," Sally Clarke, Naomi R. Lamoreaux, and Steven Usselman 편, *The Challenge of Remaining Innovative: Lessons from Twentieth Century American Business* (Palo Alto: Stanford University Press, 2008).

46. Phil Rosenzweig, *The Halo Effect* (New York: The Free Press, 2007).

47. John Kay, *The Hare & The Tortoise*, 33, 70, 158, 160.

48. Stephen Bungay, *The Art of Action: How Leaders Close the Gap Between Plans, Actions and Results* (London: Nicholas Brealey, 2011).

49. A. G. Laffley and Roger Martin, *Playing to Win: How Strategy Really Works* (Cambridge, MA: Harvard Business Review Press, 272), 214-215.

50. Richard Rumelt, *Good Strategy, Bad Strategy: The Difference and Why It Matters* (London: Profile Books, 2011), 77, 106, 111.

51. 위와 동일, 32. '플러프'(Fluff)는 눈살이 찌푸려지는 신조어들을 동원해서 보다 높은 추상 수준으로 끌어올려진 명백한 것의 피상적인 재수정 혹은 심오함을 가지고 있는 것처럼 보이는 난해한 개념을 모두 포함한 표현이었는데, 이것은 각각 긍정적인 함축을 담고 있는 추상적인 단어들을 하나로 묶어서 또 다른 의미를 담아내고자 하는 경향의 한 표현이었다. 루멜트는 학술계에 몸담고 있는 사람들이 자기가 실제보다 더 똑똑하게 보이도록 하려고 일부러 추상적인 단어들을 자의적으로 사용해서 실제 사례를 동원해야만 무슨 의미인지 알 수 있도록 하는 행태를 비난했다.

52. 위와 동일, 58.

| 제36장 | 합리적 선택의 한계

1. Cited in Paul Hirsch, Stuart Michaels, and Ray Friedman, "'Dirty Hands' versus 'Clean Models': Is Sociology in Danger of Being Seduced by Economics," *Theory and Society* 16(1987): 325.

2. Emily Hauptmann, "The Ford Foundation and the Rise of Behavioralism in Political Science," *Journal of the History of the Behavioral Sciences* 48, no. 2(2012): 154-173.

3. S. M. Amadae, *Rationalising Capitalist Democracy: The Cold War Origins of Rational Choice Liberalism*(Chicago: University of Chicago Press, 2003), 3.

4. Martin Hollis and Robert Sugden, "Rationality in Action," *Mind* 102, no. 405(January 1993): 2.

5. Richard Swedberg, "Sociology and Game Theory: Contemporary and Historical Perspectives," *Theory and Society* 30(2001): 320.

6. William Riker, "The Entry of Game Theory into Political Science," Roy Weintraub 편, *Toward a History of Game Theory*, 208-210(chap. 12, n. 19 참조).

7. S. M. Amadae and Bruce Bueno de Mesquita, "The Rochester School: The Origins of Positive Political Theory," *Annual Review of Political Science* 2(1999): 276.

8. 위와 동일, 282, 291.

9. Ronald Terchek, "Positive Political Theory and Heresthetics: The Axioms and Assumptions of William Riker," *The Political Science Reviewer*, 1984, 62 참조. 또한 Riker에 대해서는 Albert Weale, "Social Choice versus Populism? An Interpretation of Riker's Political Theory," *British Journal of Political Science* 14, no. 3(July 1984): 369-385, Iain McLean, "William H. Riker and the Invention of Heresthetic(s)," *British Journal of Political Science* 32, no. 3(July 2002): 535-558 참조.

10. Jonathan Cohn, "The Revenge of the Nerds: Irrational Exuberance: When Did Political Science Forget About Politics," *New Republic*, October 15, 1999.

11. William Riker and Peter Ordeshook, *An Introduction to Positive Political Theory*(Englewood Cliffs: Prentice-Hall, 1973), 24.

12. Richard Langlois, "Strategy as Economics versus Economics as Strategy," *Managerial and Decision Economics* 24, no. 4(June-July 2003): 287.

13. Donald P. Green and Ian Shapiro, *Pathologies of Rational Choice Theory: A Critique of Applications in Political Science*(New Haven, CT: Yale University Press, 1996), X. 여기에 대한 반론이 다음 논문에서 제기되었다. Jeffery Friedman 편, "Rational Choice Theory and Politics," *Critical Review* 9, no. 1. 2(1995).

14. Stephen Walt, "Rigor or Rigor Mortis? Rational Choice and Security Studies," *International Security* 23, no. 4(Spring 1999): 8.

15. Dennis Chong, Cohn, *The Revenge of the Nerds*에서 인용.

16. William A. Gamson, "A Theory of Coalition Formation," *American Sociological Review* 26, no. 3(June 1961): 373-382.

17. William Riker, *The Theory of Political Coalitions*(New Haven, CT: Yale University Press, 1963).

18. William Riker, "Coalitions. I. The Study of Coalitions," David L. Sills 편, *International Encyclopedia of the Social Sciences*, vol. 2(New York: The Macmillan Company, 1968), 527. Swedberg, *Sociology and Game Theory*, 328 재인용.

19. Riker, *Theory of Political Coalitions*, 22.

20. Mancur Olson, *The Logic of Collective Action: Public Goods and the Theory of Groups*(Cambridge, MA: Harvard University Press, 1965), Iain McLean, "Review Article: The Divided Legacy of Mancur Olson," *British Journal of Political Science* 30, no. 4(October 2000), 651-668.

21. Mancur Olson and Richard Zeckhauser, "An Economic Theory of Alliances," *The Review of Economics and Statistics* 48, no. 3(August 1966): 266-279.

22. Avinash K. Dixit and Barry J. Nalebuff, *The Art of Strategy: A Game Theorist's Guide to Success in Business and Life*(New York: W. W. Norton, 2008), x.

23. Anatol Rapoport, *Strategy and Conscience*(New York: Harper & Row, 1964). 셸링의 반응에 대해서는 그의 다음 리뷰를 참조. *The American Economic Review*, LV (December 1964), 1082-1088.

24. Robert Axelrod, *The Evolution of Cooperation*(New York: Basic Books, 1984), 177. 이 일화는 Mirowski, *Machine Dreams:* Chapter 12, n.11, 484-487에서 발췌.

25. Dennis Chong, *Collective Action and the Civil Rights Movement*(Chicago: University of Chicago Press, 1991), 231-237.

26. Robert Jervis, "Realism, Game Theory and Cooperation," *World Politics* 40, no. 3(April 1988): 319. 아울러 Robert Jervis, "Rational Deterrence: Theory and

Evidence," *World Politics* 41, no. 2(January 1989): 183-207 참조.

27. Herbert Simon, "Human Nature in Politics, The Dialogue of Psychology with Political Science," *American Political Science Review* 79, no. 2(June 1985): 302.

28. Albert Weale, "Social Choice versus Populism?" 379.

29. William H. Riker, "The Heresthetics of Constitution-Making: The Presidency in 1787, with Comments on Determinism and Rational Choice," *The American Political Science Review* 78, no. 1(March 1984): 1-16.

30. Simon, "Human Nature in Politics," 302.

31. Amadae and Bueno de Mesquita, "The Rochester School."

32. William Riker, *The Art of Political Manipulation*(New Haven, CT: Yale University Press, 1986), ix.

33. William Riker, *The Strategy of Rhetoric*(New Haven, CT: Yale University Press, 1996), 4.

| 제37장 | 합리적 선택을 넘어서

1. Cited by Martin Hollis and Robert Sugden, "Rationality in Action," *Mind* 102, no. 405(January 1993): 3.

2. Anthony Downs, *An Economic Theory of Democracy*(New York: Harper & Row, 1957), 5.

3. Riker, *The Theory of Political Coalitions*, 20(chap. 36, n. 17 참조).

4. 1권 329쪽 참조

5. Brian Forst and Judith Lucianovic, "The Prisoner's Dilemma: Theory and Reality," *Journal of Criminal Justice* 5(1977): 55-64.

6. 예를 들어서 네일버프(Nalebuff)와 브랜든버거(Brandenburger)는 '단순한 교과서는 뒤죽박죽의 실제 기업계에 잘 적응하지 못하는 "합리적인 인간"의 견해를 제시한다. 그러나 이것은 교과서들의 문제이다'라고 했다. 네일버프와 브랜든버거가 보기에는 합리적인 사람은 자신의 인식에 의지해서 '자기가 할 수 있는 최선을 다하지만' 그의 인식은 그가 취득할 수 있는 정보의 양과 다양한 결과들을 그가 어떻게 평가하는가에 달려 있다. 이런 주장은 복수의 관점에서 게임을 바라볼 것을 촉구한다. 두 사람은 '우리에게 사람들이 합리적인가 그렇지 않은가 하는 쟁점은 대체적으로 초점에서 벗어난 것이다'라고 결론을 내렸다. 방법론의 형태를 결정하고 이 방법론의 응용을 잠재적으로 제한하는 본질적인 개념적 쟁점을 너무도 노골적으로 회피하는 기

업계의 폭넓은 청중들에게 게임 이론을 대변한다고 표명하는 이 책에는 참신한 어떤 것이 있다. Nalebuff and Brandenburger, *Co-Opetition*, 56-58.

7. Jon Elster 편, *Rational Choice*(New York: New York University Press, 1986), 16. Green and Shapiro, *Pathologies of Rational Choice Theory*, 20(chap. 36, n. 13 참조)는 엘스터의 이 서문을 인용해서 연구자들에게 짐 지워진 엄격한 기준을 입증하려 한다. 엘스터는 초기에 합리적 선택 이론을 지지했지만 나중에는 여기에 환멸을 느꼈다.

8. 개인들에게는 형식적 추론을 관리하고 통계적 방법론을 이해하는 능력이 없다는 점에 대해서는 John Conlisk, "Why Bounded Rationality?" *Journal of Economic Literature* 34, no. 2(June 1996): 670을 참조.

9. Faruk Gul and Wolfgang Pesendorfer, "The Case for Mindless Economics," A. Caplin and A. Shotter 편, *Foundations of Positive and Normative Economics*(Oxford: Oxford University Press, 2008).

10. Khurana, *From Higher Aims to Higher Hands*, Chapter 32, n. 10, 284-285 참조.

11. Herbert A. Simon, "A Behavioral Model of Rational Choice," *Quarterly Journal of Economics* 69, no. 1(February 1955): 99-118. 아울러 "Information Processing Models of Cognition," *Annual Review of Psychology* 30, no. 3(February 1979): 363-396 참조. Herbert A. Simon and William G. Chase, "Skill in Chess," *American Scientist* 61, no. 4(July 1973): 394-403.

12. Amos Tversky and Daniel Kahneman, "Judgment Under Uncertainty: Heuristics and Biases," *Science* 185, no. 4157(September 1974): 1124. 아울러 Daniel Kahneman, "A Perspective on Judgment and Choice: Mapping Bounded Rationality," *American Psychologist* 56, no. 9(September 2003): 697-720 참조.

13. "IRRATIONALITY: Rethinking thinking," *The Economist*, December 16, 1999, 다음 웹페이지에서 볼 수 있다. http://www.economist.com/node/268946.

14. Amos Tversky and Daniel Kahneman, "The Framing of Decisions and the Psychology of Choice," *Science* 211, no. 4481(1981): 453-458, "Rational Choice and the Framing of Decisions," *Journal of Business* 59, no. 4, Part 2(October 1986): S251-S278.

15. Richard H. Thaler, "Toward a Positive Theory of Consumer Choice," *Journal of Economic Behavior and Organization* 1, no. 1(March 1980): 36-90, "Mental Accounting and Consumer Choice," *Marketing Science* 4, no. 3(Summer 1985): 199.214.

16. Joseph Henrich, Steven J. Heine, and Ara Norenzayan, "The Weirdest People in the World?" *Behavioral and Brain Sciences*, 2010, 1-75.

17. Chris D. Frith and Tania Singer, "The Role of Social Cognition in Decision Making," *Philosophical Transactions of the Royal Society* 363, no. 1511 (December 2008): 3875-3886; Colin Camerer and Richard H. Thaler, "Ultimatums, Dictators and Manners," *Journal of Economic Perspectives* 9, no. 2: 209-219, A. G. Sanfey, J. K. Rilling, J. A. Aronson, L. E. Nystrom, and J. D. Cohen, "The Neural Basis of Economic Decisionmaking in the Ultimatum Game," *Science* 300, no. 5626 (2003): 1755-1758. 개관을 하려면 Angela A. Stanton, *Evolving Economics: Synthesis*, April 26, 2006, Munich Personal RePEc Archive, Paper No. 767, posted November 7, 2007을 참조. 다음 웹페이지에서 볼 수 있다. http://mpra.ub.uni-muenchen.de/767/.

18. Robert Forsythe, Joel L. Horowitz, N. E. Savin, and Martin Sefton, "Fairness in Simple Bargaining Experiments," *Game Economics Behavior* 6 (1994): 347-369.

19. Elizabeth Hoffman, Kevin McCabe, and Vernon L. Smith, "Social Distance and Other-Regarding Behavior in Dictator Games," *American Economic Review* 86, no. 3 (June 1996): 653-660.

20. Joseph Patrick Henrich et al., "'Economic Man' in Cross-Cultural Perspective: Behavioral Experiments in 15 Small-Scale Societies," *Behavioral Brain Science* 28 (2005): 813.

21. Stanton, *Evolving Economics*, 10.

22. Martin A. Nowak and Karl Sigmund, "The Dynamics of Indirect Reciprocity," *Journal of Theoretical Biology* 194 (1998): 561-574.

23. 이타주의적인 차원의 처벌은 집단 내에서 협력을 유지하는 데 필수적인 역할을 한다는 사실은 꾸준하게 입증되어왔다. Herbert Gintis, "Strong Reciprocity and Human Sociality," *Journal of Theoretical Biology* 206, no. 2 (September 2000): 169-179 참조.

24. Mauricio R. Delgado, "Reward-Related Responses in the Human Striatum," *Annals of the New York Academy of Sciences* 1104 (May 2007): 70-88.

25. Fabrizio Ferraro, Jeffrey Pfeffer, and Robert I. Sutton, "Economics, Language and Assumptions: How Theories Can Become Self-Fulfilling," *The Academy of Management Review* 30, no. 1 (January 2005): 14-16, Gerald Marwell and Ruth E.

Ames, "Economists Free Ride, Does Anyone Else? Experiments on the Provision of Public Goods," *Journal of Public Economics* 15(1981): 295-310.

26. Dale T. Miller, "The Norm of Self-Interest," *American Psychologist* 54, no. 12(December 1999): 1055, cited in Ferraro et al., "Economics, Language and Assumptions," 14.

27. "Economics Focus: To Have and to Hold," *The Economist*, August 28, 2003, 다음 웹페이지에서 볼 수 있다. http://www.economist.com/node/2021010.

28. Alan G. Sanfey, "Social Decision-Making: Insights from Game Theory and Neuroscience," *Science* 318(2007): 598.

29. Guido Mollering, "Inviting or Avoiding Deception Through Trust: Conceptual Exploration of an Ambivalent Relationship," MPIfG Working Paper 08/1, 2008, 6.

30. Rachel Croson, "Deception in Economics Experiments," Caroline Gerschlager 편, *Deception in Markets: An Economic Analysis*(London: Macmillan, 2005), 113 참조.

31. Erving Goffman, *The Presentation of Self in Everyday Life*(New York: Doubleday, 1959), 83-84. 속임수를 연구하는 연구자들은 '얼버무리기'(paltering)라는 오래된 단어를 되살리려고 노력해오고 있다. 이 단어는 정직하지 않게 행동해서 '임시변통, 비틀기, 표시하기, 구부리기, 늘이기, 기울이기, 과장하기, 왜곡하기, 분식하기, 선택적 보고' 등을 통해 잘못된 인상을 생성하는 것이라는 뜻으로 규정된다. Frederick Schauer and Richard Zeckhauser, "Paltering," Brooke Harrington 편, *Deception: From Ancient Empires to Internet Dating*(Stanford: Stanford University Press, 2009), 39.

32. Uta Frith and Christopher D. Frith, "Development and Neurophysiology of Mentalizing," *Philosophical Transactions of the Royal Society*, London 358, no. 1431(March 2003): 459-473. 다른 사람의 고통에 대한 반응이 나타나는 뇌 부위는 자기 고통에 반응하는 뇌 부위와 동일하다. 그러나 자기의 고통은 그 고통에 대해서 어떤 것을 행하려는 노력으로 이어지는데, 뇌의 다른 부분이 먼저 활성화된 다음에 이런 노력이 가능하다. 어쩌면 이것은 다른 사람들을 바라봄으로써 무엇을 느껴야 할 것인가 하는 판단과 관련된 중요한 단서들을 포착할 수 있다는, 진화 과정의 유산일지도 모른다. 다른 사람의 얼굴에서 임박한 위험의 경고를 읽을 수 있다는 말이다. T. Singer, B. Seymour, J. O'Doherty, H. Kaube, R. J. Dolan, and C. D. Frith, "Empathy for Pain Involves the Affective but Not Sensory Components of Pain," *Science* 303, no. 5661(February 2004): 1157-1162, Vittorio Gallese, "The Manifold Nature of Interpersonal Relations: The Quest for a Common

Mechanism," *Philosophical Transactions of the Royal Society*, London 358, no. 1431(March 2003), 517, Stephany D. Preston and Frank B. M. de-Waal, "Empathy: the Ultimate and Proximate Bases," *Behavioral and Brain Scences* 25(2002): 1.

33. R. P. Abelson, "Are Attitudes Necessary?" B. T. King and E. McGinnies 편, *Attitudes, Conflict, and Social Change*(New York: Academic Press, 1972), 19-32, Ira J. Roseman and Stephen J. Read, "Psychologist at Play: Robert P. Abelson's Life and Contributions to Psychological Science," *Perspectives on Psychological Science* 2, no. 1(2007): 86-97 재인용.

34. R. C. Schank and R. P. Abelson, *Scripts, Plans, Goals and Understanding: An Inquiry into Human Knowledge Structures*(Hillsdale, NJ: Erlbaum, 1977).

35. R. P. Abelson, "Script Processing in Attitude Formation and Decisionmaking," J. S. Carroll and J. W. Payne 편, *Cognition and Social Behavior*(Hillsdale, NJ: Erlbaum, 1976).

36. M. Lyons, T. Caldwell, and S. Shultz, "Mind-Reading and Manipulation. Is Machiavellianism Related to Theory of Mind?" *Journal of Evolutionary Psychology* 8, no. 3(September 2010): 261-274.

37. Mirowski, *Machine Dreams*, 424.

38. Alan Sanfey, "Social Decision-Making: Insights from Game Theory and Neuroscience," *Science* 318, no. 5850(October 2007): 598-602.

39. Stephen Walt, "Rigor or Rigor Mortis?"(chap. 36, n. 14 참조).

40. Jonah Lehrer, *How We Decide*(New York: Houghton Mifflin Harcourt, 2009), 227.

41. George E. Marcus, "The Psychology of Emotion and Passion," David O. Sears, Leonie Huddy, and Robert Jervis 편, *Oxford Handbook of Political Psychology*(Oxford: Oxford University Press, 2003), 182-221.

42. '시스템 1'과 '시스템 2'라는 명칭은 처음 Keith Stanovich and Richard West, "Individual Differences in Reasoning: Implications for the Rationality Debate," *Behavioral and Brain Sciences* 23(2000): 645-665에서 비롯되었다. 그런데 이 것을 Daniel Kahneman이 그의 책 *Thinking Fast and Slow*(London: Penguin Books, 2011)에서 대중화시켰다. J. St. B. T. Evans, "In Two Minds: Dual-Process Accounts of Reasoning," *Trends in Cognition Science* 7, no. 10(October 2003): 454-459, "Dual-Processing Accounts of Reasoning, Judgment and Social Cognition," *The Annual Review of Psychology* 59(January 2008): 255-278.

43. Andreas Glockner and Cilia Witteman, "Beyond Dual-Process Models: A Categorisation of Processes Underlying Intuitive Judgement and Decision Making," *Thinking & Reasoning* 16, no. 1(2009): 1-25.

44. Daniel Kahneman, *Thinking Fast and Slow*, 42.

45. Alan G. Sanfey et al., "Social Decision-Making," 598-602.

46. Colin F. Camerer and Robin M. Hogarth, "The Effect of Financial Incentives," *Journal of Risk and Uncertainty* 19, no. 1-3(December 1999): 7-42.

47. Jennifer S. Lerner and Philip E. Tetlock, "Accounting for the Effects of Accountability," *Psychological Bulletin* 125, no. 2(March 1999): 255-275.

48. Daniel Kahneman, Peter P. Wakker, and Rakesh Sarin, "Back to Bentham? Explorations of Experienced Utility," *The Quarterly Journal of Economics* 112, no. 2(May 1997): 375-405, Daniel Kahneman, "A Psychological Perspective on Economics," *American Economic Review: Papers and Proceedings* 93, no. 2(May 2003): 162-168.

49. J. K. Rilling, A. L. Glenn, M. R. Jairam, G. Pagnoni, D. R. Goldsmith, H. A. Elfenbein, and S. O. Lilienfeld, "Neural Correlates of Social Cooperation and Noncooperation as a Function of Psychopathy," *Biological Psychiatry* 61(2007): 1260.1271.

50. Philip Tetlcok, *Expert Political Judgement*(Princeton, NJ: Princeton University Press, 2006), 23.

51. Alan N. Hampton, Peter Bossaerts, and John P. O'Doherty, "Neural Correlates of Mentalizing-Related Computations During Strategic Interactions in Humans," *The National Academy of Sciences of the* USA 105, no. 18(May 6, 2008): 6741-6746, Sanfey et al., *Social Decision-Making*, 598.

52. David Sally, "Dressing the Mind Properly for the Game," *Philosophical Transactions of the Royal Society London B 358*, no. 1431(March 2003): 583-592.

| 제38장 | 이야기와 대본

1. Charles Lindblom, "The Science of 'Muddling Through,'" *Public Administration Review* 19, no. 2(Spring 1959): 79-88.

2. Gordon Wood, "History Lessons," *New York Review of Books*, March 29, 1984, 8(Review of Barbara Tuchman's March of Folly).

3. 미연방 안보위원회 준비회의(National Defense Executive Reserve Conference)에 서 한 연설, Washington, DC, November 14, 1957, in Public Papers of the Presidents of the United States, Dwight D. Eisenhower, 1957(National Archives and Records Service, Government Printing Office), 818. 그는 당시에 "'긴급 상황'의 정의는 예상하지 않은 것, 따라서 계획하고 있던 방식으로는 결코 진행되지 않는 것"이라고 했다.

4. Hew Strachan, "The Lost Meaning of Strategy," *Survival* 47, no. 3(2005): 34.

5. Timothy Crawford, "Preventing Enemy Coalitions: How Wedge Strategies Shape Power Politics," *International Security* 35, no. 4(Spring 2011): 189.

6. Jon T. Sumida, "The Clausewitz Problem," *Army History*(Fall 2009), 17–21.

7. Isaiah Berlin, "On Political Judgment," *New York Review of Books*(October 3, 1996).

8. Bruce Kuklick, *Blind Oracles: Intellectuals and War from Kennan to Kissinger*(Princeton, NJ: Princeton University Press, 2006), 16.

9. Hannah Arendt, *The Human Condition*, 제2개정판(Chicago: University of Chicago Press, 1999), 200. 초판 인쇄 1958.

10. Steven Lukes, *Power: A Radical View*(London: Macmillan, 1974).

11. Charles Tilly, "The Trouble with Stories," in *Stories, Identities, and Social Change*(New York: Rowman & Littlefield, 2002), 25–42.

12. Naomi Lamoreaux, "Reframing the Past: Thoughts About Business Leadership and Decision Making Under Certainty," *Enterprise and Society* 2(December 2001): 632–659.

13. Daniel M. G. Raff, "How to Do Things with Time," *Enterprise and Society* 14, no. 3(forthcoming, September 2013).

14. Daniel Kahneman, *Thinking Fast and Slow*, 199, 200–201 206, 259(chap. 38, n. 44 참조).

15. Nassim Taleb, *The Black Swan: The Impact of the Highly Improbable*(New York: Random House, 2007), 8.

16. Joseph Davis 편, *Stories of Change: Narrative and Social Movements*(New York: State University of New York Press, 2002).

17. Francesca Polletta, *It Was Like a Fever*, Chapter 27, n. 1, 166 참조.

18. Joseph Davis 편, *Stories of Change: Narrative and Social Movements*(New York: State University of New York Press, 2002).

19. Dennis Gioia and Peter P. Poole, "Scripts in Organizational Behavior," *Academy

of Management Review 9, no. 3(1984): 449-459, Ian Donald and David Canter, "Intentionality and Fatality During the King's Cross Underground Fire," *European Journal of Social Psychology* 22(1992): 203-218.

20. R. P. Abelson, "Psychological Status of the Script Concept," *American Psychologist* 36(1981): 715-729.

21. Avner Offer, "Going to War in 1914: A Matter of Honor?" *Politics and Society* 23, no. 2(1995): 213-241. 리처드 헤르만(Richard Herrmann)과 마이클 피셔켈러 (Michael Fischerkeller) 역시 '전략적 대본'이라는 발상을 다음의 자기들 논문을 통해서 소개했다, "Beyond the Enemy Image and Spiral Model: Cognitive-Strategic Research After the Cold War," *International Organization* 49, no. 3(Summer 1995): 415-450. 그러나 이들이 설정한 전략적 대본의 용법은 '외교 정책적 행동의 전체성을 조직하기 위한 수단을 제공하는 가설적 구조'이며, 이런 점에서 본문에서 우리가 다루는 전략적 대본과 다르다. 제임스 스콧 역시 전략적 대본과 관련해서 또다른 접근법을 제시했다, James C. Scott, Domination and the Arts of Resistance: Hidden Transcripts(New Haven, CT: Yale University Press, 1992). 스콧은 지배 집단이 조장하는 '공적 대본'(public transcript)을 하부 집단이 '숨겨진 대본'(hidden transcript) 형태로 비판의 어떤 틀을 은밀하게 개발함으로써 비판하는 방식을 묘사한다. 스콧은 패러다임, 공식, 신화 그리고 허위의식 등에 대한 낯익은 주장들을 제시하면서, 하부 집단이 그렇게 쉽게 잘 속지 않는다는 논지를 들어서 그 주장들을 반박한다.

22. Jerome Bruner, "The Narrative Construction of Reality," *Critical Inquiry*, 1991, 4-5, 34.

23. Christopher Fenton and Ann Langley, "Strategy as Practice and the Narrative Turn," *Organization Studies* 32, no. 9(2011): 1171-1196, G. Shaw, R. Brown, and P. Bromiley, "Strategic Stories: How 3M Is Rewriting Business Planning," *Harvard Business Review*(May-June 1998), 41-50.

24. Valerie-Ines de la Ville and Eleonore Mounand, "A Narrative Approach to Strategy as Practice: Strategy-making from Texts and Narratives," Damon Golskorkhi, et al 편, *Cambridge Handbook of Strategy as Practice*(chap. 35, n. 29), 13 참조.

25. David Barry and Michael Elmes, "Strategy Retold: Toward a Narrative View of Strategic Discourse," *The Academy of Management Review* 22, no. 2(April 1997): 437, 430, 432-433.

26. Robert McKee, *Story, Substance, Structure, Style, and the Principles of Screenwriting* (London: Methuen, 1997).

27. Aristotle, *Poetics*, http://classics.mit.edu/Aristotle/poetics.html.

28. Laton McCartney, *The Teapot Dome Scandal: How Big Oil Bought the Harding White House and Tried to Steal the Country*(New York: Random House, 2008).

29. 버턴 휠러는 비록 루스벨트 대통령과 뉴딜 정책을 처음으로 지지하고 나선 상원이 긴 했지만, 1939년까지 그는 격렬한 고립주의자로 알려져 있었으며 영화계의 유대인 인사들이 영화의 힘을 이용해서 전쟁을 부추긴다는 내용의 비난을 한 것으로 유명했다. 그는 진주만 공격이 일어나기 불과 몇 주 전까지도 일본의 적대성을 부정했다. 이런 일로 해서, 다음 책은 그를 찰스 린드버그(1927년 대서양 횡단에 성공했던 전설적인 미국 비행사—옮긴이)의 부통령 캐릭터의 모델로 삼았다. Philip Roth, *The Plot Against America*(New York: Random House, 2004).

30. Michael Kazin, *American Dreamers*(chap. 25, n. 51 참조), 187; Charles Lindblom and John A. Hall, "Frank Capra Meets John Doe: Anti-politics in American National Identity," Mette Hjort and Scott Mackenzie 편, *Cinema and Nation*(New York: Routledge, 2000). 아울러 Joseph McBride, *Frank Capra*(Jackson: University Press of Mississippi, 2011) 참조.

31. 영화의 적절한 도덕적 기준을 자율적으로 심의할 목적으로 설립된 이 기관은 주로 성(性)과 관련된 내용을 대상으로 삼았다. 그러나 브린은 정치적인 내용을 문제 삼아서 검열하기도 했는데, 예를 들면 적어도 1938년까지는 반(反)나치의 내용을 담은 영화의 제작을 막았다.

32. Richard Maltby, *Hollywood Cinema*(Oxford: Blackwell, 2003), 278-279.

33. Eric Smoodin, "'Compulsory' Viewing for Every Citizen: Mr. Smith and the Rhetoric of Reception," *Cinema Journal* 35, no. 2(Winter 1996): 3-23.

34. Frances Fitzgerald, *Way Out There in the Blue: Reagan, Star Wars and the End of the Cold War*(New York: Simon & Schuster, 2000), 27-37.

35. 원래 대본은 다음 웹페이지에서 볼 수 있다. http://www.dailyscript.com/scripts/MrSmithGoesToWashington.txt.

36. Michael P. Rogin and Kathleen Moran, "Mr. Capra Goes to Washington," *Representations*, no. 84(Autumn 2003): 213-248.

37. Christopher Booker, *The Seven Basic Plots: Why We Tell Stories*(New York: Continuum, 2004).

ㅁ